SALOMÃO DE ARAÚJO CATEB

DIREITO DAS SUCESSÕES

EXEMPLOS PRÁTICOS, DOUTRINA E JURISPRUDÊNCIA

9ª EDIÇÃO

SALOMÃO DE ARAÚJO CATEB

DIREITO DAS SUCESSÕES

EXEMPLOS PRÁTICOS, DOUTRINA, E JURISPRUDÊNCIA

9ª EDIÇÃO

Del Rey editora

Belo Horizonte
2020

Impresso no Brasil | Printed in Brazil
EDITORA DEL REY LTDA.

www.editoradelrey.com.br

Editor: Arnaldo Oliveira

Editor Adjunto: Ricardo A. Malheiros Fiuza
In memoriam

Diagramação / Capa: Alfstudio

Revisão: Responsabilidade do autor

EDITORA
Rua dos Goitacazes, 71 – Lojas 20 a 24
Centro - Belo Horizonte-MG
CEP 30190-909

Comercial:
Tel.: (31) 3284-3284 | 25163340
vendas@editoradelrey.com.br

Editorial:
editorial@editoradelrey.com.br

C357d

Cateb, Salomão de Araújo
Direito das sucessões: exemplos práticos, doutrina e jurisprudência / Salomão de Araújo Cateb. — 9. ed. — Belo Horizonte: Del Rey, 2020.

xxviii, 544 p.: il. — Inclui bibliografia.

ISBN: 978-65-5533-008-3.

1. Herança e sucessão 2. Sucessão testamentária – Brasil 3. Testamentos – Brasil I. Título

CDU (1976) 347.67(81)

Ficha catalográfica elaborada pelo bibliotecário Junio Martins Lourenço CRB 6/3167.

À minha querida esposa Helena,
e queridos filhos,
Daniel, Wagner e Alexandre

APRESENTAÇÃO

O Direito das Sucessões sempre foi uma disciplina que despertou enorme interesse, o que é perfeitamente natural, diante da curiosidade de todo ser humano a respeito de tudo que cerca o evento "morte". Na visão de alguns, ela representa o fim de tudo; na dos juristas, o começo.

Aos que se deparam com a matéria na graduação é um desafio imediato, já que trabalha direta ou indiretamente com todo o conteúdo do Direito Civil, além dos institutos que lhe são próprios.

Superadas as primeiras dificuldades, os persistentes verão que apenas se aguçará o anseio pelo mergulho mais aprofundado em cada tema, certamente transformando o estudante de Direito em um pesquisador *latu* ou *strictu sensu.* Desvendar os institutos sucessórios e as justificativas existentes por trás da transmissão de bens, direitos e deveres do falecido, torna-se verdadeira obsessão.

Àqueles que fazem da matéria sua opção na advocacia, são cotidianos os desafios encontrados pela interface com os procedimentos que possibilitam a formalização da transmissão dos direitos de herança.

Como muitos outros, me apaixonei por tudo isto. Seja como estudante, como pesquisador ou como advogado, testemunho as inúmeras dificuldades que circundam o evento sucessório, e, naturalmente, sempre tive minhas dúvidas e dificuldades.

Que alegria, quando em 1999, o já conhecido e respeitado professor e advogado SALOMÃO CATEB, trouxe a escrito suas pesquisas e experiências como docente, lançando a primeira edição de sua obra *Direito das Sucessões*. O livro foi recepcionado de imediato pela comunidade jurídica mineira, a ponto de ter sua primeira edição rapidamente esgotada, sendo a segunda publicada já no ano seguinte.

O professor SALOMÃO CATEB poderia então ter descansado, colhendo os louros do lançamento de um livro que teve suas duas edições esgotadas rapidamente, claro sinal de sucesso. Inquieto, contudo, nos anos que se seguiram permaneceu atento aos grandes desafios trazidos pelas mudanças trazidas pelo Código Civil de 2002, apontando uma série de lacunas, equívocos e excessos na lei, que se tornaram as marcas dos dispositivos que regulamentam a matéria.

Nas edições posteriores, SALOMÃO CATEB nos premiou com a análise das jurisprudências que começaram a se formar, na medida em que os Tribunais Estaduais não traziam nenhuma conclusão firme a respeito da extensão das regras sucessórias, apontando grandes incongruências também nos Tribunais Superiores.

Agora, em sua 9ª edição, aquele excelente livro lançado nos idos de 1999, surge como um estudo completo, fazendo uma análise criteriosa dos principais institutos do Direito Sucessório, mostrando aos novos alunos a origem do regramento atual, sua evolução, bem como a interpretação que vem sendo dada à Lei pelo Poder Judiciário.

A obra é ferramenta sólida aos operadores do Direito, advogados, promotores e juízes, pois se mostra firme em seus fundamentos, na medida em que representa não só sua pesquisa de muitos anos, como também reflete a experiência de mais de 50 anos de uma advocacia assídua, deste ilustre portador do registro nº 7.741 da Ordem dos Advogados do Brasil – Subseção Minas Gerais.

Como nas edições anteriores, o Autor não se furta a enfrentar os temas mais tortuosos. Um grande exemplo está no Capítulo 6, desta obra, quando procede à uma sóbria análise da decisão proferida pelo Superior Tribunal de Justiça – STJ, no ano de 2009, na qual aquela Corte excluiu os cônjuges casados em separação convencional de bens da concorrência com os descendentes no processo sucessório, não se omitindo em apontar a grave confusão no teor dos institutos jurídicos envolvidos.

SALOMÃO CATEB apresenta os institutos sucessórios mais complexos em exemplos práticos, para ensiná-los com tranquilidade. Confronta os temas estudados com decisões dos Tribunais, para apresentar suas conclusões de forma didática e clara. O Autor permanece ainda atento às inovações, pontuando a existência de diversos projetos de lei que buscam alterar o Código Civil em mais de 50 artigos.

Finalmente, não posso deixar de mencionar que o texto que apresentamos reflete, também, o cuidado e amor de um Professor com seus alunos. SALOMÃO CATEB é inspirador com seu espírito jovem, sendo fonte de consulta imprescindível àqueles que estudam o Direito Sucessório, bem como referência profissional a seus alunos e advogados.

De minha parte indico, agraciado e honrado, por apresentar quem dispensa apresentação.

JOAQUIM TOLEDO LORENTZ

Advogado, Mestre em Direito Privado pela PUC/MG, Professor de Direito de Família e Direito das Sucessões há mais de 15 anos, Membro Fundador e Colaborador da Comissão de Direito Sucessório da OAB/MG, Palestrante da Escola Superior de Advocacia – ESA/MG.

PREFÁCIO

Coube-me o prazer de elaborar, nos idos de 1999, a apresentação da primeira edição do livro **Direito das Sucessões**, de autoria do **Prof. Salomão Cateb.**

Naquela oportunidade, afirmei que "... a obra veio, com toda certeza, suprir uma lacuna no mercado editorial jurídico, enriquecendo a literatura nacional, sem deixar de lado a modéstia que lhe é característica e a perfeição, que sempre foi o traço predominante do seu caráter."

Tal previsão está cumprida, pois a obra chega à sua nona edição, renovada pelas mudanças legislativas e jurisprudenciais e pelo profundo conhecimento técnico do autor.

Já elaborado na vigência da Constituição da República de 1988, o texto original passou pela revogação do Código Civil de 1916, com a implementação da nova lei civil, a partir de 2003. Mas outras mudanças substanciais se fizeram notar no período, dentre as quais merece destaque a interpretação que os tribunais, em especial os Tribunais Superiores, deram às normas relativas aos direitos de cônjuges e companheiros, com reflexo imediato, mas profundo, no direito sucessório.

Se o Código Civil de 2002 estabeleceu diferenciação entre os efeitos do casamento e da união estável, em especial no que diz respeito à participação do companheiro sobrevivente na herança deixada pelo falecido, a jurisprudência formada pelos Tribunais Superiores reconheceu a igualdade de direitos sucessórios dos cônjuges e companheiros e afastou a regra do artigo 1790 do código. A igualdade assim definida é matéria que ainda suscita discussões acirradas, por razões técnicas diversas, inclusive pela necessidade de se resguardar a autonomia de vontade dos cidadãos, quando optam por uma forma diferenciada de vida em comum.

Entretanto, esta não é a única questão que suscita controvérsias. Com o advento da Emenda Constitucional nº 66, em 2010, a obtenção do divórcio não mais se prende a qualquer tipo de exigência (senão a do pedido feito por um dos cônjuges). Ora, diante desta nova disposição legal, a regra contida no artigo 1.830 do Código Civil, que disciplina o direito sucessório dos cônjuges (e agora também dos companheiros), passa a merecer especial atenção, pois estabelece a condição de herdeiro do sobrevivente, se a separação de fato não chegou a completar 2 anos, desde que se demonstre não ter sido ele o culpado pela impossibilidade da convivência (quando os tribunais entendem que o fim da vida em comum faz cessar os efeitos patrimoniais do vínculo...). Tem-se, assim que, inexistente culpa do sobrevivente, este pode ser contemplado com parte da herança deixada pelo falecido. De se questionar, pois: se a decretação do divórcio não comporta discussão de culpa, frente ao disposto na EC 66/2010, como apurá-la, para aplicar o disposto no artigo 1.830 do Código Civil? A interpretação do texto constitucional não afastaria a aplicação do referido artigo?

Temos, pois, questões polêmicas, que ainda propiciarão discussões acaloradas entre os juristas e das quais não pode se afastar o doutrinador, para indicar a seus leitores seu posicionamento técnico sobre a matéria.

Enquanto não houver alteração legislativa que abranja as questões citadas, que foram apenas pinçadas nesta oportunidade, permanecerá aberta a oportunidade dos debates e do questionamento das mesmas perante os tribunais.

Para não fugir do propósito inicial da obra, o Autor não deixou de observar a conveniência de um posicionamento preciso a respeito das normas vigentes e sua interpretação doutrinária e jurisprudencial, resguardando, contudo, espaço para a menção das polêmicas que o direito sucessório propicia, posicionando-se tecnicamente e abrindo caminho para novas discussões.

Este é o espírito que preside a nona edição desta obra, sempre renovada pelo espírito profissional de seu autor, professor e advogado militante perfeitamente afinado com as necessidades do leitor e com as mudanças que vão sendo implementadas no Direito Civil.

Lucia Massara

Professora de Direito Civil da Faculdade de Direito da UFMG

NOTA À 9ª EDIÇÃO

E a luta continua (o que representa um sinal da vida). Chegamos à 9ª edição desse livro, adotado em diversas Faculdades, citados em diversas decisões judiciais e por estudiosos do Direito das Sucessões em suas obras.

Meus agradecimentos ao Dr. Alexandre Bueno Cateb, professor ilustre, colega de escritório, autor de livros e muitos artigos publicados. Espero que esta ilustre figura cresça mais ainda na área jurídica.

Esta edição está sendo publicada pela Editora Del Rey, berço da 1ª. edição e de outros livros de minha autoria. Obrigado, Arnaldo, pela confiança em mim depositada.

Estamos atualizados com os Códigos Civil e Processo Civil.

Embora o Supremo tenha julgado inconstitucional o art. 1.790 do CC, permanece o impasse e nenhum parlamentar, até a presente data, apresentou projeto de lei para alterar o CC. A rigor, o Supremo não pode legislar e igualou cônjuge e companheiro, o que não está previsto na Constituição.

O Autor

SUMÁRIO

1

DA SUCESSÃO EM GERAL

1 Introdução

O Código Civil brasileiro, Lei nº 10.406, de 10 de janeiro de 2002, cujo texto foi publicado no *Diário Oficial da União* em 11 de janeiro de 2002, por força do art. 2.044, entrou em vigor no dia 11 de janeiro de 2003. Com ampla aplicação nos Tribunais, decorridos mais de dez anos de vigência, consolidou sua plena eficácia, embora críticas esparsas do texto legal, quer por omissão, quer por tratar de forma incorreta determinados institutos.

Deve-se reconhecer que houve avanços, como fixação de normas retroativas, cláusulas gerais, adoção do princípio da boa-fé etc. O Brasil não prima pelo aprimoramento cultural, destacando a discurso político, bem elaborado por profissionais que buscam seu bem-estar, em prejuízo da coletividade. Os planos de alterações do Código Civil, naquele período da *vacatio legis*, foram inteiramente sepultados, inexistindo, na presente data, qualquer projeto de lei substancial.

A Lei nº 10.406 veio para ficar.

O Projeto de Código Civil tomou o nº 634, em 1975, e somente após 26 anos, por votos das lideranças partidárias, foi aprovado pelo Congresso Nacional, revogando a Lei nº 3.071, de 1º de janeiro de 1916, antigo Código Civil, de autoria do insigne Prof. Clóvis Beviláqua.

Seguindo a tradição, vinda de Augusto Teixeira de Freitas, o novo diploma é dividido em duas partes: Parte Geral e Parte Especial. Inicia-se a Parte Geral com o estudo das pessoas naturais – da personalidade e da capacidade (arts. 1º a 10), dos direitos da personalidade (arts. 11 a 21), da ausência (arts. 22 a 39), subdividida em curadoria dos bens do ausente (arts. 22 a 25), sucessão provisória (arts. 26 a 36) e sucessão definitiva (arts. 37 a 39), das pessoas jurídicas (arts. 40 a 69), do domicílio dessas pessoas (arts. 70 a 78), passando para os bens (arts. 79 a 103), os fatos jurídicos, compreendendo os negócios jurídicos (arts. 104 a 184), o ato jurídico lícito (art. 185), os atos ilícitos (arts. 186 a 188), o estudo da prescrição e da decadência (arts. 189 a 211) e, finalmente, das provas (arts. 212 a 232); a Parte Especial é subdividida em Direito das Obrigações (arts. 233 a 965), incluindo as várias espécies dos contratos, dos atos unilaterais, dos títulos de crédito, da responsabilidade civil e das preferências e privilégios creditórios; Direito de Empresa (arts. 966 a 1.195); Direito das Coisas (arts. 1.196 a 1.510); Direito de Família (arts. 1.511 a 1.783) e, finalmente, Direito das Sucessões (arts. 1.784 a 2.027). O legislador introduziu um livro complementar, tratando das disposições finais e transitórias (arts. 2.028 a 2.046), inserindo-se nessas disposições o art. 2.041, que toca, diretamente, ao estudo e aplicação do Direito das Sucessões no tempo.

Embora colocado em última posição, o Direito das Sucessões está vinculado, estreitamente, ao Direito de Família e à Parte Geral e relaciona-se com o Direito das Coisas e das Obrigações, nas mais diversas esferas e formas.

Segundo nossa modesta opinião, a Parte Geral é a peça fundamental. Suas normas são utilizadas em vários ramos do Direito e acompanham o ser humano em todos os seus passos. Muitas das vezes, as regras ali inseridas são aplicadas pelo juiz, independentemente de manifestação da parte (art. 210).

Surgiu a ideia de sucessão após consolidar-se a formação da família, a mais importante das células da sociedade. Sempre existiram tendências de doutrinadores que investem contra o casamento, mas, a despeito disso, permanecem os pressupostos de formação da família como estabilização da sociedade. Constata-se, em quase todos os países do mundo ocidental, fortalecimento da família, legalmente constituída com o casamento. Os teóricos que bradavam contra o estabelecimento ou formalização do casamento reduziram-se. No caso do Brasil, com o surgimento do novo Código Civil, expande-se o instituto, representando, realmente, a célula mais importante de continuidade da vida em comum, da sociedade legalmente estabelecida.

O Código vigente reconhece a família, tradicionalmente formada pela celebração do casamento de um homem e uma mulher, porém "é reconhecida como entidade familiar a união estável entre o homem e a mulher, configurada na convivência pública, contínua e duradoura e estabelecida com o objetivo de constituição de família" (art. 1.723). O amor que os pais sentem pelos filhos é uma projeção da natureza; nela todos os animais, racionais e irracionais, transmitem profundo sentimento de respeito, de gratidão, de amor para com aqueles que lhes estão ligados por laços de sangue.

Entre os seres humanos ao lado dos direitos, igualmente as leis naturais e as elaboradas pelas sociedades estabeleceram deveres recíprocos. Essas relações afetivas e morais, fundadas na natureza, devem, por isso mesmo, ser reconhecidas e protegidas pelo Direito.[1]

Decorrida uma década de vigência do novo diploma, os Tribunais manifestam-se, aplicando as novas regras, executando, às vezes, atividades legislativas, ora de forma justa, ora simples vaidade dos julgadores. É evidente que tal prazo é bem curto, considerando a importância da legislação e suas imperfeições, merecendo destaque, entretanto, o implemento da informática, dinamizando os julgados, permitindo a expansão da doutrina.

Poucos julgados buscam o Código revogado, em se tratando de sucessão, por aplicação da lei vigente na data do óbito do autor da herança (art. 2.041 do CC vigente), outras vezes pela delonga nos julgamentos, até atingir a última palavra do Superior Tribunal de Justiça..

Diversos projetos de lei tramitam pelo Congresso Nacional, visando alterar mais de 50 artigos do Direito das Sucessões. Segue-se, igualmente, a evolução, com o advento do Código de Processo Civil, já em vigor desde 2015, Lei n. 13.105, de 16 de março de 2.015 . Devemos, portanto, trabalhar com o texto vigente, doutrina e jurisprudência surgidas.

2 Origem

Sucessão é palavra oriunda do latim *successio*, derivado de *succedere*, que dá ideia de troca entre titulares ou, na definição de Savigny, "*el cambio meramente subjetivo en una relación de derecho*". Transmite a palavra a ideia de afastamento de pessoa, das relações jurídicas e, em seu lugar, a continuação por outra em todos os deveres e direitos.

A sucessão decorre por atos entre pessoas vivas ou por causa de morte. Segundo Capozzi, "*questa nozione, nella sua apparente semplicità implica la positiva soluzione di un importante problema: la possibilità che una situazione giuridica resti identica nonostante il mutamento del soggetto*".[2] A sucessão

---

1 OLIVEIRA, Arthur Vasco Itabaiana de. *Tratado do direito das sucessões*, 1952, v. 1, p. 46.

2 CAPOZZI, Guido. *Successioni e donazioni*. Milão: Giuffrè, 1983. p. 5.

mortis causa é consequência do passamento do sujeito de direito, autor do patrimônio, e surgimento de outro sujeito que receberá os bens transferidos. Para que haja relação jurídica transmissível, é necessário que haja um patrimônio e a existência de pessoas que sobrevivam ao falecido.

O Direito das Sucessões tem como fato natural a morte do sujeito e a transferência de seus direitos e obrigações a uma ou mais pessoas vivas, segundo as regras ditadas pelo Código Civil ou por leis específicas vigentes ou que venham a vigorar. Em princípio, as normas de Direito das Sucessões não retroagem.

Embora esteja ínsita no Direito Natural a sucessão de bens pressupõe que a lei vigorante na data do óbito outorgue esse direito, definindo os sucessores que serão chamados a arrecadar o monte partível.

Essa ideia, vinda do Direito Romano e, depois, com mais vigor, do Direito germânico, foi ampliada pelo Código atual, acrescentando, em igualdade de condições, o cônjuge supérstite aos herdeiros do mesmo sangue.

O cônjuge, dependendo do regime de bens adotado no casamento, concorre com os descendentes (art. 1.829, I); concorre, também, com os ascendentes (art. 1.829, II), independentemente do regime de bens escolhido pelas partes, revelando a lei brasileira o pensamento reinante em grande parte das legislações ocidentais.

3 Histórico

Para se compreender o momento histórico do Direito das Sucessões, talvez a forma que mais se tenha transformado no curso dos tempos, é necessário abstrair nossa ideia da sociedade capitalista de hoje e mergulhar no túnel da história.

Segundo estudiosos, a primeira noção está relacionada com a "perpetuação da espécie e organização da propriedade pela necessidade das satisfações da vida coletiva – cadeia de relações jurídicas, intimamente ligadas para o exercício pleno da personalidade".[3] Após a ideia primitiva de tribo, quando não se falava em sucessão, organizaram-se os primeiros núcleos sociais, formando as cidades e, dentro delas, a célula *mater*, constituída pela família, sob a gerência do *pater*. Sabe-se, por informações de estudiosos, que o fortalecimento dos laços de afeição, intimamente ligados nas famílias, principia a transmissão da propriedade de pais para filhos, tornando-se um hábito, arraigando-se nos costumes, gerando nas leis antigas o reconhecimento do direito dos filhos à herança dos pais.[4]

---

[3] AHARENS. *Philosophie du droit*, p. 220-221.

[4] BEVILÁQUA, Clóvis. *Código civil*. Rio de Janeiro: Francisco Alves, 1956. v. 1, p. 138.

Na Índia, como na Grécia e em Roma, o culto religioso e a propriedade são coisas estreitamente ligadas, tanto assim que as Leis de Manu prescreviam: "a pessoa herdeira, seja quem for, fica encarregada de fazer as oferendas sobre o túmulo".[5]

A veneração dos antepassados estava intimamente ligada com o culto do fogo sagrado. Informa Fustel de Coulanges que o filho do sexo masculino era o natural e obrigatório continuador do culto e, em consequência, herdava ele todos os bens, ficando, também, responsável pela continuação do culto e da família.[6] Dentro desse ambiente familiar, os pais eram verdadeiros deuses, com poderes absolutos; somente os filhos do sexo masculino podiam herdar, porque as mulheres, casando, renunciavam à casa paterna e se incorporavam à família do esposo. Se tivessem herdado, não haveria continuidade no culto do fogo sagrado, porque não poderiam manter os dois lares. Não têm, pois, nenhum direito à herança.[7]

A partir da Lei das XII Tábuas, o *pater familias* tinha absoluta liberdade de dispor de seus bens para depois da morte; mas, se falecesse sem testamento, a sucessão se devolvia, seguidamente, a três classes de herdeiros: *sui*, *agnati*, *gentilis*.[8] Na classe dos *sui* herdavam todos os herdeiros, sem distinção de sexo, segundo José Cretella Júnior, e arremata: "em Roma, necessários eram os herdeiros que, uma vez instituídos, não podiam deixar de aceitar a herança", confundindo-se o patrimônio dos *heredes* com o patrimônio do *de cujus*, garantia maior para os credores, mas, quase sempre, prejudicial aos herdeiros.

Com a inexistência do grupo *sui heredes* eram chamados os *agnati*, pessoas da mesma família, do sexo masculino, que, sujeitos à *potestas* do mesmo *pater familias*, tornavam-se, por sua morte, *sui juris*. Finalmente, chamados os *gentiles*, agnados mais afastados, ou presumidos agnados, a quem a posse do mesmo nome de família e do mesmo culto doméstico faziam parentes do falecido *pater familias*.

A evolução da família coincide com a ideia jurídica de propriedade e Cogliolo faz consentir o fundamento da sucessão nesses dois institutos combinados – a propriedade e a família –, que são admiravelmente harmônicos, existindo entre eles um tão íntimo consenso que consolidou a sociedade dos povos europeus.[9]

---

5 COULANGES, Fustel de. *A cidade antiga*. 12. ed. São Paulo: Hemus, 1975. p. 58.

6 COULANGES, Fustel de. Op. cit. p. 58.

7 COULANGES, Fustel de. Op. cit. p. 59.

8 GOMES, Orlando. *Sucessões*. Rio de Janeiro: Forense, 1997. p. 3.

9 COGLIOLO. *Filosofia de direito privado*. Lisboa: Livraria Clássica, 1915. p. 298.

Justiniano estabeleceu na Novella 117 a primeira ordem sucessória:

a) descendentes;

b) ascendentes e irmãos germanos;

c) irmãos unilaterais;

d) colaterais que não fossem irmãos;

e) cônjuge sobrevivente.

Desde as primeiras leis, os parentes mais próximos excluíam os mais remotos, e o filho primogênito do sexo masculino, aos poucos, cedeu lugar à classe dos descendentes, todos os filhos, até mesmo do sexo feminino. Ainda hoje, em alguns países, existe a preferência pelo filho do sexo masculino em detrimento do filho do sexo feminino.

Segundo renomados autores, há, no Direito Romano quiritário, ou mesmo na época das XII Tábuas, duplo aspecto sucessório: a família, a *domus*, e o patrimônio. A liberdade de testar estava relacionada com a administração da família e da casa. O testamento serviria, na opinião de Cabral de Moncada,[10] as mais das vezes, para o *pater familias* romano prover à continuação da família e do culto, no caso de não existência de filhos, ou para regular a sucessão entre eles, evitando desmembramento do patrimônio e dispersão dos membros da sociedade familiar.

No Direito Romano, o herdeiro (*heres*) não é um mero sucessor dos bens do *de cujus*, como, por exemplo, no sistema jurídico germânico e anglo-saxônio: é o sucessor de sua pessoa jurídica.[11]

4 Noção ideológica de sucessão

Segundo Clóvis Beviláqua, "sucessão, em sentido geral e vulgar, é a sequência de fenômenos ou fatos, que aparecem uns após outros, ora vinculados por uma relação de causa, ora conjuntos por outras relações".[12]

> *"A palavra sucessão, tomada algumas vezes como sinônima de herança, com que aliás se não confunde, é empregada para significar a transmissão, em regra, dos direitos ativos e passivos, que uma pessoa falecida faz a uma outra, que lhe sobrevive."*[13]

---

[10] MONCADA, Luis Cabral de. *Elementos de história do direito romano*. Coimbra: Coimbra Editora, 1923.

[11] CRETELLA Júnior, José. *Curso de direito romano*. 20. ed. Rio de Janeiro: Forense. p. 366.

[12] BEVILÁQUA, Clóvis. *Direito das sucessões*. Rio de Janeiro: Freitas Bastos, 1997. p. 15.

[13] BARROS, Hermenegildo de. *Manual do Código Civil brasileiro*. Rio de Janeiro: Livraria Jacinto, 1929. v. 18, p. 17.

Pondera Galvão Telles que "juridicamente, dá-se sucessão ou transmissão quando uma pessoa fica investida num direito ou numa obrigação ou num conjunto de direitos e obrigações que antes pertenciam a outra pessoa, sendo os direitos e obrigações do novo sujeito considerados os mesmos do sujeito anterior e tratados como tais".[14]

Depreende-se que sucessão vem a ser a transmissão do patrimônio de uma pessoa morta para uma ou mais pessoas vivas. O patrimônio, o conjunto de direitos e obrigações, de créditos e débitos, é, sob certo aspecto, sinônimo de herança. A sucessão é um dos fenômenos de maior importância para o Direito. Se sucessão é sinônimo de aquisição de direitos, compreende-se que sem ela não se poderá conceber a ordem jurídica.

O patrimônio é algo muito distinto dos bens; é a universalidade jurídica dos direitos reais e pessoais, sob a relação de um valor pecuniário ou, melhor dizendo, é a personalidade mesma do homem, posta em relação com os diversos objetos que a compõem.[15]

As relações jurídicas passam da pessoa do defunto (autor, *de cujus*) para a do herdeiro (sucessor), e a transferência funda-se precisamente sobre a morte do autor.[16]

São, portanto, pressupostos da sucessão *mortis causa* que haja o falecimento de alguém, titular de um patrimônio, e a sobrevida de outras pessoas, chamadas para recolher esse patrimônio, que o direito chama de herança. Inexistindo patrimônio, não se pode falar em herança, e o fato "morte" não será apreciado no Direito Sucessório.

O Código Civil argentino define a sucessão como a transmissão dos direitos ativos e passivos que compõem a herança de uma pessoa morta, à pessoa sobrevivente, a qual a lei e o testador chamam para recebê-la (art. 3.279).

Segundo Kipp,

> *"la institución del Derecho privado de sucesiones asegura la subsistencia de la propiedad privada. Los bienes poseídos por un hombre particular, pasan a la mano pública. Si la propiedad privada estuviera limitada a la vida de un hombre, no sería apta para cumplir plenamente la función social que le es propia"*.[17]

---

[14] TELLES, Inocêncio Galvão. *Direito das sucessões*. Coimbra: Coimbra Editora 1996, p. 25. Sob o aspecto puramente teórico, consoante Carnelutti e Windscheid, a mudança do sujeito, necessariamente, muda o próprio direito.

[15] Teoria de Aubri e Rau.

[16] RUGGIERO, Roberto de. *Instituições de direito civil*. São Paulo: Saraiva, 1958. v. 3, p. 496.

[17] KIPP, Theodor. *Derecho de sucesiones*. Barcelona: Bosch, 1976. t. 1, p. 1.

Teoricamente, podem-se combater a propriedade e a sucessão, mas não admitir uma e negar a outra.[18]

No princípio, a sucessão tinha um sentido transcendente, querendo o homem perpetuar-se; hoje, entretanto, embora algumas investidas, como foi o caso de Assis Chateaubriand[19] sabe o ser humano que a sucessão transmite bens para seus sobreviventes, não podendo o patrimônio ser administrado "além-túmulo".

Razão maior está no interesse econômico-social, porque, se o homem supera, ao morrer, todo seu egoísmo, olvidando o trabalho executado para a construção do patrimônio, e o apego aos bens, busca, em outra dimensão, uma felicidade maior e não passageira, transmitindo o patrimônio a seus entes queridos.

Divide-se, assim, o Direito Sucessório em três momentos: (a) a pessoa falecida, também chamada de *de cujus* ou falecido; (b) as pessoas chamadas a recolher, seja por comando da lei, seja por vontade do testador; (c) o conjunto de bens que pertencia ao *auctor successionis*, ou, simplesmente, constituído pelo patrimônio, a herança.

A ideia da continuação da pessoa é, antes de tudo, uma ficção. O que está morto não pode continuar, muito menos uma pessoa pode ser continuada por várias outras, porque isso seria dividir o que, por essência divina e humana, é indivisível.[20]

O Direito Romano é fascinante e fonte maior de todos os nossos institutos jurídicos. Embora a matéria não seja, hoje, disciplina obrigatória nos cursos de bacharelato, parte do currículo das faculdades, encaminho os alunos e leitores ao estudo da matéria. São muitas e boas as obras publicadas nos últimos anos, podendo o leitor selecionar segundo seu apetite cultural. Há, também, obras clássicas, merecedoras de destaque, inclusive as *Instituições de Direito Romano* do Prof. Sílvio Meira, *Instituições de Direito Romano* do Prof. Ebert Chamoun, *Direito Romano* do Prof. José Carlos Moreira Alves e, vindo de Portugal, *Elementos de História do Direito Romano* do Prof. Luis Cabral de Moncada.

---

18 PLANIOL; RIPERT. *Traité élémentaire de droit civil.* La Habana, 1998. t. 4, nº 1.

19 Assis Chateaubriand, fundador dos Diários Associados, elaborou um testamento, dividindo sua empresa em dez partes, destinando cada décimo para uma pessoa que ele considerava "seu continuador". Estabeleceu, no testamento, entre outras disposições, como seria a transferência da quota do beneficiado e, assim, sucessivamente. Seu projeto é permanecer, mesmo depois de morto, que a empresa fosse "administrada" segundo sua vontade.

20 UBRY; RAU. *Cours de droit civil français.* Paris: Maechal & Billald, 1917. t. 2, nº 737.

5 Sucessão a título singular e a título universal

Podemos dividir a sucessão em *inter vivos* e *mortis causa*. Na primeira, uma pessoa sucede a outra em uma relação jurídica, estabelecida livremente entre as partes, como no contrato de compra e venda, por exemplo, quando o titular da coisa vendida cede seu lugar a outra, o comprador, que passa a ser o novo titular do bem negociado; na doação, o doador investe o donatário – que o sucede – na titularidade do bem doado; na locação, quando o locador transfere a posse direta ao locatário etc., é uma relação jurídica que se estabelece entre pessoas vivas, na prática de negócios jurídicos; a sucessão *mortis causa*, ou hereditária, que decorre da morte de uma pessoa e a sobrevida de outra, pressupondo-se a existência de um patrimônio; é um dos modos de aquisição da propriedade, e pode dar-se a título universal ou a título singular.

> *"A título universal, quando gera a transmissão da totalidade ou parte ideal do patrimônio ao sucessor, e a título singular, quando adstrita a uma coisa ou a um direito determinado. A primeira induz a sub-rogação abstrata na totalidade dos direitos ou uma fração ideal deles, ao passo que a segunda tem em vista a sub-rogação concreta do novo sujeito em determinada relação de direito."*[21]

Instituo Primus meu herdeiro, isto é, sucessão a título universal, não se sabendo o montante do valor que será arrecadado pelo herdeiro; lego a Primus o lote nº 12, da quadra 15, da 3ª seção urbana, com frente para a Rua Gonçalves Dias, coisa certa e determinada, sucessão a título singular. A lei considera o patrimônio de uma pessoa como universalidade, o conjunto de todos os seus bens, direitos e obrigações (art. 91).

Caracteriza-se a universalidade de direitos como um complexo de relações jurídicas de uma pessoa, dotadas de um valor econômico. Não se concebe patrimônio sem valor econômico, ou capaz de transformar-se em tal. As relações jurídicas surgem, muitas das vezes, sem a deliberada vontade do agente, criando um vínculo, característica de uma obrigação constituída.

Segundo Ruggiero,

> *"o ponto central, em virtude do qual toda a doutrina do direito hereditário se desenvolve, é dado precisamente pelo conceito de herança. Herança é, compreendida objetivamente, todo o patrimônio do defunto, considerado como unidade que abraça e compreende qualquer relação jurídica dessa pessoa, mas é independente dos vários elementos que a*

[21] PEREIRA, Caio Mário da Silva. *Instituições de direito civil.* Rio de Janeiro: Forense, 2005. v. 6, p. 1-2.

> *compõem; é a totalidade das relações patrimoniais; é, em suma, uma universitas, que engloba direitos, créditos e débitos".*[22]

O herdeiro, ao tomar o lugar do falecido, torna-se titular de todas as relações jurídicas e penetra nessa *universitas*, quando seus direitos se mesclam no *universum jus*, sem formar uma personalidade jurídica.

O Direito das Sucessões, em se tratando de sucessão legítima, relaciona a transferência de direitos para pessoas físicas, estranho às pessoas jurídicas, que têm seu diploma apropriado.

O patrimônio hereditário é concebido como uma universalidade (CC, art. 91), e provido de autonomia, não se confundindo com o dos herdeiros, salvo quando sujeitos estes ao domínio do princípio *intra vires hereditatis*.[23]

O legislador do Código de 2002 redigiu de forma genérica o art. 91, que, segundo Matiello, teve o legislador a intenção de conjugar a ideia de unicidade das relações jurídicas com a noção de universalidade patrimonial. Na redação do Código revogado (art. 57), o legislador discriminava como universalidades o patrimônio e a herança, embora não constantes de objetos materiais.

Resta lembrar que a herança não abrange os direitos personalíssimos do indivíduo, pois estes não se transmitem com a morte, mas fenecem com seu óbito. O novo Código trata dos direitos personalíssimos nos arts. 11 a 21. Inicia-se o capítulo dos Direitos da Personalidade declarando que são eles intransmissíveis, salvo casos previstos em lei.

A vida é nosso maior direito e a pessoa personifica a existência por suas várias fases, física, psíquica, moral, intelectual. Itabiana de Oliveira inicia sua obra clássica de Direito Sucessório, aludindo à distinção entre a personalidade física e psíquica. Passados quase oitenta anos, nosso legislador inseriu um capítulo inteiro, denominado Direitos da Personalidade. Perseguem o tema, com brilho e entusiasmo, Perlingieri, Tepedino, Gagliano, Pamplona etc.

6 Sucessão legítima e testamentária

A legislação vigente aceita, harmoniosamente, a sucessão em virtude da lei, independentemente de ação do autor da herança e da sucessão testamentária, decorrente da vontade direta do autor do patrimônio, que quer beneficiar determinadas pessoas, por gratidão, por amor ou afeição, em retribuição por serviços prestados. Nos termos do art. 1.786 do Código Civil, "a sucessão dá-se por lei ou por disposição de última vontade".

---

22 RUGGIERO, Roberto de. Op. cit. p. 497.

23 *RT*, 627/111.

A sucessão legítima ou *ab intestato* é uma complementação natural, com a transferência do patrimônio adquirido em vida a certas e determinadas pessoas, nomeadas pela lei, sem qualquer interferência da vontade de seu titular. Verifica-se quando o autor do patrimônio morre sem deixar testamento ou o mesmo ocorrerá quanto aos bens que não tiverem sido testados ou, ainda, se este caducar ou mesmo for declarado nulo (art. 1.788).

Morrendo a pessoa sem deixar testamento, transmite-se a herança a seus herdeiros legítimos (art. 1.788), de acordo com a definição da lei, que outorga a capacidade para suceder.

A sucessão testamentária representa uma faculdade à pessoa que, durante sua existência, economizando valores e formando um patrimônio, tornou-se titular deste monte e quer transferir parte dele ou sua totalidade a pessoas que lhe parecem merecedoras de uma retribuição. É evidente que as legislações de hoje estabelecem um limite para esta vontade de testar. O testamento é um ato livre e espontâneo, mais conhecido como disposição de última vontade, que encontra limites na legítima dos herdeiros necessários.

O Código Civil adotou os dois sistemas, isto é, a sucessão legítima e a sucessão testamentária, delimitando sua área de abrangência a cada qual.

Pode a pessoa deixar de fazer testamento, então todo seu patrimônio será transmitido a seus herdeiros legítimos; se, ao contrário, preferir fazer um testamento, os bens serão transmitidos aos herdeiros, por força da lei, e aos beneficiários no testamento, ao mesmo tempo. A lei brasileira não exclui testamento, nem vice-versa; há pacífica transmissão das duas formas.

7 Liberdade de testar

Comum dizer-se que no Direito Romano era ilimitada a vontade do testador. Tal, no entanto, não representa a manifestação verdadeira, a não ser no Direito Romano antigo, talvez nos primórdios da Realeza. A presença dos herdeiros necessários sempre constituiu um freio à vontade plena do testador.

No Direito brasileiro, a porção indisponível, destinada aos herdeiros necessários, é imutável, pouco importando o número deles. Permite a lei, no art. 1.789, que, "havendo herdeiros necessários, o testador só poderá dispor da metade da herança". Esta regra tem melhor redação no art. 1.846 do Código Civil, que declara pertencer aos herdeiros necessários, de pleno direito, a metade dos bens da herança, constituindo a legítima."O sistema que afinal triunfou (liberdade de testar limitada), incontestavelmente, é o melhor, porque de modo perfeito concilia os elementos em que se apóia o direito hereditário: de um lado, a propriedade, elemento individual, de outro, a família, elemento social. Outorgar ao indivíduo plena liberdade de testar seria conferir preeminência ao elemento individual, em detrimento do social."[24]

Liberdade de testar é a possibilidade que o Direito concede ao indivíduo de poder fazer disposições juridicamente eficazes sobre seu patrimônio para o tempo posterior a sua morte. A liberdade de testar baseia-se, em geral, na autonomia privada no Direito, sobre o fato de que o ordenamento jurídico reconhece o indivíduo como uma pessoa, capaz de dirigir sua vida, segundo seu próprio arbítrio.[25]

O Código estatui a liberdade igual à metade da herança; na prática, muito menor tem sido a manifestação de legítima vontade na transferência de herança a pessoas eleitas pelo testador. Sabe-se que o percentual de sucessão testamentária não atingia 10% dos óbitos e, quando feito o testamento, grande parte dos bens não é distribuída, devendo a porção seguir a regra natural da sucessão legítima (art. 1.829).

Com o advento do Código de 2002, simplificando as solenidades imprescindíveis para a facção do testamento, reverte-se o quadro. Os Cartórios de Notas têm sido solicitados para a elaboração de testamentos públicos. Volta o Brasil à sua origem colônia, aos usos e costumes da civilização europeia e norte-americana. Hoje, o Código exige a presença de duas testemunhas para o testamento público, facilitando, sobremaneira, àquelas pessoas que querem testar. E mais. Adequando-se o legislador à época atual, permite que o testador faça a minuta de seu testamento em casa, comodamente, ou orientado por um *expert*, entregando-a, em seguida, para o tabelião, ou seu substituto, que o lavrará no livro próprio, e, somente depois, na presença do testador e das testemunhas, será o testamento lido para ser assinado.

Segundo o mestre Clóvis Beviláqua, o direito de testar é um atributo ao proprietário, alienando, total ou parcialmente, o que é seu, durante a vida, mas sofre restrições impostas pelas necessidades da vida social.[26] Ministra o ilustre autor argumentos sobre a liberdade de testar absoluta, concluindo que os interesses superiores da família suplantam ideias de maus filhos, passíveis do direito de deserdação ou exclusão do processo sucessório. São herdeiros necessários os declarados no art. 1.845 do Código Civil, ou seja, os descendentes e os ascendentes *ad infinitum* e o cônjuge sobrevivente, nos casos especificados pela lei.

---

[24] MONTEIRO, Washington de Barros. *Curso de direito civil*. São Paulo: Saraiva, 2010. v. 6, p. 12/13.

[25] KIPP, Theodor. Op. cit. t. 2, p. 181.

[26] BEVILÁQUA, Clóvis. *Código Civil comentado*. Rio de Janeiro: Francisco Alves, 1958. v. 6, p. 12.

A liberdade de testar varia de legislação a legislação. Entre nós está delimitada na existência de herdeiros necessários, aos quais a lei garante metade da herança (arts. 1.789 e 1.846). Decidiu o Tribunal de Justiça de São Paulo, sendo relator o Des. Yussef Cahali, que,

> *"existindo herdeiros necessários, poderá o dono do patrimônio doar somente da parte disponível e não sobre a totalidade dos bens, declarando nulidade parcial da parte excedente a que o doador poderia dispor em testamento (Ap. Cív. nº 274.619)".*

A redução no número dos filhos, a possibilidade de maiores poupanças e ganhos, a independência – às vezes prematura – dos filhos e constituição de novas famílias, voltam-se as pessoas para a sucessão testamentária, quer partilhando os bens em vida, quer determinando a forma de partilhá-los. O assunto voltará a ser explanado e estudado com mais atenção.

8 Nomenclaturas

Imprescindível *ab initio* o conhecimento prévio de determinadas palavras técnicas para entender melhor o Direito das Sucessões. Chama-se sucessão hereditária a transferência de direitos, deveres e obrigações, oriundos do titular de determinado patrimônio, para seus herdeiros.

Sucessão a título universal dá-se quando há transferência da totalidade do acervo hereditário ou de parte indeterminada deste; sucessão a título singular diz respeito à transferência de coisas certas e determinadas, mais conhecidas como "legados"; sucessão universal é aquela na qual se transfere toda a universalidade de direitos a um só herdeiro; sucessão *inter vivos* é a transferência de bens entre pessoas vivas; sucessão *causa mortis* é a transferência de bens em decorrência da morte de uma pessoa a outras pessoas vivas; sucessão *ab intestato* é o mesmo que sucessão sem testamento.

Falecido, *de cujus*, inventariado são palavras sinônimas; é aquele de cuja morte se trata (*de cujus successionis agitur*); herdeiro ou sucessor é aquele que recebe os bens, a herança, substitui o falecido na titularidade dos direitos; legado é coisa certa e determinada, objeto de transferência, obrigatoriamente, em testamento; legatário é a pessoa que recebe o legado; testamento é o ato de última vontade, transferindo direitos; testador é a pessoa que faz o testamento; testamenteiro é a pessoa encarregada pelo testador para cumprimento do testamento.

Inventário é o processo judicial, ou extrajudicial, por via do qual se faz a arrecadação de todos os bens deixados pelo falecido; chamam-se os herdeiros, avaliam-se os bens, paga-se o imposto devido e partilham-se os bens entre os herdeiros; inventariante é a pessoa que administra o inventário e é nomeado pelo juiz, na forma da lei processual; partilha é a divisão dos bens com fixação de partes para os herdeiros. Administrador provisório é a pessoa que está na posse dos bens na data do óbito e responde pela administração desses bens até a nomeação do inventariante e assinatura do termo de compromisso. Pode o administrador provisório ser ou não parente do falecido.

Segundo Orlando Gomes,

> *"herança é o patrimônio do defunto, não se confunde com acervo hereditário constituído pela massa dos bens deixados, porque pode compor-se apenas de dívidas, tornando-se passiva; é coisa, não tem nomen juris, mas, sim, objeto de direito".*[27]

9 Pressuposto da sucessão

Para que haja sucessão hereditária, tornam-se necessárias a morte natural de alguém, a existência de um patrimônio do falecido e a sobrevida de uma ou mais pessoas, herdeiras, que recolherão esse patrimônio. A lei admite, também, a sucessão provisória, em decorrência de ausência declarada judicialmente, conforme preceituam os arts. 22 a 36 do Código Civil e 1.159 a 1.169 do Código de Processo Civil, convertida em sucessão definitiva, após determinado prazo e na forma da lei. A sobrevivência do herdeiro é da maior importância, mesmo que seja por um segundo.

Destaca-se a comoriência, prevista no art. 8º do Código Civil, como fundamental importância para esclarecimento de determinadas situações: "Se dois ou mais indivíduos faleceram na mesma ocasião, não se podendo averiguar se algum dos comorientes precedeu aos outros, presumir-se-ão simultaneamente mortos." Prova-se o momento exato da morte pela certidão de óbito. Deverá o médico-legista informar a hora precisa, inclusive minutos e segundos. Constatando-se que duas ou mais pessoas faleceram, em desastre de veículos, por exemplo, difícil a apuração da pessoa que precedeu a outra, necessitando, quase sempre, a oitiva de testemunhas, coleta de elementos concretos.

Nesses casos, ensina Itabaiana de Oliveira, deve o juiz atender a todas as circunstâncias do acontecimento, recorrendo aos meios técnico-científicos, que informarão sobre o resfriamento do cadáver, a perda da contratabilidade muscular, as lesões que o cadáver pode apresentar em órgãos essenciais. Não sendo encontrada uma informação segura, determinando a morte de um em primeiro lugar, segue-se a orientação da lei, presumindo morte simultânea,

---

[27] GOMES, Orlando. *Sucessões*. Rio de Janeiro: Forense, 1997. p. 6.

sendo, então, chamado à sucessão aquele que tem de herdar, na falta dos que faleceram no desastre comum.[28] "Morrendo em naufrágio pai e filho, sem poder averiguar-se qual morreu primeiro", diz Clóvis, "nem o pai sucede ao filho, nem o filho sucede ao pai e seguem os bens de cada um aos respectivos herdeiros, como se entre eles, os comorientes, não houvesse relação de parentesco".[29]

Para entender melhor a extensão dessa regra, razoável citar exemplo dado por Washington de Barros Monteiro:

> *"No mesmo desastre morre um casal sem herdeiros necessários. Se o marido falece primeiro, recolherão a herança os herdeiros da mulher; se, ao inverso, foi esta quem sucumbiu antes, caberá a herança aos herdeiros do marido."*[30]

O Código Civil francês, em seu art. 720, dispõe que,

> *"se várias pessoas chamadas respectivamente à sucessão de outra perecem no mesmo tempo, sem que se possa reconhecer qual morreu primeiro, a presunção de sobrevivência se determina pelas circunstâncias do fato, e a falta deles, por força da idade ou do sexo".*

Segue-se o art. 721, estabelecendo que, se tiverem menos de 15 anos de idade, presume-se que sobreviveu o mais velho; se todos tinham mais de 60 anos, presume-se que sobreviveu o mais jovem.

10 Capacidade para suceder

A vocação hereditária, isto é, a capacidade para suceder, é a do tempo da abertura da sucessão, obedecendo a lei vigente nessa data (art. 1.787). A explicação é bastante simples: enquanto o autor do patrimônio for vivo, não se pode falar em herança, muito menos em herdeiro. O Código Civil não admite pacto sucessório, expressamente vetado no art. 426. Há, tão somente, uma perspectiva de direito, não sendo possível contratar-se herança de pessoa viva. Por outro lado, todos têm capacidade aquisitiva, desde que vivos, respeitado o direito do nascituro, que nasça com vida, qualquer que seja a idade do herdeiro, sua capacidade intelectual ou situação econômica.

---

[28] OLIVEIRA, Arthur Vasco Itabaiana de. Op. cit. v. 1, p. 79.

[29] BEVILÁQUA, Clóvis. *Código Civil comentado*. Rio de Janeiro: Livraria Francisco Alves, 1958. v. 1, p. 202.

[30] MONTEIRO, Washington de Barros. Op. cit. p. 16.

Em Direito das Sucessões, a lei não deve retroagir nunca, embora o Supremo Tribunal Federal registre curioso caso, que manchou a nossa página jurídica.[31]

A lei vigente, na data do óbito, disciplina o direito do herdeiro. Promulgado o Código Civil, ficou estabelecido, no art. 1.603 (Código de 1916), o chamamento dos colaterais até o sexto grau; posteriormente, por força do Decreto-lei nº 1.907, de 26 de dezembro de 1939, passaram a ter direito somente os colaterais até o 3º grau (a famosa herança deixada por Louis Joseph Deleuze);[32] mais tarde, no governo de Eurico Gaspar Dutra, fixou-se a regra atual, isto é, colateral até o 4º grau. Idêntico é o caso da companheira, que passou a ter certos direitos a partir de 29 de dezembro de 1994, quando entrou em vigor a Lei nº 8.971, inclusive, "na falta de descendentes e de ascendentes, o(a) companheiro(a) sobrevivente terá direito à totalidade da herança", nos termos do inciso III, do art. 2º, da lei supracitada.

A lei vigente na data do óbito determina de quem é o direito à herança do falecido. Se porventura se subordina a instituição a alguma condição, suspensiva ou resolutiva, só por ocasião de seu implemento se apreciará dita capacidade.[33]

A Constituição Federal de 1988 estabeleceu regras especiais sobre filiação, modificando, independentemente de lei complementar, o direito vigente. Assim, "os filhos, havidos ou não da relação do casamento, ou por adoção, terão os mesmos direitos e qualificações, proibidas quaisquer designações discriminatórias relativas à filiação" (art. 227, § 6º).[34] Em consequência, todos os filhos terão igual direito e são chamados à sucessão. No entanto, esse direito lhes foi outorgado a partir da vigência da Carta Magna de 1988.

Em julgamento na Apelação Cível nº 30.520, a 2ª Câmara do Tribunal de Justiça do Rio Grande do Sul decidiu que "não herda a filha menor do indigno se, ao tempo da abertura da sucessão do avô, não era ainda nascida", com base nos arts. 1.572 e 1.577 do Código Civil de 1916.[35] Sendo o herdeiro incapaz (no

---

[31] Arquivo Judiciário, 54/116; *Revista Forense*, 87/670.

[32] O professor Washington de Barros Monteiro relata em seu livro referido caso, que noticia o voto proferido no STF pelo Ministro Carlos Maximiliano (MONTEIRO, Washington de Barros. *Curso de direito civil, direito das sucessões*. São Paulo: Saraiva, 2010. p. 78).

[33] MONTEIRO, Washington de Barros. Op. cit. p. 19.

[34] Interessante notar que o *caput* do art. 227 da CF trata do dever da família, da sociedade e do Estado em relação à criança e ao adolescente. Segundo a boa técnica legislativa, os parágrafos e incisos giram em torno do *caput*, o que não aconteceu no caso presente.

[35] *RJ* do TJRGS, 73/583.

sentido sucessório) ao tempo da delação da herança, não herdará, mesmo que antes tenha sido capaz; por outro lado, o herdeiro capaz no tempo da abertura da sucessão herda, ainda que antes não o fosse, como se viu o caso da companheira, supramencionado.

A companheira, por exemplo, passou a ocupar posição no processo sucessório, a partir de 29 de dezembro de 1994, data da Lei nº 8.971, que lhe outorgou o direito; mesmo que sua convivência tenha sido de uma dezena de anos, somente com a nova lei poderia ela postular direito sucessório. Até então, segundo a jurisprudência, restava-lhe uma sociedade de fato, que seria dividida desde que provado o acréscimo do patrimônio com o trabalho e capital de ambos, ou simples "indenização" por serviços prestados. O Direito das Obrigações cedeu espaço para o Direito de Família, com esteio na Constituição da República, evolução dos tempos, reconhecimento e legalização de uma realidade vivida e constatada por toda a história da civilização ocidental.

O Código Civil estabeleceu no art. 2.041 que "as disposições deste Código relativas à ordem da vocação hereditária (arts. 1.829 a 1.844) não se aplicam à sucessão aberta antes de sua vigência, prevalecendo o disposto na lei anterior (Lei nº 3.071, de 1º de janeiro de 1916)". Assim, a capacidade para suceder, em todos os óbitos ocorridos até o dia 11 de janeiro de 2003, obedecerá ao disposto nos arts. 1.603 a 1.625 do Código Civil revogado.

Continuarão a reger-se pelo Código Beviláqua todos os processos de inventário que foram aforados, porque a lei nova assim o determina. Igualmente, se uma pessoa faleceu em dezembro de 1999, mas não foi feito o inventário, ao ajuizar o feito determinar-se-á a capacidade das pessoas que vão suceder o falecido de acordo com o Código revogado.

Jurisprudência

AGRAVO REGIMENTAL EM AGRAVO REGIMENTAL NO RECURSO ESPECIAL - AÇÃO DE NULIDADE DE TESTAMENTO - INOBSERVÂNCIA DA LEGISLAÇÃO - FORMALISMO QUE NÃO PODE SE OPOR À VONTADE DA TESTADORA - ALEGAÇÃO DE VÍCIO NO CONSENTIMENTO - INEXISTÊNCIA.1. O egrégio Tribunal a quo asseverou que a testadora encontrava-se lúcida, com pleno discernimento de seus atos, possuindo, inclusive, pensamento amadurecido sobre testar os seus bens ao tempo da morte.Sendo assim, para acolhimento do apelo extremo, seria imprescindível derruir a afirmação contida no decisum atacado, o que, forçosamente, ensejaria em rediscussão de matéria fática, incidindo, na espécie, o óbice da Súmula n. 7 deste Superior Tribunal de Justiça, sendo manifesto o descabimento do recurso especial.2. A Corte local, ao interpretar as disposições de última vontade, considerou não haver qualquer dificuldade sobre o destino dos bens, pois o de cujus dispôs de todos os seus bens. Igualmente, em relação à qualificação dos beneficiários pelo testamento, o Tribunal de origem assentou que estes se encontram suficientemente identificados. Ademais, a instância ordinária considerou inexistir qualquer mácula na entrega da minuta do testamento 2 (dois) dias antes de sua leitura e assinatura, mormente, porque a autora da herança, após a sua leitura ratificou o seu conteúdo na presença das 5 (cinco) testemunhas e do Tabelião, sendo alegada irregularidade insuscetível de viciar a vontade da testadora.2.1. Nulidade do testamento. Pleito insubsistente. A Corte de origem asseverou que a vontade da testadora foi externada de modo livre e consciente, sendo perfeitamente compreensível e identificável as disposições testamentarias. Assim, "a análise da regularidade da disposição de última vontade (testamento particular ou público) deve considerar a máxima preservação do intuito do testador, sendo certo que a constatação de vício formal, por si só, não deve ensejar a invalidação do ato, máxime se demonstrada a capacidade mental do testador, por ocasião do ato, para livremente dispor de seus bens." (AgRg no REsp 1073860/PR, Rel. Ministro ANTONIO CARLOS FERREIRA, QUARTA TURMA, julgado em 21/03/2013, DJe 01/04/2013) 3. No que concerne à impossibilidade de ser a mesma pessoa testemunha, testamenteiro e inventariante, nota-se que o recurso especial encontra-se deficiente, porquanto esta Corte Superior entende que o dispositivo legal tido como violado deve conter carga normativa suficiente a alterar o julgado hostilizado. Na hipótese vertente, o insurgente aponta ofensa à regra jurídica incapaz de exercer modificação no provimento jurisdicional atacado, razão pela qual o apelo extremo é deficiente, nos termos da Súmula n. 284 do STF. Ainda que assim não fosse, o aresto hostilizado está fundado na regra do art. 990, V, do Código de Processo Civil, que não fora objeto de impugnação pelo apelo extremo, motivo pelo qual incide por analogia a Súmula n. 283 do STF.4. Agravo regimental desprovido.(AgRg no AgRg no REsp 1230609/PR, Rel. Ministro MARCO BUZZI, QUARTA TURMA, julgado em 17/09/2013, DJe 02/10/2013)

TESTAMENTO – Nulidade – Inocorrência – Alegada incapacidade absoluta para testar – Inadmissibilidade – Depoimentos do tabelião e médicos que afirmaram acerca da capacidade de discernimento do testador – Hipótese em que deve ser presumida a capacidade testamentária para efeito de se cumprir a respectiva disposição de última vontade (TJSP) – *RT* 867/187.

APELAÇÃO CÍVEL – AÇÃO TESTAMENTÁRIA – Reserva da legítima. Metade dos bens da herança. Sucessão testamentária. Parte disponível do patrimônio. Legalidade do testamento. Prevalência da vontade do testador. 1 – Tratando-se de sucessões legítima e testamentária, havendo herdeiros necessários, não poderá o testador dispor da totalidade de seus bens. 2 – Ao testador é facultado dispor da parte disponível de seus bens, respeitada a parte destinada aos herdeiros necessários. 3 – Válido o testamento público quando haja previsão expressa de que aos herdeiros testamentários cabe apenas a parte disponível do patrimônio do *de cujus*, reservando à legítima a outra metade que lhe cabe, nos termos do § 1º do art. 1.857 do Código Civil. 4 – Cumprindo o testamento todos os requisitos elencados nos artigos 1.864/1.867 do Código Civil e não havendo prova de fato concreto que torne duvidosa a vontade do testador, deve o instrumento público ser considerado válido e eficaz. 5 – Recurso improvido. (TJES – AC 14060083814 – 2ª C.Cív. – Rel. Des. José Paulo Calmon Nogueira da Gama – *DJe* 29-6-2010 – p. 23).

APELAÇÃO CÍVEL – DIREITO DE PREFERÊNCIA – PRETERIÇÃO – ASSISTÊNCIA JUDICIÁRIA – ALEGAÇÃO DE IMPOSSIBILIDADE FINANCEIRA – DEFERIMENTO – PRELIMINARES – REJEIÇÃO – INTERESSE DE HERDEIRO NA AQUISIÇÃO DE IMÓVEL – CONDOMÍNIO – POSSIBILIDADE – MULTA – ART. 538, PARÁGRAFO ÚNICO, DO CPC – EXCLUSÃO – OPORTUNIDADE – RECURSO PARCIALMENTE PROVIDO – 1 – Para a concessão do benefício da assistência judiciária, basta que o interessado declare a impossibilidade de arcar com os ônus do processo. 2 – "Até a partilha, o direito dos co-herdeiros, quanto à propriedade e posse da herança, será indivisível, e regular-se-á pelas normas relativas ao condomínio". 3 – "O co-herdeiro não poderá ceder a sua quota hereditária a pessoa estranha à sucessão, se outro co-herdeiro a quiser, tanto por tanto." 4 – Rejeitam-se as preliminares, nega-se provimento ao primeiro recurso e dá-se parcial provimento ao segundo. (TJMG – AC 1.0372.07.025702-0/003 – 4ª C.Cív. – Rel. Célio César Paduani – J. 3-2-2009).

APELAÇÃO – ANULATÓRIA DE DOAÇÃO COM RESERVA DE USUFRUTO – 1) "DE CUJUS" QUE NÃO POSSUÍA HERDEIROS NECESSÁRIOS – DESNECESSIDADE DE RESERVA DA LEGÍTIMA – INAPLICABILIDADE DO ARTIGO 549 DO CÓDIGO CIVIL (ARTIGO 1.176 DO CÓDIGO CIVIL DE 1916) – AUSÊNCIA DE NULIDADE SOB ESTE ASPECTO – 2 – DOAÇÃO DO BEM QUE SE DEU POSTERIORMENTE A LAVRATURA DE TESTAMENTO – CADUCIDADE DO LEGADO – INTELIGÊNCIA DO EMENTA – APELAÇÃO – ANULATÓRIA DE DOAÇÃO COM RESERVA DE USUFRUTO – 1) "DE CUJUS" QUE NÃO POSSUÍA HERDEIROS NECESSÁRIOS – DESNECESSIDADE DE RESERVA DA LEGÍTIMA – INAPLICABILIDADE DO ARTIGO 549 DO CÓDIGO CIVIL (ARTIGO 1.176 DO CÓDIGO CIVIL DE 1916) – AUSÊNCIA DE NULIDADE SOB ESTE ASPECTO – 2 – DOAÇÃO DO BEM QUE SE DEU POSTERIORMENTE A LAVRATURA DE TESTAMENTO – CADUCIDADE DO LEGADO – INTELIGÊNCIA DO ARTIGO 1.939 DO CÓDIGO CIVIL (ARTIGO 1.708 DO CÓDIGO CIVIL DE 1916) – NULIDADE INEXISTENTE TAMBÉM SOB ESTE FUNDAMENTO – DECISÃO MANTIDA – RECURSO IMPROVIDO – "A caducidade do legado é a sua ineficácia em razão de causa superveniente à sua instituição. Havendo caducidade, o legado, embora feito validamente, perderá a razão de existir, por circunstância posterior à facção testamentária". (TJSP – Ap-Rev 289.172.4/8 – (0002706063) – São Paulo – 3ª CDPriv. – Rel. Egidio Giacoia – *DJe* 16-12-2009 – p. 1001).

DOAÇÃO – ANULAÇÃO – PRELIMINAR DE CERCEAMENTO DE DEFESA DESCABIDA – A QUESTÃO *SUB JUDICE* É EMINENTEMENTE JURÍDICA – No mérito, trata-se de doação de imóveis, com reserva de usufruto, para dois filhos do casal, sem o consentimento dos demais. Incidência do art. 1.132 do Código Civil de 1916. Na sucessão dos pais, os bens recebidos em doação devem ser objeto de colação, a fim de igualar a legítima dos herdeiros (art. 1.785 do referido Codex). Redução da doação à metade disponível do casal de doadores. Recurso provido em parte. (TJSP – Ap-Rev 401.853.4/0 – (0002336373) – Indaiatuba – 1ª CDPriv. – Rel. Paulo Razuk – *DJe* 17-6-2009 – p. 950).

Direito Internacional Privado – Art. 10, § 2º, do Código Civil – Condição de herdeiro – Capacidade de suceder – Lei aplicável.

Capacidade para suceder não se confunde com qualidade de herdeiro. Esta tem a ver com a ordem da vocação hereditária, que consiste no fato de pertencer a pessoa que se apresenta como herdeiro a uma das categorias que, de um modo geral, são chamadas pela lei à sucessão, por isso haverá de ser aferida pela mesma lei competente para reger a sucessão do morto que, no Brasil, 'obedece à lei do país em que era domiciliado o defunto' (art. 10, *caput*, da LICC).

Resolvida a questão prejudicial de que determinada pessoa, segundo o domicílio que tinha o *de cujus*, é herdeira, cabe examinar se a pessoa indicada é capaz ou incapaz para receber a herança, solução que é fornecida pela lei do domicílio do herdeiro (art. 10, § 2º, da LICC)" (*STJ* – REsp 61.434-SP – Rel. Min. César Asfor Rocha – j. em 17-6-1997 – *RSTJ*, v. 102, p. 293, fev. 1998).

AGRAVO DE INSTRUMENTO – Litispendência – Dois inventários ajuizados, o primeiro, por promissário comprador de bem imóvel inventariado perante foro regional e, o segundo, pela testamenteira, no foro central da Capital – Julgamento de extinção, deste último processo, indeferido – Competência absoluta – Artigo 54, inciso II, letra "l", da Resolução nº 2 de 15 de dezembro de 1976, do Tribunal de Justiça de São Paulo — Decisão que prevalece, inclusive ao manter a testamenteira como inventariante – Litigância de má-fé do agravante não reconhecida – Provimento negado. Ao promissário comprador falta legitimidade concorrente para requerer o inventário e, inclusive, a esse título, não lhe assiste ser nomeado inventariante (artigos 988 e 990, do C.P.C.) (TJSP – 5ª. Câm. Dir. Privado. Ag. Instr. nº 250.784.4/2, Rel. Des. Marcus Andrade. julg. 3-10-2002).

2

ABERTURA E TRANSMISSÃO DA HERANÇA

1 Abertura da sucessão

Ao iniciar o Livro V, parte especial, do Código Civil, inseriu o legislador a regra que fixa o momento da abertura da sucessão, fato que, sob certo aspecto, coincide com o da transmissão da herança.

"Aberta a sucessão, a herança transmite-se, desde logo, aos herdeiros legítimos e testamentários" (art. 1.784). A abertura da sucessão pressupõe a existência de dois fatos: a morte do autor da herança, sucedido, ou *de cujus*, e a sobrevivência de seu sucessor, ou herdeiro, quer seja legítimo ou testamentário.

À simples verificação da morte, o domínio e a posse de todos os direitos e deveres se transmitem, mesmo que os herdeiros estejam em lugar incerto e não sabido, ou em local distante, conscientes ou não do fato que põe termo à existência da pessoa natural (art. 6º do CC). Pouco importa que o filho do autor da herança esteja em viagem de núpcias na longínqua Austrália, ou fazendo curso de pós-graduação no Japão, ou mesmo desfrutando as aventuras do Epcot Center em Orlando, com dificuldades de comunicação para o Brasil. Verificada a morte, imediatamente o domínio e a posse se transmitem, porque o patrimônio não pode ficar acéfalo, sem titularidade. A morte pode ser real ou presumida, provada pela certidão de óbito.

A morte é um fato natural. Embora o ser humano discorde dessa realidade, ocorrido o fato, determina-se a abertura da sucessão. A fonte primeira, a maior das garantias do direito da herança está na Constituição da República. Complementando a regra soberana, o art. 6º do CC expressa-se de forma definitiva, afirmando que a existência da pessoa natural termina com a morte.

O Código disciplinou nos arts. 26 a 36 a sucessão provisória dos ausentes, completando nos arts. 37 a 39 a sucessão definitiva. Em se tratando dos ausentes, a lei preferiu tratar do assunto na Parte Geral, logo no início, fugindo, portanto, da sucessão *mortis causa* que foi tratada no último livro da Parte Especial, como já abordado.

2 *Droit de saisine*

Incorporou-se em nossa cultura este fenômeno, chamado *saisine*, cuja explicação Sílvio Rodrigues buscou em Colin e Capitant:

> *"Filiam o princípio da saisine ao direito costumeiro francês e mostram que o mesmo surgiu contra os abusos do senhor feudal (contre la fiscalité féodale). Por morte do arrendatário, a terra arrendada devia ser devolvida ao senhor, de modo que os herdeiros do falecido deviam pleitear a imissão na posse (les héritiers avaient besoin de s'en faire ensaisiner), pagando para tal uma contribuição. Para evitar o pagamento desse tributo feudal, adotou-se a ficção de que o defunto havia transmitido a seu herdeiro, e no momento de sua morte, a posse de todos os seus bens."*[1]

Esta norma foi introduzida no Brasil pelas Ordenações Filipinas de Portugal, revogadas pelo Código Civil de 1916. Todos os autores que elaboraram projetos de Código Civil, antes de Clóvis, utilizaram-se de semelhante procedimento.

O herdeiro não precisa requerer seu direito de posse dos bens herdados, contrariamente do legatário, que terá de fazê-lo, não podendo este, por autoridade própria, entrar na posse da coisa legada (art. 1.923, § 1°). A morte do *de cujus* implica a abertura da sucessão e transferência da propriedade e da posse aos herdeiros, quaisquer que sejam eles. A partir desse momento, os herdeiros podem usar os interditos possessórios.

Interessante imaginar a correlação entre o *droit de saisine* e o reconhecimento da paternidade, mediante ação judicial própria. A sentença de reconhecimento, cujos efeitos são *ex tunc*, outorga ao postulante o direito sucessório, retroagindo ao momento da abertura da sucessão. É tão significativa a força coercitiva dessa decisão, que o filho reconhecido pode, inclusive, pedir o rompimento de testamento, livremente elaborado, sem que seu pai tivesse consciência da paternidade, isto é, da simples consequência de um ato sexual, cujos resultados se efetivam muitos anos depois.

---

1 COLIN; CAPITANT. *Cours élémentaire de droit civil français*. 9. ed. Paris: Dalloz, 1945. t. 3, nº 1.024. In: Rodrigues, Sílvio. *Direito civil*. São Paulo: Saraiva, 1995. v. 7, p. 14.

Os herdeiros são investidos na posse e adquirem a propriedade de imediato, pelo simples fato da morte do autor da herança, observam Nelson Nery Junior e Rosa Maria de Andrade Nery. Há uma conotação restrita com os direitos e obrigações do morto, recebendo os herdeiros a posse tal qual existia, legítima ou viciada.

3 Delação

A transmissão faz-se automaticamente, de imediato, não exigindo a lei qualquer manifestação do herdeiro. "A delação", ensina Orlando Gomes, "entre nós, implica transmissão hereditária. Não se limita a constituir o direito de suceder. Correspondendo ao momento da abertura da sucessão, o domínio e a posse da herança transmitem-se, *ipso facto*, ao herdeiro".

Distingue Itabaiana de Oliveira a sutil diferença entre abertura de delação e esta de aquisição. Diz o mestre:

> *"A abertura é o ponto de partida de todo o direito hereditário e, por isso, ela é imutável, dando lugar a medidas assecuratórias e conservatórias da herança: a delação é o oferecimento da herança, que fica à disposição de quem possa adquiri-la e, por isso, requer que o herdeiro seja capaz de suceder e que tenha sobrevivido ao defunto; a aquisição é a investidura do herdeiro na sucessão do de cujus, isto é, quando a herança começou a estar no patrimônio do herdeiro, e, por isso, a aquisição supõe sempre que a sucessão tenha sido deferida."*[2]

Apreciando, em processo de desapropriação, a matéria sob exame, decidiu o Supremo Tribunal Federal que não era necessária a partilha dos bens para que se reconhecesse direito aos herdeiros. Ao contrário, afrontaram os Srs. Ministros decreto de ordem pública, considerando que,

> *"aberta a sucessão, o domínio e posse da herança transmitem-se, desde logo, aos herdeiros legítimos e testamentários – art. 1.572 do Código Civil de 1916. Daí a insubsistência de decreto para fins de desapropriação, no qual restou considerado o imóvel como um todo, olvidando-se o Estatuto da Terra – Lei nº 4.504/64, no que, mediante o preceito do § 6º do art. 46, dispõe que, no caso de imóvel rural em comum, por força de herança, as partes ideais para os fins nele previstos são consideradas como se divisão houvesse. Propriedades diversas enquadradas como médias por não suplantar, cada qual, considerada de per se, o teto de quinze módulos fiscais – inciso III do art. 4º da Lei nº 8.629/93" (Supremo Tribunal Federal – MS 22045-7 – ES – TP – Rel. Min. Marco Aurélio – DJU 30-6-95).*

---

2 *RT*, 597/250.

Veja-se, por exemplo, no caso dos filhos gerados fora do leito conjugal: reconhecida sua qualidade de herdeiro, em ação de investigação de paternidade, a sentença produz seus efeitos *ex tunc*.[3]

Idênticas regras são adotadas no Direito argentino (arts. 3.282 e 3.415), mesmo que o herdeiro seja incapaz ou ignore que a herança lhe tenha sido deferida (art. 3.420); também, a matéria está tratada no art. 613 do Código Civil de Québec, Canadá, e art. 456 do Código Civil italiano; no Código Civil alemão está nos arts. 857, 1.922 e 2.008; o Código francês estuda a matéria nos arts. 718, 724. O Código Civil argentino, de autoria de Velez Sarsfield, sofreu profundas influências de Teixeira de Freitas, consagrado jurisconsulto pátrio, contratado pelo governo brasileiro para redigir nosso primeiro projeto de Código Civil, após a independência de Portugal.

4 Lugar em que se abre a sucessão

Dispõe o art. 1.785 que "a sucessão abre-se no lugar do último domicílio do falecido". Como diz Orlando Gomes, o Código não levou em conta a residência, senão a sede principal dos interesses e negócios do *auctor successionis*. Esta regra foi adotada pelo Código de Processo Civil, cujas normas orientam sobremaneira o local onde deverá correr o inventário.

É comum o indivíduo residir em Belo Horizonte (MG), ali manter o centro de suas atividades, mas passar as férias em Cabo Frio (RJ), sofrer uma enfermidade e procurar refúgio nos hospitais de São Paulo (SP), onde vem a falecer, depois de alguns meses de tratamento. Pouco importa o local do óbito; a lei determina que a abertura do inventário será no foro do último domicílio, e este era o de Belo Horizonte. Nesse sentido, acórdão emanado do Supremo Tribunal Federal, determinando a competência do último domicílio do autor da herança para o foro do inventário.[4]

Não é difícil apontar o domicílio, o centro de atividades de uma pessoa. Exceções existem, mas a orientação deve fundar-se na regra geral adotada pelo *caput* do art. 96 do Código de Processo Civil. O mesmo dispositivo, em seu parágrafo único, estabelece norma diversa, dependendo das circunstâncias.

A lei processual prevê que deverá o processo de inventário ser aforado no foro do último domicílio do autor da herança. Competente o mesmo foro para a partilha – simples complemento e conclusivo do inventário – bem como todas aquelas ações que alteram o monte arrecadado. Igualmente, naquelas hipóteses

---

3 COLIN; CAPITANT. Op. cit. t. 1, p. 75-76.

4 *RT*, 591/281.

que o espólio possa figurar como réu, isto é, visando à redução do monte arrecadado, haverá, por força da *via atractiva*, o chamamento dos herdeiros para exercerem o direito de defesa.

Se o falecido não tiver domicílio único, com a existência de bens em diversos locais, ou, até mesmo, que tenha morrido no estrangeiro, deverá o processo ser feito no último domicílio que teve no Brasil. Finalmente, há pessoas – exceções – que são titulares de muitos bens e controladores de empresas situadas em cidades as mais variadas, às vezes, capitais dos Estados. Havendo essa possibilidade, a lei processual admite que o inventário seja ajuizado ou feito em cartório de notas de qualquer delas.

O Decreto-lei nº 4.657, de 4 de setembro de 1942, indica a situação de bens de estrangeiros: a competência interna, iniciada no § 1º, do art. 10, da Lei de Introdução às normas do Direito Brasileiro, com a redação dada pela Lei nº 9.047/95, culminou com a redação adotada pelo inciso XXXI, do art. 5º, da Constituição Federal de 1988, assim expressa: "a sucessão de bens de estrangeiros, situados no país, será regulada pela lei brasileira em benefício do cônjuge ou dos filhos brasileiros, ou de quem os represente, sempre que não lhes seja mais favorável a lei pessoal do *de cujus*".

O domicílio civil da pessoa natural é o lugar onde ela estabelece sua residência com ânimo definitivo (art. 70), e, se ela tiver diversas residências, onde alternativamente viva, ou vários centros de ocupações habituais, considerar-se-á seu domicílio qualquer deles (art. 71). A lei considera, também, domicílio da pessoa natural o lugar onde ela mantém relações concernentes à profissão e esta é exercida (art. 72). Se a pessoa natural não tiver residência habitual, ter-se-á por seu domicílio o lugar onde for encontrada (art. 73).

Na opinião de Pablo Stolze Gagliano e Rodolfo Pamplona Filho, "domicílio civil da pessoa natural é o lugar onde estabelece residência com ânimo definitivo, convertendo-o em regra, em centro principal de seus negócios jurídicos ou de sua atividade profissional".

Segundo os autores, a definição apresenta duas situações: a primeira é a noção do domicílio ligada à vida privada, às suas relações internas, e a segunda interessa à atividade externa da pessoa, a sua vida social e profissional.

É evidente que a pessoa pode mudar seu domicílio, desde que o faça transferindo sua residência, com a intenção manifesta de o mudar (art. 74). Esses dispositivos do Código Civil, estão em consonâncias com as regras processuais e permitem ao interessado abrir o inventário em qualquer desses domicílios.

Consoante o art. 611 do CPC, o inventário deve ser aberto no prazo de 2 (dois) meses a contar da abertura da sucessão, devendo estar concluído em 12 (doze) meses.

Quando o falecido não tem domicílio certo, mas possui bens em lugares diferentes, será requerido o inventário no local em que ocorreu o óbito; "é competente para o inventário o foro do último domicílio do *de cujus*. A afirmação de notoriedade de um domicílio em uma comarca e a prova de que este se fixara em outra, faz inclinar-se a competência para o foro do domicílio provado" (TJMT); se, no entanto, todos os bens estão em uma única comarca, nesta deverá ser requerido o inventário, e a competência dos diversos juízes locais será estabelecida por distribuição.

> *"Ou prevalece a regra segundo a qual prepondera o domicílio principal, ou seja, aquele em que o falecido exerceu em vida a sua maior atividade, onde maior parte do tempo permanecia, ou teve o centro de seus negócios, o escritório central deles; ou teremos de fazer prevalecer, como um meio eficaz para fazer vingar a intenção do legislador, pelo menos presumida, a concepção do último domicílio, em tais casos, o último dentre os domicílios em que esteve o de cujus, antes de se afastar de todos para seguir para o lugar em que faleceu."*[5]

5 Posse da herança

Embora a transmissão da posse se faça de imediato, não é aceitável que todos os herdeiros a exerçam de forma indiscriminada e independente. Assim, a lei estabelece que a posse direta cabe ao inventariante, restando para os herdeiros a posse indireta, até o estabelecimento da partilha, quando se desfaz a comunhão forçada.

Pode, no entanto, qualquer herdeiro invocar, em caso de turbação ou de esbulho, a proteção possessória, nos termos do art. 1.210 do Código Civil. Se o herdeiro vier a falecer antes de declarar se aceita a herança, esse direito passa a seus herdeiros, que poderão fazê-lo, a menos que se trate de instituição adstrita a uma condição suspensiva, ainda não verificada.[6]

O herdeiro testamentário assume, também, a propriedade da coisa, desde o óbito do autor da herança, mas não pode, por autoridade própria, entrar na posse da coisa, esperando o momento facultado pela lei, quase sempre com a partilha.

Enquanto o herdeiro adquire porque sucede, os legatários são sucessores porque adquirem. Com efeito, eles não se sub-rogam na subjetividade jurídica

---

5 SANTOS, J. M. Carvalho. *Código Civil brasileiro interpretado*. Rio de Janeiro: Freitas Bastos, 1961. v. 22, p. 48.

6 *Código Civil*, art. 1.809.

do falecido, porque só recebem uma determinada atribuição do patrimônio, que lhes defere o testador em seu testamento, a título gratuito. Legado é, em última instância, uma doação feita para depois da morte.[7]

A posse indireta para os herdeiros tem gerado discussões e atritos, resolvidos os impasses no Judiciário. É comum alguém morrer deixando muitos bens e um dos herdeiros residindo em uma das casas, outro, ocupando lojas e, alguns, nada usufruindo. Como a herança é uma universalidade e indivisível, todos são donos de tudo. Mas, no caso, pode o herdeiro prejudicado, ainda mais quando os processos de inventários com muitos bens demoram anos para terminar, usando sua titularidade, propor ação de arbitramento de aluguéis contra o herdeiro que residir em um dos imóveis, cujos frutos serão arrecadados pelo inventariante, em benefício do monte. Com a divisão no final do processo, todos receberão. Evidente que a administração do monte é do inventariante, mas não pode qualquer herdeiro ser prejudicado, se há omissão.

A todos os mesmos direitos, quer assumindo a posição de inventariante – muito mais obrigação e ônus que vantagens – ou simples herdeiro, capaz ou incapaz para os atos da vida civil. Rudimentar princípio, quase sempre desrespeitado pelo inventariante, que se julga o continuador do falecido, titular absoluto, praticando, às vezes, atos ilícitos, como venda de bens imóveis, sem a prévia autorização judicial, ouvidos todos os interessados.

6 Universalidade e indivisibilidade

Merecem destaques dois aspectos da maior importância: a herança é uma universalidade e como tal permanece até a partilha; por outro lado, "até a partilha, o direito dos coerdeiros, quanto à propriedade e posse da herança, será indivisível, e regular-se-á pelas normas relativas ao condomínio" (parágrafo único do art. 1.791).

A universalidade e a indivisibilidade, regidas pelas normas do condomínio, permanecem até que sejam partilhados os bens, quando cada herdeiro receberá seu pagamento. Há, portanto, uma copropriedade forçada.

Em consequência dessa universalidade, o juízo do inventário atrai todas as ações que lhe sejam relativas (CPC, art. 48).

Segundo Washington de Barros Monteiro, "*a essa verdadeira* vis attractiva *submetem-se os seguintes feitos: (a) a sobrepartilha; (b) a divisão geodésica; (c) a ação de nulidade de partilha, ou de sobrepartilha; (d) a ação de sonegados; (e)*

[7] ZANNONI, Eduardo A. *Derecho de las sucesiones*. 2. ed. Buenos Aires: Astrea, 1976. v. 1, p. 79.

a ação de nulidade ou de anulação do testamento; (f) a prestação de contas do inventariante e do testamenteiro; (g) os pedidos de herdeiros e legatários quanto a substituições e sub-rogações de ônus".[8]

Essas ações não serão apensadas ao processo de inventário, mas a competência será do juízo onde este se processa. Assim, a competência é do juizo.

O direito à sucessão aberta considera-se imóvel para os efeitos legais (art. 80, II, do CC), obrigando a presença de ambos os cônjuges - quando casados os herdeiros - no processo inventário. E os diplomas processuais sempre determinaram que os bens imóveis sejam defendidos em juízo por ambos os consortes. Pacífica a jurisprudência pátria, e tal preceito é exigido em todos os tribunais. Por se tratar de matéria de direito, poderá o julgador decidir, até mesmo sem provocação da parte, extinguindo o processo em que somente um dos cônjuges compareceu.

A indivisibilidade e a imobilidade da herança não prejudicam o direito do herdeiro que quer vender ou ceder sua porção ou parte dela. Dessa forma, deverá fazer uma cessão de direito hereditário, obedecendo às formalidades legais.

6.1 Cessão de direito hereditário

A cessão de direito hereditário é uma prática bastante usual. A lei civil introduziu normas específicas, que devem ser seguidas, sob pena de nulidade do ato praticado. O art. 276 do CPC é enfático ao declarar nulo o ato jurídico, não seguida a forma prescrita na lei. Nessa hipótese, qualquer das partes pode aduzir à nulidade, menos aquela que lhe deu causa (ninguém pode se locupletar à custa de sua própria torpeza).

Merecem estudo determinados atos praticados por menores ou incapazes, sem a presença dos seus responsáveis.

Bem antes da partilha, permite o Código a cessão total ou parcial de direitos hereditários. Considera o art. 1.793 que "o direito à sucessão aberta, bem como o quinhão de que disponha o coerdeiro, pode ser objeto de cessão por escritura pública". São, portanto, exigências da lei que a cessão se faça por escritura pública, comparecendo ao ato marido e mulher, se casados forem. A lei proíbe que o herdeiro ceda coisa certa e determinada, como se sua fosse (§ 2º, art. 1.793). A explicação é lógica: uma vez que todos os herdeiros são donos de tudo, o monte se constitui de uma universalidade indivisível.

[8] MONTEIRO, Washington de Barros. *Curso de direito civil.* São Paulo: Saraiva, 2010. v. 6, p. 25.

A cessão de direito é um ato de disposição de bens e, para tanto, exige a lei que somente pessoa capaz poderá praticar o negócio jurídico. O relativamente incapaz e o incapaz deverão estar representados ou assistidos, conforme o caso, postulando o suprimento da capacidade em juízo. Aforada a ação própria, com a intervenção obrigatória do representante do Ministério Público, o Juiz nomeará perito para apresentar laudo, demonstrando a viabilidade e conveniência da cessão do direito. Tratando-se de matéria nova, somente agora introduzida no Código Civil, caberá aos tribunais o aperfeiçoamento do mecanismo legal.

A falta da escritura pública é repelida pela lei como nulidade do negócio jurídico. Faltando-lhe esse requisito essencial,[9] a sanção imposta pela lei é de nulidade. O negócio jurídico é nulo, quando ofende preceitos de ordem pública, e a obrigação da escritura pública é, repetindo, essencial para a validade do ato ou negócio jurídico.

O herdeiro, cedente, cumprindo as exigências legais, isto é, oferecendo, em primeiro lugar, aos demais herdeiros, mandando lavrar a cessão por instrumento público e submetendo seu desejo à apreciação do juiz competente do processo de inventário, poderá dispor de todo ou parte do seu direito a estranhos.

A cessão de direito hereditário só é viável se procedida após a abertura da sucessão, porque a lei estabelece que não pode ser objeto de contrato a herança de pessoa viva (art. 426). Trata-se, aqui, de nomenclatura apropriada, isto é, a abertura da sucessão é a morte do autor da herança, que não se confunde com a abertura do processo do inventário. Pode ser feita a cessão de direito hereditário antes do ajuizamento do inventário? A nosso ver, inexiste proibição legal, razão pela qual deve ser admitida.

O cessionário só responde pelas dívidas *intra vires hereditatis,* porque o cedente não perde sua condição de herdeiro a título universal.

Como o cedente não pode definir o que está sendo vendido, o cessionário assume o risco, em virtude da própria natureza do negócio jurídico aleatório empreendido. A rigor, o cedente não responde pela evicção de direito, salvo se estipular essa obrigação no contrato elaborado.

Com a escritura pública da cessão o cessionário pode participar do processo de inventário, para, no final, ser contemplado na partilha.

Da mesma forma que a cessão é um negócio jurídico, cujos requisitos legais devem ser cumpridos para sua validade e eficácia, poderá, também, tal negócio

---

9 GONÇALVES, Carlos Roberto. *Direito civil brasileiro.* São Paulo: Saraiva, 2010. v. 1, p. 472.

ser declarado nulo ou anulado, em havendo vício de vontade, qualquer defeito que comine de anulação ou nulidade o negócio (arts. 138 a 184 do CC).

Na cessão de direito hereditário, o cedente transfere ao cessionário direitos e obrigações.

A cessão de direito hereditário só pode ser feita antes da partilha.

Os Tribunais (na vigência do Código de 1916) admitiram a cessão hereditária por instrumento particular, simplesmente para resguardar a boa-fé do adquirente, o que não é recomendável. O herdeiro não pode vender coisa certa, antes da partilha; os bens estão em comum, aplicando-se as regras do condomínio. No entanto, tratando-se de interesse de todos na venda de determinado bem, podem os herdeiros obter a autorização judicial, mediante alvará, prestando contas posteriormente.

Existe, ainda hoje, a constatação do desprezo da lei, quando juízes despreparados, admitem a cessão por instrumento particular. Trata-se, aqui, de regra determinada no CC, valendo lembrar o art. 166. A lei considera nulo o negócio jurídico que deveria ter seguido determinada, que foi preterida. Essa solenidade é considerada essencial à validade do negócio.

O art. 108 do CC é taxativo ao exigir a escritura pública para a cessão do direito hereditário, obedecendo o art. 1.793, *caput*. Trata-se de transferência de propriedade de bem imóvel (art. 80, II).

Como se trata de um condomínio, o coerdeiro não poderá ceder sua quota hereditária a pessoa estranha à sucessão, se outro coerdeiro a quiser, em igualdade de condições (art. 1.794), sem esgotar as exigências legais, ou seja, oferecer aos co-herdeiros, preliminarmente, definindo o preço e a forma de pagamento, podendo estes exercer o direito de preferência.

Na hipótese de o cedente não oferecer, previamente, ao coerdeiro, poderá este, depositando o preço, haver a coisa cedida a estranho para si, exercendo esse direito no prazo de até 180 dias, após a transmissão. Deve-se destacar que o início desse prazo dá-se quando o coerdeiro toma ciência do fato da transmissão oficial, isto é, do registro da cessão do direito hereditário no cartório competente.

Sendo vários os coerdeiros, qualquer deles poderá exercer o direito de preferência ou, se mais de um manifestar-se, entre eles se distribuirá o quinhão cedido, na proporção das respectivas quotas hereditárias, consoante determina o parágrafo único do art. 1.795 do Código Civil.

Pode o herdeiro ceder seus direitos hereditários, respeitando a forma própria e única – a escritura pública –, portanto, é impróprio o instrumento particular.[10]

---

[10] *RT*, 627/110.

Estando em curso o processo de inventário, torna-se obrigatória a aquiescência e autorização do juiz do feito.

> *"Morto o pai, continuam os filhos a posse que ele tinha. Não pode a mãe, sozinha, ceder, como se fossem apenas seus, os direitos dos filhos. Nulidade da venda de bens de menores sem licença do juiz orfanológico e sem a concordância dos fiscais. Quando puder decidir o mérito em favor da parte a quem aproveita a declaração de nulidade, o juiz não a pronunciará nem mandará repetir o ato, ou suprir-lhe a falta (CPC, art. 249, § 2º)" (Tribunal de Justiça do Rio de Janeiro).*

Para ilustrar, justifica-se transcrever ementas do TJMG: *"Cessão de direitos hereditários – competência – art. 106, II, da C.E. A cessão de direitos hereditários é negócio jurídico que afeta apenas o cedente e o cessionário, não interferindo no interesse jurídico, nem do espólio, nem dos demais herdeiros. As causas que versam exclusivamente sobre contrato de cessão de direitos hereditários se comportam no âmbito do direito das obrigações e devem ser apreciadas, em grau de recurso, pelo tribunal de alçada (art. 106, II, da C.E.). Súmula: Declinaram da Competência para o Egrégio Tribunal de Alçada"* (TJMG, Apelação nº 000269902-3, Rel. Des. Francisco Lopes de Albuquerque, *DJ* de 30-9-2002).

> *"Cessão de direitos hereditários – Preempção – artigo 1.139, do Código Civil – Cessionários Condôminos. Muito embora seja aplicável o artigo 1.139 do Código Civil quando se trata de cessão de direitos hereditários, sendo os cessionários condôminos não há que se falar em direito de preferência, a não ser que seja demonstrada qualquer circunstância constante do parágrafo único, do mesmo artigo. É que a finalidade do instituto não é outra senão evitar o ingresso de estranhos no condomínio, o que não ocorrerá quando um dos próprios condôminos figurar como cessionário" (TJMG, Apelação nº 000278003-9, Rel. Maria Elza, DJ de 4-10-2002).*

7 Administrador provisório e a nomeação do inventariante

Ocorrido o falecimento e a abertura da sucessão, impõe a lei que, no prazo de 60 (sessenta) dias, seja instaurado o processo de inventário, perante Juízo competente ou, se os interessados estiverem buscando uma rápida partilha dos bens, por intermédio do inventário administrativo, isto é, em Cartório de Notas.

A diferença básica entre os dois procedimentos reside no elevado custo do processo administrativo. Se os emolumentos fossem mais razoáveis, certamente que o número de inventários judiciais seria bem mais reduzido.

Com o falecimento do autor do patrimônio, constata-se uma situação fática que tem gerado problemas para os herdeiros: quem deve administrar o patrimônio.

É evidente que não se ajuíza processo de inventário de imediato. Na linguagem do povo, espera-se "esfriar" o corpo. Ajuizado o feito, raramente o juiz nomeia o inventariante *ab initio*. Verifica-se, dessa forma, lapso de tempo entre a abertura da sucessão e a nomeação do inventariante.

Nessa oportunidade, caberá a administração da herança ao administrador provisório que, naturalmente, deverá ser o cônjuge ou o companheiro.

Imprescindível que o cônjuge ou o companheiro com o outro convivia ao tempo da abertura da sucessão, deixando o art. 1.797 de mencionar regime de bens adotado no casamento.

Para a nomeação do inventariante, tendo sido o casamento celebrado sob o regime de comunhão de bens, parcial ou total, caberá ao cônjuge sobrevivente continuar, até a partilha, na posse e administração dos bens da herança. Assim, o cônjuge supérstite ocupará o cargo de cabeça do casal. A matéria está tratada, igualmente, na lei processual, diploma que se aplica em consonância com os arts. 1.797 e 1.991 do Código Civil.

A condição básica para a nomeação do cônjuge ou companheiro como inventariante é a convivência do casal à época em que ocorreu o óbito, ou seja, repetindo o texto legal, provar o cônjuge supérstite que convivia com o falecido ao tempo da abertura da sucessão. No caso do cônjuge, será nomeado se o regime de bens era o da comunhão. Em regra, se separação de bens, com filhos menores, os magistrados aceitam a nomeação do cônjuge para o cargo.

Na vigência do casamento, ou da união estável, ambos os cônjuges, ou os companheiros, participam da construção do patrimônio. Se o regime adotado for o de comunhão universal ou parcial, é evidente que o sobrevivente tem o maior interesse em zelar por sua parcela no monte. Dessa forma, a lei processual outorga preferência irrestrita ao cônjuge supérstite ou ao companheiro, por alteração ocorrida no Código Civil. A primazia do cônjuge ou do companheiro, em primeiro lugar, justifica-se. Se no casamento o regime de bens adotado era o legal (comunhão parcial), ou antigas núpcias (comunhão universal), o cônjuge sobrevivente buscará proteger sua parcela no patrimônio, sempre maior que as atribuídas nas legítimas dos herdeiros necessários. A lei, porém, faz uma ressalva: que estivesse convivendo com o outro ao tempo da morte deste.

Os números levantados pelo IBGE informam maior percentual de viúvas que viúvos. Com base nessas estatísticas, consideramos o supérstite no sexo feminino. O intuito do legislador foi, sem dúvida, proteger a mulher; no entanto, resta saber se a separação se deu por culpa do cônjuge supérstite ou do falecido. Se esse foi o causador da separação de fato, poderá, ainda, o sobrevivente, mesmo separado, buscar a nomeação para o cargo, por não ter dado origem ao rompimento. Quando, porém, a separação se deu por culpa do cônjuge sobrevivente, e exista "companheira", sendo menores os filhos, é possível a nomeação dessa companheira, como decidiu o Tribunal de Justiça de Santa Catarina.[11]

Salvo raras exceções, deve o cônjuge sobrevivente ser nomeado inventariante, dada sua relação jurídica preexistente, ratificada essa posição pelo inciso I do art. 1.797 do Código Civil, após ter sido o administrador provisório.

> *"Tem direito à inventariança o cônjuge sobrevivente que, não obstante casado sob o regime de separação legal de bens, tinha a posse e administração do espólio, em razão do direito à meação de bens adquiridos durante o matrimônio."*[12]

Cresce, a cada ano, o número de companheiros ou, mesmo, de concubinos, que edificam um patrimônio, cabendo aos tribunais a decisão da primazia na escolha do inventariante. O Código de Processo Civil de 1973 evitou a atribuição de direitos aos companheiros, especialmente porque, a partir do final dos anos 80 que se faz sentir a presença marcante da união estável como entidade familiar, mesmo com impedimentos para a realização do matrimônio.

A união estável é, pela Lei Maior, entidade familiar e permite o Código Civil que o companheiro sobrevivente seja chamado para ocupar o cargo de administrador provisório, extensivo ao de inventariante, nos termos do art. 1.797, com a alteração sofrida no primeiro semestre de 2010. A lei recente avançou, refletindo o momento social, sendo bastante difundida a figura da união estável em nossas capitais, onde há maior densidade demográfica. Embora o código tenha efetuado o chamamento do companheiro supérstite para gerir o monte, a mesma lei reduziu-lhe os direitos sucessórios, acarretando protestos de defensores ilimitados da união estável.

Em resumo, o cônjuge sobrevivente ou o companheiro, meeiro do patrimônio, tem primazia para ocupar o cargo, porque está gerindo seus próprios negócios e bens. Muitas vezes, o supérstite, anteriormente "do lar", transforma-se em comerciante de primeira linha, com mais sucesso do que o falecido.

É comum, em Varas de Sucessões, buscando a proteção da prole, especialmente se houve duas núpcias, o juiz do inventário exigir que a companheira

---

[11] *RT*, 652/134.

[12] STF – *RTJ* 89/895. In: NEGRÃO, Theotônio. *Código de Processo Civil*. São Paulo: Saraiva, 1998. p. 662.

busque nas Varas de Família a titulação, ou seja, reconhecimento da condição de companheira.

Sendo fato notório a união estável, pública e contínua, de longos anos, e, presença de documento ou testamento de autoria do falecido, torna-se exagerada a exigência do magistrado que prejudica o andamento do feito, os direitos dos herdeiros e contraria a vontade do *de cujus*.

O inciso II do art. 1.797 do Código Civil estabelece que a escolha recairá sobre o herdeiro que se achar na posse e administração dos bens, se não houver cônjuge supérstite, companheiro ou um dos dois não puder ser nomeado.

Se determinado herdeiro participava da administração dos bens e, por morte do *de cujus*, continuou a geri-los, não resta dúvida de que ele terá preferência sobre os demais herdeiros. Acrescenta o Código Civil que, em havendo mais de um herdeiro nessas condições, a preferência será do mais velho, teoria importada de códigos europeus.

Doutrinadores opinam pelo critério de maior conhecimento profissional, idoneidade ou mesmo na ordem de nascença. O poder discricionário do juiz não é livre, salvo se ficar provado que o escolhido não preenchia os requisitos para cumprimento das tarefas atribuíveis ao inventariante. A pessoa de confiança do juiz, colaboradora da Justiça para ultimar o processo do inventário, será nomeada na falta de cônjuge ou companheiro supérstite, de herdeiro que estiver na posse e administração dos bens ou de testamenteiro, nos casos específicos. O inciso III do art. 1.797 do Código Civil prevê a nomeação do testamenteiro como inventariante, se lhe foi confiada a administração do espólio ou toda a herança estiver distribuída em legados. Nesta suposição, não há herdeiro necessário, tendo o *auctor successionis* utilizado todo o seu poder de distribuição do patrimônio, via sucessão testamentária, sem qualquer cerceamento legal.

Finalmente, o inciso IV do art. 1.797 do Código Civil permite ao juiz nomear pessoa de sua confiança, na falta ou escusa das demais supra indicadas, ou quando tiverem de ser afastadas por motivo grave levado ao conhecimento do juiz.

Mais uma vez, o legislador delega poderes ao juiz, porque reconhece sua função social. Por outro lado, aumenta a responsabilidade do Estado, se, por exemplo, o inventariante nomeado exceder seus poderes de gestão e não tiver patrimônio para ressarcir o espólio.

Essa ordem, ditada pela lei, deve ser respeitada, a despeito da inércia de alguns inventariantes nomeados, e o juiz deve verificar o interesse das partes e não o pagamento do imposto de transmissão, devido ao Poder Público.

Retirando da vida o autor do patrimônio, a morte penalizou todos os herdeiros que, muitas vezes, dependiam dele para sua sobrevivência e impôs a obrigatoriedade do inventário, com despesas coercitivas e imprevisíveis. Nomeando estranho, para dar andamento ao feito, essa pessoa será remunerada pelo monte, representando mais um ônus.

Decidiram as Cortes de Justiça que o menor não pode ser nomeado inventariante, quer pelo caráter pessoal que envolve a inventariança, quer por sua inimputabilidade. O menor emancipado não encontra impedimento legal para a nomeação como inventariante.

Embora muitos menores entre 16 e 18 anos sejam exemplos de trabalho e dedicação, a regra geral não poderia permitir, livremente, a nomeação de pessoa relativamente incapaz para determinados atos da vida civil como representante do monte arrecadado, gestor dos negócios, habilitando-o a assumir compromissos que envolvem direitos de terceiros.

Entre a data do falecimento do sucedendo e o compromisso do inventariante, prevê o Código de Processo Civil o reconhecimento do administrador provisório, pessoa que, de fato, representa "ativa e passivamente o espólio e é obrigado a trazer ao acervo os frutos que desde a abertura da sucessão percebeu", outorgando-lhe o art. 986 o direito de reembolso das despesas que tenha efetivado em benefício do monte. Escolhido o inventariante e prestado o compromisso de estilo, o administrador provisório deixa de existir, e não pode mais praticar qualquer ato jurídico em nome do acervo hereditário.

Pelo Código Civil de 2002, deverá, a rigor, ocupar o cargo de administrador provisório uma das pessoas indicadas no art. 1.797. É evidente, também, que a lei não pode excluir uma situação de fato, ou seja, aquela pessoa, embora não familiar, mas gestor nomeado pelo falecido, antes de seu óbito, ou de agravamento de sua enfermidade, que, realmente, estava conduzindo os negócios do *de cujus* na data do óbito. Sendo pessoa de confiança do cônjuge ou companheiro supérstite, não resta dúvida de que ficará no cargo até a nomeação e compromisso do inventariante legal.

Não concordando algum herdeiro com a nomeação do inventariante, deverá agravar da decisão do juiz, prosseguindo o processo de inventário normalmente; se, no entanto, houver discordância do herdeiro e o juiz acatar o pedido, destituindo o inventariante, sua decisão desafiará a apelação para a instância superior, nomeando para o cargo outro inventariante, segundo as normas dos arts. 61 do Código de Processo Civil e 1.797 do Código Civil.

8 Funções do inventariante

O inventariante é um personagem de grande importância no inventário. Assim, incumbe a ele: I – representar o espólio ativa e passivamente, em juízo ou fora dele, observando-se, quanto ao dativo, determinadas reservas, contidas na lei processual, ou seja, todos os herdeiros e sucessores do falecido serão autores ou réus nas ações em que o espólio for parte, devendo ser citados e não o dativo; II – administrar o espólio, velando-lhe os bens com a mesma diligência como se seus fossem; III – prestar as primeiras e últimas declarações pessoalmente ou por procurador com poderes especiais; IV – exibir em cartório, a qualquer tempo, para exame das partes, os documentos relativos ao espólio; V – juntar aos autos certidão do testamento, se houver; VI – trazer à colação os bens recebidos pelo herdeiro ausente, renunciante ou excluído; VII – prestar contas de sua gestão ao deixar o cargo ou sempre que o juiz lhe determinar; VIII – requerer a declaração de insolvência.

O inventariante deve exercer suas tarefas pessoalmente, salvo casos previstos em lei. Quando for necessário o desempenho de atribuições técnicas, poderá, com autorização do juiz, contratar profissionais especializados, que serão remunerados; entretanto, para a fixação do valor a pagar, exige-se prévia consulta ao juiz e aos interessados.

Para a assinatura do termo de compromisso ou de estilo e as primeiras e últimas declarações, deverá o advogado ter poder especial em seu instrumento de mandato, senão o inventariante terá que assinar o compromisso pessoalmente.

O inventariante exerce um *munus* público, sem remuneração, salvo exceções, e, no desenvolvimento de suas tarefas, terá fé pública; o juiz poderá pedir-lhe contas a qualquer momento, mas, de ordinário, no final deverá o inventariante comprovar ao juiz a retidão no cumprimento de suas tarefas, sempre em benefício do todo. Se o inventariante for advogado, e o espólio for réu ou autor em ações judiciais, fará jus aos honorários devidos no feito, como profissional autônomo, porque o monte teria de contratar outro advogado – estranho e, às vezes, com menor capacidade técnica – remunerando-o.

Todas as vezes que o inventariante requerer o levantamento de verbas, a fim de quitar obrigações do monte ou do falecido, deverá, logo em seguida – ou no prazo determinado pelo juiz – prestar contas do valor recebido em alvará. A falta de cumprimento dessa obrigação torna-o passível de responder a processo criminal, por apropriação indébita.

Quando se trata de inventariante estranho ao monte, sua remuneração será fixada pelo juiz, ouvidos os interessados. A fixação do *quantum* não está prevista em lei, mas o magistrado seguirá a norma de arbitramento do valor devido ao testamenteirol.

Os honorários do advogado contratado pelo inventariante e aprovados pelo juiz podem ser pagos pelo monte da herança, caso não haja interesses antagônicos ou litígio entre os herdeiros ou entre esses e o meeiro sobrevivente; se houver antagonismo entre os referidos, cada qual pagará os honorários do advogado que contratou.[13]

Poderá o inventariante vender bens do monte, desde que autorizado pelo juiz, ouvidos os interessados. Os bens do espólio não podem ser cedidos pelo inventariante, sem a concordância de todos os interessados e sem autorização judicial;[14] é muito comum ações de herdeiros que discordam do inventariante, na venda de bens, gerando incontornáveis divisões familiares.

"Falecendo o cônjuge meeiro supérstite antes da partilha dos bens do pré-morto, as duas heranças serão cumulativamente inventariadas e partilhadas, se os herdeiros de ambos forem os mesmos." Nessa hipótese, o juiz deverá nomear um só inventariante para os dois inventários, e o segundo feito será distribuído por dependência, processando-se em apenso ao primeiro.[15]

A prestação de contas do inventariante processa-se por via administrativa, como incidente do inventário, sem forma nem figura de juízo, sujeita, porém, ao princípio do contraditório e pode ser determinada de ofício pelo juiz ou ser requerida pelos herdeiros, visando ao benefício do acervo.[16]

É da maior importância a observância do art. 611 do CPC, que determina ultimar-se o processo de inventário e partilha nos 12 (doze) meses subsequentes. Ultrapassar esse prazo significa, quase sempre, prejuízos para os herdeiros, mui especialmente os menores, prejudicados que são, porque seus bens estão sendo administrados por herdeiros maiores e interessados.

A atuação do Ministério Público deve ser mais objetiva, visando o estrito interesse do menor, zelando pelo cumprimento da lei, e, inclusive, propor a ação penal cabível contra o inventariante que excede os limites da lei, desrespeita os direitos alheios e desobedece o juiz. No entanto, cuidados maiores devem ser empreendidos, para evitar delongas no partilhamento dos bens, que viria a causar prejuízos aos menores.

---

[13] *RTJ*, 85/302, *RT*, 634/210.

[14] *RT*, 711/103.

[15] Código de Processo Civil, art. 671.

[16] NEGRÃO, Theotônio. *Código de Processo Civil*. São Paulo: Saraiva, 1998. art. 991, p. 663.

Jurisprudência

AGRAVO INTERNO NO AGRAVO EM RECURSO ESPECIAL. AÇÃO ANULATÓRIA.CESSÃO DE DIREITOS HEREDITÁRIOS. NULIDADE DO NEGÓCIO POR AUSÊNCIA DE AUTORIZAÇÃO JUDICIAL. AUSÊNCIA DE PREQUESTIONAMENTO. INCIDÊNCIA DASSÚMULAS 282 E 356 DO STF. IMPOSSIBILIDADE DE O PAI DISPOR DOS BENSPERTENCENTES AOS FILHOS MENORES. CARÊNCIA DE INTERESSE. RAZÕESRECURSAIS INSUFICIENTES. AGRAVO DESPROVIDO. 1. Quanto à tese de nulidade do negócio jurídico por inexistência de autorização judicial, afronta do disposto nos arts. 1.791 e 1.793,§§ 2º e 3º, do Código Civil, incidem, na espécie, as Súmulas 282 e 356 do Supremo Tribunal Federal, ante a ausência de prequestionamento. 2. Com relação ao argumento de impossibilidade de o pai dispor de bens pertencentes aos filhos incapazes, observa-se a carência de interesse, visto que a decisão recorrida resguardou os direitos hereditários das filhas incapazes. 3. Razões recursais insuficientes para a revisão do julgado. 4. Agravo interno desprovido. AgInt no AREsp 805419 / RO AGRAVO INTERNO NO AGRAVO EM RECURSO ESPECIAL 2015/0272450-0 Relator Ministro MARCO AURÉLIO BELLIZZE (1150) Órgão Julgador T3 - TERCEIRA TURMA Data do Julgamento 09/05/2017 Data da Publicação/Fonte DJe 18/05/2017,

PROCESSUAL CIVIL. AGRAVO INTERNO NO AGRAVO EM RECURSO ESPECIAL.NOMEAÇÃO DE INVENTARIANTE. ORDEM. ART. 617 DO CPC/2015 (ART. 990 DO CPC/1973). ROL NÃO TAXATIVO. CONSONÂNCIA DO ACÓRDÃO RECORRIDO COM A JURISPRUDÊNCIA DO STJ. AUSÊNCIA DE PREQUESTIONAMENTO. SÚMULA N. 282/STF. DECISÃO MANTIDA. 1. "A ordem de nomeação dos legitimados como inventariante prevista no art. 990 do CPC/1973 admite excepcional alteração por não apresentar caráter absoluto" (Resp n. 1.537.292/RJ, Min. Rel. RICARDO VILLAS BÔAS CUEVA, TERCEIRA TURMA, julgamento em 17/10/2017, DJe 24/10/2017). 2. A ausência do exame da matéria pelo Tribunal de origem obsta o conhecimento do recurso especial, por falta de prequestionamento, incidindo a Súmula n. 282/STF. 3. Agravo interno a que se nega provimento. Ministro ANTONIO CARLOS FERREIRA (1146) j. 05/05/18.
3. Agravo Regimental improvido. STJ. AgRg no Ag 1.150.354/SP. Rel. Min. Sidnei Beneti. *DJe* 05/11/2011.

RECURSO – Agravo de instrumento – Interposição contra decisão que determinou aos agravantes a emenda da inicial para que, instruída a demanda com a comprovação documental da alegada insuficiência de recursos, apreciasse o Magistrado o pedido de concessão dos benefícios da gratuidade – Inexistência de lesividade na decisão agravada, que apenas ordenou a juntada dos documentos que especifica antes de apreciar o pedido – Recurso não conhecido nesse particular.

ILEGITIMIDADE "AD CAUSAM" – Ação de reintegração de posse – Legitimidade ativa concorrente – Possibilidade de defesa da herança integral por um (ou alguns)

dos herdeiros copossuidores – Inexistência de litisconsórcio obrigatório em relação aos demais herdeiros – Recurso provido na parte conhecida. (TJSP. Agravo de Instrumento 21081592201182600000. Avaré – 12ª Câmara de Direito Privado – Relator José Jacob Valente – 28/09/2011 – Votação: Unânime – Voto nº 10.554)

PROCESSO CIVIL – AGRAVO DE INSTRUMENTO – AÇÃO DE COBRANÇA – CUMPRIMENTO DE SENTENÇA – DEPÓSITO – EXPEDIÇÃO DE ALVARÁ DE LEVANTAMENTO – INVENTÁRIO EM CURSO – COMPETÊNCIA DO JUÍZO SUCESSÓRIO – DECISÃO REFORMADA – 1 – De acordo com o disposto no art. 1.784 do código civil, a transmissão dos bens aos herdeiros ocorre desde logo, com o falecimento de seu proprietário. Contudo, não obstante a imediata transferência da titularidade, a partilha somente ocorre em fase posterior, após a abertura do inventário e a arrecadação dos bens do falecido. E o art. 1.791 do código civil estabelece que, até a partilha, a herança é indivisível. 2 – Na hipótese vertente, o valor depositado pelo devedor nos autos da ação de cobrança não é bem particular e reservado de nenhum dos herdeiros. Não pode, portanto, ser levantado sem anuência dos demais herdeiros c/c autorização judicial pelo juízo competente, o da sucessão. Inteligência dos artigos 1.793, § 3º, c/c art. 2.016 e art. 2.020, ambos do Código Civil. 3- Agravo de instrumento provido (TJDFT – Proc. 20100020046403 – (434372) – Rel. Des. Fed. Humberto Adjuto Ulhôa – *DJe* 21-7-2010 – p. 70).

TRIBUTÁRIO – ITCD – FATO GERADOR – PRINCÍPIO DA SAISINE – SÚMULA 112/STF – 1 – Cinge-se a controvérsia em saber o fato gerador do ITCD – Imposto de Transmissão *Causa Mortis*. 2 – Pelo princípio da *saisine*, a lei considera que no momento da morte o autor da herança transmite seu patrimônio, de forma íntegra, a seus herdeiros. Esse princípio confere à sentença de partilha no inventário caráter meramente declaratório, haja vista que a transmissão dos bens aos herdeiros e legatários ocorre no momento do óbito do autor da herança. 3 – Forçoso concluir que as regras a serem observadas no cálculo do ITCD serão aquelas em vigor ao tempo do óbito do *de cujus*. 4 – Incidência da Súmula 112/STF. Recurso especial provido (STJ – REsp 1.142.872 – (2009/0104234-6) – 2ª T. – Rel. Min. Humberto Martins – *DJe* 29-10-2009 – p. 3742).

AGRAVO DE INSTRUMENTO – INVENTÁRIO – DIREITO DE SAISINE – TRANSMISSÃO DA HERANÇA – PARTILHA – INDIVISIBILIDADE – SUB-ROGAÇÃO DE BEM – De acordo com o direito de saisine, previsto no artigo 1.784 do Código Civil, a transmissão dos bens aos herdeiros ocorre desde logo, com o falecimento de seu proprietário. Contudo, não obstante a imediata transferência da titularidade, a partilha somente ocorre em fase posterior, após a abertura do inventário e a arrecadação dos bens do falecido. Por sua vez, o artigo 1.791, *caput* e parágrafo único, do Código Civil, estabelece que, até a partilha, a herança é indivisível: "Art. 1.791. A herança defere-se como um todo unitário, ainda que vários sejam os herdeiros. Parágrafo único. Até a partilha, o direito dos co-herdeiros, quanto à propriedade e posse da herança, será indivisível, e regular-se-á pelas normas relativas ao condomínio". O imóvel adquirido com os recursos da venda de um bem que já pertencia ao espólio passa a compor, em sub-rogação, o condomínio ainda indiviso dos herdeiros, guardadas as mesmas características do bem substituído. Não pode, portanto, ser vendido sem anuência dos demais herdeiros e autorização judicial, a teor do que dispõe o artigo 1.793, § 3º, do Código Civil: "§ 3º Ineficaz é a disposição, sem prévia autorização do juiz da sucessão, por qualquer herdeiro, de bem componente do acervo hereditário, pendente a indivisibilidade." Agravo conhecido e não provido (TJDFT – AI 2009 00 2 003608-2 – (360780) – Relª Desª Ana Maria Duarte Amarante Brito – *DJe* 10-6-2009 – p. 105).

CONFLITO DE COMPETÊNCIA. Procedimento de alvará judicial para levantamento de saldo de PIS deixado pelo falecido pai da requerente. Ajuizamento no domicílio da requerente. Decisão do juízo *a quo* declinando de sua competência para o foro do último domicílio do de cujos, com base no artigo 96 do CPC. O alvará pretendido pela requerente é previsto pelo artigo 1º da Lei 6.858/80, que admite sua concessão independentemente de abertura de inventário. Não se cogita, portanto, de aplicação da regra contida no artigo 96 do CPC, eis que não se faz presente qualquer das hipóteses de incidência lá previstas. Tratando-se de procedimento de jurisdição voluntária que não apresenta requerido, aplica-se a regra de competência prevista no artigo 94, § 2º, do CPC, segundo a melhor doutrina. A competência, nesse caso, é determinada pelo critério territorial, não podendo ser conhecida de ofício pelo juiz. Ademais, tendo a requerente pleiteado o alvará no foro de seu domicílio, não há incompetência territorial. Dá-se provimento ao conflito de competência suscitado pelo Ministério Público (TJRJ – Primeira Câmara Cível. Ag. Instr. nº 2006.008.00091. Rel. Des. Maria Augusta Vaz. Julg. 20-6-2006).

AGRAVO DE INSTRUMENTO – Litispendência – Dois inventários ajuizados, o primeiro, por promissário comprador de bem imóvel inventariado perante foro regional e, o segundo, pela testamenteira, no foro central da Capital – Julgamento de extinção, deste último processo, indeferido – Competência absoluta – (TJSP – Agr. Instr. nº 280.215.4/0. Rel. Des. Arthur Del Guércio. *DJ* jan./2003).

EMENTA: INVENTÁRIO – HABILITAÇÃO, REMOÇÃO E NOMEAÇÃO DE NOVO INVENTARIANTE – Inventariante uma das três irmãs da *de cujus* – Falecimento sem deixar descendentes ou ascendentes antes do Código Civil vigente – Admissibilidade do companheiro nomeado como inventariante – Não subsiste dúvida em relação à união estável – Questão atinente aos bens que já foi solucionada no decisório – Confirmação – Recurso a que se nega provimento (TJSP. 5ª Câm. de Direito Privado. Ap. Cível nº 440.009.4/5-00. Rel. Des. Silvério Ribeiro. julg. 16-4-2006).
Direitos civil e processual civil – Declaratória ajuizada por herdeiro pleiteando a ineficácia, contra si, de sentença proferida em ação de dissolução de sociedade que implicou meação dos bens do falecido – Defesa da herança – Um só herdeiro – Interesse – Ação de dissolução de sociedade de fato – Legitimidade passiva – Doutrina e jurisprudência – Recurso provido. I – Como anotado por Ernane Fidélis, ontologicamente

a herança se distingue do espólio. Este é visto do ângulo dos próprios bens que o constituem, enquanto a herança se vê do ângulo de posição dos próprios herdeiros. II – Os descendentes co-herdeiros que, com base no dispositivo do parágrafo único do art. 1.580, CC, demandam em prol da herança, agem como mandatários tácitos dos demais co-herdeiros, aos quais aproveita o eventual reingresso do bem na *universitas rerum*, em defesa também dos direitos destes. III – Um dos herdeiros, ainda que sem a interveniência dos demais pode ajuizar demanda visando à defesa da herança, seja o seu todo, que vai assim permanecer até a efetiva partilha, seja o quinhão que lhe couber posteriormente. IV – Na ação de dissolução de sociedade de fato em que se pleiteia a meação dos bens de concubino falecido, detêm legitimidade para figurar no pólo passivo da causa os herdeiros, tendo em vista que a sentença a ser proferida pode, indubitavelmente, atingir o quinhão de cada herdeiro. V – Impossibilidade de se indeferir petição inicial de ação proposta por herdeiro que não participou da dissolução e que busca a declaração de ineficácia contra si da sentença que reconheceu a meação de bens, até porque o fundamento principal é a existência de conluio entre a concubina e o inventariante que representou o espólio na dissolução" (STJ – REsp 36.700 – SP – 4ª T. – Rel. Min. Sálvio de Figueiredo Teixeira – *Revista de Julgados do STJ*, v. 93, p. 86).
INVENTÁRIO – Abertura por companheira do "de cujus", antes do reconhecimento da sociedade de fato – Indeferimento com remessa às vias ordinárias – Ingresso dos pais do falecido, pleiteando o varão a nomeação para o cargo de inventariante – Pretensão negada – Processo extinto – Nomeação do genitor do "de cujus" como inventariante – Herdeiro legítimo – Cabimento – Prosseguimento do inventário – Julgador monocrático que verificará a conveniência de se efetivar ou não a partilha, à vista da ação de reconhecimento de sociedade de fato – Sentença reformada – Recurso provido. (Apelação Cível nº 233.500-4/1-00 – Barueri – 5ª Câmara de Direito Privado – Relator: Silvério Ribeiro – 9-11-2005 – V.U. – Voto nº 11.650).

INVENTÁRIO – Inventariante – Nomeação da companheira – Admissibilidade ante as peculiaridades do caso – Recurso não provido – JTJ 287/318.
HABILITAÇÃO EM INVENTÁRIO – AÇÃO AJUIZADA POR EX-CÔNJUGE DO *DE CUJUS*, SENDO INVENTARIANTE A COMPANHEIRA – REQUERENTE QUE OBJETIVA A MEAÇÃO DE BEM IMÓVEL E SUAS ACESSÕES – LOTE DE TERRENO SITUADO NA ESTRADA RJ 99, Nº 3050 E AUTOMÓVEL MARCA VW JÁ VENDIDO, REQUERENDO HABILITAÇÃO REFERENTE AO QUINHÃO RESPECTIVO – SENTENÇA QUE SE REPUTA IRREPREENSÍVEL – APELANTE QUE NÃO COMPROVOU SUA QUALIDADE DE MEEIRA DO IMÓVEL SITUADO NA ESTRADA RJ 99, Nº 3050 – IMÓVEL E SUAS ACESSÕES QUE PASSARAM A PERTENCER EXCLUSIVAMENTE AO CÔNJUGE-VARÃO, POR OCASIÃO DO ACORDO DA SEPARAÇÃO CONSENSUAL – QUANTO AO AUTOMÓVEL QUE SE PRETENDE PARTILHAR, CONSTATA-SE QUE O BEM JÁ NÃO MAIS PERTENCIA AO *DE CUJUS* QUANDO ESTE FALECEU, NÃO SENDO PASSÍVEL DE FIGURAR NO ROL DOS BENS DO INVENTÁRIO. Desprovimento do apelo, TJRJ – Primeira Câmara Cível. Ap. Cível 2006.001.16984. Rel. Des. Ernani Klausner. Julg. 12-6-2006.

3

ACEITAÇÃO E RENÚNCIA DA HERANÇA

1 Noções gerais

O sistema adotado pelo Direito brasileiro induz à aceitação da herança um verdadeiro direito ao direito, na expressão de Capozzi. Segundo o autor, essa expressão sintética refere-se àquela situação jurídica, na qual o direito subjetivo está em relação de meio a fim, com respeito aos outros direitos, especialmente ao direito de propriedade.[1] Há um autêntico *jus deliberandi*, e o herdeiro pode aceitar ou não a herança, dependendo de sua vontade. A lei permite ao herdeiro ampla liberdade, diferentemente do que acontecia outrora.

O princípio geral estabelece que a morte transmite imediatamente a herança; pode o herdeiro aceitá-la ou repudiá-la, uma opção dada pela lei, que representa o princípio constitucional de ampla liberdade de ação.

2 Pequeno histórico

No Direito romano, os herdeiros dividiam-se em *heredes sui et necesarii* (por exemplo, os *filis familiae*), os *necesarii* (os escravos manutenidos e instituídos herdeiros) e os *heredes extranei, voluntarii*, que podiam aceitar ou repudiar a herança.[2] A ideia de continuação da pessoa tem sua origem no Direito romano primitivo, com forte conotação de fundamento religioso.

---

1 CAPOZZI, Guido. *Successioni e donazioni*. Milão: Giuffrè, [s.d.]. p. 73.

2 BORDA, Guillermo A. *Tratado de derecho civil*: sucesiones. 6. ed. Buenos Aires: Perrot, 1975. t. 1, p. 152.

Morta uma pessoa, tornava-se necessária a presença de alguém que ocupasse, imediatamente, seu lugar para que o culto familiar não se interrompesse.[3] Além do mais, era indispensável que alguém exercesse a autoridade do falecido dentro da família. O herdeiro era um continuador das funções sacerdotais do defunto e recebia os poderes inerentes ao *pater familiae*.[4]

> *"Os herdeiros seus e necessários eram aqueles que se achavam debaixo do poder paterno ou marital e para os quais a sucessão, apenas aberta, também passava imediatamente, quisessem ou não. Mais tarde, o rigor do antigo Direito romano foi abrandado por dois benefícios chamados: da separação dos patrimônios e da abstenção."*[5]

O Código Civil brasileiro não adotou a ideia da continuação da pessoa, confundindo os patrimônios do falecido e do herdeiro, posto que o patrimônio é uma emanação da personalidade e, por conseguinte, único, teoria estudada e desenvolvida por Aubry e Rau. Muito ao contrário, aberta a sucessão, o domínio e a posse da herança transmitem-se, desde logo, aos herdeiros legítimos e testamentários (art. 1.784), determinando, também, a lei codificada que as dívidas do falecido a serem suportadas pelos herdeiros não podem ultrapassar o que for transmitido.

Dispõe o art. 1.792 do Código Civil que o herdeiro não responde por encargos superiores às forças da herança, significando tal afirmação que ninguém pode herdar mais dívidas que créditos. Caberá ao herdeiro, salvo se houver inventário, demonstrar o excesso, escusando-se de pagar as dívidas excedentes deixadas pelo falecido.

A aceitação só pode ser externada após a morte do *de cujus*, porque, se assim não fosse, estariam os "sucessores" jurando alguém de morte, o que é vetado pela lei brasileira (art. 426, do CC).

3 Aceitação da herança

A aceitação ou adição é o ato jurídico no qual o herdeiro declara que quer receber a herança a que tem direito. Segundo Clóvis, "é o ato pelo qual o herdeiro manifesta a sua vontade de receber a herança, que lhe é devolvida".[6]

---

3 COULANGES, Foutel de. *A cidade antiga*. São Paulo: Henuis, livro II, capítulo III. 2000.

4 BONFANTE. *Instituciones de derecho romano*. Trad. esp. Madri, 1929. p. 645.

5 BARROS, Hermenegildo de. *Manual do Código Civil brasileiro*. Rio de Janeiro: Livraria Jacinto, 1929. t. 18, p. 142.

6 BEVILÁQUA, Clóvis. Op. cit. p. 20.

Pelo sistema adotado no Código Civil brasileiro, não há necessidade de manifestação expressa e, mesmo que o herdeiro retarde em seu consentimento, a lei lhe dá o prazo de 10 anos para exercer esse direito, nos termos dos arts. 205 e 206 do Código Civil. A aceitação, no Direito moderno, tomou uma feição de plena manifestação de vontade, um exercício de liberdade quase absoluta, limitada somente quando há prejuízos para terceiros.

Podem aceitar ou renunciar todas as pessoas que têm a livre administração de seus bens, como regra geral. Os absolutamente incapazes, por exemplo, não podem exercer esse ato por si mesmos, tornando-se necessária a representação legal.

Como todo negócio jurídico – porque a aceitação de herança é, também, um negócio jurídico –, está sujeito aos princípios gerais para sua validade. É um ato determinado e voluntário, que deve ser realizado com intenção e determinação do aceitante ou do renunciante.[7]

4 Aceitação expressa e tácita

A aceitação pode ser expressa ou tácita. Considera a lei expressa a aceitação, quando o herdeiro faz essa manifestação por escrito, isto é, o documento escrito é uma garantia da seriedade da declaração,[8] um ânimo de receber a herança que lhe é deferida[9] e, tácita, "há de resultar tão somente de atos próprios da qualidade de herdeiro", isto é, quando resulta de atos compatíveis somente com o caráter de herdeiros, praticados por quem tem a intenção de aceitar a herança. Segundo alguns autores, há também a forma presumida de aceitação, "quando o herdeiro deixa passar o prazo marcado pelo juiz, a requerimento do interessado, sem se manifestar sobre a herança que lhe é deferida".[10]

Alguns atos refletem a aceitação irrestrita, como a cessão onerosa de direito sucessório, em benefício de todos os co-herdeiros, ou cessão gratuita a alguns deles, o que revela, em aceitação e doação.

Há, no entanto, casos que não exprimem a aceitação, como os atos oficiosos, acompanhamento do funeral, à missa votiva, atos meramente conservatórios, como a interrupção de prescrição, ou os de administração e guarda

---

[7] ZANNONI, Eduardo A. *Derecho de las sucesiones*. 2. ed. Buenos Aires: Astrea, 1976. p. 229.

[8] FULGÊNCIO, Tito. *Programas de direito civil*. Belo Horizonte: Imprensa Oficial, 1920. p. 228.

[9] BAUDRY-LACANTINERIE. *Précis de droit civil*. Paris: Librairie de la Societé du Recueil Sirey, 1913. v. 3, nº 477.

[10] OLIVEIRA, Arthur Vasco Itabaiana de. *Tratado de direito das sucessões*. Rio de Janeiro: Livraria Jacinto, 1936. t. 1, p. 90.

provisória,[11] ou a cessão gratuita, pura e simples, da herança aos demais herdeiros, isto é, em benefício do monte (§ 2º do art. 1.805). Não vale, igualmente, como aceitação, o simples pagamento de dívidas da herança, porque qualquer pessoa pode pagar, sub-rogando-se nos direitos.[12]

A aceitação da herança é um negócio jurídico unilateral, tornando-se necessário que a pessoa aceitante seja capaz de contratar e de se obrigar validamente; os menores ou incapazes deverão estar acompanhados de seus representantes ou assistentes legais, como os pais, tutores e curadores.

Pode, também, a aceitação ser feita diretamente pelo herdeiro ou por intermédio de terceiros, seus sucessores (art. 1.809), quando o herdeiro falece antes de declarar se aceita, ou por intermédio de mandatários, ou por intermédio de credores (art. 1.813, *caput*). No caso dos credores, poderão eles aceitá-la e, depois de pagas as dívidas, o remanescente será devolvido aos outros herdeiros (art. 1.813, § 2º).

Caso interessante pode ocorrer quando o sucessor (*L*) é chamado para aceitar pelo seu representado (*P*) a herança de *A*, morto antes de *P*. Nessa hipótese, a lei impõe que o representante – sucessor (*L*) – é obrigado a receber a segunda herança, se quiser aceitar ou renunciar a primeira (parágrafo único do art. 1.809).

A aceitação da herança é irretratável, o que significa que o herdeiro não pode renunciá-la em ato posterior, nos termos do art. 1.804 do Código Civil, que considera definitiva a transmissão da herança ao herdeiro, desde a abertura da sucessão, uma vez aceita.

5 Benefício de inventário

No Direito romano primitivo, o herdeiro arrecadava créditos e débitos, pouco importando que a parcela herdada fosse superior ao seu patrimônio. Exemplificando, A falece, deixando 100 de créditos e 200 de débitos; B herda a totalidade, misturando o monte com seu patrimônio, que era igual a 300 de créditos; a herança restou-lhe prejudicial, reduzindo seu patrimônio. Mais tarde, Justiniano (*Cód.* 6, 30, 1.22 e *Inst.* 2, 19, § 6º) permitiu que todos os herdeiros optassem em aceitar ou não a herança, expediente que passou a ser conhecido como benefício de inventário. Define Clóvis: "Benefício de inventário é o remédio imaginado para evitar as consequências desastrosas que poderiam sobrevir ao herdeiro pela confusão de seu patrimônio com o do hereditando."[13]

---

11 Código Civil, art. 1.805, § 1º.

12 PEREIRA, Caio Mário da Silva. *Instituições de direito civil.* Rio de Janeiro: Forense, 2005. v. 6, p. 51.

13 BEVILÁQUA, Clóvis. *Direito das sucessões.* Rio de Janeiro: Freitas Bastos, 1938. p. 44.

Introduzido em nossa sociedade pelas Ordenações, o benefício de inventário foi, praticamente, aceito em todas as legislações modernas. Estabeleceu-se que a responsabilidade do herdeiro será, sempre, *intra vires hereditatis*, ao contrário da ideia primeira no Direito romano, *ultra vires hereditatis*.

O Código Civil, em seu art. 1.792, declarou, expressamente, que "o herdeiro não responde por encargos superiores às forças da herança; incumbe-lhe, porém, a prova do excesso, salvo se existir inventário, que a escuse, demonstrando o valor dos bens herdados". Em termos didáticos, pode-se afirmar que $H = C - D$. Em acórdão do Tribunal de Justiça de São Paulo, decidiu a Corte que subsiste obrigação alimentar, apurada em ação de investigação de paternidade, mas a obrigação dos herdeiros, pelos alimentos vencidos até a morte do *de cujus*, seria devida somente até a força da herança e não além.[14]

O ausente, com presunção de falecimento, não pode manifestar-se, e a lei é omissa, tornando matéria de extraordinária complexidade, caso apareça no futuro. Por outro lado, se os outros herdeiros aceitaram a parte do ausente, vindo a ser proferida decisão judicial definitiva, os bens serão inventariados, seguindo as regras dos arts. 1.163 ss do Código de Processo Civil.

> *"Regressando o ausente nos dez (10) anos seguintes à abertura da sucessão definitiva ou algum dos seus descendentes ou ascendentes, aqueles ou estes só poderão requerer ao juiz a entrega dos bens existentes no estado em que se acharem, os sub-rogados em seu lugar ou o preço que os herdeiros e demais interessados houverem recebido pelos alienados depois daquele tempo."*[15]

A ausência mereceu um capítulo especial no novo Código, iniciando-se as disposições no art. 22, com a nomeação de um curador dos bens do ausente, para, em seguida, estabelecer um processo de sucessão provisória. Determina o art. 26 que "decorrido um ano da arrecadação dos bens do ausente, ou, se este deixou representante ou procurador, em se passando três anos, poderão os interessados requerer que se declare a ausência e se abra provisoriamente a sucessão".

O juiz, apreciadas as provas, determinará em sentença a abertura da sucessão provisória, cuja sentença produzirá efeito 180 dias depois de publicada pela imprensa. Nomeado o curador como gestor dos negócios, ficará responsável pelo monte, prestando contas diretamente ao juiz. Se o ausente aparecer, diz o art. 36, ou se lhe provar a existência, depois de estabelecida a posse provisória, cessarão imediatamente os direitos concedidos aos sucessores nela

---

[14] *RT*, 699/52.

[15] Código de Processo Civil, art. 1.168.

imitidos, ficando, todavia, obrigados a tomar as medidas assecuratórias precisas, até a entrega dos bens a seu dono.

A lei fixa o prazo de dez anos, depois de passada em julgado a sentença que concede a abertura da sucessão provisória, para que os interessados possam requerer a sucessão definitiva do ausente. A propósito, ver arts. 22 a 39 do Código Civil.

Dispondo a lei que não responde o herdeiro por encargos superiores às forças da herança, é possível demonstrar o valor do monte, após a arrecadação dos bens no processo de inventário; sendo os bens arrecadados de valor inferior à dívida, herança não há, porque herança é o produto de créditos menos débitos. O resultado negativo representa uma negação à herança, porque os bens arrecadados servirão, unicamente, para pagar as dívidas cobradas.

Nesse caso, o patrimônio do herdeiro não responderá pelo excesso. Haverá, ao contrário, prejuízos dos credores, sem possibilidade de proposição de vias judiciais contra o herdeiro.

Se, por outro lado, o monte suporta pagar as dívidas, ficando excedente positivo, haverá herança a ser partilhada entre os herdeiros chamados à sucessão.

6 Aceitação pura e simples

Não pode o herdeiro aceitar a herança em parte, sob condição ou a termo. A lei quer que o herdeiro aceite tudo ou nada, isto é, direitos e obrigações, não significando, no entanto, que o herdeiro assuma encargos *ultra vires hereditatis*. Se o falecido deixou imóveis e dinheiro, o herdeiro deverá receber tudo e não somente o dinheiro, recusando os imóveis que estão onerados; não pode, também, receber sob condição, isto é, só receberá se a herança for lucrativa, como não pode fixar a data a partir de quando arrecadará o monte.

Pode o herdeiro aceitar a herança e o legado, aceitar a herança e recusar o legado, aceitar o legado e recusar a herança ou, finalmente, recusar a herança e o legado. A matéria está clara no art. 1.808, *in verbis*:

> *"Não se pode aceitar ou renunciar a herança em parte, sob condição, ou a termo.*
>
> *§ 1º O herdeiro, a quem se testarem legados, pode aceitá-los, renunciando a herança; ou, aceitando-a, repudiá-los."*

Ensina Carlos Maximiliano que "se alguém é beneficiado em virtude da lei e de testamento, opta pelo que deste lhe advém, ou pelo que lhe assegura aquela. Se tem direito na qualidade de sucessor direto do *de cujus* e na de representante de herdeiro de renunciante, é lícito aceitar no primeiro caso e repudiar num dos outros."

A indivisibilidade da sucessão aplica-se a uma vocação hereditária única, baseia-se na unidade do direito transmitido; aquele que é investido de dois direitos diversos não está obrigado a tomar o mesmo partido a respeito de um e do outro. Este parecer está de acordo com o espírito do art. 1.856 do Código Civil, o qual prescreve que "o renunciante à herança de uma pessoa poderá representá-la na sucessão da outra". "A" rejeita vantagens e desvantagens de sucessor de "B", embora aquiesça em receber o que lhe cabe, na qualidade de descendente de "B", na herança de "C". Em todo caso, o repúdio em termos gerais abrange todas as espécies e modos de haver por parte de alguém.

Permite, também, a lei que o herdeiro chamado a mais de um quinhão hereditário, na mesma sucessão, sob títulos sucessórios diversos, pode livremente deliberar quanto aos quinhões que aceita e aos que renuncia, uma faculdade outorgada ao herdeiro para receber ou recusar parte de uma sucessão. Essa regra, contida no § 2º do art. 1.808, introduziu inovação nos costumes brasileiros, deliberando sobre isso o novo Código, tendo em vista a possibilidade de vários quinhões hereditários em uma mesma sucessão.

É uma faculdade que reflete, mais uma vez, o direito que é outorgado ao sucessor para arrecadar somente a herança que lhe é conveniente.

Vindo a ocorrer o falecimento do herdeiro, antes de declarar a aceitação da herança, caberá a seus sucessores o poder ou a faculdade de aceitar a herança, a menos que se trate de vocação adstrita a uma condição suspensiva, ainda não verificada (art. 1.809).

7 Direito do credor

Embora a lei fixe o prazo prescricional máximo de dez anos para que o herdeiro declare se aceita a herança, pode o credor ou interessado passar-lhe à frente, aceitando por ele. O interessado requererá ao juiz, no prazo de 20 dias depois de aberta a sucessão, que mande citar o herdeiro para, dentro de prazo razoável, não maior de 30 dias, pronunciar-se pela aceitação ou recusa, sob pena de se haver a herança como aceita (art. 1.807). A aceitação pelo credor ou interessado não representa a totalidade da herança, mas, tão somente, para satisfação das obrigações inadimplidas, devolvendo o remanescente aos outros herdeiros da sucessão legítima.

São interessados os coerdeiros, os credores do falecido, do herdeiro aceitante, do legatário e do herdeiro instituído.

8 Aceitação definitiva

O Código de 2002, em seu art. 1.804, impõe ao herdeiro que aceita a herança o reconhecimento de seu direito de forma definitiva, não lhe possibilitando retratar-se do ato da aceitação. A novel legislação rompe com a tradição que existia na sociedade brasileira, permitindo que o herdeiro se retratasse antes de concluída a partilha.

Admite-se, tão somente, que a aceitação não se torne definitiva, quando há manifestação de vontade viciada, capaz de anular ou nulificar o ato praticado. O Código reconhece como defeitos do negócio jurídico o erro ou ignorância, o dolo, a coação, o estado de perigo, a lesão ou, finalmente, a fraude contra credores. Nessas hipóteses, o negócio ou ato jurídico é anulável, dependendo das circunstâncias da declaração de vontade e da prova do defeito que maculou o livre discernimento do indivíduo na prática do ato volitivo.

Considera o Código, também, nulo o negócio jurídico quando celebrado por pessoa absolutamente incapaz (art. 3º), quando for ilícito, impossível ou indeterminável seu objeto, quando não revestir a forma prescrita em lei, ou for preterida alguma solenidade que a lei considere essencial para sua validade ou, ainda, quando o negócio jurídico tiver por objetivo fraudar lei imperativa ou, também, se a lei declarar nulo o negócio praticado ou proibir-lhe a prática sem cominar sanção (art. 166 do CC).

Contrariamente ao Código revogado, o art. 167 do Código Civil de 2002 considera nulo o negócio jurídico simulado, salvo se ele for praticado de forma dissimulativa, mas subsistirá se for válido na substância e na forma.

Permite, também, a lei que os herdeiros chamados à sucessão do herdeiro falecido, antes da aceitação, possam aceitar ou renunciar à primeira herança, desde que concordem em receber a segunda herança. Tal significa que, chamados a duas sucessões, poderão os herdeiros optar pelo recebimento da primeira herança, desde que se manifestem favoravelmente em receber a segunda herança (parágrafo único do art. 1.809).

9 Renúncia

A renúncia é um negócio jurídico no qual o herdeiro declara, expressamente, que não quer arrecadar o que lhe foi destinado, tanto na sucessão legítima, quanto na testamentária. A renúncia não se presume, deverá ser feita por escritura pública, ou termo judicial. "É o ato solene pelo qual uma pessoa, chamada à sucessão de outra, declara que a não aceita."[16]

[16] RODRIGUES, Sílvio. *Direito civil*. São Paulo: Saraiva, 1995. v. 7, p. 33.

A renúncia, como negócio jurídico, requer agente capaz, objeto lícito, possível, determinado ou determinável, e forma solene, isto é, prescrita ou não defesa em lei. É um ato jurídico voluntário, que o herdeiro ou legatário pratica dentro de seu direito de liberdade de agir. Pressupõe, portanto, legítima manifestação de vontade, abstraindo qualquer vício que possa determinar defeito do ato praticado.

É, praticamente, impossível o herdeiro absolutamente incapaz renunciar; não se admite que o interditado venha a renunciar por intermédio do seu curador. Em ambas as possibilidades, necessária – sob pena de nulidade – a presença do Ministério Público. Zelando pelo interesse do menor ou do incapaz, diante da letra da lei vigente, jamais poderia o MP admitir a renúncia, porque estaria prejudicando aquele a quem deve defender. A manifestação do representante legal do menor provocaria despacho do juiz da vara, encaminhando os autos do MP.

É bom lembrar que não corre prescrição contra os incapazes, mencionados no art. 3º do CC. Dessa forma, atingindo a maioridade, buscaria o prejudicado a decretação de nulidade do ato praticado, contrário a expressa disposição legal.

Não pode ser exteriorizada por instrumento particular,[17] mesmo que seja escrito na presença de testemunhas; se o herdeiro for casado, necessita do consentimento do outro cônjuge não herdeiro, falta que torna o ato anulável, passível de ratificação;[18] ato levado a efeito por procurador, e exige mandato com poderes especiais.[19]

Como o direito à sucessão é considerado imóvel para efeitos legais, na constância do casamento nenhum dos cônjuges pode, pura e simplesmente, renunciar à herança sem a outorga do outro. Assim, o cônjuge prejudicado pode aceitar a herança em nome do outro, desde que anule a escritura de abdicação.[20]

Quando o regime de bens for o de separação, estes permanecerão sob a administração exclusiva de cada um dos cônjuges, que os poderá livremente alienar ou gravar de ônus real, nos precisos termos do art. 1.687. Nessa hipótese, a renúncia poderá ser manifestada, livremente, por qualquer dos cônjuges, sem a prévia aquiescência do outro, condição nova, introduzida em nossa legislação.

---

17 *RT*, 696/94.

18 *RT*, 675/102.

19 *RT*, 611/195.

20 TJRJ, *RT*, 521/231.

"Renúncia da herança é ato solene pelo qual uma pessoa, chamada à sucessão de outra, declara que a não aceita."[21] Considera-se renúncia, com rigor técnico, a manifestação de vontade nesse sentido, pura e simples, sem condição ou termo.

Na sucessão legítima, a parte do renunciante vai reverter em benefício do monte, acrescendo às dos demais herdeiros da mesma classe e, sendo ele o único desta, devolve-se aos da subsequente (art. 1.810 do CC). Quando o herdeiro faz, simplesmente a renúncia do seu direito hereditário, ele o faz em benefício do monte. Nessa hipótese, todos os outros herdeiros da mesma classe passarão a ter direito, verdadeiro direito de acrescer.

A lei supõe o renunciante como se herdeiro não tivesse sido, isto é, como se ele não tivesse nascido. "Se, porém, ele for o único legítimo da sua classe, ou se todos os outros da mesma classe renunciarem à herança, poderão os filhos vir à sucessão, por direito próprio, e por cabeça" (art. 1.811, 2ª parte). O termo verbal empregado, *poderão*, não significa que o direito codificado tenha rompido com a dogmática do Código de Napoleão e do Italiano, que lhe serviram de fonte, e adotaram forma afirmativa para convocação dos filhos dos renunciantes (TJDF - AI 7.151 - DF - (Reg. Ac. 90.093) - 1ª T. - Rel. Des. José H. de Vasconcelos - *DJU* 4/12/1996).

Sendo, em princípio, negócio jurídico irretratável, tese adotada pelo Direito brasileiro, diferentemente de outros países, como a Itália e a França, a anulação só pode ser decretada quando induvidoso o vício da vontade decorrente de violência, erro ou dolo, imperiosa, portanto, a demonstração inequívoca do defeito extrínseco ou intrínseco do ato.[22]

A renúncia não pode ser feita antes da abertura da sucessão, porque, até esse momento, não existe herança (art. 426 do CC). O herdeiro tem a liberdade de aceitar ou não, e pode receber ou abdicar seu direito; no entanto, uma vez recusada, não pode voltar atrás.

A renúncia de herança não pode ser inferida de simples conjecturas; ela não se presume, requer ato positivo da vontade de renunciar e exige toda solenidade (*nemo juri suo facile renuntiare praesumitur*), efetuando-se no inventário após as citações (art. 999 do CPC), através de termo judicial ou escritura pública (art. 1.806 do CC).[23]

---

[21] RODRIGUES, Sílvio. Op. cit. p. 58

[22] TJRGS, *RJTJRGS*, 80/376-377.

[23] *RT*, 695/176.

A renúncia pode ser translativa ou abdicativa; diz-se translativa quando se pratica o ato do recebimento, mas transfere-se seu direito, constituindo verdadeira doação; tal é o caso de renúncia em benefício de determinada pessoa. Essa modalidade gera tributos;[24] a abdicativa é, simplesmente, a renúncia do direito.

Em processo submetido ao Supremo Tribunal Federal, entendeu aquela excelsa Corte que *"não explicitando o legislador que tal norma fosse aplicável a esta ou àquela espécie de renúncia, conclusivo que há de ser endereçada a ambas, pois, segundo o aforismo milenar,* ubi lex non distinguit nec nos dintinguere debemus. *Feita, no caso, por termo nos autos, a renúncia está conforme a lei, não necessitando revestir a forma da escritura pública".*[25]

10 Efeitos da renúncia

A lei considera o renunciante como se nunca tivesse existido. Assim, a renúncia tem efeito retroativo à data da abertura da sucessão, e "ninguém pode suceder, representando herdeiro renunciante. Se, porém, ele for o único legítimo da sua classe, ou se todos os outros da mesma classe renunciarem a herança, poderão os filhos vir à sucessão, por direito próprio, e por cabeça" (art. 1.811).

A capacidade para suceder é a do tempo da abertura da sucessão e a renúncia representa um óbice aos sucessores do renunciante. Os filhos do herdeiro renunciante, nas hipóteses de que trata o art. 1.811 do Código Civil, somente podem vir à sucessão por direito próprio, daí que a capacidade para suceder deve existir ao tempo da abertura da sucessão, segundo o princípio do art. 1.787 do CC , e não ao tempo da renúncia, que opera *ex tunc* (Superior Tribunal de Justiça – REsp 67.490-5-RS – 3ª T. – Rel. Min. Costa Leite.

Na sucessão legítima, a parte do renunciante acresce à dos outros herdeiros da mesma classe, e, sendo ele o único, devolve-se aos da subsequente. Exemplos: Primus, *de cujus*, teve três filhos, *A*, *B* e *C*; *A*, dois filhos; *B*, cinco filhos; *C*, dois filhos. Se *A* renunciar, a herança caberá a *B* e *C*. Outra hipótese: se *A* é pré-morto e *B* renuncia, a herança será dividida entre os filhos de *A* (metade) e *C*; outra hipótese: *A*, pré-morto, *B* e *C* renunciam, a herança será dividida entre os filhos de Primus, por cabeça. Certa oportunidade, o Tribunal de Justiça de Minas Gerais entendeu que "se todos os filhos maiores e capazes, de uma determinada classe, renunciam a favor do monte, a herança passará

---

[24] *RT*, 624/86 e *RT*, 601/63.

[25] *RT*, 500/200.

aos ascendentes e não aos filhos renunciantes".[26] Nesse julgamento, em grau de embargos infringentes, houve votos vencidos.

O art. 1.811 tem sido objeto de especulações. Embora estranha a solução supra-apontada, a dúvida surge, constantemente, entre alunos, profissionais do Direito e, até mesmo, civilistas especializados em outras áreas. O pressuposto do renunciante de "nunca ter vivido" não coaduna com a regra do art. 1.811. Como recuperar os sucessores do renunciante o direito? Na verdade, não se trata de recuperação, mas de chamamento por direito próprio (se não há filhos, primeiro grau, são chamados os herdeiros do segundo grau), ainda na classe dos descendentes.

É bom esclarecer que o legislador chamou "classe" não só os descendentes, porém, igualmente, os filhos. Assim, se o falecido deixou três filhos, são parentes do *de cujus* em primeiro grau, enquanto os netos são parentes em segundo grau. Quando os três filhos renunciam, não mais prejudicam os netos, porque não haverá a "classe" dos "filhos", isto é, os que estão em primeiro grau; a renúncia dos filhos provoca o chamamento dos herdeiros em segundo grau. Se, no entanto, dois dos filhos são pré-mortos, e o terceiro renuncia, aplicar-se-á a mesma regra, por inexistir "filhos".

Na sucessão testamentária, se houver substituto, recolherá este; não existindo substituto, os bens serão divididos na sucessão legítima, acrescendo o monte partível.

Resta lembrar que o renunciante a uma herança poderá representá-la na sucessão de outra (art. 1.856). Primus poderá renunciar a herança de seu pai, Antônio, mas recolher, posteriormente, a herança de seu avô.

Relatou curioso caso de renúncia o Des. Eduardo Andrade, do TJMG. Redigiu o Magistrado a ementa, que revela, em resumo a discussão travada nos autos."Se, além da constituição de advogado para a formulação de pedido de abertura de inventário, por intermédio do procurador, se afirma o único herdeiro da de cujus, e, nessa qualidade, requer a sua nomeação como inventariante e ainda postula a expedição de alvará judicial para levantamento de numerário proveniente no monte-mor para o pagamento de dívidas do falecida, induvidosamente está aceitando a herança, ainda que tacitamente. E, nos termos do art. 1.812 do Código civil, é irrevogável o ato de aceitação da herança. Assim, evidenciada nos autos a ocorrência de renúncia translativa, que envolve duas declarações de vontade – aceitação da herança e subsequente alienação ao favorecido – inarredável a incidência do imposto de transmissão inter vivos sobre tal operação"."(agr. Instr. CV n.1.0024.12.247169-1/001 – Comarca de Belo Horizonte)

---

[26] Observação do Prof. Humberto Theodoro Júnior, na atualização do livro de Orlando Gomes (*Sucessões*, p. 27).

Se o herdeiro renunciante prejudicar a seus credores, poderão eles, com autorização do juiz, aceitá-la em seu nome. Nesse caso, depois de pagas as dívidas do renunciante, o remanescente será devolvido aos outros herdeiros (art. 1.813, *caput*, e § 2º), não favorecendo, entretanto, os filhos do renunciante, que, ainda assim, não poderão representá-lo (art. 1.811, primeira parte).

"A renúncia de todos os herdeiros de uma classe devolve o quinhão hereditário aos herdeiros da classe subsequente." Coletiva a renúncia, nenhum herdeiro, entre os renunciantes, adquiriu os bens, e, nessa hipótese, "inocorrendo a chamada renúncia translativa, não é exigível o *inter vivos*". Caracteriza-se a renúncia translativa, ou *in favorem*, quando há prévia aceitação da herança.[27]

Ementa do Tribunal de Justiça de São Paulo estabelece, perfeitamente, a distinção entre as duas formas de renúncia: "*A distinção entre renúncia propriamente dita (renúncia abdicativa) e a renúncia translativa, mostra que na segunda há uma aceitação com posterior transmissão. A renúncia translativa envolve doação, somente na renúncia abdicativa, em que não há aceitação, é que se convocam os herdeiros do renunciante.*"[28]

No dia a dia, muitas vezes, há engano dos filhos, fazendo renúncia coletiva, visando ao benefício da mãe. No entanto, quando um dos herdeiros tiver filhos, pela ordem da vocação hereditária (art. 1.829), continuarão a ser chamados os descendentes, afastando o cônjuge do quadro sucessório. É preciso muita atenção, ao sugerir renúncia coletiva dos filhos.

Jurisprudência

CIVIL. PROCESSUAL CIVIL. INADMISSIBILIDADE DO AGRAVO POR DIFERENTES PRECLUSÕES. AUSÊNCIA DE PREQUESTIONAMENTO. INOCORRÊNCIA EM VIRTUDE DOS DISTINTOS OBJETOS RECURSAIS. RENÚNCIA À HERANÇA DOS HERDEIROS EM FAVOR DA CÔNJUGE SOBREVIVENTE. CESSÃO DE DIREITOS HEREDITÁRIOS. RENÚNCIA ABDICATIVA. INOCORRÊNCIA. SURGIMENTO POSTERIOR DE NOVO HERDEIRO. ERRO SUBSTANCIAL QUANTO AO OBJETO DA RENÚNCIA CONFIGURADO. ANULAÇÃO DOS ATOS DECISÓRIOS NA AÇÃO DE INVENTÁRIO, COM A CONSEQUENTE INVALIDAÇÃO DA RENÚNCIA ANTERIORMENTE REALIZADA. DISSÍDIO JURISPRUDENCIAL NÃO DEMONSTRADO. 1- Ação distribuída em 01/02/2011. Recurso especial interposto em 22/05/2013 e atribuído à Relatora em 25/08/2016. 2- Os propósitos recursais consistem em definir se o agravo de instrumento interposto pelos recorridos era admissível diante da alegação de ocorrência de preclusão e,

27 Jurisprudência Mineira, 106/63.

28 *RT*, 693/131.

ainda, se a renúncia anteriormente realizada pelos herdeiros foi abdicativa, em favor do monte-mor, ou translativa, mediante cessão de direitos hereditários feita em favor especificamente da viúva meeira. 3- A alegada existência de preclusão em virtude de ter o juízo de 1º grau enfrentado a questão controvertida em momento anterior não foi examinada pelo acórdão recorrido, o que torna inviável o recurso especial, nesse particular, por ausência de prequestionamento. Incidência da Súmula 211/STJ. 4- Havendo substanciais diferenças entre o que fora decidido pelo Tribunal na apelação, por meio da qual foram nulificados todos os atos decisórios tomados na ação de inventário em função da ausência de litisconsorte passiva necessária, e o que fora decidido no agravo, em que se reconheceu a invalidade da renúncia à herança anteriormente realizada pelos herdeiros em favor da genitora, igualmente não há que se falar em preclusão e em violação aos arts.522, 527, I e 557, todos do CPC/73. 5- Apurada a intenção dos demais herdeiros era de renunciar à herança especificamente em favor da genitora e cônjuge sobrevivente, o que configura a renúncia translativa ou cessão de direitos hereditários, a eventual existência de vícios de linguagem na celebração do negócio jurídico que poderiam induzir à existência de renúncia abdicativa pode ser relevada, a fim de que seja atingido o propósito efetivamente almejado pelas partes. 6- Caracteriza-se a existência de erro substancial quanto ao objeto principal da declaração apto a invalidar o negócio jurídico na hipótese em que, renunciada a herança pelos demais herdeiros em favor da cônjuge sobrevivente - renúncia translativa ou cessão de direitos hereditários - descobre-se, posteriormente, a existência de herdeiro de que não se tinha ciência inequívoca no momento do ato de disposição. 7- O Tribunal na origem, ao nulificar todos os atos decisórios em virtude da ausência de litisconsorte passiva necessária, também decretou por arrastamento a nulidade da própria renúncia à herança anteriormente realizada, pois, a despeito de se tratar de ato de disposição de natureza preponderantemente material, a renúncia à herança também possui um requisito de validade específico de índole processual, a saber, a exigência legal de que ocorra por meio de termo judicial. (Relatora Min. Nancy Andrighi. Terceira Turma, DJE.18/12/2017

HERANÇA – Renúncia – Arrolamento – União estável – Insurgência contra decisão que, considerando o disposto nos artigos 1.790, III, e 1.806 do Código Civil, determina ao inventariante postular a intimação das irmãs da falecida para dizerem expressamente se apresentam interesse em renunciar a herança, sob o fundamento de já estar configurada a renúncia tácita decorrente da revelia – Desacolhimento – Companheiro que concorre com irmãs da falecida – Inteligência do artigo 1.790, III, do Código Civil – Decisão mantida – Recurso improvido (TJSP – Agravo de Instrumento 1428388320118260000 – Guarulhos – 10ª Câmara de Direito Privado – Relator Luiz Antonio Coelho Mendes – 13-12-2011 – Votação: Unânime – Voto nº 3.906).

INVENTÁRIO – Partilha – Renúncia translativa – Ato em favor da viúva-meeira – Aceitação tácita dos renunciantes – Possibilidade – Inteligência do artigo 1.806 do Código Civil – Cessão de direitos validada, devendo ser apresentado novo plano de partilha constando as quotas partes dos renunciantes, que serão cedidas à agravante, por meio de termo lavrado em Cartório, mediante declaração de vontade dos que transmitem e de quem recebe – Recurso parcialmente provido para este fim (TJSP

– Agravo de Instrumento 02575274320118260000 – Birigui – 6ª Câmara de Direito Privado – Relator José Percival Albano Nogueira Júnior – 17-11-2011 – Votação: Unânime – Voto nº 14.209).

RECURSO ESPECIAL. AÇÃO DE INVENTÁRIO. LISTISPENDÊNCIA. **RENÚNCIA** AO DIREITO DE **HERANÇA** ANTES **DA** TRANSMISSÃO **DA HERANÇA.** NULIDADE. 1. "No tocante ao processo de inventário, o Código de Processo Civil dispõe que deve pedir a abertura quem estiver na posse e administração do espólio (art. 987), acrescentando que possuem legitimidade concorrente as pessoas indicadas no art. 988 do CPC, podendo, ainda, o juízo determiná-lo de ofício caso nenhum dos legitimados o faça (art. 989)".
A Lei n. 13.105/2015 - novo Código de Processo Civil -, com relação ao tema, trouxe apenas alterações redacionais e adequações terminológicas, uma vez que incluiu o companheiro entre aqueles que têm legitimidade para requerer a abertura do inventário, também alterando síndico para administrador judicial, de forma que o entendimento sobre a questão não sofreu alteração. 2. Em face **da** universalidade do direito de **herança,** não é possível o ajuizamento de mais de um inventário relativo ao mesmo acervo. Desse modo, constatando-se a existência de dois processos idênticos em que figuram iguais herdeiros e bens do mesmo de cujus, verificada está a ocorrência de litispendência. 3. Recurso especial conhecido e desprovido. REsp 1591224 / MA. Ministro JOÃO OTÁVIO DE NORONHA (1123). DJe 29/04/2016

AGRAVO DE INSTRUMENTO – SUCESSÃO – HERANÇA – TERMO DE RENÚNCIA – DIREITO DO CREDOR – EXECUÇÃO ANTERIOR – AUTORIZAÇÃO PARA ACEITAÇÃO EM NOME DO RENUNCIANTE – POSSIBILIDADE – RECURSO A QUE SE DÁ PROVIMENTO – 1 – Dispõe o artigo 1.813, § 1º, do CC, que o prazo de habilitação de credores para aceitação de herança em nome do renunciante, é de 30 dias contados da data em que estes tomaram conhecimento do fato e não da data do termo de renúncia. 2 – Quando o herdeiro prejudicar seus credores, renunciando à herança, poderão eles, com autorização do juiz, aceitá-la em nome do renunciante. 3 – Não é preciso que o herdeiro renuncie de má fé, com intenção de fraudar; Basta que a renúncia cause prejuízo aos seus credores. 4 – Dá-se provimento ao recurso (TJMG – AG 1.0620.03.002967-7/001 – 4ª C.Cív. – Rel. Célio César Paduani – J. 7-10-2008).
AGRAVO DE INSTRUMENTO – INVENTÁRIO – RENÚNCIA EXPRESSA À HERANÇA – PREJUÍZO A CREDOR – ACEITAÇÃO DA HERANÇA EM NOME DO DEVEDOR – POSSIBILIDADE – RECURSO IMPROVIDO. O herdeiro que renuncia à herança, visando fraudar seus credores, pode ser substituído no seu quinhão pelo credor, quando o juiz assim entender. O fato de ainda não haver nos autos o Termo de Renúncia não impede a ACEITAÇÃO pelo credor, uma vez que o herdeiro assinou petição pugnando pela renúncia, existindo a concordância pelo magistrado. Recurso a que se nega provimento (TJMG – Proc. nº 1.0701.03.051496-5/001. Rel. Des.: Batista Franco. Data do acórdão: 29-3-2005. Data da publicação: 29-4-2005).

RECURSO ESPECIAL. DIREITO CIVIL. SUCESSÕES. HERANÇA. ACEITAÇÃO TÁCITA. ART. 1.804 DO CÓDIGO CIVIL. ABERTURA DE INVENTÁRIO. ARROLAMENTO DE BENS. RENÚNCIA POSTERIOR. IMPOSSIBILIDADE. ARTS. 1.809 E 1.812 DO CÓDIGO CIVIL. ATO IRRETRATÁVEL E IRREVOGÁVEL. 1. A aceitação da herança, expressa ou tácita, torna definitiva a qualidade de herdeiro, constituindo ato irrevogável e irretratável. 2. Não há falar em renúncia à herança pelos herdeiros quando o falecido, titular do direito, a aceita em vida, especialmente quando se tratar de ato praticado depois da morte do autor da herança. 3. O pedido de abertura de inventário e o arrolamento de bens, com a regularização processual por meio de nomeação de advogado, implicam a aceitação tácita da herança. 4. Recurso especial não provido. REsp 1622331 / SP. Ministro RICARDO VILLAS BÔAS CUEVA (1147) DJe 14/11/2016 RSDF vol. 100 p. 84

AGRAVO DE INSTRUMENTO - INVENTÁRIO - RENÚNCIA EXPRESSA À HERANÇA - PREJUÍZO A CREDOR - ACEITAÇÃO DA HERANÇA EM NOME DO DEVEDOR. POSSIBILIDADE. RECURSO IMPROVIDO. O herdeiro que renuncia à herança, visando fraudar seus credores, pode ser substituído no seu quinhão pelo credor, quando o juiz assim entender. O fato de ainda não haver nos autos o termo de renúncia, não impede a aceitação pelo credor, uma vez que o herdeiro assinou petição pugnando pela renúncia, existindo a concordância pelo magistrado. Recurso a que se nega provimento (TJMG. Proc. nº 1.0701.03.051496-5/001. Rel. Des.: Batista Franco. data do acórdão: 29-3-2005. Data da publicação: 29-4-2005).

Civil – Cessão de Herança (escritura pública) celebrada por ascendente em prol de descendentes, com anuência firmada por instrumento particular. I – Doutrina e jurisprudência são unânimes em afirmar que a anuência, ou a autorização de outrem, necessárias à validade de um ato, provar-se-á do mesmo modo que este e constará, sempre que se possa, do próprio instrumento. II – Recurso conhecido e provido (STJ, REsp 49151/SP; RE 1997/0066483-0, *DJ* 14-9-1998).

Processual e Civil – Inexistência de Fato Superveniente – Nulidade de Renúncia e Cessão de Herança. I – Ocorrendo fato superveniente, no curso da ação, que atinja o direito controvertido do autor, cumpre ao juiz tomá-lo em consideração ao decidir. Inválido, porém, é o fato a esse título trazido, quando, na verdade, já era ocorrido e do conhecimento do demandante, mesmo antes do ajuizamento da ação. II – Nula é a cessão e renúncia de herança, quanto a acervo recebido em testamento clausulado de indisponibilidade vitalícia, se disfarçado de cessão e renúncia, na verdade, dissimula verdadeira doação, ilegítima porque o doador estava impedido de fazê-la. Precedentes da Corte. III – Recursos não conhecidos (STJ, REsp 57217/SP; RE 1994/0036027-4, *DJ* 3-5-1999).

Inexistência de fato superveniente – Nulidade de renúncia e cessão de herança. I – Ocorrendo fato superveniente, no curso da ação, que atinja o direito controvertido do autor, cumpre ao juiz tomá-lo em consideração ao decidir. Inválido, porém, é o fato a esse título trazido, quando, na verdade, já era ocorrido e do conhecimento do demandante, mesmo antes do ajuizamento da ação. II – Nula é a cessão e renúncia de herança, quando o acervo recebido em testamento clausulado de indisponibilidade vitalícia, se disfarçado cessão e renúncia, na verdade, dissimula verdadeira doação, ilegítima porque o doador estava impedido de fazê-la. Precedentes da Corte (STJ – REsp 57217 (94/0036027-4)-SP – 3ª T. – Rel. Min. Waldemar Zveiter – j. em 6-8-1998 – *DJ* de 3-5-1999).

Herança – Requerimento de inventário e outorga de procuração para o processo pelo herdeiro – Hipótese que não caracteriza a aceitação tácita.
O simples requerimento de inventário e a mera outorga de procuração para o processo não configuram a aceitação tácita da herança, por se tratar de obrigação legal inerente ao herdeiro (TJSP – AgIn nº 70.554-4/0 – 9ª Câm. de Direito Privado – Rel. Des. Thyrso Silva – j. em 18-11-1997 – *RT* 750/265).

Sentença homologatória de renúncia de herança não se convola em *res judicata* quanto a terceiro interessado, mormente se a renúncia se opera com intuito de fraudar a execução, não havendo falar em prescrição do direito de ação, ante o cunho administrativo processual daquela, o que não impede o aforamento de ação a desconstituição do referido ato.

A fraude à execução acontece todas as vezes que, ao tempo da alienação, exista contra o devedor demanda capaz de reduzi-lo à insolvência. O que a lei exige para que se configure tal fraude é a venda ou oneração posterior à citação regular para a demanda, não para a execução da sentença, podendo aquela ocorrer se a alienação ou renúncia a direito hereditário é levada a efeito após a citação para o processo de conhecimento, não se fazendo indispensável que já haja sido instaurada execução.
Não se dá a prescrição de direito, por intercorrência de prazo superior ao previsto no art. 178, § 9º, V, *b*, do CC, quando a sentença reflete vigor de cunho eminentemente administrativo, ao adjudicar ao meeiro bens que foram objeto de renúncia (TAMG – Ap. Cív. nº 232.630-9 – 2ª Câm. Cív. – Rel. Juiz Lucas Sávio – j. em 8-4-1997 – *RJTAMG*, v. 67, p. 234).

Renúncia à herança – Inexistência de doação ou alienação – ITBI – Fato gerador – Ausência de implemento. A renúncia de todos os herdeiros da mesma classe, em favor do monte, não impede seus filhos de sucederem por direito próprio ou por cabeça. Homologada a renúncia, a herança não passa à viúva, e sim aos herdeiros remanescentes. Esta renúncia não configura doação ou alienação à viúva, não caracterizando o fato gerador do ITBI, que é a transmissão da propriedade ou do domínio útil de bens imóveis. Recurso provido (STJ – REsp 36.076-MG – 1ª T. – Rel. Min. Garcia Vieira – j. em 3-12-1998 – *DJU* de 29-3-1999).
Civil. Herança. Renúncia. A renúncia à herança depende de ato solene, a saber, escritura pública ou termo nos autos de inventário; petição manifestando a renúncia, com a promessa de assinatura do termo judicial, não produz efeitos sem que essa formalidade seja ultimada. Recurso especial não conhecido (STJ, REsp 431695/SP; RE 2002/0049944-5, *DJ* 5-8-2002).

Renúncia à herança – Inexistência de doação ou alienação – ITBI – Fato gerador – Ausência de implemento.

A renúncia de todos os herdeiros da mesma classe, em favor do monte, não impede seus filhos de sucederem por direito próprio ou por cabeça. Homologada a renúncia, a herança não passa à viúva, e sim aos herdeiros remanescentes. Esta renúncia não configura doação ou alienação à viúva, não caracterizando o fato gerador do ITBI, que é a transmissão da propriedade ou do domínio útil de bens imóveis. Recurso provido (STJ, REsp 36076/MG; RE 1993/0017004-0, *DJ* 29-3-1999).
m 4-4-2000).

4

HERANÇA JACENTE

1 Noções gerais

Durante a existência, o indivíduo constrói seu patrimônio e, em decorrência de sua morte, esse monte é transmitido a seus herdeiros legítimos e testamentários. O patrimônio não pode ficar sem titular: alguém o recolherá. Na falta, aparente ou real, da pessoa a quem o defunto chama, a lei denomina essa herança de "vaga", iniciando-se pelo processo de jacência, até ser entregue a quem de direito.

A origem da herança jacente remonta aos tempos romanos, quando, entre a morte e a adição, a herança jazia.

"Não temos mais heranças que jazam; e temos, a despeito disso, em nossas bocas, cheias de detritos romanísticos – à semelhança das crenças mortas que nos atulham o espírito – 'heranças jacentes'. Os mortos não só nos acompanham; às vezes nos atropelam. Raros são os povos que seguem o conselho do Cristo: enterrá-los."[1]

Salienta Itabaiana de Oliveira que o conceito moderno difere do Direito Romano: este considerava a herança, embora não adida, pessoa jurídica, que representava a pessoa do defunto, e, como tal, capaz de adquirir direitos e contrair obrigações. Tal não acontece nos códigos modernos, porque, adotado o princípio da *saisine* o domínio e a posse se transmitem, desde logo, aos seus herdeiros legítimos e testamentários.[2]

---

[1] MIRANDA, Pontes de. *Comentários ao Código de Processo Civil*. Rio de Janeiro: Borsoi, t. 16, p. 269.

[2] OLIVEIRA, Arthur Vasco Itabaiana de. *Tratado do direito das sucessões*. Rio de Janeiro: Livraria Jacinto, 1936. t. 1, p. 109.

2 Herança jacente

Com o falecimento do autor da herança, duas posições se constatam: a sucessão legítima, com o chamamento de herdeiros nomeados pela lei e a sucessão testamentária, proveniente da manifestação de vontade do falecido, que elegera herdeiro ou legatário para recolher o patrimônio. No entanto, se falece determinada pessoa, sem deixar herdeiro legítimo sucessível, notoriamente conhecido, sem deixar, também, testamento, os bens da herança serão arrecadados por um representante do Poder Público, ficando sob sua guarda e administração de um curador, até a entrega ao sucessor habilitado ou à declaração de sua vacância (art. 1.819).

Deduz-se, portanto, que o Código Civil estabeleceu duas formas possíveis de herança jacente:

I – Inexistindo testamento e sendo a sucessão legítima:

a) se o falecido não deixar cônjuge, companheiro, nem herdeiros legítimos, descendente ou ascendente, colateral sucessível, notoriamente conhecido;

b) se os herdeiros, descendentes ou ascendentes, cônjuge ou companheiro renunciarem à herança, e não houver colateral sucessível, notoriamente conhecido.

II – Existindo testamento, tratando-se, portanto, de sucessão testamentária:

a) se o falecido não deixar cônjuge, companheiro, nem herdeiros descendentes ou ascendentes;

b) se o herdeiro nomeado não existir, ou não aceitar a herança;

c) se, em qualquer dos casos previstos nos dois números antecedentes, não houver colateral sucessível, notoriamente conhecido;

d) se, verificada alguma das hipóteses dos três números anteriores, não houver testamenteiro nomeado, o nomeado não existir, ou não aceitar a testamentaria.

As hipóteses previstas no Código pressupõem a morte do *de cujus* e a ausência de herdeiros legítimos e ou testamentários, bem como a recusa destes na aceitação da herança ou nulidade e/ou caducidade dos testamentos. A lei consagra o direito aos colaterais até o quarto grau, o que significa que, havendo parentes de grau mais distante, não serão chamados.

Deduz-se que o falecido não deixou cônjuge ou companheira, nem herdeiro descendente, nem ascendente, nem colateral até o quarto grau, ou, se os deixou, renunciaram; também, não deixou herdeiro instituído, nem legatários, ou, se os deixou, não quiseram recolher, ou o testamento caducou ou anulado.[3]

Em breve resumo, diz Itabaiana de Oliveira[4] que a herança é

> *"jacente, quando não há herdeiro certo e determinado, ou quando se não sabe da existência dele, ou, ainda, quando é renunciada; vacante, quando é devolvida à Fazenda Pública por ter-se verificado não haver herdeiros que se habilitassem no período da jacência".*

3 Processo de arrecadação

Verificado o óbito, deve o juiz do domicílio do defunto fazer a arrecadação de todos os seus bens, sem perda de tempo, desde que considere a herança jacente. Essa herança ficará sob a guarda, responsabilidade, conservação e administração de um curador, nomeado pelo juiz, à sua livre escolha, até a entrega desse monte ao sucessor que se habilitar no processo, ou até a declaração de vacância. É um processo meticuloso, quando o juiz comparece à residência do falecido e principia a arrecadação, mandando que o escrivão anote, com todos os detalhes, os bens arrecadados, o estado de cada um deles, as características ou sinais que apresentem e, no caso de imóveis, os elementos contidos no registro ou matrícula, bem como aspectos extrínsecos para caracterizar o estado de conservação do bem arrecadado.

Deve o juiz, se possível, terminar a arrecadação no mesmo dia, nomeando, imediatamente, um curador, fazendo-se acompanhar do representante do Ministério Público e da Fazenda Pública; sendo muitos os bens a serem arrecadados e descritos, se necessário for essencial continuar no dia imediato, o juiz procederá à aposição de selos, lacres, que serão levantados à medida que se efetuar o arrolamento;[5] o juiz examinará todos os papéis, cartas, documentos, livros domésticos, na tentativa de localizar familiares do falecido, bem como pesquisar à procura de outros bens não encontrados no local. Verificando que não apresentam interesse, mandará empacotá-los e lacrá-los, permitindo que sucessores futuros a se habilitarem possam recebê-los. Todos os papéis e documentos não considerados necessários ou úteis poderão ser queimados quando os bens forem declarados vacantes.[6]

---

[3] Nelson Nery Júnior e Rosa Maria de Andrade Nery resume o estado de jacência quando não se conhece o herdeiro ou não se tem certeza a respeito da existência de herdeiros, sendo, portanto, um estado provisório. Op. cit., 2006, p. 982.

[4] Op. cit. p. 109.

[5] Código de Processo Civil, arts. 738/743

[6] Código de Processo Civil, art. 739.

Não podendo o juiz comparecer para fazer a arrecadação, quer por justo motivo, excesso de trabalho na Comarca, ou se os bens se encontrarem em lugares distantes, requisitará à autoridade policial que proceda a arrecadação e ao arrolamento dos bens, cujo processo contará com a presença de duas testemunhas que assistirão a todas as diligências e assinarão o auto de arrecadação, juntamente com a autoridade nomeada pelo juiz.[7]

A redação dada ao art. 1.822 do Código Civil revela que os bens pertencerão aos Municípios, se localizados nas respectivas circunscrições, isto é, cada Município passará a ser titular dos bens que estiverem em seu território, funcionando a "circunscrição" como determinante da área física do Município, cujos limites são as divisas geográficas.

Se se tratar de herança antiga, ocorrida antes de 20 de junho de 1990 (a Lei nº 8.049 atribuiu a herança jacente ao Município, e não mais ao Estado-membro, como era previsto antes da referida lei), deverá o juiz encarregado do feito mandar expedir carta precatória para arrecadar os bens que estiverem em outra comarca.

4 Apuração judicial

Iniciado o processo, deve o juiz inquirir os moradores da casa e da vizinhança, buscando encontrar quaisquer sucessores do falecido e a possibilidade de bens em local diverso da residência do *de cujus*; deverá ser lavrado um auto de inquirição, informação e arrecadação. Se, entre os bens arrecadados, pessoas envolvidas na família do *de cujus*, cônjuge, herdeiros ou testamenteiro declararem que alguns desses bens pertencem a elas e não ao falecido e, não havendo oposição do curador, de qualquer interessado, do órgão do Ministério Público ou do representante da Fazenda, poderá o juiz separar esses bens, deixando de arrecadá-los.[8]

A titularidade do bem deverá ser provada por aquele que se opuser à arrecadação da coisa.

5 Editais

Ultimada a arrecadação, o juiz mandará expedir editais, que serão afixados no local de costume, com intervalo de 30 dias entre cada publicação. O edital será publicado no órgão oficial do Estado e em algum jornal de grande

---

[7] Código de Processo Civil, art. 740.

[8] Código de Processo Civil, art. 741.

circulação da Comarca, possibilitando aos sucessores do finado, no prazo de seis meses, contados da primeira publicação, tomar conhecimento do óbito, do processo de arrecadação e da existência dos bens; verificada a existência de sucessor ou testamenteiro em lugar certo, o juiz mandará citá-lo, independentemente da publicação do edital; quando o finado for estrangeiro, será também comunicado o fato à autoridade consular.[9]

> *"Se o juiz, no ato da arrecadação – diz José Olympio de Castro Filho –, através da leitura reservada de papéis (art. 1.147 do CPC) ou através de inquirição de moradores (art. 1.150), tem notícia do possível paradeiro dos sucessores, ou de testamenteiro instituído pelo falecido, não cabe determinar a publicação de edital, senão lhe cumpre expedir mandado de citação, ou, se o paradeiro é em outra Comarca, precatória, ou, se no estrangeiro, rogatória."*[10]

O processo instaurado pelo magistrado visa entregar os bens arrecadados a seu verdadeiro dono, seja herdeiro legítimo, seja testamentário, seja o Poder Público, em última instância.

Tratando-se de herança jacente, posicionou-se o STJ, que não tem aplicação o art. 985 do CPC, quw trata do administrador provisório no inventário, mas a figura do curador, prevista no art. 1.143 do mesmo diploma legal.

6 Habilitação de herdeiros

Pode acontecer que algum herdeiro apareça, comprove sua qualidade de herdeiro, determinada pessoa que se diga testamenteira, provando a condição pelo testamento ou surja cônjuge supérstite, exibindo a certidão de casamento, habilitando-se qualquer delas no procedimento em curso, o juiz, aceitando o título de herdeiro ou de meeiro ou, ainda, o testamento, converterá a arrecadação em inventário (art. 1.153 do CPC); os credores da herança poderão, também, habilitar-se nos inventários ou propor ação de cobrança.

Admite-se viável, também, vir uma pessoa a aforar ação de investigação de paternidade, cumulada com ação de petição de herança, a fim de não deixar perecer seu direito.

Julgou o Tribunal de Justiça do Rio de Janeiro que *"Se o* de cujus *não deixou testamento nem herdeiro sucessível conhecido, a espécie é de herança jacente (art. 1.591, I, do CCB/1.916 e art. 1.819 do CCB/2.002), impondo-se a*

---

[9] Código de Processo Civil, art. 742.

[10] CASTRO FILHO, José Olympio de. *Comentários ao Código de Processo Civil*. Rio de Janeiro: Forense, 1976. v. 10. p. 204.

arrecadação dos bens, a teor do disposto no art. 1.142 do Código de Processo Civil. Destarte, afigura-se correta a decisão de conversão em arrecadação, não se justificando o pedido de sobrestamento da decisão a pretexto de ajuizamento de ação declaratória para reconhecimento da sociedade de fato, porque a lei só permite que a arrecadação não seja feita, ou seja suspensa, ocorrendo uma das hipóteses previstas no art. 1.151 do Código de Processo Civil."[11]

Declara o insigne Pontes de Miranda que *"os processos de habilitação de herdeiro, quando tenha havido arrecadação, devem ser em apartado, para que se não perturbe o rito da arrecadação; mas são impugnações-habilitações, e não habilitações incidentes"*.

Entende o mestre que tais habilitações não se confundem com as habilitações dos arts. 1.055/1.062 do Código de Processo Civil, a despeito de opiniões em contrário. A habilitação dos herdeiros poderia ser concebida como defesa do direito que se quer provar, como impugnativa à pretensão da Fazenda Pública, "e é assim que deve ser interpretada".[12] A faculdade de habilitação cabe aos herdeiros e aos credores, sempre antes do trânsito em julgado da sentença de vacância.

Em outra oportunidade, posicionou-se o STJ que o inventário, levantado pelo curador, deve aguardar o julgamento final da ação de dissolução de sociedade de fato proposta pela companheira(STJ,3ª. Turma, REsp 94449-SP).

7 Alienação de bens

Durante o processo de herança jacente, o juiz poderá autorizar alienação de bens móveis, se forem de conservação difícil ou dispendiosa, prejudicando o monte e onerando-o; se os bens forem semoventes, também poderão ser vendidos, quando não empregados na exploração de alguma indústria ou antieconômica sua conservação; tratando-se de títulos e papéis de crédito, também poderão ser vendidos, havendo fundado receio de depreciação ou desvalorização, como é o caso de ações em bolsa. Poderá também vender ações ou quotas de sociedades comerciais quando, reclamada a integralização, não dispuser a herança de dinheiro para o pagamento.

Finalmente, o juiz poderá autorizar venda de bens imóveis em estado de precária conservação ou que estiverem ameaçados de ruína, não convindo a reparação, bem como se os imóveis estiverem hipotecados, vencendo a dívida, e o monte não dispuser de dinheiro para o pagamento. Dispõe também a lei

---

[11] *RT*, 691/153.

[12] MIRANDA, Pontes de. Op. cit. p. 138.

que não deverá ocorrer venda de bens imóveis se a Fazenda Pública ou o habilitando se dispuserem a adiantar a importância para as despesas.[13] Os bens com valor de afeição, como retratos, objetos de uso pessoal, livros e obras de arte, só serão alienados depois de declarada a vacância da herança.

8 Vacância

A herança arrecadada é chamada de jacente e permanece como tal até o decurso de um ano, contado da publicação do primeiro edital, não havendo herdeiro habilitado. Após o termo do prazo, o juiz proferirá sentença, declarando a herança vacante, pressupondo-se que foram praticadas todas as diligências para localizar herdeiros sucessíveis (art. 1.820 do CC). Se alguma habilitação estiver pendente, o juiz terá que julgá-la improcedente e, na mesma sentença, declarar vacantes os bens da herança; a sentença de vacância só deverá ser proferida após o julgamento da última habilitação pendente. É apelável a sentença que declara a ausência.[14]

A declaração de vacância da herança não prejudicará os herdeiros que legalmente se habilitarem. O herdeiro provará com documentos sua qualidade de sucessor.

Declarada a vacância da herança, deverá ser aguardado o prazo de cinco anos, contados da abertura da sucessão, para que os bens se incorporem, definitivamente, no patrimônio do Município, do Distrito Federal, se localizados nas respectivas circunscrições, incorporando-se ao domínio da União quando situados em território federal (art. 1.822 do CC). No REsp nº 34.330-0-SP, sendo Rel. o Min. Costa Leite, decidiu o Superior Tribunal de Justiça: "O prazo de que cogita o art. 1.594 (CC de 1916), do Código Civil, corre da data da abertura da sucessão, sendo indispensável, no entanto, a declaração judicial de vacância, para que o bem se integre ao domínio público."[15]

Em outra oportunidade, sendo rel. o Min. Fontes de Alencar, declarou o Superior Tribunal de Justiça: "Antes da declaração da vacância, o bem arrecadado não passa ao domínio do ente público (RSTJ, 94/213), em cujo voto o relator se reportou à decisão da 3ª Turma, ao julgar o REsp nº 19.015/SP, conduzida pelo eminente Ministro Eduardo Ribeiro, em caso assemelhado ao presente, consagrou esse entendimento quando deu pela indispensabilidade de sentença declarando a vacância para que haja a incorporação dos bens ao patrimônio público."

---

[13] Código de Processo Civil, art. 743.

[14] *RJTJESP*, 109/268.

[15] *Lex*, 63/203.

É importante notar que os colaterais ficarão excluídos da sucessão se não se habilitarem até a declaração de vacância (parágrafo único do art. 1.822).

A lei foi omissa quanto a legatários e herdeiros instituídos, o que faz crer que a perda do direito, estabelecido para os colaterais, não atinge aos demais.

Transitada em julgado a sentença que declarou a vacância, o cônjuge, os herdeiros e os credores só poderão reclamar seus direitos por ação direta, *dormientibus non succurrit ius*, não podendo mais o herdeiro sucessível simplesmente habilitar-se, transformando o processo existente em inventário.[16]

Se o herdeiro tiver tentado a habilitação, mas for repelida sua investida, antes de proferida a sentença de vacância, o recurso cabível será de Embargos de Terceiro, conforme entendimento do Superior Tribunal de Justiça.[17]

Anteriormente à Lei nº 8.049/90, os bens arrecadados deveriam ser incorporados à União, Estado ou Distrito Federal. Com a redação introduzida pela lei supra os bens arrecadados passaram ao domínio do Município, ao Distrito Federal, se localizados nas respectivas circunscrições, incorporando-se ao domínio da União quando situados em território federal.

Com a decretação da vacância, os bens arrecadados se incorporam no domínio do Município, do Distrito Federal ou da União, que ficam obrigados a aplicá-los em fundações, destinadas ao desenvolvimento do ensino universitário, sob a fiscalização do Ministério Público. Não poderá o Poder Público, quase sempre o Município, utilizar os valores arrecadados em outras finalidades, nem mesmo pagar dívidas, por mais inadiáveis que sejam. Se os bens arrecadados forem de pequena monta, tornando-se insuficientes para a criação de institutos universitários, serão convertidos em títulos da dívida pública, até que, aumentados com os rendimentos, ou novas dotações, perfaçam capital bastante para a verdadeira destinação, qual seja, ensino de nível superior.

Continua em vigor o Decreto-lei nº 8.207/45, que destinou os bens arrecadados de herança vacante em desenvolvimento do ensino universitário, da mesma comunidade a que pertencia o falecido.

Segundo o art. 3º do referido Decreto-lei, os bens incorporados formarão um acervo, componente de fundações, destinadas ao desenvolvimento do ensino universitário, e o Ministério Público velará por essa aplicação. Sendo insuficientes, poderão os bens serem vendidos para a aquisição de títulos da dívida pública da União, até formar um capital suficiente e atingir seu objetivo.

---

[16] *RJTJESP*, 90/209.

[17] *RT*, 735/238.

Trata-se de uma legislação antiga, em plena vigência. Cabe ao Ministério Público a fiscalização das verbas incorporadas ao município, bem como fiscalizar as fundações e a correta aplicação na melhoria do ensino de nível superior. É comum o chefe do executivo ignorar a legislação e dar destino diverso para o patrimônio arrecadado, sem que o Ministério Público tome conhecimento.

9 Efeitos da vacância

A sentença de vacância transfere ao Município a propriedade resolúvel, vinculando o direito pleno da coisa somente após o decurso dos cinco anos, previsto em lei. Diferente ao Código anterior, o Município não está incluído no art. 1.829 do CC, na ordem da vocação hereditária. A observação feita por Orlando Gomes que esse princípio de transmissão hereditária sem solução de continuidade funda-se numa ficção jurídica, necessária por não ser o espólio pessoa jurídica,[18] sendo esse princípio regra geral, que não pode ser aplicado na herança jacente-vacante. Tal fato conflitou interesses e discussões jurídicas de grande vulto, entre Estados e Municípios, em decorrência da Lei nº 8.049/90. É fato induvidoso que "a declaração de vacância é indispensável para que a herança possa ser incorporada ao patrimônio público",[19] como decidiu o Superior Tribunal de Justiça, sendo rel. o Min. César Asfor Rocha, no REsp nº 27.328-SP.

Litigando a Universidade de São Paulo e a Municipalidade de São Paulo, o Tribunal de Justiça de São Paulo proferiu a seguinte ementa:

> *"Não pode prevalecer a decisão que atribuiu os bens arrecadados à Municipalidade, considerando a falta de declaração de vacância, uma vez que a sucessão regula-se pela lei vigente à data do óbito e, àquela data, o Estado estava incluído na ordem da sucessão. E, a despeito da regra do art. 1.572 (CC de 1916), que prevê a transmissão do domínio e da posse da herança aos herdeiros legítimos e testamentários, não se aplicar desde logo ao Estado, tendo em conta a natureza provisória da jacência fase preliminar da declaração da vacância, não há dúvida de que, não comparecendo eventuais sucessores do finado, o domínio acaba por consolidar-se, necessária e obrigatoriamente, em mãos do ente público, valendo a sentença de vacância como declaração formal dessa consolidação. A decisão de vacância apenas reconhece uma situação de fato e de direito já verificada."*[20]

---

18 GOMES, Orlando. *Sucessões*. Rio de Janeiro: Forense, 1997. p. 16.

19 *RSTJ*, 92/246.

20 *RT*, 717/134.

No caso supra, ocorreu o óbito em março de 1968, quando o Estado fazia parte da regra sucessória e, somente mais tarde, em 1990, o Município substituiu o Estado.

No entanto, é importante dizer que o art. 1.829 não considerou o Poder Público como herdeiro, deixando de incluí-lo na ordem da vocação hereditária. Essa nova posição, adotada pelos legisladores, pode repercutir na retroatividade dos direitos do Poder Público à data da abertura da sucessão. Caberá, portanto, ao Judiciário decidir a nova posição legal.

O TJRJ, em acórdão da lavra da Des. Mônica Maria Costa, entendeu ser descabido o direito de *saisine* do poder público com a declaração de vacância dos bens deixados pelo falecido.[21] No mesmo sentido, posição esposada pelo Min. Massami Uyeda, segundo o qual não se aplica o princípio da *saisine* ao ente público para a sucessão do bem jacente, pois o momento da vacância não se confunde com o da abertura da sucessão.[22]

Dispõe, também, o art. 1.823 do Código Civil que "quando todos os chamados a suceder renunciarem à herança, será esta desde logo declarada vacante". Nessa hipótese, bem mais simples será o procedimento judicial, prevalecendo as formalidades somente para garantir interesses de terceiros e credores do falecido.

Com a sentença de declaração de vacância, o bem arrecadado na herança jacente é devolvido ao Poder Público, podendo, até esse momento, ser possuído *ad usucapionem*.[23]

Justificam serem transcritas ementas colacionadas por Sílvio Venosa,[24] em sua recente obra, indicando posições do TJSP e STJ:

> *"Herança Jacente – Sucessor – Determinação – Momento – Óbito – Admissibilidade – Irretroatividade da Lei nº 8.049/90 – Inteligência dos arts. 5º, inciso XI, da Constituição da República, de 1988, e 1.577, do Código Civil – Decisão Reformada – Recurso Provido. Embora não aplique o princípio da saisine aos entes públicos, a determinação de quem sucede na herança jacente remonta ao óbito, sob pena de se admitir a*

---

21 TJRJ. Ap. nº 2009.001.53150. DES. MONICA COSTA DI PIERO – Julgamento: 16-3-2010 – OITAVA CÂMARA CÍVEL. (...) 2. Tese recursal dissonante da jurisprudência pátria. Entendimento pacífico do S.T.J. no sentido do descabimento do direito de "saisine" na hipótese em análise, sendo necessária a sentença que declara a vacância dos bens deixados pelo "de cujus" para que haja a transferência do domínio ao arrecadante (...).

22 STJ. Ag Rg no REsp 1099256/RJ, *DJe* 27-3-2009. Ag Rg no Ag 851228/RJ, Rel. Min. Sidnei Benet, *DJe* 13-10-2008.

23 *RT*, 721/285.

24 VENOSA, Sílvio de Salvo. *Direito das sucessões*. 3. ed. São Paulo: Atlas, 2003, p. 69.

retroatividade da Lei nº 8.049/90, ao arrepio do art. 5º, inciso XL, da Constituição da República, de 1988, além do que estatui o art. 1.577, do Código Civil, ser a capacidade para suceder desta data, aplicando-se a lei em vigor, quando então nem se cogitava da Municipalidade ter a qualidade de sucessora (TJSP – AgI 279.275-1, 27-12-95, Rel. Leite Cintra)."

"Usucapião. Herança Jacente. O Estado não adquire a propriedade dos bens que integram a herança jacente, até que seja declarada vacância, de modo que, nesse interregno, estão sujeitos a usucapião. Recurso Especial não conhecido. Decisão: vistos, relatados e discutidos os autos em que são partes as acima indicadas, acordam os Ministros da Terceira Turma do Superior Tribunal de Justiça, por unanimidade, não conhecer do recurso especial. Os Srs. Ministros Carlos Alberto Menezes Direito e Antônio de Pádua Ribeiro votaram com o Sr. Ministro Relator. Ausente, justificadamente, a Sra. Ministra Nancy Andrighi (STJ – Acórdão RESP 36959/SP (199300199919) RE 392492, 24-4-2001, Rel. Ari Pagendler, fonte DJ de 11-6-2001 PG:00196 VEJA: STJ – REsp 253719-RJ, RESP 66637-SP, REsp 19015-SP)."

"Usucapião. herança jacente. O bem integrante de herança jacente só é devolvido ao estado com a sentença de declaração da vacância, podendo, até ali, ser possuído ad usucapionem.

Precedentes. Recursos não conhecidos. Decisão: Vistos, relatados e discutidos estes autos, acordam os Ministros da quarta Turma do Superior Tribunal de Justiça, na conformidade dos votos e das notas taquigráficas a seguir, por unanimidade, não conhecer dos recursos, nos termos do voto do Sr. Ministro Relator. Votaram com o Relator os Srs. Ministros Aldir Passarinho Júnior, Sálvio de Figueiredo Teixeira, Barros Monteiro e César Asfor Rocha (STJ – Acórdão REsp 253719/RJ (200000310450) RE 377154, 26-9-2000, Rel. Min. Rui Rosado de Aguiar)."

Embora a lei preveja que os bens se incorporam ao Município no prazo de cinco anos, nada impede que algum herdeiro necessário, tomando conhecimento da morte do seu ascendente, por exemplo, ajuíze ação de petição de herança, exibindo seu título de herdeiro[25]

[25] A respeito, a Profa. Maria Helena Diniz, em seu *Curso*, edição 2009, expõe com bastante clareza sua posição. Se a lei reconhece que uma pessoa possa ajuizar ação de reconhecimento de paternidade, cumulada com petição de herança, após a partilha, e a sentença desconstitui a homologação da partilha, idêntico e lógico o raciocínio, permitindo o filho postular seu direito contra o Município, cujo bem ao seu patrimônio se incorporou.

Jurisprudência

AGRAVO INTERNO NO RECURSO ESPECIAL. CIVIL. REINTEGRAÇÃO DE POSSE. REQUISITOS. HERANÇA JACENTE. TRANSFERÊNCIA AO ENTE PÚBLICO. MOMENTO. DECLARAÇÃO DA VACÂNCIA. SUCESSÃO POSSESSÓRIA. AUSÊNCIA. REVISÃO. SÚMULA 07/STJ. 1. A pretensão de revisão das conclusões das instâncias ordinárias de que a agravante não comprovara a posse anterior do imóvel - ocupado pela agravada desde o falecimento da autora da herança e, tampouco, a sua perda através do alegado esbulho, faz atrair o óbice do enunciado da Súmula n.º 07/STJ. 2. "É entendimento consolidado neste Superior Tribunal de Justiça que os bens jacentes são transferidos ao ente público no momento da declaração da vacância, não se aplicando, desta forma, o princípio da saisine" (AgRg no Ag 851.228/RJ, Rel. Min. SIDNEI BENETI, TERCEIRA TURMA, julgado em 23/09/2008, DJe 13/10/2008). 3. Razões do agravo interno que não alteram as conclusões da decisão agravada, no sentido do desprovimento do recurso especial. DJE 25]03/2019

SENTENÇA – Cumprimento – Cobrança de despesas condominiais – Falecimento de ex-proprietários da unidade em débito – Posição de Prefeitura Municipal como herdeira compulsória, desde procedimento de arrecadação de herança jacente, este anterior ao ajuizamento da cobrança – Direito de intervir como parte – Ausência de convocação oportuna – Nulidade – Recurso provido (TJSP – Agravo de Instrumento 4927942920108260000 – Santos – 30ª Câmara de Direito Privado – Relator Carlos Alberto Russo – 28-9-2011 – Votação: Unânime – Voto nº 14.265).

AGRAVO DE INSTRUMENTO – SUCESSÃO – HERANÇA JACENTE – INTELIGÊNCIA DOS ARTIGOS 1.819 E 1.822 DO CCB – Se os recorrentes não são herdeiros da inventariada, que era casada com o tio dos agravantes, pré-morto, inexistindo herdeiros conhecidos, correta a decisão que declarou a herança jacente. NEGARAM PROVIMENTO AO RECURSO (TJRS – AI 70034415331 – 8ª C.Cív. – Rel. Des. Alzir Felippe Schmitz – J. 6-5-2010).

DIREITO CIVIL E PROCESSUAL CIVIL - USUCAPIÃO - BEM PÚBLICO - HERANÇA JACENTE - APELAÇÃO E REMESSA OFICIAL, TIDA POR OCORRIDA, IMPROVIDAS – 1 – Remessa oficial tida por ocorrida, em face da presença inequívoca de interesse jurídico e patrimonial da Autarquia Federal. 2 – A alegação de carência de ação se confunde com o mérito da presente ação e com ele exaurida. 3 – Conforme se depreende das informações carreadas aos autos pelo Instituto Nacional do Seguro Social verifica-se que o imóvel foi alienado e que o promitente-vendedor recebeu o preço total do imóvel. 4 – Evidente que o imóvel em tela não faz mais parte do patrimônio da Autarquia Federal, não mantendo portanto as características intrínsecas ao bem público, pelo que não há que se falar em imprescritibilidade, a qual se oporia à aquisição por usucapião, tendo em vista que não se aperfeiçoaria a prescrição aquisitiva em favor do possuidor. 5 – No direito pátrio a transferência de propriedade se concretiza mediante o registro do título translativo no registro de imóveis (art. 1.245 do Código Civil de 2002 – com correspondência no art. 530, I, do Código Civil de 1916), contudo no caso concreto o fato de o imóvel estar registrado perante o Cartório de Registro de Imóveis, não surge como óbice de natureza absoluta ao reconhecimento do direito de propriedade. 6 – Desse modo, considerando que no sistema registrário nacional, o fato de o imóvel estar anotado em nome de alguém não elide a possibilidade de se excepcionar esse apontamento, posto que não é absoluto, e voltando-se vistas ao caso concreto, é possível concluir que o INSS jamais poderá vindicar ou reivindicar o imóvel em questão, pelo simples fato de já tê-lo vendido e recebido o preço integral, fato não questionado nos autos. 7 – Não prospera a tese de que o imóvel enquadra no conceito de herança jacente, uma vez que com os documentos carreados aos autos não há possibilidade de se aferir com certeza a ocorrência do óbito de Manoel de Almeida e de sua mulher Egle Laurelli de Almeida. As buscas efetuadas junto ao Serviço Técnico de Informações Cíveis da Capital (fls. 81/82), não deram conta do falecimento dos mesmos e a consequente abertura de inventário, arrolamento de bens ou testamento, pelo que não há possibilidade de proferir decisão baseada em conjecturas. 8 – Ademais, para que a herança seja declarada jacente, tem que ser observado o rito legal (artigos 1.819 a 1.823 do Código Civil e artigos 1.142 a 1.158 do Código de Processo Civil), e não consta dos autos que tal procedimento tenha se efetivado. No mais, é certo que o bem integrante de herança jacente só é devolvido ao Estado com a sentença de declaração de vacância. 9 – No que pertine ao aperfeiçoamento da prescrição aquisitiva e a consequente aquisição da propriedade por meio do instituto da usucapião, verifica-se que estão presentes os requisitos exigidos pelo artigo 183 da Constituição Federal. 10 – A posse da parte autora, segundo narrado na inicial, advém da sua qualidade de promitente-compradora do imóvel em face do Sr. Manoel de Almeida e sua mulher, nesse particular, há quem diga se erigir óbice à usucapião, afirmando que tal qualidade – Promitente-comprador e portanto possuidor direito – Afasta o requisito psíquico do *animus domini* sem o qual não há possibilidade de usucapir. 11 – Inexiste incompatibilidade entre ser possuidor direto, na condição de promitente-comprador do imóvel, e adquirir a propriedade por usucapião, uma vez que sempre existe a possibilidade da transmutação do caráter de posse não própria para própria, ocorrendo a *interversio possessionis*. Precedentes do e. Superior Tribunal de Justiça: REsp 220.200/SP, Rel. Ministra NANCY ANDRIGHI, TERCEIRA TURMA, julgado em 16-9-2003, *DJ* 20-10-2003 p. 269; REsp 143.976/GO, Rel. Min. BARROS MONTEIRO, QUARTA TURMA, julgado em 6-4-2004, *DJ* 14-6-2004 p. 221. 12 – Verificando-se o cumprimento dos requisitos pessoais, reais e formais para a aquisição do domínio através da usucapião, e com o escopo de garantir a estabilidade e a segurança da propriedade, entende-se que deve ser reconhecida a ocorrência da prescrição aquisitiva, pelo que mantenha-se *in totum* a r. sentença. 13 – Apelação e remessa oficial, tida por ocorrida, improvidas (TRF-3ª R. – AC 2000.61.00.016822-2/SP – 1ª T. – Rel. Des. Fed. Johonsom Di Salvo – *DJe* 5-7-2010 – p. 71).

AGRAVO REGIMENTAL NO RECURSO ESPECIAL – CIVIL – SUCESSÃO – HERANÇA JACENTE – ESTADO/MUNICÍPIO – PRINCÍPIO DA *SAISINE* AO ENTE PÚBLICO – INAPLICABILIDADE – MOMENTO DA VACÂNCIA QUE NÃO SE CONFUNDE COM O DA ABERTURA DA SUCESSÃO OU DA MORTE DO *DE CUJUS* – DECLARAÇÃO DE VACÂNCIA APÓS A VIGÊNCIA DA LEI 8.049/90 – LEGITIMIDADE PARA SUCEDER DO MUNICÍPIO – RECURSO IMPROVIDO – 1 – O agravante não trouxe qualquer subsídio capaz de afastar os fundamentos da decisão agravada. 2 – Não se aplica o princípio da *saisine* ao ente público para a sucessão do bem jacente, pois o momento da vacância não se confunde com o da abertura da sucessão ou da morte do *de cujus*. 3 – O Município é o sucessor dos bens jacentes, pois a declaração judicial da vacância ocorreu após a vigência da Lei 8.049/90. 4 – Agravo regimental improvido (STJ – AgRg-REsp 1.099.256 – (2008/0230107-2) – 3ª T. – Rel. Min. Massami Uyeda – *DJe* 27-3-2009 – p. 630).

SUCESSÃO HEREDITÁRIA – Declaração de vacância da herança, nos termos do art. 1.157, CPC c/c art. 1.820 do CC/02. Substituição de antiga curadora da herança jacente por novo curador, que se mostra desnecessária, tendo em vista que com a declaração de vacância cessa o exercício da curatela dos bens deixados pelo "de cujus". Herança vacante que passa ao domínio do Poder Público, submetendo-se à sua guarda e administração. Discussão sobre qual o destinatário dos bens que compõem a herança vacante, se beneficiado seria o Município ou o Estado. Conflito de leis no tempo. Disposição original, no Código Civil de 1916, no sentido de que os bens vacantes passariam ao domínio dos Estados, Distrito Federal ou União. Superveniência da Lei nº 8.040/90, que estabeleceu como beneficiados da herança vacante o Município ou o Distrito Federal. Discussão sobre a legislação aplicável, se a vigente à época da abertura da sucessão ou a vigente ao tempo da declaração de vacância dos bens. Jurisprudência consolidada do STJ. Princípio da "saisine" que não é aplicável aos entes públicos, que adquirem o domínio dos bens jacentes apenas com a declaração de vacância, cinco anos após a abertura da sucessão. Irrelevante que o falecimento tenha ocorrido na vigência da legislação anterior, se a transferência dos bens à Fazenda Pública ocorre apenas com a declaração de vacância, sendo, portanto, alcançada pela nova lei então vigente. Herança vacante transferida à Municipalidade de São Paulo, nos termos do art. 1.822, CC/02. Recurso provido em parte, apenas para tornar sem efeito a nomeação de novo curador da herança. (TJSP – AC 578.155.4/2 – (0002400460) – São Paulo – 4ª CDPriv. – Rel. Francisco Loureiro – *DJe* 16-7-2009 – p. 796).

Ação de Reconhecimento de União Estável requerendo direito à **herança jacente**. Convivência interrompida por falecimento do companheiro, sem herdeiros, antes do advento das leis extravagantes de regulamentação do instituto. Sentença julgando parcialmente procedente o pedido, conferindo a autora apenas o direito real de habitação. Duplo inconformismo. Entendimento desta relatora quando a correção da sentença, pois o alcance da lei não retroage a fatos anteriores. Imóvel adquirido pelo convivente varão, falecido, antes do inicio da vida em comum. Comprovação insofismável da existência da entidade familiar. Contribuição financeira para a mantença do lar. Aplicação da Súmula 380. Princípio basilar e prevalente da dignidade humana, e da proteção ao idoso. CONHECIMENTO dos recursos e IMPROVIMENTO de ambos os apelos. Manutenção da sentença (TJRJ – Segunda Câmara Cível. Ap. Cível nº 2006.001.02225. Rel. Des. Conceição Mousnier. julg. 31-5-2006).

HERANÇA JACENTE. VACÂNCIA. DECLARAÇÃO. BENS. MUNICÍPIO. LEI 8.049/90. 1 – O ordenamento positivo subordina à declaração de vacância o direito do ente público adquirir os bens e afasta a aplicação do princípio da "saisine" nessa circunstância especifica. 2 – Nesse aspecto, declarada a vacância depois da edição da Lei 8.049/90, mesmo que o óbito tenha ocorrido anteriormente, o município afigura-se o titular do direito de propriedade sobre os bens da **herança** situada em sua circunscrição (TJRJ – Quinta Câmara Cível. Agravo de Instrumento nº 2006.002.05316. Rel. Des. Milton Fernandes de Souza. Julg. 14-6-2006).

5

DA CAPACIDADE PARA SUCEDER E DA INDIGNIDADE

1 Noções gerais

O Código Civil deliberou que todas as pessoas, nascidas ou já concebidas no momento da abertura da sucessão, legitimam-se a suceder (art. 1.798).

Em princípio, todos podem ser agraciados com heranças, recolhê-las, e ser capazes de herdar; no entanto, para que alguém seja capaz de adquirir direitos e obrigações, é necessário que o adquirente tenha capacidade para contraí-los ou recebê-los. Em se tratando de herança, não basta respirar; impõe a lei condições, isto é, ser vivo, capaz e digno.

Capacidade é qualidade inata que tem uma pessoa para exercer, por si, os atos da vida civil;[1] para Capitant,[2] é uma aptidão para gozar de um direito ou para exercê-lo.

Capacidade, segundo moderno conceito jurídico, é a aptidão para adquirir, exercer e transmitir direitos. Desdobra-se na capacidade ativa e na capacidade passiva, dependendo da posição dentro do processo sucessório. Chama-se ativa quando o sujeito exerce ou transmite direitos (o *de cujus*); passiva, quando o sujeito adquire direitos.[3]

Lembra Clóvis que são capazes todos aqueles a quem a lei não recusa o reconhecimento dessa aptidão.

---

1 BAUDRY-LACANTINERIE. *Précis de droit civil.* Paris: Librarie de la société du Recuel Sirey, 1913. v. 1, nº 70.

2 CAPITANT, Henri. *Vocabulario juridico.* Buenos Aires: Depalma, 1972. p. 98.

3 MAXIMILIANO, Carlos. *Direito das sucessões.* 2. ed. Rio de Janeiro: Freitas Bastos, 1942. v. 1, p. 146.

O sujeito ativo será sempre o autor da herança e o sujeito passivo, aquele que recebe, o beneficiário, o herdeiro ou legatário.

Toda aquisição de direitos e obrigações supõe, em geral, uma determinada capacidade para adquirir e obrigar-se, em relação ao adquirente. O Código Civil de 1916 declarava, no art. 2º, que "todo homem é capaz de direitos e obrigações na ordem civil". Essa redação foi alterada no art. 1º do Código Civil de 2002, "toda pessoa é capaz de direitos e obrigações na ordem civil". Adiciona Clóvis[4] que "todo ser humano é pessoa, porque não há homem excluído da vida jurídica, não há criatura humana que não seja portadora de direitos".

A lei beneficia tanto as pessoas físicas quanto as jurídicas. No caso de pessoa física, requer que esteja viva, isto é, "a personalidade civil da pessoa começa do nascimento com vida; mas a lei põe a salvo, desde a concepção, os direitos do nascituro" (art. 2º do CC); os romanos consideravam como requisito essencial que o ser tivesse a forma humana, separado das vísceras maternas, e visibilidade. Pela legislação brasileira, somente o ser humano racional pode ser sujeito passivo na relação sucessória; não se admite que um gato, ou um cachorro, ou um papagaio recolham herança.

É necessário, também, que a pessoa seja capaz, não a capacidade civil para exercer os atos da vida civil, mas a capacidade sucessória, determinada pela lei vigente na data do óbito; é a lei vigente ao tempo da abertura da sucessão que regula a capacidade e a legitimação para suceder (art. 1.787). "... Uma pessoa pode ser incapaz para os atos da vida civil, e não lhe faltar capacidade para suceder; e vice-versa, incapaz de suceder, não obstante gozar de plena capacidade para os atos da vida civil."[5]

O outro requisito é que seja digna, não seja afastada do processo sucessório em virtude de determinados atos que tenha praticado contra a pessoa do falecido; por exemplo: o menor impúbere não tem plena capacidade para a prática dos atos normais da vida civil, mas pode ser plenamente capaz para adir a herança; por outro lado, uma bela donzela, com 22 anos, cursando nível superior, tem plena capacidade para praticar os atos da vida civil, mas estaria incapacitada para recolher a herança deixada pelo pai, se incorreu em crime contra a honra desse seu finado ascendente: a instituição do incapaz é nula, ao passo que a do indigno é válida, mas não conserva em seu poder a herança ou o legado.[6]

---

4 BEVILÁQUA, Clóvis. *Código Civil*. Rio de Janeiro: Francisco Alves, 1956. v. 1, p.138.

5 PEREIRA, Caio Mário da Silva. Op. cit. p. 29.

6 BARROS, Hermenegildo de. *Manual do Código Civil brasileiro*. Rio de Janeiro: Jacinto, 1929. v. 18, p. 317.

Algumas legislações equiparam a incapacidade sucessória com a indignidade, como, por exemplo, a espanhola, a cubana. Efetivamente, o Código Civil espanhol contém preceitos comuns reguladores tanto da incapacidade, propriamente dita, como da indignidade; confundem-se nos mesmos a regulação dessas distintas figuras jurídicas, como são as denominadas incapacidades absolutas, incapacidades relativas e incapacidade para suceder.

Em direito sucessório, ensina-nos Clóvis Beviláqua que se distingue a incapacidade da indignidade, sendo a primeira um fato e a segunda uma pena. A capacidade para suceder ou a possibilidade de adquirir a herança deve existir no momento em que a sucessão se abre, podendo o herdeiro vir a perdê-la.

Capaz o herdeiro, no exato momento da morte do autor da herança, é investido, por força de lei, nos direitos e obrigações que lhe foram transmitidos; porém, esse herdeiro pode vir a perder a herança, em decorrência de atos voluntários praticados por ele.

2 Momento da capacidade

Observa Maria Berenice Dias que a herança não pode cair no vazio (o que daria origem à herança jacente), mas precisa ser atribuída a alguém, consoante a ordem da vocação hereditária.[7]

A capacidade para suceder é fixada pela lei vigente na data da abertura da sucessão; assim, o colateral de quinto grau não é chamado (art. 1.839), mas a companheira de um homem solteiro, separado judicialmente, divorciado ou viúvo, passou a ter direito, a partir de 29 de dezembro de 1994, por força do inciso III, do art. 2º, da Lei nº 8.971 e jurisprudência editada pelos Tribunais, especialmente o STF.

No Direito moderno, não se faz distinção entre filhos dos sexos masculino e feminino, nem se primogênito ou caçula, casado ou solteiro, todos têm igual direito, se não forem excluídos por indignidade ou deserdação.

As pessoas jurídicas recebem tratamento diverso; mesmo sem existência legal, a lei abre exceção para aquelas que serão constituídas com valores deixados pelo falecido, em testamento válido, viabilizando meios suficientes para sua constituição. É comum deixar testamento, com bens ou valores em dinheiro, para fundações que terão seu estatuto elaborado de acordo com a vontade do testador.

---

[7] DIAS, Maria Berenice. *Manual das Sucessões*. São Paulo: Revista dos Tribunais, 2008, p. 113.

Na sucessão testamentária, todos terão capacidade para receber, desde que não haja impedimento legal. Podem, ainda, ser chamados a suceder os filhos, ainda não concebidos, de pessoas indicadas pelo testador, desde que vivas estas ao abrir-se a sucessão, e as pessoas jurídicas, cuja organização for determinada pelo testador, sob a forma de fundação (art. 1.799).

Tratando-se de filho ainda não concebido, os bens da herança serão confiados a curador nomeado pelo juiz, após a partilha. Essa curatela caberá, por determinação legal, à pessoa cujo filho o testador esperava ter por herdeiro e, sucessivamente, ao cônjuge ou companheiro, não separado judicialmente ou de fato; na falta do cônjuge ou companheiro, será curador legítimo o pai ou a mãe e, na falta desses, o descendente que se demonstrar mais apto, preferindo a lei, entre os descendentes, os mais próximos aos mais remotos. Na falta dessas pessoas, compete ao juiz a escolha do curador.

A lei determina os poderes, deveres e responsabilidades do curador nomeado, regendo-se pelo capítulo da curatela, arts. 1.767 a 1.783. Nascendo com vida o herdeiro esperado, adquirirá ele os direitos da sucessão, desde a data da abertura da sucessão, o que vêm a dizer inclusive os bens acrescidos dos frutos e rendimentos.

Poder-se-ia acrescentar a hipótese de filho em processo de adoção, estando em curso os trâmites legais, vindo a ocorrer o falecimento do futuro pai. Prevê §6º do art.42 da lei n. 8.069/90, com a nova redação dada pela lei n.12.010/09, que o juiz poderá concluir pela adoção. Entretanto, como a decisão somente produz efeitos depois do trânsito em julgado, esse filho adotado não se enquadra na norma geral, isto é, não é filho na data da abertura da sucessão, porque processo de adoção não se assemelha à concepção.

Se, no entanto, decorridos dois anos após a abertura da sucessão, conforme estipula a lei, não for concebido o herdeiro esperado (prole eventual de alguém existente), os bens reservados caberão aos herdeiros legítimos, salvo se o testador tiver disposto de forma diferente, prevalecendo sua última vontade, assegurada pela lei (art. 1.800, § 4º).

3 Incapacidade

Primitivamente, entre os hebreus, armênios e romanos, não herdavam os estrangeiros, os escravos, as mulheres; as filhas eram excluídas da vocação hereditária no Direito hindu, grego e romano; apenas se lhes oferecia um dote. É fora de dúvidas que as ideias religiosas contribuíram, poderosamente, para essa determinação legal. O direito germânico não era mais galante para com o sexo feminino; os alienados, como os fisicamente defeituosos, não podiam adir uma herança, entre muitos povos antigos.[8]

[8] BEVILÁQUA, Clóvis. *Sucessões*, p. 73.

O Direito Civil pátrio, antes do Código Civil, excluía diversas classes, como os estrangeiros, os religiosos, os hereges, os filhos espúrios, o morto civil.

Nos dias atuais, a pessoa ainda não concebida ao tempo da vocação hereditária não é considerada herdeira, salvo a prole eventual, nos casos previstos em lei.

Diferente, portanto, o caso do nascituro. Sabemos que, desde a concepção no colo materno, começa a existência das pessoas, de tal modo que antes de seu nascimento podem adquirir alguns direitos, como se já tivessem nascido. Os direitos ficam irrevogavelmente adquiridos se os concebidos nascerem com vida. No entanto, se morrerem antes do nascimento, serão considerados como se não tivessem existido, e incapazes para o ato jurídico da sucessão.[9]

Pela lei brasileira, são incapazes de receber herança ou legados as pessoas nomeadas no art. 1.801 do CC, destacando-se, entre elas, o concubino do testador casado, salvo se este, sem culpa sua, estiver separado de fato do cônjuge há mais de 5 (cinco) anos. Não tem capacidade, também, as testemunhas do testamento, o tabelião, civil ou militar, ou o comandante ou escrivão, onde se fez o testamento ou se o fizer aprovar, bem como aquela pessoa que escreveu, a rogo, o testamento para o testador, seu cônjuge ou companheiro, ou seus ascendentes e irmãos.

Da mesma forma que a lei restringe a capacidade para testar, criou o diploma legal a incapacidade de determinadas pessoas para receber por testamento. Os arts. 1.801 e 1.802 tornam nulas todas as disposições testamentárias, beneficiando as pessoas elencadas nos referidos artigos.

Não se deve confundir incapacidade sucessória com indignidade. Nessa as pessoas tinham a capacidade e a perderam; naquela, nulo o favorecimento, uma vez que os beneficiados não têm capacidade sucessória testamentária.

Às vezes, o ser humano quer beneficiar alguém e utiliza uma triangulação. Cria uma relação jurídica com certa pessoa – a lei chama de interposta pessoa – e verdadeiro negócio jurídico oneroso. Provada a prática proibida, ao juiz não resta outra solução, senão declarar a nulidade do ato pretendido.

Toda liberalidade deve ser legítima para alcançar seu fim. A livre disposição dos sucessíveis nas liberalidades está sujeita aos pressupostos para sua legalidade. Embora o testamento seja fruto da vontade exclusiva do testador, encontra limites na lei ordinária ou constitucional, bem como princípios éticos e morais.

---

[9] ZANNONI, Eduardo A. *Derecho de las sucesiones*. 2. ed. Buenos Aires: Astrea, 1976. p. 153.

4 Indignidade

Indignidade é a privação do direito hereditário cominada por lei, a quem cometeu certos atos ofensivos à pessoa ou aos interesses do hereditando.[10] A indignidade é uma forma de exclusão de herdeiros legítimos e testamentários, e abrange, portanto, a sucessão legítima e a testamentária; não obstante tendo a capacidade para suceder, o excluído perde-a, como pena civil pela prática de determinados atos considerados pela lei, como danosos à vida, à honra ou à liberdade de testar do autor da herança, diretamente a ele ou a pessoas necessárias à sua convivência social, como o cônjuge, o companheiro, os descendentes, os ascendentes.

Ensina Kipp[11] que

> *"indignidad de heredar significa que la ley priva con efectos retroactivos a determinadas personas de un derecho sucesorio que les había sido deferido en virtud de la ley o de una disposición por causa de muerte con respecto a un determinado causante, y lo hace porque dichas personas han cometido ciertos delitos graves".*

Pouco importa o resultado; se o herdeiro agiu, seja por ação ou omissão, desde que dolosamente, torna-se passível da pena civil de exclusão por indignidade.

Exige o texto legal a exata caracterização de uma das hipóteses previstas pelo art. 1.814 para a exclusão do herdeiro por indignidade. Postulando ação de exclusão de herdeiro, o TJMG entendeu que não configurada a capitulação legal, deveria o pedido ser improcedente.[12]

5 Indignidade e deserdação

A indignidade difere da deserdação; naquela, qualquer legatário, herdeiro legítimo ou testamentário poderá ser afastado do processo sucessório, por iniciativa de algum interessado; nesta, somente os herdeiros necessários, por vontade do testador. Em ambos os casos, impõe-se uma decretação judicial, sendo, assim, relativa a alegação de justa causa pelos interessados ou pelo testador.

Difere, também, a indignidade da incapacidade: na indignidade a pessoa recebe a coisa e a perde; na incapacidade a pessoa nunca recebeu, pois não tinha

---

10 BEVILÁQUA, Clóvis. Op. cit. p. 79.

11 KIPP, Theodor. *Derecho de sucesiones*. 2. ed. Barcelona: Bosch, 1976. v. 2, p. 9.

12 TJMG.Proc. nº 1.0145.08.437850-7/001. Des. Kildere Carvalho. P. 31-3-2009.

a capacidade para tal; a indignidade é uma pena civil aplicada a determinada pessoa pela prática de atos, enquanto na incapacidade existe um fato, decorrente da personalidade do herdeiro; o incapaz não existe para a sucessão, o indigno existe, recolhe a herança, perdendo-a.

6 Efeitos da exclusão

São sempre pessoais os efeitos da exclusão, e os herdeiros do excluído recolhem a herança, como se ele morto fosse. A exclusão não se opera pelo simples enunciado da lei, mas é necessário que o interessado proponha a ação ordinária para decretação da indignidade, que só poderá ser proposta após a morte do *de cujus*. Os efeitos da sentença são retroativos, *ex tunc*, desde a data da abertura da sucessão.

Reconhece, no entanto, a lei que o herdeiro excluído terá direito a reclamar indenização por quaisquer despesas feitas com a conservação dos bens hereditários, e cobrar os créditos que lhe assistam contra a herança.

Segundo princípios que proclamam o resguardo da boa-fé, desde que o herdeiro excluído não tenha praticado atos contrários ao direito ou agido dolosamente, deverá ser ressarcido pelas despesas efetuadas com a conservação dos bens hereditários, ação própria do herdeiro aparente.

7 Previsão legal

A indignidade, sendo uma pecha em que incorre o herdeiro, fazendo-o perder o havido,[13] só pode ser aplicada naqueles casos previstos em lei: pouco importa o desagrado praticado pela nora, a sogra não poderá excluí-la, senão nos casos previstos em lei.

> *"Art. 1.814. São excluídos da sucessão os herdeiros ou legatários:*
>
> *I – que houverem sido autores, coautores ou partícipes de homicídio doloso, ou tentativa deste, contra a pessoa de cuja sucessão se tratar, seu cônjuge, companheiro, ascendente ou descendente;*
>
> *II – que houverem acusado caluniosamente em juízo o autor da herança ou incorrerem em crime contra a sua honra, ou de seu cônjuge ou companheiro;*
>
> *III – que, por violência ou meios fraudulentos, inibirem ou obstarem o autor da herança de dispor livremente de seus bens por ato de última vontade."*

---

[13] ALMEIDA, Lacerda de. *Sucessões*, § 12.

Na primeira hipótese, estão incluídos os que houverem sido autores ou cúmplices em crime de homicídio ou tentativa na pessoa do *de cujus*, seu cônjuge, companheiro, ascendente ou descendente. É necessário que esteja presente o elemento "vontade", que o agente tenha praticado o ato deliberadamente e assumido o resultado; a lei não pune o agente, se agiu com imprudência, imperícia ou negligência. São puníveis, unicamente, as hipóteses previstas nos arts. 121 e seus §§ 1º e 2º, isoladamente, ou combinados com o art. 14, inciso II, todos do Código Penal brasileiro.[14]

O inciso II do art. 1.814 prevê a possibilidade de acusação caluniosa em juízo ou os crimes previstos nos arts. 138, 140 e 339 do Código Penal, ou seja, denúncia caluniosa, injúria e calúnia. Pouco importa que o ato seja praticado contra o *auctor successionis*, ou de seu cônjuge ou companheiro, em vida ou após sua morte. Também a memória do falecido deve ser preservada e respeitada, consoante os arts. 138, § 2º, 140, 144 e 339 do Código Penal.

O inciso III consagra a liberdade de testar; se o herdeiro praticou qualquer violência ou fraude, a ponto de prejudicar o testador de fazer seu testamento, ou obstou a execução dessa peça de última vontade, ocultando-o, rasgando-o, queimando-o, estará o herdeiro praticando o ato previsto no inciso III, do art. 1.814, e passível de ser excluído da sucessão, por iniciativa de qualquer interessado que ajuíze a ação ordinária. O direito de testar é uma tradição milenar, remontando ao antigo direito romano da Realeza, quando o autor do patrimônio e chefe da *domus* tinha preocupação na nomeação do herdeiro que deveria proteger a família, o lar e o fogo sagrado, venerando os deuses.

Em todas as hipóteses aventadas na lei, deve estar presente o elemento dolo para justificar a exclusão dos herdeiros ou dos legatários.

Mesmo que o ato causador seja praticado *post mortem*, poderá o interessado vir a ajuizar a ação ordinária de exclusão por indignidade, respeitando o prazo de quatro anos da data da abertura da sucessão.

O Tribunal de Justiça do Paraná julgou que o cônjuge supérstite, tendo participado, como mandante, do homicídio do marido, comprovado nos autos do processo criminal, é a herdeira excluída por indignidade, sendo desnecessária a indagação dos motivos do crime.[15] Por outro lado, o Tribunal de Justiça de São Paulo não aceitou o pedido de exclusão de herdeiro por indignidade, em ação proposta contra o filho do falecido, mandante do assassinato do pai, por ter sido o filho absolvido no Juízo Criminal, não admitindo rediscussão no Cível quanto à existência do fato ou de quem seja seu autor.[16]

---

[14] OLIVEIRA, Arthur Vasco Itabaiana de. *Tratado de direito das sucessões*. Rio de Janeiro: Livraria Jacinto, 1936. v. 1, p. 146.

[15] *RT*, 620/154.

[16] *RT*, 630/85.

Da mesma forma, o Tribunal de Justiça de São Paulo, apreciando pedido de exclusão por indignidade, sob a alegação de que, após a morte do pai, o filho teria se apossado de suas empresas, com alteração dos estatutos, não caracteriza a indignidade, prevista no art. 1.595, III (CC de 1916). Em outro acórdão, entendeu que "se a absolvição no júri se dá por negativa do fato ou da autoria, por não se saber o seu fundamento, que pode ser apenas dúvida quanto a uma daquelas circunstâncias, não se opera a coisa julgada no âmbito civil".[17, 18]

O Tribunal de Justiça do Rio Grande do Sul, por sua 2ª Câmara, admitiu exclusão de herdeiro, por ter o filho cometido homicídio do próprio pai, tornando-se indigno e incapaz de receber a herança paterna e, no mesmo julgado, afastou a filha menor do indigno, porque, no tempo da abertura da sucessão do avô, não era nascida (art. 1.577, do CC de 1916).[19]

O tema é vibrante. Existe a capacidade sucessória do herdeiro, que maculou a confiança do seu pai, destruindo-o física ou psiquicamente. Justifica-se, assim, o alijamento dessa pessoa no processo de divisão patrimonial. Tem o mesmo sangue, porém não se justifica aquinhoá-lo com parcela economizada do produto do trabalho, ou até, vinda de outra herança.

8 Reabilitação

O perdão é próprio da natureza humana. Nossa legislação acompanha os Códigos italiano, espanhol, alemão e contraria o francês. O texto legal exige que a manifestação do ofendido se faça de forma definitiva. O perdão é um ato jurídico, uma declaração de vontade do autor da herança, unilateral, direcionada a evitar a exclusão do herdeiro ou legatário do processo sucessório.[20]

A exclusão por indignidade é uma homenagem prestada à presumida vontade do autor da herança; se ele manifesta sua vontade em sentido contrário, isto é, deseja que o filho ingrato seja punido por ato praticado contra ele, seu cônjuge, sua companheira, ascendentes ou descendentes, perde o ofensor o direito patrimonial, embora permaneça na condição de herdeiro. Aliás, herdeiro é uma qualidade, determinada pela lei. O indivíduo incurso em atos

---

17 *Lex*, 174/144.

18 O mesmo TJSP, na 4ª T. de Direito Privado, sendo Rel. o Des. Teixeira Leite, entendeu que a animosidade entre filha e madrasta não configura causa prevista no art. 1.818, II, do CC. Registro. 2012.0000079012, julgado em 1º de março de 2012.

19 Rev. Jur. do TJRGS, nº 73, p. 583.

20 CATEB, Salomão de Araujo. *Deserdação e indignidade no direito sucessório brasileiro*. Belo Horizonte: Del Rey, 2004. p. 86.

que determinem a exclusão da herança a ela será, não obstante, admitido, se a pessoa ofendida, de cujo herdeiro ele for, assim o resolveu por testamento, ou em outro ato autêntico (art. 1.818). Não há perdão tácito.

Embora o ofendido não reabilite expressamente o indigno, confere o parágrafo único do art. 1.818 a possibilidade de o indigno vir a receber, em disposição testamentária, e dentro dela, bem ou bens deixados pelo ofendido em testamento, mesmo que, quando testou, já conhecia o testador a causa da indignidade. A sucessão do indigno ficará circunscrita ao limite da disposição testamentária, não se induzindo esse benefício parcial como reabilitação.

Justifica-se a previsão legal como proteção à família. Mesmo que o filho do autor da herança mereça ser excluído da legítima, ainda assim poderá o pai prever as dificuldades que a família desse filho desalmado poderá vir a passar e resolve legar determinado bem, com a cláusula de inalienabilidade, por exemplo, destinando à moradia dos familiares.

É possível, também, que o titular do patrimônio despreze o ato praticado pelo filho ingrato, visando, unicamente, a manutenção da família. Como necessário se faz o processo judicial, amplo direito de defesa, atritos e desaforos surgem, dividindo a família. Tudo por causa de patrimônio. Aceitável e nobre a atitude do pai ofendido, perdoando aquele filho, como forma de evitar o dilaceramento da entidade familiar.

Na opinião de Caio Mário,[21] ninguém melhor que o ofendido para avaliar quão fundo a sua sensibilidade foi atingida. O perdão do ofendido reabilita o criminoso, independente do resultado na ação penal instaurada, desde que seja externado em testamento, ou em ato autêntico.

Não vale simples afirmação, na presença de pessoas, nem pode alegar o ofensor que o ofendido tê-lo-ia perdoado, mostrando simples folha de papel ou com prova testemunhal.[22]

Pode ocorrer que o herdeiro se enquadre em uma das possibilidades de exclusão, nos termos do art. 1.814; passados meses, o titular do patrimônio faz um testamento, perdoando o filho; algum tempo depois, no entanto, esse mesmo filho pratica outra ação delituosa contra o pai, causando-lhe a morte. Não valerá o perdão anterior, porque ele se referia a fato pretérito, e o motivo da exclusão, levantado pelos co-herdeiros, fundamenta-se em fato posterior.

---

[21] *Instituições*. Rio de Janeiro: Forense, 1999. v. 6.

[22] Jurisprudência Mineira, v. 119, p. 219-220.

9 Sentença declaratória

Não depende, exclusivamente, dos interessados a exclusão do indigno. A lei exige que, além da prova do fato, cujo ônus é daquele que acusa, seja proposta a ação judicial. Diz o art. 1.815 que "a exclusão do herdeiro, ou legatário, em qualquer desses casos de indignidade, será declarada por sentença, em ação ordinária", movida por quem tenha interesse na sucessão.

O prof. Aroldo Plínio Gonçalves, participando de banca de defesa de tese de doutorado, propugnou que a sentença seria condenatória, opinião contrariada pelo Prof. Humberto Theodoro Júnior.

Também nesse sentido manifestou-se o Tribunal de Justiça de Minas Gerais, em acórdão da lavra do Des. Caetano Carelos, afirmando que *"a exclusão do herdeiro por indignidade deve ser declarada por sentença judicial, em ação ordinária, intentada por quem tenha interesse na sucessão, não podendo ser decretada, de ofício, pelo juiz, em processo de arrolamento sumário, sob pena de ofensa ao 'princípio da demanda'"*.

Se não existisse a ação judicial, prova dos fatos alegados e a sentença de exclusão, o direito de testar seria absoluto, como no Direito romano primitivo. O ônus da prova cabe a quem alega, e, no caso, cabe aos interessados; não é suficiente a alegação dos fatos no processo de inventário, mas a lei é clara, e exige o ajuizamento da ação própria e o pronunciamento do juiz.

A indignidade sucessória somente surte efeitos mediante o exercício de uma ação dirigida ao juiz e sua declaração judicial. É, portanto, imprescindível que o interessado obtenha êxito, para que se opere a exclusão.

Fixou o legislador pátrio o direito de demandar a exclusão do herdeiro ou legatário, pelo interessado, também herdeiro ou credor simplesmente, no prazo máximo de quatro anos, contados da abertura da sucessão (art. 1.814, parágrafo único).

Terá legitimidade para propor a ação qualquer interessado na herança, com a exclusão do indigno. Como o Código não determinou os possíveis interessados, segundo alguns doutrinadores, admite-se que o Representante do Ministério Público ajuíze o feito, visando beneficiar menor ou incapaz com a exclusão do herdeiro indigno. Esse pensamento, entretanto, não é majoritário, merecendo estudos no Congresso Nacional para modificação do Código Civil de 2002.

Causou assombro o assassinato do casal Manfred Albert e Marisia von Richtofen, ocorrido em 31 de outubro de 2002. O bárbaro homicídio, apurado pela Polícia, confirmou que a própria filha, Suzane Louise, de 19 anos, participou, juntamente com seu namorado e mais outro personagem, do crime praticado. Noticiaram os jornais que, após o fato, o casal dirigiu-se para um motel.

Difícil, sob o aspecto psicológico, definir a ação criminosa da filha. Por outro lado, na área do Direito Civil, poderá a filha ser excluída do processo sucessório, por indignidade, na forma do art. 1.814, desde que seu irmão, único herdeiro, postule a ação ordinária incriminando a irmã criminosa. Em caso de falecimento do irmão de Suzane e, inexistindo descendentes ou ascendentes, o direito de propositura da ação é transmitido para os colaterais e, na inexistência desses, poderá o Município vir a propor a ação.

10 Efeitos da ação de indignidade

Os efeitos da indignidade retroagem à data da abertura da sucessão, sendo, portanto, resolúvel *ex tunc*. A pena não vai além do criminoso, e, no caso, não atinge os filhos do indigno; seus filhos serão chamados a recolher a herança, como se seu pai morto fosse antes da abertura da sucessão (art. 1.816); o festejado Caio Mário denomina os efeitos de personalíssimos.

Justifica-se considerar a dimensão do art. 1.817 do Código Civil. Segundo o dispositivo mencionado, os efeitos, nesse caso, são resolúveis *ex nunc*, declarando válidas as alienações onerosas de bens hereditários a terceiros de boa-fé, e os atos de administração legalmente praticados pelo herdeiro, antes da sentença de exclusão. Quis a lei proteger as pessoas portadoras da boa-fé na prática de negócios jurídicos onerosos. Nesse caso, deve o herdeiro excluído, chamado por alguns de aparente, provar sua boa-fé no ato de alienação, como, de igual forma, boa-fé do adquirente, para que possa prevalecer a venda; na verdade, esse herdeiro recebeu a herança por força do art. 1.798, sendo, assim, destituído dela.

Os bens que caberiam ao herdeiro excluído serão entregues a seus sucessores, proibindo a lei que o indigno tenha a administração e usufruto desses bens, sendo menores seus filhos. Aliás, a lei é bastante clara, e declara que "o excluído da sucessão não terá direito ao usufruto ou à administração dos bens, que a seus sucessores couberem na herança, nem à sucessão eventual desses bens", isto é, se o herdeiro *A*, que representa o indigno, recebe uma casa que pertencera a seu avô *C*, por força da exclusão do seu pai *B*, com a morte de *A*, seus bens passarão a *B*, menos a casa que veio de *C*, como aplicação direta do art. 1.816, parágrafo único, do Código Civil.

Casado o herdeiro excluído, o impedimento legal recai somente sobre ele, não atingindo seu cônjuge, se não ficar provado que houve cumplicidade.

O herdeiro excluído terá direito de reclamar indenização por quaisquer despesas feitas com a conservação dos bens hereditários e cobrar os créditos que lhe assistam contra a herança. Se, entretanto, o excluído tiver sido reabilitado, isto é, perdoado, reconhecida esta qualidade em sentença judicial, e não mais existindo os bens, "caberá ao reabilitado ressarcir-se contra os que se beneficiaram de sua exclusão, recebendo o seu valor, com todos os acrescidos".[23]

Pode o herdeiro *A* ser excluído na sucessão de seu pai *B*, pela prática de ato previsto no art. 1.814 do Código Civil. No entanto, a lei lhe faculta aceitar herança vinda do seu avô *C*, pai de seu pai *B*, que veio a falecer posteriormente. A pena de exclusão é restrita à atividade delituosa praticada pelo ofensor *A* contra o ofendido *B*; não tendo *A* praticado ato delituoso contra *C*, recolherá, normalmente, a herança deixada pelo avô.

Observa Maria Helena Diniz que a ação deve ser proposta enquanto estiver vivo o ofensor. "Com o óbito do indigno extinguir-se-á a ação intentada contra ele, não se estendendo a seus sucessores, porque a indignidade é uma pena, e nenhuma pena deverá ir além do criminoso.[24]

Jurisprudência

AGRAVO EM RECURSO ESPECIAL Nº 1.208.659 - RS (2017/0296880-5) RELATORA: MINISTRA MARIA ISABEL GALLOTTI. DECISÃO. Trata-se de agravo manifestado contra decisão que negou seguimento a recurso especial interposto contra acórdão com a seguinte ementa: AÇÃO DE 'EXCLUSÃO DE HERDEIRO'. CONDUTAS ILÍCITAS PRATICADAS ENTRE DESCENDENTES. AUSÊNCIA DE FATO TÍPICO AUTORIZADOR DA DECLARAÇÃO DE INDIGNIDADE. IMPOSSIBILIDADE DE INTERPRETAÇÃO EXTENSIVA. 1. A indignidade é uma pena aplicada ao sucessor que pratica atos indignos contra o autor da herança, taxativamente previstos na lei, não sendo permitida interpretação extensiva. Inteligência do artigo 1.814, do Código Civil. 2. É inviável a exclusão de herdeiro pela suposta prática de atos ilícitos em relação ao genitor, diante da ausência de fato típico autorizador da declaração de indignidade. STJ, DJU 22/02/2018.

1. Se a sucessão consiste na transmissão das relações jurídicas economicamente apreciáveis do falecido para o seu sucessor e tem em seu âmago além da solidariedade, o laço, sanguíneo ou, por vezes, meramente afetuoso estabelecido entre ambos, não se pode admitir, por absoluta incompatibilidade com o primado da justiça, que o ofensor do autor da herança venha dela se beneficiar posteriormente.

2. Para fins de fixação de tese jurídica, deve-se compreender que o mero exercício do direito de ação mediante o ajuizamento de ação de interdição do testador, bem como a instauração do incidente tendente a removê-lo (testador sucedido) do cargo

---

[23] PEREIRA, Caio Mário da Silva. Op. cit., p. 43, Apud CATEB, Salomão de Araujo. Indignidade e deserdação. *Revista da Faculdade de Direito Milton Campos*, nª 1, p. 249.

[24] DINIZ, Maria Helena, op. cit., p. 56.

de inventariante, não é, por si, fato hábil a induzir a pena deserdação do herdeiro nos moldes do artigo 1.744, II, do Código Civil de 1916 ("injúria grave"), o que poderia, ocorrer, ao menos em tese, se restasse devidamente caracterizado o abuso de tal direito, circunstância não verificada na espécie.
3. Realçando-se o viés punitivo da deserdação, entende-se que a melhor interpretação jurídica acerca da questão consiste em compreender que o artigo 1.595, II, do Código Civil de 1916 não se contenta com a acusação caluniosa em juízo qualquer, senão em juízo criminal.
4. Ausente a comprovação de que as manifestações do herdeiro recorrido tenham ensejado "investigação policial, processo judicial, instauração de investigação administrativa, inquérito civil ou ação de improbidade administrativa" (artigo 339 do Código Penal) em desfavor do testador, a improcedência da ação de deserdação é medida que se impõe. STJ. REsp. 1.185.122/RJ. Rel. Min. Massami Uyeda. *DJe* 2-3-2011.

NEGÓCIO JURÍDICO – Nulidade – Doação de bem imóvel a sobrinha que prometeu cuidados à tia – Pretensão à anulação por indignidade (maus tratos) – Impossibilidade – Prática de ofensa física não comprovada – Ação julgada improcedente – Recurso desprovido (TJSP – Apelação 5.614.954.400 – Avaré – 8ª Câmara de Direito Privado – Relator Luiz Antonio Ambra – 23-11-2011 – Votação: Unânime – Voto nº 12.799).

RECURSO ESPECIAL – AÇÃO DE EXCLUSÃO DE HERANÇA – SENTENÇA – ARGUIÇÃO DE NULIDADE – DECISÃO JUDICIAL PROFERIDA ENQUANTO SUSPENSO O TRÂMITE PROCESSUAL – CIRCUNSTÂNCIA NÃO VERIFICADA, NA ESPÉCIE – JULGAMENTO ANTECIPADO DA LIDE – INDEFERIMENTO DE PRODUÇÃO DE PROVA TESTEMUNHAL – POSSIBILIDADE – CERCEAMENTO DO DIREITO DE DEFESA NÃO CARACTERIZADO – INDIGNIDADE – DISCUSSÕES FAMILIARES – EXCLUSÃO DO HERDEIRO – INADMISSIBILIDADE – HONORÁRIOS ADVOCATÍCIOS – CONDENAÇÃO EM QUANTIA CERTA – CORREÇÃO MONETÁRIA – TERMO INICIAL – DATA DA DECISÃO JUDICIAL QUE OS FIXOU – RECURSO ESPECIAL IMPROVIDO – 1 – Inexiste nulidade na sentença que, ao contrário do que afirma a parte ora recorrente, não é proferida durante o período em que o trâmite processual encontrava-se suspenso. 2 – Não há falar em cerceamento do direito de defesa quando o magistrado, destinatário final das provas, dispensa a produção daquelas que julga impertinentes, formando sua convicção com aqueloutras já constantes nos autos e, nesta medida, julga antecipadamente a lide, como sucede na hipótese *sub examine*. 3 – A indignidade tem como finalidade impedir que aquele que atente contra os princípios basilares de justiça e da moral, nas hipóteses taxativamente previstas em lei, venha receber determinado acervo patrimonial, circunstâncias não verificadas na espécie. 4 – A abertura desta Instância especial exige o prévio prequestionamento da matéria na Corte de origem, requisito não verificado quanto ao termo inicial da correção monetária do valor da verba honorária (Súmula nº 211/STJ). 5 – Recurso especial improvido (STJ – REsp 1.102.360 – (2009/0033216-4) – 3ª T. – Rel. Min. Massami Uyeda – *DJe* 1º-7-2010 – p. 1646).

AÇÃO DE EXCLUSÃO DE HERDEIRO POR INDIGNIDADE - ARTIGO 1.814 - CÓDIGO CIVIL - HIPÓTESES - NÃO CONFIGURAÇÃO - SENTENÇA MANTIDA - Mantém-se a sentença que julga improcedente o pedido inicial formulado na ação de exclusão de herdeiro por indignidade quando não configurada, no caso concreto, qualquer das hipóteses previstas pelo artigo 1.814, do Código Civil. Preliminar rejeitada, recurso a que se nega provimento (TJMG - AC 1.0145.08.437850-7/001 - 3ª C.Cív. - Rel. Kildare Carvalho - J. 31-3-2009).

EXCLUSÃO DE HERDEIRO - DECLARAÇÃO DE INDIGNIDADE - *NUMERUS CLAUSUS* - Supostos fatos, referidos na petição inicial, fora da previsão do art. 1.595 do Código Civil de 1916. Extinção do processo sem julgamento do mérito (artigo 267, VI, CPC). Recurso desprovido, retificado dispositivo de sentença (TJSP - Ap-Rev 216.052.4/1 - (0002383372) - Mogi das Cruzes - 1ª CDPriv. - Rel. Vicentini Barroso - *DJe* 29-7-2009 - p. 1033).

CIVIL E PROCESSUAL CIVIL - AGRAVO DE INSTRUMENTO - AÇÃO DE INVENTÁRIO - SUCESSÃO DE COLATERAIS - EXCLUSÃO DE HERDEIRAS - INADMISSIBILIDADE - PRINCÍPIO DA *SAISINE* - ART. 1.784 DO CÓDIGO CIVIL - I - Pelo princípio da *saisine*, previsto no art. 1.784 do Código Civil, a abertura da sucessão faz nascer o direito hereditário dos sucessores, e a aquisição *ipso iuri* pelos herdeiros da propriedade e da posse dos bens da herança. II - Nesses termos, se o herdeiro falecer após o autor da herança, os bens que herdou passam aos seus próprios herdeiros, mesmo que o falecido não tenha manifestado sua aceitação. Portanto, não há de se falar em exclusão das agravadas, pois como bem colocado pelo Douto Procurador, "ressai clara a condição das agravadas de herdeiras de herdeiro pós-morto", dispensando-se, assim, a necessidade de prévia averbação do registro de óbito do genitor para que as agravadas se habilitem como herdeiras dele. III- Recurso a que se nega provimento (TJDFT - Proc. 20090020142679 - (396497) - Rel. Des. Alfeu Machado - *DJe* 14-12-2009 - p. 60).

INVENTÁRIO - Herdeiros - Exclusão por indignidade - Demanda ajuizada pelos filhos em face do pai - Carência da ação por manifesta falta de interesse processual - Autores que são os únicos herdeiros dos bens inventariados - Artigo 1.603, I, do Código Civil de 1916 - Lei confere aos descendentes a precedência sobre as demais classes na ordem de vocação hereditária, inclusive sobre o cônjuge sobrevivente - Ação de exclusão por indignidade somente pode ser intentada em face dos herdeiros ou legatários, situação em que não se enquadra o réu - Pensão por morte - Recebimento integral - Objeto de análise em autos do processo de inventário, porquanto extrapola o âmbito da presente demanda - Extinção do processo mantida - Recurso improvido (Apelação Cível nº 285.909-4/3-00 - São Manoel - 8ª Câmara de Direito Privado - Relator: Salles Rossi - 1º-6-2006 - V.U. - Voto nº 2.804).

HERANÇA - Exclusão de herdeiro por indignidade - Ação proposta por menor impúbere - Prazo decadencial - Inocorrência de perda do lapso para ajuizamento

– Hipótese em que se procedeu à interpretação dos arts. 208 e 198, I, do CC (de 2002) (TJSP) - *RT* 815/231.
SUCESSÃO - Exclusão de herdeiro por indignidade - Cônjuge supérstite - Admissibilidade mulher que participa, como mandante, do homicídio do marido - Comprovação nos autos, inclusive por decisão da instância criminal - Desnecessidade de indagação dos motivos do crime - Inteligência e aplicação dos arts. 1.525, I, e 1.611, § 1º, do CC - Ação proposta por filho menor devidamente representado por avô e tutor judicial, por se encontrar em situação irregular - Legitimidade "ad causam" (TJPR) *RT* 620/154.

Ação ordinária. Exclusão de herdeiro por indignidade. Artigo 1.595, inciso I do Código Civil de 1916. Absolvição do réu pelo Tribunal do Júri. Sentença absolutória que não impede o prosseguimento da ação cível e não gera efeitos sobre esta, uma vez que não é fundamentada e se baseia somente na livre e íntima convicção dos jurados. Indignidade do herdeiro que depende de sentença declaratória, a ser proferida em ação proposta por qualquer dos interessados na sucessão, observado o prazo prescricional de quatro anos, a contar da abertura da sucessão. Prova dos autos que revela indícios bastantes de que o réu-apelante tenha sido o autor do crime, justificando sua exclusão. Desprovimento do recurso. TJRJ – Décima Oitava Câmara Cível. Ap. Cível. nº 2006.001.03903. Rel. Des. João Batista Oliveira Lacerda. julg. 9-5-2006.

6

DA ORDEM DA SUCESSÃO HEREDITÁRIA

1 Noções gerais

A transferência de patrimônio deixado por alguém, em virtude de morte, faz-se de duas formas: pela sucessão legítima ou *ab intestato* e pela sucessão testamentária. Nossa legislação admite que os dois modelos estejam lado a lado, ressalvada a liberdade de testar e o direito dos herdeiros necessários à legítima.

2 Sucessão legítima

Chama-se legítima a sucessão que provém por força de lei. A lei que estiver em vigor na data do óbito será aplicada, determinando quais são os chamados, isto é, quem tem capacidade passiva sucessória e recolherá o quinhão que lhe couber. Vimos, ao tratar da abertura da sucessão e de sua transmissão, que a herança é entregue aos herdeiros – já titulares do direito – manejando o processo de inventário judicial ou administrativo. Mas nem todos os herdeiros, nomeados pelo Código Civil, têm igual direito, nem poderia ser dividida a herança em tantas partes quantos forem os herdeiros legítimos. Possivelmente, em qualquer herança seriam dezenas de chamados e, com a divisão entre todos, o valor de cada um poderia ser irrisório.

A sucessão legítima é anterior à testamentária. Em alguns países não existe a forma volitiva voluntária, ou sofre restrições maiores que na sucessão legítima. Segundo Baudry et Wahl, a sucessão testamentária é derrogação da sucessão legítima, e por isso não se pode dizer que esta se funda na vontade presumida do defunto.[1] Importante saber que a sucessão legítima é determinada pela lei vigente na data do óbito e a sucessão testamentária existe se o titular dos bens tiver feito o testamento, que será aprovado em juízo após sua morte.

3 Classes

Para evitar que todos fossem chamados ao mesmo tempo, a lei estipulou a preferência de uma classe sobre a outra, denominando a essa figura de "ordem da vocação hereditária", ditada pelo art. 1.829 do Código Civil. Igual método, provindo do Direito Romano antigo, é utilizado em legislações de todos os países do ocidente. As legislações do Direito Romano são as mais expressivas, superando todas as organizações das outras civilizações, ou, como afirma João Batista de Souza Lima, "as mais antigas normas de direito".[2]

A forma de chamamento, denominada de "classes", estabelece uma hierarquia entre elas, de tal maneira que o chamamento de uma resulta na extinção da outra seguinte, até o chamamento da última delas.

Assim, por exemplo, ao chamar a classe dos descendentes, que concorre, em alguns casos, com o cônjuge, nenhum outro herdeiro de outra classe poderá recolher herança; inexistindo descendentes, serão chamados os ascendentes em concorrência com o cônjuge supérstite; na falta desses, o cônjuge sobrevivente e, na falta de cônjuge, se o falecido tiver companheiro, sem impedimento para o matrimônio, na forma da lei, será chamado esse companheiro para recolher a herança, constituída dos bens que os conviventes adquiriram, a título oneroso, na constância da união. Por último é chamada a classe dos colaterais até o 4º grau.

Surgiu a capacidade sucessória do companheiro com a Lei nº 8.971, de 29 de dezembro de 1994, no inciso III, do art. 2º, pairando discussão se foi ou não revogado esse dispositivo. Com a vigência do novo Código Civil, Lei nº 10.406/02, somente o art. 1.790 disciplinou os direitos do companheiro. Na falta de cônjuge, serão chamados os colaterais até o quarto grau e, finalmente,

---

1 SANTOS, J. M. Carvalho. *Código Civil brasileiro interpretado*. Rio de Janeiro: Freitas Bastos, 1961. v. 22, p. 247. G. Baudry-Lacantinerie e Alberto Wahl, em sua obra *Trattato Teorico-Pratico di Dirito Civile delle Successioni*. Milão: Dottor Francescco Vallardi. São muitos os autores nacionais que seguiram a teoria de sucessão testamentária como derrogatória da sucessão legítima.

2 LIMA, João Batista de Souza. *As mais antigas normas de Direito*. Rio de Janeiro: Forense, 1983.

o Poder Público, de acordo com o ordenamento legal. No CC o companheiro não está elencado na ordem da vocação e, da mesma forma, o poder público

É importante declarar, desde logo, que o Código Civil considera companheiros pessoas de sexos diferentes, que formam uma entidade familiar, constituindo uma união estável, podendo converter-se essa em casamento, por inexistir impedimento para sua celebração. Bastará que os companheiros requeiram ao juiz competente a conversão da união estável em casamento, que mandará lavrar o assento no Registro Civil, na forma do art. 1.726.

A despeito dessa norma, na prática, há uniões estáveis formadas por pessoas de mesmo sexo, vivendo sob o mesmo teto, constituindo verdadeira família

Por outro lado, embora inúmeras críticas de doutrinadores, preceitua o Código que as relações não eventuais entre o homem e a mulher, impedidos de casar, constituem concubinato. O art. 1.727 representa uma definição legal sobre o assunto, ratificando brilhantes votos proferidos no STJ, primeiramente liderados pelo Min. Sálvio de Figueiredo Teixeira.

Como será objeto de maior estudo neste livro, em diversos países já se reconhece a união estável de pessoas do mesmo sexo, permitindo, inclusive, o casamento. O ano de 2010 marca, no país vizinho, Argentina, votação de reforma da Constituição, autorizando o casamento de pessoas do mesmo sexo.

4 Grau

O grau é a distância entre uma geração e outra. Na linha reta, descendo, estão os descendentes (filho, 1º grau; neto, 2º grau; bisneto, 3º grau etc.) e, subindo, os ascendentes (pai, 1º grau; avô, 2º grau, bisavô, 3º grau etc.); na linha colateral, torna-se necessário subir até o ascendente comum, para determinar o grau que se procura. Assim, meu irmão é meu parente em segundo grau, porque subo ao ascendente (1º grau) e desço ao irmão (2º grau); o tio é meu parente em terceiro grau, porque subo ao pai (1º grau) e ao avô (2º grau) para descer ao tio (3º grau). Esta forma de contagem de parentesco consanguíneo veio dos romanos.

Na lição de Nelson Nery Júnior e Rosa Maria de Andrade Nery "os parentes em linha reta são aqueles que, além de possuírem entre si vínculos de sangue, têm um tronco comum e *descendem uns dos outros*".[3]

O parente por afinidade não recolhe herança.

---

[3] NERY JUNIOR, Nelson; NERY, Rosa Maria de Andrade. *Código Civil comentado*. São Paulo: Revista dos Tribunais, 2006. p. 890.

Dizem os estudiosos que a sucessão legítima identifica a vontade presumida do *auctor successionis*, em decorrência do afeto, do amor, da dedicação que liga o falecido a seus herdeiros, chamados a recolher o patrimônio constituído em vida de trabalho.

Na sucessão legítima, podemos dividir os herdeiros, com base na natureza de seus direitos, "que lhes assistem relativos à devolução da herança", de três formas: por direito próprio, por direito de representação e por direito de transmissão. A herança poderá ser partilhada por cabeça, por estirpe e por linhas.

> *"Ao estabelecer a ordem legal dos sucessores, o legislador inspirou-se, sem dúvida, na ordem natural das afeições familiares; pois é bem sabido que o amor primeiro desce, depois sobe, e em seguida dilata-se."*[4]

São parentes em linha reta as pessoas que estão umas para com as outras na relação de ascendentes e descendentes (art. 1.591 do CC) . São colaterais, ou na linha transversal, as pessoas provenientes de um mesmo tronco, sem descenderem uma da outra, até o quarto grau (art. 1.592). Inovou o Código, reduzindo o grau de parentesco colateral para o 4º grau. Convém sempre recordar que o direito dos colaterais se limita ao quarto grau desde 1945.

5 Título de herdeiro

A qualidade de herdeiro só se prova pelo assentamento no registro civil, ou outros meios, que por lei lhe sejam equiparados. Havendo dúvida quanto à qualidade de herdeiro, no inventário, ou na ação de nulidade de partilha, essa só pelas vias regulares de direito poderá ser dirimida, caso em que se legitima o exercitamento das medidas assecuratórias ou acautelatórias de direito pelo reclamante da herança ou cota hereditária.

O Código Civil dispôs, no Capítulo VII, do Título I, do Livro do Direito das Sucessões, sobre a ação de petição de herança (Capítulo 25), que permite ao herdeiro demandar pelo reconhecimento de seu direito sucessório, merecendo estudo mais aprofundado nesta obra.

O chamamento é feito de acordo com a classe a que pertence, dentro da hierarquia enunciada no art. 1.829, provando sua qualidade ou título de herdeiro.

Em processo de inventário, tendo falecido o Sr. Antônio, caberá ao herdeiro, seu filho, fazer a prova de sua qualidade, exibindo ao juiz a certidão de nascimento ou de casamento, que provará ser ele filho do *de cujus*. Se o filho foi reconhecido em ação de investigação de paternidade, a sentença produzirá o mesmo efeito, e será levada ao registro das pessoas naturais.

---

4 POLACCO. *Delle successioni*. Roma, 1928. p. 35, t. 1.

6 Primeiras regras

Algumas regras se aplicam a todas as classes. Em primeiro lugar, o chamamento de uma classe exclui as outras; se há igualdade de graus de parentesco de herdeiros que estão na mesma classe, diz-se que a sucessão decorre de direito próprio e será partilhada por cabeça – *in capita* – entre os herdeiros descendentes e colaterais ou por linhas – *in lineas* – entre os ascendentes, concorrendo herdeiros das linhas paterna e materna.

> *"Quando a desigualdade de graus, entre os herdeiros, é verificada, desde o momento da abertura da sucessão, esta tem lugar, em relação aos descendentes do herdeiro pré-morto, por direito de representação, partilhando-se, neste caso, a herança, sempre, por estirpe."*[5]

O grau mais próximo exclui o mais remoto, como regra geral, exceções existentes no direito de representação, que pode vir a ocorrer na classe dos descendentes, e, em um único caso, com os colaterais.

Observa, com muita propriedade, Flávio Tartuce que "os graus de parentesco decorrem do número de gerações que separa determinadas pessoas." (Tartuce, 2013)

7 Ordem do chamamento

Dispõe o art. 1.829 do Código Civil a ordem da vocação hereditária, assim expressa:

> *"A sucessão legítima defere-se na ordem seguinte: I – aos descendentes, em concorrência com o cônjuge sobrevivente, salvo se casado este com o falecido no regime de comunhão universal, ou no da separação obrigatória de bens (art. 1.641, parágrafo único); ou se, no regime de comunhão parcial, o autor da herança não houver deixado bens particulares; II – aos ascendentes, em concorrência com o cônjuge; III – ao cônjuge sobrevivente; IV – aos colaterais."*

Cada classe está inserida em um inciso, e o chamamento de uma implica a exclusão das demais; a lei não faz distinção entre nacionais e estrangeiros e todos recebem igualmente. O inciso XXXI, do art. 5º, da Constituição Federal, enuncia regra básica de sucessão especial, assim redigida: "A sucessão de bens de estrangeiros situados no País será regulada pela lei brasileira em benefício do cônjuge ou dos filhos brasileiros, sempre que não lhes seja mais favorável a lei pessoal do *de cujus*." Idêntica disposição está na Lei de Introdução às Normas do Direito brasileiro, no art. 10, *caput* e seus parágrafos.

---

5 OLIVEIRA, Arthur Vasco Itabaiana de. *Tratado de direito das sucessões*. Rio de Janeiro: Livraria Jacinto, 1936. p. 152, t. 1.

8 Os descendentes

Desde a mais remota história da civilização, o homem sempre dedicou afeição maior a seus filhos, descendentes diretos, mesmo sangue, mesma carne, imaginando, muitas vezes, ser possível o filho seguir os passos do pai, em autêntico prolongamento da vida *post mortem*. A afeição que os pais têm pelos filhos é o reflexo da própria natureza, encontrando-se entre os animais irracionais idêntica afeição protetiva pelos filhos, a ponto de perder a própria vida na defesa de sua ninhada.

A lei humana segue os passos da natureza e os filhos estão colocados em primeiro lugar, na ordem da vocação hereditária, na classe dos descendentes. Em nosso caso, a filiação passou a ser tratada de forma diferente; a Constituição Federal de 1988 não só proibiu qualquer designação discriminatória, como estabeleceu em seu favor os mesmos direitos e qualificações, reunindo todos os filhos, qualquer que seja sua origem, em dispositivo constitucional, dando-lhes plena e total igualdade: "Os filhos, havidos ou não da relação do casamento, ou por adoção, terão os mesmos direitos e qualificações, proibidas quaisquer designações discriminatórias relativas à filiação."[6] Não há, portanto, necessidade de alongar-se sobre os direitos dos filhos legítimos ou ilegítimos, naturais ou incestuosos. Essas diferenças foram afastadas do Código Civil de 2002, estabelecendo que todos os filhos são iguais.

É bem verdade que cresce, em todos os países do mundo ocidental, a valorização do filho socioafetivo. No Brasil não se faz distinção entre os filhos biológicos e os adotivos, verificando-se, gradativamente, maior relevância para os adotivos, filhos escolhidos, eleitos, oriundos de vontades dos pais adotantes e não mero resultado de uma relação sexual.

Entre os descendentes, primeiramente são chamados os filhos, por serem os parentes mais próximos, isto é, primeiro grau de parentesco com o *de cujus*; em seguida, faltando filhos serão chamados os netos, depois os bisnetos, trinetos, tetranetos etc. *ad infinitum*; quer dizer que os descendentes serão chamados enquanto existir um deles vivo, excluindo as demais classes.

Em se tratando de descendentes, o grau mais próximo exclui o mais remoto e os filhos sucedem por cabeça, enquanto os outros descendentes, por cabeça ou por estirpe, conforme se achem, ou não, no mesmo grau.[7]

---

6 Constituição Federal, art. 227, § 6º.

7 Código Civil, art. 1.835.

Ensina o mestre Clóvis que

> *"...não é o mais justo o sistema adotado pelo Código Civil, neste artigo, mandando que os outros descendentes, além dos filhos, sucedam por cabeça, quando se acharem no mesmo grau. É certo que a força do direito hereditário é igual; porém, não obstante, é iníqua a distribuição por cabeça, nesse caso, porque faz da inexistência de herdeiros da linha mais próxima uma desvantagem econômica para uns e uma fonte de lucros para outros.*
>
> *Se concorrerem seis netos à sucessão do avô, quatro precedentes de um filho pré-defunto, e dois de outro, pelo sistema da sucessão in capita, os quatro primeiros terão as duas cotas aumentadas, pela intercorrência do falecimento de seu tio, antes da abertura da sucessão; os dois últimos, por motivo idêntico, terão as suas cotas diminuídas".*[8]

Exemplificando: o Sr. Antônio era pai de dois filhos, Primus e Secundus, sendo que Primus tinha quatro filhos (*A*, *B*, *C* e *D*), e Secundus, dois filhos (*E* e *F*); Primus e Secundus são pré-mortos; quando o Sr. Antônio falece são chamados para recolher a herança os seis netos e, estando no mesmo grau, recebem *per capita* e não por estirpe.

Inova o legislador pátrio, acrescentando a concorrência do cônjuge, na sucessão legítima, juntamente com os descendentes. Antiga aspiração de doutrinadores pátrios, entre eles os Profs. Caio Mário da Silva Pereira, Orlando Gomes, Miguel Reale e outros, o acolhimento do Código condiciona a concorrência a alguns tópicos: primeiramente, depende o regime de bens do casamento. Se o falecido era casado com o cônjuge supérstite no regime de comunhão universal, ou no da separação obrigatória de bens (art. 1.641, parágrafo único), não haverá a concorrência; igualmente, se o regime de bens, adotado no casamento, for o da comunhão parcial (art. 1.658), caso o autor da herança não houver deixado bens particulares.

A outra condição imposta pela lei está no art. 1.830: "Somente é reconhecido direito sucessório ao cônjuge sobrevivente se, ao tempo da morte do outro, não estavam separados judicialmente, nem separados de fato há mais de 2 (dois) anos, salvo prova, neste caso, de que essa convivência se tornara impossível sem culpa do sobrevivente."

Não há, portanto, uma concorrência plena, um chamamento do cônjuge supérstite para dividir a herança com os descendentes. Em primeira mão, impõe-se o estudo do regime de bens adotado no casamento. O cônjuge, no regime de comunhão universal, é meeiro, qualidade que vem do Direito

---

[8] BEVILÁQUA, Clóvis. *Código Civil comentado*. Rio de Janeiro: Francisco Alves, 1958. v. 6, p. 46.

de Família, coparticipe do patrimônio em sua plenitude. Créditos e débitos pertencem aos dois, que construíram o patrimônio no decorrer dos anos. A morte impõe a dissolução da sociedade estabelecida e do vínculo conjugal (art. 1.571, I, do CC). Terminando a sociedade conjugal, cada qual receberá a parte do patrimônio que lhe cabe. Essa é a meação, que não se confunde com a herança.

Comentando o art. 1.829, diz Giselda Hironaka: "se casados pelo regime de comunhão universal de bens (arts. 1.667 a 1.671 do atual Código Civil), entende o legislador que a confusão patrimonial já se operara desde a celebração das núpcias, garantindo-se ao cônjuge sobrevivo, pela meação que lhe assiste".[9]

Se o regime de bens for o da separação obrigatória, isto é, daquelas pessoas que contraíram o casamento com inobservância das causas suspensivas da celebração do casamento (arts. 1.523 e 1.524), ou de pessoas maiores de 70 (setenta) anos, ou de todos que dependerem, para casar, de suprimento judicial, não haverá, também, concorrência do cônjuge sobrevivente com os descendentes.

Por último, quando os cônjuges elegeram o regime de comunhão parcial, se o autor da herança não tiver deixado bens particulares, também não haverá a concorrência. São bens particulares, entre outros, os havidos pelo cônjuge, antes do casamento, e os que lhe sobrevierem, na constância do casamento, por doação ou sucessão, e os sub-rogados em seu lugar, os bens adquiridos com valores exclusivamente pertencentes a um dos cônjuges em sub-rogações dos bens particulares, os bens de uso pessoal, livros e instrumentos de uso pessoal, os proventos do trabalho pessoal de cada cônjuge e as pensões, meio-soldos, montepios e outras rendas, cujos bens não se comunicam. Esses bens ficam excluídos da comunhão, pertencendo, assim, a cada qual (art. 1.659).

Há, ainda, na lei o regime de separação convencional de bens, aquele que é deliberado pelas partes, e o novo sistema de participação final dos aquestos, previsto nos arts. 1.672 a 1.686.[10]

Condiciona a lei, no art. 1.830, que o cônjuge sobrevivente só terá participação na herança, como concorrente, se não estavam separados, de direito ou de fato há mais de dois anos, sem culpa do cônjuge supérstite. Existindo a

---

9 HIRONAKA, Giselda Maria Fernandes Novaes. *Comentários ao Código Civil*. São Paulo: Saraiva, 2003. v. 20, p. 219.

10 "Fala-se em duas espécies de separação de bens: a separação obrigatória ou legal, prevista no art. 1.641 do Código, e a separação convencional, que os nubentes podem adotar no pacto antenupcial"(DONIZETTI, Elpídio; QUINTELLA, Felipe. *Curso didático de direito civil*. São Paulo: Atlas, 2012, p. 967).

separação de fato, permite o Código que o cônjuge sobrevivente faça a prova de sua inocência, comprovando, em juízo, que a separação de fato se deu por culpa do falecido, ou seja, sem culpa sua.

Essa posição, adotada pelo Código Civil, é perfilhada em outros países mas, sem dúvida, envolve matéria fática, muitas vezes de difícil comprovação ou, também, feita a prova em juízo por meios inidôneos. É possível que o legislador tenha proclamado a supremacia da afeição, do amor recíproco, da lealdade. Trata-se de matéria subjetiva, cabendo ao Poder Judiciário apreciar cada caso concreto e decidir segundo a melhor técnica interpretativa.

Operando-se a sucessão entre descendentes do mesmo grau (sem concorrência de cônjuge), ocorrendo a pré-morte de algum deles, seu sucessor do grau imediato o substituirá, por direito de representação, matéria que será estudada em seguida. Exemplificando, se o Sr. Antônio falece, deixando dois filhos vivos, Primus e Secundus , e dois netos, Júnior e Maria, filhos do filho pré-morto Tertius, a herança será dividida por cabeça e por estirpe.

Caso interessante, relatado pelo Des. Paulo Gonçalves, no Tribunal de Justiça de Minas Gerais, no qual *"o testamento público, através do qual o pai procurou aquinhoar o filho do segundo matrimônio, não prevalece sobre a doação com usufruto feita em benefício do filho do primeiro casamento, cerca de vinte anos antes. Não há de se falar em direito fundado em sucessão hereditária para obter o pedido reivindicatório do donatário, pois, ao tempo de sua morte, o pai já não possuía qualquer imóvel, não se cogitando, portanto, de transmissibilidade de direito relativo a imóvel, com invocação do disposto no art. 1.580 do Código Civil"*.[11]

Os filhos, que são parentes em primeiro grau, receberão por cabeça e os netos, que estão no segundo grau, receberão por estirpe. No exemplo já mencionado, três eram os filhos, *Primus*, *Secundus* e *Tertius*, sendo esse último premorto, deixando dois filhos; divide-se o monte em três partes, 1/3 para cada filho e o outro terço (Tertius) partilhado entre os netos, por direito de representação, recebendo, cada um, 1/6 do monte.

Os descendentes do mesmo grau, que o Código denomina de "classe", têm os mesmos direitos à sucessão de seus ascendentes. Assim é que os filhos sucedem por cabeça (qualquer que seja a sua origem) e os outros descendentes, por cabeça ou por estirpe, conforme se achem ou não no mesmo grau (art. 1.835).

---

[11] Jurisprudência Mineira, v. 104.

Se a herança for dividida entre os filhos, cada um receberá uma parcela, dividida a herança por cabeça; se os descendentes forem todos netos, igual será a divisão, isto é, também por cabeça, por estarem no mesmo grau. Sendo, entretanto, alguns filhos e outros netos, chamados por direito de representação, os filhos receberão por cabeça e os netos por estirpe, ou seja, aquilo a que sua "origem" teria direito.

Merece destaque o uso de técnicas de reprodução assistida, tema discutido corretamente por Maria Berenice Dias. Considera a ilustre estudiosa que esse é um direito fundamental, objeto natural do planejamento familiar, decorre do direito de liberdade das pessoas. Vai mais longe o estudo, porque, consoante a mesma professora, "o projeto parental iniciou-se durante a vida, o que legaliza e legitima a inseminação *post mortem*".[12]

O tema é intensamente polêmico, objeto de estudos, com objeções de teorias favoráveis e contrárias. São duas as consequências jurídicas: no Direito de Família e no Direito das Sucessões. Não se pode afirmar, plenamente, alicerce da matéria na Constituição da República, quando o resultado envolve sucessão legítima.

O filho *post mortem*, oriundo da inseminação artificial, difere, substancialmente, daquele positivado em ação de investigação de paternidade.

Da mesma forma que a afetividade tende a superar ou igualar-se à consanguinidade, a inseminação abre amplo espaço de discussão jurídica.

Pietro Perlingieri relata o tema de forma soberana, afirmando que o sangue e os afetos são razões autônomas de justificação para o momento constitutivo da família, mas o perfil consensual e a *affectio* constante e espontânea exercem cada vez mais o papel de denominador comum de qualquer núcleo familiar. O merecimento de tutela da família não diz respeito exclusivamente às relações de sangue, mas, sobretudo, àquelas afetivas que se traduzem em uma comunhão espiritual e de vida".[13]

Curioso processo transita na 1ª Vara de Sucessões de Belo Horizonte, hoje, o inventário e vinte e duas ações apensadas, envolvendo uma das maiores fortunas imobiliárias do Estado e perto de quarenta filhos, sendo, somente, três, havidos do casamento. Um deles, após sofrer ação de deserdação e requerer ação de rescisão de transação – elaborada entre os três "legítimos" e trinta "extramatrimoniais" – obteve êxito no seu propósito, tendo sido reconhecido seu direito à herança, cujo feito foi até o STF. Em ação de cobrança, o Dr. Alberto Diniz Júnior (hoje Desembargador), sentenciante e pós-graduado

---

[12] DIAS, Maria Berenice. Op. cit., p. 117.

[13] PERLINGIERI, Pietro. *Perfis do direito civil*. 3. ed. Rio de Janeiro: Renovar, 2007. p. 244.

pela PUC-Minas, após tentar várias conciliações em audiências, julgou o feito (Proc. nº 0024.02.882.102.3), arbitrando o *quantum* a ser pago ao autor e herdeiro, corrigido o valor até a data do efetivo pagamento (a ação de inventário começou em 1990). Sua bem elaborada sentença acrescenta que "transitada esta decisão em julgado (acredito que a trajetória da demanda ainda vai ser muito tormentosa), dê-se sequência pela norma do art. 475-J, do CPC".

Este não é um caso isolado. Dezenas ou centenas de processos de inventários arrastam-se por muitos e muitos anos, décadas, sem acordo entre os herdeiros. Em todos os casos, quando há menores, são eles os mais injustiçados, porque os inventariantes não respeitam seus direitos, nem trazem para o monte os frutos que deveriam ser partilhados, proliferando ações de prestações de contas, sonegados, ações criminais de apropriação indébita e outros feitos. Essa é a realidade.

9 Os ascendentes

Na falta de descendentes são chamados à sucessão os ascendentes, em concorrência com o cônjuge sobrevivente.[14] Também nesta classe, o grau mais próximo exclui o mais remoto, sem distinção de linhas (art. 1.836, § 1º). Se, no entanto, existirem herdeiros do mesmo grau, mas em diversidade de linha, a herança partir-se-á entre as duas linhas, meio a meio.[15]

Serão chamados, primeiramente, os herdeiros do 1º grau, em seguida do 2º grau, do 3º grau e, assim em diante, *ad infinitum*. Existindo um ascendente, as outras classes que lhe seguem não serão chamadas.

Na classe dos ascendentes não pode existir o direito de representação, o que é vetado pelo art. 1.852 do Código Civil.

Entre os ascendentes, existindo igualdade em grau de parentesco, sucedem todos por direito próprio e, havendo diversidade de linhas, mas igualdade de graus, serão, também, todos chamados por direito próprio. Exemplificando: Falece Antônio deixando pai *A* e mãe *B*, o monte será dividido em duas partes iguais; se deixou um pai *A* e os avós maternos *C* e *D*, porque a mãe *B* já era falecida, o pai *A* recolherá a totalidade, excluindo os avós *C* e *D* que são parentes de segundo grau. Se Antônio morre, deixando avô *E* e avó *F* paternos e avô *C* e avó *D* maternos, porque seus pais *A* e *B* já eram pré-mortos, a herança será dividida em quatro partes iguais; se forem avô *E* e avó *F* paternos e avó *D* materna, a herança será dividida entre as duas linhas, sendo 50% entre os dois

---

[14] Código Civil, art. 1.806, *caput*.

[15] Código Civil, art. 1.836, § 2º.

avós paternos *E* e *F* e 50% para a avó materna *D*. Se Antônio morre, deixando a avó paterna *F* e os dois bisavós maternos *G* e *H*, estando viva a avó materna *D* no segundo grau, excluirá os bisavós *G* e *H* em terceiro grau, recolhendo *D* e *F* a herança.

O Código Civil estatuiu que o cônjuge, qualquer que seja o regime de bens adotado no casamento, concorrerá com o ascendente. Aplica-se, igualmente, a mesma ressalva do art. 1.830, isto é, o direito sucessório do cônjuge sobrevivente só é reconhecido se não estavam separados judicialmente, ou de fato há mais de dois anos, salvo prova de inocência do supérstite.

O cônjuge receberá um terço da herança, quando concorre com o ascendente em primeiro grau, e caber-lhe-á a metade se houver um só ascendente, ou se maior for aquele grau.[16]

Há, portanto, uma diferença razoável para o cônjuge, quando concorre com os ascendentes, diferentemente se tiver de repartir com os descendentes.[17]

O legislador pátrio prestigiou o cônjuge sobrevivente, o que, nem sempre, representa justiça e legitimidade. Veja-se, por exemplo, o casamento de Antônio com Maria, no regime de separação total de bens. Falecendo Antônio, sem descendente, porém tendo como ascendente a mãe viva (sem pai), sua esposa, cujas núpcias se deram dois meses antes, recolherá 1/2 (metade) da herança, embora muito curta tenha sido a união conjugal, porque há somente um ascendente de primeiro grau (art. 1.837).

Os descendentes, os ascendentes e o cônjuge, na forma da lei, constituem os herdeiros necessários, únicos a receber proteção especial da lei, cuja legítima é sagrada.

Referida regra parece injusta, à primeira vista, obedecendo, contudo, a lei ordinária. O Direito Sucessório, permanentemente, apresenta soluções díspares daquilo que chamamos de "justo".

10 O cônjuge

O cônjuge sobrevivente é chamado a recolher a herança, qualquer que seja o regime de bens adotado no casamento, à falta de descendentes e ascendentes, se, ao tempo da morte do outro, não estavam separados judicialmente, nem separados de fato, há mais de 2 (dois) anos, salvo prova, nesse caso, de que o rompimento não se deu por culpa do sobrevivente (arts. 1.838 e 1.830).

---

[16] Código Civil, art. 1.837.

[17] Código Civil, art. 1.832.

É importante elucidar que há diferença entre meação e herança do cônjuge. Meação. quando o regime de bens, adotado no casamento, é de comunhão total, vindo a falecer um deles, dissolve-se a sociedade conjugal e os bens são repartidos, meio a meio, a que se chama de meação; se o regime adotado for de comunhão parcial, comunicam-se somente os aquestos, isto é, os bens que foram adquiridos na constância do casamento, excluída a comunhão daqueles havidos na forma do art. 1.659 do CC. O citado artigo exclui da comunhão, principalmente, os bens que cada cônjuge possuir ao casar, e os que lhe sobrevierem, na constância do casamento, por doação ou sucessão, e os sub-rogados em seu lugar. Excluídos, também, os bens adquiridos com valores exclusivamente pertencentes a um dos cônjuges em sub-rogação dos bens particulares e, também, os proventos do trabalho pessoal de cada cônjuge, bem como as aquisições feitas com o produto desse trabalho pessoal.

Os aquestos adquiridos pelo trabalho de ambos, em benefício do lar, serão repartidos metade para cada um dos cônjuges. Justifica-se um estudo do Direito de Família no título que trata dos direitos patrimoniais (arts. 1.639 a 1.693), com as subdivisões em capítulos os regimes de bens entre os cônjuges. Foram substanciais as modificações introduzidas pelo Código de 2002, introduzindo novas regras à praxe que vigorou dezenas de anos, destacando-se que "é admissível alteração do regime de bens, mediante autorização judicial em pedido motivado de ambos os cônjuges" (art. 1.639, § 2º).

O cônjuge como herdeiro não decorre da formação do patrimônio, nem do regime de bens no casamento, mas, tão somente, por força do dispositivo legal, que outorga ao sobrevivente a herança, nos termos do art. 1.838, em combinação com o art. 1.829.

A Lei Feliciano Pena, em homenagem a seu autor, Decreto nº 1.839, de 31 de dezembro de 1907, que introduziu profundas modificações no sistema sucessório pátrio, tornou-se pioneira, chamando o cônjuge sobrevivente em terceiro lugar, antes dos colaterais.

Sabe-se que o Código de Justiniano representa a primeira compilação de legislação, reconhecendo o direito à mulher de participar da sucessão do marido, outorgando-lhe a quarta parte da propriedade, na falta de filhos, e usufruto, se filhos havia. Até então, era permitido à mulher adquirir seus próprios bens, porém não recolhia herança vinda do esposo. No Brasil, mesmo depois da Independência de Portugal, permaneceram em vigor as Ordenações do Reino, e o cônjuge sobrevivente ocupava o quarto lugar entre os sucessíveis.

O Código Civil de 2002, similar ao Código de 1916, adotou a disposição da Lei Feliciano Pena, "atribuindo-lhe a herança do cônjuge falecido, sob duplo pressuposto: a) ausência de descendentes e ascendentes; b) não estarem os cônjuges legalmente separados".[18] O novo diploma estabelece a separação de direito e/ou separação de fato há mais de 2 (dois) anos. Criou uma nova regra, e a lei permitiu beneficiar o casal em união estável, a despeito da relação jurídica criada pelo casamento, cujos vínculos permanecem, sob o aspecto legal, impedindo, inclusive, novas núpcias, mas separados os cônjuges de fato, poderiam constituir cada qual sua família.

É irrelevante o regime de bens, na data da celebração do casamento, para o chamamento do cônjuge como terceira classe. Desde que inexistam herdeiros necessários, a herança é deferida ao cônjuge supérstite.[19]

Também, nesse sentido,

> *"o cônjuge é, por força de lei, herdeiro do cônjuge pré-morto, independentemente do regime de bens, bastante apenas a inexistência de descendentes ou ascendentes e a inexistência de dissolução conjugal pelos modos expressos nos incisos II a IV do art. 2º da Lei nº 6.515/77".*[20]

Essa regra insere conteúdo da maior importância prática. O homem ou a mulher, ambos os nubentes ou qualquer deles, com 70 (setenta) anos (art. 1.641, II), só pode casar-se, adotando o regime de separação de bens; no entanto, se ele não tiver herdeiros necessários, a jovem donzela de 30 anos será chamada para recolher a totalidade da herança, alijando da sucessão todos os demais parentes. "Tratando-se de casal sem herdeiros necessários", decidiu o Tribunal de Justiça de São Paulo, "tem o viúvo precedência a ordem de vocação hereditária, estabelecida no art. 1.603 do Código Civil de 1916, pouco importando ser de separação de bens o regime de seu casamento com a esposa falecida".[21]

Colaterais ajuizaram ação, visando excluir da vocação hereditária o cônjuge sobrevivente, alegando ter sido regime de casamento de separação total. Quando estava vigente o Código Civil de 1916, o Tribunal de Justiça de São Paulo, na Apelação Cível nº 203.071-1, deu ganho de causa à mulher, viúva sobrevivente, afirmando que não cabe interpretação extensiva do art. 1.611 e o cônjuge sobrevivente, na ausência de descendentes e ascendentes, com base no inciso III do art. 1.603, é convocado para recolher o monte hereditário.[22]

---

18 PEREIRA, Caio Mário da Silva. Op. cit. p. 132.

19 *RT*, 614/82; 525/106.

20 Jurisprudência Mineira, 105/156.

21 *RT*, 525/106. Note-se que, em princípio, o cônjuge supérstite não recolhe meação – por inexistente, em decorrência do regime adotado.

22 *Lex*, 157/195.

No Código atual o art. 1.838 não faz qualquer distinção de regime de bens mas, tão somente, subordina o recolhimento da herança pelo cônjuge supérstite à convivência dos dois, na época do óbito, sob o mesmo teto. No mesmo sentido, idêntica manifestação jurisprudencial, revelando que "a legitimação do cônjuge à herança do cônjuge falecido independe do regime patrimonial de bens".[23]

A separação de fato não altera o regime de casamento, mas a condição de herdeiro do cônjuge supérstite. Outro era o prisma eleito pelo Código Civil de 1916, conforme atesta o Tribunal de Minas na apreciação de apelação sob julgamento: "Os bens que forem adquiridos por um dos cônjuges, em decorrência de herança, após aquela separação, passam a integrar o patrimônio do casal, desde que o regime seja o da comunhão universal", decidiu o Tribunal de Justiça de Minas Gerais, sendo Rel. o Des. Lauro Pacheco Filho. Em seu voto, acrescentou o Relator que o estado de separação não tem o condão de alterar o regime de bens entre os cônjuges, que é irrevogável e só se extingue pela morte de um deles, pela separação judicial, pelo divórcio ou pela sentença anulatória do casamento.[24]

Receberá, também, o cônjuge, uma participação em concorrência com os descendentes, desde que o regime de casamento não tenha sido o da comunhão universal, o da separação obrigatória de bens, ou, em se tratando de comunhão parcial, se o autor da herança não tiver deixado bens particulares. Essa nova posição reflete uma tendência do mundo ocidental, beneficiando o cônjuge que ajudou na construção da família, do patrimônio, na criação dos filhos e no sucesso do lar em sua totalidade.

Embora o acórdão do STJ, sendo relatora a Min. Nancy Andrighi, pedimos vênia à ilustre Ministra, mas houve uma completa confusão, de sua parte, ao considerar que o regime de separação convencional é parte integrante da separação obrigatória. São dois regimes distintos, com leis próprias, dentro de uma nova realidade social. O mesmo pensamento esposam Pablo Stolze Gagliano e Rodolfo Pamplona Filho. Dizem referidos autores, que "trata-se de uma argumentação, *data venia*, completamente descabida. Não tem sentido considerar-se "obrigatório" o regime da separação convencional – aquele em que a separação de bens é livremente escolhida – pelo simples fato de se tratar de um regime de bens previsto por lei." [25]

---

23 *Lex*, 189/230.

24 Jurisprudência Mineira, v. 107/221.

25 GAGLIANO, Pablo Stolze; PAMPLONA FILHO, Rodolfo. *Novo curso de direito civil*. 2. ed. São Paulo: Saraiva, 2012. v. 6, p. 376.

Caberá ao cônjuge, quando concorre com os descendentes, quinhão igual ao dos que sucederem por cabeça, não podendo sua quota ser inferior à quarta parte da herança, se o cônjuge estiver concorrendo com filhos próprios. A redação dada pelo art. 1.829 pode dar motivo a diversas interpretações, tendo sido objeto de diferentes pensamentos, exposições feitas por doutrinadores em seminários sobre o Código Civil de 2002. A matéria tem sido constantemente apreciada pelos Tribunais, existindo julgados frontalmente contrários. Os Magistrados interpretam os artigos do Código, segundo seus entendimentos, embora, a nosso ver, os textos legais poderiam ser interpretados mais facilmente, como norma geral, sem sofrer a interferência dos fatos que envolvem as sucessões. Salvo modificação da lei, jámais será pacífica a interpretação pelos julgadores.

Em rápidas pinceladas, poder-se-ia dizer que o cônjuge sobrevivente terá esse quinhão mínimo, estabelecido no art. 1.832, concorrendo com descendentes seus; se, ao contrário, os descendentes não são comuns ao cônjuge supérstite, haverá a concorrência, sem quota destinada, preservando, unicamente, a intenção do legislador ao estabelecer no inciso I do art. 1.829 a concorrência do cônjuge com os descendentes.

O Sr. Antônio, falecido, era pai de Primus, Secundus e Tertius, filhos do primeiro casamento, e em segundas núpcias, com Maria, não teve filho. Retirada a meação (se houver, dependendo do regime de bens do casamento e da existência de aquestos – se era da comunhão parcial) a herança será dividida para quatro cabeças, isto é, os três filhos e o cônjuge supérstite.

Se Antônio é casado com Maria e tiveram dois filhos, Primus e Secundus, a herança será dividida por três, igualmente; sendo quatro os filhos, Maria – viúva – receberá 1/4 da herança e os 3/4 serão divididos entre os quatro filhos.

Se Antônio, falecido, teve filhos (2) do primeiro casamento e filho (1) do segundo casamento, ainda assim a herança será dividida por 4 (quatro), isto é, entre os três filhos e a viúva.

Digamos que o Sr. Antônio, pai de cinco filhos, divorciado, case de novo com Maria e tenha quatro filhos do novo casamento.

Falecendo o Sr. Antônio, é arrecadado o patrimônio de R$ 600.000,00, sendo R$ 200.000,00 de bens particulares. Dessa forma, a meação seria de R$ 200.000,00 (R$ 600.000,00 – R$ 200.000,00, restando R$ 400.000,00/2 = R$ 200.000,00). A meação do *de cujus*, somando com os bens particulares (R$ 200.000,00), perfazem, portanto, R$ 400.000,00, para dividir entre os herdeiros necessários.

São herdeiros necessários: cinco (5) filhos do primeiro casamento, quatro (4) filhos do segundo casamento e o cônjuge (1), somando, assim, 10 (dez) pessoas.

Como os herdeiros necessários receberão legítimas IGUAIS, tomamos os R$ 400.000,00 e dividimos por 10 (dez), obtendo o resultado R$ 40.000,00 para cada um deles.

Os filhos do primeiro casamento recebem por cabeça, isto é, R$ 40.000,00 cada um; os filhos do segundo casamento são descendentes do cônjuge sobrevivente, ao qual o novo Código (segunda parte do art. 1.832) assegura uma quota não inferior à quarta parte da herança, devida a ele e a seus filhos.

Assim, quatro filhos mais o cônjuge é igual a cinco, ou seja, R$ 40.000,00 × 5 = R$ 200.000,00.

Como a lei assegura ao cônjuge 1/4, o cônjuge receberá R$ 50.000,00 de herança; os restantes R$ 150.000,00 serão divididos entre os quatro filhos, ou seja, R$ 37.500,00 para cada um deles.

Não há igualdade? Sim, há. Mas há, como se demonstrou nos primeiros cálculos. Quando Maria vai tirar ¼ que lhe outorga o art. 1.832, prejudica a seus filhos.

Patrimônio total do inventário: R$6.000.000

Bens particulares de Antônio: R$2.000.000	Líquido para meação: R$4.000.000	
	Meação de Antônio: R$2.000.000	Meação de Maria: R$2.000.000

Patrimônio de Antônio: R$4.000.000

1/10 do patrimônio de Antônio para cada herdeiro (filhos e esposa atual): R$400.000 cada

A1	A2	A3	A4	A5	M1	M2	M3	M4	Maria

Como Antônio divorciou-se de Rita, seus filhos ficam com 1/10 do patrimônio cada, sem nada para a ex-esposa

Maria deve receber, no mínimo, 1/4 do que couber a ela e seus filhos:
5 x R$400.000 =
R$2.000.000 x 1/4 = 500,00

M1	M2	M3	M4	Maria

R$1.500.000 / 4 filhos
= R$ 375,000 cada

Alguns autores entendem que o cônjuge, no regime de comunhão de bens, tendo o falecido bens particulares, o cônjuge sobrevivo concorreria com os descendentes somente em relação aos bens particulares. A outra parte destinar-se-ia aos descendentes. Há julgados em todos os sentidos. Defrontando-se o leitor com caso prático, aconselha-se pesquisar a jurisprudência vigorante à época, independentemente das opiniões doutrinárias.

Resta acrescentar que não se vislumbra essa separação no texto vigente, que é genérico.

Os filhos do primeiro casamento não podem ser prejudicados, porque não são descendentes do cônjuge-ascendente sobrevivo.

A igualdade está no princípio da operação.

Os filhos do segundo leito são prejudicados por força da redação do art. 1.832, nada mais, uma vez que concorrerão com o cônjuge-ascendente sobrevivo.

Na prática esse caso deverá ser menos usual, porque as famílias do segundo matrimônio são, em sua maioria, constituídas do casal e de um ou, no máximo, dois filhos.

Se os filhos do segundo casamento forem três, não haverá tanta operação, porque a divisão será por cabeça simplesmente.

Quando o cônjuge sobrevivo concorre com os ascendentes, diferentes são os cálculos: se o cônjuge concorrer com ascendente em primeiro grau, tocar-lhe-á 1/3 da herança, sendo 2/3 aos ascendentes; caber-lhe-á 1/2 da herança se houver um só ascendente de primeiro grau, ou se maior for aquele grau, isto é, se houver só a mãe viva ou concorrendo com os bisavós (art. 1.837).

Vale destacar que o art. 1.787 do Código Civil impõe que serão chamados a suceder, e receberão, os herdeiros constantes da lei vigente na data do óbito. Significa, portanto, que qualquer óbito ocorrido antes de 10 de janeiro de 2003 deverá obedecer aos ditames do Código Civil de 1916, revogado. Caberá, portanto, ao profissional do Direito estudar os dois diplomas legais. O Código anterior continuará a disciplinar os processos em curso até 10 de janeiro de 2003, bem como os óbitos havidos antes dessa mesma data.

No Código revogado, por exemplo, o cônjuge não era herdeiro necessário, mas unicamente herdeiro legítimo. A diferença é substancial, tanto que como herdeiro legítimo poderia ser excluído da sucessão, sem causa aparente, desde que o autor do patrimônio assim o decidisse em testamento, uma vez que o herdeiro legítimo não tem garantia de "legítima". No Código vigente, o herdeiro necessário, por sua vez, faz jus a uma parcela da legítima e não poderia ser excluído salvo nos casos previstos nos arts. 1.814, 1.962 e 1.963 feita a prova em juízo, em ação própria, com amplo direito de defesa.

O assunto merece uma monografia, explorada por diversos autores. Finalmente, ressalte-se a opinião de Miguel Reale, que afirma ter o legislador prestigiado o cônjuge, protegendo-o, criando novas regras, já existentes em outras nacionalidades.[26]

11 Direito real de habitação do cônjuge

O art. 1.831 do Código Civil criou uma situação diferente, conferindo ao cônjuge sobrevivente, sem prejuízo da participação que lhe caiba na herança, o direito real de habitação relativamente ao imóvel destinado à residência da família, desde que seja o único daquela natureza a inventariar.

O legislador não estabeleceu restrições pelo regime de bens adotado pelos cônjuges na época do casamento. Qualquer que seja o regime de bens permanecerá válido o direito do cônjuge à habitação do imóvel que era destinado à residência da família.

A única condição estabelecida em lei é que o imóvel seja residencial e o único imóvel dessa categoria que esteja sendo inventariado. Admite-se existirem muitos bens, de diversas naturezas, vindo a persistir esse direito real a favor do cônjuge sobrevivente se uma única era a residência da família.

Problemas surgirão quando ocorrer a partilha dessa única habitação, sem que os condôminos possam utilizar, em plenitude, as prerrogativas delegadas pelo parágrafo único do art. 1.791, isto é, há um condomínio, porque são vários os co-herdeiros, mas não terão direito esses condôminos a cobrar aluguel do cônjuge, face ao disposto no art. 1.831, cujo direito é personalíssimo.

No Código de 1916 outras eram as disposições, outorgando ao cônjuge viúvo, dependendo o regime de bens, o usufruto da quarta parte dos bens do falecido, ou, até mais, se não houvesse filhos. Justifica-se apreciar a matéria revogada que, transitoriamente, continuará a ser aplicada.

> *"O cônjuge viúvo, se o regime de bens do casamento não era o da comunhão universal, terá direito, enquanto durar a viuvez, ao usufruto da quarta parte dos bens do cônjuge falecido, se houver filhos, deste ou do casal, e à metade, se não houver filhos embora sobrevivam ascendentes do de cujus" (§ 1º, do art. 1.611 do Código Civil de 1916).*

Dispõe, ainda, o § 2º que será assegurado ao cônjuge sobrevivente, casado sob o regime de comunhão universal, enquanto viver e permanecer viúvo, o direito real de habitação relativamente ao imóvel destinado à residência da

[26] REALE, Miguel. *O projeto do novo Código Civil*. São Paulo: Saraiva, 1999.

família, desde que seja o único bem daquela natureza a inventariar, sem prejuízo da participação que caiba ao cônjuge na herança.[27]

Em acórdão da 1ª Câmara do Tribunal de Justiça de São Paulo, na vigência do Código anterior, o cônjuge supérstite logrou êxito recolhendo o direito à meação dos aquestos, afastando o direito ao usufruto legal do art. 1.611, § 1º do Código Civil de 1916.[28]

A lei quer proteger o cônjuge supérstite, mais especificamente a mulher, tanto que os §§ 1º e 2º do art. 1.611 foram introduzidos no Código Civil pelo Estatuto da Mulher Casada, embora a própria Constituição proíba distinção de sexos. Há, indubitavelmente, a concessão do usufruto ao cônjuge, "se o regime de bens não é o da comunhão, pois, neste caso, tendo o cônjuge do defunto direito à sua meação, não necessita amparo". Mas a lei protege, também, o cônjuge sobrevivente, casado sob o regime de comunhão de bens, "assegurando-lhe, enquanto viver e permanecer viúvo, direito real de habitação, relativamente ao imóvel destinado à residência da família, desde que se trate do único bem daquela natureza a inventariar".[29]

Felizmente, a redação infeliz do legislador do CC/1916 causou profundas divergências nos tribunais. O Superior Tribunal de Justiça, alicerçado em precedente do mesmo, entendeu que "reconhecida a comunhão dos aquestos, não tem a viúva meeira, ainda que casada sob regime diverso do da comunhão universal, direito ao usufruto vidual previsto no art. 1.611, § 1º, do Código Civil".[30]

O Código vigente, porém, com a redação do art. 1.831, afastou qualquer dúvida que pudesse vigir. O cônjuge supérstite, qualquer que seja o regime de bens, receberá, sempre, o direito real de habitação, desde que seja o único daquela natureza a inventariar. Quis o legislador proteger a família, o lar onde residia o casal, para que possam continuar a conviver de forma digna.

Decidindo, entretanto, o cônjuge sobrevivente vender o bem para adquirir outro imóvel, nada o impedirá, quer ele tenha a propriedade plena, quer a

---

27 A regra básica estabelecida pelo Código Civil, é no sentido da obrigação, imposta aos descendentes, de conferir as doações por eles recebidas, de modo a permitir sejam igualadas as legítimas de cada um, sob pena de sonegação. Aplicável à espécie, ainda que subsidiariamente, a regra do art. 1.831, do Código Civil em vigor, que assegura ao cônjuge sobrevivente o direito real de habitação relativamente ao imóvel destinado à residência da família, especialmente se considerado o direito do menor de participar da sucessão, o qual não pode ser olvidado pelo Magistrado Primevo (TJMG. 1.0024.08.255.216-7/001. Rel.: Des. Hilda Teixeira da Costa. P. 14-10-2009).

28 *Lex*, 157/249.

29 RODRIGUES, Sílvio. *Direito civil*. Rio de Janeiro: Saraiva, 1995. v. 7, p. 79.

30 *RSTJ*, 64/210.

"nua propriedade" pertença a seus descendentes. Nesse caso, provavelmente, a iniciativa partirá desses, com a concordância do viúvo, que renunciará o direito outorgado pela lei, integrante de sua meação ou herança, ou, simplesmente, direito real.

Se o cônjuge-viúvo, titular do direito real de habitação e quiser convolar novas núpcias, permanecerá com o direito, diferentemente da legislação anterior.

Casado no regime de separação obrigatória, cujo casamento se prolongou por nove anos, ainda assim, embora deixando de receber meação e concorrer com os descendentes, o sobrevivente terá o direito real de habitação, preenchidos os requisitos do instituto, ou seja, único bem nessa categoria, no monte arrecadado.

Finalmente, o Código não amparou o companheiro. Opiniões de doutrinadores civilistas contrariam o texto legal, entendendo que se aplica ao companheiro a titularidade desse direito, por força do texto constitucional. Se o capítulo da união estável do Código Civil revogou as Leis n°s 8.971/94 e 9.278/96, reconhecidamente ao companheiro não lhe outorgou o direito real de habitação.

O direito real de habitação, por aplicação analógica ao art. 1.831 do Código Civil, deve ser estendido ao convivente em inteligência ao art. 7º da Lei 9.278/96. Com fundamento nas provas e alegações acostadas aos autos, caso não seja concedida a tutela antecipada, estará a recorrente sob o risco de ficar em desabrigo, tratando-se portanto, de dano grave e irreversível ao direito a moradia.[31]

12 Usufruto vidual

Herança do Código de 1916, que vigorou durante muitos anos em garantia do cônjuge viúvo, o usufruto vidual foi extinto no Código Civil de 2002, quando a nova legislação outorgou ao supérstite a condição de concorrente na legítima, aproximando-o de igualdade com os descendentes e ascendentes. Há, ainda, recato na norma legal ora vigorante, que deverá dar, seguindo orientação adotada em outros países e outros códigos, maior amplitude de direitos ao cônjuge supérstite.

O usufruto vidual fora instituído em favor do cônjuge viúvo, enquanto durasse a viuvez, desde que não fosse o regime de bens o da comunhão universal, por ser o cônjuge meeiro.

---

[31] TJMG. Proc. nº 1.0702.07.400961-5/001. Rel.: Des. Maria Elza. J. 18-12-2008. P. 21-1-2009.

O direito real de habitação, outorgado ao cônjuge, beneficia-o muito mais que o antigo usufruto vidual. A lei não determina perda do direito com o advento de novas núpcias, o que era fatal na legislação revogada.

São encontráveis acórdãos de Tribunais e opiniões de doutrinadores, no sentido de manutenção do direito real de habitação a favor do companheiro sobrevivente, tendo como suporte o parágrafo único do art. 7º da Lei nº 9.278, de 10 de maio de 1996. Dizem os favoráveis à vigência do referido dispositivo legal que ele não foi revogado pelo Código Civil de 2002.

13 Companheiros

Quarta-feira, 10 de maio de 2017

Julgamento afasta diferença entre cônjuge e companheiro para fim sucessório

O Supremo Tribunal Federal (STF) concluiu julgamento que discute a equiparação entre cônjuge e companheiro para fins de sucessão, inclusive em uniões homoafetivas. A decisão foi proferida no julgamento dos Recursos Extraordinários (REs) 646721 e 878694, ambos com repercussão geral reconhecida. No julgamento realizado nesta quarta-feira (10), os ministros declararam inconstitucional o artigo 1.790 do Código Civil, que estabelece diferenças entre a participação do companheiro e do cônjuge na sucessão dos bens.

O RE 878694 trata de união de casal heteroafetivo e o RE 646721 aborda sucessão em uma relação homoafetiva. A conclusão do Tribunal foi de que não existe elemento de discriminação que justifique o tratamento diferenciado entre cônjuge e companheiro estabelecido pelo Código Civil, estendendo esses efeitos independentemente de orientação sexual.

No julgamento de hoje, prevaleceu o voto do ministro Luís Roberto Barroso, relator do RE 878694, que também proferiu o primeiro voto divergente no RE 646721, relatado pelo ministro Marco Aurélio.

Barroso sustentou que o STF já equiparou as uniões homoafetivas às uniões "convencionais", o que implica utilizar os argumentos semelhantes em ambos. Após a Constituição de 1988, argumentou, foram editadas duas normas, a Lei 8.971/1994 e a Lei 9.278/1996, que equipararam os regimes jurídicos sucessórios do casamento e da união estável.

O Código Civil entrou em vigor em 2003, alterando o quadro. Isso porque, segundo o ministro, o código foi fruto de um debate realizado nos anos 1970 e 1980, anterior a várias questões que se colocaram na sociedade posteriormente. "Portanto, o Código Civil é de 2002, mas ele chegou atrasado relativamente às questões de família", afirma.

"Quando o Código Civil desequiparou o casamento e as uniões estáveis, promoveu um retrocesso e promoveu uma hierarquização entre as famílias que a Constituição não admite", completou. O artigo 1.790 do Código Civil pode ser considerado inconstitucional porque viola princípios como a igualdade, dignidade da pessoa humana, proporcionalidade e a vedação ao retrocesso.

No caso do RE 646721, o relator, ministro Marco Aurélio, ficou vencido ao negar provimento ao recurso. Segundo seu entendimento, a Constituição Federal reconhece a união estável e o casamento como situações de união familiar, mas não abre espaço para a equiparação entre ambos, sob pena de violar a vontade dos envolvidos, e assim, o direito à liberdade de optar pelo regime de união. Seu voto foi seguido pelo ministro Ricardo Lewandowski.

Já na continuação do julgamento do RE 878694, o ministro Marco Aurélio apresentou voto-vista acompanhando a divergência aberta pelo ministro Dias Toffoli na sessão do último dia 30 março. Na ocasião, Toffoli negou provimento ao RE ao entender que o legislador não extrapolou os limites constitucionais ao incluir o companheiro na repartição da herança em situação diferenciada, e tampouco vê na medida um retrocesso em termos de proteção social. O ministro Lewandowski também votou nesse sentido na sessão de hoje.

Para fim de repercussão geral, foi aprovada a seguinte tese, válida para ambos os processos:

"No sistema constitucional vigente é inconstitucional a diferenciação de regime sucessório entre cônjuges e companheiros devendo ser aplicado em ambos os casos o regime estabelecido no artigo 1829 do Código Civil."

A despeito dessas decisões do Supremo, justifica verificar as Leis nº 8.971, de 29 de dezembro de 1994, e a de nº 9.278, de 10 de maio de 1996, modificaram, substancialmente, o processo sucessório, outorgando direitos a companheiros, até então inexistentes em nossa legislação.

Era comum a convivência de duas pessoas de diferentes sexos e constituição de patrimônio, postulando, cada qual, no rompimento da relação amorosa, o reconhecimento dos seus direitos. Tratava-se, como ainda existe, de uma sociedade de fato e do esforço comum, proporcionando a aquisição de patrimônio, devendo outorgar a metade dos bens a cada um deles.

Estabeleceu o art. 1º da Lei nº 8.971 o direito da companheira a alimentos e à sucessão, desde que o homem solteiro, separado judicialmente, divorciado ou viúvo, forme uma união estável com a mulher, de duração mínima de cinco anos, ou provenha dessa união prole. São requisitos, portanto, que o homem seja solteiro, ou separado judicialmente, ou divorciado, ou viúvo, e conviva pelo período mínimo de cinco anos, prazo este desprezado quando há prole.

Nessas condições, dispõe a Lei nº 8.971 que, se não há herdeiros necessários, isto é, na falta de descendentes e de ascendentes, o(a) companheiro(a) sobrevivente terá direito à totalidade da herança.[32] "Quando os bens deixados pelo(a) autor(a) da herança resultarem de atividade em que haja colaboração do(a) companheiro(a), terá o sobrevivente direito à metade dos bens."[33]

Posteriormente, surgiu a Lei nº 9.278/96, definindo a União Estável e, no parágrafo único do art. 7º, previu a hipótese de dissolução da união por morte de um dos conviventes, declarando que o convivente terá direito real de habitação, enquanto viver ou não constituir nova união ou casamento, relativamente ao imóvel destinado à residência da família.

Diz o art. 5º que os bens adquiridos por um ou por ambos os conviventes, na constância da união estável e a título oneroso, são considerados fruto do trabalho e da colaboração comum, passando a pertencer a ambos, em condomínio e em partes iguais, salvo estipulação contrária em contrato escrito; "cessa esta presunção se a aquisição patrimonial ocorrer com o produto de bens adquiridos anteriormente ao início da união".

A redação dada pelo Congresso Nacional às duas leis não é das mais felizes. O legislador pátrio, possivelmente legislando em causa própria, criou situações genéricas, outorgando direitos aos conviventes, muito mais amplos – à primeira vista – do que os dispositivos do Código Civil, do Estatuto da Mulher Casada e de toda a tradição familiar existente nas sociedades ocidentais, cujos regimes jurídicos buscaram a fonte nos direitos romano e germânico, segundo as interpretações dos Tribunais.

É bem verdade que o art. 8º da Lei nº 9.278 pressupõe a existência de conviventes sem qualquer impedimento para o casamento; no Brasil, entretanto, a pressa na aquisição de direitos e pouco estudo jurídico produzem aspirações do povo para aplicar uma lei além de suas dimensões, querendo sempre ampliar suas fronteiras à busca de direitos inexistentes. Como resultado, em menos de dois anos de vigência, foram aforadas dezenas de ações de concubinas, buscando amparo nestes diplomas legais.

---

32 Lei nº 8.971, art. 2º, inciso II.

33 Lei nº 8.971, art. 3º.

A fragilidade dessas leis provocou projeto de lei elaborado pela Presidência da República, visando regulamentar o § 3º, do art. 226, da Constituição Federal, que reconhece a união estável entre o homem e a mulher como entidade familiar e, inclusive, reconhece direito a herança e outras aplicações no Direito de Família. O projeto está engavetado, até a presente data e, ao que se supõe, com o novo Código Civil, jamais será votado.

O pior de tudo é que muitos juízes de varas de família mandaram separar, em inventários em andamento, 50% dos bens arrecadados a favor de concubinas sobreviventes, pouco importando as datas das aquisições dos bens. Aplicaram a lei erroneamente, com flagrante injustiça. Transitada em julgado, a decisão faz lei entre as partes e proporciona direito adquirido àquele beneficiado.

Disciplinou o Código vigente de forma concisa, mas incompleta, os direitos do companheiro. Tal deficiência legislativa tem causado inúmeras críticas e, às vezes, provocando julgados contrários ao texto legal ordinário, com fulcro na Constituição Federal. A lei maior não equiparou, data vênia, mas reconheceu a união estável como entidade familiar, dignificando-a, legitimando a realidade brasileira.

A nosso ver o §3º do art. 226 d Constituição da República em momento algum igualou a união estável ao casamento. Prova está no mesmo parágrafo, que manda facilitar a conversão da união em casamento. Ora, se ambos fossem iguais, para que converter um no outro? Uma coisa é entidade familiar, outra, muito distante, o partilhamento dos bens do cônjuge concorrendo com seus descendentes e a companheira em concorrência dos filhos exclusivos do *de cujus*.[34]

Dispõe o art. 1.790 do Código Civil de 2002 que a companheira ou o companheiro participará da sucessão do outro, não em amplitude total, mas tão somente quanto aos bens adquiridos onerosamente na vigência da união estável, sob determinadas condições.[35]

Assim, se a companheira concorre com filhos comuns, terá direito a uma quota equivalente à que por lei for atribuída ao filho, somente na parte dos bens que foram adquiridos na constância da união e a título oneroso; se o

---

[34] Veja-se Ap. Civ. N.1.0534.09.01315-5/001 do TJMG, Rel. Des. Armando Freire, p. 09/102013.

[35] *AGRAVO DE INSTRUMENTO – ARROLAMENTO – Decisão que indeferiu pedido de remoção da inventariante, viúva do "de cujus". Inconformismo dos herdeiros necessários, sob o argumento de que à viúva não caberiam quaisquer direitos sobre imóvel deixado pelo "de cujus", pois este adquiriu o bem por doação com cláusulas restritivas. Não acolhimento. Correta a decisão agravada, uma vez que à viúva caberia fração ideal sobre o imóvel não a título de meação, mas sim, a título de legado deixado pelo "de cujus", respeitada a legítima. Vigência das cláusulas restritivas apenas por uma geração. Inteligência do art. 1.723 do*

companheiro ou companheira concorrer com descendentes só do autor da herança, tocar-lhe-á a metade do que couber a cada um daqueles, no tocante a parte do patrimônio, isto é, repetindo, somente quanto aos bens adquiridos onerosamente na vigência da união estável.

Adverte Giselda Hironaka que o art. 1.790 criou uma "circunstância híbrida", na hipótese de filhos comuns e filhos exclusivos do falecido, gerando quase impossível conciliar, sob o ponto de vista matemático, as disposições dos incisos I e II do referido art. 1.790.[36]

Se a companheira ou o companheiro concorrer com outros parentes sucessíveis, ascendentes e colaterais, receberá 1/3 (um terço) da herança, não de toda ela, mas, unicamente, dos bens adquiridos a título oneroso, como já foi dito. Finalmente, nos termos do inciso IV, levará toda a herança a companheira ou o companheiro, não havendo parentes sucessíveis.

Segundo *caput* do art. 1.790 o companheiro não pode receber mais que aquela parcela que lhe foi destinada na lei. Considerando o teor dos acórdãos exarados pelo Supremo, a companheira terá direito de meação e, também, de herança, concorrendo com os descendentes, com os ascendentes e excluindo os colaterais, da mesma forma como o cônjuge.

Parece-nos que não foi essa a intenção do legislador, A prevalecer as decisões do STF, o art. 1.790 seria inconstitucional e inaplicável nos processos de inventário. No meu modesto parecer jurídico, com a mudança de alguns ministros do STF outras interpretações virão e, quem sabe, aplicar-se o art. 1.790 do CC, Como o Supremo não legisla, melhor que o Congresso nacional voltasse a legislar sobre o assunto, ditando novas regras, quiçá transformando em lei o que foi julgado no STF

Os protestos, entre os doutrinadores são gerais, ouvindo-se vozes defendendo a igualdade de companheiros e cônjuges e outras postulando diferenças entre as duas situações jurídicas, embora ambas visando a constituição de família.

Houve um retrocesso bastante substancial em se tratando de companheiros e os Tribunais querem sepultar o inciso III do art. 2º da Lei nº 8.971, de 29 de dezembro de 1994[37].

CC/1916. Interpretação restritiva das cláusulas, por restringirem o direito de propriedade. Recurso desprovido. (**TJSP** – AI 639.306.4/6 – (0002467121) – São Paulo – 3ª CDPriv. – Rel. Egídio Giacoia – *DJe* **18-8-2009** – p. 944).

36 HIRONAKA, Giselda. Op. cit., p. 60.

37 Menciona o Des. Ramon Mateo Júnior: "o teor do plano de partilha (fls. 262) apresenta que no referido período de união estável o único bem adquirido foi o veículo, marca General Motors – modelo Monza, ano de fabricação 1994 – Placa BOO 8791 – cor azul ..., além dos valores depositados em contas bancárias que estão discriminadas na partilha

Insurgem-se os estudiosos em direito de família contra o novo Código Civil, postulando, inclusive, pela descodificação, dando preferência aos minissistemas ou leis especiais, como é o caso da Lei nº 8.971, que regula o direito dos companheiros a alimentos e à sucessão.

Diz a Constituição Federal no art. 226, $ 3º que a carta magna reconhece a união estável entre um homem e uma mulher protegendo-a e a lei facilitará a sua conversão em casamento. O texto constitucional buscou regularizar as uniões estáveis usualmente adotadas em todos os meios sociais. Em qualquer recando desse imenso País inúmeros casais formaram famílias, sem a prévia realização do casamento. Às vezes comemoram "bodas de prata ou de ouro" sem o prévio enlace matrimonial.

Com o passar dos tempos verificou-se outro quadro, ainda não protegido por legislação especial, mas, admitido na sociedade. Despontam uniões de homens ou de mulheres vivendo ou não sob o mesmo teto. E a sociedade absorveu essa nova realidade. Havendo falecimento de algum deles, o sobrevivente busca, em processo de inventário, os mesmos direitos da união estável, protegida pelo $ 3º do art. 226 da Constituição Federal. E os Tribunais aceitaram pacificamente o novo quadro.

O boletim informativo do Ibdfam de 29/05/2019 transcreve sentença da 3ª. Vara de Família de Fortaleza, Ceará, "A 3ª Vara de Família do Tribunal de Justiça do Ceará reconheceu a maternidade socioafetiva dupla de uma criança gerada após a relação de uma das mães com um colega de trabalho, tendo o homem se oferecido para contribuir com o material genético para a gravidez.

As autoras da ação alegaram viver em união estável desde 2012. Elas sempre tiveram o desejo de ter filhos, porém não possuíam condições financeiras para pagar um tratamento de fertilização artificial, assim resolveram optar pelo método natural.

Uma das mulheres se relacionou com um colega de trabalho que estava temporariamente em Fortaleza. Ele teria se oferecido para contribuir com o material genético para a gravidez, e após isso partiu para outro estado, não mantendo mais contato com elas. Com a confirmação da gravidez, em dezembro de 2016, as duas estiveram juntas durante a gestação, prezando pela saúde da que estava grávida e da criança, que nasceu em setembro de 2017.

---

homologada. Não assiste razão à apelante quando postula que lhe seja conferido 75% dos bens adquiridos a título oneroso, na constância da união estável, isso porque quando concorre com filhos do autor da herança, toca-lhe a metade do que couber àqueles. Não se está partilhando como determinado na lei. Ademais, não tem participação nos bens adquiridos antes da existência da união. TJSP, 7ª. Câmara de Direito Privado, Ap. n. 0343203-27.2009.8.26.0000, julgado em 19 de fevereiro de 2014.

A sentença da juíza Maria Marleide Maciel Mendes reconheceu a maternidade biológica e socioafetiva das duas companheiras, também acrescentando os pais da mãe socioafetiva como avós maternos no registro civil de nascimento da criança".

Muitas vezes pessoas desimpedidas para o casamento, que podem convolar núpcias a qualquer momento, incentivo recebido da Constituição Federal, preferem formar uma união estável, embora o divórcio se torne cada vez mais fácil. Como é saqbido, pode obter-se o divórcio em processo judicial ou por simples escritura pública em Cartório de Notas.

O infeliz art. 1.790, *caput*, restringiu o direito de herança do companheiro aos bens adquiridos, na constância da união estável, a título oneroso.

A matéria deverá ser, exaustivamente, estudada dentro da área familiar, mas os pressupostos fixam homem solteiro, separado judicialmente, divorciado ou viúvo, desimpedido, portanto, para contrair núpcias.

Merece maior estudo, também, o art. 1.723 do Código Civil, que reconhece como entidade familiar a união estável entre o homem e a mulher, configurada na convivência pública, contínua e duradoura e estabelecida com o objetivo de constituição de família. Embora diga o legislador que não se constituirá a união estável se ocorrerem os impedimentos para o casamento, nos termos do art. 1.521, permite o mesmo dispositivo que não será impedimento a união de pessoas casadas, que estiverem separadas de fato.

O Tribunal de Justiça de Minas Gerais, sendo relator o Des. Abreu Leite, ementou: "*A companheira do* de cujus *não poderá habilitar-se no inventário como meeira e participar da partilha dos bens que alega adquiridos com esforço comum, enquanto não obtiver o reconhecimento judicial de seus direitos através de ação própria, e não no próprio inventário, onde inexiste, ainda, o seu direito material à sucessão. Se algum direito lhe possa advir, amparado pela Lei nº 8.971/94, é seu o ônus da prova.*"[38]

Também o Tribunal de Justiça de São Paulo, na Apelação Cível nº 101.321-1, e relator o Des. Marco César, entendeu que "*nos termos da lei, à mulher legítima não é dado reclamar indenização por serviços domésticos prestados ao marido, pena de atingir a legítima dos filhos, quando o casal os tenha, e mesmo para os casais sem filhos não se tem pretendido existente tal direito, precisamente porque a união de homem e mulher não é negócio ou sociedade qualquer, mas sim, ordinariamente se constitui em relacionamento fundado no mútuo afeto, em razões de corpo e alma, que não se traduzem em paga pecuniária após*

---

[38] Jurisprudência Mineira, 135/136, p. 52.

desfeito aquele, precisamente porque de presumir-se que, enquanto juntos, um servia ao outro".[39]

Em outra oportunidade, sendo relator o Des. Gildo dos Santos, a 18ª Câmara Civil do Tribunal de Justiça de São Paulo, em agosto de 1991, excluiu pretensão de concubina à herança, reconhecendo-lhe somente a meação. Consta do voto: "*A autora logrou comprovar a ocorrência de vida em comum,* more uxorio, *com o* de cujus *pelo alongado lapso de 30 anos, com ele enfrentando diuturnamente as vicissitudes e contribuindo para a formação de um patrimônio, fazendo assim jus ao reconhecimento de seu direito sobre a metade. Entretanto, não tendo o* de cujus *deixado herdeiros, a outra metade deverá ser considerada herança vacante, por isso que não se insere a apelante autora na enumeração do art. 1.603 do Código Civil, que inadmite analogia.*"[40]

Se o óbito tivesse ocorrido após 29 de dezembro de 1994, com o advento da Lei nº 8.971/94, a autora daquela ação recolheria, também, a herança, por força do inciso III do art. 2º.

Observa, com muita propriedade, Zeno Veloso que a convivência múltipla, simultânea, não caracteriza união estável, com a ressalva para o convivente de boa-fé. Mas podem sofrer uniões estáveis sucessivas. Como exemplo, ilustra o autor o caso de um homem que vivia há muitos anos com uma mulher, constituindo família, e, dissolvido esse relacionamento, passa o mesmo homem a viver com outra mulher, como se casado fosse, sem o prévio processo de divórcio, numa situação de fato que atende aos requisitos da união estável prevista na lei.[41]

Crescentes as primeiras manifestações coletivas, especialmente em San Francisco, Estado da Califórnia, nos Estados Unidos, postulando o reconhecimento do "companheirismo" entre pessoas do mesmo sexo, especialmente do sexo masculino. Há repulsa – até o momento –, mas o homossexualismo cresce, e é possível que, em futuro próximo, algumas legislações adotem o modelo. A presença de "patrimônio", gerado por ambas as pessoas, dá origem à discussão, com postulação de direito sucessório, em caso de morte.

Há, na presente data, legislações que regulam a "união estável" de companheiros do mesmo sexo, podendo exemplificar: Holanda em 2001, Bélgica e, 2003, Espanha em 2003, Canadá em 2003, Noruega em 2009, Suécia em 2009, Portugal em 2010, Argentina em 2010, Islândia em 2012, Dinamarca em

---

39 *RT* 722/264.

40 *Lex*, 135/232.

41 VELOSO, Zeno. *Código Civil comentado*. São Paulo: Atlas. v. 17, p. 127.

2012, Uruguai em 2013, Nova Zelândia em 2013, Inglaterra em 2014, Escócia em 2014 e a Suprema Corte dos Estados Unidos da América em 2016, sendo que São Francisco, Califórnia, EUA, data de muito anterior. O primeiro país da América do Sul a enfrentar o problema, com reforma de Constituição e instituição de lei ordinária foi a Argentina. A cada ano surgem novas adesões e reconhecimento público. O STJ, sendo relator o Min. João Otávio de Noronha, apresenta julgamento no final de 2010, dando provimento ao recurso e acolhendo a união estável de duas pessoas do mesmo sexo, partilhando os bens, consoante os arts. 1.725 e 1.790 do CC.

Interessante a observação de Maria Berenice Dias, lembrando que a lei permite assegurar o direito sucessório ao cônjuge, mesmo depois de o casal estar separado de fato, o que vem provocar a absurda possibilidade de o cônjuge concorrer com o companheiro. Na vida prática, com dezenas de processos dessa classe, algumas vezes nos defrontamos com esse tipo de concorrência, dificultando, ainda mais, o cálculo de cada um dos herdeiros ao partilhar o monte.

Decidiu o STJ, em acórdão publicado no dia 6 de abril de 2010, curioso caso, envolvendo um homem que casara e tivera uma filha. Após o falecimento da esposa, estabeleceu em união estável, por mais de trinta anos, com sua companheira, sem contrair matrimônio. A filha se insurgiu contra o direito outorgado à companheira, decidindo o Superior Tribunal de Justiça, sendo relatora a Min. Nancy Andrighi, que ementou: "O art. 1.790 do CC/02, que regula a sucessão do *de cujus* que vivia em comunhão parcial com sua companheira, estabelece que esta concorre com os filhos daquele na herança, calculada sobre todo o patrimônio adquirido pelo falecido durante a convivência." "Preserva-se o regime da comunhão parcial de bens, de acordo com o postulado da autodeterminação, ao contemplar o cônjuge sobrevivente com o direito à meação, além da concorrência hereditária sobre os bens comuns, mesmo que haja bens particulares, os quais, em qualquer hipótese, são partilhados apenas entre os descendentes."[42]

Com a legislação vigente, não resta dúvida que formar uma união estável, preterindo o casamento, somente nos casos de impossibilidade das núpcias. O companheiro recebe (pela lei vigente) menos que o cônjuge supérstite, em termos de herança. Sabe-se, contudo, que é comum pessoas de idade mais avançada buscar um "companheiro", pessoa para "enquentar o corpo", muitas das

[42] REsp. n.1.117.563 – SP (2009/0009726-0), acórdão da Terceira Turma, Rel. Min. Nancy Andrighi. Note-se que a ementa revela uma situação ímpar, abrindo espaço para novos estudos. O acórdão é exaustivo, minucioso, merecendo atenção dos estudiosos e pesquisadores.

vezes sem a prática regular do sexo. Essas pessoas se desdobram nas enfermidades do companheiro, sem lograr ganho patrimonial, em caso de óbito. Em se tratando de pessoas jovens, mesmo que iniciem uma união estável, devem, estabilizadas suas relações, casar, escolhendo um regime de bens, quer o legal, quer o de separação ou de participação final nos aquestos. Estarão mais protegidos, lembrando que o divórcio passou a ser de facílimo acesso.

Em recente julgado, sendo Relatora a Des (a) Ana Paula Caixeta, decidiu a 4ª. Câmara Cível do TJMG que "-De acordo com o entendimento do Superior Tribunal de Justiça no REsp 1117563/SP, a concorrência do cônjuge sobrevivente, casado sob o regime de comunhão parcial de bens, com os descendentes do autor da herança (art. 1.829,I, do CC) deve ocorrer em relação aos bens comuns do casal e não em relação aos particulares do falecido, como se dá com o companheiro, nos termos do art. 1.790, incisos I e II do CC.

- A adoção dessa linha de pensamento põe fim à argumentação quanto à inconstitucionalidade do art. 1.790, incisos I e II, do CC, pois elimina as diferenças sucessórias decorrentes da opção entre a união estável o e casamento sob o regime da comunhão parcial de bens". (TJMG, Ap. Cív. 1.0024.07.587262-2/001, j. em 20/02/2014.

Entrementes o STF mudou a doutrina e a lei.

14 Colaterais

A classificação dos colaterais, na ordem da vocação hereditária, varia nas legislações dos países. Entre nós, primeiramente, estavam situados em 3º lugar, cedendo, posteriormente, para o cônjuge, assumindo, portanto, a 4ª classe no art. 1.829.

O Projeto Beviláqua, contra a vontade do autor, foi alterado no Congresso, admitindo o chamamento até o 10º grau, nos moldes das Ordenações do Reino. Em sua obra clássica, Clóvis externa sua posição em contrário, alegando que "no décimo grau não há mais consciência da unidade da família, não há mais essa afeição simpática dos parentes entre si, não se distingue mais o parente do conterrâneo".[43]

O Código Civil assegurou o direito aos colaterais do sexto grau, até o aparecimento da lei nº 1.907, de 26 de dezembro de 1939, que limitou o direito dos colaterais até o 3º grau; posteriormente, restabelecida a democracia, por força do Decreto-lei nº 9.461, de 15 de julho de 1946, mudou o Código Civil, que disciplinou pelo art. 1.839 do novo diploma legal: "Se não houver

[43] Beviláqua, Clóvis. *Sucessões*. p. 155-156.

cônjuge sobrevivente nas condições estabelecidas no art. 1.830, serão chamados a suceder os colaterais até o quarto grau." A tendência moderna do Direito das Sucessões manifesta-se no sentido de limitar cada vez mais a vocação na classe dos colaterais,[44] ao contrário da posição adotada em favor do cônjuge sobrevivente.

Os colaterais são parentes consanguíneos do *de cujus*, mas, para alcançá-los é necessário ir ao tronco comum, de onde provêm uns dos outros. Diferentemente dos filhos e pais que estão em linha reta, os colaterais estão na linha transversal; assim, "ao calcular o seu grau, percorrem-se duas linhas: primeiro, a direta ascendente até encontrar o antepassado comum; depois, a descendente, até ir ao lugar do parente que se compara".[45]

Entre os colaterais, o grau mais próximo exclui os mais remotos, "sem distinção de sexo, nem de idade, salvo o direito de representação concedido aos filhos de irmãos";[46] se estiverem no mesmo grau, a herança será dividida por cabeça; entretanto, a lei faz distinção entre os irmãos bilaterais e os unilaterais: "Concorrendo à herança do falecido irmãos bilaterais com irmãos unilaterais, cada um destes herdará metade do que cada um daqueles herdar."[47] O TJMG, tendo como relatora a Des. Maria Elza, estudiosa do Direito de Família, confirmando o art. 1.840 do CC, ressalvou que "a hipótese do direito de representação concedido aos filhos dos irmãos, na linha colateral, os mais próximos excluem os mais remotos".[48]

Clóvis Beviláqua entende que o sistema aderido pelo Código é dos mais justos, porque os irmãos germanos são parentes por vínculo duplicado, os uterinos ou consanguíneos, apenas, o são pela linha materna ou paterna.[49] Referido sistema foi adotado pelos códigos português, italiano, espanhol, nos projetos de Felício dos Santos e Coelho Rodrigues, diferenciando-se do antigo sistema que excluía o irmão unilateral, mandando outorgar a totalidade do direito ao bilateral.

---

44 MONTEIRO, Washington de Barros. *Curso de direito civil*. São Paulo: Saraiva, 1998. p. 77.

45 MAXIMILIANO, Carlos. *Direito das sucessões*. Rio de Janeiro: Freitas Bastos, 1943. v. 1, p. 185.

46 BEVILÁQUA, Clóvis. *Sucessões*. p. 157.

47 Código Civil, art. 1.841.

48 TJMG, Câmaras Cíveis Isoladas, AG. nº 1.0145.03.113955-6/001, Rel. Des. Maria Elza, pub. 13-9-2005.

49 BEVILÁQUA, Clóvis. *Código Civil comentado*. Rio de Janeiro: Francisco Alves, 1958. v. 6, p. 57.

O método mais usual para cálculo da partilha entre irmãos bilaterais e irmãos unilaterais consiste em atribuir o peso 2 para os bilaterais e o peso 1 para os unilaterais, efetuando a operação aritmética de soma dos irmãos, com o peso de cada um deles; encontrado o número, divide-se pela herança, cujo resultado será igual a 1; em se tratando dos bilaterais, cada qual receberá duas parcelas.

Exemplos elucidativos facilitam o entendimento: falecendo Antônio e deixando cinco irmãos vivos, o monte será dividido em cinco partes iguais; se entre os irmãos um deles for pré-morto, com três filhos, o monte será dividido em cinco partes, mas o que cabe ao pré-morto será subdividido em 3 partes para seu filho; na outra hipótese, entre irmãos unilaterais e bilaterais, digamos que o monte é de R$ 80.000,00 e são 3 irmãos bilaterais e 2 irmãos unilaterais. Atribuindo o peso 2 para os bilaterais, teremos o resultado parcial 6; atribuindo o peso 1 para os unilaterais, teremos o resultado 2; a soma será, portanto, 8; vamos dividir R$ 80.000,00 por 8, resultando R$ 10.000,00 para cada peso; como os bilaterais têm peso 2, receberá R$ 20.000,00 cada um deles e, entre os unilaterais, o peso é 1, recebendo cada um deles R$ 10.000,00.

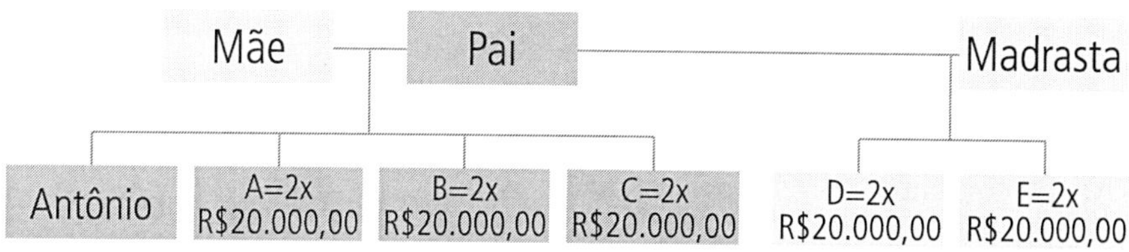

Seguindo a orientação da própria natureza, o Código dá preferência aos descendentes, especialmente os filhos. "Na falta de irmãos, herdarão os filhos destes e, não os havendo, os tios." O § 1° do art. 1.843 determina que se concorrerem à herança somente filhos de irmãos falecidos, herdarão por cabeça. Complementa o § 2° que "se concorrem filhos de irmãos bilaterais com filhos de irmãos unilaterais, cada um destes herdará a metade do que herdar cada um daqueles", para, finalmente, arrematar o § 3° que sendo todos os filhos de irmãos bilaterais, ou todos de irmãos unilaterais, a parcela de cada herdeiro será igual, isto é, herdarão todos eles igualmente.[50]

[50] Código Civil, art. 1.843.

Embora os sobrinhos e os tios sejam parentes do mesmo grau, a lei dá preferência aos sobrinhos, que são filhos do irmão falecido, herdeiro descendente, ao contrário do tio que é herdeiro ascendente.[51] A matéria tem sido objeto de muitas controvérsias nos tribunais.[52]

Se os irmãos forem todos germanos ou unilaterais, herdarão em partes iguais, por força do art. 1.843.

Na classe dos colaterais a preferência é dos irmãos, que são parentes do segundo grau, uma vez que entre os colaterais não existe primeiro grau; na falta dos irmãos, herdam os filhos destes. Se só concorrem à herança filhos de irmãos falecidos, herdarão por cabeça; se, ao contrário, concorrerem filhos de irmãos bilaterais com filhos de irmãos unilaterais, cada um destes herdará a metade do que herdar cada um daqueles; se todos forem filhos de irmãos germanos ou unilaterais, herdarão todos por igual.[53]

Se os irmãos tiverem todos falecidos, os sobrinhos herdarão por direito próprio e, no caso, a divisão será por cabeça e não por estirpe, porque estão no mesmo grau; quando há diferença de grau, irmãos e sobrinhos, aqueles recebem por cabeça e, estes, por estirpe.

O art. 1.618 do Código Civil de 1916 foi revogado pelo § 6º, do art. 227 da Constituição Federal, tendo em vista que é proibida qualquer discriminação a respeito de filhos. Assim, o adotado afasta-se, definitivamente, da sua família de origem e passa a pertencer, exclusivamente, à família do adotante, onde se opera, plenamente, o direito de sucessão.

Afirma o civilista Rodrigo da Cunha Pereira que a verdadeira paternidade é a adotiva, porque, se eu não adotar meu filho, mesmo biológico, jamais serei pai.

Crescente é a corrente doutrinária favorável ao filho afetivo, ou seja, a paternidade afetiva, bem mais forte que a paternidade biológica. *Grosso modo*, paternidade biológica é resultado de uma relação sexual, cujas consequências são imprevisíveis, no ato da relação; por outro lado, a paternidade afetiva é produto deliberado de duas pessoas que querem eleger aquele ser como seu filho, dando-lhe amor, o mais importante de todos os sentimentos.

Como diminuem os filhos gerados no casamento, reduzindo o tamanho da prole, a paternidade afetiva tende a crescer.

---

51 *RT*, 305/632.

52 *Lex* 139/199, 124/383, 169/245.

53 Código Civil, art. 1.843.

15 Poder público

O Código Civil não mais elenca o Poder Público na ordem da vocação hereditária, art. 1.829. Ao contrário, somente no final do capítulo faz o legislador a indicação do Poder Público que será chamado para recolher herança, na inexistência de herdeiros. Assim, diz o art. 1.844 que não sobrevivendo cônjuge, ou companheiro, nem parente algum sucessível, ou tendo eles renunciado a herança, esta se devolve ao Município ou ao Distrito Federal, ou à União.

A última das classes a ser chamada é a do Poder Público. Neste caso, não se opera a transmissão da herança no exato momento da morte. É caso típico de direito de delação, porque existe a herança, a morte, a transferência, mas falta herdeiro para declarar sua aceitação ou recolhê-la. O Poder Público não pode praticar este ato, porque a herança só será incorporada a seu patrimônio, após uma longa jornada à procura de herdeiros legítimos ou testamentários, primeiramente com a constituição da herança jacente e, em seguida, com a sentença de vacância.

Na opinião de Orlando Gomes, a convocação do Estado, na falta de parentes sucessíveis, não implica a aquisição da herança, não se operando, portanto, *ipso jure*, e na longa caminhada até a sentença de incorporação, o monte fica sem titular.[54] Por outro lado, Caio Mário afirma que o Estado não é herdeiro, não se lhe reconhecendo o direito de *saisine*, e, dessa forma, não entra na posse e na propriedade da herança pelo fato da abertura da sucessão.[55]

Não sobrevivendo cônjuge, nem parente sucessível, legítimo ou testamentário, ou se eles renunciaram ao direito de herança, ou, ainda, o testamento foi declarado nulo ou caducou, em poucas palavras, não existindo herdeiros legítimos ou testamentários, a herança é devolvida ao Município ou ao Distrito Federal, se localizada nas respectivas circunscrições, ou à União, quando situada em território federal.[56]

O Município passou a recolher a herança por força da Lei nº 8.049/90, ocupando a posição que pertencera, anteriormente, ao Estado. A explicação do legislador é lógica, afirmando ser o Município mais capacitado para administrar a herança. Não podemos esquecer que a herança jacente tem uma destinação própria, qual seja sua utilização no ensino universitário.

A mudança, ocorrida pela lei, gerou grandes disputas judiciais entre o Estado-membro e o Município, bem como instituições beneficiadas em

---

[54] GOMES, Orlando. *Sucessões*. Rio de Janeiro: Forense, 1997. p. 81.

[55] PEREIRA, Caio Mário da Silva. Op. cit. p. 175, v. 6.

[56] Código Civil, art.1.844.

testamentos, posteriormente anulados. No AI 244.277-1/7, a 4ª Câmara do Tribunal de Justiça de São Paulo apreciou longa lide forense entre a Universidade de São Paulo (USP) e a Municipalidade de São Paulo, cujo acórdão merece ser lido.[57] Herança jacente ocupa os tribunais,[58] em constantes litígios. Com o surgimento das leis que garantem o direito à companheira, certamente haverá maior número de demandas com o Poder Público.

Como dito alhures, a herança jacente vinda do Direito Romano tomou maior impulso no direito brasileiro com o CC/2002. É sempre útil lembrar o crescimento do número de uniões estáveis e a redução de filhos biológicos nos casamentos, gerando, muitas vezes, herança jacente que beneficiará os Municípios.

Jurisprudência

EMBARGOS DE DIVERGÊNCIA. CIVIL. SUCESSÃO. CASAMENTO. REGIME DE SEPARAÇÃO OBRIGATÓRIA. CÔNJUGE SOBREVIVENTE. AUSÊNCIA DE DESCENDENTES OU ASCENDENTES. RECONHECIMENTO DA CONDIÇÃO DE HERDEIRO NECESSÁRIO. SIMILITUDE FÁTICA. AUSÊNCIA. ACÓRDÃO EM SINTONIA COM A ORIENTAÇÃO DA JURISPRUDÊNCIA DA CORTE. SÚMULA 168/STJ. 1. O conhecimento dos embargos de divergência pressupõe a similitude das circunstâncias fáticas e jurídicas entre os acórdãos confrontados, situação não ocorrente no caso. 2. O acórdão embargado analisa a possibilidade de o cônjuge sobrevivente, casado sob o regime de separação legal de bens, ser considerado o único herdeiro, na hipótese em que não há ascendentes e descendentes do autor da herança (CC, art. 1.829, III), situação fática diversa daquela presente no acórdão paradigma, no qual o cônjuge sobrevivente, casado sob regime de separação convencional de bens, concorre com descendentes do autor da herança (CC, art. 1.829, I). 3. O Código Civil prescreve em seu art. 1.845 que "são herdeiros necessários os descendentes, os ascendentes e o cônjuge" e estabelece no art. 1.829 a seguinte ordem de vocação hereditária: descendentes em concorrência com o cônjuge sobrevivente (inciso I); ascendentes, em concorrência com o cônjuge do falecido (inciso II); cônjuge sobrevivente (inciso III) e colaterais (inciso IV). 4. A lei substantiva civil expressamente estipula que o cônjuge sobrevivente é herdeiro necessário, definindo no inciso I do art. 1.829 do Código Civil as situações em que o herdeiro necessário cônjuge concorre com o herdeiro necessário descendente, pois prevê que, a depender do regime de bens adotado, tais herdeiros necessários concorrem ou não entre si aos bens da herança. 5. O aresto embargado, na esteira de precedentes desta Corte, acertadamente preconiza que ao cônjuge viúvo, inexistindo descendentes e ascendentes do falecido, cabe a totalidade da herança, independentemente do regime de bens adotado no casamento (CC, art. 1.829, III).

57 *RT*, 717/135.

58 *RT*, 738/236; 735/238; 710/178.

Incidência da Súmula 168/STJ. 6. Ademais, a própria tese adotada no aresto paradigma encontra-se superada pelo entendimento consolidado da eg. Segunda Seção, preconizando que o cônjuge sobrevivente, qualquer que seja o regime de bens adotado pelo casal, é herdeiro necessário, alertando, outrossim, que o Código Civil veda sua concorrência com descendentes, entre outras hipóteses, nos casos de casamento contraído sob o regime de separação legal de bens, permitindo, ao revés, a concorrência nos casos de separação convencional de bens (REsp 1.382.170/SP, Rel. p/ acórdão Ministro JOÃO OTÁVIO DE NORONHA,
DJe de 26/05/2015). 7. Agravo interno não provido. , rel. Min. Raul Araujo, DJE 15/03/2019

AGRAVO INTERNO NO RECURSO ESPECIAL. DIREITO CIVIL. SUCESSÃO. CASAMENTO E UNIÃO ESTÁVEL. FILHOS COMUNS E EXCLUSIVOS. BEM ADQUIRIDO ONEROSAMENTE NA CONSTÂNCIA DA UNIÃO ESTÁVEL. REGIMES JURÍDICOS DIFERENTES. ART. 1790, INCISOS I E II, DO CC/2002. INCONSTITUCIONALIDADE DECLARADA PELO STF. EQUIPARAÇÃO. CF/1988. NOVA FASE DO DIREITO DE FAMÍLIA. VARIEDADE DE TIPOS INTERPESSOAIS DE CONSTITUIÇÃO DE FAMÍLIA. ART. 1829, INCISO I, DO CC/2002. INCIDÊNCIA AO CASAMENTO E À UNIÃO ESTÁVEL. MARCO TEMPORAL. SENTENÇA COM TRÂNSITO EM JULGADO. ASSISTÊNCIA JUDICIÁRIA GRATUITA. AUSÊNCIA DOS REQUISITOS. SÚM 7/STJ. VIOLAÇÃO AO PRINCÍPIO DA IDENTIDADE FÍSICA DO JUIZ. NÃO OCORRÊNCIA. 1. A diferenciação entre os regimes sucessórios do casamento e da união estável promovida pelo art. 1.790 do Código Civil de 2002 é inconstitucional. Decisão proferida pelo Plenário do STF, em julgamento havido em 10/5/2017, nos RE 878.694/MG e RE 646.721/RS. 2. Considerando-se que não há espaço legítimo para o estabelecimento de regimes sucessórios distintos entre cônjuges e companheiros, a lacuna criada com a declaração de inconstitucionalidade do art. 1.790 do CC/2002 deve ser preenchida com a aplicação do regramento previsto no art. 1.829 do CC/2002. Logo, tanto a sucessão de cônjuges como a sucessão de companheiros devem seguir, a partir da decisão desta Corte, o regime atualmente traçado no art. 1.829 do CC/2002 (RE 878.694/MG, relator Ministro Luis Roberto Barroso). 3. Na hipótese, há peculiaridade aventada por um dos filhos, qual seja, a existência de um pacto antenupcial - em que se estipulou o regime da separação total de bens - que era voltado ao futuro casamento dos companheiros, mas que acabou por não se concretizar. Assim, a partir da celebração do pacto antenupcial, em 4 de março de 1997 (fl. 910), a união estável deverá ser regida pelo regime da separação convencional de bens. Precedente: REsp 1.483.863/SP. Apesar disso, continuará havendo, para fins sucessórios, a incidência do 1829, I, do CC. 4. Deveras, a Segunda Seção do STJ pacificou o entendimento de que "o cônjuge sobrevivente casado sob o regime de separação convencional de bens ostenta a condição de herdeiro necessário e concorre com os descendentes do falecido, a teor do que dispõe o art. 1.829, I, do CC/2002, e de que a exceção recai somente na hipótese de separação legal de bens fundada no art. 1.641 do CC/2002". Relator Ministro LUIS FELIPE SALOMÃO (1140) T4 - QUARTA TURMA. DJe 04/06/2018

2027009-15.2014.8.26.0000 Agravo de Instrumento / Inventário e Partilha
Relator(a): José Joaquim dos Santos
Comarca: Limeira
Órgão julgador: 2ª Câmara de Direito Privado
Data do julgamento: 15/04/2014
Data de registro: 22/04/2014
Ementa: AGRAVO DE INSTRUMENTO Arrolamento Viúva concorrendo com ascendentes Participação como herdeira necessária, concorrendo com os genitores do finado marido, independentemente do regime de bens adotado Inexistência de questões polêmicas Artigo 1829, II, do Código Civil que é claro nesse sentido Decisão reformada Recurso provido.

2091482-10.2014.8.26.0000 Agravo de Instrumento / Inventário e Partilha
Relator(a): Helio Faria
Comarca: Sorocaba
Órgão julgador: 8ª Câmara de Direito Privado
Data do julgamento: 20/08/2014
Data de registro: 26/08/2014
Ementa: AGRAVO DE INSTRUMENTO Inventário Plano de partilha homologado Ausência de coisa julgada material Omissão verificada Apresentação de novo plano de partilha Possibilidade Convivente supérstite Direito à meação dos aquestos Art. 1790 do CC Inconstitucionalidade afastada Recurso parcialmente provido a fim de declarar o direito do agravado à meação dos aquestos, bem como sobre 1/3 da totalidade dos bens deixados pela de cujus, adquiridos onerosamente na vigência da união estável

0106272-67.2013.8.26.0000 Agravo de Instrumento / Inventário e Partilha
Relator(a): João Carlos Saletti
Comarca: São Paulo
Órgão julgador: 10ª Câmara de Direito Privado
Data do julgamento: 01/04/2014
Data de registro: 24/04/2014
Ementa: INVENTÁRIO Determinação de comprovação do ajuizamento de ação de reconhecimento e dissolução de união estável, além de apresentação de novo plano de partilha, nos termos do artigo 1.829, I do CC Possibilidade, entretanto, de confirmação da existência da união estável nos próprios autos do inventário, por incontestável Constitucionalidade do artigo 1.790, I do CC Compatibilidade com a norma do art. 226, § 3º, da CF Companheiro que concorre com os filhos comuns, tem direito a quota equivalente à atribuída ao filho, no tocante aos bens adquiridos onerosamente durante a união estável, reservada sua meação Decisão reformada Necessidade, apenas, de retificação do plano de partilha, em benefício do menor herdeiro, em relação ao bem particular utilizado pelo falecido para integrar o pagamento do imóvel adquirido pelo casal. Agravo parcialmente provido.
0164912-63.2013.8.26.0000 Agravo de Instrumento / Inventário e Partilha
Relator(a): Ana Lucia Romanhole Martucci

Comarca: São Paulo
Órgão julgador: 6ª Câmara de Direito Privado
Data do julgamento: 05/12/2013
Data de registro: 05/12/2013
Ementa: Agravo de instrumento. Decisão que indefere o pedido de sobrepartilha de bens formulado por colaterais. Impossibilidade de parentes concorrerem com o agravado, que viveu por mais de 40 anos em união estável com a falecida, tendo seu relacionamento sido reconhecido por sentença. Interpretação sistemática do art. 1790 do Código Civil em consonância com o art. 226 da Constituição Federal que afasta a incidência desse dispositivo ao caso em tela. Diferenciação dos regimes sucessórios. Aplicação da mesma disciplina prevista para o cônjuge. Decisão mantida. Recurso improvido

DIREITO CIVIL. RECURSO ESPECIAL. INVENTÁRIO. CÔNJUGE SUPÉRSTITE CASADO COM O DE CUJUS PELO REGIME DA COMUNHÃO PARCIAL DE BENS. HERANÇA COMPOSTA DE BENS PARTICULARES E BEM COMUM. HERDEIRO NECESSÁRIO. CONCORRÊNCIA COM OS DESCENDENTES. ARTS. ANALISADOS: 1.658, 1.659, 1.661, E 1.829, I, DO CC/02.
1. Inventário distribuído em 24/01/2006, do qual foi extraído o presente recurso especial, concluso ao Gabinete em 27/05/2013. 2. Cinge-se a controvérsia a definir se o cônjuge supérstite, casado com o falecido pelo regime da comunhão parcial de bens, concorre com os descendentes dele na partilha dos bens particulares. 3. No regime da comunhão parcial, os bens exclusivos de um cônjuge não são partilhados com o outro no divórcio e, pela mesma razão, não o devem ser após a sua morte, sob pena de infringir o que ficou acordado entre os nubentes no momento em que decidiram se unir em matrimônio. Acaso a vontade deles seja a de compartilhar todo o seu patrimônio, a partir do casamento, assim devem instituir em pacto antenupcial. 4. O fato de o cônjuge não concorrer com os descendentes na partilha dos bens particulares do de cujus não exclui a possibilidade de qualquer dos consortes, em vida, dispor desses bens por testamento, desde que respeitada a legítima, reservando-os ou parte deles ao sobrevivente, a fim de resguardá-lo acaso venha a antes dele falecer. 5. Se o espírito das mudanças operadas no CC/02 foi evitar que um cônjuge fique ao desamparo com a morte do outro, essa celeuma não se resolve simplesmente atribuindo-lhe participação na partilha apenas dos bens particulares, quando houver, porque podem eles ser insignificantes, se comparados aos bens comuns existentes e amealhados durante toda a vida conjugal. 6. Mais justo e consentâneo com a preocupação do legislador é permitir que o sobrevivente herde, em concorrência com os descendentes, a parte do patrimônio que ele próprio construiu com o falecido, não lhe tocando qualquer fração daqueloutros bens que, no exercício da autonomia da vontade, optou - seja por não ter elegido regime diverso do legal, seja pela celebração do pacto antenupcial - por manter incomunicáveis, excluindo-os expressamente da comunhão. 7. Recurso especial conhecido em parte e parcialmente provido. (REsp 1377084/MG, Rel. Ministra NANCY ANDRIGHI, TERCEIRA TURMA, julgado em 08/10/2013, DJe 15/10/2013)

RECURSO ESPECIAL - SUCESSÃO - CÔNJUGE SUPÉRSTITE - CONCORRÊNCIA COM ASCENDENTE, INDEPENDENTE O REGIME DE BENS ADOTADO NO CASAMENTO - PACTO ANTENUPCIAL - EXCLUSÃO DO SOBREVIVENTE NA SUCESSÃO DO *DE CUJUS* - NULIDADE DA CLÁUSULA - RECURSO IMPROVIDO.
1 - O Código Civil de 2002 trouxe importante inovação, erigindo o cônjuge como concorrente dos descendentes e dos ascendentes na sucessão legítima. Com isso, passou-se a privilegiar as pessoas que, apesar de não terem qualquer grau de parentesco, são o eixo central da família.2 - Em nenhum momento o legislador condicionou a concorrência entre ascendentes e cônjuge supérstite ao regime de bens adotado no casamento. 3 - Com a dissolução da sociedade conjugal operada pela morte de um dos cônjuges, o sobrevivente terá direito, além do seu quinhão na herança do *de cujus*, conforme o caso, à sua meação, agora sim regulado pelo regime de bens adotado no casamento. 4 - O artigo 1.655 do Código Civil impõe a nulidade da convenção ou cláusula do pacto antenupcial que contravenha disposição absoluta de lei. 5 - Recurso improvido. REsp 954.567/PE. Relator: Ministro MASSAMI UYEDA. 3ª T., j. 10-5-11, p. em 18-5-11.

SUCESSÃO - HERANÇA - Concorrência entre ascendente e o cônjuge supérstite da autora da herança. Sucessão regulada pelo CC/2002. Ordem de vocação hereditária determinada pelos incisos do art. 1829. À falta de descendentes, a sucessão defere-se aos ascendentes, em concorrência com o viúvo. Em franca modificação da ordem de vocação hereditária que vigorava sob o CC/1916, passou o cônjuge sobrevivente, como regra, a herdar em concorrência com os integrantes das duas primeiras classes de herdeiros legítimos. Por se tratarem de exceções à regra, as hipóteses do art. 1829, I, *in fine*, aplicáveis ao concurso entre viúvo e descendentes, não comportam interpretação extensiva ou aplicação analógica para o caso de concurso entre viúvo e ascendentes. Cônjuge sobrevivente que deverá ser chamado a herdar juntamente com a herdeira-mãe, nos termos do art. 1837 do CC/2002. Agravo de instrumento provido (TJSP - AI 990.10.002582-1 - São Paulo - 1ª CDPriv. - Rel. Paulo Eduardo Razuk - *DJe* 25-6-2010 - p. 804).

AGRAVO DE INSTRUMENTO - INVENTÁRIO - PARTILHA - EXPEDIÇÃO DE ALVARÁ PARA LEVANTAMENTO DE IMPORTÂNCIA DEPOSITADA EM JUÍZO - POSSIBILIDADE - Existindo valores depositados judicialmente e não recebidos pela falecida antes de sua morte, seus herdeiros, na ordem de sucessão hereditária, deverão partilhá-los (TJMG - AI 1.0525.07.124836-9/002 - 1ª C.Cív. - Rel. Armando Freire - *DJe* 18-6-2010).

AGRAVO DE INSTRUMENTO - AÇÃO DE INVENTÁRIO - RENÚNCIA ABDICATIVA - CONSTATAÇÃO ATRAVÉS DO TERMO DE RENÚNCIA - CHAMAMENTO À SUCESSÃO HEREDITÁRIA DA CLASSE SEGUINTE - DECISÃO MANTIDA - RECURSO IMPROVIDO - Se a documentação constante dos autos atesta que o ato praticado pelos herdeiros consistiu em renúncia abdicativa, em favor do monte, há de ser observado o disposto nos artigos 1.810, 1.811 e 1.829, I, todos do CC, vez que a renúncia deve ser interpretada de maneira estrita (art. 114, do CC) (TJMS – AG 2010.011229-6/0000-00 – 4ª T.Cív. – Rel. Des. Rêmolo Letteriello – *DJe* 18-6-2010 – p. 28).

INVENTÁRIO – VOCAÇÃO HEREDITÁRIA – Participação do cônjuge sobrevivente na herança deixada pelo de CUJUS. Admissibilidade. Sucessão aberta na vigência do atual Código Civil. Aplicação do artigo 1.787 do CC/2002. Agravada que era casada no regime da comunhão parcial de bens com o autor da herança. Existência de bens particulares. Inteligência dos artigos 1.829, inciso I e 1.832 do Código Civil de 2002. Litigância de má-fé inocorrente. Decisão mantida. Recurso improvido (TJSP – AI 624.198.4/7 – (0002297041) – São Paulo – 1ª CDPriv – Rel. De Santi Ribeiro – *DJe* 5-6-2009 – p. 954).

APELAÇÃO CÍVEL – AÇÃO ANULATÓRIA DE SENTENÇA HOMOLOGATÓRIA PROFERIDA NO ÂMBITO DE INVENTARIO – EXTINÇÃO DO FEITO ORIGINÁRIO – AUSÊNCIA DE INTERESSE PROCESSUAL – BENS ADQUIRIDOS ANTES DO CASAMENTO – AUSÊNCIA DE HERDEIROS PREFERENCIAIS – REGIME DE SEPARAÇÃO DE BENS – VOCAÇÃO HEREDITÁRIA – CÔNJUGE SOBREVIVENTE – RECURSO IMPROVIDO – 1 – De acordo com os dispositivos legais condizentes ao art. 1.603, e seus incisos, e ainda, ao art. 1.611, *caput*, do Código Civil de 1916, na sucessão legítima do inventariado, não havendo ato de última vontade (TESTAMENTO OU LEGADO), segundo a lei vigente ao tempo do decesso do autor da herança, e inexistindo herdeiros de classe preferencial (DESCENDENTES E ASCENDENTES), herda o cônjuge sobrevivo todo o patrimônio hereditário deixado pelo extinto, qualquer que seja o regime de bens do casamento contraído regularmente. 2 – Mostrando-se, pois, correta a sentença de primeiro grau que refutou a pretensão inicial dos autores/apelantes e reconheceu a ausência de interesse processual na hipótese vertente, com fulcro no que dispõe o art. 267, inciso VI, última figura, do diploma instrumental civil, restando, mantidos os termos da sentença homologatória proferida em sede de inventário, e de se impor o improvimento do apelo em questão. Apelação conhecida e improvida (TJGO – AC 125530-4/188 – 4ª C.Cív. – Rel. Des. Carlos Escher – *DJe* 20-8-2009 – p. 128).

DIREITO CIVIL – SUCESSÕES – USUFRUTO VIDUAL – EXCLUSÃO TESTAMENTÁRIA – PREVALÊNCIA – O art. 1.574 do CC/1916, estabelece que, na hipótese de morrer a pessoa sem testamento, transmite-se a herança a seus herdeiros legítimos. Se houver disposição testamentária, resguardada a legítima aos herdeiros necessários, prepondera a última vontade transmitida pelo testador, notadamente quando manifestada por meio de testamento público, com o cumprimento de todos os requisitos e solenidades legalmente previstos no art. 1.632 e seguintes do CC/1916. O testamento é a expressão da liberdade no direito civil, cuja força é o testemunho mais solene e mais grave da vontade íntima do ser humano. Se, ao dispor de seu patrimônio por meio de testamento público, silencia o testador a respeito do cônjuge que a ele sobreviver, opera-se a exclusão deste, conforme disposto no art. 1.725 do CC/1916, o que se contrapõe, diretamente, ao direito de usufruto pleiteado pelo viúvo com base no art. 1.611, § 1º, do mesmo Código, que não deve ter guarida na hipótese; sobrepõe-se, dessa forma, a vontade explícita do testador em excluir o cônjuge sobrevivente da sucessão, ao direito de usufruto pleiteado pelo viúvo, que somente seria resguardado se não houvesse a referida disposição testamentária. Recurso especial provido" (STJ – REsp 802.372 – 3ª T. – Rel. Min. Nancy Andrighi – *DJe* 10-12-2008).

EMBARGOS DE DIVERGÊNCIA – UNIÃO ESTÁVEL – EFEITOS SUCESSÓRIOS – 1 – Para partilha dos bens adquiridos na constância da união estável (união entre o homem e a mulher como entidade familiar), por ser presumido, há dispensa da prova do esforço comum, diz o acórdão embargado. 2 – Os acórdãos apontados como paradigmas, por outro lado, versam essencialmente hipóteses de casamento (modo tradicional, solene, formal e jurídico de constituir família), conduzindo ao não conhecimento dos embargos, dado que as situações versadas são diversas. 3 – A união estável não produz, como pacífico entendimento, efeitos sucessórios e nem equipara a companheira à esposa. Com o matrimônio conhece-se quais os legitimados à sucessão dos cônjuges. Na união estável há regras próprias para a sucessão hereditária. 4 – Sob diversos e relevantes ângulos, há grandes e destacadas diferenças conceituais e jurídicas, de ordem teórica e de ordem prática, entre o casamento e a união estável. 5 – Embargos de divergência não conhecidos (STJ – ERESP 736627 – (200601894095) – 2ª S. – Rel. Min. Fernando Gonçalves – *DJ* 1º-7-2008 – p. 00001).

INVENTÁRIO – Herdeiros – Exclusão por indignidade – Demanda ajuizada pelos filhos em face do pai – Carência da ação por manifesta falta de interesse processual – Autores que são os únicos herdeiros dos bens inventariados – Artigo 1.603, I, do Código Civil de 1916 – Lei confere aos descendentes a precedência sobre as demais classes na ordem de vocação hereditária, inclusive sobre o cônjuge sobrevivente – Ação de exclusão por indignidade somente pode ser intentada em face dos herdeiros ou legatários, situação em que não se enquadra o réu – Pensão por morte – Recebimento integral – Objeto de análise em autos do processo de inventário, porquanto extrapola o âmbito da presente demanda – Extinção do processo mantida – Recurso improvido (Apelação Cível nº 285.909-4/3-00 – São Manoel – 8ª Câmara de Direito Privado – Relator: Salles Rossi – 1-6-2006 – V.U. – Voto nº 2.804).

Ação ordinária. Exclusão de herdeiro por indignidade. Artigo 1.595, inciso I do Código Civil de 1916. Absolvição do réu pelo Tribunal do Júri. Sentença absolutória que não impede o prosseguimento da ação cível e não gera efeitos sobre esta, uma vez que não é fundamentada e se baseia somente na livre e íntima convicção dos jurados. Indignidade do herdeiro que depende de sentença declaratória, a ser proferida em ação proposta por qualquer dos interessados na sucessão, observado o prazo prescricional de quatro anos, a contar da abertura da sucessão. Prova dos autos que revela indícios bastantes de que o réu-apelante tenha sido o autor do crime, justificando sua exclusão. Desprovimento do recurso.

TJRJ – Décima Oitava Câmara Cível. Ap. Cível. nº 2006.001.03903. Rel. Des. João Batista Oliveira Lacerda. julg. 9-5-2006.

SUCESSÃO – Exclusão de herdeiro por indignidade – Ação proposta contra o filho do falecido sob alegação de ter sido o mandante do assassinato do pai – Réu, porém, absolvido criminalmente – Impossibilidade de rediscussão no Cível quanto à existência do fato ou quem seja seu autor – Improcedência mantida – Aplicação do art. 1.525 do CC (TJSP) *RT* 630/85.

EMENTA: DIREITO CIVIL. SUCESSÕES. ORDEM SUCESSÓRIA. LINHA COLATERAL. INTELIGÊNCIA DO ART. 1840 DO CÓDIGO CIVIL. Ressalvada a hipótese do direito de representação concedido aos filhos dos irmãos, na linha colateral os mais próximos excluem os mais remotos (TJMG – Proc. nº 1.0145.03.113955-6/001. Desª Relª: Maria Elza. Data do acórdão: 4-8-2005. Data da publicação: 13-9-2005).

SUCESSÃO. INVENTARIANÇA. NOMEAÇÃO DE COLATERAL. UNIÃO ESTÁVEL. VOCAÇÃO HEREDITÁRIA. AUSÊNCIA DE HERDEIROS NECESSÁRIOS. CONSOLIDAÇÃO DOS DIREITOS SUCESSÓRIOS NA COMPANHEIRA. LEI VIGENTE NA ABERTURA DA SUCESSÃO. APLICAÇÃO DA LEI Nº 8.971/94. Os direitos sucessórios são regulados pela lei vigente quando da abertura da sucessão. Assim, na falta de herdeiros necessários, toca à companheira a totalidade da herança mesmo em relação ao acervo havido antes da união (Lei nº 8.971, art. 2º, III), devendo ser afastado da inventariança o herdeiro colateral, que nada recolherá. Agravo provido, para desconstituir nomeação de inventariante (TJRS – Agravo de instrumento nº 70006605695. 7ª Câm. Cív. Rel. Des.: José Carlos Teixeira Giorgis. Data do julgamento: 13-8-2003).

APELAÇÃO CÍVEL – AÇÃO DE ANULAÇÃO À ADJUDICAÇÃO – ADJUDICAÇÃO DOS BENS DO CÔNJUGE SUPÉRSTITE – EXCLUSÃO DE COLATERAL – ORDEM DE VOCAÇÃO HEREDITÁRIA OBSERVADA, SEGUNDO O ART. 1603 DO CÓDIGO CIVIL DE 1916 E ARTIGO 1829 DO CÓDIGO CIVIL DE 2002 – IRRELEVÂNCIA DO REGIME DE BENS – AUSÊNCIA DE PREVISÃO LEGAL – SENTENÇA REFORMADA. À inteligência do artigo 1.603 do Código Civil de 1916, a sucessão legítima defere-se na ordem seguinte: I – aos descendentes; II – aos ascendentes; III – ao cônjuge sobrevivente; IV – aos colaterais; V – aos Municípios, ao Distrito Federal ou à União, artigo correspondente ao 1.829, do Código Civil, de 2002, o qual não inovou a ordem de vocação hereditária, mantendo o cônjuge sobrevivente em terceiro lugar, antes dos colaterais. 2 – Desta forma, infere-se, então, que é a cônjuge sobrevivente a contemplada, na ordem de vocação hereditária, conforme disposto nos artigos supratranscritos, sendo irrelevante o regime de bens, vez que a lei não faz qualquer distinção nesse sentido. 3 – Preliminar rejeitada; Recurso a que se dá provimento (TJMG – Rel. Des.: Batista Franco. Proc. nº 1.0625.02.020322-4/001. Data do acórdão: 23-8-2005. Data da publicação: 23-9-2005).

DIREITO DE FAMÍLIA - SUCESSÃO - AUSÊNCIA DE DESCENDENTES E ASCENDENTES - CÔNJUGE - HERDEIRO CONTEMPLADO - ART. 1.838 do Código Civil. Comprovada a ausência de descendentes e ascendentes, será o cônjuge sobrevivente o herdeiro contemplado, conforme a ordem da vocação hereditária, sendo irrelevante o regime de bens do casamento (TJMG - Rel. Des.: Hyparco Immesi. Proc. nº 1.0105.03.096604-5/001. Data do acórdão: 10-3-2005. Data da publicação: 2-8-2005).

Inventário – Arrolamento – Inexistência de descendentes ou ascendentes do "de cujus" – Concubinato – Desnecessidade de ação própria para sua comprovação diante da suficiência probatória.

Não existindo descendentes ou ascendentes e diante do reconhecimento manifestado pelos irmãos e cunhados do *de cujus* quanto à relação concubinária entre este e a autora, esta tem direito à totalidade do bem por ele deixado, nos exatos termos do art. 2º, III, da Lei nº 8.971/94, sendo desnecessário comprovar, em ação própria, o concubinato para que seja declarada como inventariante no arrolamento de bens (TJSP – AgIn 17.730-4/5 – 1ª C. – j. em 8-10-1996 – Rel. Des. Gildo dos Santos – *RT* 738/269).

Sociedade de fato – Dissolução por morte – Ação movida contra irmãos do falecido – Legitimidade ativa da ex-companheira como sucessora ou herdeira única – Falta de descendente ou ascendente – Situação consolidada sob lei vigente à época da abertura da sucessão.

Malgrado o equívoco em se pleitear, no bojo da ação declaratória de reconhecimento de sociedade de fato, a sua dissolução após o falecimento de um dos companheiros, correto o seu endereçamento e processamento à margem do processo de inventário, que foi sobrestado adequadamente.

A capacidade sucessória é a do tempo da abertura da sucessão, que se regulará conforme a lei então em vigor (art. 1.577 do CC). Assim, a ab-rogação da Lei nº 8.971/94 pela Lei nº 9.278/96 não pode ter a consequência pretendida pelos apelantes, qual seja, a de ser esta a aplicável à espécie, em vez daquela, visto que a lei nova não pode retroagir para modificar situações consolidadas sob a égide de outra lei a ela anterior.

O dispositivo contido no art. 2º, III, da Lei nº 8.971, de 24-12-1994, acabou, inegavelmente, por elevar a companheira de um homem solteiro, separado judicialmente, divorciado ou viúvo, à categoria de cônjuge supérstite, referido no inciso III do art. 1.603 do CC, numa intenção clara do legislador de beneficiar a convivência more uxório, até então à margem do mundo jurídico, sobretudo diante das inovações consagradas pela CF para o Direito de Família, ou seja, a companheira está incluída na ordem de vocação hereditária na qualidade de herdeira legítima, tal qual o cônjuge sobrevivente.

Não há por que se modificar percentual de 20% sobre o valor atribuído à causa em relação aos honorários, se a sua fixação obedeceu aos limites do art. 20, § 3º, do CPC, sendo a sua fixação ato do juiz (TJMG – Ap. Cív. nº 115.030/9 – Gov. Valadares – Rel. Des. Aluízio Quintão – *Diário do Judiciário, Jurisprudência Mineira*, 20-4-1999).

Filho adotivo – Falecimento do adotante, no regime anterior à atual Constituição Federal – Código Civil, arts. 377 e 1.605, § 2º. I – Quando o adotante já tivesse filhos carnais, a relação de adoção não envolvia a de sucessão hereditária. O art. 2º da Lei nº

883/49, com a redação dada pelo art. 51, nº 2, da Lei nº 6.515/77, não havia revogado os arts. 377 e 1.605, § 2º do CC. II – Matéria de fato não se reexame em sede especial (Súmula nº 7/STJ). III – Recursos não conhecidos (STJ – Ac. unân. da 3ª T., em 10-12-1996 – REsp 111.949-SP – Rel. Min. Waldemar Zveiter – *JSTJ* e *TRF*, v. 97, p. 220).
Pretendida meação dos bens e exercício do encargo de inventariante pela companheira do *de cujus* – Admissibilidade se a união estável é reconhecida pelos demais herdeiros – Desnecessidade, ademais, do ajuizamento de ação para ver declarada a existência de sociedade de fato. Expressamente reconhecida a união estável pelos herdeiros, todos filhos de leito anterior do *de cujus*, desnecessário o ajuizamento de ação para ver declarada esta condição, sendo, em decorrência, legítima a pretensão da companheira de obter a meação e de exercer o encargo de inventariante, o que é interesse manifesto de todos os interessados (TJRS – AgIn nº 598.352.706 – 8ª Câm. – j. em 1º-10-1998 – Rel. Des. designado Alzir Felippe Schmitz – *RT* 761/381).
Reserva de bens – Requerimento em virtude da existência de ação de investigação de paternidade – Admissibilidade. Nos autos de inventário é admissível o pedido de reserva de bens em virtude da existência de ação de investigação de paternidade, pois, em princípio, a medida acautelatória não prejudica os herdeiros que terão suas cotas garantidas se porventura não restar reconhecido o direito do investigando (TJGO – AgIn nº 12.021-2/180 – 2ª Câm. – j. 5-8-1997 – Rel. Des. Fenelon Teodoro Reis – *RT* 751/350).

7

DO DIREITO DE REPRESENTAÇÃO

1 Noções gerais

O fato mais natural da existência do ser humano é a morte; mais cedo ou mais tarde ocorrerá, às vezes com longo aviso, outras, sem qualquer prenúncio, repentinamente. Filósofo árabe atribui à morte a expressão *mactube*, isto é, está escrito.

Observa Eduardo de Oliveira Leite que o direito de representação não deixa de ser uma ficção, cujo efeito é fa30zer os representantes entrar no lugar, no grau e nos direitos do representado. "A igualdade dos indivíduos de mesma ordem e grau e seu corolário – a divisão por cabeça – são, na sucessão dos descendentes, substituídas por um outro tipo de igualdade, a da estirpe."[1]

A lei protege os filhos sob todos os ângulos, chamando-os para recolher a herança, por direito próprio e a divisão será por cabeça; no entanto, com o falecimento prematuro de um filho, não se devolve a herança para os outros remanescentes, se o pré-morto tinha descendentes. Opera-se, então, o direito de representação, e a prole é chamada para receber aquilo a que o falecido teria direito se vivo fosse. Diz o art. 1.851 do Código Civil que "dá-se o direito de representação, quando a lei chama certos parentes do falecido a suceder em todos os direitos, em que ele sucederia, se vivo fosse".

---

[1] LEITE, Eduardo de Oliveira. *Comentários ao novo Código Civil, vol. XXI.* Rio de Janeiro: Forense, 2003, p. 280.

"O direito de representação tem por finalidade mitigar a rigorosa e exagerada aplicação do princípio segundo o qual o mais próximo exclui o mais remoto. Tal regra do direito sucessório sofre, portanto, com o jus repraesentationis sensível exceção, corrigindo-se assim injustiça decorrente da inflexível aplicação daquela regra geral."[2]

2 Requisitos

São requisitos do direito de representação que: (1º) o representado já tenha falecido; (2º) o representante seja descendente do representado; (3º) o representante seja hábil para suceder o representado; (4º) não haja solução de continuidade no encadeamento dos graus.[3]

Na linha reta descendente, o direito de representação é *ad infinitum*, qualquer herdeiro descendente chamado, sendo pré-morto, possibilita que seus descendentes recolham a herança que lhe era atribuída. No entanto, afirma o art. 1.852 que o direito de representação não se verifica jamais na classe dos ascendentes.

O representante aceitará a herança que deveria ser entregue ao representado, com plena liberdade, podendo recusá-la; mas o chamamento será feito por força de lei, não podendo o herdeiro do grau seguinte, ou mesmo os outros herdeiros do grau do representado, buscar a herança que passou a pertencer ao representante. O que a lei não admite é *per saltum et omisso medio*, que não haja solução de continuidade. Dessa forma, "se o filho renuncia a herança do pai, os seus descendentes não podem transpor o grau por ele ocupado e representá-lo na sucessão do avô".[4]

O representante herda aquilo que herdaria o representado, se vivo fosse (art. 1.851). A representação tem por fim conferir aos representantes os mesmos direitos do representado, nem mais, nem menos.[5]

3 Exceção

O direito de representação, em princípio, existe somente na classe dos descendentes. Abre, contudo, o Código exceção na linha colateral, admitindo, uma única vez, o direito aos filhos de irmão pré-morto, se concorrem com outros irmãos. Limita-se, pois, a certos parentes colaterais do 3º grau. Só se

---

2 MONTEIRO, Washington de Barros. *Curso de direito civil*. São Paulo: Saraiva, 2003. p. 109.

3 BEVILÁQUA, Clóvis. *Código Civil comentado*. Rio de Janeiro: Francisco Alves, 1958. v. 6, p. 63.

4 Ibidem.

5 FULGÊNCIO, Tito. *Programas de direito civil*. 1920. p. 247.

dá, com efeito, em favor dos filhos de irmãos do falecido, quando com irmãos deste concorrem.[6] Ora, se o irmão é parente em 2º grau, seus filhos, no 3º grau, poderão representá-lo; entretanto, o direito não se estende aos filhos dos filhos, 4º grau: na linha colateral, o direito é privativo dos filhos de irmãos do falecido, quando com irmão deste concorrerem.

Na linha colateral, diz o art. 1.853, somente se dá o direito de representação em favor dos filhos do falecido, quando com irmão deste concorrerem, isto é, não permite a lei que o neto do irmão venha a receber aquilo que seria do irmão falecido.

Comentando o art. 1.853, expressa-se Hironaka que "não se admite, aqui, aquilo que se chamou dupla representação. Por esse motivo, os netos do irmão do falecido não serão chamados a representar seus avós e seus pais na sucessão do tio-avô. Apesar da aparente proximidade existente entre o neto do irmão do defunto e este há que se atinar para o fato de que seu parentesco é de quarto grau, o último permitido por lei para adquirir *mortis causa.*[7]

4 Estirpe

Os representantes vão herdar aquilo que o representado teria direito se vivo fosse, o que é lógico, não importando o número dos representantes em relação ao único representado (art. 1.854).

Tudo que era devido ao representado será partilhado entre seus herdeiros, em partes iguais, o que significa que a partilha será feita por estirpe, entre os representantes (art. 1.855).

Lembra Hermenegildo de Barros que "não está expresso no Código, mas resulta de suas disposições e da doutrina que os herdeiros do ausente podem representá-lo ou reclamar a sucessão a que é chamado, porque a ausência, em certos casos, equivale ao falecimento";[8] igualmente, os filhos do herdeiro indigno são chamados. É próprio do instituto da indignidade considerar-se o indigno como se morto fosse e é nossa tradição jurídica que a pena não vai além da pessoa do criminoso.[9] "Idêntica é a situação do deserdado, que sofre uma pena civil de cunho personalíssimo."[10]

---

6 GOMES, Orlando. *Sucessões*. Rio de Janeiro: Forense, 1997. p. 58.

7 HIRONAKA, Giselda. Op. cit., p. 276.

8 BARROS, Hermenegildo de. *Manual de Código Civil brasileiro*. Rio de Janeiro: Livraria Jacinto, 1929. p. 622.

9 Constituição Federal, art. 5º, inciso XLV.

10 PEREIRA, Caio Mário da Silva. *Instituições de direito civil*. Rio de Janeiro: Forense, 2013. p. 96, v. 6.

Como diz Hermenegildo de Barros, o representante não sucede ao representado, de quem não é herdeiro; sucede ao *de cujus*, por força do direito de representação, que se origina na lei, e não da herança do representado. Como consequência, pode o filho renunciar à herança do pai, sem que fique inibido, por esse fato, de suceder ao avô, representando o pai pré-morto. Essa norma contida no art. 1.856 permite que "o renunciante à herança de uma pessoa poderá representá-la na sucessão de outra".

É importante esclarecer que o representante se obriga a colacionar os bens que o representado tiver recebido em vida, como adiantamento de legítima, sem dispensa de conferir. Nem sempre o descendente aceita a letra da lei, sob a fraça argumentação que o bem recebido por seu pai foi vendido por este, gastando o dinheiro, isto é, não houve sub-rogação.

5 Exemplos práticos

Alguns exemplos práticos: Primus, Secundus e Tertius eram filhos do Sr. Antônio, viúvo; por sua vez, Primus, pré-morto, era pai de *A*, *B* e *C*; falecendo o Sr. Antônio, a herança é dividida em três porções iguais: uma para Secundus, outra para Tertius e a terceira dividida em três partes, 1/9 para *A*, 1/9 para *B* e 1/9 para *C*.

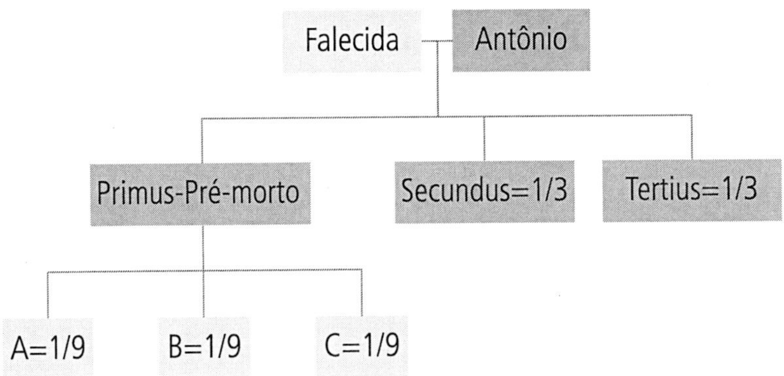

– O Sr. Antônio deixa três irmãos, *A*, *B* e *C*; falecendo, a herança é dividida entre os três, 1/3 para cada qual; se *A* era pré-morto, seus filhos recolherão sua parte, repartindo em porções iguais.

– O Sr. Antônio, casado no regime de comunhão universal de bens com Maria (patrimônio R$120.000,00), deixa três filhos, Primus, Secundus e Tertius; Primus era pai de *A* e *B*; por sua vez, *A* era mãe de *C* e *D*. Falecem

Primus e *A*, antes do Sr. Antônio. Meação do cônjuge R$60.000,00. A herança, R$ 60.000,00, é dividida em três partes, sendo R$ 20.000,00 para Secundus e R$ 20.000,00 para Tertius; a parte de Primus – pré-morto – seria dividida entre *A* e *B*, R$ 10.000,00 para cada um; como *A* é pré-morto, seus filhos, *C* e *D*, recebem R$ 5.000,00 cada um.

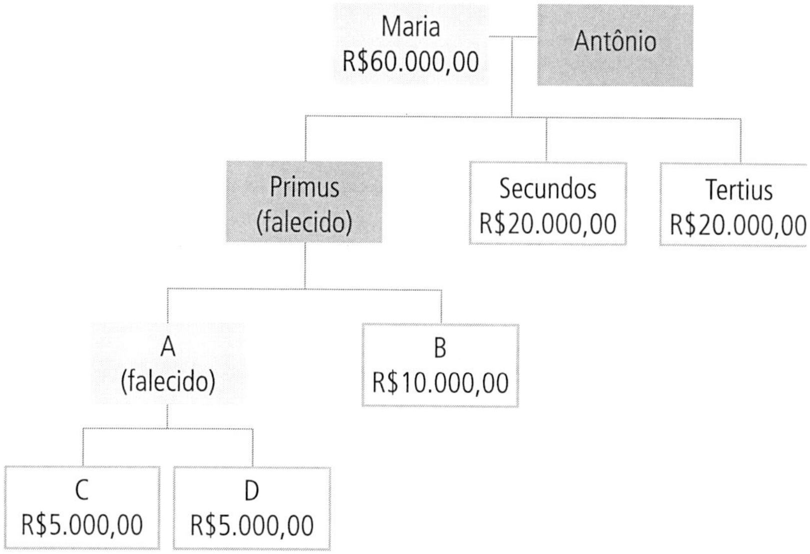

– O Sr. Antônio, solteiro, tem três irmãos, Primus, Secundus e Tertius; Primus era pai de *A* e *B*; por sua vez, *A* era pai de *C* e *D*. Falecem Primus e *A*, depois o Sr. Antônio.

Resposta: A herança de R$ 60.000,00 será dividida em três partes, sendo R$ 20.000,00 para Secundus e R$ 20.000,00 para Tertius; a parte de Primus vai para o filho vivo *B*, por direito de representação entre colaterais, que exclui *C* e *D* (art. 1.853).

– D. Maria, casada com o Sr. Antônio, no regime de comunhão universal de bens, teve três filhos, Primus, Secundus e Tertius; Primus e Secundus morreram antes dela, sendo que Primus teve os filhos *E* e *F*; Secundus teve os filhos *G*, *H* e *I*; Tertius, viúvo, teve os filhos *J* e *K*. Ao falecer o Sr. Antônio, o patrimônio do casal era de R$ 900.000,00. Dividir o monte.

Resposta: Em primeiro lugar, separar os R$ 450.000,00 da meeira; a herança é de R$ 450.000,00, que será dividida por cabeça, para os três filhos; os que estiverem mortos serão representados por seus filhos. Assim, a parte de Primus será dividida para seus filhos *E* e *F*, recebendo, cada um, R$ 75.000,00; a parte de Secundus será dividida entre os três filhos, *G*, *H* e *I*, recebendo, cada um, R$ 50.000,00, e a parte de Tertius, de R$ 150.000,00, será recolhida por ele. *J* e *K* nada recebem porque foram excluídos por Tertius.

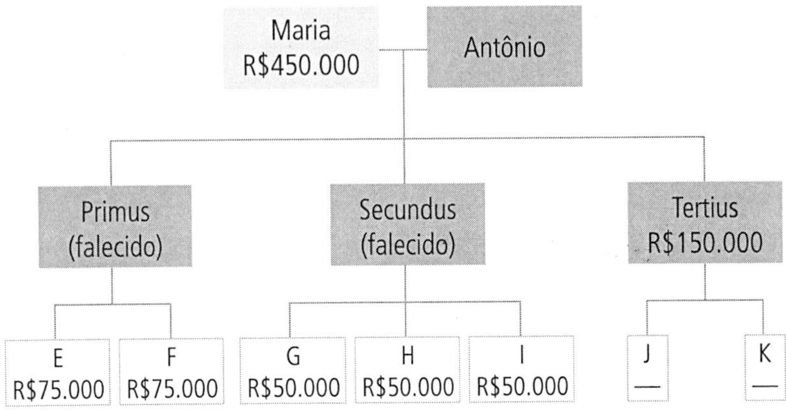

– Francisca, viúva, tinha os filhos Primus, do qual descendem *H*, *I*, *J* e *K*; outro filho, Secundus, pai de *W* e *Z*, e os netos *L* e *M*, progênie do terceiro filho, *D*, pré-morto. Francisca morre, deixando o patrimônio de R$ 420.000,00. Primus renuncia. Dividir o monte.

Resposta: Com a renúncia de Primus, seus filhos são afastados da sucessão, recebendo Secundus e os netos *L* e *M*, progênie do terceiro filho *D*, pré-morto, a totalidade.

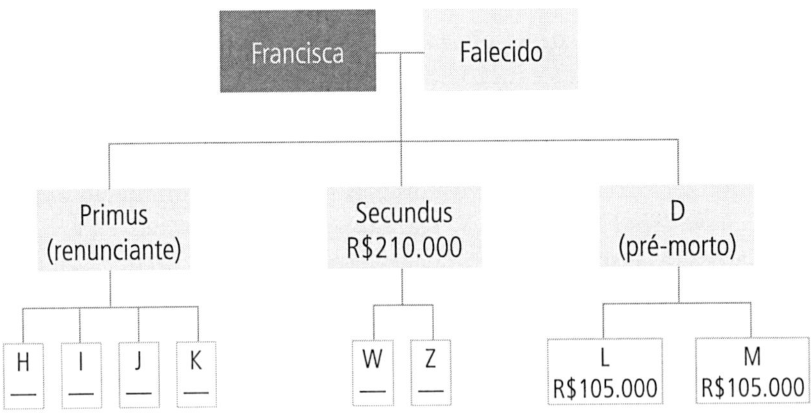

Se Secundus e *D* forem pré-mortos e Primus renunciar, o monte será dividido por cabeça entre os netos, recebendo cada um R$ 52.500,00.

– O Sr. Antônio tinha dois filhos do primeiro matrimônio, Primus e Secundus, e o patrimônio de R$ 300.000,00, quando casou-se com Maria, possuidora do patrimônio de R$ 200.000,00, no regime de comunhão universal de bens. Desse consórcio, nasceram-lhes as filhas Luciana e Fabiana. Em vida, doou para seu filho Primus um apartamento, no valor de R$ 80.000,00 e para Fabiana, um lote no valor de R$ 20.000,00. Doou, também, a seu pai, Felício, um apartamento no valor de R$ 50.000,00. Falecendo o Sr. Antônio, quando o casal tinha o patrimônio de R$ 900.000,00, dividir o monte.

Resposta: Primeiro, dividir a meação, cabendo à viúva, Maria, R$ 450.000,00; aos restantes R$ 450.000,00 somam-se metade das doações feitas aos filhos, em vida, perfazendo o total de R$ 500.000,00, para cálculo das legítimas; R$ 500.000,00 divididos por quatro, caberão R$ 125.000,00 para cada filho. Como Primus já recebeu R$ 40.000,00, agora recolherá somente R$ 85.000,00; Secundus recolherá R$ 125.000,00; Luciana receberá R$ 125.000,00 e Fabiana, que já recebeu R$ 10.000,00, receberá somente R$ 115.000,00.

A doação ao pai não se conta, porque não participa do processo sucessório.

O cônjuge supérstite não concorre à herança, face ao regime de bens do casamento.

Se o regime de casamento do Sr. Antônio e D. Maria fosse de comunhão parcial, o cálculo da meação seria diferente: excluindo a parte com que cada um entrou no casamento, houve o acréscimo de patrimônio de R$ 400.000,00, cuja meação será R$ 200.000,00. Maria receberá R$ 200.000,00 da meação e mais R$ 200.000,00 da parte que tinha quando casou; os restantes R$ 500.000,00, somando metade das doações, R$ 50.000,00, fazem o total de R$ 550.000,00. Primeiro, vamos calcular a legítima do cônjuge sobrevivo (art. 1.832): 4 (quatro) filhos mais o cônjuge igual a 5 (cinco). R$ 550.000,00 dividido por 5 (cinco), igual a R$ 110.000,00. Primus receberá R$ 110.000,00 menos R$ 40.000,00, igual a R$ 70.000,00; Secundus receberá R$110.000,00; Luciana receberá R$ 110.000,00; Fabiana receberá R$ 110.000,00 menos R$ 10.000,00, igual a R$ 100.000,00 e Maria receberá, de herança, R$ 110.000,00.

Elucidação: como o regime era de comunhão parcial de bens e Maria não era ascendente de Primus e Secundus, ela não terá a quarta parte reservada pelo art. 1.832, mas parte igual; por sua vez, os filhos comuns de Antônio e Maria são dois (Luciana e Fabiana) que, igualmente, privam a aplicação do art. 1.832, na parte que outorga ao cônjuge o mínimo de 1/4 da herança.

– Primus, solteiro, tinha três irmãos bilaterais e cinco unilaterais. Faleceu, quando seu patrimônio era de R$ 792.000,00. Dividir o monte.

Resposta: Cada irmão bilateral terá peso 2, no total de 6; cada irmão unilateral terá peso 1, no total de 5; dividir a herança pelo somatório 11, resultando R$ 72.000,00 para cada peso. Os bilaterais receberão R$ 144.000,00, cada um, e os unilaterais, R$ 72.000,00, cada um.

– Antônio, viúvo, pai de Primus e Secundus, com o patrimônio de R$ 300.000,00, casou com Maria no regime de comunhão universal de bens. Maria, ao casar, tinha R$ 200.000,00; nasceram-lhes as filhas Luciana e Fabiana. Falece o Sr. Antônio, dividir o monte.

Resposta: Como o regime de bens no casamento era de comunhão universal, Maria recebe R$ 250.000,00 da meação e não concorre com os filhos na herança; assim, os quatro filhos receberão, cada um, R$ 62.500,00. Se Maria morre, Antônio recebe R$ 250.000,00 da meação e somente as filhas Luciana e Fabiana receberão, cada uma, R$ 125.000,00.

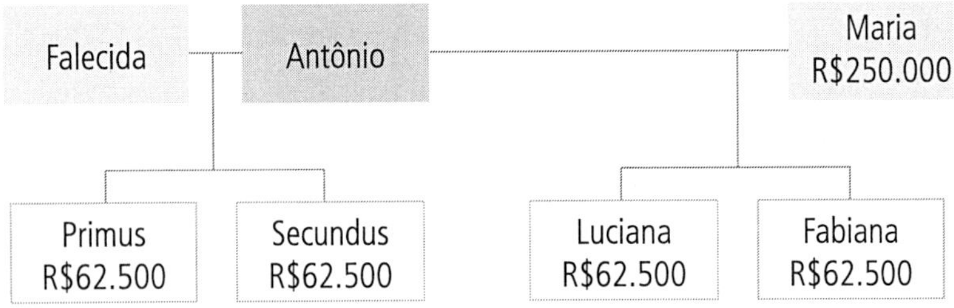

- Antônio, casado com Maria, no regime de comunhão parcial de bens, tendo Antônio bens particulares, falece, deixando pais (*A* e *B*) vivos, sem filhos. O monte era de R$ 600.000,00.

Resposta: Pela lei, caberá 1/3 (R$ 200.000,00) para o cônjuge sobrevivente e os restantes R$ 400.000,00 serão para os pais de Antônio, R$ 200.000,00 para cada um.

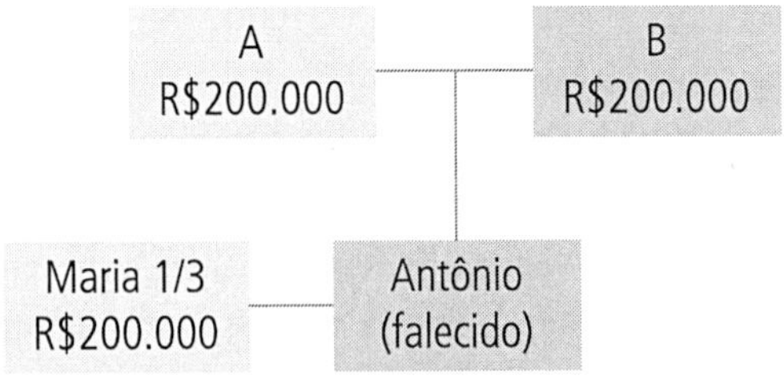

- Antônio e Maria casaram no regime de separação total de bens. Vindo Antônio a falecer, sem pais vivos, mas 4 (quatro) avós vivos, a herança será dividida em duas partes: 50% (cinquenta por cento) para Maria, viúva, e 50% (cinquenta por cento) divididos entre os 4 (quatro) avós.

- Antônio e Maria foram companheiros durante 10 (dez) anos, tiveram 4 (quatro) filhos, Primus, Secundus, Tertius e Quartus. Os bens do casal foram adquiridos no curso da união estável, no total de R$ 1.000.000,00. Falece Antônio. Por força do art. 1.725, a companheira receberá R$ 500.000,00 de meação, pois todos os bens foram adquiridos após a união estável e a título oneroso. Os restantes R$ 500.000,00, compondo a herança, serão divididos entre os 4 (quatro) filhos e a companheira, que com eles concorre, em partes iguais, recebendo, cada um, R$ 100.000,00.

Se os filhos fossem somente de Antônio, a companheira receberia metade do que couber a cada um dos filhos;

Se os bens foram adquiridos antes da união estável, a companheira sobrevíva não terá meação, e a herança (totalidade) será dividida igualmente entre os 4 (quatro) filhos do casal, nada recebendo a companheira.

Os arts. 1.829 e 1.832 têm gerado controvérsias entre os doutrinadores, fato constatado em seminários e debates transmitidos por televisão. Em conversas com o Prof. Zeno Veloso, da Faculdade de Direito da UFPA, constatamos pontos de vista semelhantes, mas parece que a Prof. Giselda Hironaka tem posição diferente. O Prof. Sílvio Venosa, em sua obra *Direito civil, Direito das sucessões*, 2018, transmite opinião similar à nossa.

É preciso muita atenção ao dividir o monte, porque, praticamente, não há fiscal para verificar as contas. Se houver herdeiro menor, caberá ao Ministério Público acompanhar, e a partilha será judicial; se todos forem maiores, havendo erro grosseiro, poderá o Fisco conferir (o que é raro) assim como o Cartório de Registro de Imóveis, quando o formal lhe for apresentado para averbação ou registro. No final das contas, é prudente que o advogado refaça a conta, conferindo a parcela de cada herdeiro, inclusive as colações. Um erro do profissional, mesmo de boa-fé, poderá, no futuro, ser descoberto pelo herdeiro prejudicado, resultando em desavenças ou inimizade entre os familiares.

Uma coisa é a meação do cônjuge sobrevivente e outra, muito diferente, é a legítima dos herdeiros necessários; os dois cálculos são diferentes, com fórmulas próprias.

Havendo testamento, separar a sucessão legítima da testamentária; pagar as dívidas e, do que sobrar, dividir cada qual, pesquisando se o testador não ultrapassou seu limite, invadindo a legítima dos herdeiros necessários; se isso tiver ocorrido, deverá ser feita a redução, primeiro nos herdeiros instituídos, depois, nos legados. Se o testador não dispôs de toda a sua metade disponível, o remanescente será acrescido na sucessão legítima, a ser dividida entre os herdeiros necessários (ou, simplesmente, legítimos).

Terminada uma partilha, é de bom alvitre que o advogado colha as assinaturas da meeira e de todos os herdeiros, para que todos saibam, conscientemente, o que estão assinando e o que vão receber.

O bom nome do profissional é muito mais importante que os honorários que receberá em um caso: o nome é para toda uma existência.

Jurisprudência

REGISTRO DE IMÓVEIS – Escritura de inventário, partilha e adjudicação – Inviável o exercício do direito de representação em virtude do representado não ser pré-falecido em relação ao autor da herança – Compete a transmissão da propriedade ao espólio herdeiro e, após, deste a sua única herdeira, não é possível transmissão da propriedade diretamente à herdeira neta pelo fato de seu pai ser vivo ao tempo da morte de seu avô paterno – Violação do princípio da continuidade – Impossibilidade de acesso ao fólio real – Recurso improvido (TJSP – Apelação 00370129320108260100 – São Paulo – Conselho Superior de Magistratura – Relator Maurício da Costa Carvalho Vidigal – 7-7-2011 – Votação: Unânime – Voto nº 15.320).

PROCESSUAL CIVIL INVENTÁRIO HERDEIRO PRÉ-MORTO DIREITO DE REPRESENTAÇÃO ART. 1851 DO CÓDIGO CIVIL PRETENSÃO DE EXCLUSÃO INADMISSIBILIDADE DECISÃO CORRETA AGRAVO CONHECIDO E DESPROVIDO – Filhos de herdeiro pré-morto qualificam-se de representantes do falecido sendo-lhes, por isso, assegurado o direito de suceder em todos os direitos que o falecido receberia, se vivo fosse, consoante disposto pelo art. 1.851 do CPC. (TJPR – AI 0607139-6 – 12ª C.Cív. – Rel. Des. José Cichocki Neto – *DJe* 21-6-2010 – p. 144).

SUCESSÃO LEGÍTIMA – DIREITO DE REPRESENTAÇÃO – FRAUDE À EXECUÇÃO – NÃO CONFIGURAÇÃO – Na sucessão por direito de representação, disciplinada pelos artigos 1.851 a 1.856 do Código Civil, o herdeiro representante é chamado a suceder o parente mais próximo do autor da herança, já previamente falecido, em todos os seus direitos em que ele sucederia, se vivo fosse. Como no direito de representação os herdeiros legítimos contemplados, também denominados representantes, sucedem diretamente o falecido, não respondem pelas dívidas do sucessor representado, mas somente pelas daquele, por força do art. 1.997 do Código Civil. Seguindo tais premissas, não há que se cogitar em fraude à execução quando evidenciado nos autos que o imóvel noticiado pela exequente, objeto de alienação, foi herdado pelos filhos do *de cujus* diretamente de seus avós parternos, por força do art. 1.851 do Código Civil, sendo jamais parte integrante do espólio executado nos presentes autos (TRT-03ª R. – AP 1156/2006-081-03-00.0 – Rel. Des. Sebastião Geraldo de Oliveira – *DJe* 23-6-2010 – p. 96).

"AGRAVO DE INSTRUMENTO – AÇÃO DE INVENTÁRIO – ROL DE HERDEIROS – COLATERAIS EM QUARTO GRAU – DIREITO DE REPRESENTAÇÃO – INADMISSIBILIDADE – 1 – No direito sucessório, em regra, os herdeiros mais próximos excluem os mais remotos, a não ser nos casos em que e admitido o direito de representação quando a herança e deferida ao herdeiro mais remoto, que e chamado a suceder em lugar do mais próximo, em razão deste ser pré-morto a abertura da sucessão, a teor dos artigos 1.833 e 1.851 do código civil. 2 – Na linha colateral o direito de representação deve ser mais restrito, a fim de se evitar dispersão da herança, bem como a dupla representação, motivo pelo qual o referido direito esbarra no terceiro grau (FILHOS DE IRMÃOS DO FALECIDO, QUANDO COM IRMÃOS DESTES CONCORREM. ARTIGO 1853 DO CC/02). Agravo conhecido e desprovido. Decisão mantida" (TJGO – AI 72602-0/180 – 3ª C.Cív. – Rel. Des. Floriano Gomes – *DJe* 15-7-2009 – p. 129).

APELAÇÃO CÍVEL – AÇÃO DE INDENIZAÇÃO POR DANOS MORAIS – PAI DOS AUTORES VÍTIMA DE HOMICÍDIO PRATICADO PELO PAI DOS RÉUS – HERANÇA POR ESTES RECEBIDA DO AVÔ QUANDO JÁ FALECIDO O AUTOR DO ILÍCITO QUE NÃO DEIXOU BENS A INVENTARIAR – DIREITO DE REPRESENTAÇÃO – FUNDAMENTOS E EFEITOS DO INSTITUTO – RÉUS QUE HERDAM DIRETAMENTE DO AVÔ – PATRIMÔNIO QUE NÃO RESPONDE PELA REPARAÇÃO DOS DANOS – RECURSO PROVIDO – Quem herda por direito de representação não exerce direito do herdeiro pré-morto, mas direito próprio que a lei lhe confere diretamente. Não há duas sucessões (uma entre o autor da herança e seu descendente em 1º grau já falecido e outra entre este e seus descendentes), mas uma só (entre o autor da herança e seus descendentes em 2º grau na linha reta). Os bens do autor da herança não passam a integrar o patrimônio do pré-morto para, em seguida, serem transferidos aos herdeiros. Isso não ocorre nem mesmo ficticiamente, pois não é essa a finalidade do direito de representação. Pontes de Miranda sintetiza com lucidez: "O representante não exerce, rigorosamente, direitos do representado. Põe-se no lugar e no grau dele, porém, o direito que exerce é seu. Do representado há completa abstração" (apud LEITE, Eduardo de Oliveira. *Direito civil aplicado*, v. 6: direito das sucessões. São Paulo: Revista dos Tribunais. 2004, p. 165). "O principal efeito da representação é atribuir o direito sucessório a pessoas que não sucederiam, por existirem herdeiros de grau mais próximo, mas que acabam substituindo um herdeiro pré-morto. Pelo fato de os representantes sucederem diretamente o *de cujus*, não estão obrigado pelas dívidas do representado, mas somente pelas daquele" (GONÇALVES, Carlos Roberto. *Direito civil brasileiro*, v. 7: direito das sucessões. 2. ed. rev. ampl. e atual. São Paulo: Saraiva, 2008. p. 201) (TJSC – AC 2004.012118-0 – 2ª CDCiv – Rel. Des. Jaime Luiz Vicari – *DJe* 31-8-2009 – p. 169).

8

HERDEIROS NECESSÁRIOS

1 Noções gerais

Os herdeiros necessários, descendentes, ascendentes e o cônjuge constituem um freio na liberdade de testar do autor da herança. Sua origem remonta ao Direito romano, mas tem sua força máxima na ideia do vínculo do sangue, importante no Direito germânico. É bem verdade que o autor da herança forma o patrimônio com seu labor, com poupança ou, mesmo, com o produto de outra herança que arrecadou. Embora sendo, praticamente, seu o esforço da formação desse patrimônio, existindo herdeiros necessários sucessíveis, a lei estabelece um limite à sua vontade de distribuição desses bens.

A partir de 1977, grandes mudanças nos códigos europeus e também o Brasil se desvinculou, nessa parte, do sistema francês. A afeição, o amor de um cônjuge ao outro, suplantou a tradicional supremacia do sangue. Cresce, a cada ano, a força da afeição, gerando novas conquistas no Direito Civil. É imensurável a dimensão do amor, surgindo a ideia central com as palavras de Cristo.

2 Porção disponível

O Código Civil determinou no art. 1.846 que pertence aos herdeiros necessários, isto é, aos descendentes, aos ascendentes e ao cônjuge, de pleno direito, a metade dos bens da herança, constituindo a legítima. Essa é uma imposição legal que representa um freio à vontade do titular do patrimônio e deverá, sempre, ser respeitada. Embora tenha sido o titular o único a trabalhar e auferir ganhos, mesmo assim, não poderá ele dispor livremente de seus bens, reservando essa metade como legítima para seus herdeiros necessários.

A outra metade é chamada de porção disponível e poderá o titular do patrimônio transmitir a pessoas de seu agrado, respeitando, ainda assim, as proibições legais, elencadas no art. 1.801.

Herdeiro necessário sucessível é o conduzido pela lei, que não foi excluído da sucessão, nas hipóteses previstas no código. É aquele que, expressa e justamente, não foi deserdado pelo testador e, portanto, não pode ser preterido por ele.[1]

Esses herdeiros são, também, chamados de legitimários, forçados ou reservatários. Inexistindo qualquer impedimento ao recolhimento da herança, sua presença representa um limite para o testador. São, portanto, os herdeiros necessários privilegiados em relação à universalidade dos herdeiros. O cônjuge passou à condição de herdeiro necessário, consoante o art. 1.845, copiando legislações europeias e, até mesmo, promulgadas em países sul-americanos. Foram precursores da ideia no Brasil Orlando Gomes e Caio Mário da Silva Pereira consagrados civilistas.

Como primeira conclusão, a existência de um único herdeiro necessário, quer seja descendente, ascendente ou o cônjuge, o autor do patrimônio somente poderá testar metade dos seus bens. Se, por acaso, tiver extrapolado, adentrando-se nas legítimas desses herdeiros, permanece válido o testamento, devendo, entretanto, reduzir as disposições testamentárias, àquilo que poderia dispor livremente.

O CC não criou qualquer óbice ao cônjuge casado no regime de separação total de bens. O art. 1.845 incluiu esse cônjuge como cerceador do direito de testar.

Somente em havendo herdeiro necessário ocorrerá cerceamento à liberdade de testar. Inexistindo, ao contrário, nenhum empecilho restará, mesmo que o títulos do patrimônio tenha 45 sobrinhos, filhos de irmãos, quase todos premortos.

3 Legítima

Legítima ou reserva é uma porção sagrada, teoricamente intocável, que a lei separa, obrigatoriamente, aos parentes do *de cujus* em linha reta, quer descendente, quer ascendente e ao cônjuge, chamados à sucessão.

A legítima é uma porção igual à metade disponível, abatidas as dívidas e despesas de funeral, e acrescida das doações feitas em vida pelo autor da

[1] OLIVEIRA, Arthur Vasco Itabaiana de. *Tratado de direito das sucessões*. Rio de Janeiro: Livraria Jacinto, 1936. v. 2, p. 625.

herança. O art. 1.847 explicita como se apura o valor destinado à legítima dos herdeiros necessários: "Calcula-se a legítima sobre o valor dos bens existentes na abertura da sucessão, abatidas as dívidas e as despesas do funeral, adicionando-se, em seguida, o valor dos bens sujeitos a colação." Essa parcela é imutável no Direito brasileiro, pouco importando o número de herdeiros, diferentemente do que é disposto em outras legislações.

3.1 Cálculo da metade

Ao morrer o testador impõe-se, primeiramente, calcular sua metade disponível para adequar sua vontade com o texto legal.

O art. 1.847 estabelece regras da maior importância no Direito Sucessório. Primeiramente, o cálculo da metade disponível. Esta é encontrada entre os bens existentes na data da morte do testador, deduzindo-se as dívidas vencidas e vencíveis e as despesas do funeral.

É possível que o autor da herança tenha formado vultoso patrimônio no decurso da existência e, ao mesmo tempo, praticado diversos atos de alienação e de liberalidade, reduzindo, portanto, a dimensão dessa universalidade. Esses fatos não são importantes para o estabelecimento da metade disponível, uma vez que a lei fixou o momento e a forma de sua apuração, isto é, no instante de seu passamento.

Se o testador era casado, sob o regime de comunhão universal de bens, o resultado do cálculo do valor líquido deverá ser dividido por dois para encontrar-se a parcela da meação e a metade disponível; se o regime de bens era o da comunhão parcial, excluem-se os bens que os cônjuges trouxeram para o casamento e são divididos somente os aquestos.

É princípio básico que as legítimas devem ser sempre iguais. Para seu cálculo dispõe o parágrafo único do art. 1.847 que à metade indisponível serão adicionadas as doações feitas por ele a seus descendentes.

Importante destacar as ressalvas do art. 2.005, excepcionando a regra geral. São somados todos os bens existentes na data do óbito, abatidas as dívidas vencidas e as vincendas, cujo resultado líquido dividido pelo número dos filhos (se for o caso) e do cônjuge apontará a legítima de cada um. As despesas necessárias para ultimar o inventário, transmissão, honorários etc. não são do monte, mas das partes interessadas, que recebem seu quinhão. A meação do cônjuge não gera imposto de transmissão, porém deve ele representar-se por profissional habilitado na OAB (pagando os honorários) e ratear as despesas com as custas do processo. Cada herdeiro pagará seu imposto de transmissão, não cabendo ao monte suportar tal ônus. Se as partes, ao contrário, dispuserem que seja diminuída de sua parcela, requerendo ao juiz a venda de um bem para pagar o imposto, pode o magistrado acatar o requerimento, por se tratar – sucessão – de direito patrimonial e não fere qualquer norma de ordem pública.

Matéria de vital importância, merece um exemplo prático para tirar as dúvidas. Suponhamos que "o Sr. Antônio, ao falecer, tenha o patrimônio de R$ 800.000,00; são dívidas de médicos, hospital, funeral, R$ 20.000,00; assim, R$ 780.000,00 são divididos por dois, encontrando-se a meação do cônjuge sobrevivente e a metade destinada aos herdeiros. Sabendo-se que essa metade é de R$ 390.000,00 e o Sr. Antônio tinha os filhos Primus, Secundus e Tertius. Se quisesse fazer testamento a quota disponível seria de R$ 195.000,00, que não deverá ser ultrapassada; aos restantes R$ 195.000,00 deverão ser adicionadas as doações feitas em vida, sem liberação de colacionar, para o cálculo das legítimas. Inexistentes doações, cada legítima será de R$ 65.000,00".

Embora a quota disponível, isto é, a parcela que o autor da herança possa dispor, livremente, em seu testamento, represente 50% da sua meação, se casado for, nem sempre as disposições testamentárias abrangem essa totalidade. Distribuídos os legados e a quota destinada ao herdeiro instituído, o remanescente será acrescido na sucessão legítima.

Permite a lei que o "herdeiro necessário, a quem o testador deixar a sua metade disponível, ou algum legado, não perderá o direito à legítima" (art. 1.849). Está claro que o herdeiro necessário pode ser igualmente legatário ou herdeiro instituído, sem qualquer prejuízo à sua legítima.

A dificuldade maior surge porque alguns autores não distinguem entre o direito do cônjuge e o direito do companheiro. A lei defere de forma diferente esses direitos, com ou sem retrocesso da legislação vigente. O texto legal atribui a cada qual determinado direito. Se o companheiro só participa dos bens onerosos, adquiridos na constância da união estável, não há qualquer restrição para o cônjuge supérstite, tornando-se indevida sua exclusão do cálculo da legítima, em igualdade com os descendentes.

O intérprete não pode distinguir aquilo que a lei não distingue. Inexiste qualquer regra própria para o cálculo da legítima do cônjuge, diferente daquela encontrada no art. 1.847 do CC. Os bens particulares, dessa forma, se somam à meação encontrada e devida ao falecido, calculando-se as legítimas em igualdade, quando o cônjuge concorre com os descendentes.

Não se pode associar o direito devido ao companheiro àquilo que participa o cônjuge. Decisão do STF não revoga lei, muito menos "criar" nova lei. A competência do STF está nos arts. 104 e 105 da Constituição, não existindo a prerrogativa de legislar.O regime democrático tem seu alicerce nos três poderes da República.

3.2 Exclusão de herdeiros

Insere o legislador uma regra repetitiva no art. 1.850, dispondo que o testador pode excluir da sucessão testamentária os herdeiros colaterais, bastando ignorá-los e dispondo de toda a sua porção disponível, sem os contemplar. Ora, é sabido que somente os herdeiros necessários representam limite à vontade do testador. Os demais herdeiros são, simplesmente, herdeiros legítimos e podem ser ignorados.

> *"Na interpretação do dispositivo, Pontes de Miranda ensina que dele resultam as seguintes conclusões: a) que a instituição do herdeiro universal afasta a sucessão legítima; b) que, se a instituição é em frações, cuja soma seja a unidade, não há sucessão legítima; c) também não a haverá se o testador distribuir toda a herança em legados, ou se nomear herdeiros de parte da herança e ordenar legados de todo o resto ou nomear legatário e distribuir toda a herança em encargos e recomendações."*[2]

> *"Não tendo o testador descendentes nem ascendentes – e somente estes, dentro da sistemática brasileira, são herdeiros necessários (na vigência do CC/1.919) –, pode o testador dispor, em favor de terceiros, da totalidade do seu patrimônio e afastar, em consequência, o cônjuge e os colaterais."*[3]

No CC/2.002, integrando o cônjuge a posição que lhe foi dada no art. 1.845, somente será possível ao testador dividir todos os seus bens, em não havendo qualquer das classes previstas, inclusive o cônjuge. Ressalte-se, contudo, que o companheiro não teve sua inclusão na lista dos herdeiros necessários, portanto sua presença não é empecilho para o testador.

3.3 Conversão da legítima

Dispunha o art. 1.723 do Código Civil de 1916, cuja redação foi introduzida no Projeto Beviláqua pela Lei de nº 1.839, de 31 de dezembro de 1907, chamada Lei Feliciano Pena, que o testador poderia determinar a conversão dos bens da legítima em outras espécies. O art. 3º deste decreto constitui uma das peculiaridades da nossa legislação.[4] Sempre foi princípio basilar do Direito Sucessório a força da legítima do herdeiro necessário. No entanto, permitiu esse dispositivo legal que o testador interferisse nessa parcela intangível, quer convertendo os bens da legítima em outras espécies, quer impondo-lhe cláusulas de incomunicabilidade e inalienabilidade.

---

[2] SANTOS, J. M. Carvalho. *Código Civil brasileiro interpretado*. Rio de Janeiro: Freitas Bastos, 1961. p. 124, v. 24.

[3] *RT*, 716/255.

[4] BEVILÁQUA, Clóvis. *Comentários ao Código Civil*. p. 175, v. 6.

A conversão era uma faculdade do testador que poderia substituir os bens da legítima por outros não existentes nela. Não é possível a indicação dos bens que constituirão a legítima, pois isso não seria conversão mas interferência direta na partilha, o que é vedado pela lei.[5]

O Código Civil de 2002 modificou essa regra centenária, não mais permitindo que os bens da legítima fossem convertidos em outros de espécie diversa (§ 1º do art. 1.848). A nova orientação imposta pela lei é salutar e corresponde aos anseios populares. Não se justificava a norma revogada. Por outro lado, em 40 anos de prática forense, nunca vi uma ação judicial sobre o assunto, fazendo crer que se tratava de letra morta.

De qualquer forma, veio em boa hora, alterando aquela hipótese que fazia parte de nosso ordenamento jurídico.

Ressalte-se, desde logo, a possibilidade de ser possível a partilha feita por ascendente, em vida, nos termos do art. 2.018, contanto que não prejudique a legítima dos herdeiros necessários. Sem dúvida uma das hipóteses do planejamento sucessório é a divisão do patrimônio pelo titular do direito (ascendente) é a doação em vida aos seus descendentes, evitando atritos futuros.

3.4 Incomunicabilidade da legítima

O *caput* do art. 1.848 introduziu no texto legal modificação à prática adotada no sistema que estava vigente. Muitos doutrinadores são contrários à imposição de ônus sobre as legítimas dos herdeiros necessários, sob o forte argumento de que tais bens, clausulados, teriam sido retirados do mercado, evitando a circulação de riquezas.

Concordamos, até certo ponto, com essas opiniões, porém é nosso pensamento que o autor da herança, conhecedor que é de seus herdeiros, tem o direito de zelar pela continuidade do patrimônio dentro da família. Para tanto, na maior parte dos casos, sabendo como se casavam os filhos, a vida que levavam, cerceava-lhes o direito de disposição dos bens que seriam transmitidos por sua morte.

É bem verdade que doutrinadores propugnam pela segurança nas relações jurídicas e criticam a inalienabilidade; por se tratar de relação patrimonial, figurando o autor e construtor do patrimônio e a transmissão para seus sucessores, não resta dúvida de que o direito dos herdeiros é, *data venia*, mais importante que, por exemplo, o crédito de um banco. A manutenção e preservação do patrimônio na pessoa do legitimário e no engrandecimento

---

5 OLIVEIRA, Arthur Vasco Itabaiana de. Op. cit. p. 642, v. 2.

dos bens dos herdeiros é, indubitavelmente, maior preocupação do testador e ascendente.

Segundo se sabe, essa é uma reminiscência do *pater familias*, vinda do direito romano, após o estabelecimento de limite na liberdade de testar, mas facultando ao ascendente a garantia da transmissão de seu patrimônio a seus descendentes.

Para tanto, impunha o titular do patrimônio as cláusulas de incomunicabilidade dos bens da legítima, ou, até mesmo, a impenhorabilidade e inalienabilidade.

A ideia surgiu como grande avanço social, quando, no início do século XX, 1907, pudesse o pai confiar à livre administração da mulher herdeira a herança que lhe seria transmitida. Assim, visando assegurar sua filha herdeira da interferência do marido, pode o testador clausular sua legítima, total ou parcialmente, para que somente ela administre os bens deixados. Essa pode ser uma providência tutelar no interesse da família, evitando que a legítima falhe a seu destino econômico, sendo nisso melhor juiz o testador.[6] A incomunicabilidade reflete o mesmo pensamento, preservando a legítima do herdeiro. Entendem alguns doutrinadores que a legítima não mais se constitui de parte da herança, mas de parte do valor da herança.[7]

Quanto à impenhorabilidade, entendemos que o legislador avançou além de seu limite. Sendo a legítima intocável, intangível, sagrada, representando cerceamento à liberdade de testar, pondere-se que o ascendente, em regra geral, melhor conhecendo seus descendentes, busca protegê-los e assegurando-lhes o recebimento e manutenção dos bens que serão transmitidos. Até certo ponto, consideramos inoportuna a proibição legal de evitar o ônus de inalienabilidade na legítima. O direito da legítima provém de regras de ordem pública e essa interferência é um resquício do individualismo reinante no Direito Civil de outrora. Pensamento diverso esposa Barros Monteiro, que vê na figura uma forma de assegurar a subsistência dos herdeiros necessários.[8]

Permite o art. 1.848 que o testador onere a legítima do herdeiro necessário, instituindo a inalienabilidade temporária ou vitalícia, desde que exista justa causa, declarada em testamento. O espírito do legislador exterioriza a proteção do herdeiro incauto, visando preservar o patrimônio, muitas das vezes conseguido com muito esforço e trabalho. Dizem os doutrinadores que os

---

6 FULGÊNCIO, Tito. *Direito das sucessões*, p. 288.

7 RODRIGUES, Sílvio. *Direito civil*. São Paulo: Saraiva, 1995. p. 184, v. 7.

8 MONTEIRO, Washington de Barros. *Curso de direito civil*. São Paulo: Saraiva, v. 6, p. 112.

pais conhecem seus filhos melhor que o juiz ou os estranhos, sabendo suas fraquezas, predileções, necessidades e conveniência,[9] e querem garantir a permanência do bem no patrimônio do herdeiro, enquanto este for vivo.

É interessante saber que a cláusula de inalienabilidade não obsta à livre disposição dos bens por testamento e, em falta deste, à sua transmissão, desembaraçados de qualquer ônus, aos herdeiros legítimos,[10] nem pode ultrapassar a vida do herdeiro.

A justa causa é, no entanto, sério problema, que será objeto de ações judiciais. Não resta dúvida de que a inalienabilidade é uma forma de preservar o patrimônio do filho, especialmente se ele é viciado em drogas, inclusive o álcool, ou é voltado para a prática de negócios jurídicos perigosos, chegando ao limite de prática de atos ilícitos.

O legislador retirou do autor do patrimônio essa faculdade ampla, permitindo-lhe, no entanto, poder usá-la em casos especiais.

Discordamos, entretanto, da modificação, imposta pelo legislador e de alguns doutrinadores. Continuamos a defender a instituição da cláusula de incomunicabilidade, sem qualquer justificativa, podendo o pai ou a mãe, dessa forma, manifestar a defesa do patrimônio da filha ou do filho, vulnerável no momento das núpcias a serem contraídas ou, em outra oportunidade, ao fazer doação. É bastante constrangedor fazer doação de um apartamento ao filho ou à filha, com cláusula de incomunicabilidade, tendo o doador de justificar o motivo da imposição. Às vezes o enunciado pode provocar rompimento ou criar arestas transponíveis ou não.

Como o regime legal é o da comunhão parcial de bens, o art. 1.659 do CC exclui as doações e a herança da comunicabilidade. Pode ocorrer, inadvertidamente, que o doador seja mal orientado pelo notário e faça a escritura de doação a ambos os cônjuges, quando deseja fazê-lo somente à sua filha ou a seu filho. Lavrado o instrumento, torna-se definitiva a doação a ambos.

Se o autor da herança justificar, por testamento, o estabelecimento das cláusulas de inalienabilidade, incomunicabilidade e impenhorabilidade, poderá fazê-lo de forma plena ou transitória, isto é, determinar que os ônus foram estabelecidos durante 10 (dez) anos, por exemplo, ou até a maioridade do herdeiro, ou silenciar, o que seria definitivo, sem limitação de tempo.

---

9 MAXIMILIANO, Carlos. *Direito das sucessões*. Rio de Janeiro: Freitas Bastos, 1943. v. 3, p. 29.

10 *Código Civil*, art. 1.848 CC/2002.

3.5 Conversão do ônus

Instituída a inalienabilidade e/ou impenhorabilidade e/ou incomunicabilidade, devidamente justificadas, fazendo, portanto, prevalecer os ônus, após a morte do autor da herança, possibilita a lei ao herdeiro, mediante autorização judicial, a transposição do ônus imposto para outros bens.

Deverá o herdeiro interessado provar, em juízo, a justa causa. Digamos que o Sr. Antônio clausulou de inalienabilidade a legítima de seu filho Primus, tendo declarado, no testamento, que Primus era viciado e dependente de drogas. Alguns anos depois, já falecido o Sr. Antônio, Primus, ainda dependente, postula em juízo a conversão desse ônus que incide sobre o lote da Rua Lagoa da Prata, alegando que precisa de parte do dinheiro para internação e tratamento médico, em clínica especializada, livrando-se das drogas. O restante do dinheiro seria utilizado para comprar um apartamento de dois quartos, proporcionando-lhe rendimento de aluguel.

No pedido supra, o herdeiro pede a conversão e, se o juiz conceder, o apartamento de dois quartos ficará onerado com as cláusulas em sub-rogação, nos termos do § 2º do art. 1.848.

Resta saber se os frutos dos bens clausulados estão, também, onerados. Segundo manifestação do Supremo Tribunal Federal, não fere o testador o direito do herdeiro necessário, estabelecendo ônus idêntico sobre os frutos.[11] Quando os frutos representam alimentos, forma de subsistência do herdeiro, não resta dúvida de que não deve prevalecer a vontade do testador, extremada em seu conteúdo, a ponto de ferir direito pessoal inalienável e indelegável. Não obstante a jurisprudência, entendem alguns que os frutos de bens incomunicáveis entram para a comunhão.[12]

Na opinião de Sílvio Rodrigues, a cláusula de inalienabilidade é sempre má, por retirar bens do comércio, ainda que transitoriamente.[13]

O Código Civil vigente alterou, substancialmente, o conteúdo desse capítulo, as regras da incomunicabilidade, impenhorabilidade e inalienabilidade, bem como a conversão do ônus. Ainda nesse capítulo, a inclusão do cônjuge representou novo marco no Direito das Sucessões, gerando, na doutrina e nos Tribunais, posições divergentes, acórdãos conflitantes, inexistindo qualquer súmula vinculante.

---

[11] Ver *Forense*, 140-148.

[12] *Código Civil*, arts. 1.659, I e 1.668, I, do CC/2.002, com redação diferente do CC/1.919, que estava nos arts. 263, nº II, e 265.

[13] RODRIGUES, Silvio. Op. cit. p. 187.

A lei vigente libera a legítima de interferências do testador, onerando com incomunicabilidade e impenhorabilidade os bens que formam esta porção concebida desde o Direito romano. Tratando-se de porção indisponível, é razoável o texto legal, proibindo o ônus, salvo se provada a justa causa pelo testador.

O pedido de sub-rogação de bens onerados é bastante utilizado, prevendo-se, para o futuro, maior demanda dos interessados.[14] A maleabilidade introduzida no Código faculta àqueles que se sentirem prejudicados e necessitarem do valor dos bens, ou de parte deles, postular em juízo, provando a necessidade, a sub-rogação.

Jurisprudência

TESTAMENTO. ROMPIMENTO. HERDEIROS NECESSÁRIOS. LEGÍTIMA PRESERVADA.RECONHECIMENTO DE FILHO POR SENTENÇA JUDICIAL POSTERIORMENTE AO TESTAMENTO E AO ÓBITO DO TESTADOR. ALEGAÇÃO DE ROMPIMENTO FORMULADA POR FILHO AQUINHOADO NO TESTAMENTO, QUE ANTES RECEBEU DOAÇÃO COM ENCARGO DE RESSARCIMENTO PARA EQUALIZAÇÃO. CONCORDÂNCIA COM O TESTAMENTO POR PARTE DOS DEMAIS FILHOS, INCLUSIVE O FILHO RECONHECIDO. VALIDADE DO TESTAMENTO. RECURSO ESPECIAL PROVIDO. 1.- Não ocorre o rompimento do testamento, que, preservada a legítima, outorga da parte disponível em favor de todos os filhos reconhecidos, no caso de reconhecimento ulterior ao testamento e ao óbito, de filho não incluído no testamento à vista de dúvida de paternidade, desfeita em ação de investigação de paternidade mediante o exame de DNA com utilização de material genético deixado pelo próprio testador, para.análise.2.- Vontade clara do testador preservada, inclusive quanto a ressarcimento por filho donatário de parte do patrimônio, por doação em vida, único a pleitear o rompimento do testamento, cuja validade é

[14] "Subrogação de bens onerados – I. É pacífico no Superior Tribunal de Justiça o entendimento de que a desapropriação de bens onerados com cláusula de inalienabilidade e impenhorabilidade – caso de ações nominativas da Cia. Paulista de Estradas de Ferro – não faz desaparecer a restrição imposta pelo instituidor, dando-se a sub-rogação do valor da indenização em substituição daqueles. II. Recurso especial não conhecido. Administrativo. Desapropriação. Ações nominativas. Cia. Paulista de Estradas de Ferro. Cláusulas de inalienabilidade e impenhorabilidade. Sub-rogação dos ônus no produto da alienação. Cód. Civil, arts. 1.676 e 1.677. Decisão: Vistos e relatados estes autos, em que são partes as acima indicadas, decide a Segunda Turma do Superior Tribunal de Justiça, à unanimidade, não conhecer do recurso, na forma do relatório e notas taquigráficas constantes dos autos, que ficam fazendo parte integrante do presente julgado. Participaram do julgamento os Srs. Ministros Hélio Mosimann e Francisco Peçanha Martins. Não participou dessa assentada o Sr. Ministro Ari Pargendler, art. 162, §4º, RISTJ. Custas, como de lei" (STF – REsp Acórdão 84399/SP (199500709910), RE 271233, 13-4-1999, Rel. Min. Aldir Passarinho Jr.).

admitida por todos os demais herdeiros, inclusive pelo reconhecido ulteriormente.3.- As circunstâncias da existência de filhos, herdeiros necessários, conhecidos do testador, tanto que em seu favor realizado o testamento, e da disposição testamentária com preservação da legítima de herdeiros necessários, torna prejudicada a discussão a respeito de conhecimento, ou não, pelo testador, da existência de outros filhos, no caso, o filho ulteriormente reconhecido por sentença judicial transitada em julgado.4.- Vontade do testador absolutamente preservada, inclusive quanto ao sistema por ele estabelecido para a equalização patrimonial dos filhos após o óbito.5.- Recurso Especial provido, com o restabelecimento do julgado de 1º Grau, prejudicados Embargos de Declaração interpostos pela Procuradoria Geral.(STJ - REsp 1273684/RS, Rel. Ministro SIDNEI BENETI, TERCEIRA TURMA, julgado em 08/05/2014, DJe 08/09/2014)

EMENTA: AGRAVO DE INSTRUMENTO. AÇÃO DE INVENTÁRIO. REGIME DE BENS. COMUNHÃO PARCIAL. CÔNJUGE SUPÉRSTITE. EXISTÊNCIA DE BENS PARTICULARES. HERDEIRA NECESSÁRIA. CONCORRÊNCIA QUANTO A ESTES COM OS DESCENDENTES DO DE CUJUS. ART. 1829, INCISO I, DO CÓDIGO CIVIL. RECURSO CONHECIDO E NÃO PROVIDO. 1. Consoante a norma inserta no artigo 1.829, inciso I, do Código Civil, ao cônjuge supérstite casado sob o regime da comunhão parcial de bens, é deferida a sucessão dos bens particulares existentes em concorrência com os descendentes do de cujus. 2. Assim, além da meação (instituto de direito de família) dos bens adquiridos onerosamente na constância do matrimônio, a viúva, face à existência de bens particulares, integra o rol dos herdeiros necessários em concorrência com os descendentes apenas com relação aos bens particulares. V.V. EMENTA: AGRAVO DE INSTRUMENTO - AÇÃO DE INVENTÁRIO - CÔNJUGE SOBREVIVENTE - SUCESSÃO COM A DESCENDENTE - ART.1.829, I, DO CC/02 - INTERPRETAÇÃO À LUZ DAS REGRAS DO REGIME DE COMUNHÃO PARCIAL - BENS PARTICULARES - INEXISTÊNCIA DE DIREITO SUCESSÓRIO - BENS COMUNS - DIREITO À MEAÇÃO E À HERANÇA - PRECEDENTE DO STJ - RECURSO PROVIDO. 1) O art.1.829, inciso I, da CC/02, que trata do direito sucessório do cônjuge com os descendentes deve ser interpretado à luz das regras que regem o respectivo regime de bens. 2) Na hipótese de o "de cujus" ser casado sob o regime de comunhão parcial, o cônjuge sobrevivente não herda os bens particulares porventura existentes, dada a sua natureza incomunicável, mas herda os bens comuns, porquanto contribuiu para sua aquisição, resguardado, em todo caso, o seu direito à meação, posto tratar-se de patrimônio próprio, não proveniente do direito sucessório. Precedente do STJ. 3) Recurso provido. (TJMG - Agravo de Instrumento-Cv 1.0024.12.028476-5/002, Relator(a): Des.(a) Teresa Cristina da Cunha Peixoto , 8ª CÂMARA CÍVEL, julgamento em 09/05/2013, publicação da súmula em 20/05/2013).

EMBARGOS DECLARATÓRIOS. REDISCUSSÃO DO TEMA. INVIABILIDADE. REJEIÇÃO. Os embargos declaratórios não se prestam ao reexame da questão e, ainda que tenham sido opostos com a finalidade de prequestionamento, devem ser observados os lindes traçados na norma do art. 535 do CPC (obscuridade, dúvida, contradição, omissão e, por construção pretoriana integrativa, a hipótese de erro material). O fato de sobrevir herdeiro sucessível, posterior ao testamento revoga a liberalidade, exatamente porque o art. 1.973 do Código Civil é no sentido de romper-se o testamento na presunção de que o testador não disporia de seus bens se tivesse certeza de que possuía herdeiro necessário e, jamais deixaria seus bens para terceiros que não possuíam qualquer vínculo, seja afetivo ou familiar para com o testador (TJMG – Proc. nº 1.0671.07.001207-3/002(1). Rel. Des. Antônio Sérvulo. J. 27-9-2011. P. 4-10-2011).

ANULATÓRIA DE DOAÇÃO – ASCENTENDE A DESCENDENTE – ÔNUS DA PROVA – DEMONSTRAÇÃO DE QUE A LIBERALIDADE EXCEDEU O QUE É PERMITIDO PELA LEI – JULGAMENTO ANTECIPADO DA LIDE – CERCEAMENTO DE DEFESA – OCORRÊNCIA – SENTENÇA CASSADA. – Restando comprovado nos autos que o objetivo dos apelantes era demonstrar que a liberalidade da doação excedeu ao limite permitido da lei, o julgamento antecipado da lide cerceou o seu direito, devendo a sentença de primeiro grau ser cassada, para iniciar a fase instrutória do processo (TJMG – 0102901-41.2007.8.13.0009. Rel. Des. Nicolau Masselli. D. 31-3-2011. P. 11-4-2011).

Ementa: PENHORA – Modalidade "online" – Bloqueio de cinquenta por cento dos valores existentes em contas de titularidade da mulher do devedor – Casamento sob o regime da comunhão de bens anterior a Lei Federal nº 6.515/77 – Constrição de quantia proveniente de venda de imóvel com cláusula de incomunicabilidade recebido pela esposa em testamento – Admissibilidade, ante a ausência de sub-rogação – Constrição dos valores da conta destinada ao recebimento da aposentadoria da esposa do devedor e da conta conjunta com sua mãe, utilizada para movimentação de valores pertencentes exclusivamente a esta – Descabimento – Recurso parcialmente provido (TJSP – Agravo de Instrumento 00778237020118260000. São Paulo – 17ª Câmara de Direito Privado – Relator Paulo Pastore Filho – 15-6-2011 – Votação: Unânime – Voto nº 8.629).

DIREITO DAS SUCESSÕES – RECURSO ESPECIAL – PACTO ANTENUPCIAL – SEPARAÇÃO DE BENS – MORTE DO VARÃO – VIGÊNCIA DO NOVO CÓDIGO CIVIL – ATO JURÍDICO PERFEITO – CÔNJUGE SOBREVIVENTE – HERDEIRO NECESSÁRIO – INTERPRETAÇÃO SISTEMÁTICA – 1. O pacto antenupcial firmado sob a égide do Código de 1916 constitui ato jurídico perfeito, devendo ser respeitados os atos que o sucedem, sob pena de maltrato aos princípios da autonomia da vontade e da boa-fé objetiva. 2. Por outro lado, ainda que afastada a discussão acerca de direito intertemporal e submetida a questão à regulamentação do novo Código Civil, prevalece a vontade do testador. Com efeito, a interpretação sistemática do Codex autoriza conclusão no sentido de que o cônjuge sobrevivente, nas hipóteses de separação convencional de bens, não pode ser admitido como herdeiro necessário. 3. Recurso conhecido e provido (STJ – REsp 1.111.095 – 4ª T. – Rel. Min. Fernando Gonçalves – *DJe* 11-2-010).

CIVIL E PROCESSUAL CIVIL – AÇÃO DECLARATÓRIA DE NULIDADE DE ATO JURÍDICO – CERCEAMENTO DE DEFESA – NÃO CONFIGURAÇÃO – CABE AO JUIZ DECIDIR QUAIS AS PROVAS NECESSÁRIAS OU ÚTEIS À INSTRUÇÃO DA CAUSA – DOAÇÃO EM VIDA – ÚNICO BEM – HERDEIROS NECESSÁRIOS – ULTRAPASSADA A LEGÍTIMA – NULA A PARTE QUE EXCEDE A QUOTA DISPONÍVEL – I – Sendo o magistrado o destinatário da prova, cabe a ele deferir as necessárias e indeferir as diligências inúteis ou meramente protelatórias, o que, por si só, não configura cerceamento de defesa. Inteligência do art. 130 do CPC. II – A doação que excede a legítima dos herdeiros necessários é nula na parte que ultrapassar aquela que o doador, no momento da liberalidade, poderia dispor em testamento. III – Tornando-se parcialmente inválido o negócio jurídico, deve haver a recomposição da legítima dos herdeiros necessários e ser mantida a doação na parte que não excedeu a quota disponível do doador. IV – Apelação conhecida e parcialmente provida (TJMA – AC 21033/2007 – (90.024/2010) – Rel. Des. Jaime Ferreira de Araujo – *DJe* 13-4-2010 – p. 48).

APELAÇÃO CÍVEL – AÇÃO ANULATÓRIA – NEGÓCIO JURÍDICO DE TRANSFERÊNCIA DE PROPRIEDADE IMÓVEL REALIZADO EM VIDA PELO *DE CUJUS* – DEMANDA MOVIDA PELA IRMÃ – ALEGADA INCAPACIDADE – ABSOLUTA FALTA DE PROVAS A RESPEITO – MANIFESTAÇÃO LIVRE E CONSCIENTE DA VONTADE – INEXISTÊNCIA DE HERDEIROS NECESSÁRIOS – ARTIGO 1.845 DO CÓDIGO CIVIL – DESNECESSIDADE DE RESERVA DE LEGÍTIMA – ARTIGO 549 C/C 1.846 DO MESMO DIPLOMA – NEGÓCIO VÁLIDO – RECURSO IMPROVIDO – Se, em vida, o *de cujus* encontrava-se no pleno gozo de suas faculdades mentais e, além disso, não tinha herdeiros necessários (artigo 1.845 do Código Civil), de modo que podia dispor livremente de seu patrimônio sem necessidade de reserva da legítima (artigo 549 c/c 1.846, ambos do Código Civil), respeitado o limite imposto pelo artigo 548 do diploma civil, não há falar em nulidade do negócio jurídico (TJSC – AC 2007.015425-6 – 2ª CDCiv – Rel. Des. Subst. Jaime Luiz Vicari – J. 16-3-2010).

AGRAVO – UNIÃO ESTÁVEL – EXISTÊNCIA – INDÍCIOS – COMPANHEIRO – FALECIMENTO – HERDEIROS NECESSÁRIOS – EXISTÊNCIA – BLOQUEIO DE NUMERÁRIO – CABIMENTO – Havendo fortes elementos indicando a existência de união estável, falecendo um dos companheiros e deixando herdeiros necessários, revela-se prudente o bloqueio dos numerários depositados nas contas bancárias dos supostos companheiros, evitando-se a dilapidação dos valores e viabilizando a partilha (TJMG – AI 1.0452.08.039457-3/001 – 6ª C.Cív. – Rel. Antônio Sérvulo – J. 9-1-2009).

ADMINISTRATIVO – PENSÃO – REAJUSTAMENTO – ÓBITO DA PARTE AUTORA – SUCESSÃO PROCESSUAL – HABILITAÇÃO DOS HERDEIROS NECESSÁRIOS – POSSIBILIDADE – Tendo a demanda como objeto o reajustamento do benefício de pensão, com o pagamento das parcelas vencidas, e sobrevindo o óbito da autora, seus herdeiros necessários têm o direito à habilitação nos autos para prosseguimento do feito. Art. 112 da Lei nº 8.213/91. O benefício da pensão limita-se à data do óbito do beneficiário, mas os créditos são devidos aos sucessores, na forma da lei. Recurso provido. Sentença anulada. Retorno dos autos à vara de origem para regular prosseguimento (TRF-2ª R. – AC 1993.51.01.023168-0 – 6ª T.Esp. – Rel. Des. Fed. Frederico Gueiros – *DJe* 15-4-2009 – p. 122).

DIREITO CIVIL – FAMÍLIA – SUCESSÃO – COMUNHÃO UNIVERSAL DE BENS – INCLUSÃO DA ESPOSA DE HERDEIRO, NOS AUTOS DE INVENTÁRIO, NA DEFESA DE SUA MEAÇÃO – SUCESSÃO ABERTA QUANDO HAVIA SEPARAÇÃO DE FATO – IMPOSSIBILIDADE DE COMUNICAÇÃO DOS BENS ADQUIRIDOS APÓS A RUPTURA DA VIDA CONJUGAL – RECURSO ESPECIAL PROVIDO – 1. Em regra, o recurso especial originário de decisão interlocutória proferida em inventário não pode ficar retido nos autos, uma vez que o procedimento se encerra sem que haja, propriamente, decisão final de mérito, o que impossibilitaria a reiteração futura das razões recursais. 2. Não faz jus à meação dos bens havidos pelo marido na qualidade de herdeiro do irmão, o cônjuge que encontrava-se separado de fato quando transmitida a herança. 3. Tal fato ocasionaria enriquecimento sem causa, porquanto o patrimônio foi adquirido individualmente, sem qualquer colaboração do cônjuge. 4. A preservação do condomínio patrimonial entre cônjuges após a separação de fato é incompatível com orientação do novo Código Civil, que reconhece a união estável estabelecida nesse período, regulada pelo regime da comunhão parcial de bens (CC 1.725). 5. Assim, em regime de comunhão universal, a comunicação de bens e dívidas deve cessar com a ruptura da vida comum, respeitado o direito de meação do patrimônio adquirido na constância da vida conjugal. 6. Recurso especial provido (STJ – REsp 555.771 – (2003/0087630-7) – 4ª T. – Rel. Min. Luis Felipe Salomão – *DJe* 18-5-2009).

9

PETIÇÃO DE HERANÇA

1 Conceito

Introduziu o Código Civil, no Capítulo VII, do Livro das Sucessões, matéria que, até o advento do referido Código, era de competência do Direito Processual. Autores como Itabaiana de Oliveira, Orlando Gomes, Caio Mário, Sílvio Venosa, Giselda Hironaka, Zeno Veloso e outros reportam-se ao assunto, por abranger o direito substantivo, uma vez que envolve a herança de herdeiro não participante do inventário.

Nenhuma legislação brasileira, até 2002, tratava especificamente do tema. O art. 1.824 do Código Civil outorga ao herdeiro, em ação denominada de "petição de herança", o direito de postular, em juízo, o reconhecimento de sua condição de herdeiro e participante do processo sucessório, bem como permite a esse herdeiro obter a restituição da herança, ou de parte dela, contra quem, na qualidade de herdeiro, ou mesmo sem título, a possua.

Essa noção primeira teve origem, em nosso ordenamento jurídico, no art. 628 do Código de Processo Civil que concede àquele que se julgar preterido poder demandar sua admissão no inventário, requerendo-o antes da partilha, desde que prove sua qualidade de herdeiro.

A ação de petição de herança é própria do herdeiro preterido por outros, que postularam o inventário sem sua presença. Poderá, igualmente, o herdeiro preterido, ainda não titulado, ajuizar a ação de petição de herança, cumulada com investigação de paternidade, visando ao reconhecimento de seu título e sua participação na partilha dos bens inventariados.

2 Natureza da ação

A petição de herança é uma ação especial, singular, tendo em vista a natureza de seu objeto. Leciona Orlando Gomes que essa *petitio hereditatis* destina-se ao reconhecimento da qualidade sucessória de quem a intenta e o seu *status*, do qual deriva a aquisição da herança.[1] É uma ação na qual o autor postula participar da universalidade arrecadada, em igualdade de condições com os demais herdeiros de sua classe. Essa *hereditatis petitio* dos romanos, ainda que exercida por um só dos herdeiros, poderá compreender todos os bens hereditários.

Ação de natureza real assemelha-se à de reivindicação, conforme ensinamento de Itabaiana de Oliveira.[2] É uma ação real universal, na qual o autor busca o reconhecimento de sua qualidade de herdeiro "e a entregar-lhe os bens da herança no todo ou em parte, com os seus acessórios e rendimentos, desde a morte do *de cujus*".[3] Interessante a observação feita pelo insigne Beviláqua, remetendo o leitor para o exame da questão sob o ponto de vista processual.

A ação de petição de herança é uma demanda muito especial, privativa para aqueles herdeiros preteridos que possuem o título de herdeiro. É evidente que ela não substitui a ação de investigação de paternidade, vindo ambas cumuladas, produzindo melhor resultado para aquele que quer se introduzir entre os sucessores.

Observa Nepomuceno Silva que, "registra-se, inicialmente, que vários podem estar relacionados com a herança e com os direitos hereditários. Disto são exemplos, as de registro e de nulidade do testamento, de nulidade de partilha, deserdação, etc. Há que se fazer, entretanto, destaque especial para a ação de petição de herança. Pois, pode ocorrer que herdeiros não sejam relacionados e/ou não sejam trazidos ao inventário e à partilha por uma série de razões".[4]

Trata-se de ação real, por envolver interesse no recebimento de herança, que o Código Civil, no art. 80, II, considera imóvel, para os efeitos legais. O direito postulado pelo herdeiro é, portanto, *erga omnes*, uma vez que não busca determinado bem, mas a universalidade, da qual será extraído seu quinhão.

Noticia Luiz Paulo Vieira de Carvalho que o Código de Organização e Divisão Judiciária do Estado do Rio de Janeiro determina que compete aos

---

1 GOMES, Orlando. *Sucessões*. 7. ed. Rio de Janeiro: Forense, 1998. p. 238.

2 OLIVEIRA, Arthur Vasco Itabaiana de. *Elementos de direito das sucessões*. Rio de Janeiro, 1929. p. 633.

3 BEVILÁQUA, Clóvis. *Direito das sucessões*. Rio de Janeiro: Freitas Bastos, 1938. p. 54.

4 TJMG, AP. Cív. 1.0702.06.2884640-8/001. Rel. Des. Nepomuceno Silva.

juízes das varas de família conhecer e julgar as ações de investigação de paternidade, cumulada com petição de herança (art. 85, I, *b*) ou enviar o feito para o juízo orfanológico (art. 87, I, *c*).[5]

3 Legitimação

Poderá intentar a ação pessoa que se julga *herdeiro* e busca esse *título*,[6] quer seja ele sucessor legítimo, quer testamentário. Todo e qualquer herdeiro que não tenha recebido seu direito na partilha poderá demandar por seu direito, incumbindo-lhe provar sua condição de herdeiro, o passamento do *de cujus*.

Segundo Humberto Theodoro Júnior, a petição de herança pode ser proposta contra qualquer um que possua bens pertencentes à herança e não disponha de título para herdar, ou retém a herança, no todo ou em parte, podendo possuí-la tanto como pretenso herdeiro, quanto possuidor sem título.

Pode existir, portanto, herdeiro aparente, que se caracteriza como aquele que, sem ter direito à condição de herdeiro, mantém a posse dos bens da herança. Segundo o Código Civil português, ele é reputado herdeiro por força de erro comum ou geral (art. 2.076/3).

Assim, o herdeiro aparente pode ser possuidor de boa-fé ou de má-fé. Diz-se de boa-fé aquele que retém a coisa porque é também herdeiro ou adquiriu os bens na convicção de tê-lo feito de quem legitimamente possuía; diz-se de má-fé, ao contrário, o herdeiro aparente que sabia do obstáculo ou impedimento para a aquisição da coisa ou não tomou as precauções necessárias no momento da compra.

Se o suposto herdeiro, de boa-fé, cumpriu os encargos impostos por um testamento que vem a ser declarado nulo ou anulado, apenas fica obrigado a entregar ao herdeiro verdadeiro o remanescente da herança.[7]

Dispõe o art. 1.826 que "o possuidor da herança está obrigado à restituição dos bens do acervo, fixando-lhe a responsabilidade segundo a sua posse, observado o disposto nos arts. 1.214 a 1.222". De qualquer forma, feita a citação, a responsabilidade do possuidor se há de aferir pelas regras concernentes à posse de má-fé e à mora.

---

5 CARVALHO, Luiz Paulo Vieira de. Op. cit. p. 515.

6 GOMES, Orlando. Op. cit. p. 239.

7 ASCENSÃO, José de Oliveira. *Direito das sucessões*. Coimbra: Coimbra Editora, 2000. p. 475.

Assim, para o terceiro provar que é detentor de boa-fé, deverá demonstrar sua condição de herdeiro ou que adquiriu o bem a título oneroso, tomando as precauções normais para uma compra e venda.

A lei considera eficazes as alienações feitas, a título oneroso, pelo herdeiro aparente a terceiro de boa-fé.

Estabelece o art. 1.828 que o herdeiro aparente, estando de boa-fé e houver pago por um legado, não está obrigado a prestar o equivalente ao verdadeiro sucessor, ressalvado a este o direito de proceder contra quem o recebeu.

Se o herdeiro aparente for possuidor de má-fé deverá devolver ao monte os bens, acrescido de perdas e danos, ainda que a coisa tenha perecido sem culpa sua.

Nem sempre o companheiro aceita dividir a herança com os herdeiros colaterais. Buscam, por intermédio de ação de petição de herança, a declaração da inconstitucionalidade do art. 1.790, III, do CC. Recordo-me de uma sentença, prolatada pelo MM. Juiz Maurício Pinto Ferreira, da 2ª Vara de Sucessões de Belo Horizonte. Naquele feito (Proc. nº 024.04.412.150-7), a companheira sobrevivente não aceitou concorrer com os sobrinhos deixados pelo falecido, alegando que a Constituição da República teria estabelecido uma isonomia entre a união estável e o casamento. Os sobrinhos, às dezenas, citados, contestaram a ação, discordando da tese esposada pela autora, alegando, inclusive, que todos os bens arrecadados foram adquiridos antes da união estável. O MM. Juiz, escudado em acórdãos do TJRS, acatou a tese da companheira, declarando inconstitucional o inc. III do art. 1.790 do CC, deferindo-lhe o direito sobre os bens, consoante o inc. III, do art. 1.829 do CC, excluindo todos os sobrinhos.

Autores há que defendem essa teoria, sempre em ação de petição de herança, após a companheira obter o título próprio, exarado em ação de reconhecimento de união estável.

Respeitando o ponto do vista do ilustre magistrado, estudioso da matéria, respeito sua conclusão, mas entendo que a CF não equiparou casamento e união estável, mas reconheceu a legitimidade dessa nova modalidade, e apontou forma mais simples para transformá-la em casamento.

4 Prescrição

Jurisprudência e doutrina vacilam quanto ao prazo prescricional. Há entendimentos de que a ação de petição de herança não está sujeita à prescrição extintiva. Em ação de investigação e paternidade, cumulada com petição de herança, poderá o herdeiro postular seu direito e obter ganho de causa. No entanto, aquele que detiver a coisa poderá opor-lhe a usucapião, dentro dos prazos previstos na lei vigente.

Atualmente, quando a lei não determina prazo para o exercício do direito, o Código fixou, no art. 205, que a prescrição ocorre em 10 (dez) anos. Esse prazo era, no Código revogado, de 20 (vinte) anos, segundo jurisprudência.[8]

Reconhecida a paternidade do autor da herança, os efeitos da sentença retroagem *ex tunc*, por força do art. 1.784, fazendo-o titular do direito de propriedade e da posse desde o momento da abertura da sucessão. No entanto, aquele que detiver a coisa poderá arguir em sua defesa a usucapião, se o bem já estiver em sua posse há mais de 10 (dez) anos, na forma do art. 205. Em última instância, e na pior das hipóteses, fixou o art. 1.238 o prazo máximo da usucapião em 15 (quinze) anos, se o detentor da coisa imóvel a detiver, sem interrupção, nem oposição.

É possível que a jurisprudência vacile entre o prazo previsto no art. 205 e o máximo determinado no art. 1.238, tratando-se de bem imóvel.

5 Efeitos da sentença

O autor, ao ajuizar a ação, pede ao juiz que seja declarado seu direito de herdeiro do *de cujus* e condenado o réu a entregar-lhe toda a herança, ou parte dela, com os frutos e acessórios.[9]

O herdeiro pode reivindicar seu direito antes ou depois da partilha, porque a sentença que homologou a partilha não faz coisa julgada em relação aos que não participaram do feito.

Reconhecida em sentença a titularidade do direito do demandante, nula será a partilha anterior. Ensina Ernane Fidelis que "poderá, portanto, ser proposta a ação de petição de herança, que, se procedente, tem como efeito necessário a declaração da nulidade de partilha, por sua completa ineficácia...". Não se deve confundir essa situação com o que está previsto no inciso III do art. 1.030 do Código de Processo Civil. Quando ali se fala em herdeiro preterido ou incluído, prevê-se que a parte a quem cabe ação rescisória esteja fazendo parte da relação processual e, portanto, atingida pelos efeitos da coisa julgada.[10]

---

[8] Segundo a Súmula 149 do STF, "é imprescritível a ação de investigação de paternidade, mas não o é da petição de herança".

[9] OLIVEIRA, Arthur Vasco Itabaiana de. Op. cit. p. 634.

[10] SANTOS, Ernani Fidélis dos. *Comentários ao Código de Processo Civil*. São Paulo: Saraiva. v. 6, p. 433.

Quem não participou do processo não pode ser atingido pela sentença da partilha e, para anular a partilha, os herdeiros dela excluídos devem utilizar-se da ação de nulidade ou petição de herança.[11]

Se os bens da herança já tiverem sido partilhados, a sentença, para ser cumprida, determinará aos herdeiros a devolução de todos os bens para o monte, procedendo-se a nova partilha, com o novo quadro de herdeiros. Não há, pois, necessidade de ajuizar-se ação especial para anular a sentença que homologou a partilha.

Nada impede, contudo, que o legatário – sucessor – postule seu direito somente contra aquele que detém a coisa singularizada, que lhe era destinada por testamento. É prudente salientar que o art. 1.824 se refere a "herdeiro" e não a sucessores. O capítulo do código composto dos arts. 1.824 a 1.828 sempre se refere a herdeiro. Entretanto os beneficiados por testamento serão herdeiros instituídos ou legatários que também poderão beneficiar-se pela petição de herança, se omitidos forem.

Jurisprudência

Resp 1368677 / Mg
15/02/2018
3ª Turma
Min. Paulo de Tarso Sanseverino
RECURSO ESPECIAL. CIVIL. DIREITO DAS SUCESSÕES. AÇÃO DE PETIÇÃO DE HERANÇA. FILIAÇÃO RECONHECIDA E DECLARADA APÓS A MORTE DO AUTOR DA HERANÇA. TERMO INICIAL. TEORIA DA 'ACTIO NATA'. DATA DO TRÂNSITO EM JULGADO DA AÇÃO DE INVESTIGAÇÃO DE PATERNIDADE. 1. Controvérsia doutrinária acerca da prescritibilidade da pretensão de **petição** de **herança** que restou superada na jurisprudência com a edição pelo STF da Súmula n.º 149: "É imprescri... RECURSO ESPECIAL. CIVIL. DIREITO DAS SUCESSÕES. AÇÃO DE PETIÇÃO DE HERANÇA. FILIAÇÃO RECONHECIDA E DECLARADA APÓS A MORTE DO AUTOR DA HERANÇA. TERMO INICIAL. TEORIA DA 'ACTIO NATA'. DATA DO TRÂNSITO EM JULGADO DA AÇÃO DE INVESTIGAÇÃO DE PATERNIDADE. 1. Controvérsia doutrinária acerca da prescritibilidade da pretensão de petição de herança que restou superada na jurisprudência com a edição pelo STF da Súmula n.º 149: "É imprescritível a ação de investigação de paternidade, mas não o é a de petição de herança.". 2. Ausência de previsão, tanto no Código Civil de 2002, como no Código Civil de 1916, de prazo prescricional específico para o ajuizamento da ação de petição de herança, sujeitando-se, portanto, ao prazo geral de prescrição previsto em cada codificação civil: vinte anos e dez anos, respectivamente, conforme previsto no art. 177 do CC/16 e no art.

[11] *RT*, 567/235; *RTJ*, 72/731 e 108/217.

205 do CC/2002. 3. Nas hipóteses de reconhecimento 'post mortem' da paternidade, o prazo para o herdeiro preterido buscar a nulidade da partilha e reivindicar a sua parte na herança só se inicia a partir do trânsito em julgado da ação de investigação de paternidade, quando resta confirmada a sua condição de herdeiro. Precedentes específicos desta Terceira do STJ. 4. Superação do entendimento do Supremo Tribunal Federal, firmado quando ainda detinha competência para o julgamento de matérias infraconstitucionais, no sentido de que o prazo prescricional da ação de petição de herança corria da abertura da sucessão do pretendido pai, seguindo a exegese do art. 1.572 do Código Civil de 1916. 5. Aplicação da teoria da 'actio nata'. Precedentes. 6. RECURSO ESPECIAL DESPROVIDO. (STJ - Acórdão Resp 1368677 / Mg, Relator(a): Min. Paulo de Tarso Sanseverino, data de julgamento: 05/12/2017, data de publicação: 15/02/2018, 3ª Turma)

STJ Ar 1244 Ei / Mg - Minas Gerais
EMENTA: EMBARGOS INFRINGENTES NA AÇÃO RESCISÓRIA. DIREITO CIVIL E CONSTITUCIONAL. AÇÃO DE INVESTIGAÇÃO DE PATERNIDADE CUMULADA COM **PETIÇÃO** DE **HERANÇA**. FILHO ADULTERINO. PATERNIDADE NÃO CONTESTADA PELO MARIDO. DIREITO DE TER O FILHO RECONHECIDO, A QUALQUER TEMPO, O SEU PAI BIOLÓGICO. PREVALÊNCIA DO DIREITO FUNDAMENTAL À BUSCA DA IDENTIDADE GENÉTICA COMO DIREITO DE PERSONALIDADE. PRECEDENTE. EMBARGOS INFRINGENTES PROVIDOS. J. 30/03/2017. **Tribunal Pleno. Rel. Min. Carmen Lúcia**

***Resp 1475759 / Df PROCESSO CIVIL. RECURSO ESPECIAL. INTERPOSIÇÃO SOB** A ÉGIDE DO CPC/1973. DIREITO SUCESSÓRIO. AÇÃO DE PETIÇÃO DE HERANÇA. ANTERIOR AJUIZAMENTO DE AÇÃO DE INVESTIGAÇÃO DE PATERNIDADE. PRESCRIÇÃO. TERMO INICIAL. FALTA DE PREQUESTIONAMENTO. DEFICIÊNCIA DE FUNDAMENTAÇÃO. 1. A petição de herança objeto dos arts. 1.824 a 1.828 do Código Civil é ação a ser proposta por herdeiro para o reconhecimento de direito sucessório ou a restituição da universalidade de bens ou de quota ideal da herança da qual não participou. 2. A teor do art. 189 do Código Civil, o termo inicial para o ajuizamento da ação de petição de herança é a data do trânsito em julgado da ação de investigação de paternidade, quando, em síntese, confirma-se a condição de herdeiro. 3. Aplicam-se as Súmulas n. 211/STJ e 282/STF quando a questão suscitada no recurso especial não tenha sido apreciada pela Corte de origem. 4. Incide o óbice previsto na Súmula n. 84/STF na hipótese em que a deficiência da fundamentação do recurso não permite a exata compreensão da controvérsia. 5. Recurso especial parcialmente conhecido e desprovido. (STJ - Acórdão Resp 1475759 / Df, Relator(a): Min. João Otávio de Noronha, data de julgamento: 17/05/2016, data de publicação: 20/05/2016, 3ª Turma)*

CIVIL E PROCESSO CIVIL – SUCESSÕES – ARROLAMENTO DE BENS – COMPROVAÇÃO DE FALECIMENTO DE ASCENDENTE – SUPRIMENTO – MEIOS DE PROVA EXCLUSIVAMENTE DOCUMENTAIS – INADEQUAÇÃO DO INSTITUTO DA AUSÊNCIA – RESGUARDO DO DIREITO AO QUINHÃO – PETIÇÃO

DE HERANÇA – DECISÃO REFORMADA – 1 – Em sede de ação de arrolamento de bens, a prova para suprimento da falta de assento de óbito dos ascendentes do autor da herança é estritamente documental, podendo, tão logo, ser produzida nos próprios autos, pois consiste em diligências levadas a cabo perante órgãos federais e estaduais que, acaso não logrem êxito na localização daqueles, bastam ao fito de suprimento probatório no que concerne à demonstração de falecimento de suposto herdeiro. 2 – O instituto da ausência não se presta à hipótese de falta de assento de óbito de suposto herdeiro, pois está ontologicamente vinculado à proteção dos interesses daquele que se afasta do seu domicílio, possuindo, por consequência, o propósito de defender do perecimento o patrimônio do ausente e, se necessário, promover a sua transmissão aos herdeiros. 3 – Acaso futuramente constate-se que os ascendentes ou colaterais estejam vivos, poderão estes, em tese, ver reconhecida sua condição de herdeiro, vindicando seu quinhão, mediante a propositura de ação de petição de herança (ART. 1.824, DO CC), já que não ficarão acobertados pela coisa julgada (ART. 472, DO CPC). 4 – O falecimento dos ascendentes do *de cujus* importa, na falta de localização de outros herdeiros, a conclusão de que a companheira é herdeira única (ART. 1.790, IV, DO CC). 5 – Agravo de instrumento conhecido a que se dá provimento (TJDFT – Proc. 20090020150655 – (422996) – Rel. Des. J. J. Costa Carvalho – *DJe* 26-5-2010 – p. 59).

APELAÇÃO CÍVEL – AÇÃO DE PETIÇÃO DE HERANÇA C/C ANULAÇÃO DE PARTILHA – UNIÃO ESTÁVEL – DIREITO À SUCESSÃO NOS BENS ADQUIRIDOS ONEROSAMENTE DURANTE A CONVIVÊNCIA – ART. 1.729, DO CÓDIGO CIVIL – PATRIMÔNIO ANTERIOR – IMPOSSIBILIDADE – HERDEIRO ASCENDENTE – RECURSO PROVIDO – O legislador ao disciplinar a sucessão no novo Código Civil estabeleceu normas diferenciadas em relação à união estável e o casamento, optando por tal disciplinamento ainda que pudesse ter equiparado, não produzindo, a união estável, efeitos sucessórios de igual forma ao cônjuge e não havendo se falar em inconstitucionalidade do regramento jurídico especial (TJMS – AC 2010.018830-5/0000-00 – 4ª T.Cív. – Rel. Des. Rêmolo Letteriello – *DJe* 17-8-2010 – p. 38).

AGRAVO DE INSTRUMENTO – PETIÇÃO DE HERANÇA – JULGAMENTO POR SENTENÇA – DECISÃO HOMOLOGATÓRIA DE CÁLCULO – NÃO APRECIAÇÃO DA IMPUGNAÇÃO DOS HERDEIROS – OBSERVÂNCIA DO ART. 458 DO CPC – Decisão cassada. – O pedido de petição de herança deve ser decidido por sentença, a ser proferida de acordo com a observância do disposto no art. 458 do CPC, e não por simples decisão homologatória de cálculo, onde sequer foram apreciadas as questões trazidas pela impugnação oferecida pelos herdeiros (TJMG – AI 1.0433.99.005065-3/001 – 1ª C.Cív. – Rel. Eduardo Andrade – *DJe* 21-5-2010).

DIREITO CIVIL E PROCESSUAL CIVIL – AÇÃO DE PETIÇÃO DE HERANÇA – PRESCRIÇÃO – DIREITO INTERTEMPORAL – 1 – O Código Civil de 2002, a fim de delimitar a obrigatoriedade da lei no tempo e a eficácia da nova norma, editou a chamada "regra de transição" (art. 2.028: "Serão os da lei anterior os prazos, quando reduzidos por este Código, e se, na data de sua entrada em vigor, já houver transcorrido mais da metade do tempo estabelecido na lei revogada"); Contudo, para a hipótese de quando decorrido menos da metade do tempo estabelecido na lei revogada, o legislador foi omisso. Tentando suprir tal omissão, a doutrina e a jurisprudência têm entendido que o prazo aplicável é o previsto na lei nova, com o termo *a quo* fixado na data da entrada em vigor do Código Civil. 2 – O reconhecimento da filiação é suficiente para qualificar o filho como herdeiro necessário do falecido pai. Patente, portanto, o direito à herança outrora partilhada sem sua devida inclusão. Confira-se o teor do art. 1.824 do Código Civil de 2002, que assim dispõe, *in verbis*: "O herdeiro pode, em ação de petição de herança, demandar o reconhecimento de seu direito sucessório, para obter a restituição da herança, ou parte dela, contra quem, na qualidade de herdeiro, ou mesmo sem título, a possua". 3 – Recurso conhecido e provido (TJDFT – Proc. 20070710297560 – (407961) – Rel. Des. Waldir Leôncio C. Lopes Júnior – *DJe* 8-3-2010 – p. 161).

SUCESSÕES – AÇÃO DE PETIÇÃO DE HERANÇA C/C NULIDADE DE PARTILHA – VIÚVA MEEIRA – LEGITIMIDADE PASSIVA – PRESCRIÇÃO – INOCORRÊNCIA – APLICABILIDADE DOS ARTIGOS 177 DO CÓDIGO CIVIL DE 1917 E 2.028 DO CÓDIGO CIVIL EM VIGOR – CONDIÇÃO DE HERDEIRO RECONHECIDA – NECESSIDADE DE SE ANULAR E REFAZER A PARTILHA ANTERIORMENTE HOMOLOGADA – As condições da ação são aferidas abstratamente, e, assim, a viúva meeira deve ser conservada no polo passivo de ação de petição de herança aforada por autor que foi reconhecido como filho do *de cujus* em investigatória de paternidade se é possível que a pretensão deste possa afetar os direitos daquela – Se o óbito e a partilha ocorreram sob a vigência do Código Civil de 1916 e transcorreu-se metade do prazo prescricional então previsto no art. 177 para o ajuizamento da ação de petição de herança, a redução de prazo prevista no atual Código Civil não alcança a pretensão do autor, a teor do art. 2.028, CC – Reconhecida a condição de filho, não há óbice que se reconheça da condição de herdeiro, e se reserve ao autor bens em igual proporção dos demais herdeiros, não constituindo óbice o fato dos réus não terem ciência da condição do demandante, e parte dos bens terem sido alienada (TJMG – AC 1.0394.07.065583-9/002 – 1ª C.Cív. – Rel. Alberto Vilas Boas – J. 10-7-2009).

PETIÇÃO DE HERANÇA – AUSÊNCIA DE DISCUSSÃO SOBRE A CONDIÇÃO DE HERDEIRA DA PARTE – Pedido de rescisão de contrato objetivando reaver imóvel alienado pelo *de cujus*. Ausência de inventário e partilha. Demanda promovida apenas por um dos herdeiros. Ilegitimidade ativa. Carência da ação. Sentença que analisa a prescrição e extingue o processo sem resolução de mérito. Correção. Não estando *sub judice* a condição de herdeira da parte, sendo ausente a pretensão de se viabilizar o reconhecimento de um direito sucessório, não há como se inferir tratar-se de petição de herança. Confirmada a existência de outros herdeiros e não tendo havido ainda a partilha dos bens, infere-se a ilegitimidade ativa daquele que pleiteia, em nome próprio, direito patrimonial pertencente à massa. A ausência de uma das condições da ação constitui circunstância que impede o exame de questões afetas ao mérito, não havendo que se analisar a prescrição da pretensão deduzida (TJRO – Ap 00720070080090 – 1ª C.Cív. – Rel. Des. Kiyochi Mori – J. 28-4-2009).

AÇÃO DE INVENTÁRIO. INVESTIGAÇÃO DE PATERNIDADE C/C PETIÇÃO DE HERANÇA. NULIDADE DA PARTILHA E ADJUDICAÇÃO DE BENS NOS PRÓPRIOS AUTOS. CABIMENTO. POSTERIOR RECONHECIMENTO DA PATERNIDADE. A procedência da ação de investigação de paternidade enseja a automática nulidade da partilha implementada sem a participação daquele que teve a paternidade reconhecida, motivo pelo qual se mostra dispensável a propositura de ação autônoma pelo herdeiro para ver desconstituída a adjudicação de bens, cabível nos próprios autos do inventário (TJMG, Ap. 10175030031686/001, Relª Desª Tereza Cristina da Cunha Peixoto. P. 6-3-2009).

AÇÃO DE PETIÇÃO DE HERANÇA. INVENTÁRIO. HERDEIRA EXCLUÍDA, INDEVIDAMENTE DA PARTILHA. Nulidade absoluta. Prazo de prescrição de 20 (20) anos. Artigo do Código Civil 177 de 1916. Artigo 1.824 do Código de 2002. Ocorrência. Extinção do processo. Recurso improvido. A ação deve ser intentada contra o possuidor dos bens hereditários (art. 1.826 do CC/02), o qual está obrigado à restituição dos bens do acervo, fixando-se sua responsabilidade conforme os princípios de possuidor de boa ou de má-fé (arts. 1.214 a 1.222, do CC/02), no tocante às benfeitorias e frutos. A boa ou má-fé será definida no curso da ação, tendo-se em mente, sempre, o disposto no art. 1826, parágrafo único, do CC/02) (TJMG, AP 2846080620068130702, Rel. Des. Nepomuceno Silva, p. 29-4-08).

AÇÃO DE PETIÇÃO DE HERANÇA. PATERNIDADE RECONHECIDA. PARTILHA. NULIDADE. AÇÃO PRÓPRIA. DESNECESSIDADE. Procedente o pedido da ação de investigação de paternidade, cumulado com petição de herança, desnecessária é a apresentação de nova ação para a decretação da nulidade da partilha. Nega-se provimento ao agravo retido e às apelações (TJMG – Des. Rel.: Almeida Melo. Proc. nº 1.0559.05.931502-3/001. Data do acórdão: 27-10-2005. Data da publicação: 4-11-2005).

AÇÃO DE PETIÇÃO DE HERANÇA. PATERNIDADE RECONHECIDA. PARTILHA. NULIDADE. AÇÃO PRÓPRIA. DESNECESSIDADE. Procedente o pedido da ação de investigação de paternidade, cumulada com a petição de herança, desnecessária é a apresentação de nova ação para a decretação da nulidade da partilha. Nega-se provimento ao agravo retido e às apelações (TJMG – Rel. Des.: Almeida Melo. Proc. nº 1.0559.05.931502-3/001. Data do acórdão: 27-10-2005. Data da publicação: 4-11-2005).

EMENTA: AGRAVO DE INSTRUMENTO – AÇÃO DE REMOÇÃO DE INVENTARIANTE – LEGITIMIDADE – POSSÍVEIS HERDEIROS, NA CONDIÇÃO DE INTERESSADOS – AJUIZAMENTO DE AÇÃO DE INVESTIGAÇÃO DE PATERNIDADE C/C PETIÇÃO DE HERANÇA – EXTINÇÃO INDEVIDA – PROSSEGUIMENTO DO FEITO. É de se reconhecer a legitimidade de possíveis herdeiros do "de cujus" para requerer a remoção de Inventariante, nos autos de inventário, na condição de interessados que se julgam prejudicados pela atuação daquele, denotando-se dos autos o ajuizamento de Ação de Investigação de Paternidade c/c Petição de Herança, devendo o recurso ser provido, determinando-se o prosseguimento do feito, mostrando-se indevida a extinção do incidente de remoção (TJMG – Des[a] Rel[a]: Teresa Cristina da Cunha Peixoto. Proc. nº 1.0528.05.931601-8/001. Data do acórdão: 7-11-2005. Data da publicação: 15-2-2006).

Civil e Processual Civil – Ação de Investigação de Paternidade cumulada com Petição de Herança – Pedido – Alteração da causa de pedir – Retificação da data de nascimento do investigante – Irrelevância, no caso – Declaração da paternidade em face de prova pericial (DNA), aliada às provas testemunhal e documental – Incidência do enunciado nº 7 da Súmula/STJ – Frutos e Rendimentos – Termo inicial – Citação – Arts. 510 e 1.572, Código Civil – Exegese – Doutrina – Recurso provido parcialmente.

I – Não houve alteração na causa de pedir pelo fato de o registro no nascimento do autor ter sido retificado durante o trâmite do processo, uma vez que fundada a ação nas relações sexuais mantidas pelo falecido com a mãe do autor. Ademais, como assentado no acórdão impugnado, o ano do nascimento do autor, colocado na inicial, ainda que equivocado, não teria influência no julgamento do processo, diante da contundente prova produzida que demonstrou o nascimento da criança na fazenda do falecido.

II – A afirmação da paternidade feita pelo acórdão estadual com base na análise do conjunto fático-probatório dos autos, reportando-se à idoneidade e eficácia do laudo pericial (exame de DNA), aliado às provas testemunhal e documental, não pode ser desconstituída em sede de recurso especial, mercê do veto contido no enunciado nº 7 da súmula/STJ, por demandar necessário exame de fatos e provas.

III – Na hipótese de herdeiro posteriormente reconhecido, o termo inicial da percepção dos frutos e rendimentos é a data da constituição em mora dos herdeiros já existentes. É com a constituição em mora que desaparece a presunção de que não há mais herdeiros. Antes disso, não podem os possuidores de boa-fé responder pelos frutos e rendimentos já consumidos, nos termos do art. 510 do Código Civil, aplicável à espécie (STF, RE nº 263.243, relator Ministro Sálvio de Figueiredo Teixeira, publicado no *DJU*, em 22-4-2002).

Petição de Herança – Reconhecimento da Paternidade do 'de cujos' – partilha ineficaz – procedência do pedido. Preliminares de incompetência e inépcia da inicial – Rejeição. Prescrição – Inocorrência.

Recebida a inicial tão somente como petição de herança, sem pedido de nulidade de partilha, compete ao juízo sucessório processar e julgar o feito.

Se a peça de ingresso mostrar-se suficientemente apta aos fins propostos pelo autor, não há de ser reconhecida a sua inépcia.

É vintenário o prazo prescricional para o herdeiro preterido no processo de inventário postular o seu quinhão hereditário, não se aplicando, na hipótese, a prescrição anual prevista no art. 178, § 6º, inc. V, do Código Civil.

Reconhecida a paternidade do 'de cujus' em relação ao autor, que detém a titularidade do domínio da herança desde a abertura da sucessão, impondo-se a procedência do pedido deduzido em sede de petição de herança, permitindo-se a inclusão do herdeiro nos autos do inventário, onde se procederá a devida retificação da partilha.

Recurso improvido. Unânime (TJDF, APC nº 2000 01 5 001681-4, Rel. Des. Adelith de Carvalho Lopes, publ. em 1º-10-2001).
Petição de Herança – Sucessor que não figurou na partilha – "O sucessor não incluído na partilha não precisa de rescindir a sentença de inventário para reivindicar sua quota na herança. Contra ele, que não foi parte no processo, o decisório não tem força de coisa julgada, é simples *res inter alios acta*. Vê-se no voto de Humberto Theodoro Júnior: 'Ora, uma vez que a ação rescisória pressupõe coisa julgada material a atacar, e desde que a *res iudicata* depende de processo regular e válido para se configurar, claro é que num processo em que se omitiu a parte necessária, não há que se impor a essa parte o ônus de promover a rescisória para reivindicar seus direitos (TJMG, Ap. 65.135, Comarca de Alto do Rio Doce, Ac. 13-12-1984. Theodoro Júnior, Humberto. *Sucessões*, nº 66).

10

TESTAMENTO

1 Noções gerais

Pungentes foram as mudanças no capítulo da sucessão testamentária. A legislação brasileira datava do século XIX, extremamente solene, dificultando, nos dias atuais, a elaboração de testamentos pelos interessados. Simplificou o Código Civil de 2002 a forma de facção dos testamentos, especialmente o testamento público, o mais seguro deles.

A sucessão pode ser legítima e testamentária, coexistindo uma ao lado da outra. O testador pode nomear um herdeiro parcial ou herdeiro universal, bem como legatários que participarão da metade disponível. Nesse caso, para uma parte do acervo hereditário, vale a disposição *mortis causa*, e para o resto, a sucessão legal.[1]

Testamento é um ato jurídico (negócio jurídico) pelo qual o homem, no decorrer dos séculos, encontrou uma fórmula para distribuir seus bens após sua morte. Alguns testadores não se satisfazem em distribuir; querem, até mesmo, administrá-los, acrescentando disposições testamentárias rígidas para serem cumpridas pelos herdeiros testamentários ou legatários.

O testamento é um ato de soberania da vontade do ser humano. Ao redigir o instrumento, o menor com 16 anos completos, o ancião, a mulher casada podem dispor de parte ou da totalidade do seu patrimônio, sem assistência, reverência ou dependência.

Segundo o Código Civil, "toda pessoa capaz pode dispor, por testamento, da totalidade dos seus bens, ou de parte deles, para depois de sua morte", diz o *caput* do art. 1.857.[2]

---

1 KIPP, Theodor. *Derecho de sucesiones*. 2. ed. Barcelona: Bosch, t. 1, p. 21.

2 Código Civil, art. 1.857.

No entendimento de Fabrício Zamprogna Matiello, a incapacidade de testar que atinge os menores de 16 anos, os portadores de enfermidade mental, impossibilitados de exprimir livremente a sua vontade e, de forma idêntica os surdos-mudos, é corolário do *caput* do art. 1.857.[3]

Desmembrando o dispositivo legal, diz-se que o testamento é um negócio jurídico por excelência, e só poderá ser feito por pessoas capazes de redigi-lo, isto é, que tenham capacidade testamentária ativa. São requisitos essenciais do testamento a sua revogabilidade, ser ele personalíssimo, solene, gratuito, produzindo seus efeitos após a morte. Essas características do negócio jurídico, que passamos a analisar, para melhor entendimento desse tão importante negócio jurídico.

2 Características

Define Carlos Maximiliano que "testamento é um ato unilateral, de última vontade, gratuito e solene, contendo disposições patrimoniais ou providências de caráter pessoal ou familiar, exequíveis depois da morte do prolator".[4] Segundo Clóvis Beviláqua, *"o ato personalíssimo, unilateral, gratuito, solene e revogável, pelo qual alguém, segundo as prescrições da lei, dispõe total ou parcialmente, do seu patrimônio para depois de sua morte; ou nomeia tutores para seus filhos menores, ou reconhece filhos naturais, ou faz outras declarações de última vontade"*.[5]

O testamento é um negócio jurídico personalíssimo, porque só pode ser redigido pelo próprio testador, não admitindo mandatário; *unilateral*: depende, exclusivamente, do testador, podendo, até, ser desconhecido da parte beneficiária. Isso significa que o testador não depende da aquiescência do legatário para a validade da disposição testamentária; *gratuito*, a lei não permite que o testador venha a auferir qualquer vantagem pecuniária com disposição testamentária. Pode o testador impor encargo ao legatário, mas não pode exigir-lhe algo em troca da inclusão do seu nome como beneficiário; *solene*: para sua validade, o testamento será elaborado de acordo com determinadas normas e formas especiais.

---

3 MATIELLO, Fabrício Zamprogna. *Código Civil Comentado*. São Paulo: LTr, 2005. p. 1.207.

4 MAXIMILIANO, Carlos. *Direito das sucessões*. Rio de Janeiro: Freitas Bastos, 1943. v. 1, p. 354.

5 BEVILÁQUA, Clóvis. *Direito das sucessões*. Rio de Janeiro: Freitas Bastos, 1938. p. 184.

Não pode o testador imaginar outra forma própria, inovando e criando outras modalidades; a lei exige seja o testamento confeccionado de acordo com as normas previstas. Quando se diz que é ato *revogável, simplesmente revela que o testador o faz, sabendo que poderá ser revogável a qualquer momento. Essa característica* adequa-se à vontade do testador, que permanece titular dos bens inseridos no instrumento. Não se pode criar um testamento irrevogável; é de última vontade, porque reflete, sempre, a possibilidade de o testador vir a redigir outro testamento, desde que possa manifestar livremente sua vontade, tendo pleno discernimento do ato praticado. Correta a denominação atribuída para o testamento, como sendo ato de última vontade. Além do mais, se o testador o redigiu com 20 anos, conservando-o até sua morte, decorridos 60 anos, permanece válido o ato praticado.

Na hipótese relatada acima, nada impede que essa pessoa, com oitenta anos faça outro testamento, agindo com pleno discernimento. É aceitável que o ser humano modifique seu comportamento, tenha diferentes aspirações, participe de outro centro social com o decorrer do tempo. A criação de uma nova família, filhos, netos, bisnetos, sua vontade exteriorizada na juventude pode não se enquadrar em sua nova personalidade. Na verdade, essa "alteração" seria a revogação total ou parcial do testamento anteriormente redigido. Além do mais o testamento *só produz efeitos após a morte*. Enquanto vivo o testador, seu testamento pode representar uma bela peça literária, mas não produzirá qualquer efeito jurídico.

Comenta Zeno Veloso que testamento é negócio jurídico e tem força jurídica desde que é outorgado. Embora tratando-se de negócio jurídico perfeito e acabado, sua eficácia é diferida.[6]

No testamento, o testador só poderá dispor de sua porção disponível, sendo-lhe proibido dispor das legítimas dos herdeiros necessários no instrumento. Tanto o testamento poderá conter disposições de caráter patrimonial, como disposições não patrimoniais, ainda que o testador somente a elas se tenha limitado. A liberdade de testar é ampla, podendo o testador redigir disposições lícitas e possíveis, observando sempre os limites estabelecidos pela lei.

Ab initio, verifica-se que o testamento é, por sua própria natureza, ato transitório ou, segundo Matiello, "eminentemente modificável, eis que os desígnios subjetivos do testador podem alterar-se ao longo da sua existência".[7]

---

6 VELOSO, Zeno. *Comentários ao Código Civil*. São Paulo: Saraiva, 2003. v. 21, p. 13.

7 MATIELLO, Fabrício, op. cit. p. 1.207.

3 Breve histórico

Segundo Fustel de Coulanges, o testamento foi inteiramente desconhecido nos primeiros tempos da civilização ocidental, quando a propriedade estava, intimamente, relacionada com o culto religioso, transmitindo-se de varão a varão. "O direito de testar, isto é, o direito de dispor dos bens para depois da morte, fazendo-os passar a outros indivíduos, que não o herdeiro natural, estava em oposição com aquelas crenças religiosas, base do direito de propriedade e do direito de sucessão."[8]

Os historiadores não encontraram testamento no antigo Egito, na Índia, na Pérsia, mas, tão-somente, na Grécia, primeiro em Atenas, com as reformas de Solon e, depois, em Esparta, após a guerra do Peloponeso. Também era desconhecido no Direito germânico antigo, que conheceu uma instituição chamada *affatomia*, da lei sálica, que se assemelhava ao testamento.[9]

Há ensaios de testamento na China, antes das XII Tábuas; noticia Pontes de Miranda que foram encontrados contratos sucessórios no Direito babilônico, no hebraico e no egípcio. Apareceram, em Roma, os primeiros testamentos, os feitos em tempos de paz, perante a assembleia dos cidadãos – *in calatis comitiis* – e os feitos em tempo de guerra, perante o exército, *in procinctu* (de pronto). Gaio (II, 101) deu como se fosse a mais velha forma de testamento o que entendeu chamar *calatis comitiis*, feito perante o colégio dos pontífices e os comícios por cúrias.

Em breve resumo, somente para justificar pesquisas a serem feitas pelos leitores, podemos dizer que eram conhecidos dos romanos os testamentos, além dos já citados, o testamento *per aes et libram*, que, juntamente com o *calatis comitiis* e o *in procinctu*, provinham do *jus civile*; o testamento *pretorium* era do direito honorário e, no tempo do Império, foram, também, conhecidos os testamentos *apud acta* e *principis oblatum*, ambos testamentos públicos, bem como os *tripertitum* e *olografo*, testamentos privados. Foram, igualmente, conhecidas as formas especiais de testamentos militares, em tempo de peste, feitos no campo ou em lugares remotos, e o testamento do cego.

A partir da Lei das XII Tábuas, foi permitido às pessoas dispor de seus bens, para depois de sua morte, pela mancipação, na qual o testador aparecia como vendedor fictício ao futuro herdeiro, perante o oficial público, na presença de cinco testemunhas, dispondo de seus bens por um preço simbólico.[10] As

---

8 COULANGES, Fustel de. *A cidade antiga*. 12. ed. São Paulo: Hemus, 1975. p. 64.

9 BEVILÁQUA, Clóvis. Op. cit. p. 54.

10 ROGUIN. *Les sucessions*, v. 3, nª 978.

testemunhas não podiam ser menores, nem surdos, nem mudos ou mulheres. Naquele momento, por se fazer a venda, o testamento tornava-se irrevogável, o que era inconveniente. Outras formas surgiram, abolindo as formalidades da mancipação e da nuncupação, mas tornou-se imprescindível a presença de todas as testemunhas e suas assinaturas, então, em número de sete.

Somente a partir do Direito Canônico o testamento passou a ter maior importância, como transmissão patrimonial, após a morte do testador. Na Idade Média, a Igreja Católica influenciou, sobremaneira, os fiéis a lhe fazerem doações de propriedades.

4 Direito pátrio

No Direito pátrio, tivemos, primeiramente, a presença de Portugal, com as Ordenações do Reino, fixando diversos tipos de testamentos. Na época das Ordenações Filipinas, eram admitidos o testamento aberto (público), o cerrado, o particular (ológrafo), o nuncupativo, além do testamento marítimo, *ad pias causas, inter liberos, rure factum, tempore pestis*, e o testamento de mão comum. Com o advento do Código Civil brasileiro, diversos desses testamentos deixaram de existir, como será estudado.

O testamento representou a liberdade maior do indivíduo, permitindo-lhe transferir seus bens de acordo com sua vontade. Mesmo as leis primitivas reservavam legítimas para os filhos, como herdeiros necessários. Depois de Justiniano, também a filha do sexo feminino teve sua quota reservada, embora menor.

A simplificação introduzida no Código Civil pode resultar em constante uso dos testamentos. Poucos anos se passaram da vigência do novel Código e os Cartórios de Notas noticiam o incremento dos testamentos públicos. Houve, por parte dos tabeliães interessados, redução no custo do ato, proporcionando aos cidadãos a busca dos testamentos públicos como manifestação de vontade *mortis causa*.

Sempre houve uma crença que o testamento deveria ser o público, seria mais seguro, crível, facilmente aprovado pelo magistrado, etc. Tal crença não mais de justifica, salvo a segurança.

5 Leis reguladoras

Disciplinam a sucessão testamentária, tanto a lei vigente na data em que é feito o testamento, quanto a lei vigente na data da abertura da sucessão. Na primeira hipótese, chamamos de capacidade testamentária ativa, que é a capacidade do testador de fazer seu testamento, consagrando o princípio da *tempus regit actum*; por outro lado, na segunda hipótese, a capacidade passiva, ou seja, a capacidade para suceder ou ser beneficiado por disposição testamentária, e o estudo do conteúdo das disposições, na forma dos arts. 1.897 a 1.940.

Quando a disposição testamentária é condicional,

> *"a capacidade do herdeiro, ou a do legatário, é regulada, não pela lei vigente ao tempo da abertura da sucessão, mas pela lei em vigor ao tempo do implemento da condição, de que depende, ex vi do art. 118 do Código Civil, porque o direito hereditário não se transmite, enquanto não se realiza a condição".*[11]

6 Capacidade para fazer testamento

O testamento é um negócio jurídico e como tal requer agente capaz, objeto lícito, possível, determinado ou determinável, e forma prescrita ou não defesa em lei, devendo ser a pessoa capaz de direitos e obrigações na ordem civil (art. 2º do CC). Isso significa que todas as pessoas físicas, capazes de testar, de acordo com a lei vigente no tempo, podem fazer testamentos.

A lei não outorga esse direito às pessoas jurídicas, porque elas não representam a vontade direta e una do ser humano, mas um ser abstrato, uma ficção jurídica, criada pela lei, que, normalmente, é coletiva, composta de várias pessoas físicas. Como o testamento é sempre personalíssimo, vontade una, e a lei proíbe qualquer testamento conjuntivo, não pode a pessoa jurídica testar. Pontes de Miranda acrescenta que o testamento é ato essencialmente ligado ao fato da morte física, impossibilitando a pessoa jurídica de efetuar o ato.[12]

O Código Civil argentino declara que "toda pessoa legalmente capaz de ter vontade e de manifestá-la, tem a faculdade de dispor de seus bens por testamento" (art. 3.606).

O Código Civil português, em seu art. 2.188, estabelece que podem testar todos os indivíduos que a lei não declare incapazes de o fazer; redação similar encontra-se no Código Civil espanhol, quando o legislador daquele país declara que podem testar todos aqueles a quem a lei não proíbe expressamente.

Em princípio, todas as pessoas naturais com 16 anos completos podem testar, salvo as vedadas pelo *caput* do art. 1.860 do Código Civil, assim

---

[11] OLIVEIRA, Arthur Vasco Itabaiana de. *Tratado de direito das sucessões*. Rio de Janeiro: Livraria Jacinto, 1936. v. 2, p. 398.

[12] MIRANDA, Pontes de. *Tratado de direito privado*. São Paulo: Revista dos Tribunais, 1984. v. 56, p. 111.

expresso: "Além dos incapazes, não podem testar os que, no ato de fazê-lo, não tiveram pleno discernimento."

Essa incapacidade ativa de testar não significa que a pessoa não tenha capacidade para praticar determinados atos da vida civil, e, da mesma forma, se a pessoa, ao testar, não tinha capacidade para fazê-lo, pouco importa sua condição futura; igualmente, sendo capaz ao testar, a incapacidade civil superveniente não altera o valor do ato jurídico praticado.

Expressa-se o art. 1.861 do Código Civil, "a incapacidade superveniente não invalida o testamento, nem o testamento do incapaz se valida com a superveniência da capacidade". Exemplo: o menor de 15 anos não pode testar; se ele o fizer, mesmo que, quarenta anos depois, venha a ser senador da República, o testamento primitivo não terá valor, porque o ato é nulo desde o seu nascimento e não se valida pela superveniência da capacidade futura.

Também, se o testador, advogado militante, faz seu testamento particular, obedecendo às formalidades da lei, pouco importa que, em consequência de acidente automobilístico, torna-se inválido, paralítico e incapaz de manifestar sua vontade. Tendo o testamento sido feito quando o testador agia com plena capacidade de discernimento, capaz de avaliar o ato praticado, é legítimo o negócio jurídico e, portanto, produzirá todos os seus efeitos, após sua morte.

7 Incapazes de testar

São incapazes de testar:

a) *Os menores de 16 anos.* A lei não distingue entre sexo e cor; todas as pessoas com menos de 16 anos foram proibidas pelo legislador de testar. Por outro lado, os menores com 16 anos completos podem fazer seu testamento, sozinhos, sem sofrerem a influência dos pais ou tutores. Não há necessidade de assistência para o menor, muito ao contrário, a lei quer que sua ação seja unipessoal, livre, plena, mesmo que sua capacidade intelectual esteja em formação. Lembra Pontes de Miranda que a simples prova de ter o pai vedado o ato do filho, ou criado dificuldades à livre manifestação da vontade testamentária, constitui causa suficiente para as medidas do art. 1.637 ou 1.638, I e III, do Código Civil, além da responsabilidade criminal respectiva, na salvaguarda penal da liberdade de testar.[13]

b) *Os enfermos ou deficientes mentais.* Corrigiu o Código a redação dada pela legislação anterior. Dizia o Código Beviláqua que são incapazes os loucos de todo o gênero. A nova redação é bem melhor, nos termos do

---

[13] MIRANDA, Pontes de. Op. cit. p. 117.

inciso II do art. 3º: "Os que, por enfermidade ou deficiência mental, não tiverem o necessário discernimento para a prática desses atos". A lei não admite pessoas que tenham lucidez temporária, mesmo com intervalos periódicos, capazes de testar.

Observa Caio Mário que o problema é técnico e da competência médica, cujo parecer esclarecerá a Justiça. Isso não significa que o laudo médico é absoluto, mas fornecerá elementos substanciais para que o juiz decida, de acordo com o laudo, a lei, as circunstâncias, detida análise do testamento e suas disposições e os fatos provados. "O estado patogênico gera a incapacidade."[14] Poderá o doente mental ser ou não interditado judicialmente; como o problema exige prova, o indivíduo poderá fazer um testamento público, nulo, em decorrência de sua insanidade mental, sem que o tabelião tenha declarado o fato ao transcrever a vontade do testador.

O Supremo Tribunal Federal entendeu que para comprovar a incapacidade mental do testador, não há necessidade de realização de perícia médica retrospectiva, e tal perícia só seria imprescindível em vida do incapaz.[15]

A prova da doença ou deficiência mental poderá ser feita em qualquer fase, dentro do processo próprio, quando os interessados postularem em juízo a anulação ou nulidade do testamento. A perícia médica usará todos os recursos necessários para permitir ao juízo a decisão correta, uma vez que o testador já é falecido e não poderá ser periciado.

c) *Os que, mesmo por causa transitória, não puderem exprimir sua vontade*. Não são apenas os dementes que o Código Civil priva da capacidade de testar. Também são considerados incapazes os que, na feitura do testamento, não estejam em seu juízo perfeito. Para caracterizar o juízo imperfeito, cumpre examinar os requisitos psicológicos a que o legislador condicionou a *testamentifactio activa*.[16] Mesmo que tenha sido redigido após o ajuizamento do pedido de interdição do testador, mas antes da decretação desta, não se anula o testamento sem que resulte provada a enfermidade ao tempo da facção testamentária; a idade avançada não induz, por si só, a incapacidade testamentária ativa. A esclerose não é, por si só, causa de insanidade mental. Mesmo na velhice, acometido de doença grave, porém com total lucidez, o testamento é válido.

Se o indivíduo sofre de distúrbio mental, mas é submetido a tratamento, recuperando sua saúde, não há incapacidade ativa, poderá fazer seu testamento. O que a lei procura preservar é a autêntica vontade do testador, como

---

[14] PEREIRA, Caio Mário da Silva. Op. cit., p. 205.

[15] *RT*, 638/188.

[16] SAN TIAGO DANTAS, Francisco Clementino de. *Revista Forense*, CIX.

legítima manifestação derradeira. Clóvis aponta a sugestão hipnótica, ou o sonambulismo, ou a embriaguez como causas para anular o testamento; também a pessoa que apresente síndrome paranoide de interpretação, sujeita a delírios persecutórios, não possui discernimento suficiente para bem testar.[17]

Os viciados em drogas, se demonstrada sua incapacidade permanente ou temporária, não poderão redigir seu testamento se, não for possível provar que estavam conscientes do negócio jurídico praticado.

d) *Os surdos-mudos que não puderem manifestar sua vontade.* O surdo-mudo que saiba escrever e ler poderá fazer seu testamento cerrado. A presença de escolas para surdos e mudos alterou o cenário, desde o período do projeto do Código Civil. A surdo-mudez somente é causa de incapacidade quando impossibilita a manifestação da vontade.[18] A surdo-mudez, quando é congênita, pode vir a causar a incapacidade, desde que a pessoa não possa manifestar sua vontade; vindo a pessoa a contrair a doença mais tarde, em consequência de lesão traumática, não acarretará qualquer incapacidade testamentária ativa.

A lei permite que o analfabeto possa testar (art. 1.865), também o cego (art. 1.867), o surdo e o mudo instruídos. É imprescindível que a pessoa tenha capacidade no momento da facção testamentária, pouco importando que venha a perdê-la, posteriormente (art. 1.861).

Dispõe o art. 4º do Código Civil que são relativamente incapazes os ébrios habituais, os viciados em tóxicos e os que, por deficiência mental, tenham o discernimento reduzido, bem como os excepcionais, sem desenvolvimento mental completo. Também as pessoas acometidas por essas doenças ou deficiências não podem fazer testamento, porque lhes falta o elemento básico de um testamento, qual seja, a livre manifestação de vontade.

8 Conteúdo do testamento

O testamento é redigido pelo testador e pode conter:

a) disposições extrapatrimoniais, como reconhecimento de filhos extramatrimoniais, nomeação de tutores ou curadores, direitos inerentes à pessoa de caráter disponível etc.;

b) disposições patrimoniais: instituição de herdeiros e/ou legatários;

---

17 *Revista Forense*, 102/82.

18 GOMES, Orlando. *Sucessões*. Rio de Janeiro: Forense, 1997. p. 87.

c) disposições indiretas sobre os bens, cláusulas de melhoramentos ou benefícios, dispensa de colação, deserdação, revogação de testamento anterior etc.;

d) disposições sobre o modo de operar-se a transmissão: cláusulas de ônus sobre bens, inalienabilidade, incomunicabilidade e impenhorabilidade, participações etc.[19]

Mesmo que haja erro de nomenclatura, o testador indicará o herdeiro instituído e o legatário, definindo-se este último por receber coisa certa e determinada e seu direito estará circunscrito à coisa legada.

Às vezes, a manifestação imperfeita do testador pode dar azo a pedido de anulação de disposição testamentária, ou mesmo nulidade do instrumento, por parte dos herdeiros necessários. Contudo, não há normas específicas no Código Civil sobre redação de testamento. Basta, tão somente, que o testador tenha se expressado de forma inteligível, para que sua vontade seja cumprida.

Muitas vezes, por falta de segurança, o testador busca refúgio na pessoa do funcionário do Cartório de Notas, para "ajudá-lo" a exprimir-se. Sabe-se, porém, que os Tribunais não admitem tal prática, uma vez que estaria havendo interferência de estranhos na redação "privativa" do testador.

Nenhum testador deve ter medo de errar, de exprimir-se de modo errôneo na língua portuguesa. O que importa, acima de tudo, é que ele dite para o tabelião – ou seu substituto – aquilo que ele quer inserir no testamento, distribuir os bens como lhe aprouver. A lei permite ao testador utilizar-se de "minuta", sem ferir a soberania do ato.

Testamento é ato democrático e não pode ser cerceado o seu uso por formalidades inúteis, obsoletas e antiquadas.

Ao redigir seu testamento, deve o testador cuidar para que sua vontade seja expressa de forma clara, insofismável, irrefutável, não permitindo que estranhos interpretem sua vontade anos depois, quando outras, talvez, sejam as condições sociais. Repetir palavras é um ato normal (e, possivelmente, necessário) para uma pessoa que faz seu testamento pela primeira vez e quer beneficiar pessoas do seu afeto ou que mereçam retribuições.

Segundo relatos, pessoas que vivem em união estável há muitos anos ficam nervosas no dia do casamento religioso, com toda a pompa de uma igreja, presença de pessoas etc. Imaginemos, então, o que deve sentir aquele que faz um "testamento", receoso de vir a morrer ou aproximar-se seu dia fatal.

---

19 ZANNONI, Eduardo A. *Derecho de las sucesiones*. 2. ed. Buenos Aires: Astrea, 1976. t. 2, p. 555.

Jurisprudência

CIVIL. PROCESSUAL CIVIL. RECURSO ESPECIAL. TESTAMENTO. FORMALIDADES LEGAIS NÃO OBSERVADAS. NULIDADE. 1. Atendido os pressupostos básicos da sucessão testamentária - i) capacidade do testador; ii) atendimento aos limites do que pode dispor e; iii) lídima declaração de vontade - a ausência de umas das formalidades exigidas por lei, pode e deve ser colmatada para a preservação da vontade do testador, pois as regulações atinentes ao testamento tem por escopo único, a preservação da vontade do testador. 2. Evidenciada, tanto a capacidade cognitiva do testador quanto o fato de que testamento, lido pelo tabelião, correspondia, exatamente à manifestação de vontade do de cujus, não cabe então, reputar como nulo o testamento, por ter sido preterida solenidades fixadas em lei, porquanto o fim dessas - assegurar a higidez da manifestação do de cujus -, foi completamente satisfeita com os procedimentos adotados. 3. Recurso não provido. (STJ - Acórdão Resp 1677931 / Mg, Relator(a): Min. Nancy Andrighi, data de julgamento: 15/08/2017, data de publicação: 22/08/2017, 3ª Turma)

Agravo INTERNO.AGRAVO EM RECURSO ESPECIAL. DIREITO CIVIL. TESTAMENTO. AÇÃO DE REGISTRO E AÇÃO ANULATÓRIA. PREJUDICIALIDADE. SÚMULA 7/STJ. 1. Inviabilidade de alterar a conclusão do tribunal de origem – no sentido de ser necessária a suspensão do processo anulatório até que fosse trazido comprovante de cumprimento do RAC do testamento, pois importante para que o juiz analisasse eventual não cumprimento das formalidades extrínsecas essenciais do testamento - por imperial necessidade de incursão na seara fático-probatória. Incidência da súmula 7/STJ. 2. Ausência de similitude fática para configuração de dissídio pretoriano, pois, apesar de ambos tratarem de prejudicialidade entre ação de registro de testamento e ação anulatória de testamento, outros detalhes fáticos os distanciam. 3. Agravo interno não provido. (STJ - Acórdão Agint no Aresp 1000627 / Rj, Relator(a): Min. Luis Felipe Salomão, data de julgamento: 17/04/2018, data de publicação: 20/04/2018, 4ª Turma)

CIVIL. PROCESSUAL CIVIL. RECURSO ESPECIAL. TESTAMENTO. FORMALIDADESLEGAIS NÃO OBSERVADAS. NULIDADE. 1. Atendido os pressupostos básicos da sucessão testamentária - i) capacidade do testador; ii) atendimento aos limites do que podedispor e; iii) lídima declaração de vontade - a ausência de umas das formalidades exigidas por lei, pode e deve ser colmatada para a preservação da vontade do testador, pois as regulações atinentes ao testamento tem por escopo único, a preservação da vontade do testador. 2. Evidenciada, tanto a capacidade cognitiva do testador quanto o fato de que testamento, lido pelo tabelião, correspondia, exatamente à manifestação de vontade do de cujus, não cabe então, reputar como nulo o testamento, por ter sido preterida solenidades fixadas em lei, porquanto o fim dessas - assegurar a higidez da manifestação do de cujus -, foi completamente satisfeita com os procedimentos adotados. 3. Recurso não provido. (STJ - Acórdão Resp 1677931 / Mg, Relator(a): Min. Nancy Andrighi, data de julgamento: 15/08/2017, data de publicação: 22/08/2017, 3ª Turma)

RECURSO ESPECIAL. TESTAMENTO PARTICULAR. PEDIDO DE CONFIRMAÇÃO, REGISTRO E CUMPRIMENTO. ASSINATURA DO TESTADOR. REQUISITO ESSENCIAL DE VALIDADE. ABRANDAMENTO. IMPOSSIBILIDADE. ASSINATURA A ROGO. INADMISSIBILIDADE. 1. Cuida-se de procedimento especial de jurisdição voluntária consubstanciado em pedido de confirmação, registro e cumprimento de testamento particular. 2. Cinge-se a controvérsia a determinar se pode subsistir o testamento particular formalizado sem todos os requisitos exigidos pela legislação de regência, no caso, a assinatura do testador. 3. A jurisprudência desta Corte tem flexibilizado as formalidades prescritas em lei no tocante às testemunhas do testamento particular quando o documento tiver sido escrito e assinado pelo testador e as demais circunstâncias dos autos indicarem que o ato reflete a vontade do testador. 4. No caso dos autos, além de o testamento não ter sido assinado pelo próprio testador, há fundada dúvida acerca da higidez da manifestação de vontade ali expressa. 5. Segundo a doutrina especializada, na confecção do testamento particular não se admite a assinatura a rogo. 6. Recurso especial não provido. (STJ - Acórdão Resp 1618754 / Mg, Relator(a): Min. Nancy Andrighi, data de julgamento: 26/09/2017, data de publicação: 13/10/2017, 3ª Turma)

AGRAVO REGIMENTAL NO AGRAVO EM RECURSO ESPECIAL. COMPROVAÇÃO DA TEMPESTIVIDADE DO RECURSO ESPECIAL EM AGRAVO REGIMENTAL. SUSPENSÃO DO EXPEDIENTE FORENSE. POSSIBILIDADE. TESTAMENTO PARTICULAR. REQUISITOS FORMAIS. FLEXIBILIZAÇÃO. TESTAMENTO DE EMERGÊNCIA. AUSÊNCIA DE COMPROVAÇÃO DA SITUAÇÃO EXCEPCIONAL. ART. 1.879 DO CC. SÚMULA N. 7/STJ. DIVERGÊNCIA JURISPRUDENCIAL . 1. A comprovação da tempestividade do agravo em recurso especial em decorrência de suspensão de expediente forense no Tribunal de origem pode ser feita posteriormente, em agravo regimental, desde que por meio de documento idôneo capaz de evidenciar a prorrogação do prazo do recurso cujo conhecimento pelo STJ é pretendido. 2. É possível flexibilizar as formalidades prescritas em lei no tocante ao testamento particular, de modo que a constatação de vício formal, por si só, não enseja a invalidação do ato, mormente quando demonstrada, por ocasião do ato, a capacidade mental do testador para livremente dispor de seus bens. 3. Nos termos do art. 1.879 do CC, permite-se seja confirmado, a critério do juiz, o testamento particular realizado de próprio punho pelo testador, sem a presença de testemunhas, quando há circunstância excepcional declarada na cédula. 4. Incide a Súmula n. 7 do STJ se o acolhimento da tese defendida no recurso especial reclamar a análise dos elementos probatórios produzidos ao longo da demanda. 5. A transcrição da ementa ou do inteiro teor dos julgados tidos como divergentes é insuficiente para a comprovação de dissídio pretoriano viabilizador do recurso especial. 6. Agravo regimental desprovido. (STJ - Acórdão Agrg no Aresp 773835 / Sp, Relator(a): Min. João Otávio de Noronha, data de julgamento: 23/02/2016, data de publicação: 10/03/2016, 3ª Turma)

Ação de anulação de testamento. Improcedência. Insurgência dos herdeiros necessários. Elementos indicativos demonstrando que o testador não estava em sua plena capacidade de manifestar o seu desejo, esquizofrenia atestada que levava à incapacidade mental. Sentença reformada para decretar a nulidade do testamento (Apelo provido. TJSP Ap. Cível nº 9150475-68.2007.8.26.0000. Relator Des. Octavio Helene. *DJ* 19-7-2011).

ANULAÇÃO – ATO JURÍDICO – PRETENSÃO À ANULAÇÃO DE TESTAMENTO, POR TER SIDO ELABORADO POR PESSOA INCAPAZ – Autor da herança que, nada obstante portador da síndrome de Parkinson, gozava de plena capacidade mental. Cumprimento de todos os requisitos legais. Doação da totalidade da herança à ré, em detrimento dos demais irmãos e sobrinhos. Irrelevância, por se tratarem de herdeiros legítimos e não necessários. Ausência de legitimidade do autor para questionar sobre a existência de união estável. Sentença de improcedência mantida. Recurso improvido (TJSP – Ap 990.10.026274-2 – Brodowski – 8ª CDPriv. – Rel. Caetano Lagrasta – *DJe* 10-6-2010 – p. 1186).

DIREITO CIVIL E PROCESSUAL CIVIL – SUCESSÕES – RECURSO ESPECIAL – ARROLAMENTO DE BENS – TESTAMENTO FEITO SOB A VIGÊNCIA DO CC/16 – CLÁUSULAS RESTRITIVAS APOSTAS À LEGÍTIMA – INALIENABILIDADE, IMPENHORABILIDADE E INCOMUNICABILIDADE – Prazo de um ano após a entrada em vigor do CC/02 para declarar a justa causa da restrição imposta. Abertura da sucessão antes de findo o prazo. Subsistência do gravame. Questão processual. Fundamento do acórdão não impugnado – Conforme dicção do art. 2.042 c/c o *caput* do art. 1.848 do CC/02, deve o testador declarar no testamento a justa causa da cláusula restritiva aposta à legítima, no prazo de um ano após a entrada em vigor do CC/02; Na hipótese de o testamento ter sido feito sob a vigência do CC/16 e aberta a sucessão no referido prazo, e não tendo até então o testador justificado, não subsistirá a restrição – Ao testador são asseguradas medidas conservativas para salvaguardar a legítima dos herdeiros necessários, sendo que na interpretação das cláusulas testamentárias deve-se preferir a inteligência que faz valer o ato, àquela que o reduz à insubsistência; Por isso, deve-se interpretar o testamento, de preferência, em toda a sua plenitude, desvendando a vontade do testador, libertando-o da prisão das palavras, para atender sempre a sua real intenção – Contudo, a presente lide não cobra juízo interpretativo para desvendar a intenção da testadora; O julgamento é objetivo, seja concernente à época em que dispôs da sua herança, seja relativo ao momento em que deveria aditar o testamento, isto porque veio à óbito ainda dentro do prazo legal para cumprir a determinação legal do art. 2.042 do CC/02, o que não ocorreu, e, por isso, não há como esquadrinhar a sua intenção nos 3 meses que remanesciam para cumprir a dicção legal – Não houve descompasso, tampouco descumprimento, por parte da testadora, com o art. 2.042 do CC/02, conjugado com o art. 1.848 do mesmo Código, isto porque foi colhida por fato jurídico – Morte – Que lhe impediu de cumprir imposição legal, que só a ela cabia, em prazo que ainda não se findara – O testamento é a expressão da liberdade no direito civil, cuja força é o testemunho mais solene e mais grave da vontade íntima do ser humano – A existência de fundamento do acórdão recorrido não impugnado, quando suficiente para a manutenção de suas conclusões em questão processual, impede a apreciação do recurso especial no particular. Recurso especial provido (STJ – REsp 1.049.354 – (2008/0083708-6) – 3ª T. – Relª Minª Nancy Andrighi – *DJe* 8-9-2009 – p. 288).

AÇÃO ANULATÓRIA DE TESTAMENTO – CAPACIDADE CIVIL DA TESTADORA – INEXISTÊNCIA DE VÍCIO DE CONSENTIMENTO – 1 – Se os problemas de saúde da testadora não retiraram a sua higidez mental e a sua capacidade civil, que foi atestada pelo tabelião e pelas testemunhas ouvidas, inclusive pelo médico que a assistiu, e se foram observados os requisitos legais, então é válida e eficaz a disposição de última vontade. 2 – O testamento que preenche os pressupostos e observa a forma legal constitui ato jurídico válido, perfeito e acabado, que ganha eficácia com o óbito, desencadeando todos os efeitos dele decorrentes. 3 – Mesmo que, eventualmente, o testador possa ter ultrapassado a sua parte disponível, ainda assim, não é caso de anular o testamento, pois terá lugar, então, a eventual redução das disposições testamentárias, questão esta a ser resolvida no processo de inventário. Recurso desprovido (TJRS – AC 70029015203 – 7ª C.Cív. – Rel. Des. Sérgio Fernando de Vasconcellos Chaves – J. 30-9-2009).

Agravo de Instrumento. Ação anulatória de testamento. Determinação de prova pericial, que mostra-se adequada e sem qualquer vedação legal. O juiz é o destinatário final da prova e deve determiná-la em busca da verdade real, quando considerada necessária. Omissão na decisão, quanto ao requerimento de prova feito pelos agravantes. Deferida a tomada de depoimentos pessoais, convém que se inclua, também, o que foi solicitado pelos agravantes, para ficar completa a prova oral deferida no processo. Provimento parcial do recurso, para ficar deferido, expressamente, o depoimento pessoal do agravado em audiência (TJRJ – Agravo de Instrumento nº 2005.002.26654. Des. Ronald Valladares. Julgamento em 23-5-2006 – 16ª Câm. Cív.).

EMENTA: TESTAMENTO PÚBLICO – PEDIDO DE REGISTRO E CUMPRIMENTO – AUSÊNCIA DE VÍCIOS – POSSIBILIDADE.
Nos termos dos artigos 1.1128 c/c art. 1.126 da lei processual quando o testamento for público qualquer interessado, exibindo-lhe o traslado ou certidão, poderá requerer ao juiz que ordene seu cumprimento. O Juiz, após a oitiva do Ministério Público, mandará registrar, arquivar e cumprir o testamento, se lhe não achar vício externo, que o torne suspeito de nulidade ou falsidade (TJMG – Rel. Des.: Wander Marotta. Proc. nº 1.0024.04.463823-7/001. Data do acórdão: 4-10-2005. Data da publicação: 8-11-2005).

EMENTA: AÇÃO DECLARATÓRIA – NULIDADE DE CLÁUSULA TESTAMENTÁRIA – COMPROMETIMENTO DA PARELA LEGÍTIMA DA HERANÇA – RESTRIÇÃO/ONERAÇÃO/PRIVAÇÃO DOS DIREITOS SUCESSÓRIOS DOS HERDEIROS NECESSÁRIOS – DISPOSIÇÃO INOFICIOSA EM FAVOR DE HERDEIROS LEGATÁRIOS – NULIDADE – PRINCÍPIO DA INTANGIBILIDADE DA LEGÍTIMA (TJMG – Proc. nº 1.0145.03.082805-0/001 – Rel. Des.: Geraldo Augusto. Data da publicação: 8-11-2005. Data do acórdão: 16-12-2005).

11

DAS FORMAS ORDINÁRIAS DO TESTAMENTO

1 Noções gerais

Como o testamento é um negócio jurídico solene, repleto de formalidades, as formas com que se exterioriza a vontade do testador, nas disposições de última vontade, são autênticas vestimentas, em sucinta explicação de Tito Fulgêncio.

O Código acolheu somente as formas ordinárias e especiais de testamentos; são ordinários os redigidos em condições normais, como o testamento público, o cerrado e o particular; são especiais as formas escritas em condições especiais, o marítimo, o militar e o aeronáutico.

Caracterizado como negócio jurídico, também o testador deve preencher os requisitos nomeados na lei. Sua sanidade mental é da maior importância, por revelar uma vontade legítima.

> *"Na hora de testar o que importa é a lucidez mental, o perfeito juízo, na previsão legal, conforme dispõe o art. 1.627, III, do Código Civil (art. 1.860, caput, do Código Civil de 2002), a capacidade de conhecer e querer no ato dispositivo de testar, não negada pelos atestados médicos apresentados, em nada influindo as crises anteriores ou posteriores de arteriosclerose cerebral em anulação do ato, desde que tenha sido praticado em momento de lucidez."*[1]

---

[1] *Jurisprudência Mineira*, v. 121/292.

O Supremo Tribunal Federal decidiu que juízo imperfeito não se confunde com loucura ou insanidade mental.[2]

O testador deve sempre exprimir sua vontade, para que o negócio jurídico praticado possa produzir seus efeitos, após a sua morte.

2 Testamento conjuntivo

O testamento conjuntivo, que se pode revestir de três formas – simultâneo, recíproco e correspectivo –, não foi admitido em nossa legislação. Também chamado de mão comum, o testamento conjuntivo atenta contra a revogabilidade e a espontaneidade dos testamentos; como o ato é praticado por duas pessoas ao mesmo tempo, a revogação de um deles implica a revogação do outro, e, quase sempre, há uma reciprocidade de interesses, com liberalidades de um para o outro.

São três as formas usadas pelo testamento conjuntivo:

a) simultâneo – quando as pessoas dispunham em favor de um terceiro. Como era comum fazer-se tal testamento entre cônjuges, os doutrinadores clássicos exemplificam considerando normal sua realização no casamento; hoje, no entanto, é crescente o número de conviventes, até do mesmo sexo;

b) recíproco – quando a pessoa instituía a outra como sua beneficiária e vice-versa, recolhendo o que sobrevivesse;

c) correspectivo – quando o testador faz disposições, em retribuição de outras que tenham sido feitas a ele,[3] ou, como diz Clóvis, "cujas disposições são feitas em retribuição de outras correspondentes".

Algumas legislações do mundo ocidental permitem o testamento conjuntivo, mas, entre nós, é nulo, proibido, não gerando qualquer efeito jurídico. Ele se assemelha ao pacto sucessório, banido pelo art. 426 do Código Civil.

O Código Civil italiano (art. 589), o Código Civil português (art. 2.181) e o Código Civil espanhol (art. 669) também proíbem o testamento conjuntivo, porque o testamento é ato pessoal, insusceptível de ser feito por meio de representante ou de ficar dependente do arbítrio de outrem.

---

2 *RTJ*, 79/556.

3 PEREIRA, Caio Mário da Silva. *Instituições de direito civil*. Rio de Janeiro: Forense, v. 6, p. 148; BEVILÁQUA, Clóvis. *Comentários*... v. 6, p. 72.

3 Testamento público

O testamento público é feito pelo testador no Cartório de Notas, perante o tabelião ou seu substituto, que o escreverá em livro próprio, na presença de duas testemunhas. Pode o testador valer-se do Cartório de Notas de sua cidade, como, também, procurá-lo em qualquer outra cidade, sempre na presença do oficial público e das testemunhas. O conteúdo, a redação, é sempre do testador, pouco importando o grau de conhecimento cultural, se campesino, favelado, professor, advogado; não é lícito ao oficial público utilizar outra redação senão a que lhe foi ditada. Podem fazê-lo todas as pessoas que puderem transmitir sua vontade, de viva voz, inclusive o surdo e o cego; o mudo e o surdo-mudo não podem fazer testamento público.

A propósito, tabelião é, também, chamado de notário, denominação essa de origem canônica e adotada em países europeus, tais como, entre outros, Alemanha, França, Bélgica, Itália, Portugal, Espanha, observação apontada por Zeno Veloso.[4]

4 Requisitos

São requisitos essenciais do testamento público: (a) ser escrito pelo tabelião, ou por seu substituto legal, em seu livro de notas, de acordo com as declarações do testador, podendo este servir-se de minuta, notas ou apontamentos; (b) lavrado o instrumento, ser lido em voz alta pelo tabelião para o testador e as 2 (duas) testemunhas, a um só tempo ou pelo tabelião ou pelo testador, se o quiser, na presença destas e do oficial; (c) ser um instrumento, em seguida à leitura, assinado pelo testador, pelas testemunhas e pelo tabelião, rubricando todas as folhas.

O testamento público poderá ser escrito manualmente pelo tabelião ou utilizar-se este de qualquer processo mecânico, bem como ser feito pela inserção da declaração de vontade em partes impressas de livro de notas, desde que rubricadas todas as páginas pelo testador, se mais de uma.[5]

Tornou-se o testamento público de resultados bem mais práticos. A lei não mais exige a presença contínua de testemunhas, no Cartório de Notas, enquanto o testador ditava o testamento para o tabelião. Tal método justificava-se no século XIX, mas não poderia ter qualquer acolhida no século XXI, especialmente depois da Segunda Guerra, que alterou os costumes da sociedade. A praticidade do ato reverterá em benefício da população, buscando transmitir sua vontade para ser cumprida após sua morte, por intermédio de testamento público.

---

4 VELOSO, Zeno, op. cit. p. 55.

5 Código Civil, art. 1.864.

O Código autoriza ao testador utilizar-se de minuta, rascunho ou notas, significando tal que o testador poderá fazer suas anotações em sua residência, ou ajudado por um advogado especializado, levando o produto para o Cartório de Notas, onde deverá ser lavrado o instrumento. Em qualquer hipótese, nunca poderá o testador deixar-se influenciar por terceiros, porque o testamento é negócio jurídico personalíssimo.

Os testamentos têm o mesmo valor jurídico. Pouco importa que um seja lavrado na presença do oficial, em livro de notas, com mais solenidade que o testamento particular; a lei atribui valor idêntico a todos eles, cada qual com suas características, oferecendo maior oportunidade ao testador para transmitir sua última vontade.

Se o testador não souber, ou não puder assinar, o tabelião ou seu substituto legal assim o declarará, assinando, nesse caso, pelo testador, e, a seu rogo, uma das testemunhas instrumentárias, após a leitura do instrumento lavrado pelo tabelião, ou por pessoa indicada pelo testador (art. 1.865).

5 Língua nacional

Em se tratando de testamento público, deverá ser sempre escrito em língua portuguesa, qualquer que seja a nacionalidade do testador; deve o testador fazer suas declarações diretamente ao oficial público ou a seu substituto legal e, se quiser, ditar ou entregar a minuta que tiver feito anteriormente, ou quaisquer notas que estejam em seu poder. O importante é que ele revele sua verdadeira vontade, sem sofrer influências ou interferências de terceiros no momento da facção do ato.

Lavrado o testamento, o oficial ou o testador, se o quiser, fará a leitura de seu conteúdo e, estando correta a transcrição da vontade do testador, será o termo assinado pelo testador, pelas testemunhas indicadas por ele e pelo oficial. Se o testador não souber, ou não puder assinar, a lei permite que o testador peça a uma das testemunhas que o faça, a seu rogo, devendo o oficial declarar tal fato.

É prática usual que o testador, quando não é conhecido do tabelião, faça-se identificar e às testemunhas, apresentando documentos de identidade, número de CPF ou CIC, procedimento semelhante ao indicado na legislação espanhola.[6]

---

[6] Art. 685 do Código Civil espanhol: "*El notario deberá conocer al testador y si no lo coneciese se identificará su persona con dos testigos que le conozcan y sean conocidos del mismo notario, o mediante la utilización de documentos expedidos por las autoridades públicas cuyo objeto sea identificar a las personas.*"

Permite o Código que a pessoa inteiramente surda, desde que saiba ler, faça seu testamento público, lendo o instrumento após a lavratura e, se não o souber, designará quem o leia em seu lugar, presentes as testemunhas (art. 1.866).

O surdo, sabendo ler, terminado o ato, lerá seu testamento; se for analfabeto, designará quem o leia em seu lugar, sempre na presença das testemunhas (art. 1.866). Por sua vez, o cego só poderá fazer testamento público, que lhe será lido, em alta voz, por duas vezes, sendo uma pelo oficial e a outra por uma das testemunhas, designada pelo testador, fazendo-se de tudo circunstanciada menção no testamento.

A declaração de que foram cumpridas todas as formalidades legais não é bastante para que se tenham como observadas as exigências pela lei e tidas como essenciais para a validade do testamento público, que é rigorosamente formal. É essencial que o testador faça a leitura em alta voz, perante o testador e as testemunhas.

Não pode, nem deve, o testador limitar-se a responder perguntas feitas pelo oficial público; o ato pertence ao testador e o oficial é instrumento, representando o Estado, na lavratura do testamento. As pessoas de mais idade, por exemplo, devem tomar muito cuidado na feitura de seu testamento, porque são passíveis de "assédio da intriga e da cobiça", usando expressão de Tito Fulgêncio.

O serviço notarial é privado, embora delegado pelo Estado, nos termos da Constituição Federal de 1988, cujo art. 236 foi regulamentado pela Lei nº 8.935, de 18 de novembro de 1994.[7]

Se alguma formalidade deixar de ser observada, mas, na essência, cumprida a vontade do testador e a presença das testemunhas que ouviram a leitura do testamento, caberá ao juiz decidir pela autenticidade do ato, se impugnado por algum interessado. O Tribunal de Justiça de São Paulo já anulou testamento, em se verificando a ausência temporária de algumas testemunhas durante a facção do testamento, por considerar requisito essencial não observado, na vigência do Código Civil de 1916.[8]

Por outro lado, o Tribunal de Justiça de Minas Gerais, em curiosa decisão, entendeu ser possível fazer o testamento público, através de escritura pública, desde que cumpridas as formalidades legais, considerando ser irrelevante o *nomen juris*.[9] Também o Supremo Tribunal Federal declarou válido o testamento feito perante o escrevente substituto do tabelião, repelindo alegação de nulidade.[10]

---

[7] VELOSO, Zeno. *Comentários ao Código Civil*. São Paulo: Saraiva, 2003. v. 21, p. 49.

[8] *RT*, 687/80.

[9] *RT*, 606/194.

[10] *RT*, 590/272.

Sem dúvida que o testamento público goza de maior prestígio nos tribunais, em face de sua feitura perante o oficial público, que porta fé. Em termos práticos, também essa é a forma mais recomendável, porque o traslado que é entregue pelo oficial ao testador pode-se perder, ou rasgar, ou queimar, sem que interfira na validade do ato praticado; basta, para tanto, pedir nova cópia ou certidão no Cartório de Notas e estará provado o testamento. Tal expediente não pode ocorrer em qualquer outra forma testamentária.

Justo lembrar ementa da lavra do Min. Aldir Passarinho Júnior, em REsp julgado na Quarta Turma do STJ. Diz S. Exa. Que a jurisprudência do STJ inclina-se pelo aproveitamento do testamento, quando, não obstante a existência de certos vícios formais, a essência do ato se mantém íntegra, após detida análise da prova pelo Tribunal Estadual, quando se apurou a fidelidade da manifestação da vontade do testador, sua capacidade mental e livre expressão[11].

Curioso caso é relatado em doutrina de testamento público. Estando a testadora internada em um hospital, o substituto comparece ao local, com um instrumento já lavrado, declarando que a testadora foi ao Cartório de Notas, naquele dia e àquela hora, tendo ditado sua vontade ao tabelião. Após perguntando-lhe (pelo tabelião) que esta era a sua vontade, o instrumento lhe foi lido e, em seguida, a testadora fez a segunda leitura na frente das testemunhas. No hospital o substituto indagou se a testadora queria que determinada pessoa fosse a testadora, solicitou os documentos das testemunhas, transcreveu todo o texto em um notebook e deu o instrumento para ser assinado. No local não havia impressora. O texto lavrado no Cartório determinava que certa pessoa seria herdeiro universal e não o testamenteiro. Sem a família tomar qualquer conhecimento do texto do testamento, foi o mesmo submetido ao juiz, que o aprovou de plano e mandou registrar. O "herdeiro universal" apresentou o instrumento no processo de inventário e o magistrado adjudicou-lhe todos os bens. Falecida a testadora, o "herdeiro universal" compareceu no cartório de pessoas naturais, informou seu falecimento e declarou, também, que a *de cujus* não deixou testamento. A testadora e as testemunhas nunca foram ao Cartório de Notas e não conhecem o Tabelião. Tomando conhecimento dos fatos, a família ajuizou ação de nulidade do testamento e atos jurídicos.

Muitas fraudes são elaboradas por pessoas inescrupulosas, com a exclusiva intenção de locupletar-se com os bens da testadora ignorante ou moribunda.

---

[11] Rec. Esp. N. 600.746 – PR (2003/0188859-4). Relator Ministro Aldir Passarinho Júnior.

6 Testamento cerrado

O testamento cerrado, secreto ou místico é uma forma mista entre o público e o particular. Deverá ser escrito pelo testador, podendo, também, pedir a outrem que o escreva por ele, a seu rogo, assinado pelo testador, ou, não sabendo assinar, que seja assinado pela pessoa que o escreveu, e, juntamente com as testemunhas escolhidas pelo testador, levado na presença do oficial público no Cartório de Notas, ou seu substituto legal, e a ele entregue, declarando que esta é sua vontade, desejando a aprovação, nos termos da lei.

O oficial, na presença das duas testemunhas, de posse do testamento, perguntará ao testador se aquele é seu testamento, e se quer que seja aprovado. O código revogado ainda exigia que fosse perguntado ao testador se o tinha por seu, bom, firme e valioso. Com a resposta positiva do testador, o oficial, imediatamente depois de sua última palavra, começa a aprovação do instrumento, na própria cédula que lhe foi entregue, ou, não sendo isso possível, por falta absoluta de espaço na última folha escrita, para que o oficial ponha nele seu sinal público e assim o declare no instrumento, deverá colar ou grampear uma folha para lançar o auto de aprovação, que deverá ser lido pelo oficial, assinado por ele, pelas testemunhas e pelo testador, se souber e puder. Se o testador não souber, ou não puder ler, o instrumento será assinado por uma das testemunhas, à escolha do testador, na presença de todos, devendo tal fato constar em observação feita pelo oficial. Em seguida, o testamento, com o auto de aprovação, será cerrado, costurado e lacrado pelo tabelião, entregando, finalmente, ao testador, que o portará.

Não poderá fazer testamento cerrado quem não saiba ou não possa ler, segundo o art. 1.872. Consequentemente, não poderá o cego fazer esse tipo de testamento, bem como o analfabeto.

O testamento cerrado poderá ser escrito em língua portuguesa ou qualquer outra, pelo próprio testador, ou por outrem, a seu rogo.

A ciência evoluiu e existe, hoje, o sistema Braile, que permite ao cego ler. No entanto, a lei permanece a mesma, proibida essa forma para o cego. É possível que, em futuro próximo, exista vara especial, permitindo ao juiz, conhecedor do sistema, aceitá-lo e mandar cumpri-lo.

O surdo-mudo pode fazer o testamento cerrado, contanto que o escreva todo, e o assine de sua mão, e que, ao entregá-lo ao oficial público, ante as duas testemunhas, escreva, na face extrema do papel, ou do envoltório, que aquele é o seu testamento, cuja aprovação lhe pede.

O testamento cerrado é válido quando assinado a rogo, mas não pode ser cosido e encerrado por ele, devendo tais requisitos serem cumpridos pelo oficial público.

Existe dúvida se é possível ao testador modificá-lo no ato de aprovação. É longo o parecer elaborado por Lafayette e Rui Barbosa, publicado na *Revista Forense*, afirmando que não pode ser modificado pelo testador, no ato de aprovação. Do contrário reputar-se-ão nulas tanto as disposições testamentárias como as do termo posterior, transmitindo-se a herança aos herdeiros legítimos.

As formalidades, estabelecidas em lei para a validade do testamento, são exigidas não apenas *ad probandum*, mas *ad solenitatem*; a falta de qualquer delas produz nulidade insuprível. Endossando a mesma tese, Hermenegildo de Barros afirma que o testador pode, a qualquer tempo, alterar ou revogar seu testamento, mas não é lícito fazê-lo no respectivo auto de aprovação, que faz parte integrante do testamento cerrado e não pode conter, ao mesmo tempo, disposições inconciliáveis, sob pena de se reputarem não escritas.

Depois de aprovado e cerrado pelo tabelião, o testamento será entregue ao testador, e o oficial lançará, em seu livro próprio, indicações do dia, mês e ano em que o testamento foi aprovado e entregue.[12]

Embora o novo Código seja de 2002, entendemos que algumas normas restaram superadas, presas às raízes do projeto Beviláqua, quando outra era a sociedade brasileira, com diferentes costumes, direitos e obrigações.

O testamento cerrado, inexistindo cópia, deverá ser guardado pelo testamenteiro ou por pessoa designada por ele e conservado, não devendo apresentar sinal de violação. Deve o testamento cerrado ser mantido, não obstante irregularidade do auto de aprovação, desde que não tenha havido desobediência formal, nos termos do art. 1.869 do Código Civil.[13] Encontrado aberto o testamento, a presunção é de que o rompimento tenha sido feito pelo próprio testador. Só se executa e cumpre testamento rompido se ficar provado que outrem praticou o viciamento.[14]

Encontrado aberto o testamento e apresentado ao juiz, deverá ele, *ad cautelam*, tomar as providências de apresentação, e designar audiência especial, para que sejam ouvidos o apresentante, a pessoa que estava de posse da cédula e as testemunhas instrumentárias, na tentativa de saber se não foi violado o testamento, "de modo que se conclua não ter sido aberto pelo testador, com a intenção de revogá-lo".

---

12 Código Civil, art. 1.874, equivalente ao art. 1.643 do Código Civil de 1916.

13 *Revista Forense*, 166/181.

14 *Revista Forense*, 173/280.

Após a morte do testador, aquele que estiver de posse do testamento, de modo geral, deverá ser o testamenteiro, apresentá-lo-á em juízo, quando o juiz o examinará em todas as formalidades externas, verificando se está intacto ou existe algum vício que possa maculá-lo; se tudo estiver de acordo, o juiz, na presença do apresentante, deverá abri-lo e mandará que seja lido pelo escrivão, para, em seguida, registrá-lo e arquivá-lo em cartório, ordenando que seja cumprido.

O original ficará, portanto, no cartório ou secretaria da vara especializada, se houver, mandando o juiz entregar um traslado ao apresentante, que deverá ser juntado no inventário e, ainda, mandará o juiz que uma cópia, no prazo de oito dias, seja enviada à repartição fiscal.

O juiz mandará lavrar um termo de abertura, que será assinado por ele, pelo apresentante e pelo escrivão, mencionando a data e o lugar em que o testamento foi aberto, o nome do apresentante e como houve ele o testamento, a data e o lugar do falecimento do testador e qualquer outra circunstância digna de nota, encontrada no invólucro ou no interior do testamento.[15] Formado o processo, o juiz mandará ouvir o representante do Ministério Público; feito o registro, o escrivão intimará o testamenteiro nomeado a assinar, no prazo de cinco dias, o termo da testamentaria; caso o testador não tenha nomeado testamenteiro, ou, se o fez, ele recusou, o escrivão lavrará a ocorrência e enviará os autos ao juiz, que deverá nomear testamenteiro dativo, podendo escolher entre o cônjuge sobrevivente ou algum dos herdeiros, ou, ainda, escolher um estranho ao monte, desde que traga vantagem para o cumprimento da vontade do testador. A escolha de pessoa estranha é das mais delicadas, devendo, às vezes, o juiz buscar pessoa capacitada no ramo do Direito, visando preservar o testamento.

Se a cédula não tiver sido escrita em língua portuguesa, o juiz mandará traduzi-la, por tradutor juramentado, não impedindo a lei que o testamento seja datilografado.[16]

O testamento cerrado pode ser escrito mecanicamente, desde que seu subscritor numere e autentique as páginas, com sua assinatura. Com o avanço do computador, é possível que esse seja o meio mais utilizado para o testador redigir seu testamento, evitando, inclusive, dificuldades de caligrafia ilegível ou de difícil leitura, como, de praxe, ocorre com letras de médicos.

---

[15] Código de Processo Civil, art. 1.125.

[16] A esse respeito, existe substancioso parecer do Professor Darci Bessone.

7 Testamento particular

O testamento particular é o mais comum de todos, porque facilita, consideravelmente, a facção pelo testador. Não precisa obedecer a fórmula especial: cada qual escreve, como melhor lhe parecer, as disposições de sua última vontade.[17] É o escrito pelo próprio testador e, como regra geral, assim deve ser feito, para evitar complicações depois da morte de seu autor. O testamento particular, também chamado de hológrafo, aberto ou privado, pode ser escrito em qualquer língua, desde que as testemunhas a entendam.

Lembra Eduardo de Oliveira Leite que o testamento particular "surgiu em Roma, através de Valentino III, que o criou (Novela 21, 2) em 446, daí se espalhando pelo continente europeu. Com as características como hoje é conhecido, a origem desta forma de testar remonta ao Direito Francês".[18]

São requisitos do testamento particular:

I – se escrito de próprio punho, são requisitos essenciais à sua validade seja lido e assinado por quem o escreveu, na presença de três (3) testemunhas, que o devem subscrever. Em princípio, o testamento deve ser escrito de próprio punho do testador, na presença das testemunhas e lido para elas. No entanto, seguindo a jurisprudência que era quase unânime, o novo diploma legal permite que seja feito mecanicamente. Na vigência do Código Civil de 1916, havia decisões judiciais admitindo datilografia, ou, mesmo, com a ajuda de outrem: "documento escrito sob ditado do testador na presença de cinco testemunhas que confirmaram o fato em juízo", implica validade do testamento particular (STJ).[19]

Como esse tipo de testamento é passível de falsificações e o testador pode sofrer influências de terceiros, a intervenção de um estranho, por insignificante que seja, pode dar origem à sua anulação, deixando, portanto, de garantir a plena independência do testador na confecção do ato de sua última vontade.[20]

Algumas manifestações existem, querendo induzir pessoas a fazer testamento particular por vídeo, filmes etc. A lei não consagra tais formas, nem permite que o testamento particular se distancie das regras do art. 1.876 do Código Civil. Assim, o testador deve, sempre, assiná-lo, depois de lê-lo, na

---

17 SANTOS, J. M. Carvalho. *Código Civil brasileiro interpretado*. Rio de Janeiro: Freitas Bastos, ob; cit.. v. 33, p. 158.

18 LEITE, Eduardo de Oliveira. Op. cit., p. 379.

19 *RT*, 709/197.

20 OLIVEIRA, Arthur Vasco Itabaiana de. *Tratado de direito das sucessões*. Rio de Janeiro: Livraria Jacinto, 1936. v. 2, p. 451.

presença das testemunhas. A lei não permite que a assinatura seja feita "a seu rogo", como pode ocorrer nos testamentos público e cerrado.

Da mesma forma que "o uso de abreviaturas, estenografia, desde que não impeçam a verificação de que se trata, de fato, de escrita inteligível do testador, ainda que dê trabalho à interpretação, não invalidam as disposições",[21] admite-se, também, que o testador assine com abreviaturas, ou, até mesmo, com apelido usual no dia a dia.

A assinatura do testador é essencial ao testamento particular. Não pode faltar, e o documento escrito, sem a assinatura, representa simples esboço, projeto, como define Mazzoni, citado por Carvalho Santos.

O testamento particular deve ser escrito sem qualquer estética, mas na sequência normal das linhas, sem rasuras, emendas, borrões ou entrelinhas, a não ser que sejam ressalvadas pelo próprio testador, no contexto.

O documento deve ser datado, dia, mês e ano, porque proporciona a possibilidade de identificar os diversos testamentos que tenham sido feitos pelo testador, qual deles é posterior, contendo disposições testamentárias que teriam sido revogadas. Se o testador tiver feito um único testamento, observando todas as outras formalidades, é possível admitir-se como válido o testamento, embora sem a data de sua facção.

A data, também, é importante para identificar o momento em que foi redigido o testamento em consonância com o estado de saúde mental de seu redator. Segundo Orlando Gomes,

"a data deve ser escrita do próprio punho do testador, indicando o dia, o mês e o ano em que é feito o testamento. Destina-se tal carência não somente à verificação da capacidade do testador, como, igualmente, à apuração da persistência do testamento apresentado, no caso de existir outro".[22]

A nova lei permite que o testamento seja feito por processo mecânico. No entanto, na vigência do Código Civil de 1916, a jurisprudência admitia que o testamento pudesse ser datilografado, desde que permitisse saber se as disposições foram escritas à máquina pelo próprio testador,[23] até mesmo datilografado em parte e parte manuscrito, não havendo qualquer dúvida sobre a autoria da cédula (Supremo Tribunal Federal); não pode, entretanto, ser datilografado por testemunha ou por terceiro.[24]

---

21 MIRANDA Pontes de. *Tratado dos testamentos*. Rio de Janeiro, 1930. nº 347.

22 GOMES, Orlando. *Sucessões*. Rio de Janeiro: Forense, 1997. p. 121.

23 TJSP, *RT*, 502/69.

24 *RT*, 509/83.

O Tribunal de Justiça de Minas Gerais apreciou instrumento particular datilografado, julgando "*irrelevante o fato de o testamento particular não haver sido manuscrito, pois admite-se possa o testamento hológrafo ser datilografado, desde que o faça integralmente o testador. Entretanto, não há juízo seguro de autenticidade, se nenhuma das testemunhas signatárias da cédula sabe informar se foi o disponente quem datilografou o instrumento*", e mais, "*impossível considerar-se válido o testamento particular se a assinatura do testador não foi reconhecida por nenhuma das testemunhas, não tendo sido aposta em sua presença, ou sem que o testador o tenha lido perante elas*".[25]

II – se elaborado por processo mecânico, não pode conter rasuras ou o testador deixar espaços em branco. Terminada a redação do texto do documento, o testador deverá nomear as testemunhas no corpo do instrumento, qualificando-as, para, em seguida, ler o testamento para as testemunhas, no mínimo, três (3), que o subscreverão.

III – que seja lido perante as testemunhas e, depois de lido, por elas assinado. A rigor, a leitura deve ser feita pelo próprio testador, demonstrando, inequivocamente, sua real vontade. Assim, as testemunhas tomarão conhecimento do texto, razão pela qual deve ser redigido em língua que todos a conheçam e entendam. Depois de lido, cada testemunha aporá sua assinatura no documento, após a assinatura do testador. Se o testador não tiver qualificado suas testemunhas, no corpo do ato, é prudente que as testemunhas indiquem sua nacionalidade, estado civil, profissão e endereço, logo em seguida à assinatura.

Ministra Pontes de Miranda que a leitura pode ser feita pelo testador, por uma das testemunhas e por um terceiro, a pedido do testador, na presença deste e das testemunhas.

Morto o testador, o herdeiro, o legatário ou o testamenteiro poderá requerer a publicação do testamento em juízo, devendo o juiz mandar intimar as testemunhas testamentárias, para confirmar o testamento; serão intimados para ouvir a inquirição aqueles a quem caberia a sucessão legítima: o testamenteiro, os herdeiros e os legatários, bem como o Ministério Público.[26]

Se as testemunhas forem contestes sobre o fato da disposição, ou, ao menos, sobre sua leitura perante elas, e se reconhecerem as próprias assinaturas, assim como a do testador, será confirmado o testamento (art. 1.878 do CC); se faltarem testemunhas, por morte ou ausência, e se pelo menos uma delas o reconhecer, o testamento poderá ser confirmado, caso, a critério do juiz, houver suficientes elementos de sua veracidade.

---

25 *RT*, 703/133.

26 Código Processo Civil, arts. 737.

Havendo dúvida, quanto à assinatura do testador, mesmo que as testemunhas tenham declarado que o documento lhes foi lido, antes de ser assinado por elas e pelo testador, poderá o juiz nomear perito grafotécnico. Constatando o *expert* oficial que a assinatura do testador é falsa, deverá o juiz decretar a nulidade do testamento, por falta de requisito primário e indispensável à validade do ato.[27]

O número mínimo, indicado pelo Código, é de três testemunhas, pouco importando que no testamento intervenham seis ou sete, cumprindo a vontade do testador; a lei estabelece o mínimo e não o máximo; o parágrafo único do art. 1.878 criou norma diferente, outorgando ao juiz poderes para decidir se há prova suficiente de sua veracidade, faltando testemunhas. No Código Civil de 1916, eram exigidas cinco testemunhas. "É nulo o testamento a que falte a confirmação de três das cinco testemunhas."[28] No mesmo sentido, Caio Mário, "se faltar a confirmação de três, das cinco testemunhas, invalida-se o ato".[29] O Tribunal de Justiça de São Paulo decidiu que, comprovada a autenticidade do documento, ouvidas duas das testemunhas do ato, já que falecidas as outras três, é reconhecida a eficácia do ato.[30]

A lei não indica o tipo de papel onde pode ser redigido o testamento. Assim, permite o texto legal que o testador utilize folhas avulsas, "contando que sejam escritas em seguimento umas das outras, formando um só todo".[31] Nada impede que o testamento particular seja copiado pelo testador, fazendo uma cópia, como garantia e prevenindo possíveis incidentes, mas a cópia deverá, também, ser lida e assinada por ele e pelas testemunhas.

O testamento particular é o menos oneroso, que oferece maior facilidade para ser feito, mas a jurisprudência cria embaraços para esse tipo de testamento. A exigência de três testemunhas, contrariamente aos demais tipos de testamentos ordinários, revela o excessivo cuidado do legislador pátrio. Em muitos países, não há necessidade de uma só testemunha para o testamento particular, porém, em todos esses países, o testamento deverá, sempre, ser escrito de próprio punho pelo testador.

Sendo o testador devidamente orientado, poderá digitar o instrumento em seu computador, imprimir três ou quatro cópias e, depois de lido perante as testemunhas, solicitar-lhes que assinem todas as vias, como ele, também, o

---

27 TJMG, Proc. nº 1.0145.02.051432-2/001, Rel. Des. Silas Vieira, p. em 31-5-2011.

28 *RT*, 703/133.

29 PEREIRA, Caio Mário da Silva. Op. cit. t. 6,.p. 247.

30 *RT*, 696/106.

31 OLIVEIRA, Arthur Vasco Itabaiana de. Op. cit. p. 455.

fará, entregando uma via para o testamenteiro, outra para o maior interessa (herdeiro testamentário ou legatário), guardar uma cópia, Todas as vias serão autênticas e cumpridos os requisitos da lei.

O Código Civil de 2002, premido por acontecimentos que abalaram o mundo ocidental, pela crescente onda de sequestros e outros crimes contra cidadãos, permite, no art. 1.879, que, "em circunstâncias excepcionais declaradas na cédula, o testamento particular de próprio punho e assinado pelo testador, sem testemunhas, poderá ser confirmado, a critério do juiz".

As circunstâncias excepcionais deverão ser provadas no processo de confirmação do testamento (arts. 735 e segs. do CPC), cabendo ao juiz, unicamente a ele, como representante da sociedade, atribuir veracidade ao testamento e mandar cumpri-lo. Foi, sem dúvida, um avanço, porque as catástrofes existem, os sequestros estão sendo frequentes, e a pessoa, presa no "cativeiro", também tem o direito de fazer seu testamento.

É evidente que o juiz deverá ser muito cauteloso, evitando que terceiros de má-fé venham a beneficiar-se do ato praticado em circunstâncias excepcionais. O CC prevê, em seu art. 156, o estado de perigo, capaz de anular um contrato.

O testamento particular pode ser escrito em qualquer língua, contanto que as testemunhas a compreendam. Compreender uma língua não significa falar fluentemente, mas ter razoável conhecimento dela, podendo exprimir-se de forma bastante inteligível. Entre nós, dadas as semelhanças, o espanhol muito se aproxima do português; é bastante difundido o ensino da língua inglesa e, em muitas cidades brasileiras, tanto o italiano como o alemão são falados por pessoas que, nem sempre, sabem escrever essas línguas.

Notário de reconhecida capacidade jurídica, escreve Zeno Veloso que *"o Direito Alemão prevê o Nottestestament – testamento de emergência – quando há o perigo de o testador morrer antes que seja possível realizar um testamento perante o notário, ou se a pessoa está em local isolado, em consequência de circunstâncias extraordinárias. (BGB, arts. 2.249 e 2.250)"*[32]

É importante lembrar o texto do art. 1.879, exigindo que o testamento seja escrito de próprio punho e assinado pelo testador. A letra da lei busca preservar a legitimidade do ato praticado e a soberania de manifestação de vontade. Em perícia técnica, o magistrado certificará se é autêntica a letra do testador para validá-lo.

[32] VELOSO, Zeno. Op. cit., p. 144.

Todo testamento, após o falecimento do testador, deve ser apresentado em juízo para sua aprovação, cumpridas as formalidades legais, impostas no CPC. Somente após esse ato, que o juiz mandará registrá-lo em livro próprio, que toda as varas de sucessões devem ter. Em seguida, extraída a certidão de inteiro teor, o instrumento é entregue ao advogado da causa, que requererá a juntada no processo de inventário. Vê-se, portanto, que somente o ajuizamento do inventário (existindo testamento) não é suficiente, nem o advogado deve juntá-lo com a petição de abertura do feito, porém afirmar a sua existência.

De quando em vez surge uma pergunta: pode o brasileiro que reside na Itália, estando no Brasil, fazer o testamento particular em italiano, de acordo com o Código Civil italiano? É bom que seja dito que o testamento é um ato formal, rígido, cujas normas devem ser seguidas. Se o testamento particular foi redigido no Brasil, quer por brasileiro ou por italiano ou alemão, deve obedecer as formalidades exigidas pela lei brasileira. Serão, portanto, três testemunhas, lida em voz alta para as testemunhas, antes de serem apostas as assinaturas[33].

Jurisprudência

AGRAVO EM RECURSO ESPECIAL Nº 1.416.981 - SP (2018/0333402-8) RELATOR : MINISTRO RAUL ARAÚJO DECISÃO. Trata-se de agravo de decisão que inadmitiu recurso especial, fundado no art. 105, III, "a", da Constituição Federal, interposto por RODOLFO DONIZETTI DA COSTA contra v. acórdão do eg. Tribunal de Justiça do Estado de São Paulo (TJ-SP), assim ementado (fl. 71): "**TESTAMENTO** PARTICULAR. Ausência de requisitos essenciais previstos nos artigos 1.876 e 1.878 do Código Civil. Três testemunhas que devem subscrever o ato como requisito essencial de validade. Assinatura de apenas duas testemunhas. Alteração posterior do **testamento** sem observância de assinatura de qualquer testemunha. Inexistência de circunstâncias excepcionais. Sentença mantida. RECURSO NÃO PROVIDO.

RECURSO ESPECIAL. DIREITO CIVIL. CONDOMÍNIO. ASSEMBLEIA GERAL EXTRAORDINÁRIA. ANULAÇÃO. DESCONSTITUIÇÃO. MANOBRA DOLOSA DO SÍNDICO. AUMENTO DA PRÓPRIA REMUNERAÇÃO. PRO LABORE. AJUDA DE CUSTO. VIOLAÇÃO DE NORMA CONVENCIONAL. PRAZO QUADRIENAL. ART. 178, § 9º, V, DO CÓDIGO CIVIL DE 1916. 1. Recurso especial interposto contra acórdão publicado na vigência do Código de Processo Civil de 1973 (Enunciados Administrativos nºs 2 e 3/STJ). 2. Ação ordinária ajuizada em 27/7/2011 visando a **nulidade** de deliberação de assembleia geral extraordinária realizada em 19/9/1991 que aprovou gratificação em favor do síndico, denominada ajuda de custo, no valor de 2 (dois) salários mínimos. 3. O acórdão recorrido assenta que o pedido de declaração

---

33 Vide, sobre o tema, a Ap. Cív. N. 0049378-08.2013.8.26.0506, TJSP, rel. Des. Francisco Loureiro, j. em 24 de agosto de 2014.

de **nulidade** de assembleia condominial não está subordinado a prazo prescricional ou decadencial, mas, em nome da segurança jurídica, reconhece a incidência do prazo de 10 (dez) anos, nos termos do art. 202 do Código Civil de 2002. 4. Sob a égide do Código Civil de 1916, é de 4 (quatro) anos o prazo para postular a anulação de decisão de assembleia condominial tomada com vício de consentimento (dolo). 5. Recurso especial não provido. DJe 15/02/2018

AGRAVO INTERNO NO AGRAVO EM RECURSO ESPECIAL. REGISTRO PÚ. AVERBAÇÃO. PROTESTO CONTRA A ALIENAÇÃO DE IMÓVEIS. PROVIMENTO LIMINAR DE OFÍCIO. POSSIBILIDADE. PODER GERAL DE CAUTELA. REEXAME. SÚMULAS N. 7/STJ E 735/STF. NÃO PROVIMENTO. 1. Valendo-se do poder geral de cautela, pode o magistrado determinar, de ofício, providência que lhe pareça cabível e necessária ao resultado útil do processo. No caso dos autos, determinou-se a averbação de protesto contra a alienação de imóveis em processo no qual se postula a nulidade de testamento e doações. 2. O STJ, em sintonia com o disposto no enunciado da Súmula 735 do STF, entende que, via de regra, não é cabível recurso especial para reexaminar decisão que defere ou indefere liminar ou antecipação de tutela, em razão da natureza precária da decisão, sujeita à modificação a qualquer tempo, devendo ser confirmada ou revogada pela sentença de mérito. Apenas violação direta ao dispositivo legal que disciplina o deferimento da medida autorizaria o cabimento do recurso especial, no qual não é possível decidir a respeito da interpretação dos preceitos legais que dizem respeito ao mérito da causa. Precedentes. 3. Ainda que cabível, em tese, o recurso especial, seria imprescindível o reexame do contexto fático e probatório dos autos para a verificação dos pressupostos ensejadores da medida, providência inviável nesta instância em face da Súmula 7 do STJ, conforme a jurisprudência pacífica desta Corte. 4. Agravo interno a que se nega provimento. DJe 04/05/2017

É válido o ato de disposição de última vontade, firmado exclusivamente por pessoa idosa, no pleno exercício de sua capacidade civil, poucos dias da ocorrência do seu óbito, contexto este que, per si, autoriza a mitigação da formalidade legal ditada para elaboração do testamento particular, ex vi do disposto no artigo 1870 do CCB (Ap. Cív. 1.0027.04.042692-0001, TJMG. Re.. Des. Afrânio Vilela. Pub. 11/04/2014.).

CIVIL. PROCESSUAL CIVIL. CIVIL. RECURSO ESPECIAL. TESTAMENTO.LEGADO. NULIDADE. OCORRÊNCIA.1. Pedido de nulidade de disposições testamentárias que favorecem legatária, ao argumento de ser a mesma, concubina do testador, ajuizada em desfavor da recorrida, em fevereiro de 1995. Agravo em recurso especial distribuído em maio de 2012. Decisão reautuando o agravo como recurso especial publicada em agosto de 2012.2. Controvérsia restrita à validade de testamento, onde a recorrida é aquinhoada com legado, possibilidade que seria vedada por ser concubina do testador. 3. Inviável o recurso especial quando a solução da controvérsia demandar o reexame de matéria fática.4. A separação, de fato, do testador descaracteriza a existência de concubinato e, por corolário, afasta a pretensão da recorrente de ver nulo o testamento, por força da vedação legal de nomeação de concubina como legatária.5.

Recurso especial não provido. (STJ- REsp 1338220/SP, Rel. Ministra NANCY ANDRIGHI, TERCEIRA TURMA, julgado em 15/05/2014, DJe 22/05/2014)

APELAÇÃO CÍVEL. SUCESSÕES. AÇÃO ANULATÓRIA DE TESTAMENTO. AUSÊNCIA DE INTERVENÇÃO OBRIGATÓRIA DO MINISTÉRIO PÚBLICO. CPC ART. 82, II. NULIDADE DOS ATOS PROCESSUAIS PRATICADOS A PARTIR DO MOMENTO EM QUE DEIXOU DE OCORRER A REGULAR INTERVENÇÃO. A ação anulatória de testamento é daquelas que exige intervenção obrigatória do Ministério Público, como impõe o art. 82, II do CPC. Ausente dita intervenção são nulos todos os atos processuais praticados sem sua regular intimação, razão para qual se impõe a desconstituição da sentença e a decretação de nulidade do processo a partir de fl. 95. DESCONSTITUÍRAM A SENTENÇA, ANULARAM O PROCESSO A PARTIR DE FL. 95, PREJUDICADA A APELAÇÃO. UNÂNIME (Apelação Cível nº 70046680849, Oitava Câmara Cível, Tribunal de Justiça do RS, Relator: Luiz Felipe Brasil Santos, Julgado em 26-1-2012).

Testamento particular – É incontroverso que o testamento foi celebrado sem a presença de nenhuma testemunha, assim, deixou de observar os incisos II e III do art. 1.645 do código então vigente. De rigor, sua nulidade – Ademais, caso o inventariante atue de forma insatisfatória, em atenção aos artigos previstos para sua destituição, a ora apelante poderá pedir sua remoção, conforme procedimento adequado para tanto – Art. 252 do Regimento Interno deste Egrégio Tribunal de Justiça Apelo desprovido (Voto 22.357) (TJSP – Ap. nº 0129322.98.2008.8.26.0000. Rel. Des. Ribeiro da Silva. 8ª Câmara de Direito Privado. D. do Julg.: 8-2-2012).

Testamento Particular elaborado no exterior – Cumprimento no Brasil – Determinação de remessa dos autos ao STF – Aplicabilidade dos arts. 1.871 e 1.875 do CC. A legislação permite que o testamento seja escrito em língua estrangeira, sem distinção quanto ao seu cumprimento, desde que não se ache vício externo. Decisão reformada, para cumprimento dos artigos 1.126 e seguintes do CPC. Agravo provido. (TJSP – Ap. nº 0201011-03.2011.8.26.0000. 7ª Câmara de Direito Privado, Rel. Des. Miguel Brandi. D. do Julg.: 8-2-2012)

APELAÇÃO CÍVEL – AÇÃO DE ABERTURA DE TESTAMENTO PARTICULAR – OITIVA DE TESTEMUNHAS – CONFIRMAÇÃO DA VONTADE DA TESTADORA – INOCORRÊNCIA DE VÍCIO DE CONSENTIMENTO – ABRANDAMENTO DO RIGOR FORMAL – I – Reconhecido pelas testemunhas o fato da disposição contida no testamento e se reconheceram as próprias assinaturas, assim como a do testador, deve o testamento ser confirmado, ainda que tal reconhecimento tenha sido feito por apenas uma delas se, a critério do juiz, houver prova suficiente nos autos de sua veracidade, nos termos do art. 1.878, parágrafo único, do Código Civil. II – O só fato de o testamento não ter sido lido na presença das três testemunhas não configura nulidade diante da veracidade do documento e em razão da ausência de vício de consentimento, pelo que a alegação da insuficiente demonstração da verdade e autenticidade do ato, assim como da possível ocorrência de coação, não pode vigorar em atenção aos princípios da conservação do negocio jurídico e o do livre convencimento motivado do juiz. Recurso de apelação conhecido e improvido (TJGO – AC 200893988200 – 6ª C.Cív. – Rel. Des. Jeova Sardinha de Moraes – *DJe* 5-3-2010 – p. 229).

AÇÃO DE ANULAÇÃO DE TESTAMENTO – PRETERIÇÃO DE SOLENIDADE ESSENCIAL À VALIDADE DO ATO – Testemunha do testamento que afirmou, em outro processo, desconhecer a existência de testamento deixado pelo *de cujus*. Audiência de instrução e julgamento designada, na qual as partes celebraram acordo. Processo extinto com fundamento no art. 269, inc. III, do Código de Processo Civil. Inconformismo do Ministério Público. Alegação de que a matéria (nulidade absoluta) é de ordem pública e não permite transação. Necessidade de manutenção da sentença homologatória. Composição patrimonial válida e eficaz celebrada entre os requerentes e a requerida. Testemunha do testamento que, perante o Promotor de Justiça recorrente, apresentou retratação, enfatizando que acompanhou a lavratura do testamento, mas se esqueceu de tal fato em razão de grave acidente automobilístico do qual resultou traumatismo cranioencefálico. Retratação que enfraquece a tese do *parquet* quanto à nulidade do testamento. Recurso desprovido (TJSP – Ap 994.00.097339-8 – Cerquilho – 5ª CDPriv. – Rel. J. L. Mônaco da Silva – *DJe* 22-3-2010 – p. 751).

REQUERIMENTO DE CONFIRMAÇÃO E PUBLICAÇÃO DE TESTAMENTO PARTICULAR – DECLARAÇÃO QUE NÃO CONTÉM TESTEMUNHAS – TESTAMENTO NÃO CARACTERIZADO – Se a declaração particular do falecido, acerca da disposição do seu patrimônio, não conta com a participação de testemunhas testamentárias, não pode ser confirmada como testamento, por ausência de requisito formal indispensável (TJMG – AC 1.0024.07.785778-7/001 – 6ª C.Cív. – Rel. Maurício Barros – J. 20-2-2009).

DIREITO DE SUCESSÃO – PEDIDO DE ANULAÇÃO DE TESTAMENTO PARTICULAR – TESTEMUNHAS QUE NÃO PRESENCIARAM A ELABORAÇÃO E LEITURA DO TESTAMENTO – COMPROVAÇÃO DE LEGITIMIDADE E VERACIDADE DAS DISPOSIÇÕES – CONFIRMAÇÃO DO TESTAMENTO – ART. 1.878 – IMPROCEDÊNCIA DA AÇÃO – O testamento particular escrito de próprio punho deve ser elaborado e lido na presença de três testemunhas. Não obstante, caso não tenha sido cumprida a formalidade, a lei admite a comprovação da veracidade e legitimidade do testamento pelas testemunhas, contestes sobre o conteúdo das disposições e que reconheçam suas assinaturas e a do testador. As formalidades exigidas pela lei devem corroborar a legitimidade do ato mas não podem consubstanciar-se em impedimento ao cumprimento das disposições de última vontade do falecido, quando a lei deixaria de atingir seu fim precípuo, traduzindo-se como gravame insuperável, mormente quando a veracidade dos termos do testamento, e a legitimidade do seu testador, podem ser comprovadas por outras vias, não havendo qualquer indicio de simulação, conluio ou vicio de consentimento (TJMG – AC 1.0699.05.052200-1/001 – 1ª C.Cív. – Relª Vanessa Verdolim Hudson Andrade – J. 15-5-2009).

DIREITO DAS SUCESSÕES – HOMOLOGAÇÃO DE TESTAMENTO PARTICULAR – TESTEMUNHAS INSTRUMENTÁRIAS – RECONHECIMENTO DAS ASSINATURAS – VERACIDADE DO ATO – VONTADE DO TESTADOR – CONFIRMAÇÃO – 1 – O testamento particular deve ser confirmado quando ouvidas três das cinco testemunhas instrumentárias, que reconheçam suas assinaturas, a do testador e a veracidade do ato. 2 – Recurso provido (TJMG – AC 1.0017.02.001066-0/001 – 8ª C.Cív. – Rel. Edgard Penna Amorim – *DJe* 1º-9-2009).

DIREITO CIVIL E SUCESSÓRIO – APLICAÇÃO DA ANALOGIA COMO MÉTODO INTEGRATIVO – TESTAMENTO – VALIDADE – PARENTES DE LEGATÁRIO QUE FIGURARAM COMO TESTEMUNHAS DO ATO DE DISPOSIÇÃO – INTERPRETAÇÃO DO ARTIGO 1.650, DO CÓDIGO CIVIL – 1 – Na hipótese, não há se falar em interpretação da lei, mas sim em integração mediante analogia, que, conforme ensina Vicente Rao "consiste na aplicação dos princípios extraídos da norma existente a casos outros que não os expressamente contemplados, mas cuja diferença em relação a estes, não seja essencial;" (*O Direito e a vida dos direitos*, 3. ed., São Paulo: Revista dos Tribunais, 1991, p. 458-460). 2 – O testamento é um negócio jurídico, unilateral, personalíssimo, solene, revogável, que possibilita à pessoa dispor de seus bens para depois de sua morte. Justamente por essas características, tanto se faz necessário observar o preenchimento de todos os seus requisitos legais para conceder-lhe validade. 3 – A enumeração contida no artigo 1.650, nos incisos I, II e III, refere-se aos incapazes e, nos incisos IV e V, àqueles que são beneficiários, diretos ou indiretos, do testamento. O legislador busca proteger a higidez e a validade da disposição testamentária, vedando como testemunhas os incapazes e os que têm interesse no ato. 4 – A liberdade de testar encontra restrições estabelecidas na lei, porém esta não distingue, quanto às consequências jurídicas, a sucessão testamentária em relação aos legatários e herdeiros necessários. 5 – Há o mesmo fundamento para a restrição de figurarem como testemunhas, no ato do testamento, os parentes do herdeiro instituído e do legatário: qual seja, o interesse direto ou indireto do beneficiário, em relação ao ato de disposição de vontade. Inexiste diferença em relação às consequências para o herdeiro instituído e o legatário, por isso que a conclusão dedutiva é de que ao inciso V do artigo 1.650, do Código Civil de 1916, deve se aplicar a mesma essência do inciso IV do dispositivo. 6 – Nas palavras de Clóvis Beviláqua: "seria atribuir à lei a feia macula de uma grosseira inconsequência, supor que somente o cônjuge ou descendente, o ascendente e o irmão do herdeiro estão impedidos de ser testemunhas em testamento. O impedimento prevalece em relação ao cônjuge e aos mencionados parentes do legatário" (Código Civil do E.U.B., Vol. II, 6ª tiragem, Editora Rio, f. 848). 7 – Recurso especial não conhecido (STJ – REsp 176.473 – (1998/0040096-6) – 4ª T. – Rel. Min. Luis Felipe Salomão – *DJe* 1º-9-2008 – p. 874).

12

TESTEMUNHAS TESTAMENTÁRIAS

1 Regra geral

Como regra geral, no Direito pátrio, todos os atos jurídicos, para gerar seus efeitos perante terceiros, precisam de testemunhas, isto é, as pessoas que têm capacidade para afirmar que o ato foi praticado por livre e espontânea vontade, sem qualquer vício que o anule ou nulifique. A prova feita por essas pessoas será declarada, se necessário, perante o juiz competente para o estudo da validade do negócio jurídico.

Podem ser testemunhas, em princípio, todos os que têm capacidade ativa testamentária, todos os que preenchem os requisitos, exigidos por lei, para a certificação espontânea do ato, perante a autoridade competente. As testemunhas devem ser idôneas, como as que assistem a qualquer outro ato jurídico e sua capacidade deve existir no momento de fazer-se o testamento.[1]

O Código não informa quem pode testemunhar; ao contrário, no art. 228 se reporta aos que não podem:

I – os menores de dezesseis anos. O menor de 16 anos é absolutamente incapaz para a prática dos atos da vida civil, por si mesmo. Da mesma forma, o Código não permite que ele seja testemunha testamentária;

[1] BEVILÁQUA, Clóvis. *Código Civil*. v. 6, p. 87.

II - aqueles que, por enfermidade ou retardamento mental, não tiverem discernimento para a prática dos atos da vida civil. Sendo, também, incapazes, absolutamente, para os atos da vida civil, encontram-se, igualmente, proibidos de testemunhar em cédulas testamentárias. Se eles não são capazes de discernir entre o certo e o errado, se não têm consciência dos próprios atos, jamais poderiam testemunhar a autenticidade de um testamento, após a morte do testador;

III - os cegos e surdos, quando a ciência do fato que se quer provar dependa dos sentidos que lhes faltam. Com a evolução da ciência e os meios de comunicação, pessoas portadoras dessas deficiências são capazes de praticar certos atos jurídicos; no entanto, faltam-lhes os sentidos, necessários à prova que se pretende produzir. O cego não saberia, jamais, informar ao juiz se o testador sofreu coação, como, por exemplo, uma arma que lhe tenha sido apontada;

IV - o interessado no litígio, o amigo íntimo ou o inimigo capital das partes. Determina o Código Civil de 1916, no art. 1.650, que o herdeiro instituído, seus ascendentes e descendentes, irmãos e cônjuge, bem como o legatário, não poderiam ser testemunhas testamentárias. Há interesse direto dessas pessoas na confecção do testamento. Como o testamento é, via de regra, disposição de bens, retirando da sucessão legítima e, consequentemente, dos herdeiros, parcela que lhes era destinada, a presença de novos instituídos, ou seus familiares, retira o pressuposto de isenção de influências, sobre o testador. "Considerações de ordem moral que aconselham a não lhes aceitar o testemunho, por falta absoluta de isenção de espírito",[2] tornam essas pessoas proibidas de testemunhar. A lei manifesta a maior repulsa pela atuação captatória, que leve uma pessoa a agir induzida por terceiro, mormente por quem seja beneficiado diretamente.[3]

V - os cônjuges, os ascendentes, os descendentes e os colaterais, até o terceiro grau de alguma das partes, por consanguinidade, ou afinidade.

---

[2] OLIVEIRA, Arthur Vasco Itabaiana de. *Tratado de direito das sucessões*. Rio de Janeiro: Livraria Jacinto, t. 2, p. 464.

[3] PEREIRA, Caio Mário da Silva. *Instituições de direito civil*. Rio de Janeiro: Forense, 1991. v. 6, p. 225.

O Código atual ficou omisso quanto às testemunhas testamentárias, remetendo o julgador para a Parte Geral. No entanto, s.m.j., prevalece a jurisprudência emanada dos Tribunais, na vigência do Código Civil de 1916, quando eram proibidos para servir como testemunhas os herdeiros instituídos, os legatários, seus parentes, descendentes, ascendentes, cônjuges e colaterais até o terceiro grau, para evitar fraudes à manifestação da vontade do autor da herança.

Não há lógica em permitir que um descendente do herdeiro instituído seja testemunha testamentária, prejudicando a apuração da prova da lisura e perfeição do ato, se foi ou não viciada a vontade do testador. O código anterior elencava todos os parentes do herdeiro instituído, não o fazendo em relação aos legatários, merecendo críticas de eméritos doutrinadores. Para ilustrar, transcreve-se trecho da edição anterior.

Entendemos, seguindo orientação de Capitant e Washington de Barros, que *"seria realmente atribuir grosseira incongruência ao legislador reconhecer que este arredou os parentes e o cônjuge do herdeiro instituído e admitir que ele não procedeu pela mesma forma quanto aos parentes e aos cônjuges dos legatários. A semelhança das situações exige, sem dúvida, idêntica solução, sob pena de tachar-se a lei de incongruente e de ilógica, ou de atribuir-se ao legislador uma* inelegantia juris, *a de mostrar-se contraditório consigo mesmo. A questão, todavia, não é pacífica e julgados existem em sentido contrário"*.[4]

A explicação dada pelo insigne Clóvis Beviláqua é razoável. Diz o douto autor do projeto do Código Civil de 1916: *"Ao redigir a sua emenda, que ficaria completa com o aditamento das palavras e os legatários, no nº IV, criou um novo número, sem se referir às pessoas indicadas no número anterior. Seria atribuir à lei a feia mácula de uma grosseira inconsequência, supor que somente o cônjuge ou descendente, o ascendente e o irmão do herdeiro estão impedidos de ser testemunhas em testamento. O impedimento prevalece em relação ao cônjuge e aos mencionados parentes do legatário."*[5]

Da mesma forma que a regra geral reconhece a capacidade de todos, ao interessado na incapacidade cumpre provar a existência do fato que a determina.[6] O juiz ouvirá testemunhas e os meios de prova permitidos em direito, para pesquisar se havia incapacidade da testemunha na data em que foi feito o testamento.

---

[4] MONTEIRO, Washington de Barros. *Curso de direito civil.* São Paulo: Saraiva, ob. cit.. v. 6, p. 110; *RF*, 94/529; 198/137; *RTJ* do STF, 57/864.

[5] BEVILÁQUA, Clóvis. Op. cit. v. 6. p. 87.

[6] SANTOS, J. M. Carvalho. *Código Civil brasileiro interpretado.* Rio de Janeiro: Freitas Bastos, ob. cit.. v. 23, p. 177.

A superveniência de algum fato que mude a condição da testemunha deverá, com muita atenção, ser pesquisada pelo juiz. É possível que um indivíduo, na data do testamento, não tenha qualquer impedimento e, posteriormente, venha a contrair núpcias com uma legatária, alterando sua condição. Na época do testamento, não pesava impedimento algum; no futuro, entretanto, veio a ocorrer a incapacidade para testemunhar o ato. A missão do juiz, como sempre, é árdua, mas necessária para a distribuição da justiça, que é almejada por todos.

Importante recordar que a lei considera o monte, os bens arrecadados, bens imóveis e as transferências de tais bens exige a presença das testemunhas.

Em princípio, na sucessão testamentária, a atividade da testemunha é informar ao juiz que os requisitos exigidos pela lei foram cumpridos, isto é, o testamento foi feito pelo próprio testador, ou ditado por ele para o notário e lido para eles. A leitura do testamento deve ser sempre em conjunto, a lei não admite que o testador leia o seu ato de última vontade em etapas. É uma formalidade, uma solenidade, que deve ser respeitada para a validade do negócio jurídico.

Curioso acórdão, sendo relator o Des. Rui Portanova, em acórdão proferido no Julgamento de 9 de junho de 2011, postulava um dos herdeiros necessários a anulação do testamento porque a legatária estava presente, quando o testamento fora feito. Entendeu S. Exa. que "*a simples presença da legatária no ato de lavratura do instrumento público não é suficiente, por si só, para autorizar a conclusão no sentido de que a testadora fora constrangida ou coagida a manifestar sua vontade. A mera presença da beneficiária do testamento, na ocasião do ato, não indica tenha havido persuasão ou influência na vontade da testadora. Se não for assim, de nada valerá a lei exigir a presença de um tabelião, que, sabidamente, tem fé pública*" (Embargos de Declaração nº 70042849554, Oitava Câmara Cível, Tribunal de Justiça do RS, Relator: Rui Portanova, Julgado em 9-6-2011).

Diferente a figura da testemunha testamentária, necessária à formalidade exigida para plena eficácia do testamento, com aquelas pessoas que estejam presentes no ambiente, no momento da lavratura do instrumento público, ou mesmo particular. As testemunhas testamentárias informarão ao juiz se alguém presente ao ato interviu ou interferiu na manifestação da vontade do testador. Correto o acórdão supra.

A importância da testemunha testamentária é notória, porque ela não é, simplesmente, alguém que cumpre uma exigência legal, mas, segundo Giselda Hironaka, "... a participação das testemunhas na facção dos testamentos não tem, singularmente, a finalidade de operar a prova desta elaboração, vale dizer, a prova da existência do ato jurídico em questão; tem, mais que isso, a superior finalidade de, pelo poder de fiscalização, atestar a veracidade e a autenticidade do conteúdo testamental, bem como assegurar que a manifestação da vontade foi absolutamente livre" (Curso Avançado de Direito Civil – Direito das Sucessões – v. 06 – Ed. Revista dos Tribunais, págs. 328/329)

Igual preocupação manifestou o Des. Albergaria Costa, citando decisão do colendo Superior Tribunal de Justiça: "no caso dos tratamentos, deve-se redobrarto zelo na observância da forma, tanto por não viver o testador no momento de esclarecer suas intenções, quanto pela suscetibilidade de fraudes na elaboração do instrumento e, consequentemente, na deturpação da vontade de quem dispôs dos bens para após a morte". (TJMG, Ap. Civ. N.1.0024.05.797564-1/001 – j. 10/11/2006).

Com a morte do testador, imprescindível que os depoimentos das testemunhas sejam unânimes, quanto à vontade declarada pela testadora, quer transmitida anteriormente, quer no momento da sua redação. É importante ressaltar que o testador que conhece a lei sabe da importância da transmissão de sua vontade, não se deixando enganar por pessoas inescrupulosas.

Jurisprudência

AGRAVO REGIMENTAL EM AGRAVO REGIMENTAL NO RECURSO ESPECIAL - AÇÃO DE NULIDADE DE TESTAMENTO - INOBSERVÂNCIA DA LEGISLAÇÃO - FORMALISMO QUE NÃO PODE SE OPOR À VONTADE DA TESTADORA - ALEGAÇÃO DE VÍCIO NO CONSENTIMENTO - INEXISTÊNCIA.1. O egrégio Tribunal a quo asseverou que a testadora encontrava-se lúcida, com pleno discernimento de seus atos, possuindo, inclusive, pensamento amadurecido sobre testar os seus bens ao tempo da morte. Sendo assim, para acolhimento do apelo extremo, seria imprescindível derruir a afirmação contida no decisum atacado, o que, forçosamente, ensejaria em rediscussão de matéria fática, incidindo, na espécie, o óbice da Súmula n. 7 deste Superior Tribunal de Justiça, sendo manifesto o descabimento do recurso especial. 2. A Corte local, ao interpretar as disposições de última vontade, considerou não haver qualquer dificuldade sobre o destino dos bens, pois o de cujus dispôs de todos os seus bens. Igualmente, em relação à qualificação dos beneficiários pelo testamento, o Tribunal de origem assentou que estes se encontram suficientemente identificados. Ademais, a instância ordinária considerou inexistir qualquer mácula na entrega da minuta do testamento 2 (dois) dias antes de sua leitura e assinatura, mormente, porque a autora da herança, após a sua leitura ratificou o seu conteúdo na presença das 5 (cinco) testemunhas e do Tabelião, sendo alegada irregularidade insuscetível de viciar a vontade da testadora. 2.1. Nulidade do testamento. Pleito insubsistente. A Corte de origem asseverou que a vontade da testadora foi externada de modo livre e consciente, sendo perfeitamente compreensível e identificável as disposições testamentarias.

Assim, "a análise da regularidade da disposição de última vontade (testamento particular ou público) deve considerar a máxima preservação do intuito do testador, sendo certo que a constatação de vício formal, por si só, não deve ensejar a invalidação do ato, máxime se demonstrada a capacidade mental do testador, por ocasião do ato, para livremente dispor de seus bens." (AgRg no REsp 1073860/PR, Rel. Ministro ANTONIO CARLOS FERREIRA, QUARTA TURMA, julgado em 21/03/2013, DJe 01/04/2013) 3. No que concerne à impossibilidade de ser a mesma pessoa testemunha, testamenteiro e inventariante, nota-se que o recurso especial encontra-se deficiente, porquanto esta Corte Superior entende que o dispositivo legal tido como violado deve conter carga normativa suficiente a alterar o julgado hostilizado. Na hipótese vertente, o insurgente aponta ofensa à regra jurídica incapaz de exercer modificação no provimento jurisdicional atacado, razão pela qual o apelo extremo é deficiente, nos termos da Súmula n. 284 do STF. Ainda que assim não fosse, o aresto hostilizado está fundado na regra do art. 990, V, do Código de Processo Civil, que não fora objeto de impugnação pelo apelo extremo, motivo pelo qual incide por analogia a Súmula n. 283 do STF. 4. Agravo regimental desprovido. (STJ- AgRg no AgRg no REsp 1230609/PR, Rel. Ministro MARCO BUZZI, QUARTA TURMA, julgado em 17/09/2013, DJe 02/10/2013)

RECURSO ESPECIAL. AÇÃO DECLARATÓRIA DE NULIDADE DE TESTAMENTO.PROCEDÊNCIA DO PEDIDO. VÍCIOS DO ATO RECONHECIDOS NAS INSTÂNCIAS ORDINÁRIAS. CAPACIDADE PARA TESTAR. AUSÊNCIA DE PLENO DISCERNIMENTO (CC/2002, ART. 1.860; CC/1916, ART. 1.627). TESTEMUNHAS TESTAMENTÁRIAS. INIDONEIDADE (CC/2002, ART. 228; CC/1916, ART.1.650). CERCEAMENTO DE DEFESA. NÃO OCORRÊNCIA. PRINCÍPIO DO LIVRE CONVENCIMENTO MOTIVADO. JULGAMENTO EXTRA PETITA. DEFERIMENTO DA ANTECIPAÇÃO DOS EFEITOS DA TUTELA. INSUCESSO DO APELO ESPECIAL.QUESTÃO PREJUDICADA.1. O testamento público exige, para sua validade, que sua lavratura seja realizada por tabelião ou seu substituto legal, na presença do testador e de duas testemunhas que, após leitura em voz alta, deverão assinar o instrumento.2. É inválido o testamento celebrado por testador que, no momento da lavratura do instrumento, não tenha pleno discernimento para praticar o ato, uma vez que se exige a manifestação perfeita de sua vontade e a exata compreensão de suas disposições.3. Nos termos do art. 228, IV e V, do Código Civil vigente (CC/1916, art. 1.650), não podem ser admitidos como testemunhas o interessado no litígio, o amigo íntimo ou o inimigo capital das partes, bem como os cônjuges, os ascendentes, os descendentes e os colaterais, até o terceiro grau de alguma das partes, por consanguinidade, ou afinidade. In casu, houve violação dos referidos dispositivos legais, na medida em que o testamento público teve como testemunhas um amigo íntimo e a nora da única beneficiária da disposição de última vontade.4. O acórdão recorrido, com base no exame dos elementos fático-probatórios dos autos, consignou a ausência do pleno discernimento do testador para a prática do ato, bem como reconheceu a interferência da beneficiária na celebração do testamento e o reflexo de sua vontade na do testador, de modo que é inviável, em sede de recurso especial, a revisão de tais questões, haja vista o óbice da Súmula n. 7 desta Corte Superior.5. Consoante jurisprudência desta

Corte, compete ao magistrado, à luz do princípio do livre convencimento motivado, previsto no art.131 do Código de Processo Civil, decidir quais as provas necessárias para formar sua convicção, razão pela qual não se pode exigir que seja levado em consideração determinado depoimento, mormente quando se tratar daquele prestado pelas testemunhas consideradas inidôneas.A convicção do julgador deve resultar do conjunto das provas produzidas na demanda.6. Fica prejudicada a análise da questão relativa ao julgamento extra petita pela antecipação dos efeitos da tutela, tendo em vista o insucesso do recurso quanto às demais questões.7. Recurso especial a que se nega provimento.(STJ- REsp 1155641/GO, Rel. Ministro RAUL ARAÚJO, QUARTA TURMA, julgado em 13/12/2011, DJe 28/09/2012)

EMENTA: APELAÇÃO CÍVEL. ANULATÓRIA DE TESTAMENTO CERRADO. EXISTÊNCIA DE VÍCIOS FORMAIS. ANULAÇÃO. RECURSO PROVIDO. 1. A teor do art. 1.638 e seguintes do Código Civil de 1916, em se tratando de testamento cerrado, a cédula testamentária é feita e assinada pelo testador, ou a rogo, entregue ao tabelião e completada por auto de aprovação lavrado pelo oficial, tudo na presença de cinco testemunhas idôneas. Aprovado e cerrado, o testamento é devolvido ao testador e registrado em livro próprio. 2. Os requisitos legais visam, primordialmente, garantir a autenticidade da declaração de última vontade, haja vista que o testador não poderá mais fazê-lo quando o testamento passar a produzir efeitos, devendo ser relevados eventuais vícios formais a fim de atender à finalidade do ato. 3. No caso, contudo, os vícios são relevantes e não podem ser desconsiderados, pois as testemunhas não estavam presentes quando dos atos de aprovação do testamento, há dúvidas de se tratar do mesmo documento apresentado à tabeliã e inexiste registro nos livros do Cartório onde teria sido lavrado o auto. 4. A inobservância de quase todos requisitos legais quando da feitura da auto de aprovação do testamento cerrado é capaz de invalidar o ato jurídico. (TJMG - Apelação Cível 1.0210.09.061083-8/001, Relator(a): Des.(a) Bitencourt Marcondes , 8ª CÂMARA CÍVEL, julgamento em 07/02/2013, publicação da súmula em 19/02/2013)

REQUERIMENTO DE CONFIRMAÇÃO E PUBLICAÇÃO DE TESTAMENTO PARTICULAR - DECLARAÇÃO QUE NÃO CONTÉM TESTEMUNHAS - TESTAMENTO NÃO CARACTERIZADO. Se a declaração particular do falecido, acerca da disposição do seu patrimônio, não conta com a participação de testemunhas testamentárias, não pode ser confirmada como testamento, por ausência de requisito formal indispensável (TJMG, nº 1.0024.07.785778-7/001. Rel. Des. Maurício Barros. J.16-12-2008, p. 20-2-2009).

DIREITO DAS SUCESSÕES. TESTAMENTO PÚBLICO. FORMALIDADES. NÚMERO DE TESTEMUNHAS. INOBSERVÂNCIA. INTERPRETAÇÃO FINALÍSTICA. IDONEIDADE PSÍQUICA DO TESTADOR. RESPEITO À SUA VONTADE. Não se ignora que o testamento perfaz-se em ato formal e solene, tampouco que as exigências formais trazidas pelo legislador nada mais objetivam senão preservar a coincidência entre a externação da vontade do testador com o seu querer interno. É dizer, os requisitos formais possuem o escopo precípuo de assegurar a liberdade daquele que persegue uma distribuição mais equânime de seu patrimônio, tendo em vista seus próprios princípios e valores. Em última análise busca-se a proteção da legitimidade da (última) declaração de vontade do testador. Com esteio na doutrina e jurisprudência mais recentes e flexíveis à interpretação das exigências testamentárias, porém, observa-se que deve prevalecer a vontade do "de cujus", se não há nos autos nenhum elemento que afaste a presunção de legitimidade daquele ato, tampouco que infirme a capacidade mental do testador, ainda mais na forma pública, que conta com a presunção de veracidade de documento público. Tal raciocínio intenta fazer valer a finalidade do ato, em detrimento do simples rigorismo formal, dissonante com as especificidades do caso concreto (TJMG nº 1.0461.04.023538-8/001. Rel. Des. Maria Elza. J. 13-3-2008. Pub. 11-4-2008).

Testamento Público – Testemunhas. É requisito essencial do testamento público que as testemunhas assistam a todo ato (art. 1.632, I e II, do CC), sendo nulo aquele do qual pelo menos duas testemunhas chegaram ao local após lançados no termo os dizeres do testador. Recurso não conhecido (STJ – Ac. unân da 4ª T. em 22-8-1995 – *DJ* 3-10-1995 – REsp 34.420-SP – Rel. Min. Ruy Rosado de Aguiar).

Testamento – Nulidade – Testemunhas testamentárias irmãs da legatária e testamenteira – Art. 1.650, IV, do CC, veda que sejam testemunhas testamentárias parentes e o cônjuge do herdeiro instituído – Aplicação analógica no tocante ao legatário – Voto vencido. O Código Civil (art. 1.650, IV) veda que sejam testemunhas testamentárias parentes e o cônjuge do herdeiro instituído. Contudo, quanto aos legatários, silencia. Tal silêncio, porém, não autoriza concluir que os ascendentes e descendentes, irmãos e cônjuges dos legatários, possam participar como testemunhas do testamento, pois, também, o legatário aufere vantagens da mesma forma que o herdeiro instituído. Assim, se o Código estabelece vedações para proteger a liberdade do testador, quanto ao herdeiro, idêntico se deve compreender no tocante ao legatário. Caso contrário, facilmente, a lei poderia ser contornada. E, sendo a finalidade legal a mesma, a aplicação analógica se mostra adequada (TJSP – Ap. Cív. 269.193-1/6-00, 5ª Câm. de Férias B de Direito Privado – Rel. Des. Marcus Andrade – j. em 29-8-1996 – *RT* 736/241).

13

CODICILO

1 Ideia geral

O codicilo é um pequeno testamento, um esboço, sempre escrito de próprio punho do testador, datado e assinado por ele. Não requer testemunhas, como não requer formalidades. Toda pessoa capaz de testar poderá, mediante escrito particular seu, datado e assinado, fazer disposições especiais sobre seu enterro, sobre esmolas de pouco valor a certas e determinadas pessoas, ou, indeterminadamente, aos pobres de certo lugar, assim como legar móveis, roupas ou joias, não mui valiosas, de seu uso pessoal (art. 1.881). O codicilo deve ser escrito de próprio punho do interessado. A lei não admite que seja feito a rogo, nem processo mecânico.

Como visto, é uma forma de transmitir pequenas parcelas de valores ou de bens, sem ter de alterar o testamento. Muito mais importante é o codicilo para a nomeação ou substituição de testamenteiro (art. 1.883).

A lei permite que o indivíduo capaz de testar faça codicilo, seguindo a norma do art. 1.881, distribuindo esmolas ou orientando sobre seu enterro e missas votivas, sem que redija um testamento (art. 1.882).

2 Revogação

O codicilo pode ser revogado por outro da mesma espécie, e, diz o Código, "consideram-se revogados, se, havendo testamento posterior, de qualquer natureza, este os não confirmar, ou modificar".[1] Assim, existindo um codicilo e,

[1] Código Civil, art. 1.884.

posteriormente, resolva o testador fazer seu testamento, sem se referir a ele, automaticamente, revoga-o, por ter silenciado. Se ele quiser que o conteúdo do codicilo prevaleça, deverá, não obstante, declarar sua validade no testamento superveniente.

Se o codicilo estiver fechado, abrir-se-á do mesmo modo que o testamento cerrado.[2]

> *"Desapareceu do nosso Direito a cláusula codicilar, pela qual o testador pedia que, se o seu testamento não pudesse valer como tal, fosse aceito como codicilo. O codicilo não tem mais a feição de testamento, é uma simples declaração homógrafa de objeto muito limitado."*[3]

Por se tratar de disposição sem maiores solenidades, é mister tomar-se cuidado com seu conteúdo. Pequenas esmolas para um rico difere de outro tanto para um cidadão comum, da classe média. Se contiver alguma disposição vedada pela lei, o juiz deverá considerar o texto como meio interpretativo, uma fonte para esclarecer o testamento.

3 Falta de técnica

A falta de conhecimento técnico tem gerado muitas nulidades, e é possível que uma pessoa de nível escolar superior, bacharel em Engenharia, não tenha conhecimentos suficientes sobre testamentos e codicilos. Pretendendo deixar alguma coisa valiosa para um filho, nascido fora do casamento, pode redigir um codicilo, simplesmente porque ele não exige testemunhas. No entanto, não surtirá o efeito jurídico desejado, embora aquela tenha sido a exteriorização de sua última vontade.

No codicilo pode ser nomeado ou substituído testamenteiro, mas não é possível instituir herdeiro ou legatário. A matéria está restrita ao contido no art. 1.881 do Código Civil. Na prática, utiliza-se do codicilo para nomear ou substituir testamenteiro. Se o testador, arrependido, não mais quiser confiar a determinada pessoa a tarefa de fiscalizar o cumprimento do testamento, torna-se desnecessário fazer outro testamento para substituir o testamenteiro ou nomeá-lo, se falta a indicação dessa pessoa.

Embora de pouco uso entre os profissionais do Direito, os advogados especialistas valem-se do codicilo para suprir a lacuna, sem ônus pesado para o testador. Aliás, justifica-se repetir, testamento é feito pelo testador, que precisa

---

2 Código Civil, art. 1.885.

3 BEVILÁQUA, Clóvis. *Código Civil comentado*. Rio de Janeiro: Francisco Alves, 1958. v. 6, p. 88.

de alguém especializado para auxiliá-lo. Trata-se de ato de última vontade, que não pode ser corrigido após o óbito.

Interessante lembrar que o testamento revoga um codicilo, mas este não revoga aquele. Permite a lei, igualmente, que o testador faça um ou mais codicilos e todos tenham validade, porque "os dois codicilos seriam compossíveis, sem antinomia entre eles", no comento de Zeno Veloso.[4]

Jurisprudência

CIVIL E PROCESSUAL – Agravo regimental. Sucessão. Codicilo. Disposição de última vontade. Requisitos legais. Ausência. Matéria de fato. Reexame. Impossibilidade. Súmula nº 7. Agravo. Improvimento (STJ – AGA 200700702604 – (885248 RS) – 4ª T. – Rel. Min. Aldir Passarinho Junior – *DJU* 22-10-2007 – p. 00301).

APELAÇÃO CÍVEL - AÇÃO DE COBRANÇA - CODICILO - VALIDADE SÓ PARA BENS DE PEQUENA MONTA - EXIGÊNCIA DE FORMA HOLÓGRAFA - A disposição contida no codicilo, que deliberou a respeito de cerca de metade dos bens hereditários, é imprestável para fins de equiparação ao testamento, uma vez que ao instituto em questão deve se restringir a diminutas questões patrimoniais, tais como móveis, roupas ou joias, não muito valiosas, de uso pessoal, na forma do disposto no art. 1.651 do Código Civil de 1916. Ademais, verifica-se dos autos que o codicilo foi datilografado, exigindo-se para a validade formal do mesmo que tenha sido manuscrito, ou seja, que tenha a forma hológrafa. Apelo provido, por maioria (TJRS – AC 70006548143 – 8ª C.Cív. – Rel. Des. Antonio Carlos Stangler Pereira – J. 9-6-2005).

CODICILO – Revogação pela posterior prática de ato de disposição do bem – Ilicitude ou simulação não demonstradas – Ação improcedente – Recurso improvido (TJSP AC 320.523-4/5 – Santos – 3ª CDPriv. – Rel. Des. Luiz Antonio de Godoy – J. 9-12-2003).

[4] VELOSO, Zeno. Op. cit. p. 155.

14

DAS FORMAS ESPECIAIS DE TESTAMENTOS

1 Testamento marítimo e testamento aeronáutico

O testamento marítimo é o ato pelo qual alguém quer dispor, total ou parcialmente, de seus bens, ou fazer disposições não patrimoniais, a serem apreciadas e cumpridas depois de sua morte, estando o testador a bordo de um navio nacional, de guerra ou mercante, em viagem de alto-mar. Somente prevalece o testamento marítimo, se a nave estiver navegando, mas, nunca, aportada.

Diz o art. 1.888 do Código Civil que "quem estiver em viagem, a bordo de navio nacional, de guerra ou mercante, pode testar perante o comandante, em presença de duas testemunhas, por forma que corresponda ao testamento público ou ao cerrado".

Igualmente, permite a legislação em vigor que seja feito testamento aeronáutico, estando o testador a bordo de aeronave militar ou comercial. "Quem estiver em viagem, a bordo de aeronave militar ou comercial, pode testar perante pessoa designada pelo comandante, observado o disposto no artigo antecedente" (art. 1.889).

A lei não menciona que a aeronave seja de bandeira nacional. Diante disso, é nosso pensamento que não há proibição para fazer-se o testamento aeronáutico em avião de outra bandeira. Somente as formalidades, isto é, o comandante, as testemunhas, devem ser cumpridas, consoante o art. 1.888. A legislação especifica obriga as empresas a ter sempre algum tripulante brasileiro, partindo o voo de aeroporto brasileiro.

Coincidentemente, o número de aeronaves estrangeiras que voam do Brasil para os outros países é muito superior àquelas de bandeira nacional.

2 Formas

Descreve o Código duas formas de testamento marítimo: a primeira, semelhante ao testamento público, que seja lavrado pelo comandante, ou pelo escrivão de bordo, ante duas testemunhas, e, depois de lido pelo comandante, ou pelo escrivão de bordo, que seja assinado pelo testador e pelas testemunhas; se o testador não souber, ou não puder, escrever, o instrumento será assinado por uma das testemunhas, à sua escolha, tudo declarado no contexto.

A segunda forma assemelha-se ao testamento cerrado, devendo ser escrito pelo testador, ou por outrem a seu mando e, na frente das duas testemunhas, que seja entregue ao comandante, ou escrivão de bordo, declarando o testador que este é seu testamento; o comandante, ou o escrivão, recebendo o instrumento, certificará todo o ocorrido, datando e assinando com o testador e as testemunhas.

Tratando-se de testamento aeronáutico, como o comandante não pode abandonar o comando do avião, para cumprir a vontade do testador, diz a lei que ele designará uma pessoa que ocupará seu lugar. Conhecida a pessoa indicada, o testador fará o testamento como se fora testamento público ou cerrado, contando com duas testemunhas, como é de praxe. Longas viagens, a bordo do avião por muitas horas, o testamento aeronáutico veio suprir a lacuna existente na legislação pátria.

Crescente a cada dia o número de viagens de turismo, aumenta a possibilidade de utilização desses testamentos especiais serem confeccionados. Especialmente o testamento marítimo, com viagens de curta duração, em torno de três ou quatro dias. O número de ofertas de turismo dentro do Brasil, partindo do Rio de Janeiro até o Sul, ocupa páginas dos cadernos especiais.

Por sua vez, são dezenas de voos, partindo do Brasil para outros países, quer em companhias nacionais ou estrangeiras, podendo ser afirmado que as naves estrangeiras superam as nacionais.

3 Validade

Não valerá o testamento marítimo se, ao tempo em que se fez, ainda que elaborado no curso de uma viagem, o navio estava no porto, onde o testador poderia desembarcar e testar na forma ordinária (art. 1.892). A ausência de conhecimento provoca, às vezes, a espera do retorno da pessoa ao seu domicílio para fazer um testamento. Essa cautela é demasiada e inoportuna. Se o testamento particular ou público pode ser feito em qualquer cidade, mais prático é o uso do testamento especial.

O testamento marítimo ou aeronáutico caducará se o testador não morrer na viagem, nem nos noventa (90) dias subsequentes a seu desembarque em terra, onde possa fazer, na forma ordinária, outro testamento.[1]

A lei fala em navio nacional, depreendendo-se que o legislador quis o uso da língua portuguesa, pelo menos naqueles que se assemelham ao testamento público; de qualquer forma, o brasileiro, a bordo de navio estrangeiro, navegando em alto-mar, não poderá utilizar-se dessa forma testamentária.

A respeito do testamento aeronáutico, que, agora, é permitido pela lei brasileira, manifestou-se o Prof. Caio Mário, há muitos anos, declarando que o crescimento e a facilidade do transporte aeronáutico, mesmo com a rapidez dos percursos aéreos, nada impede se estendam à hipótese, proporcionando, também, às pessoas que estejam a bordo de aviões nacionais, militares ou comerciais, de fazer seu testamento.[2]

O testamento marítimo e/ou aeronáutico ficará sob a guarda do comandante, que o entregará às autoridades administrativas do primeiro porto ou aeroporto nacional, contra recibo averbado no diário de bordo, consoante o art. 1.890, onde aguardará o prazo de noventa dias, previsto no art. 1.891. Durante esse lapso de tempo, o testamento produzirá sua eficácia, desde que elaborado na forma da lei.

4 Testamento militar

O testamento militar pode ser feito pelos militares e demais pessoas ao serviço das Forças Armadas em campanha, dentro ou fora do País, assim como em praça sitiada, ou que estejam de comunicações interrompidas, não havendo tabelião ou seu substituto legal, ante duas, ou três testemunhas, se o testador não puder, ou não souber assinar, caso em que assinará por ele uma delas.

5 Formas

Também aqui o Código estabeleceu diversas possibilidades para a realização do ato: (a) a primeira, assemelhando-se ao testamento público, quando será escrito pela autoridade militar, ou de saúde, todo o ditado feito pelo testador, que seja lido e assinado pelo testador e pelas testemunhas. O oficial

---

[1] Código Civil, art. 1.891.

[2] PEREIRA, Caio Mário da Silva. Op. cit. p. 259. 2010. t. 6, p. 156. No mesmo sentido, Orozimbo Nonato, Orlando Gomes e outros doutrinadores, como Ruggiero e Maroi, Antonio Cicu.

competente será o de maior graduação; no caso de estabelecimento de saúde, pelo oficial médico superior ou pelo diretor do estabelecimento; (b) a segunda, forma corresponde ao testamento cerrado e deverá ser escrito, datado e assinado pelo próprio testador e o apresente aberto ou cerrado, na presença de duas testemunhas ao auditor, ou ao oficial de patente, que lhe faça as vezes neste mister. O auditor, ou oficial, a quem o testamento se apresente, notará, em qualquer parte dele, o lugar, dia, mês e ano, em que lhe for apresentado, devendo a nota ser assinada por ele e pelas testemunhas; (c) a terceira e última é assemelhada ao antigo testamento nuncupativo. "Admite-se quando o militar, ou pessoa que estiver em combate ou for ferido em ação, e confie a duas testemunhas, verbalmente, as suas declarações de última vontade."[3]

6 Testamento nuncupativo

O testamento nuncupativo só pode ser aceito em casos extremos, porque é, facilmente, adulterado. Consta de uma declaração de viva voz a duas testemunhas, estando o testador em combate, ou ferido. "Morto o testador, será reduzido à pública forma o testamento nuncupativo-militar, perante o juiz competente, com o depoimento das testemunhas e citação dos interessados."[4]

O testamento nuncupativo conserva um romantismo perigoso. Segundo Clóvis Beviláqua, é combatido pela maioria absoluta dos doutrinadores pátrios, na condenação generalizada a todo testamento verbal. Não terá, porém, efeito esse testamento se o testador não morrer na guerra ou convalescer do ferimento.[5]

Tendo em vista a precariedade material desse testamento, afirma Amorim, deverão ser tomadas todas as providências acauteladoras da seriedade do ato. Antes de serem ouvidas as testemunhas, devem elas ser advertidas que depoimento falso é crime e, em seguida, serem, iniciando o depoimento, o juiz agir com muita acuidade e segurança.[6]

---

[3] GOMES, Orlando. *Sucessões*. Rio de Janeiro: Forense, 1997. p. 128.

[4] OLIVEIRA, Arthur Vasco Itabaiana de. *Tratado de direito das sucessões*. Rio de Janeiro: Livraria Jacinto, ob. cit. v. 2, p. 460.

[5] Código Civil, art. 1.896, parágrafo único.

[6] AMORIM, Sebastião Luiz. *Código Civil comentado*, vol. XIX. São Paulo: Atlas, 2004, p. 134.

7 Caducidade

O testamento militar tem vida efêmera:

> *"caduca o testamento militar, desde que, depois dele, o testador esteja 90 (noventa) dias seguidos, em lugar onde possa testar na forma ordinária, salvo se esse testamento assemelhar-se ao testamento cerrado, ou seja, se o testador o entregue ao auditor, ou oficial, pedindo sua aprovação, e o oficial faça as anotações previstas no parágrafo único do art. 1.894".*

Salvo raras hipóteses, quem faz testamento especial utiliza, cessando aquela situação transitória, dos meios normais para redigir seu testamento ordinário.

Vale destacar a possibilidade de permanente validade desse tipo de testamento especial, feito por militar de carreira, bem semelhante ao testamento cerrado. Poderá o militar escrevê-lo de próprio punho, datando-o e assinando-o, e, junto aom duas testemunhas, o apresente ao auditor ou o oficial de maior patente, que lançará sua aprovação, datando-o, escrevendo o local em que estavam, solicitando as testemunhas que assinam o instrumento, antes de o entregar ao testador. Esse ato será registrado no diário de bordo.

Jurisprudência

TESTAMENTO EMERGENCIAL E PROVIDÊNCIAS DO ART. 1.879 DO CC – Para que o juiz confirme documento subscrito de próprio punho, sem testemunhas, como sendo testamento particular celebrado em condições excepcionais e que dispensariam as formalidades legais, será preciso provas cabais de que existiam motivos para esse procedimento, o que não foi produzido pelos interessados. Cerceamento de defesa não configurado, mantida a r. sentença de extinção [art. 267,1, do CPC]. Cédula (folha de agenda) que não descreve a excepcionalidade da medida, não se comprovando que o *de cujus* estava a beira de morte ou em situação de perigo. Não provimento (TJSP – Ap 994.09.342607-0 – São Paulo – Família – 4ª CDPriv. – Rel. Enio Zuliani – *DJe* 10-5-2010 – p. 760).

APELAÇÃO CÍVEL – RETIFICAÇÃO REGISTRO DE ÓBITO – DECLARAÇÃO DE ÚLTIMA VONTADE – TESTAMENTO – APLICAÇÃO ART. 1879 DO CÓDIGO CIVIL – SENTENÇA MANTIDA – Em circunstâncias excepcionais declaradas na cédula, o testamento particular de próprio punho e assinado pelo testador, sem testemunhas, poderá ser confirmado, a critério do juiz. Se declarado pela inventariante, respeito à última vontade do falecido não há motivo para retificar o registro atestando a inexistência de testamento (TJMG – AC 1.0024.08.982625-9/001 – 5ª C. Cív. – Rel. Mauro Soares de Freitas – J. 25-6-2009).

15

DISPOSIÇÕES TESTAMENTÁRIAS

1 Princípios gerais

O testamento apresenta-se, perante nossos olhos, por meio de um instrumento, quer lavrado em livro de notas do tabelião, elaborado pelo testador, lacrado e apresentado ao tabelião para aprovação, quer feito em escrito particular, e guardado, sempre contando o testador com a presença de duas ou três testemunhas, que ouviram a leitura do instrumento escrito, pondo suas assinaturas.

Verificada a morte do testador, indaga-se o conteúdo do testamento, isto é, a sua última vontade, quais seus desejos, como deveriam ser cumpridos, a quem ficou a responsabilidade da apresentação e do cumprimento do testamento etc. Esse conjunto é formado pelas disposições testamentárias, verdadeiras cláusulas, escritas de acordo com a vontade do testador em consonância com os ditames legais.

2 Clareza

É no testamento que o testador institui seus herdeiros testamentários e os legatários, reconhece filhos etc. O testador deve ser o mais claro possível, transmitindo sua vontade de forma direta, não dando margem a interpretações, descrevendo as pessoas e as coisas com todas as características, evitando confusões e, assim, possibilitando que o testamento seja mandado cumprir pelo juiz competente, isento de interpretações dúbias que, muitas vezes, alteram a vontade real do testador.

A clareza das disposições é da essência do ato volitivo.

> *"Não é possível, para completá-las ou esclarecê-las, recorrer a outros elementos externos, como escritos particulares, atos públicos, declarações judiciais ou extrajudiciais, testamento anterior etc.; o que acaso faltar ou inexistir no ato de última vontade não pode ser suprido ou integrado com subsídios colhidos aliunde. O recurso à prova extrínseca só tem cabimento, no máximo, para elucidar contradição ou obscuridade."*[1]

> *"A designação dos beneficiados, das cotas ou dos objetos transmitidos e de qualquer modalidade referente ao elemento intrínseco deve emergir do próprio ato causa mortis; não se recorre a elementos exteriores: escritos particulares, livros de notas, diários, declarações judiciais ou extrajudiciais do hereditando, testamentos anteriores, embora revogados, minuta ou esboço do atual, testemunhos, presunções auxiliam a pesquisa para identificar pessoa ou coisa mencionada de modo imperfeito, esclarecer, interpretar o conteúdo do documento. Contudo, tudo aquilo que faltar, o que ali se não encontra pelo menos na essência, não se supre com tais subsídios externos. Demais, cumpre externar a vontade eficiente, não vaga, abstrata, a respeito do futuro do patrimônio; sob pena de resultar um ato juridicamente inócuo, sem significações; se o estipulante exclui os sucessores legítimos e o Estado e não institui outros, o que expôs não tem valor, pois não há herança sem herdeiros ou legatários."*[2]

Pelo Direito pátrio, o testador só pode beneficiar pessoas físicas e jurídicas existentes, salvo o caso de prole eventual de herdeiro já existente, a formação de fundações com legados específicos e a instituição do fideicomisso.

Quando o testador tiver herdeiros necessários, somente a metade da parte que lhe compete poderá ser objeto de disposições testamentárias; se, no entanto, inexistirem herdeiros necessários, é livre seu direito de testar, usando essa faculdade no todo ou parcialmente; naquela porção disponível que não for usada no testamento, voltará para a sucessão legítima, acrescentando a porção destinada aos herdeiros legítimos.

A porção disponível, que o testador, sabiamente, distribuiu aos seus beneficiários, deve respeitar aquele outro montante que a lei destinou aos herdeiros necessários. Desrespeitando essa regra, o testador – já falecido – põe em risco a execução de sua vontade, agraciando aquelas que querem beneficiar.

---

1 MONTEIRO, Washington de Barros. *Curso de direito civil.* São Paulo: Saraiva, 1998. v. 6, p. 120.

2 MAXIMILIANO, Carlos. *Direito das sucessões.* Rio de Janeiro: Freitas Bastos, 1943. v. 2, p. 50.

Os arts. 1.897 até 1.938 envolvem as disposições testamentárias, os legados e seus efeitos, em conjunto que deve refletir toda a vontade do testador. Há normas legais permissivas, outras proibitivas, há disposições simples, como há estabelecimento de condições para a transmissão.

Muitos desses artigos são despiciendos, porque tolhem a legítima vontade do testador; é um exagerado tecnicismo da lei, que confronta com a imensidão da inteligência do ser humano. O texto legal prevê hipóteses substitutivas, prevendo a omissão do testador.

3 Nomeação de herdeiro ou legatário

Nos termos do art. 1.897, a nomeação de herdeiro ou legatário pode fazer-se:

a) pura e simplesmente;

b) sob condição;

c) para certo fim ou modo;

d) por certo motivo.

4 Liberdade de agir

O testamento é a lei do homem, segundo palavras de Tito Fulgêncio, porque nele o ser humano pode distribuir total ou parcialmente os bens, resultantes de seu labor, ou mesmo vindos de outra herança, entre as pessoas que considera merecedoras. Essa escolha é a mais ampla, não podendo sofrer influências de terceiros. No testamento, o testador faz doações por amor, em retribuição, por afetividade ou gratidão; pode, também, simplesmente, revogar testamento anterior ou, o que é mais triste, se for obrigado, deserdar um herdeiro necessário. É a soberana vontade do titular do patrimônio.

Entre os romanos era imprescindível a nomeação de herdeiro no testamento, daí "ninguém pode morrer em parte testado e em parte intestado".

5 Nomeação pura e simples

Herdeiro é a pessoa que recebe a totalidade ou parte na universalidade do direito; legatário é a pessoa que recebe coisa certa e determinada; a nomeação pura e simples é aquela na qual não existe qualquer condição ou termo, é uma indicação direta; exemplo: nomeio Paulo meu herdeiro ou lego a Paulo minha casa da Av. Afonso Pena, 3.250. Sendo a nomeação pura e simples, tão logo seja aberta a sucessão, as pessoas nomeadas adquirem seus direitos.

6 Nomeação sob condição

Na nomeação sob condição, a eficácia do ato dependerá de um evento futuro e incerto, uma vez que a lei não faz qualquer distinção entre as condições suspensivas e resolutivas; verificada a condição, o herdeiro passa a ter o direito desde o momento da abertura da sucessão, como se fosse uma disposição pura e simples.

Os doutrinadores dividem as condições em uma longa lista, (matéria estudada na parte geral do Direito Civil) , merecendo destaque as lícitas e ilícitas, possíveis e impossíveis, positivas e negativas, potestativas e causais, suspensivas e resolutivas etc.; ocorrem as condições possíveis, quando se podem realizar; as impossíveis, quando se opõem às leis da natureza ou aos preceitos legais; nas condições impossíveis, ora são consideradas como não escritas, prevalecendo a disposição pura e simples, ora invalidam os atos a elas subordinados, prejudicando o herdeiro, que não receberá a herança ou o legado.

As condições lícitas são permitidas pela lei, mas as ilícitas são condenadas e privam o ato de todos os efeitos jurídicos; exemplificando, é lícita a condição de não casar com certa pessoa, mas é ilícita, quanto o testador impõe o celibato; é ilícita a condição que obriga o herdeiro a divorciar-se, mas é lícita a que, sendo viúvo o herdeiro, o testador lhe veda novo casamento, prevenindo efeitos negativos sobre os quatro filhos das primeiras núpcias, dado algum exemplo negativo na família.

A licitude ou ilicitude da condição estabelecida pelo testador é aferida quando ocorrer a morte deste, e não segundo o tempo da lavratura do ato.[3]

A condição potestativa, que faz depender a validade do ato à vontade de uma única pessoa, não tem valor jurídico. Pode acontecer, no entanto, que, sob a aparência de uma condição potestativa, o testador imponha um encargo. O legatário que tenha recebido o legado sob essa condição poderá ajuizar ação para livrar-se da condição.

É possível dizer que encargo é um elemento acidental, uma obrigação de dar, de fazer ou de não fazer, que restringe a vantagem transmitida na liberalidade. O encargo pode verificar-se nos atos entre as pessoas vivas, como nos testamentos.[4]

---

3 NONATO, Orozimbo. *Estudos sobre sucessão testamentária.* Apud MONTEIRO, Washington de Barros. Op. cit.

4 CARVALHO, Luiz Paulo Vieira de. *Direito civil.* Rio de Janeiro: Impetus. 2010. p.

7 Condição suspensiva e resolutiva

A condição suspensiva é a que tem por fim, suspendendo temporariamente a eficiência do ato jurídico, criar um direito.[5] Enquanto esta não se verificar, o herdeiro não fará jus à herança, ou o legatário ao legado; é imprescindível, portanto, o implemento da condição, para a outorga do direito; a lei permite que o beneficiado possa exercer os atos de conservação, para que a coisa não pereça.[6]

Se for resolutiva a condição, enquanto esta não se realizar, vigorará o negócio jurídico, podendo exercer-se desde a conclusão deste o direito por ele estabelecido; mas, verificada a condição, para todos os efeitos, extingue-se o direito a que ela se opõe.[7]

"Reputa-se verificada, quanto aos seus efeitos jurídicos, a condição, cujo implemento for maliciosamente obstado pela parte, a quem desfavorecer.

Considera-se, ao contrário, não verificada a condição maliciosamente levada a efeito por aquele, a quem aproveita o seu implemento."[8]

Poderá o testador instituir herdeiro ou legatário, impondo-lhe condição lícita e possível, para a arrecadação da herança ou do legado, respectivamente. Lembra Washington de Barros que o problema do celibato tem gerado muita celeuma nos tribunais; por outro lado, o incentivo ao casamento é considerado condição válida, possível e lícita; mas a escolha da noiva deve ser do próprio herdeiro ou legatário, nunca de terceiro, porque tolheria o direito de liberdade do beneficiado.

Mais comum nos testamentos são as condições suspensivas e as resolutivas; na primeira, enquanto esta não se verificar, não se terá adquirido o direito a que ele visa. Exemplo: estabelecida uma condição suspensiva no testamento, morre o testador, aguardando o implemento da condição para o recolhimento do legado pelo legatário; vindo a falecer o legatário, antes do implemento da condição, seu direito não se transfere a seus herdeiros e sucessores, mas o bem legado será partilhado entre os herdeiros legítimos do testador; a nomeação é havida como nunca tendo sido feita.

Na condição resolutiva, o herdeiro entra na posse da herança; quando, no futuro, ocorrer o evento, o fato imposto pelo testador, o herdeiro perde a coisa; no entanto, vindo a ocorrer o implemento da condição, após o falecimento do herdeiro, a herança será entregue a seus sucessores, que, por sua vez, se

---

[5] BEVILÁQUA, Clóvis. *Comentários ao Código Civil.* v. 1, p. 395.

[6] Código Civil, art. 130.

[7] Código Civil, arts. 127 e 128.

[8] Código Civil, art. 129.

obrigarão a entregar a quem de direito, por força do testamento. O exemplo mais prático é o fideicomisso, no qual há dupla instituição de herdeiros ou legatários. Digamos que "A" ficará com a herança, até "B" bacharelar-se em Direito; antes do implemento da condição, falece "A", recolhendo a herança seus herdeiros, que se obrigam a entregá-la a "B", quando ele cumprir o instituído, isto é, bacharelar-se em Direito.

O mundo das condições é imenso e foge à alçada do Direito das Sucessões; muito mais próprio na Parte Geral do Código, encontra sua aplicação prática em todos os cantos das relações humanas.

8 Nomeação para certo fim ou modo

Modo é o mesmo que encargo. Ficará o herdeiro, filho mais velho, com a responsabilidade de pagar os estudos do irmão caçula; pode, também, tornar-se responsável pela dívida com a Caixa Econômica Federal.

Muito parecido com a condição, o encargo dela difere; assim, a condição é suspensiva e não coercitiva, e, ao contrário, o encargo é coercitivo. Ninguém pode ser coagido a cumprir uma condição, mas, sim, um encargo.

> *"O encargo não impede, e a condição impede a aquisição do direito à herança ou ao legado. Por isso, falecendo o herdeiro, ou o legatário, antes de cumprido o modo, não caduca a instituição; ao passo que, se o falecimento se der antes do implemento da condição, caduca a disposição."*[9]

"A partícula *se* geralmente serve para caracterizar a condição, enquanto as locuções *para que, a fim de que, com a obrigação de*, para identificar o encargo."[10]

Se o testador não determinar o tempo em que deva ser cumprido o encargo, a obrigação depende do herdeiro ou do legatário, manifestada a intenção de cumpri-lo; tornando-se impossível o cumprimento do encargo, desobriga-se o herdeiro, porque "perecendo o direito, perece o seu objeto".[11]

O encargo deve ser cumprido pelo legatário. Em não o fazendo, poderá o beneficiário postular, com base nos arts. 555 e 562. Na primeira hipótese, considerar que o legatário foi "ingrato", justificando uma revogação da doação; na segunda possibilidade, constituir o legatário em mora, determinando o juiz prazo razoável para o adimplemento do encargo, sob pena de revogação do legado ou impor-lhe uma pena diária.

---

9 RIBAS. Apud OLIVEIRA, Arthur Vasco Itabaiana de. *Tratado de direito das sucessões*. Rio de Janeiro: Livraria Jacinto, ob. cit. t. 2, p. 497.

10 MONTEIRO, Washington de Barros. Op. cit. p. 126.

11 Código Civil, art. 77.

9 Nomeação por certo motivo

Essa forma de nomeação é típica de retorno, de agradecimento, de reconhecimento por algum fato que tenha ocorrido na vida do testador. A lei não obriga o testador à explicação de seu ato, podendo, portanto, o testador, agir por sua livre consciência.

Pode o testador instituir legado ao Dr. Antônio, porque ele foi médico dedicado, atendendo-o nos instantes de dor, intervindo, inclusive com uma cirurgia nos olhos; pode o testador deixar um legado para seu clube futebolístico preferido e contra essa vontade não podem levantar-se os herdeiros legítimos.

Entretanto, constatando-se que testador teve sua vontade viciada, uma vez que o cirurgião fora o Dr. Júlio, após longas horas na sala de cirurgia, houve um erro essencial, tornando anulável a deixa. Se, ao contrário, o atendimento do Dr. Antônio se revestiu de maior importância, com muitas consultas, curativos e o processo de recuperação do paciente, válido o legado, embora a postulação ajuizada pelo Dr. Júlio, com a alegação de seus patronos de constatação de erro material. Caberá ao juiz, após apuração das provas, análise detida do art. 140 do Código Civil.

São exemplos clássicos, explicados por Itabaiana de Oliveira, que facilitam o entendimento da matéria: "instituo Tício, porque é meu filho ilegítimo" e "instituo Mévio, se deixar a sua concubina". Se Tício não for filho ilegítimo do testador, ou se Mévio não tiver concubina, a disposição torna-se ineficaz, porque a causa está intimamente ligada ao legado.[12] Nesses casos, os bens que caberiam aos instituídos serão arrecadados pelos herdeiros legítimos, segundo a ordem da vocação hereditária.

10 Nomeação a termo

Tão logo seja aberta a sucessão, o domínio e a posse transmitem-se aos herdeiros legítimos e testamentários (art. 1.784), vedando a lei qualquer fixação de tempo para a outorga do direito. Diz o art. 1.898 que "a designação do tempo em que deva começar ou cessar o direito do herdeiro, salvo nas disposições fideicomissárias, ter-se-á por não escrita".

O direito do herdeiro ocorre concomitantemente à abertura da sucessão, ao instante da morte. As disposições testamentárias, todavia, dependem de apresentação do testamento, sua aprovação, registro e ato de cumprimento.

[12] OLIVEIRA, Arthur Vasco Itabaiana de. Op. cit. v. 2, p. 501-502.

Para tanto, aplica-se a técnica de crédito menos débito, direito de meação e cálculo da porção disponível. Corretos os cálculos, o herdeiro não tem que esperar para receber a titularidade da coisa ou da herança, diferente do direito de posse.

Mais uma vez, o *droit de saisine* está presente, e é desnecessária qualquer ação do beneficiado para recolher seu direito, que deverá ser-lhe entregue no momento próprio. Se o testador fixar uma data certa para que comece a valer a disposição, ter-se-á por não escrita. A única exceção prevista em lei é o fideicomisso, instituto próprio e muito especial.

11 Interpretação das disposições testamentárias

Deve o testador redigir seu testamento com a maior simplicidade, expondo sua vontade de forma clara, para evitar interpretações que modifiquem o que pretendia. Na prática, porém, são os mais diversos os textos encontrados, muitas vezes prolixos, outras vezes sendo a vontade dirigida, ocultando algum desejo. Comum, também, alguns tabeliães que usam sua experiência como notários florear o que foi ditado pelo testador, alterando a vontade externada.

Quando há necessidade de interpretar testamento, algumas regras são seguidas. A jurisprudência e os Códigos Civis buscaram as primeiras regras na tradição europeia, tendo como fonte o Direito Romano. Primeiramente, dominava a palavra, pouco se escrevia, em face das dificuldades para a escrita; a teoria de interpretação grega era, essencialmente, objetiva, baseada no teor literal, e subjetiva, buscando a vontade do declarante.

Lembra Kipp:

> *"'El primer objetivo de la interpretación consiste en averiguar, en el testamento, la voluntad real del testador, en el contrato sucesorio la voluntad real de las partes, y ayudar a realizarla'. En relación con esto, también el princípio de la benigna interpretatio ha obtenido fuerza de ley."*[13]

Ensina, também, o mestre, que "toda interpretação tem seus limites na necessidade de que a declaração de vontade respectiva oferece algum ponto de apoio".

Para a concepção clássica, chamada também de doutrina da vontade, formulada por Savigny, cuja fonte provém do Direito Romano, a vontade que se deve ter em conta é a real ou interna, nos casos em que não concorda exatamente com a que aparece em sua manifestação ou declaração. Deduz-se que

---

[13] KIPP, Theodor. *Derecho de sucesiones*. Barcelona: Bosch, 1976. v. 1, p. 220.

esta não constitui senão um meio de revelação do querer do outorgante, com valor secundário em relação à vontade efetiva que foi exteriorizada.[14]

Quando há cláusulas obscuras, deve-se perquirir a real vontade do testador, mesmo que, para isso, seja necessário socorrer-se de testamentos anteriores, de anotações diversas, do esboço ou minuta do testamento etc. O que a lei não permite é a complementação da vontade do testador: se ele foi incompleto na manifestação, não pode o intérprete completar o texto, nem formular pretensões que alterem, substancialmente, a legítima vontade do testador. Se não existe um "curso preparatório" para redigir testamentos, não pede o intérprete que o texto seja perfeito, dentro da melhor técnica.

O testamento será interpretado pelo juiz da causa. Roga-se que o juiz seja um jurista, tendo diante dos seus olhos uma vontade manifestada livremente, que deverá alcançar determinado fim. Se o magistrado não compreender o espírito da disposição testamentária, poderá cometer uma injustiça dupla: beneficiando indevidamente a alguém e prejudicando aquele que o testador gostaria de beneficiar.

Segundo Ferrara, "as leis claras oferecem o perigo de serem entendidas apenas no sentido imediato que transluz dos seus dizeres, enquanto que tais normas podem ter um valor mais amplo e profundo que não resulta das suas palavras"[15]

Itabaiana de Oliveira, em sua obra clássica, reproduz regras básicas, vindas do Direito Romano, e admitidas pelos mais notáveis exegetas. Vejamos algumas:

"I – *A vontade do testador deve ser interpretada do modo mais amplo.*

II – *Nas condições do testamento convém que seja considerada antes a vontade do que as palavras.*

III – *Julgamos que, em tudo, prevalece a vontade do testador, que é a legítima.*

IV – *A disposição de vontade do defunto deve ser cumprida.*

V – *Deve-se procurar o sentido mais cômodo ao objeto de que se trata, e à natureza do ato.*

---

14 MAFFÍA, Jorge O. *Manual de derecho sucesorio*. Buenos Aires: Depalma, 1977. t. 2, p. 136.

15 FERRARA, Francesco. *Interpretação e aplicação das Leis*. Coimbra: Arménio Amado Editor. 1987, p. 130.

VI - *Deve-se preferir o sentido próprio e geralmente aceito das palavras, e entender o que, em tais casos, comumente se costuma dizer.*

VII - *As palavras devem ser interpretadas no seu sentido.*

VIII - *Quando uma cláusula é suscetível de dois sentidos, deve-se entender naquele em que pode ter efeito e não no em que nenhum efeito teria.*

IX - Deve-se preferir a inteligência que faz valer o ato, à que o torna insubsistente.

X - Quando a disposição é tão obscura que impossível se torna conhecer a vontade do testador, considera-se aquela não escrita.

XI - Onde há obscuridade de palavras, vale o que consta do ato.

XII - Nas expressões duvidosas, deve ser atendido principalmente o pensamento daquele que as proferiu.

XIII - Na dúvida, é melhor atender às palavras da lei.

XIV - Se a dúvida se refere à quantia da dívida, deve-se decidir do modo menos prejudicial ao que prometeu.

XV - Nas coisas duvidosas, convém seguir a opinião mais benigna.

XVI - Deve-se preferir a proposição mais benigna à mais rigorosa.

XVII - Quando o testador dispõe sobre duas coisas que se contradizem, de modo que é impossível saber em qual delas persistiu e qual revogou, tem-se ambas por nenhum efeito.

XVIII - As expressões gerais se devem entender geralmente; mas a espécie sempre derroga o gênero.

XIX - Deve-se admitir, por justa interpretação, que, na denominação de filho, está compreendida a filha, como temos muitas vezes respondido, e também parece que, na mesma denominação, o neto está compreendido.

XX - A denominação de filhos se estende também aos netos;

XXI - A denominação de herdeiro se refere não somente ao herdeiro próximo, mas também aos mais afastados, porque não só o herdeiro do herdeiro, como o que vem sucessivamente, está compreendido na denominação de herdeiro.

XXII - O que foi estabelecido em benefício de uns não queremos que pareça instituído para seu prejuízo em certos casos.

XXIII - De modo algum, devem ser modificadas aquelas coisas que, sempre, tiveram interpretação certa.

XXIV – A conjunção, algumas vezes, diz Labeão, é tomada pela disjunção, como neste exemplo – a mim e ao meu herdeiro, a ti e ao teu herdeiro.

XXV – Deve-se atender a que o testador teve em vista as diferentes circunstâncias relativas ao uso local, onde vivia, à qualidade do legatário, à amizade e outras.

XXVI – Deve-se entender que as partes quiseram se conformar com a lei.

XXVII – O que está escrito, em último lugar, presume-se conter a vontade na qual o testador perseverou nela, derrogando o que, em contrário, havia escrito antes.

XXVIII – O gênero masculino compreende o feminino, mas este não compreende aquele.

XXIX – Legando o testador à mesma pessoa duas vezes a mesma quantia, entende-se tê-lo feito por inadvertência, e o legado restringe-se a uma só quantia, salvo se as circunstâncias mostram ter sido intenção do testador multiplicar o legado.

XXX – Se a intenção precede às palavras e é mais poderosa do que elas, todavia não se pode presumir que alguém diga alguma coisa senão por meio das palavras de que se serviu."[16]

O Código Civil também firma diversas normas a serem seguidas: "Quando a cláusula testamentária for suscetível de interpretações diferentes, prevalecerá a que melhor assegure a observância da vontade do testador" (art. 1.899). Por sua vez, o art. 112 estabelece que nas declarações de vontade se atenderá mais à intenção nelas consubstanciada do que ao sentido literal da linguagem.

A interpretação é uma atividade complexa, de natureza lógica e prática. Exige do intérprete raciocínio, vontade de buscar a origem do redator do texto, muitas vezes induzindo conteúdo pragmático para encontrar a vontade do testador. Não basta a interpretação gramatical; o bom jurista tenta alcançar a interpretação autêntica, buscando o sentido da disposição, segundo o *modus vivendi* do testador, seu meio, o momento da facção do texto a ser interpretado.

Segundo Ferrara, o intérprete deve apurar o conteúdo de vontade que alcançou expressão em forma constitucional, e não já as volições alhures manifestadas ou que não chegaram a sair do campo intencional.

---

[16] Itabaiana de Oliveira (Op. cit. v. 2, p. 521-527) transcreve trechos de Paulo, Papiniano, Justiniano, Gaio, Ulpiano, Mecianus, Celso, Modesto, Teodósio, Juliano e outros.

É sabido que, a cada dia, a vida jurídica oferece ocasião para se colher novos princípios das palavras da lei, que subsiste a despeito das interpretações oferecidas pelos juristas. Não devemos esquecer, no entanto, que o juiz é o intérprete, mas não é o legislador.

12 Nulidade da disposição

O *caput* do art. 1.900 declara nula a disposição testamentária, que institua herdeiro, ou legatário, sob a condição captatória de que este disponha, também por testamento, em benefício do testador, ou de terceiro. Da mesma forma que o testamento conjuntivo, a lei quer a plena e ampla liberdade de testar, não podendo sofrer o testador influências de terceiros, ou promessas que induzam em erro sua legítima intenção de transmitir. Lembra Clóvis que nas disposições captatórias pode haver dolo, ou, simplesmente, pacto sucessório, e em qualquer delas a instituição estará viciada.

Não é usual a expressão "condição captatória". Justifica-se, dessa forma, buscar a definição emitida por Eduardo de Oliveira Leite, com base em Beviláqua. Diz o autor "Condição captatória é a disposição em que o testador assina uma parte de sua herança ou toda a alguém, sob condição de ser aquinhoado no testamento daquele a quem pretender beneficiar."[17]

O testador busca um pagamento, uma reciprocidade à liberalidade emitida, o que é proibido por lei e contraria os princípios do testamento.

Não pode, também, o testador referir-se a pessoa incerta, cuja identidade não se possa averiguar, ou favorecer pessoa incerta, cometendo a determinação de sua identidade a terceiro, ou deixar a arbítrio do herdeiro, ou de outrem, fixar o valor ao legado, ou, ainda, favorecer as pessoas referidas nos arts. 1.801 e 1.802. Como se sabe, uma das características do testamento é ser personalíssimo, próprio do testador, e não delegar à vontade de outrem.

O que a lei permite, não obstante isso, é que a remuneração de serviços prestados ao

testador, por ocasião da moléstia de que faleceu, ainda que fique ao arbítrio do herdeiro, ou de outrem, possa ser determinada pelo terceiro o valor do legado; também aceita a lei que a disposição em favor de pessoa incerta possa ser determinada por terceiro, dentre duas ou mais pessoas mencionadas pelo testador, ou pertencentes a uma família, ou a um corpo coletivo, ou a um estabelecimento por ele designado.

[17] LEITE, Eduardo de Oliveira. Op. cit., p. 461.

O poder de decisão do onerado não é absoluto. Deve ater-se ao conteúdo do testamento, à praxe, aos costumes, nunca cedendo à vontade individual do beneficiado.

13 Disposição em favor dos pobres

Quando a disposição for em favor dos pobres, dos estabelecimentos de caridade, ou dos de assistência pública, entender-se-á que foi feita a favor dos pobres do lugar do domicílio do testador ao tempo de sua morte, ou dos estabelecimentos de sua residência, salvo se manifestamente constar que tinha em mente beneficiar os de outra localidade e, mais, as instituições particulares têm preferência sobre as públicas.[18]

14 Erro da pessoa

O testador deve descrever o beneficiado de forma clara, com todos os elementos que o identifiquem. Assim, declarar de quem a pessoa é filha, ou sua qualificação e, até mesmo, o endereço, para evitar que haja erro quanto à pessoa, porque o erro na designação da pessoa do herdeiro, do legatário, ou da coisa legada anula a disposição, salvo se, pelo contexto do testamento, por outros documentos, ou por fatos inequívocos, se puder identificar a pessoa ou coisa a que o testador queria referir-se.[19]

O erro anula o negócio jurídico, quando se trata de erro substancial que poderia ser percebido por pessoa de diligência normal, em face das circunstâncias do negócio (art. 138 do CC).

Tem-se por erro substancial o que diz respeito a qualidades essenciais da pessoa, a quem se refira o testador; quando o testador pensa que Antônio é seu filho, mas prova-se que ele não o é, tendo iludido o testador, a disposição será declarada nula pelo juiz; por outro lado, referindo-se a Antônio, filho de sua filha, formado em Medicina, que o ajudou a recuperar sua saúde, quando foi vitimado de trombose, mas, na verdade, o rapaz chama-se Alfredo, é válida a disposição, porque o erro não é substancial.

O Código inova e determina no art. 167, no qual o texto legal considera nulo o negócio jurídico simulado, mas subsistirá porque se dissimulou, se válido for na substância e na forma. Mais uma vez, o legislador institui cláusula geral, deixando ao arbítrio do juiz a apreciação da prova e a aceitação ou não da nulificação do negócio jurídico.

---

[18] Código Civil, art. 1.902.

[19] Código Civil, art. 1.903.

15 Nomeação em conjunto

Se o testador nomear dois ou mais herdeiros, sem discriminar a parte de cada um, partilhar-se-á por igual, entre todos, a porção deixada pelo testador. Por exemplo: "Deixo para os filhos de Antônio – Primus, Secundus e Tertius – a quantia de R$ 60.000,00, cada qual receberá R$ 20.000,00" (art. 1.904).

Por outro lado, se o testador nomear certos herdeiros individualmente e outros coletivamente, a herança será dividida em tantas quotas quantos forem os indivíduos e os grupos designados; exemplo: "Deixo R$ 20.000,00 para Primus, R$ 10.000,00 para Secundus e R$ 40.000,00 para os filhos de Tertius – que são quatro, cada filho de Tertius receberá R$ 10.000,00" (art. 1.905).

16 Remanescente

Se forem determinadas as quotas de cada herdeiro e não absorverem toda a herança, o remanescente pertencerá aos herdeiros legítimos, segundo a ordem da sucessão hereditária. Exemplo: a porção disponível do Sr. Antônio é de R$ 200.000,00, e faz as seguintes instituições: "Deixo para Primus R$ 20.000,00; deixo para Secundus R$ 20.000,00, deixo para Tertius R$ 20.000,00." Como há uma sobra de R$ 140.000,00, essa quantia será dividida na sucessão legítima (art. 1.906).

17 Quinhões

Se forem determinados os quinhões de uns e não os de outros herdeiros, distribuir-se-á por igual a estes últimos o que restar, depois de completas as porções hereditárias dos primeiros. Nesse caso, o testador quis que algumas pessoas recebessem quantias certas, enquanto outras recebessem valores variáveis; se ele dispõe de R$ 200.000,00 e deixa parcelas menores para os primeiros, como, por exemplo, 1/9, 1/8, os demais receberão quantias maiores, que é a parte remanescente; se, ao contrário, o monte for de R$ 200.000,00, deixar percentagens maiores para os primeiros, 40% para cada um, em número de dois, o restante – quatro pessoas – receberá o remanescente; portanto, menor (art. 1.907).

Se o testador disser que a casa da Rua José de Alencar, 1234, não será do herdeiro instituído, Primus, mas somente os outros bens, a referida casa será rateada entre os herdeiros legítimos ("dispondo o testador que não caiba ao herdeiro instituído certo e determinado objeto, dentre os da herança, tocará ele aos herdeiros legítimos", art. 1.908).

18 Prazo de arguição de anulação

Todas as disposições testamentárias que contrariem as normas legais ou se praticadas por erro, dolo ou coação poderão ser anuladas. Deverá o interessado arguir o fato do vício de vontade no prazo de quatro anos, contados de quando ele tiver interesse desse vício. O art. 1.909, parágrafo único, promete gerar dificuldades judiciais, sabendo-se que o legislador não determinou de forma precisa o termo inicial. Em outra norma legal, determinou o Código que o prazo para anular testamento é de 5 (cinco) anos, contados de seu registro; aqui, no parágrafo único do art. 1.909, condicionou o legislador à ciência do vício de vontade, em seu efeito.

O art. 1.859 determina 5 (cinco) anos para impugnar a validade do testamento e o parágrafo único do art. 1.909 fixa em 4 (quatro) anos o prazo para anular as disposições testamentárias, eivadas de erro, dolo ou coação. A diversidade de prazos pode confundir o mais atento do aplicador do direito.

O juiz, recebendo um testamento para aprovação, deve ter o cuidado de não permitir que os herdeiros, não beneficiados, perpetuem o processo, retardando a decisão de aprovação, registro e arquivamento do instrumento. Somente depois de registrado o testamento poderá, aquele que se sentir prejudicado, ajuizar a ação de anulação do testamento ou de disposição testamentária.

A ineficácia de uma disposição testamentária não representa risco para a validade e o cumprimento do testamento, porque as demais disposições, se lícitas e possíveis, serão executadas. Entretanto, se a ineficácia de uma disposição importa a de outras, as demais também sofrerão as mesmas consequências de ineficácia. Quer o art. 1.910 pressupor prévio conhecimento do testador para inquinar de ineficácia disposições consequentes. Parece-nos, porém, que o legislador deveria deixar para o intérprete a tarefa de confrontar a disposição ineficaz com as demais que lhe seguirem.

Ensina Sílvio Venosa que "como a interpretação do testamento deve ser sistemática, tal como uma construção complexa, a anulação de uma cláusula poderá interferir na validade de outra".[20]

19 Cláusula de inalienabilidade

É livre a inalienabilidade imposta pelo testador na sucessão testamentária. Em se tratando de sucessão legítima, somente quando houver justa causa (art. 1.848) poderá o testador onerar a legítima do herdeiro necessário. A justa

[20] VENOSA, Sílvio de Salvo. Op. cit. p. 200.

causa deve vir expressa do texto do instrumento, propiciando aos herdeiros os meios para o exercício do seu direito de desoneração do bem herdado.

Durante sua existência, o autor do patrimônio adquiriu bens, formou uma verdadeira fortuna e, em determinado momento de férias, com a mente sã e livre de influências, resolveu fazer um testamento, deixando legados a pessoas queridas, alguns com encargos, outros condicionais, obrigando os beneficiados ao término de seus estudos.

A determinado filho, no entanto, que sabia bastante "mão aberta", gastador costumeiro, resolveu tolher seus passos, limitando sua ação sobre os bens que lhe foram reservados em legados. Indagando sobre o assunto, certificou-se o *auctor successionis* da existência do art. 1.911, dificultando-lhe a sua vontade. Embora munido de boa intenção, o titular do patrimônio deve respeitar o texto legal, não cerceando o direito do herdeiro necessário, salvo se puder justificar a restrição imposta.

"A cláusula de inalienabilidade, imposta aos bens por ato de liberalidade, implica impenhorabilidade e incomunicabilidade.

Parágrafo único. No caso de desapropriação de bens clausulados, ou de sua alienação, por conveniência econômica do donatário ou do herdeiro, mediante autorização judicial, o produto da venda converter-se-á em outros bens, sobre os quais incidirão as restrições apostas aos primeiros."

20 Momento da instituição

A inalienabilidade pode ser instituída pelo testador, em testamento, para ser aplicado depois de sua morte, e pelo doador, no momento em que é feito o ato de liberalidade – normalmente, no ato da lavratura da escritura pública – de forma temporária ou vitalícia. Se o testador quer que o ônus prevaleça por determinado tempo, deverá ser bastante claro, fixando o tempo, por exemplo, 10 ou 20 anos; se nada disser, pressupõe a lei que o ônus é por toda uma vida, isto é, vitalícia, o máximo de 100 anos, segundo alguns autores.

A inalienabilidade retira o bem do mercado, motivo por que são muitas as críticas ao instituto, mas os frutos do bem inalienável são liberados, salvo disposição testamentária.

Da mesma forma que o novo diploma legal, seguindo a Constituição da República, restringe a propriedade aos fins sociais, o direito de o herdeiro receber legítima deve circunscrever-se a esse novo ditame, ao novo comportamento, ou àquilo que muitos chamam de distribuição igualitária de riquezas.

O direito de propriedade não tem mais a amplitude advinda pela Revolução Francesa e inserida no Código Civil daquele país, fonte primeira do CC de 1916.

No CC atual, se o testador quiser onerar um legado com cláusula de inalienabilidade, não haverá qualquer obstáculo imposto pela lei. Se o bem é parte de sua porção disponível, inexiste óbice para sua instituição. No caso daquele filho "gastador" essa é uma boa solução, impondo a inalienabilidade, impenhorabilidade e incomunicabilidade do bem maior, sua futura residência. Com a morte do legatário seus herdeiros receberão o bem livre, podendo vende-lo se o quiserem. Aliás, o próprio legatário poderá fazer um testamento, deixando a casa para seus filhos, como bem lhe aprouver, desde que esteja em sua porção disponível.

21 Indisponibilidade e desapropriação

A inalienabilidade torna a coisa indisponível, ministra Caio Mário, salvo desapropriação ou execução por dívidas provindas de impostos relativos aos respectivos imóveis. Qualquer negócio jurídico, estipulado a seu arrepio, incorrerá em nulidade.[21]

A casa não poderá ser vendida pelo herdeiro que a recebeu, mas o bem inalienável poderá ser expropriado, por necessidade ou utilidade pública, e o valor da indenização ficará indisponível, sub-rogada a cláusula para esses bens; poderá, da mesma forma, a Prefeitura Municipal cobrar os impostos territoriais incidentes sobre ela, penhorando-a e leiloando-a judicialmente. Se tiver existido a desapropriação e pago o devido valor ao legatário, sub-rogado em dinheiro, sendo sua renda precária e o rendimento reduzido, poderá pedir ao juiz a utilização desse capital em outro bem, de menor valor, utilizando a diferença para quitar os impostos municipais e evitar a execução fiscal e perda da coisa.

22 Incomunicabilidade e impenhorabilidade

Era pacífica a jurisprudência de que a inalienabilidade embute a impenhorabilidade e a incomunicabilidade, havendo, entretanto, vozes discordantes em Tribunais. Assim, quando o testador decretava a inalienabilidade sobre determinado bem, também estaria clausulando a coisa de impenhorabilidade e incomunicabilidade.

---

[21] PEREIRA, Caio Mário da Silva. Op. cit. p. 266.

O *caput* do art. 1.911, condensando a jurisprudência e transformando esses ensinamentos em lei, pôs ponto final à discussão, de vez que "a cláusula de inalienabilidade, imposta aos bens por ato de liberalidade, implica impenhorabilidade e incomunicabilidade".

O Tribunal de Justiça de São Paulo já decidiu que, mesmo inalienável e impenhorável o apartamento, poderá sobre ele incidir penhora para cobrar taxa de condomínio não paga pelo proprietário.[22] O Tribunal de Justiça do Rio de Janeiro excluiu do gravame os dividendos de ações, as quais estavam gravadas com a inalienabilidade. No entanto, considerou que as ações bonificadas também permaneceriam inalienáveis.[23] Entendeu o Tribunal de Justiça de Minas Gerais que não deveria prosperar a intenção do herdeiro, de desonerar o bem de inalienabilidade, impenhorabilidade e incomunicabilidade, sob alegações de perda da função social da propriedade.[24]

23 Sub-rogação

Inalienabilidade, ônus imposto em parte da herança, não significa que o bem deva perecer, em determinadas condições, por ter sido onerado. Permite o parágrafo único do art. 1.911 que seja o bem alienado, e o produto converta-se em outros bens, que ficarão sub-rogados nas obrigações dos primeiros.

O herdeiro instituído ou o legatário, usando da faculdade contida no parágrafo único do art. 1.911, sendo-lhes conveniente a alienação do bem, com sub-rogação das cláusulas que incidirão em outro bem, poderá obter, em processo judicial e sentença prolatada por juiz, a sub-rogação do bem, ou bens, objeto do testamento.

Os atos judiciais não podem dispensar a inalienabilidade imposta pelo testador, sob pena de nulidade do ato. A sub-rogação, entretanto, é uma fórmula encontrada pelo legislador, ditada pelas necessidades do dia a dia, permitindo que a vontade do testador prevaleça, mas não seja intransigente, a ponto de ver perder-se o bem transmitido pela inércia do herdeiro ou legatário. É possível preservar o patrimônio, até aumentá-lo, com a substituição do bem primitivo por nova aquisição.

Chama-se sub-rogação a transferência do ônus para outro bem, devidamente autorizado pelo juiz, após a manifestação do Ministério Público, em ação judicial, ouvidos todos os interessados. Para que a ação vingue, impõe-se

---

22 RT, 727/205.

23 23 RT, 614/165.

24 24 RT, 597/212.

à parte a prova da necessidade, ou de uma conveniência econômica vantajosa, respeitada a vontade do *de cujus*. Serão feitas as avaliações dos bens, substituído e substituto, nomeado um fiscal do juízo e praticados todos os atos que impeçam qualquer fraude. É importante notar que, nesse processo, a presença do fiscal do juízo obriga o Estado, em caso de simulação ou resultado prejudicial, à situação anterior.

Vejamos um exemplo prático:

"O Sr. Antônio deixou para seu filho, Primus, uma casa na Av. Afonso Pena, 2.234, construída em lote de 600 m2, onerando-o com os gravames de inalienabilidade, impenhorabilidade e incomunicabilidade. Com o passar dos anos, a casa perdeu seu valor como residência, porque estava velha, com três quartos e um único banho, um alpendre, forro de madeira e telhas francesas e um barracão com dois outros cômodos.

A Prefeitura de Belo Horizonte, considerando que o imóvel estava em uma das melhores zonas da Capital, avaliou o bem, de acordo com a lei de mercado, gerando pesadíssimo imposto, uma vez que são 600 metros quadrados de terreno. No primeiro ano, por mais que reclamasse no órgão, não foi reduzido o imposto; prevenindo-se para o ano seguinte, e sendo notável o desgaste do seu salário para pagar o novo imposto predial, Primus procurou uma construtora e negociou com ela a permuta do imóvel por quatro apartamentos: residiria em um e alugaria os outros três. Contratou advogado e este ajuizou a ação competente, requerendo ao juiz fosse permitida a permuta, ficando as novas frações ideais e as unidades com os gravames das cláusulas constantes do testamento. Após instrução do processo, nomeado um fiscal do juízo, lavrado termo de caução e as escrituras, o juiz autorizou a sub-rogação, transferindo os ônus, conforme requerido."

O caso supra narrado, pura ficção, e muitas outras possibilidades são viáveis, respeitando o art. 1.911, a vontade do testador, e uso do parágrafo único do art. 1.911, suporte para a conveniência econômica do legatário. O Tribunal de Justiça do Rio de Janeiro aceitou ponderações do herdeiro, proprietário de determinado bem, que lhe foi transmitido com a cláusula de inalienabilidade, e acometido de AIDS, desonerando o bem e permitindo sua venda, para que o valor apurado fosse empregado na compra de medicamentos, pagamento de médicos e hospital.[25]

Requerida a supressão das cláusulas onerativas, sob a alegação de que o requerente estava idoso e precisava de dinheiro para se manter, pagar médicos etc., o Tribunal de Justiça de Minas Gerais permitiu que se fizesse a substituição, com a compra de outro bem de menor valor. Como o processo se alongou

---

[25] 25 *RT*, 724/417.

por anos, e a inflação reduziu o valor apurado na alienação, deixada em conta de poupança, a final autorizou, "dada a insuficiência de saldo para aquisição de qualquer imóvel e visto tratar-se o titular de pessoa idosa e sem rendas, de levantamento mensal dos rendimentos creditados, ainda que implicando desvanecimento de todo o montante depositado".[26]

Jurisprudência

A melhor interpretação do caput do art. 1.911 do Código Civil de 2002 é aquela que conduz ao entendimento de que: a) há possibilidade de imposição autônoma das cláusulas de inalienabilidade, impenhorabilidade e incomunicabilidade, a critério do doador/instituidor; b) uma vez aposto o gravame da inalienabilidade, pressupõe-se, ex vi lege, automaticamente, a impenhorabilidade e a incomunicabilidade; c) a inserção exclusiva da proibição de não penhorar e/ou não comunicar não gera a presunção da *inalienabilidade; d) a instituição autônoma da impenhorabilidade não pressupõe a* ***incomunicabilidade*** *e vice-versa. STJ. Quarta Turma, REsp 1.155.547 MG, Rel. Min. Marco Buzzi, j. em06/11/2018*

TESTAMENTO - Cláusula restritiva - Inalienabilidade, incomunicabilidade e impenhorabilidade - Inaplicabilidade do artigo 1.848 do Código Civil atual - Condições que dificultavam a disponibilidade dos bens pelos herdeiros e se ajustavam às necessidades da época - Interpretação com temperamento da regra do artigo 1.676 do Código Civil/16 - Imprescindível para proporcionar melhor aproveitamento do patrimônio deixado e o bem-estar do herdeiro - Harmonia com intenção real dos testadores, de proteger os interesses do beneficiário - Orientação do Superior Tribunal de Justiça - Riqueza deve circular - Cancelamento devido, nos moldes requeridos na exordial - Recurso provido (TJSP - Apelação 994093175600. Ribeirão Preto - 5a Câmara de Direito Privado - Relator Benedito Silvério Ribeiro - 1-6-2011 - Votação: Unânime - Voto no 21.224).

AÇÃO DE DESERDAÇÃO EM CUMPRIMENTO A DISPOSIÇÃO TESTAMENTÁRIA - 1. Exceto em relação aos arts. 1.742 e 1.744 do Código Civil de 1916, os demais dispositivos legais invocados no recurso especial não foram pré-questionados, incidindo os Verbetes Sumulares nos 282 e 356 do STF. 2. Acertada a interpretação do tribunal de origem quanto ao mencionado art. 1.744 do CC/1916, ao estabelecer que a causa invocada para justificar a deserdação constante de testamento deve preexistir ao momento de sua celebração, não podendo contemplar situações futuras e incertas. 3. É vedada a reapreciação do conjunto probatório quanto ao momento da suposta prática dos atos que ensejaram a deserdação, nos termos da Súmula no 7 do STJ. Recurso não conhecido (STJ - REsp 124.313 - (1997/0019264-4) - 4a T. - Rel. Min. Luis Felipe Salomão - *DJe* 8-6-2009).

[26] 26 RT, 669/156.

CIVIL – TESTAMENTO – INTERPRETAÇÃO DA VONTADE DA TESTADORA – HERDEIRO TESTAMENTÁ-RIO E LEGATÁRIO – DISTINÇÃO – EXCLUSÃO DOS LEGADOS DO PATRIMÔNIO LÍQUIDO DESTINADO AOS HERDEIROS TESTAMENTÁRIO – DETERMINAÇÃO TESTAMENTÁRIA – IMPRESCINDIBILIDADE DO SEU CUMPRIMENTO – DECISÃO REFORMADA – INTELIGÊNCIA DO ART. 112 E ART. 1.899, TODOS DO CÓDIGO CIVIL – Na busca do efetivo cumprimento das disposições testamentárias deve o julgador se ater à vontade da testadora e evitar mitigações e interpretações fracionadas do testamento. Assim, consubstanciando nas disposições testamentárias, nas regras de interpretação da vontade da testadora e na distinção doutrinária entre herdeiros e legatários, verifica-se que, "in casu", o patrimônio líquido previsto no testamento não inclui o produto da venda das fazendas que, indubitavelmente, é um legado destinado a herdeiros, conquanto, por vezes, ocupem a posição de legatários e, por vezes, de testamentários (TJMG – AI 1.0701.05.118761-8/007 – 5a C.Cív. – Rel. Dorival Guimarães Pereira – J. 17-3-2009).

AGRAVO DE INSTRUMENTO – INVENTÁRIO – INTERPRETAÇÃO DE CLÁUSULA TESTAMENTÁRIA – Quando a cláusula testamentária for suscetível de interpretações diferentes, prevalecerá a que melhor assegure a observância da vontade do testador. Ou seja, deve-se atender mais à sua intenção que ao sentido literal da linguagem. Considerando que da leitura dos dois testamentos da falecida, não se conclui que ela também quis gravar com as cláusulas de inalienabilidade, impenhorabilidade e incomunicabilidade os bens legados à neta, é de rigor a declaração de que os bens testados em favor da agravante são de livre disposição. DERAM PROVIMENTO (TJRS – AI 70028685949 – 8a C.Cív. – Rel. Des. Rui Portanova – J. 4-6-2009).

PROCEDIMENTO DE JURISDIÇÃO VOLUNTÁRIA – IMÓVEL HAVIDO POR DOAÇÃO – CLÁUSULAS DE INALIENABILIDADE, INCOMUNICABILIDADE E IMPENHORABILIDADE – PEDIDO DE CANCELAMENTO DOS GRAVAMES – PRECEDENTES DO STJ – EXAME DO CASO CONCRETO – POSSIBILIDADE. – De acordo com a orientação jurisprudencial do Superior Tribunal de Justiça, a regra do artigo 1.676 do Código Civil/1916 deve sofrer abrandamento para a real conveniência dos interessados, principalmente pela função social da propriedade. Observados os contornos fáticos do caso concreto, havendo justa causa que fundamente plausivelmente a razão pela qual se pretende a revogação de cláusulas onerosas de imóvel e sua posterior venda, pode o julgador conceder ordem judicial para que se promovam o devido cancelamento dos gravames (TJMG. Proc. no 1.0024.08.176821-0/001. Rel. Des. Alvimar de Ávila, J. 16-9-2009, Pub. 28-9-2009).
AÇÃO DECLARATÓRIA. CLÁUSULAS DE INALIENABILIDADE, IMPENHORABILIDADE E INCOMUNICABILI-DADE. POSSIBILIDADE DE CANCELAMENTO. É cediço a retirada dos gravames de inalienabilidade, impenhorabilidade e incomunicabilidade em atenção ao princípio da função social da propriedade, não mais se justificando a perpetuação da vontade do titular do patrimônio para além de sua vida, ainda mais porque há prova nos autos de que os donatários não dependem

economicamente do bem, portanto, injustificável a determinação de compra de novo imóvel com os mesmos gravames (TJMG, proc. no 1.0384.07.054346-5/001, Rel. Des. Francisco Kupidlowski, j. 20-11-2008, pub. 9-12-2008).

"Testamento – Cláusula de inalienabilidade e impenhorabilidade vitalícia do bem – Desoneração do imóvel – Admissibilidade – Herdeiro soropositivo, aplicação do numerário no tratamento de sua saúde – Depósito do produto da venda em caderneta de poupança à disposição do Juízo, liberando-se gradualmente, para custeio deste – Inteligência do art. 1.676 do CC, com art. 5o da LICC.

Pretensão de beneficiários, atingido pelo vírus da AIDS e em estágio avançado da doença, de liberar-se do gravame, alienando-se o bem e aplicando o numerário daí defluente no tratamento de sua saúde. A proteção do benefício, que era a vontade da testadora, deixaria de ocorrer se, impossibilitado de vender o imóvel gravado, ficasse ele reduzido à miséria, sem recursos para minorar-lhe os sofrimentos nos últimos tempos de sua vida. Compatibilização, no caso, da regra do art. 1.676 do CC, com a do art. 5o da Lei de introdução ao mesmo ordenamento e com a interpretação teleológica da cláusula. Deferimento do pedido, com o depósito do produto da venda em caderneta de poupança à disposição do Juízo, liberando-se gradualmente o numerário para custeio do tratamento" (TJRJ – AgIn. no 1948/94, 5a Câm. Cív. – Rel. Des. Humberto de Mendonça Manes, j. em 14-2-1995 – *RT* 724/417).

"Cônjuges – Disposições testamentárias em proveito recíproco.

Os cônjuges podem instituir-se, reciprocamente, herdeiros em cédulas diferentes, pois, o que a lei condena (CC, art. 1.630) é o encerramento das disposições em um só ato, mas a sua enunciação separada é válida. Recurso conhecido e provido" (STJ – REsp 1635-PB, 3a T. – Rel. Min. Gueirós Leite – *RSTJ* v. 12, p. 310).

16

LEGADOS

1 Noções gerais

Nos dias atuais, o testamento é muito mais usado para transferência de coisas certas e determinadas, isto é, legados, que para instituir herdeiros. Pouco importa que o testador use a nomenclatura correta ou misture herdeiro com legatário, legado com herança; a linguagem pode ser importante, às vezes, mas o tecnicismo pode prejudicar muito mais que beneficiar pessoas de restrito conhecimento técnico. Assim, pode o testador escrever *legado* quando seja caso de *herança*, ou referir-se a esta quando a hipótese formulada envolva disposição particular; desde que seja certo o objeto, não o acervo ou parte da alíquota do mesmo, toda vez que a sucessão se verifica a título particular, é de legado que se fala.[1]

Legado é coisa certa e determinada, é a sucessão a título singular, é a vontade do testador de dar somente uma coisa a alguém, e não uma parte do todo. Cada parcela que o testador determina diminui a porção a ser entregue ao herdeiro instituído, até o limite da porção disponível, que o testador pode, livremente, dispor. Igualmente, enquanto legando ou instituindo herdeiro, dentro da porção disponível, estará o testador diminuindo as parcelas destinadas aos herdeiros da sucessão legítima.

Difere nosso Código da lei francesa, que admite o legado universal. Para nós, todo legado é sempre a título singular e o legatário universal do Direito francês é similar ao herdeiro universal instituído. Ao estudar os autores clássicos franceses, é preciso cuidado para não confundir.

---

[1] MAXIMILIANO, Carlos. *Direito das sucessões*. Rio de Janeiro: Freitas Bastos, ob. cit.. v. 2, p. 306.

Ao fazer um testamento, deve o profissional que orientar o leigo, evitar erro de nomenclaturas, não significando, no entanto, que a instituição seria nula, por simples engano ao descrever a disposição testamentária. "Deixo a Mário minha casa da Rua José de Alencar, 1234" é um legado, coisa certa e determinada; "deixo a Mário os bens constantes de minha porção disponível ou metade dos meus bens livres" é instituição de herdeiro, isto é, o todo ou uma parte da universalidade disponível.

O legado é uma liberalidade, é uma doação *post mortem*, ou seja, testamentária.

2 Pré-legado

Pode o testador deixar um legado para seu herdeiro legítimo, o que se denomina pré-legado. O herdeiro poderá aceitar o legado e a herança, poderá recusar os dois, poderá aceitar um e renunciar ao outro, e vice-versa, nos termos do art. 1.808 e seus parágrafos do Código Civil. Nesse caso, o herdeiro legítimo receberá, além do que lhe compete na sucessão legítima, o legado na sucessão testamentária; algumas vezes, pode o legado constituir um adiantamento, quando o autor do patrimônio faz, em vida, uma doação ao herdeiro, e o libera de colacionar.

O pré-legado aumenta a parcela do herdeiro legítimo, mas não faz sentido legado a herdeiro único, visto que o obrigaria à inútil operação de retirar do acervo hereditário a coisa legada, para dá-la a si mesmo.[2]

3 Sujeitos do legado

O legado pressupõe, no mínimo, duas pessoas: a do *legante* ou autor da herança, a pessoa que transmite a liberalidade, e a do *legatário*, a pessoa que recebe; em alguns casos, pode existir, ainda, uma terceira, a do *onerado*, a pessoa que deverá entregar o legado ao legatário, a suas expensas, ou retirando os meios suficientes do acervo, dependendo da disposição testamentária.

O legatário deve ser designado de forma clara, que não deixa qualquer dúvida sobre sua pessoa; se, ao contrário, duas ou mais pessoas disputarem o cargo, em face das dúvidas emanadas do testador, ambas serão afastadas do processo sucessório, e o objeto do legado será partilhado entre os herdeiros legítimos.

---

2 GOMES, Orlando. *Sucessões*. Rio de Janeiro: Forense, ob. cit.. p. 169.

4 Objetos dos legados

Todas as coisas que estejam no comércio, alienáveis, e de que o legatário possa tirar proveito e utilidade são passíveis de legados: dinheiro, imóveis, títulos da dívida pública, ações, veículos, animais, direitos autorais, enfim, tudo o que possa ser negociado ou utilizado pelo legatário. A lei permite legar coisas e fatos, podendo o herdeiro, ou o legatário ficar encarregado de fazer, ou de não fazer tal coisa, desde que o fato seja válido, lícito e possível e que o legatário tenha interesse nele.[3]

É regra geral que o legado deve constituir algo que pertença ao patrimônio do falecido, porque ninguém pode dar o que não tem. O Código Civil inicia o capítulo sobre os legados, taxando de ineficaz o legado de coisa certa que não pertença ao testador no momento da abertura da sucessão.

5 Legado de coisa alheia

Pressupõe, assim, a lei que as coisas legadas sejam presentes, mas nada impede que sejam, também, legadas coisas futuras; o mesmo art. 1.912 complementa: "é ineficaz o legado de coisa certa que não pertença ao testador no momento da abertura da sucessão".

Estipula a lei possibilidades de legar coisa alheia. A matéria está elencada nos arts. 1.913 e 1.914. A coisa legada, não pertencendo ao testador ao testar, pode, no decorrer do tempo, até a data de sua morte, pois o testamento só produz efeitos após a morte, vir a ser adquirida por ele, e não será mais alheia.

Na primeira hipótese, a disposição é feita sob a forma de encargo ou condicional, "se o testador ordenar que o herdeiro, ou legatário, entregue coisa de sua propriedade a outrem, não o cumprindo ele, entender-se-á que renunciou à herança ou ao legado". O herdeiro, ou o legatário, deve entregar coisa sua para ter direito ao legado deixado pelo testador; se preferir ficar com o que é seu, implica renúncia da liberalidade. Note-se que, nessa hipótese, o encargo, ou condição, não pode ser imposto ao herdeiro necessário, porque o testador não tem ação limitadora sobre a legítima, salvo as exceções previstas em lei.

Na segunda hipótese, se tão-somente em parte pertencer ao testador, ao herdeiro, ou ao legatário, a coisa legada, somente o que existir e for encontrado valerá como legado (art. 1.914). Ora, o testador sabe que é dono de uma parte da coisa, pretende adquirir o restante em sua existência, pode vir a conseguir

---

[3] OLIVEIRA, Arthur Vasco Itabaiana de. *Tratado de direito das sucessões*. Rio de Janeiro: Livraria Jacinto, ob. cit.. v. 2, p. 531. Apud Pothier. *Traité des donations testamentaires*, nº 177.

seu intento e o legado será pleno, ou não atingir seu intento, e o legado será do que for apurado na data da transmissão.

Pode ocorrer que o legado consistente em coisa certa, na data do testamento, já era do legatário ou, depois da facção do ato testamentário, tenha sido transferida a ele, gratuitamente, pelo testador.

Se a transferência da coisa tiver sido feita pelo testador ao legatário a título oneroso, poderá o legatário reclamar seu preço, para que se considere gratificado com ela, cujo valor havia pago.[4]

6 Legado de coisa que se determine pelo gênero

Se o legado for de coisa que se determine pelo gênero, será o mesmo cumprido, ainda que tal coisa não exista entre os bens deixados pelo testador.[5]

Poderá acontecer, o que é bem provável, que o testador caracterize a coisa legada pelo gênero e/ou pela espécie, ou, simplesmente, pela espécie. Nessa hipótese, duas seriam as possibilidades: (a) que a coisa se determine pelo gênero: "Assim, deixo para meu filho Primus um automóvel, gênero"; (b) que se determine pela espécie: "Deixo para meu filho Primus um automóvel Chevrolet, modelo Vectra 2.2, espécie." O legado é válido porque foi definido pelo gênero; mesmo que não exista entre os bens do testador, poderá ele incumbir alguém, o onerado, ou o monte, de adquirir a coisa e entregá-la ao legatário.

Entendem autores que a coisa não deveria existir entre os bens do testador, mas mesmo assim ele fez a disposição, sabendo que teria de ser adquirida para que sua vontade fosse cumprida. Entretanto, se o *auctor successionis* vendeu, doou, permutou o bem, que era seu na época da feitura do testamento, mas não o tinha na data do falecimento, o legado caducou, por força do inciso II, do art. 1.939, do Código Civil.

Há, aqui, duas situações diversas: na primeira, o testador não tinha a coisa, mas fez a disposição; na outra, a coisa existia, mas alterou sua vontade, desfazendo-se dela.

7 Legado de coisa singularizada

Se o testador legar coisa sua, singularizando-a, só terá o legado, se, ao tempo de seu falecimento, ela se achava entre os bens da herança. Se a coisa

---

4 TROPLONG. *Donations et testaments*, v. 3, nº 1.947.

5 Código Civil, art. 1.915.

legada existir entre os bens do testador, mas em quantidade inferior à do legado, este será eficaz apenas quanto à existente (art. 1.916).

Não faz a lei distinção entre gênero e espécie, revelando, unicamente, a vontade do testador de diferenciar a coisa das demais que compõem seu patrimônio. A coisa singularizada deve existir no momento da morte, senão caducará o legado, tendo em vista o art. 1.939 e suas hipóteses.

8 Legado de coisa localizada

O legado de coisa que deva encontrar-se em determinado lugar só terá eficácia se nele for achada, salvo se removida a título transitório.[6]

Pressupõe o art. 1.917 a existência de coisas que forem encontradas em determinado local, indicado pelo testador. O legado constitui-se da quantidade que for encontrada, mesmo que tiver sido reduzida ou alienada pelo testador; prevalece aqui o que foi encontrado na data do óbito. Exemplo: deixo para Primus as ações da Cemig que estão em custódia no Banco Itaú. Mesmo que o testador tenha negociado parte das ações, comprando-as e vendendo-as, aproveitando as oscilações da Bolsa, prevalece o legado que será entregue ao legatário na quantidade que for encontrada na data do óbito do testador.

Poderá o legatário provar que parte dos bens, ou o bem, foi removida a título transitório, permanecendo íntegro seu direito, embora não encontrado no lugar determinado pelo testamento, nos precisos termos da parte final do art. 1.917. Tal é, por exemplo, se o testador levar uma joia para ser consertada, vindo a falecer o testador, antes de o objeto ser devolvido.

9 Legado de crédito

O legado de crédito terá eficácia somente até a importância deste, ao tempo da morte do testador; cumpre-se esse legado, entregando o herdeiro ao legatário o título respectivo.[7] O testador é credor de Antônio do valor de R$ 20.000,00; faz o testamento, deixando para Primus referido crédito; por sua morte e efetivada partilha, o herdeiro entregará o título de crédito a Primus, que passará a ser o novo credor. Lembra Orlando Gomes que o legado não assegura a existência do crédito.[8]

---

[6] Código Civil, art. 1.917.

[7] Código Civil, art. 1.918.

[8] Gomes, Orlando. Op. cit. p. 174.

10 Legado de quitação de dívida

Alguém deve ao testador uma determinada quantia. Quer o testador livrá-lo desse ônus, mas, ao mesmo tempo, impõe ao devedor que trabalhe, aufira ganhos, cumprida suas obrigações. Sentindo o esforço do devedor, ao fazer seu testamento, o credor libera o devedor da dívida. Como? Quitando-lhe o valor devido, por intermédio de um legado.

O legado de quitação de dívida terá eficácia somente até a importância desta, ao tempo da morte do testador, e não compreende as dívidas posteriores à data do testamento.[9] São dívidas do legatário que o testador, seu credor, quer beneficiar. Pode ocorrer, também, de o legatário ter uma dívida para com terceiros e o testador queira beneficiá-los; nessa hipótese, o herdeiro onerado ficará responsável pelo cumprimento da disposição, pagando a dívida – objeto do legado –, retirando da porção disponível o valor necessário.

Não o declarando expressamente o testador, não se reputará compensação de sua dívida o legado que ele faça ao credor. Subsistirá integralmente o legado, se a dívida lhe for posterior, e o testador a solveu antes de morrer.[10]

O art. 1.919 espelha uma situação inversa à do art. 1.918; nesse caso, o testador é o devedor e o legado não significa compensação de sua dívida, salvo se o testador declarar expressamente a compensação. Explica Carvalho Santos que

> *"a compensação de um legado não se presume, mas é essencial que, no testamento, se faça menção do débito, entendendo-se por menção a declaração expressa do testador no sentido que tinha o ânimo de compensar".*[11]

Se a dívida do testador for posterior à facção do testamento, não resta dúvida de que a compensação está fora de dúvidas, e é despicienda a discussão, porque o testador não poderia mencionar uma dívida inexistente.

11 Legado de alimentos

O legado de alimentos abrange o sustento, a cura, o vestuário e a casa, enquanto o legatário viver, além da educação, se ele for menor.[12]

---

9 Código Civil, art. 1.918.

10 Código Civil, art. 1.919.

11 SANTOS, J. M. Carvalho. *Código Civil brasileiro interpretado*. Rio de Janeiro: Freitas Bastos, ob. cit.. v. 23, p. 407.

12 Código Civil, art. 1.920.

É evidente que os alimentos deixados pelo testador devem condizer com a capacidade da herança. Viável o estudo inserido nos arts. 1.694 e seguintes do Código Civil, bastantes esclarecedores sobre capacidade e possibilidade, bem como necessidade do alimentado. Justifica-se, ao instituir legado de alimentos, que o testador se aconselhe com alguém capacitado na área, para não onerar demasiadamente o monte, evitando que as outras disposições testamentárias sejam prejudicadas.

Da maior importância esse legado, o testador quer que o legatário receba não só os alimentos naturais, como também os civis. Educação, nos dias atuais, significa alimento, forma de sobrevivência, em uma sociedade que se especializa, em que cresce a concorrência, e a pessoa que tiver maiores qualidades terá mais chance de vencer. Alimentos abrangem a comida, propriamente dita, a casa para habitar, a roupa para vestir e apresentar-se, os medicamentos, a assistência médica etc.

Pela sua própria natureza e pelo fim a que se destina, o legado de alimentos, ou pensão alimentícia, é inalienável e, como tal, impenhorável.[13]

De quando em vez, falece o titular do patrimônio, portando dívidas alimentares. Essa obrigação transmite-se aos herdeiros, abrangendo exclusivamente as vencidas, que serão deduzidas no início do processo de apuração, nos termos do art. 1.847. As demais dívidas alimentares, deverá o alimentante ajuizar ação nova contra os herdeiros, dentro dos requisitos legais para a propositura da ação.

Consoante Cahali, verificadas as condições de sua exigibilidade ainda em vida do devedor, entram as dívidas contraídas em vida, na classe daquelas que oneram a herança.[14]

12 Legado de usufruto

O legado de usufruto, sem fixação de tempo, entende-se deixado ao legatário por toda a sua vida.[15]

Pode o usufruto ser vitalício, enquanto viver o beneficiário, ou até que ocorra uma causa legal de extinção; ele pode ser instituído sem fixação de prazo de duração no ato da liberalidade, ou ser temporário, cujo prazo é determinado no ato da doação ou do testamento. Cabe ao testador, no caso, fixar qual a duração do usufruto.

---

13 OLIVEIRA, Arthur Vasco Itabaiana de. Op. cit. t. 2, p. 553.

14 CAHALI, Yussef Said. *Dos alimentos*. 4. ed. São Paulo: Revista dos Tribunais, 2002. p. 53.

15 Código Civil, art. 1.921.

Extingue-se o usufruto pela renúncia ou morte do usufrutuário, pelo termo de sua duração, pela cessação do motivo de que se origina, pela destruição da coisa. É a perda do objeto; o Código prevê, também, a extinção do legado pela consolidação, pela prescrição, por culpa do usufrutuário, quando aliena, deteriora, ou deixa arruinar os bens, não lhes acudindo com os reparos de conservação.

Seguindo tradição de aquisição de títulos de créditos, complementa o texto legal que cessarão os direitos do usufrutuário, no usufruto de títulos de crédito, se não dá às importâncias recebidas a aplicação prevista no parágrafo único do art. 1.395 e pelo não uso, ou não fruição, da coisa em que o usufruto recai.[16]

Dividindo o direito de propriedade, o testador outorga o usufruto, vitalício ou temporário, a uma pessoa, o legatário e a nua propriedade a outrem, ou, simplesmente, deixa que essa nua propriedade seja inventariada e partilhada nas mãos dos herdeiros, segundo a ordem da vocação hereditária. Com a morte do usufrutuário, consolida-se a propriedade, não se transmitindo esse direito aos herdeiros do legatário instituído.

Se o usufruto foi atribuído pelo testador a pessoa jurídica, sem fixação de prazo de duração, pressupõe a lei que o tempo máximo será de 30 (trinta) anos da data em que se começou a exercer, se a pessoa jurídica perdurar e, até a data de sua extinção, se ocorrer antes.[17]

A lei admite que o testador deixe o usufruto para alguém e seus herdeiros; será válida a instituição, mas terminará com os herdeiros de primeiro grau, sem que possam estes, por seu turno, transmitir qualquer direito a seus sucessores.[18]

Instituído o usufruto a duas pessoas, casal, por exemplo, Antônio e Maria, a morte de um faz com que o outro usufrua a totalidade do benefício; se, entretanto, fixar que será de metade ou 50% para cada um deles, a morte de um consolida sua parte no direito do nu-proprietário e não para o outro usufrutuário.

13 Legado de imóvel

Imóvel é, por sua própria natureza, coisa certa e determinada. "Do latim *immobilis* (que não se move), é o vocábulo, na terminologia jurídica,

---

[16] Código Civil, art. 1.410.

[17] Código Civil, art. 1.410, inciso III.

[18] OLIVEIRA, Arthur Vasco Itabaiana de. Op. cit. p. 557.

especialmente empregado para designar os bens imóveis (*res immobilis*), também denominados de *bens de raiz*."[19]

Se aquele que, legando um imóvel, ajuntar-lhe depois novas aquisições, estas, ainda que contíguas, não se compreendem no legado, salvo expressa declaração em contrário do testador.[20] Essa regra não se aplica às benfeitorias necessárias, úteis ou voluptuárias feitas no prédio legado, porque são acessórios, e integram a propriedade legada, formando, dessa forma, um só todo.

"Deixo a Antônio minha chácara situada no Município de Caxambu, com frente para a estrada"; se o testador, após o testamento, adquirir a chácara vizinha e alterar suas cercas, a nova área não se lhe ajuntará ao legado, por força do *caput* do art. 1.922. Deve prevalecer a verdadeira vontade do testador: era sua a chácara X, quando fez seu testamento; a outra foi adquirida posteriormente, e, se o testador desejasse que o legado se expandisse, teria alterado seu testamento, adicionando esse novo terreno.

Se o testador diz: "deixo a chácara de 5.000 m^2 para Primus", não resta qualquer dúvida, se, no futuro, adquirir novas áreas, porque o legado é de coisa certa e determinada. Por outro lado, "se o testador lega 20 alqueires de terra que tem em tal lugar", na crença de que essa fosse a quantidade de terras que possuía, apura-se depois que lá existem 30 alqueires, e não 20, é bem de ver que o intuito do testador foi legar o todo: os 10 alqueires restantes devem ser abrangidos no legado.[21]

Jurisprudência

AGRAVO INTERNO NO RECURSO ESPECIAL. LOCAÇÃO DE IMÓVEIS. EMBARGOS DE TERCEIROS. BEM DE FAMÍLIA. PENHORA DA FRAÇÃO IDEAL. DESMEMBRAMENTO DO BEM. POSSIBILIDADE. CASO CONCRETO. IMPOSSIBILIDADE DE DESMEMBRAMENTO. PENHORA INVIÁVEL. SÚMULA Nº 83/STJ. DECISÃO MANTIDA. 1. É possível a penhora de fração ideal de bem de família, nas hipóteses legais, desde que possível o desmembramento do imóvel sem sua descaracterização. precedentes do STJ. 2. No caso, assentando o Tribunal de origem ser impossível o desmembramento do imóvel, torna-se inviável a penhora da fração ideal do bem de família. Súmula nº 83/STJ. 3. Agravo interno não provido. (STJ - Acórdão Agint no Aresp 1193630 / Sp, Relator(a): Min. Luis Felipe Salomão, data de julgamento: 25/09/2018, data de publicação: 01/10/2018, 4ª Turma)

---

[19] SILVA, De Plácido de. *Vocabulário Jurídico*. Rio de Janeiro: Forense, 2003, p. 702.

[20] Código Civil, art. 1.922.

[21] MAXIMILIANO, Carlos. Apud SANTOS, J. M. Carvalho. Op. cit. v. 23, p. 426.

Registro de Imóveis – Usucapião extrajudicial – Dúvida julgada procedente – Apartamento e vagas de garagem – Imóvel adquirido pelo genitor do apelante mediante sucessão testamentária – Formal de partilha não registrado – Compra e venda dos direitos sobre o imóvel legado por contrato particular celebrado entre o apelante, sua genitora e os demais herdeiros de seu pai – Anuência dos cedentes da posse manifestada na Ata Notarial que integra o título prenotado – Possibilidade de acréscimo da posse do requerente à de seus antecessores que não figuram no registro imobiliário como titulares do domínio.

Usucapião – Apartamento e vagas de garagem – Uso habitual como moradia – Edifício residencial em que a propriedade e o uso das vagas de garagem são vinculadas à propriedade do apartamento – Possibilidade de redução do prazo da usucapião extraordinária em razão do uso da unidade autônoma (apartamento) para moradia. Certidões de distribuição de ações que devem abranger todos os titulares da posse pelo período da prescrição aquisitiva do imóvel – Hipótese, porém, em que os cedentes da posse receberam o imóvel da anterior proprietária, por meio de sucessão testamentária, com partilha homologada por sentença transitada em julgado, e em que o requerente exerce posse, em nome próprio, por período superior ao prazo da prescrição aquisitiva – Recurso provido para julgar a dúvida improcedente. (TJSP - Acórdão Apelação 1040381-61.2017.8.26.0576, Relator(a): Des. Pinheiro Franco (corregedor Geral), data de julgamento: 10/12/2018, data de publicação: 13/12/2018, Conselho Superior de Magistratura)

INVENTÁRIO – PLANO DE PARTILHA – INSURGÊNCIA DOS LEGATÁRIOS E DA TESTAMENTEIRA CONTRA SUA HOMOLOGAÇÃO – Os legatários entendem não ser de sua responsabilidade o pagamento quer das dividas condominiais do imóvel legado, quer do imposto de transmissão *causa mortis*. A testamenteira reclama da falta de fixação da vintena. Princípio da *saisine* aplicável apenas quanto ao domínio nos legados. Com a morte do *de cujus*, transfere-se somente a propriedade do bem aos legatários, enquanto a posse é diferida para o momento da entrega da posse direta. No caso, a transmissão da posse do imóvel aos legatários ocorreu 08 anos após a morte do *de cujus*. Legatários não são responsáveis pelo pagamento das despesas do condomínio anteriores à transmissão da posse do imóvel, pois não tinham o seu uso. Dever dos legatários de arcar com o imposto de transmissão *causa mortis*. Inteligência do art. 1.936 do CC/02. Devida a atribuição da vintena postulada pela testamenteira, nos termos dos art. 1.987 do CC/02 e art. 1.138 do CPC. Recurso parcialmente provido (TJSP – Ap 990.10.058229-1 – São Paulo – 4ª CDPriv. – Rel. Francisco Loureiro – *DJe* 2-8-2010 – p. 688).

ANULAÇÃO – ATO JURÍDICO – PRETENSÃO À ANULAÇÃO DE DOAÇÃO DE BENS QUE ANTERIORMENTE FORAM OBJETO DE LEGADO – VIOLAÇÃO AO ART. 1969 DO CC NÃO CARACTERIZADA – HIPÓTESE EM QUE O TESTAMENTO CONTINUA VÁLIDO, MAS INEFICAZ – Livre e voluntária disposição dos bens da pessoa em vida. Interesse de agir. Sentença de extinção anulada. Aplicação do art.

515, § 3º, do CPC. Mérito improcedente. Recurso parcialmente provido (TJSP – Ap-Rev 641.505.4/4 – (0002532139) – Bragança Paulista – 8ª CDPriv. – *DJe* 29-9-2009 – p. 958).

INVENTÁRIO – IMÓVEL LEGADO – AUTORIZAÇÃO DE VENDA – LEVANTAMENTO PARCIAL DOS VALORES – PEDIDO DE LEVANTAMENTO DO SALDO REMANESCENTE – POSSIBILIDADE – A abertura da sucessão ocorre com a morte do titular do direito, que transmite, imediata e automaticamente, a posse e a propriedade dos bens aos herdeiros e legatários. Princípio da *saisine*. Levantamento possível, mediante pagamento dos tributos devidos, a serem apurados pela Contadoria Judicial. Decisão parcialmente reformada. AGRAVO PARCIALMENTE PROVIDO (TJSP – AI 629.159.4/6 – (0002588609) – São Paulo – 7ª CDPriv. – Rel. Elcio Trujillo – *DJe* 19-11-2009 – p. 1021).
APELAÇÃO CÍVEL – AÇÃO COMINATÓRIA – CUMPRIMENTO DE DISPOSIÇÕES TESTAMENTÁRIAS – TESTAMENTO – FORMALIDADE ESSENCIAL – INOBSERVÂNCIA – INVALIDADE – COMORIÊNCIA – LEGADO NÃO TRANSMITIDO AO COMORIENTE – REPRESENTAÇÃO – IMPOSSIBILIDADE – RECURSO NÃO PROVIDO – 1 – A sucessão testamentária constitui-se em ato de última vontade do testador, e a observância das formalidades legais em sua manifestação é essencial à validade. 2 – Assim, não observadas as formalidades legais, o documento é inapto para a transmissão dos direitos nele expressos. 3 – Ocorrendo o óbito simultâneo de pessoas que têm relação de sucessão hereditária, e na impossibilidade de precisar qual deles faleceu primeiro, presumir-se-ão simultaneamente mortos. Em consequência, não há transmissão de direitos hereditários entre os comorientes. 4 – O instituto da representação consiste no chamamento dos parentes em linha reta, do herdeiro legítimo falecido antes do autor da herança, para suceder em seu lugar. Porém, não existe a mesma disposição na sucessão testamentária. 5 – Inexistindo documento válido para a sucessão testamentária e ocorrendo a comoriência entre a autora da herança e o herdeiro invalidamente nomeado, não têm os sucessores do beneficiado direito à sucessão por representação. 6 – Apelação cível conhecida e não provida, mantida a sentença que rejeitou a pretensão inicial (TJMG – AC 1.0183.06.118706-2/001 – 2ª C.Cív. – Rel. Caetano Levi Lopes – J. 9-9-2008).

Apelação Cível. Inventário. Sentença que homologou pedido de adjudicação de cessionário dos direitos hereditários **legados** por testamento aos cedentes, após as deduções de 11% (onze por cento), a título de despesas, 6% (seis por cento) a título de honorários advocatícios e 5% (cinco por cento) de corretagem, além das despesas cartorárias e pagamento de impostos. Apelo do Município do Rio de Janeiro destinatário dos bens jacentes deixados pela inventariada, sob fundamento de *error in judicando*, posto que não observada a manifestação de última vontade da testadora, no que tange às deduções, invocando, ainda, cessão de direitos não possuídos. Parecer do Ministério Público, em ambos os graus de jurisdição, pelo desprovimento do recurso. Falta de legitimidade do Município para pleitear a anulação do referido instrumento por vícios ou defeitos de cláusulas contratuais. Observância estrita no pacto de cessão de direitos hereditários às disposições de última vontade da autora da herança. Bem imóvel objeto da cessão de direitos hereditários que integra a sucessão testamentária, afastando-se de qualquer discussão referente à sucessão jacente que inocorre, em razão de se encontrar em fase de arrecadação de bens. Honorários advocatícios a serem quitados na época da estipulação em favor da advogada na época, equivalente a 6% (seis por cento) da venda do imóvel, o que foi devidamente observado. Desprovimento do recurso (TJRJ – 2004.001.33141 – APELAÇÃO CÍVEL. DES. GILBERTO DUTRA MOREIRA – Julgamento: 10-4-2006 – DÉCIMA PRIMEIRA CÂMARA CÍVEL).

17

EFEITOS DOS LEGADOS E SEU PAGAMENTO

1 Direito de pedir o legado

Inicia-se o processo sucessório com a abertura da sucessão; a morte do *auctor successionis* transmite a herança, desde logo, aos herdeiros legítimos e testamentários.[1] Os herdeiros legítimos recebem a posse indireta, cabendo ao inventariante a posse direta, como forma de evitar conflitos. Em se tratando de sucessão testamentária, devem os herdeiros instituídos e legatários esperar até que se apure a verdadeira dimensão da herança, isto é, liquidação de débitos, permanecendo somente os créditos que serão partilhados.

Quando o legado é de coisa certa, o art. 1.923 confere ao legatário, desde a morte do testador, a titularidade do bem, existente no acervo, salvo se o legado estiver sob condição suspensiva. O legatário é, portanto, equiparado ao herdeiro instituído, pertencendo-lhe a coisa certa, que esteja entre os bens arrecadados, inexistindo condição suspensiva.

Pela lei não é deferida de imediato a posse da coisa, nem é permitido que o legatário entre, por autoridade própria, na posse da mesma.[2]

Repete-se a regra do art. 1.784, fixando o Código a determinação do direito de pedir, a ser exercido pelo legatário. A simples morte do testador transfere o direito ao legatário e, vindo este a falecer antes da partilha, permanece íntegro o legado que se transmite a seus herdeiros.

---

[1] Código Civil, art. 1.784.

[2] Código Civil, art. 1.923.

Esclarece o mestre Clóvis que o legatário dispõe da ação reivindicatória ou da confessória, quando o legado consistir em corpo certo ou direito real, ou em ação pessoal, se o legado consistir em quantidade.[3]

Mas o legatário, embora titular do direito, não pode, por seus próprios recursos e índole, apossar-se da coisa; deverá pedir o legado ao testamenteiro, que é a pessoa encarregada de fazer cumprir o testamento e administrar os bens que forem objeto da porção disponível transmitida; ao herdeiro onerado, que tiver sido encarregado pelo testador; aos demais herdeiros instituídos, se o testador não tiver cometido pessoa determinada; aos herdeiros legítimos, se o testador não tiver nomeado herdeiro.[4]

A coisa certa legada, existente na herança, que o art. 1.923 declara pertencer ao legatário, desde a abertura da sucessão, far-se-á acompanhar dos frutos que produzir, que, igualmente, desde a morte do testador, pertencem ao legatário, exceto se dependente de condição suspensiva, ou termo inicial. Não cumprida a condição ou não chegada a data, não há, portanto, direito líquido e certo do legatário.

2 Exercício do direito

O direito de pedir o legado não se exercerá enquanto se litigue sobre a validade do testamento, porque não está decidida a transmissão da propriedade ao legatário. É imprescindível a validade do testamento, para que o legatário possa exercer seu direito de pedir o legado. E mais, deverá o instrumento, cumpridas as formalidades legais, ser aprovado pelo juiz, que o mandará arquivar e registrar. Segue-se, portanto, a eficácia do direito a atos meramente processuais.

Existindo alguma condição, estipulada pelo testador, só adquire o direito ao legado, após o implemento da condição; portanto, pendente a condição, não se transmite ao legatário o objeto do legado; igualmente, enquanto não se vencer o prazo, fixado pelo testador, não pode o legatário exercer o direito. O termo inicial suspende o exercício, mas não a aquisição do direito.[5]

---

[3] BEVILÁQUA, Clóvis. *Comentários...*, v. 6, p. 115.

[4] O TJSP, sendo relator o Des. De Santi Ribeiro entendeu que o legatário, embora titular do domínio de coisa certa, existente no acervo hereditário, desde que não haja condição suspensiva, desde a abertura da sucessão, somente com a partilha lhe é transferido esse domínio. (Ag. Instr. nº 452864-4/9-00).

[5] Código Civil, art. 131.

Essas normas estão contidas no art. 1.924: "O direito de pedir o legado não se exercerá, enquanto se litigue sobre a validade do testamento, e, nos legados condicionais, ou a prazo, esteja pendente a condição ou o prazo se não vença." Mas isso não impede o legatário de tomar as providências necessárias para salvaguardar o legado, como bem lembra Washington de Barros Monteiro.

Inexistindo acordo entre os herdeiros legítimos, terá o legatário de esperar a partilha para receber seu legado. Na prática, o legatário recebe o bem com a partilha, expedido o formal, que será levado ao órgão competente para averbação, registro ou transferência.

3 Direito dos frutos e juros

Desde o dia da morte do testador, pertence ao legatário a coisa legada, com os frutos que produzir.[6] Nesse sentido, o Tribunal de Justiça de São Paulo confirmou o domínio da coisa legada que se incorpora ao patrimônio do legatário, com a abertura da sucessão; assim, a deixa de ações de sociedade comercial que, operando efeitos naquela data, implica pagamento dos respectivos dividendos ao legatário;[7] mesmo não efetivada a partilha, todos os dividendos distribuídos, frutos, serão de propriedade do legatário.

Tratando-se de legado de dinheiro, mas a termo, os juros incorporam-se ao capital após a constituição em mora da pessoa obrigada a pagá-los.

Os juros que o capital render serão do legatário, assim como os aluguéis devidos, de bem imóvel, deixado pelo testador para o legatário.

Se o legatário não se manifestar, os frutos acrescerão ao monte partível.

4 Legado de renda ou prestação periódica

Uma coisa é periodicidade do legado, outra, legado com frutos, juros, rendas, ou outros produtos periódicos. A diferença resulta quando se consideram os arts. 1.925 e 1.926-1.928. Ali, há legado de dinheiro, que se paga de uma vez, e a regra legal é sobre os juros dele. Aqui, a periodicidade é do legado, do que se legou. Se o dinheiro legado é capital para alimentos, a lei não foi explícita em excetuar da incidência do art. 1.923 a deixa, mas resulta da natureza do legado para alimentar.[8]

---

6 Código Civil, art. 1.923, § 2º.

7 *RT*, 659/75.

8 MIRANDA Pontes de. *Tratado...*, t. 57, p. 259.

Se o legado consistir em renda vitalícia, ou pensão periódica, esta ou aquela correrá da morte do testador.[9] Se o legado for de quantidades certas, em prestações periódicas, datará da morte do testador o primeiro período, e o legatário terá direito a cada prestação, uma vez encetado cada um dos períodos sucessivos, ainda que antes do termo dele venha a falecer.[10]

Se o legado for de renda vitalícia, ou pensão periódica, desde a morte do testador tem o legatário direito ao legado, no início de cada período, fixado pelo testador, devendo-lhe ser paga a pensão. Se o testador tiver sido bastante previdente, determinando o termo inicial do prazo, a disposição será cumprida como mandada; se nada dispuser, o início será na data do óbito. A periodicidade deverá ser estabelecida pelo testador; se omisso o testamento, entende-se mensal, se seu conteúdo for típico de alimentos.

Bastante elucidativo o exemplo dado por Carvalho Santos:

> *"O testador ordena ao herdeiro que dê a José R$ 500,00 todos os meses, e morre no dia 10 de fevereiro. Nesse mesmo dia, José adquire o direito de haver a primeira prestação de R$ 500,00; em 10 de março, e todos os meses sucessivamente, em igual data, adquire o direito a igual quantia. Mas, se o legatário morre, por exemplo, em 9 de outubro, a mesada que devia ser paga a 10 deste mês não é devida aos herdeiros de José, precisamente porque, tendo morrido antes de iniciado o período, o legado desta mesada, assim como das sucessivas, se extinguiu definitivamente."*[11]

5 Escolha do legado

Se o legado consiste em coisa determinada pelo gênero, ao herdeiro tocará escolhê-la, guardando o meio-termo entre as congêneres da melhor e da pior qualidade.[12]

O Código estabelece em cinco artigos, partindo do art. 1.929 até o art. 1.933, as formas de escolha do legado, ora impondo que ao legatário caberá a escolha pelo meio-termo, entre as existentes no monte, ora permitindo que o legatário poderá escolher a melhor que houver na herança, ou, se nesta não existir a coisa legada, o herdeiro dará ao legatário outra similar, o meio-termo entre as de melhor e pior qualidade; se o herdeiro, ou legatário, a quem couber a opção, falecer antes de exercê-la, passará este poder a seus herdeiros, conforme disposto nos arts. 1.933 e 1.809 do Código Civil.

---

9 Código Civil, art. 1.926.

10 Código Civil, art. 1.927.

11 SANTOS, J. M. Carvalho. *Código Civil brasileiro interpretado.* Rio de Janeiro: Freitas Bastos, ob. cit.. v. 23, p. 455.

12 Código Civil, art. 1.929.

6 Despesas e riscos da entrega do legado

Na ausência de normas específicas, são de aplicação as regras relativas às obrigações em geral. As despesas e os riscos da entrega do legado correm à conta do legatário, se não dispuser diversamente o testador.[13] A coisa legada deverá ser entregue com seus acessórios, no lugar e estado em que se achava ao falecer o testador, passando ao legatário com todos os encargos, que a onerarem;[14] os impostos tocam ao legatário, assim como as despesas com a conservação dos bens.

Prevalece sempre a vontade do testador, devendo ser cumprida conforme estatuída. Se o testador entender que o veículo legado deverá ser entregue sem ônus para o legatário, o herdeiro responsável pela entrega do legado pagará as despesas necessárias com o transporte e a liberação, à custa do monte.

Evidentemente, também o numerário das despesas deverá fazer parte da porção disponível do testador, não podendo, em hipótese alguma, ser onerada a legítima do herdeiro necessário. Os riscos, salvo caso fortuito ou força maior, são do legatário, a não ser que o testador entenda diferentemente.

O objeto do legado é entregue tal como se acha no momento da abertura da sucessão, quaisquer que tenham sido os acréscimos, as diminuições, as deteriorações e os perecimentos antes ocorridos ou no momento da morte. Não importa qual a causa do perecimento, da deterioração,[15] salvo se a coisa se deteriorou ou perdeu por culpa do herdeiro.

Entende-se por acessórios tudo o que está ligado à coisa, sem dela ser separada, salvo se o testador dispuser como coisa distinta. Exemplos: "Deixo a Primus meu automóvel Chevrolet, Vectra"; o toca-fitas, o rádio e o CD são acessórios e fazem parte do legado. "Deixo para Primus meu apartamento de Caxambu"; pressupõe-se que os móveis que lá estão integram o legado.

Entretanto, não se entendem como móveis da casa os documentos, os papéis e coleções artísticas, a biblioteca com todos os livros e suas estantes, as medalhas, as armas, os instrumentos de artes e ofícios, as joias, nem, em geral, outras coisas que não integram o mobiliário normal de uma residência.[16] As construções que tenham sido edificadas no terreno fazem parte integrante do legado, não, entretanto, se as transformações descaracterizam, totalmente, o objeto transmitido.

---

[13] Código Civil, art. 1.936.

[14] Código Civil, art. 1.937.

[15] MIRANDA Pontes de. *Tratado...*, v. 57, p. 242.

[16] MAFFIA, Jorge O. *Manual de derecho sucesorio*. Buenos Aires: Depalma, 1977. t. 2, p. 251.

Ao legatário, nos legados com encargo, aplica-se o disposto no art. 553,[17] ou seja, o donatário é obrigado a cumprir os encargos da doação, caso forem a benefício do doador, de terceiro, ou do interesse geral.

Poderão exigir a execução do encargo o testamenteiro, o beneficiado, o Ministério Público, quando o encargo for de interesse da sociedade. Entende Pontes de Miranda que, também, podem exigir o cumprimento o curador dos testamentos e o juiz, como condutor e responsável pelo andamento do processo.

Se o testamento não mencionar as pessoas oneradas, isto é, aquelas que deverão cumprir a vontade do testador, entregando o legado ao legatário, incumbe aos herdeiros e, não os havendo, aos próprios legatários, na proporção do que herdarem, o cumprimento do testamento.

O encargo estabelecido no art. 1.934, silenciando o testamento, ou não havendo disposição testamentária em contrário, caberá ao herdeiro ou legatário incumbido pelo testador da execução do legado; quando indicados mais de um, os onerados dividirão entre si o ônus, na proporção do que recebam da herança.

Em recente decisão do TJSP, opinou aquela Corte que a ausência de disposição expressa no testamento cabe à parte beneficiada o encargo. Ao contrário, incumbindo a entrega da coisa ao herdeiro para o legatário, as despesas ficarão a cargo do monte, desde que a porção disponível suporte. Tendo-se exaurido o *quantum* que o testador poderia dispor, cerceado estará o seu direito de testar porque invadiria a porção indisponível, proibido pela lei.[18]

Jurisprudência

REQUERIMENTO DE EFEITO SUSPENSIVO A APELAÇÃO. SENTEÇA QUE CONCEDE TUTELA PROVISÓRIA. DETERMINAÇÃO DE RESTABELECIMENTO DE PAGAMENTO DE PENSÃO INSTITUÍDA POR LEGADO. PROBABILIDADE DE PROVIMENTO DO RECURSO. RELEVANTE FUNDAMENTAÇÃO. RISCO DE DANO GRAVE OU DE DIFÍCL REPARAÇÃO. ÓBITO DA INSTITUIDORA POSTERIOR À VIGÊNCIA DA CF. INCONSTITUCIONALIDADE. SEGURANÇA JURÍDICA. DECADÊNCIA ADMINISTRATIVA. PENSÃO PERCEBIDA HÁ DÉCADAS. PROCESSO ADMINISTRATIVO DEFLAGRADO MAIS DE UMA DÉCADA APÓS A DECLARAÇÃO DE INCONSTITUCIONALIDADE. EFEITO SUSPENSIVO INDEFERIDO. Trata-se de requerimento de efeito suspensivo a Apelação interposta de sentença que concedeu tutela provisória determinando o restabelecimento do

[17] Código Civil, art. 1.938.

[18] TJSP. EDEC. N. 994.09.340329-0/5000. Rel.: Des. Gava Brazil. J. 25/05/10.

pagamento de pensão por morte percebida há mais de 20 (vinte) anos por legatária. Requisitos do artigo 1.012, § 4º do CPC/2015. Probabilidade de provimento do recurso ou relevante fundamentação e risco de dano grave ou de difícil reparação. Não obstante a instituição de pensão por legado seja inconstitucional, o poder-dever de autotutela da Administração de rever seus atos não é absoluto, sendo limitado pela decadência quinquenal. Inteligência do artigo 53 da Lei Estadual nº 5.427/09. Revisão de entendimento anterior desta Relatoria. Princípios da segurança jurídica, da boa-fé, da razoabilidade, da proteção à confiança. Procedimento administrativo para cessação do pagamento deflagrado mais de 10 (dez) anos após a declaração de inconstitucionalidade. Pensão que já integrava o patrimônio da beneficiária. Indeferimento do efeito suspensivo à Apelação. (TJRJ - Acórdão Requerimento de Efeito Suspensivo em Apelacao 0050878-31.2017.8.19.0000, Relator(a): Des. Rogério de Oliveira Souza, data de julgamento: 18/09/2017, data de publicação: 18/09/2017, 22ª Câmara Cível)

AGRAVO DE INSTRUMENTO. AÇÃO COM PEDIDO DE RESTABELECIMENTO DE PAGAMENTO DE PENSÃO INSTITUÍDA POR LEGADO. INDEFERIMENTO DA TUTELA DE URGÊNCIA PELO JUÍZO DE 1º GRAU. APLICAÇÃO DA LEI VIGENTE À DATA DO ÓBITO. ENUNCIADO Nº 340 DA SÚMULA DO STJ. FATO GERADOR OCORRIDO APÓS A VIGÊNCIA DA CF/88. INAUGURAÇÃO DE NOVA ORDEM JURÍDICA. DETERMINAÇÃO ESTRITA DOS DEPENDENTES PREVIDENCIÁRIOS. INTELIGÊNCIA DO ARTIGO 201 DA CF. SITUAÇÃO JURÍDICA CONSTITUÍDA SOB A ÉGIDE DA NOVA CONSTITUIÇÃO. INEXISTÊNCIA DE DIREITO ADQUIRIDO. AUSÊNCIA DE ELEMENTOS A EVIDENCIAR A PROBABILIDADE DO DIREITO E O PERIGO DE DANO OU O RISCO AO RESULTADO ÚTIL DO PROCESSO. PRESUNÇÃO EM DESFAVOR DA AGRAVANTE. INDEFERIMENTO DA ANTECIPAÇÃO DOS EFEITOS DA TUTELA RECURSAL PELO RELATOR. DECISÃO QUE SE MANTÉM. Considerando que o fato gerador para a concessão da pensão é o óbito do segurado instituidor do benefício, a pensão deve ser concedida segundo o princípio do "tempo rege o ato" com base na legislação vigente à época da ocorrência do óbito. Inaugurando uma nova ordem jurídica, o constituinte originário estabeleceu um rol estrito de beneficiários de pensão por morte, não contemplando a possibilidade de instituir beneficiário o legatário, condição ostentada pela Agravante. Declaração de inconstitucionalidade com efeitos ex tunc do dispositivo legal que elencava o legatário como beneficiário de pensão, impossibilitando o convalescimento do ato de concessão de pensão pelo decurso do prazo. Probabilidade do direito da autarquia e não da beneficiária. Decisão agravada que não desafia reforma. Conhecimento e desprovimento do recurso. (TJRJ - Acórdão Agravo de Instrumento 0016404-34.2017.8.19.0000, Relator(a): Des. Rogério de Oliveira Souza, data de julgamento: 04/07/2017, data de publicação: 04/07/2017, 22ª Câmara Cível)

AGRAVO DE INSTRUMENTO – OUTORGA DE ESCRITURA – BEM INTEGRANTE DE ACERVO HEREDITÁRIO – PAGAMENTO – HERDEIRO – IMPOSSIBILIDADE – AUSÊNCIA DE PARTILHA – UNIVERSALIDADE – ARTS. 1.791 E 1.793 DO CÓDIGO CIVIL – ART. 992, 1.022 E 1.027 DO CPC – O numerário obtido com a alienação de bem integrante do acervo hereditário pertence ao próprio espólio, eis que a venda procedida anteriormente à partilha encontra-se afetada ao pagamento das dívidas, dos legados, da remuneração de profissionais que venham a atuar no feito, e do imposto *causa mortis*. Apenas após o término do inventário é que há a deliberação judicial de partilha dos bens, com a designação de quais devam constituir quinhão de cada herdeiro (TJMG – AI 1.0701.09.274833-7/001 – 13ª C.Cív. – Relª Cláudia Maia – *DJe* 22-3-2010).

INVENTÁRIO – PEDIDO DE EXPEDIÇÃO DE ALVARÁS – Autora da herança que deixou legados a múltiplos legatários – Decisão que condicionou o pedido ao esboço da partilha. Legados que não serão partilhados, pois herança não há. No que se refere ao veículo e ao direito aos lóculos, o alvará pode ser de imediato expedido, pois não há colegado, nem interesse de menores a ser preservado – Conveniência da expedição dos alvarás para evitar que despesas e encargos continuem a recair sobre o espólio – No que se refere aos ativos financeiros e ao apartamento, a situação é diversa, em razão da existência de colegatários incapazes, cujos interesses devem ser preservados. Falta de impedimento para a imediata transferência dos ativos financeiros aos colegatários de suas cotas partes, respeitada a força do testamento, desde que já pagas as dívidas e despesas do inventário, certo que as partes cabentes aos incapazes serão depositadas em conta judicial. No que se refere ao apartamento, parece clara a inconveniência da manutenção do condomínio entre diversos colegatários com interesses tão díspares. Alienação para extinção do condomínio pode ocorrer antes ou depois do pagamento do legado, mas pressupõe a concordância de todos os interessados. Em tese, possível a expedição do alvará, subordinada, porém, à concordância de todos os colegatários. Recurso provido (TJSP – AI 595.894.4/9 – (0002401732) – Santos – 4ª CDPriv. – Rel. Francisco Loureiro – *DJe* 27-7-2009 – p. 767).

ANULAÇÃO DE PARTILHA – GENITOR DOS AUTORES QUE FALECEU ANTES DE SUA BISAVÓ – CADUCIDADE DO TESTAMENTO – Bens anteriormente legados que passam a integrar o montante partilhável entre todos os herdeiros da bisavó, inclusive os bisnetos, por representação. Havendo individualização dos legados não há falar em direito de acrescer. Precedente do STJ. Sucessão legítima. Possibilidade de sucessão por direito de representação. Sentença de procedência mantida. Apelo desprovido (TJSP – Ap 636.387.4/2 – (0002568866) – São Paulo – 9ª CDPriv. – Rel. João Carlos Garcia – *DJe* 13-10-2009 – p. 1221).

Obrigações e sucessões – Dívidas da herança e encargos do legado – Fideicomisso – Caução em locação – Arts. 928 e 1.737, CC – Recurso provido.

A caução em dinheiro, dada pelo locatário a locador posteriormente falecido, com a extinção da locação passa a ser dívida da herança, incumbindo a esta o ônus de sua devolução, e não ao legatário, que adquiriu a propriedade do imóvel locado sem o encargo expresso da restituição (STJ – REsp 26.871-4-RJ – 4ª T. – Rel. Min. Sálvio de Figueiredo – *DJU* 14-12-1992).

18

CADUCIDADE DOS LEGADOS

1 Conceito

O testamento é um ato solene, soberano, que representa a legítima manifestação de vontade de uma pessoa, mas só produzirá seus efeitos após a morte do testador.

Válido o testamento, a superveniência de um fato pode ocasionar a perda de sua eficácia. Diz-se caduco o legado quando perde sua eficácia originária em consequência de causas posteriores determinadas, provenham ou não da vontade do testador.[1]

Segundo Vampré, a caducidade é a ineficácia do legado por causa posterior à sua instituição.[2] Caducidade não se confunde com nulidade, nem com revogação; naquela o ato é válido, teve sua vigência e, em decorrência de fatos posteriores, perdeu sua eficácia; na nulidade, o testamento feito sofre de algum vício insanável de origem, isto é, desde o momento em que foi feito pelo testador; a revogação resulta de alguma modificação da vontade do testador, alterando sua manifestação anterior, tornando os dois instrumentos incompatíveis entre si.

Pode ocorrer que o testador deixa, em testamento, um lote para seu filho, porém, anos depois, constrói um prédio no mesmo terreno, acarretando, assim, a caducidade do legado.

---

1 FULGÊNCIO, Tito. *Programas de direito civil*, 1920. p. 279.

2 SANTOS, J. M. Carvalho. *Código Civil brasileiro interpretado*. Rio de Janeiro: Freitas Bastos, ob. cit.. v. 23, p. 490.

2 Casos de caducidade

Caducará o legado, segundo o art. 1.939 do Código Civil, nas seguintes hipóteses:

I – Se, depois do testamento, o testador modificar a coisa legada, a ponto de já não ter a forma, nem lhe caber a denominação que possuía. Ora, o testador tem um cordão de ouro, faz seu testamento, deixando-o como legado a sua filha; posteriormente, manda derreter o cordão e fazer um anel; houve modificação substancial, alterando a coisa legada.

Segundo a lei, o testador pode vir a mudar seu ponto de vista, mas, nem por isso, quer revogar ou alterar seu testamento. Para tornar sem efeito o legado deixado à filha, não lhe restou outra alternativa, senão promover profunda modificação da coisa, descaracterizando-a.

Não seria o caso de caducidade, se o testador tivesse mandado transformar o colar, melhorando seu aspecto, acrescentando-lhe ou reduzindo-lhe alguns centímetros ou, até mesmo, modificando-o, adaptando-o para a moda em vigor.

Da mesma forma, se o testador escreve em seu testamento: "deixo para meu filho Primus o lote de terreno nº 32, do quarteirão 20, da 4ª seção urbana" e, posteriormente, contrata com a Construtora Líder a construção de um prédio de apartamentos, recebendo, em permuta, duas unidades, caducou a disposição testamentária, porque a modificação foi substancial. Essa opinião não é unânime, entendendo Clóvis que o dono da terra fica sendo, também, das edificações sobre a mesma levantadas, por mais vultosas que sejam.[3]

A opinião do mestre Clóvis deve ser vista com reservas, porque, àquela época, em pleno 1899, não eram usuais as construções de edifícios altos, que se tornou praxe após os anos 70.

II – Se o testador, por qualquer título, alienar no todo ou em parte a coisa legada. Caducará o legado até onde a coisa deixou de pertencer ao testador. A alienação da coisa, posteriormente à feitura do testamento, demonstra nítida modificação na vontade do testador, que não quis revogar seu instrumento. Mas a alienação deve ser voluntária, um ato deliberado e pensado, planejado, modificativo do que fora feito anteriormente; se a alienação for forçada, constrangido que foi o testador, como nos casos de desapropriação, prevalece o legado, e o produto apurado, se der origem à compra de outro terreno, consagra a validade do legado.

---

[3] BEVILÁQUA, Clóvis. *Comentários...*, v. 1, art. 62.

Entretanto, a deixa não caduca, se o testador ordenou que fossem vendidos certos bens do espólio e o dinheiro respectivo coubesse a B; alienação parcial faz presumir intuito de revogar a deixa só em parte; esta prevalece relativamente ao que ficou pertencendo ao falecido; o beneficiado perde só a fração que foi vendida, trocada, cedida, ou dada em pagamento de dívida.[4]

Caduca o legado se a venda foi declarada nula, porque, ainda assim, manifestada a vontade do testador, altera a situação anterior.

Se o testador, por necessidade premente, comerciante que é, atravessando dificuldades de crédito, aliena o apartamento, objeto de legado, e, posteriormente, recuperadas as finanças, recompra o mesmo imóvel, entendemos que o ato seguinte demonstra sua firme vontade de fazer prevalecer o legado. Há autores, no entanto, que discordam, afirmando que a alienação pura e simples ressalva modificação da vontade, caducando a disposição testamentária.

III – Se a coisa perecer, ou for evicta, vivo ou morto o testador, sem culpa do herdeiro ou legatário incumbido de seu cumprimento. Perece o direito, perecendo seu objeto.[5] Se o perecimento é parcial, o legado subsiste na parte que sobrar; se ocorrer o perecimento por culpa do herdeiro, este responde pelos prejuízos, valor equivalente ao do legado, mais perdas e danos.

No legado alternativo, perecendo algumas das coisas, subsistirá o legado quanto ao restante.

A evicção faz caducar o legado, porque demonstra que a coisa legada não pertencia ao testador, sendo, portanto, legado de coisa alheia.

IV – Se o legatário for excluído da sucessão, nos termos do art. 1.815. Ora, o legado é uma exteriorização de ato de amor, de reconhecimento, de carinho que o testador faz em benefício do legatário; deve existir, sempre, reciprocidade, para que o legatário faça jus ao recebimento do legado; se o legatário, ao contrário, praticou algum ato capaz de gerar sua exclusão do processo sucessório, como, por exemplo, tentativa contra a vida do testador, ou cerceando-lhe a vontade testamentária, deverá sofrer a ação cabível, excluindo-o, e, em consequência, estará caduco o legado.

Cumpre advertir que o legado não caducará, se houver direito de acrescer entre os colegatários, ou se o testador houver dado substituto ao legatário.[6]

---

4 MAXIMILIANO, Carlos. *Direito das sucessões*. Rio de Janeiro: Freitas Bastos, 1943. v. 2, p. 472.

5 Código Civil, art. 77 do CCB/1916.

6 OLIVEIRA, Arthur Vasco Itabaiana de. *Tratado de direito das sucessões*. Rio de Janeiro: Livraria Jacinto, 1936. v. 2, p. 579.

V – Se o legatário falecer antes do testador. A morte do legatário implica ficar sem sujeito o direito. Como não há direito de representação na sucessão testamentária, o legado só prevalecerá se houver direito de acrescer entre co-legatários ou substituto.[7]

Se o legado for de duas ou mais coisas alternativamente, e algumas delas perecerem, subsistirá, quanto às restantes; perecendo parte de uma, valerá, quanto a seu remanescente, o legado.[8]

Jurisprudência

AGRAVO REGIMENTAL. AGRAVO DE INSTRUMENTO. SUCESSÃO. TESTAMENTO.MORTE DA LEGATÁRIA ANTES DA TESTADORA. CADUCIDADE DO LEGADO. TRANSMISSÃO AOS HERDEIROS. VALIDADE DA CLÁUSULA TESTAMENTÃRIA. SÚMULAS 7/STJ, 282 E 283 DO STF. 1. A conclusão do acórdão de que afastar qualquer dúvida em relação à interpretação da vontade da testadora em decorrência da morte anterior da legatária não pode ser revista no âmbito do recurso especial, por demandar o reexame do conjunto fático-probatório dos autos e das cláusulas do testamento . 2. A ausência de impugnação ao fundamento central do acórdão recorrido - relativo à caducidade do legado em rezão da pré-morte da legatária - enseja a aplicação das Súmulas 282 e 283 do STF 3. Agravo regimental a que se nega provimento. (STJ - Acórdão Agrg no Ag 1268298 / Rs, Relator(a): Min. Maria Isabel Gallotti, data de julgamento: 02/02/2016, data de publicação: 05/02/2016, 4ª Turma)

AGRAVO DE INSTRUMENTO – SUCESSÕES – INVENTÁRIO – CADUCIDADE DO LEGADO – INTELIGÊNCIA DO ARTIGO 1939, INCISO V, DO CÓDIGO CIVIL – HABILITAÇÃO AO PROCESSO DE INVENTÁRIO – Tendo em vista que a legatária veio a falecer antes da morte da testadora, operou-se a caducidade do legado, podendo os herdeiros da pré-morta habilitarem-se no feito pelo permissivo das disposições testamentárias que assim dispôs e agraciaria a pré-falecida. AGRAVO DE INSTRUMENTO PROVIDO (TJRS – AI 70028748341 – 7ª C.Cív. – Rel. José Conrado de Souza Júnior – J. 13-5-2009).

REGISTRO DE TESTAMENTO – Caducidade de legado feito a cônjuge que deverá ser arguida nos autos do inventário. Determinada a inscrição, o registro e o cumprimento de testamento particular pelo Juízo da Família e Sucessões da Capital. Eventual irregularidade da manifestação de última vontade somente poderá ser objeto de ação própria, no Juízo competente. Sentença mantida. Recurso improvido (TJSP – Ap-Rev

[7] "Em direito das sucessões, considera-se caduco o testamento, diante da pré-morte dos legatários do autor da herança". TJMG, Ap. Civ. N. 1002407754458-3, Rel. Des. Almeida Melo.

[8] Código Civil, art. 1.940.

492.705.4/7 - (0002362993) - São Paulo - 10ª CDPriv. - Rel. Octavio Helene - DJe 4-9-2009 - p. 1404).

APELAÇÃO - INVENTÁRIO - SUCESSÃO TESTAMENTÁRIA - PARTILHA HOMOLOGADA - Agravo Retido: Herdeiros contemplados na partilha arguindo a ilegitimidade da viúva do legatário para interpor o recurso de apelação. Legatário que não cumpre condição suspensiva. Exclusão da Herança. Caducidade do Legado. Falecendo o legatário depois do testador, mas antes de cumprida a condição suspensiva, caduca o legado, nenhum direito transmitindo aos seus sucessores. Questão que já foi decidida nos autos e objeto de agravo de instrumento que não foi conhecido pelo E. Tribunal de Justiça. Preclusão Consumativa Reconhecida. Agravo Retido Provido. Recurso de Apelação não conhecido (TJSP - Ap-Rev 535.087.4/7 - (0002394596) - Lorena - 3ª CDPriv. - Rel. Egidio Giacoia - DJe 13-7-2009 - p. 729).

19

DIREITO DE ACRESCER ENTRE HERDEIROS E LEGATÁRIOS

1 Conceito geral

Ao fazer seu testamento, quer o testador que alguns de seus bens sejam entregues a determinadas pessoas, retirando, assim, parte da sucessão natural e legal. Como é sabido, inexistindo testamento, todos os bens serão distribuídos entre os herdeiros necessários ou os herdeiros legítimos, seguindo a ordem do chamamento da vocação hereditária.

Pode o testador redigir uma disposição simples, deixo *X* para Primus, ou dispor com substituto, na falta de Primus, recolherá Secundus, ou, ainda, fazer disposição em conjunto, concorrendo duas ou mais pessoas.

Ensina Clóvis que "disposição conjunta, diz-se aquela em que vários herdeiros, ou legatários, são chamados, coletivamente, para a fruição dos bens do testador, ou de uma certa porção delas".[1]

É possível que o testador faça a disposição simples, como instituir herdeiros ou deixar legados para duas ou mais pessoas. A lei prevê a hipótese de vir a ocorrer o direito de acrescer entre herdeiros ou legatários, conforme adiante será estudado.

---

[1] BEVILÁQUA, Clóvis. *Sucessões*... p. 268.

2 Disposição conjunta

Quando vários herdeiros, pela mesma disposição testamentária, forem chamados, conjuntamente, para recolher a herança, em quinhões não determinados, e qualquer deles não puder, ou não quiser aceitá-la, ou tiver morrido antes do testador, sua parte acrescerá à dos coerdeiros, salvo se o testador tiver nomeado substituto para o faltante.[2] O Código formula semelhante contexto para os colegatários, assim expresso: "O direito de acrescer competirá aos colegatários, quando nomeados conjuntamente a respeito de uma só coisa, determinada e certa, ou quando o objeto do legado não puder ser dividido sem risco de desvalorização."[3]

Para que haja o direito de acrescer, o testador não pode formular indicação simples de herdeiro ou legatário, em relação ao todo ou à coisa determinada; ao contrário, deverão ser, conjuntamente, chamadas duas ou mais pessoas, sem determinar o que receberá cada um deles

3 Origem do instituto

O direito de acrescer chegou até nós por intermédio do Direito Romano, fonte primeira, que estabeleceu regras básicas para solucionar as disposições conjuntas de herdeiros ou de legatários, após a morte do disponente. Criou o sistema três possibilidades, sempre citadas pelos autores:

1. *re et verbis*, isto é, na coisa e por palavras, o testador faz uma única disposição testamentária, designando duas ou mais pessoas que receberão uma mesma coisa. Note-se que o testador não pode indicar percentual, partes, ou quinhões para cada um deles.

   Na *re et verbis*, há conjunção, mas não há delimitação: "deixo minha parte disponível a Primus e Secundus, ou deixo minha casa da Av. Afonso Pena, 2345, para Primus e Secundus". Não há parte certa para cada um; na falta de um deles, o outro recolherá em consequência do direito de acrescer;

2. *re tantum*, isto é, somente na coisa há conjunção real; o testador, referindo-se a uma única coisa, determina, em duas ou mais disposições testamentárias, a pessoa que deverá recolher o legado ou a herança: "deixo minha casa da Av. Afonso Pena, 2345, para Primus"; em

[2] Código Civil, art. 1.941.

[3] Código Civil, art. 1.942.

outra disposição, mas no mesmo testamento, o testador escreve: "deixo minha casa da Av. Afonso Pena, 2345, para Secundus", podendo fazer uso de *também, igualmente, em conjunto* etc. O bem será dos dois e, na falta de um, acrescerá a parte do outro. Se o testador tiver instituído Primus seu herdeiro e, no mesmo testamento, igualmente Secundus, os bens que compõem a porção disponível serão entregues aos dois; na falta de um deles, operar-se-á o direito de acrescer para o sobrevivente;

3. *verbis tantum*, isto é, somente por palavras. Ocorre quando o testador instituiu duas ou mais pessoas na mesma disposição testamentária, mas fixou a parte de cada um deles. Nessa hipótese, não ocorrerá direito de acrescer. Vejamos: "deixo para Primus e Secundus meus bens disponíveis, cabendo a cada um deles 50%, ou metade"; em outra disposição: "deixo para Primus e Secundus minha casa da Av. Afonso Pena, 2345, cabendo a cada um deles cinquenta por cento". Nestas duas últimas hipóteses, não ocorrerá direito de acrescer.

Formula Itabaiana de Oliveira a clara explicação, adotada pelo Código Civil de 1916:

> *"Para que haja o direito de acrescer, segundo o Código Civil, entre coerdeiros, ou os colegatários, é preciso que a instituição de uns, ou de outros, seja conjunta e que, além disso, consista:*
>
> *a) em quinhões não determinados, que é a hipótese da conjunção mista (re et verbis);*
>
> *b) em uma só coisa, determinada e certa, que é, também, a hipótese da conjunção mista;*
>
> *c) em objeto que se não possa dividir, sem risco de se deteriorar, que é o caso da conjunção real (re tantum)."*[4]

O direito de acrescer promana da vontade do testador, não sendo necessário que o herdeiro instituído, ou o legatário faça qualquer declaração para recebimento; também, não poderá o herdeiro ou legatário renunciar a porção acrescida, porque a lei não permite aceitar parcialmente a herança ou o legado. Havendo litígio entre herdeiros e legatários, com necessidade de decisão judicial, a sentença será meramente declaratória e não atributiva de direito.

---

4 OLIVEIRA, Arthur Vasco Itabaiana de. *Tratado de direito das sucessões*. Rio de Janeiro: Livraria Jacinto, ob.cit.. v. 2, p. 507.

4 Momento do acrescimento

O direito de acrescimento supõe a pluralidade de pessoas contemporaneamente chamadas à mesma herança ou legado, e a vacância de uma das quotas por não poder, ou não querer o co-herdeiro ou o colegatário.[5]

Se um dos herdeiros nomeados morrer antes do testador, renunciar a herança, ou dela for excluído, e bem assim se a condição, sob a qual foi instituído, não se verificar, acrescerá seu quinhão, salvo o direito do substituto à parte dos co-herdeiros conjuntos.[6]

São as seguintes as hipóteses elencadas no artigo supra:

a) morte do herdeiro ou do legatário antes do testador;

b) renúncia do herdeiro ou do legatário;

c) exclusão do herdeiro ou do legatário;

d) inocorrência da condição instituída.

5 Direito de acrescer entre coerdeiros

Quando o testador, em disposição testamentária, institui dois ou mais herdeiros, sem delimitar a porção de cada um deles, sem fixar distribuição de quotas, e ocorre uma das hipóteses previstas no art. 1.943, ou seja, morte do herdeiro antes do testador, recusa em receber a herança, exclusão, de acordo com o art. 1.814, ou não se verificar a condição imposta e não tiver sido indicado substituto pelo testador, verificar-se-á o direito de acrescer para o herdeiro conjuntamente nomeado e sobrevivente.

Assim, são requisitos que a vocação se faça pela mesma disposição, que exista disposição conjunta e que o testador não distribua quinhões: "nomeio Primus e Secundus meus herdeiros, que receberão todos os meus bens constantes da porção disponível". Cumpriram-se os três requisitos e, portanto, ocorrendo qualquer das possibilidades do art. 1.943, ocorrerá o direito de acrescer entre coerdeiros.

Não permite o instituto que o testador, sob qualquer condição, faça designação de quotas, por menor que seja, como, por exemplo, "por metade", "vinte por cento do que estiver na casa" etc.

Não havendo o direito de acrescer, a quota vaga será entregue aos herdeiros legítimos.

---

5 MIRANDA, Pontes de. *Tratado...* v. 57, p. 352.

6 Código Civil, art. 1.943.

Por outro lado, o co-herdeiro que receber a nova porção que lhe foi transferida assumirá, também, os encargos e obrigações, desde que não sejam personalíssimos. Aquilo que só caberia ao renunciante, ou pré-morto, fazer, por suas qualidades, não se transmite ao substituto. Se o testador instituiu Primus e Secundus, incumbindo de pintar um quadro, na falta de Primus, não passará o encargo a Secundus, que não tinha o dom da pintura.

6 Direito de acrescer entre colegatários

Entre os colegatários deve haver a nomeação conjunta, em uma mesma ou diversas cláusulas do mesmo testamento, mas sem designação de partes para cada qual, e a identificação da coisa certa e determinada: "deixo a Primus e a Secundus minha casa da Av. Afonso Pena, 2345". Existe a conjunção aceita pelo Código, *re et verbis*, pois ambos os legatários foram nomeados, sem designação de porção entre eles, na coisa determinada pelo testador.

Ocorre, também, direito de acrescer, quando não se possa dividir o objeto legado, sem risco de desvalorização: "deixo a Primus o apartamento nº 302, na Rua Luz, 32"; em outra disposição, no mesmo testamento: "deixo a Secundus o apartamento nº 302, na Rua Luz, 32". Existe a disposição conjunta, *re tantum*, de uma unidade indivisível, sem distribuição de partes entre os legatários.

Se o testador tivesse designado os mesmos colegatários, mas a coisa fosse uma fazenda, com 50 hectares, não ocorreria o direito de acrescer, porque o bem é divisível, sem desvalorização ou risco de se perder.

> *"Os coerdeiros ou colegatários, aos quais acresceu o quinhão daquele que não quis ou não pôde suceder, ficam sujeitos às obrigações ou encargos que o oneravam."*[7]

7 Herdeiro ou legatário onerado

Não existindo o direito de acrescer entre os colegatários, a quota do que faltar acresce ao herdeiro ou ao legatário, incumbido de satisfazer a esse legado, ou a todos os herdeiros, na proporção de seus quinhões, se o legado foi deduzido da herança.[8]

O testador incumbe algum herdeiro ou legatário de cumprir sua vontade, entregando coisa sua ou adquirindo-a; se não houver o direito de acrescer, a quota vaga será entregue ao onerado, legatário ou herdeiro instituído; se o

---

[7] Código Civil, art. 1.943.

[8] Código Civil, art. 1.944.

bem, objeto do legado, foi tirado da herança, será partilhado entre os herdeiros legítimos.

Lembra Pontes de Miranda que a redação do artigo não é muito feliz, acrescentando que o art. 1.715, parágrafo único (art. 1.944 do CC de 2002), não incide quando é o caso do art. 1.675 (art. 1.908 do Código atual):

> *"Assim, se o testador disse 'lego a A, B e C a casa da Rua X, que excluo da sucessão dos meus herdeiros instituídos', ainda que esses sejam os onerados, o bem legado não lhes passará, mas aos herdeiros legítimos."*[9]

8 Legado de usufruto

Complementando o art. 1.921, surge o art. 1.946, que trata do direito de acrescimento no usufruto. Assim, se o testador institui usufruto a favor de duas ou mais pessoas, conjuntamente, a parte do que faltar vai acrescer aos colegatários sobrevivos. A regra é geral, quer seja a instituição *re et verbis* ou *re tantum*. Se, porém, não houve conjunção entre eles, ou se, apesar de conjuntos, só lhes foi legada certa parte do usufruto, as quotas dos que faltarem consolidar-se-ão na propriedade, à medida que eles forem faltando.[10]

Na primeira hipótese, o testador faz a disposição conjunta: "lego a Primus e Secundus o usufruto de minha casa da Av. Afonso Pena, 2345"; os usufrutuários são nomeados na mesma disposição, sem distribuição de quotas, e haverá o direito de acrescer; na segunda hipótese, legado um só usufruto, sem conjunção e a quota vaga consolidar-se-á na propriedade, não se verificando o direito de acrescer.

Se o testador tiver designado a parte de cada colegatário no usufruto, também não ocorrerá o direito de acrescer, beneficiando o nu-proprietário.

O mestre Clóvis, comentando o art. 1.716 do Código Civil de 1916 (atual art. 1.946), esclarece que a disposição desse artigo é supletiva, como é supletivo todo o capítulo. O testador pode, se essa for sua vontade, prescrever o acrescimento ou recusá-lo, independentemente das situações previstas na lei. Ainda quando o usufruto é estabelecido em favor de diversas pessoas, por ato entre vivos, o acrescimento pode resultar da cláusula expressa, que afaste a consolidação, parte a parte, em relação a cada um dos usufrutuários que falecerem (art. 740).[11]

---

[9] MIRANDA Pontes de. *Tratado*... v. 57, p. 391.

[10] Código Civil, art. 1.946.

[11] BEVILÁQUA, Clóvis. *Comentários*... v. 6, p. 133.

Jurisprudência

PROCESSUAL CIVIL E TRIBUTÁRIO. OFENSA AO ART. 1.022 DO CPC/2015 NÃO DEMONSTRADA. IMPOSTO SOBRE TRANSMISSÃO CAUSA MORTIS E DOAÇÃO. DECADÊNCIA. TERMO INICIAL. HOMOLOGAÇÃO DOS CÁLCULOS. 1. Não se configura a alegada ofensa ao artigo 1.022 do Código de Processo Civil de 2015, uma vez que o Tribunal de origem julgou integralmente a lide e solucionou, de maneira amplamente fundamentada, a controvérsia, tal como lhe foi apresentada. 2. Na sistemática de apuração do ITCMD, há que observar, inicialmente, o disposto no art. 35, parágrafo único, do CTN, segundo o qual, nas transmissões causa mortis, ocorrem tantos fatos geradores distintos quantos sejam os herdeiros ou legatários. 3. Embora a herança seja transmitida, desde logo, com a abertura da sucessão (art. 1.784 do Código Civil), a exigibilidade do imposto sucessório fica na dependência da precisa identificação do patrimônio transferido e dos herdeiros ou legatários, para que sejam apurados os "tantos fatos geradores distintos" a que alude o citado parágrafo único do art. 35, sendo essa a lógica que inspirou a edição das Súmulas 112, 113 e 114 do STF. 4. O regime do ITCMD revela, portanto, que apenas com a prolação da sentença de homologação da partilha é possível identificar perfeitamente os aspectos material, pessoal e quantitativo da hipótese normativa, tornando possível a realização do lançamento cf. REsp 752.808/RJ, Rel. Ministro Teori Albino Zavascki, Primeira Turma, julgado em 17.5.2007, DJ 4.6.2007, p. 306; AgRg no REsp 1257451/SP, Rel. Ministro Humberto Martins, Segunda Turma, julgado em 6.9.2011, DJe 13.9.2011). 5. Pelas características da transmissão causa mortis, não há como exigir o imposto antes do reconhecimento judicial do direito dos sucessores, seja mediante Arrolamento Sumário, seja na forma de Inventário, procedimento mais complexo. 6. Recurso Especial não provido. (STJ - Acórdão Resp 1660491 / Rs, Relator(a): Min. Herman Benja, data de julgamento: 16/05/2017, data de publicação: 16/06/2017, 2ª Turma)

APELAÇÃO CÍVEL. AÇÃO DE COBRANÇA DE DIFERENÇA DE BENEFÍCIO. RIOPREVIDÊNCIA - AÇÃO AJUIZADA POR LEGATÁRIO DE SERVIDOR FALECIDO - DECLARAÇÃO DE INCONSTITUCIONALIDADE DAS NORMAS INSTITUIDORAS DO BENEFÍCIO - CONTINUIDADE DE PAGAMENTO - DIFERENÇAS EXIGIDAS - PARIDADE - PROCEDÊNCIA - MANUTENÇÃO. JUROS DE MORA - OBSERVÂNCIA DO ARTIGO 1º-F, DA LEI 9494/97. - Embora o STF tenha declarado inconstitucionais o artigo 286, da Constituição do Estado do Rio de Janeiro, e a Lei 1951/92, tal fato não obsta, quando mantido o benefício para o legatário indicado pelo servidor falecido, o ajuizamento de ação visando a revisão dos valores quitados e o recebimento da eventual diferença. - Falecido o servidor antes da emenda constitucional nº 20, o pensionista tem direito à paridade outrora estabelecida na Constituição Federal/88. - Sobre a diferença a ser apurada deverão incidir juros de mora e nos termos do disposto no artigo 1º-F, da Lei 9494/97. (TJMG - Acórdão Apelação Cível 1.0035.13.015622-3/001, Relator(a): Des. Pedro Bernardes, data de julgamento: 14/03/2018, data de publicação: 05/04/2018, 9ª Câmara Cível)

APELAÇÃO - DIREITO SUCESSÓRIO - PRÊMIO DO TESTAMENTEIRO - ART. 1.987 DO CÓDIGO CIVIL - VALOR ARBITRADO CONFORME A DIFICULDADE DA EXECUÇÃO DO TESTAMENTO - MANUTENÇÃO DA SENTENÇA. 1. Nos termos do art. 1.987, do CC, "salvo disposição testamentária em contrário, o testamenteiro, que não seja herdeiro ou legatário, terá direito a um prêmio, que, se o testador não o houver fixado, será de um a cinco por cento, arbitrado pelo juiz, sobre a herança líquida, conforme a importância dela e maior ou menor dificuldade na execução do testamento". 2. Conforme dispõe a Lei Civil, o arbitramento se harmonizou com a atuação do testamenteiro, que se restringiu aos atos ordinários, observando-se seu grau de zelo e o trabalho realizado. (TJMG - Acórdão Apelação Cível 1.0000.18.038736-7/001, Relator(a): Des. Audebert Delage, data de julgamento: 22/01/2019, data de publicação: 30/01/2019, 6ª Câmara Cível)

TRIBUTÁRIO. IMPOSTO SOBRE TRANSMISSÃO CAUSA MORTIS E DOAÇÃO. DECADÊNCIA. TERMO INICIAL. ARROLAMENTO. HOMOLOGAÇÃO DA PARTILHA. AUSÊNCIA DE PAGAMENTO. ART. 173, I, DO CTN. 1. Trata-se de Recurso Especial no qual se discute o termo inicial da decadência para o lançamento do Imposto sobre Transmissão Causa Mortis e Doação - ITCMD. 2. Tendo as instâncias ordinárias consignado que não houve pagamento antecipado do imposto, aplica-se à decadência o art. 173, I, do CTN, de modo que o seu termo inicial é o primeiro dia do exercício seguinte àquele em que o lançamento poderia ter sido efetuado, tal como pacificado pela Primeira Seção no regime dos recursos repetitivos (REsp 973.733/SC, Rel. Ministro Luiz Fux, Primeira Seção, julgado em 12.8.2009, DJe 18.9.2009). 3. Na sistemática de apuração do ITCMD, há que observar, inicialmente, o disposto no art. 35, parágrafo único, do CTN, segundo o qual, nas transmissões causa mortis, ocorrem tantos fatos geradores distintos quantos sejam os herdeiros ou legatários. 4. Embora a herança seja transmitida, desde logo, com a abertura da sucessão (art. 1.784 do Código Civil), a exigibilidade do imposto sucessório fica na dependência da precisa identificação do patrimônio transferido e dos herdeiros ou legatários, para que sejam apurados os "tantos fatos geradores distintos" a que alude o citado parágrafo único do art. 35, sendo essa a lógica que inspirou a edição das Súmulas 112, 113 e 114 do STF. 5. O regime do ITCMD revela, portanto, que apenas com a prolação da sentença de homologação da partilha é possível identificar perfeitamente os aspectos material, pessoal e quantitativo da hipótese normativa, tornando possível a realização do lançamento (cf. REsp 752.808/RJ, Rel. Ministro Teori Albino Zavascki, Primeira Turma, julgado em 17.5.2007, DJ 4.6.2007, p. 306; AgRg no REsp 1257451/SP, Rel. Ministro Humberto Martins, Segunda Turma, julgado em 6.9.2011, DJe 13.9.2011). 6. No caso concreto, constatado que a sentença que homologou a partilha de bens transitou em julgado em 1º.11.2001 e que até o ajuizamento da Ação Declaratória (julho/2009), pelas recorridas, não havia sido constituído o crédito tributário, tem-se como correta a decretação da decadência. 7. Recurso Especial não provido. (STJ - Acórdão Resp 1668100 / Sp, Relator(a): Min. Herman Benja, data de julgamento: 13/06/2017, data de publicação: 20/06/2017, 2ª Turma)

0242076-41.2012.8.26.0000 Agravo de Instrumento / Inventário e Partilha

Relator(a): Jesus Lofrano
Comarca: São Paulo
Órgão julgador: 3ª Câmara de Direito Privado
Data do julgamento: 29/01/2013
Data de registro: 31/01/2013
Ementa: Agravo de instrumento Inventário Doação de bens a seis filhos realizada em 1922 Cláusula de inalienabilidade e ***direito*** de ***acrescer*** dos demais donatários em caso de falecimento de um deles Perda dos efeitos das cláusula com a morte dos originais donatários Testamento válido e eficaz Depósito dos frutos Inadequação Inocorrência de controvérsia quanto à administração Recurso provido. Como não há mais irmãos sobreviventes, o estabelecido no instrumento de doação já não opera efeitos, não havendo razoabilidade em estender a norma restritiva a outros ***herdeiros***. A cláusula de inalienabilidade do bem extinguiu-se com a morte de todos os irmãos e não constitui impedimento ao ***direito*** de testar

0172298-81.2012.8.26.0000 Agravo de Instrumento / Inventário e Partilha

Relator(a): Percival Nogueira

Comarca: São Paulo

Órgão julgador: 6ª Câmara de Direito Privado

Data do julgamento: 06/09/2012

Data de registro: 06/09/2012

Ementa: DISPOSIÇÃO TESTAMENTÁRIA Falecimento do ***legatário*** após a morte da testadora Hipótese que não contempla o ***direito*** de ***acrescer*** aos demais herdeiros Transmissão da herança ao ***legatário*** no momento da sucessão da testadora (art. 1.923 do CC) Acerto da decisão que determinou sua substituição pelo espólio Circunstância que não configura ***direito*** de representação, e sim de transmissão do quinhão efetivamente recebido Necessidade de adequação do plano de partilha Decisão mantida Recurso desprovido

EMENTA: AGRAVO DE INSTRUMENTO - INVENTÁRIO - DETERMINAÇÃO JUDICIAL DE REGULARIZAÇÃO DE REPRESENTAÇÃO PROCESSUAL DE HERDEIROS DOS HERDEIROS TESTAMENTÁRIOS FALECIDOS ANTES DA TESTADORA - CLÁUSULA TESTAMENTÁRIA EXISTENTE A RESPEITO - CADUCIDADE DO LEGADO OU TRANSMISSÃO AOS CO-LEGATÁRIOS - NORMA, ADEMAIS, QUE DISPÕE DE FORMA ESPECÍFICA - DECISÃO REFORMADA. JUNTADA DE NOVA GUIA DE ITCD - VENCIMENTO - MEDIDA QUE SE IMPÕE. RECURSO PROVIDO EM PARTE. Falecidos os herdeiros testamentários antes da testadora, o legado nesse ponto fica sem sujeito e não pode subsistir, não podendo ser transmitido aos herdeiros do beneficiário, sem cláusula nesse sentido, sendo desnecessária a regularização da representação processual do Espólio dos falecidos. Consoante art. 1.942 do Código Civil, o direito de acrescer competirá aos co-legatários, quando nomeados conjuntamente a respeito de uma só coisa. Tendo sido juntada guia para pagamento de ITCD com prazo de vencimento expirado, mantém-se a determinação de juntada de nova guia com data de validade posterior. Comprovada a impossibilidade de se obter nova guia, cabe ao juízo, responsável pela mora na juntada, a requisição judicial de nova guia. (TJMG - Agravo de Instrumento-Cv 1.0024.12.335431-8/001, Relator(a): Des.(a) Vanessa Verdolim Hudson Andrade , 1ª CÂMARA CÍVEL, julgamento em 03/12/2013, publicação da súmula em 12/12/2013)

TESTAMENTO – ROMPIMENTO – HERDEIRO NETO – DIREITO DE ACRESCER – EMBARGOS DE DECLARAÇÃO – ALEGAÇÃO DE OMISSÃO E OBSCURIDADE NO ACÓRDÃO – INEXISTÊNCIA – PRETENSÃO DE REAPRECIAÇÃO DA LIDE E PREQUESTIONAMENTO DE MATÉRIA CONSTITUCIONAL – REJEIÇÃO – 1 – Embargos de declaração: alegação de omissões e obscuridades no acórdão sustentando que a) o testamento considera-se rompido "em todas as suas disposições, mediante a simples sobrevivência de herdeiro não contemplado no testamento"; b) o simples resguardo da legítima do filho que veio a falecer não pode ser transferida ao neto com as restrições impostas pelo testador; c) ocorre omissão em relação ao real sentido do artigo 1750/CC, que é o de manter a atualidade do testamento; d) inexiste direito de acréscimo em favor do herdeiro legatário sobrevivente se não cumpridas as condições do artigo 1.710/CC; e) pede o prequestionamento do artigo 5º, inciso XLV. 2 – Inexistência de omissões e obscuridades: o acórdão apresentou os fundamentos nos quais firmou o entendimento de que: a) "quando a lei fala em superveniência de descendente sucessível, como causa determinante da caducidade do testamento, leva em consideração o fato de que seu surgimento altera, por completo, a questão relativa às legítimas. Aqui, tal não ocorreu, já que resguardou-se a legítima do filho e, consequentemente, do neto"; e b) Não havendo determinação dos quinhões, subsiste o direito de acrescer ao colegatário, nos termos do artigo 1.712 do Código de 1916". 3 – Pretensão de rejulgamento da lide e questionamento de matéria constitucional: não é possível, em sede de aclaratórios, a reapreciação da lide e tampouco o prequestionamento de matéria constitucional. Os embargos de declaração possuem finalidade integrativa e servem para afastar do acórdão omissão obscuridade e extinguir contradição entre premissa apresentadas e as conclusões assumidas. 4 – Embargos de declaração rejeitados (STJ – EDcl-REsp 594.535 – (2003/0167072-8) – 4ª T. – Rel. Min. Luis Felipe Salomão – *DJe* 20-4-2009 – p. 859).

RECURSO ESPECIAL – CIVIL E PROCESSO CIVIL – HERDEIRO NETO – SUCESSÃO POR REPRESENTAÇÃO – TESTAMENTO – RUPTURA – ART. 1.973 DO CC/2002 – NÃO OCORRÊNCIA – LEGADO – DIREITO DE ACRESCER POSSIBILIDADE – RECURSO NÃO CONHECIDO – 1. Não se conhece do recurso quanto à alegada divergência, na medida em que se olvidou o recorrente do necessário cotejo analítico entre os julgados tidos por confrontantes, deixando, com isso, de demonstrar a necessária similitude fática entre os arrestos, conforme exigência contida no parágrafo único do art. 541 do Código de Processo Civil e § 2º do art. 255 do RISTJ. 2. Não se há falar em ofensa ao art. 535, incisos I e II, do Código de Processo Civil, porquanto ausente qualquer omissão, obscuridade ou contradição no acórdão guerreado. 3. 'Com efeito, quando a lei fala em superveniência de descendente sucessível, como causa determinante da caducidade do testamento, leva em consideração o fato de que seu surgimento altera, por completo, a questão relativa às legítimas. Aqui, tal não ocorreu, já que resguardou-se a legítima do filho e, consequentemente, do neto'. 4. Não havendo determinação dos quinhões, subsiste o direito de acrescer ao colegatário, nos termos do art. 1.712 do Código de 1916. 5. Recurso não conhecido (STJ – REsp 594.535/SP (2003/0167072-8) – 4ª T. – Rel. Min. Hélio Quaglia Barbosa – *DJU* 28-5-2007).

20

DA CAPACIDADE PARA ADQUIRIR POR TESTAMENTO

1 Conceitos básicos

Consagra o Código princípios básicos para adquirir por testamento. Antes de mais nada, a lei brasileira permite que o ser humano vivo seja sujeito passivo da relação testamentária, e tal conceito básico é a regra geral a ser observada. É preciso, consequentemente, que o legatário ou herdeiro instituído sobreviva ao testador; podem, também, adquirir as pessoas jurídicas existentes, civis e comerciais. Abre, no entanto, exceções para as pessoas concebidas, a prole eventual de pessoa existente e as fundações que serão criadas por vontade do testador, equiparadas essas ao nascituro.

A lei não faz distinção entre sexos, nacionalidades, grau de parentesco, idade, até mesmo por princípio constitucional, mas nossa tradição jurídica não permite que os animais irracionais recebam quotas testamentárias.

O Código declara que são capazes de receber por testamento, em geral, todos aqueles a quem a lei não recusa a capacidade; e estabelece, como condição da capacidade para adquirir por testamento, estar vivo o beneficiado ao tempo da morte do testador.[1]

---

[1] BEVILÁQUA, Clóvis. *Comentários*... v. 6, p. 133.

Há uma regra geral, segundo a qual se legitimam a suceder as pessoas nascidas ou já concebidas no momento da abertura da sucessão (art. 1.798), complementando o artigo seguinte as demais pessoas que podem vir a receber. Assim, reza o art. 1.799:

> *"Na sucessão testamentária podem ainda ser chamados a suceder:*
>
> *I – os filhos, ainda não concebidos, de pessoas indicadas pelo testador, desde que vivas estas ao abrir-se a sucessão;*
>
> *II – as pessoas jurídicas;*
>
> *III – as pessoas jurídicas, cuja organização for determinada pelo testador sob a forma de fundação."*[2]

2 Capacidade: momento da abertura da sucessão

O sujeito passivo, isto é, a pessoa que vai receber é definida pela lei vigente na data da abertura da sucessão, e não pela lei da data do testamento. Como o herdeiro, ou o legatário, deve reunir as condições de capacidade, é a lei que estiver em vigor, no instante do óbito do *auctor successionis*, que definirá essa capacidade. Assim, se o testamento foi feito, sendo o sujeito passivo capaz, mas se tornou incapaz ao tempo da morte do testador, a disposição testamentária não tem eficácia alguma; ao contrário, se era incapaz ao tempo da facção do testamento, mas se tornou capaz ao tempo da morte do testador, a disposição é válida.[3]

Se a disposição testamentária impõe uma condição, prevalece a lei vigente na data do implemento dessa condição; a capacidade anterior do herdeiro, ou legatário, não lhe outorga direito adquirido, por força do art. 125 do Código Civil: "Subordinando-se a eficácia do negócio jurídico à condição suspensiva, enquanto esta se não verificar, não se terá adquirido o direito, a que ele visa."

3 Da incapacidade absoluta

O Código atual não faz distinção entre incapacidade absoluta e relativa para adquirir por testamento, conforme era preceituado pelo art. 1.718 do Código Civil de 1916. Assim, nos termos do diploma em vigor, são capazes os elencados nos arts. 1.798 e 1.799, e todos os demais são incapazes, isto é, não podem, portanto, ser nomeados, sob pena de nulidade da disposição.

---

2 Código Civil, art. 1.717.

3 OLIVEIRA, Arthur Vasco Itabaiana de. *Tratado de direito das sucessões*. Rio de Janeiro: Livraria Jacinto, 1936. t. 2, p. 411; TROPLONG. *Donations et testaments*. v. 1, nº 436.

Tratou o novo sistema da vocação hereditária, no Capítulo III, do Livro das Sucessões, impropriamente colocado naquela posição. Sendo capacidade testamentária, justo seria (como era no Código anterior) que a matéria ficasse circunscrita à sucessão testamentária.

A posição de capacidade adotada pelo Código, ou, como leciona Sílvio Venosa, aptidão para receber por testamento, como herdeiro ou como legatário,[4] é geral; receberão por testamento pessoas físicas e jurídicas. A lei brasileira não permite que animais venham a ser beneficiários.

Os filhos, ainda não concebidos, de pessoas nomeadas pelo testador, têm capacidade testamentária passiva, desde que vivas estas ao abrir-se a sucessão. A lei atende não à falta de personalidade, mas à não existência do indivíduo, fazendo, contudo, exceção à prole eventual de pessoas designadas pelo testador e existentes na data da abertura da sucessão. Por meio do fideicomisso, o testador determina a entrega dos bens a alguém, que deverá transmiti-los, futuramente, às outras pessoas: "lego minha casa da Av. Afonso Pena, 2345, a meu filho Primus, que deverá passá-la a seus filhos, nascidos de seu casamento com Maria Amélia".

O nascituro está concebido, restando esperar seu nascimento; vindo a nascer com vida, mesmo que por alguns instantes, a lei outorga-lhe a capacidade; nascendo sem vida, a disposição testamentária não produzirá efeito e, inexistindo substituição, a quota vaga irá para os herdeiros legítimos.

Os bens da herança, destinados aos filhos não concebidos, de pessoas indicadas pelo testador, serão confiados a curador especial, nomeado pelo juiz, que ficará responsável pela guarda, administração e transmissão àquela pessoa a que se refere o testador.

Consoante o dispositivo legal, a não ser que o testador disponha de forma especial, mesmo que contrária à regra do Código, a curatela caberá à pessoa cujo filho o testador esperava ter por herdeiro, e, sucessivamente, às pessoas indicadas no art. 1.775, isto é, o cônjuge ou companheiro, não separado judicialmente ou de fato, o pai ou a mãe, e na falta desses, o descendente que se demonstrar mais apto, preferindo a lei os mais próximos aos mais remotos.

Os direitos, deveres, poderes e responsabilidades do curador nomeado são os elencados no capítulo concernente à curatela dos incapazes.

Vindo a nascer com vida o herdeiro esperado, recolherá a parcela que lhe foi destinada; é, portanto, deferida a sucessão, com os frutos e rendimentos relativos à deixa, acumulados desde a data da morte do autor da herança.

---

4 VENOSA, Sílvio. Op. cit. p. 148.

No entanto, determina o art. 1.800, em seu § 4º, que, se decorridos dois anos após a abertura da sucessão, não for concebido o herdeiro esperado, os bens reservados, salvo disposição em contrário do testador, caberão aos herdeiros legítimos. Essa disposição legal põe um ponto final à discussão doutrinária, na qual se buscava determinar até quando deveriam ficar os bens à disposição da prole eventual.

Persistem, entretanto, dúvidas sobre os filhos adotivos futuros, que o testador venha a adotar, posteriormente à lavratura do testamento. Justifica-se a advertência lançada por *Washington de Barros Monteiro*, tendo em vista o princípio constitucional, de que a exceção não compreende os filhos adotivos das pessoas designadas pelo testador. Efetivamente, este não podia ter tido em vista tais beneficiários, quando elaborou o ato de última vontade. Seu desejo não pode, portanto, ser desviado ou substituído pela vontade arbitrária da pessoa designada. De outra forma, fácil se tornaria burlar a disposição testamentária, com a realização de atos de adoção.[5] Segundo abalizados autores, deverá a descendência ser natural, compreensiva de filhos legítimos, legitimados ou ilegítimos, ou até mesmo adotivos já existentes na data da facção do testamento.[6]

O § 4º do art. 1.800 deixa claro, contudo, que o filho de prole eventual deve ser concebido, quer de forma natural, quer por inseminação artificial. Se se trata de concepção será beneficiado; dessa forma, inadmissível a adoção permitida, para driblar a vontade do testador.

Sendo heteróloga a concepção, com autorização do herdeiro do testador, a lei civil o considera filho e, consequentemente, terá capacidade testamentária passiva.

As pessoas jurídicas em funcionamento têm a mesma aptidão ou capacidade passiva testamentária.

Há, no entanto, uma incapacidade testamentária passiva absoluta, que permanece como tal, instituída no § 2º, do art. 11, da Lei de Introdução ao Código Civil:

> *"Os governos estrangeiros, bem como as organizações de qualquer natureza, que eles tenham constituído, dirijam ou hajam investido de funções públicas, não poderão adquirir no Brasil bens imóveis ou suscetíveis de desapropriação."*

---

5 MONTEIRO, Washington de Barros. *Curso de direito civil*. São Paulo: Saraiva, 1998. v. 6, p. 180.

6 NONATO, Orozimbo. *Estudos sobre sucessão testamentária*. v. 2, p. 26.

A lei somente permite aos governos estrangeiros adquirir a propriedade dos prédios necessários à sede dos representantes diplomáticos ou dos agentes consulares.[7]

As pessoas jurídicas de direito privado devem ter existência legal, na data da abertura da sucessão.[8] Quanto à fundação, para criá-la, dar-lhe-á o instituidor, no testamento, dotação especial de bens livres, especificando o fim a que se destina, equiparando a fundação ao nascituro.

A permissão vem do Código Civil, em seu art. 62, assim expresso:

> *"Para criar uma fundação, o seu instituidor fará, por escritura pública ou testamento, dotação especial de bens livres, especificando o fim a que se destina, e declarando, se quiser, a maneira de administrá-la."*

Se o montante destinado pelo instituidor não for suficiente para a constituição da fundação, serão incorporados em outra fundação que se proponha a fim igual ou semelhante, salvo se diversamente tiver estipulado o testador.[9]

4 Da incapacidade relativa

Não podem também ser nomeados herdeiros, nem legatários:

I. *"a pessoa que, a rogo, escreveu o testamento (arts. 1.868, 1.885, 1.888, 1.889 e 1.890), nem o seu cônjuge ou companheiros, ou os seus ascendentes, e irmãos"*. Prevalece o princípio de ampla liberdade, não permitindo o inciso I do art. 1.801, que determinadas pessoas venham a desvirtuar a vontade ou intenção do testador, abusando de sua confiança, inibindo-a a livremente dispor de livre pensamento ou querer;[10] testamento é resultado de um ato livre, manifestado pelo testador, que se encontrava em pleno discernimento. A interferência de pessoas, alterando sua vontade primitiva, poderá inquinar de nulidade a disposição testamentária ou, até mesmo, o instrumento em si;

II. *"as testemunhas do testamento"*. Idêntico é o princípio, uma vez que qualquer testemunha testamentária pode alterar a autêntica vontade do testador. Impõe-se, para a liberdade de testar, que o testador não seja constrangido, nem influenciado, beneficiando pessoas, diferentemente do que planejara;

---

[7] Lei de Introdução, art. 11, § 3º.

[8] Código Civil, art. 45.

[9] Código Civil, art. 63.

[10] BEVILÁQUA, Clóvis. *Comentários...* v. 6, p. 136.

III. *"o concubino do testador casado, salvo se este, sem culpa sua, estiver separado de fato do cônjuge há mais de 5 (cinco) anos."* Na aplicação desse inciso, não é possível fazer distinção de sexo. "Homens e mulheres são iguais em direitos e obrigações."[11] São pressupostos dessa proibição a existência de um casamento, um lar constituído, que a Constituição quer proteger por ser a família sustentáculo da sociedade e da própria organização estatal. Não se trata de simples princípio moral, de respeito mútuo de fidelidade, obrigado pelo Código; com todas as evoluções tecnológicas, está provado que a família é o grande sustentáculo de uma nação.

Segundo *Itabaiana de Oliveira*, é na moral, no respeito mútuo e na fidelidade recíproca, que assenta o casamento.

O Código inova, permitindo que o testador, separado de fato, e não culpado pela separação, constitua união estável. Será sempre difícil provar de quem é a culpa da separação de fato. O conjunto de provas é sustentáculo para o juiz decidir com justiça, de acordo com a lei; em sua falta, o magistrado utilizará os princípios gerais de direito, proporcionando a melhor solução para a família constituída em segundo plano. Essa é mais uma cláusula geral, posta nas mãos do Poder Judiciário.

Não aventamos ser a culpa do marido ou da esposa, mas, simplesmente, uma situação de fato, bastante usual. O casamento se segue, quase sempre, de um período de namoro, conhecimento, experiências; separação, reverso da medalha, resulta de dificuldades não superadas, atritos não resolvidos, falta de respeito mútuo, desconsideração às famílias.

Outrora, quando outros eram os costumes, o *Min. Eduardo Ribeiro*, quando membro do STJ, apresentou em seu voto, envolvendo direitos de concubina e amante, distinção que serviu de lição para muitos outros julgadores. Fundamentado em pesquisa do Min. Sálvio de Figueiredo, o tema foi exaustivamente explorado no REsp. 196 – RSTJ 3/1075. Justifica-se transcrever parte do voto, que inspirou civilistas e proporcionou alicerce nas discussões de Direito de Família do IBDFAM:

> *"A companheira, por seu turno, 'é a mulher que se une ao homem já separado da esposa e que a apresenta à sociedade como se legitimamente casados fossem' (RE 49.185, RF 197/7); 'é a mulher que une seu destino ao do homem solteiro, viúvo, desquitado ou simplesmente separado de fato da mulher legítima. Sua característica está na convivência de fato, como se casados fossem aos olhos de quantos se relacionem com os companheiros*

[11] Constituição Federal, art. 5ª, inciso I.

de tal união. Pesam no conceito as exigências de exclusividade, fidelidade, vida em comum sob o mesmo teto com durabilidade.

O vínculo entre os companheiros imita o casamento, ou no dizer tradicional, é more uxorio, todo o relacionamento se faz às claras, sem ocultação. Os dois frequentam a sociedade onde, reciprocamente, tratam-se como marido e mulher' (Mário Aguiar Moura, RT 519/295).

A distinção entre os dois conceitos achava-se convenientemente gizada pelo eminente Min. Antônio Neder, no trecho que transcrevo do voto proferido do RE 83.930-SP, verbis:

'Todavia, em jurídica linguagem é de se admitir a diferenciação, porque, na verdade, o cônjuge adúltero pode manter convívio no lar com a esposa e, fora, ter encontros amorosos com outra mulher, como pode também separar-se de fato da esposa, ou desfazer desse modo a sociedade conjugal, para conviver more uxorio com a outra parte. Na primeira hipótese o que se configura é um concubinato segundo o seu conceito moderno, e obviamente a mulher é concubina; mas, na segunda hipótese, o que se caracteriza é uma união de fato (assim chamada por lhe faltarem as justae nuptiae) e a mulher merece havida como companheira; precisando melhor a diferença, é de se reconhecer que, no primeiro caso, o homem tem duas mulheres, a legítima e a outra; no segundo, ele convive apenas com a companheira, porque se afastou da mulher legítima, rompeu de fato a vida conjugal' (RTJ 82/934).

Nos EI 29.849, considerado leading case no Eg. Tribunal de Justiça do Rio Grande do Sul, o então Des. Athos Bulcão Carneiro, hoje eminente Ministro da casa, atento às lições de Arnoldo Wald (RT 413/54) e Francisco Pereira Bulhões Carvalho (Incapacidade civil e restrições de direito, v. 2º) sustentava, ab initio que:

'Cumpre definir – neste último quartel do Século XX, em que se renovam as concepções de vida, afirmam-se outros costumes e padrões de conduta socialmente aceitos, modificam-se as estruturas e os ditames familiares – cumpre definir, para este momento, o exato alcance da regra do art. 1.919, III, do Código Civil, pela qual não pode ser nomeada herdeira nem legatária a concubina do testador casado' (Revista de Jurisprudência do TJRGS, 80/128).

Por outro lado, restrito ao tema considerado relevante na arguição, estou em que o decisum não põe em risco a instituição do casamento, que permanece como base da sociedade (art. 226 da Constituição da República). A existência de união estável entre homem e a mulher, por igual modo, é reconhecida como entidade familiar (§ 3º, do art. 226 da Carta Política), em inequívoca demonstração de que o legislador constituinte, sensível à realidade vivenciada pela sociedade, consagrou esse relacionamento como credor da proteção do Estado. E este, através de sua função jurisdicional,

> *quando interpreta restritivamente o impedimento consignado no art. 1.719, III, Código Civil Brasileiro, cumpre o desiderato constitucional.*
>
> *Impõe-se dar à lei, especialmente em certos campos do Direito, como no de família, uma interpretação construtiva, teleológica e de valoração, fundada na lógica do razoável. O jurista, salientava Pontes de Miranda em escólios do Código de 1939 (v. 12/23) 'há de interpretar as leis com o espírito ao nível do seu tempo, isto é, mergulhado na viva realidade ambiente, e não acorrentado a algo do passado, nem perdido em alguma paragem, mesmo provável, do distante futuro'. 'Para cada causa nova o juiz deve aplicar a lei, ensina Ripert (Les forces creatives du droit, p. 392), considerando que ela é uma norma atual, muito embora saiba que ela muita vez tem longo passado'; 'deve levar em conta o estado de coisas existentes no momento em que ela dever ser aplicada', pois somente assim assegura o progresso do direito, um progresso razoável para uma evolução lenta."*

Nesta mesma direção exegética, e como homenagem à Justiça do Estado de origem do recurso, ao finalizar chamo à colação a lição de Galeno Lacerda em seus Comentários ao art. 809, Código de Processo Civil, segundo a qual:

> *"Há que interpretar a norma de acordo com a realidade e com a teleologia do sistema.*
>
> *Adotando esses fundamentos, conheço do recurso, em virtude do dissídio, mas nego-lhe provimento."*[12]

A matéria que tem suscitado grandes lides forenses, com o florescimento de novas teorias, considerando o novo relacionamento de homem e mulher com respeito mútuo e fidelidade recíproca, representa uma crise não da família, mas do modelo econômico, elevados custos do processo judicial e a dificuldade de soluções submetidas ao Poder Judiciário.

Houve, sem dúvida, profundo esforço do legislador, visando solucionar esse problema de uma realidade fática inevitável, às vezes, e incompreensível, outro tanto.

IV. *"o tabelião, civil ou militar, ou o comandante ou escrivão, perante quem se fizer, assim como o que fizer, ou aprovar o testamento"*. Todos os que tomam parte integrante na facção do testamento são, de forma idêntica, incapazes de adquirir por testamento. Como é plena a liberdade testamentária, também o oficial público e os que fazem sua vez privam o testador da espontaneidade necessária, exercendo influências negativas. Não podem, igualmente, tais pessoas virem a ser beneficiárias; não têm, portanto, capacidade passiva testamentária.

[12] *RT*, 731/236-240.

5 Pessoas interpostas

Muitas vezes burla-se a lei de forma indireta, razão pela qual o legislador fez constar o art. 1.802 do Código Civil como parte integrante do mecanismo de caracterização da incapacidade passiva.

São nulas as disposições testamentárias em favor de pessoas não legitimadas a suceder, ainda quando simuladas sob a forma de contrato oneroso, ou feitas mediante interposta pessoa (arts. 1.799 e 1.801). A lei considera interpostas pessoas os ascendentes, os descendentes, os irmãos e o cônjuge ou companheiro do não legitimado a suceder.[13] Todas essas pessoas constituem, por presunção legal, parte integrante da concubina, e a lei não admite prova em contrário.

Também pode o testador usar amigos, como interpostas pessoas, para fazer chegar à concubina determinado legado. Trata-se de matéria fática, permitindo a lei que a parte interessada use todos os meios lícitos de provas, visando defender seu direito; no entanto, tendo em vista a dificuldade dessa evidência, institui-se a presunção irrefragável da interposição, se o beneficiado for descendente, ascendente, irmão, cônjuge ou companheiro do incapaz de suceder, insuscetível, portanto, de ser ilidida por prova em sentido contrário.[14]

Nada impede, porém, que o testador agracie o filho gerado com a concubina, porque, nesse caso, não se trata de filho da concubina, da amante, mas de seu filho, seu sangue, que participará do processo sucessório, em igualdade com todos os outros filhos havidos do casamento regular.

A proibição legal não atinge o separado de direito, ou o antigo desquitado. Esse não postulou o divórcio, estando, provisoriamente, impedido para o novo casamento, mas sua relação com o leito anterior está consolidada e definida. Se a separação de fato ou de direito já perdura por mais de cinco anos, há presunção de boa-fé *juris tantum* do testador, objeto de prova pelo interessado.

O princípio constitucional que protege a entidade familiar, na verdade, quer preservar a família, sob todos os seus aspectos. Todavia, não pretende a Constituição descuidar-se dos princípios morais, oferecendo guarida à concubina, simples amante, aquela que faz parte de uma segunda relação, alicerçada no sexo. É evidente que os filhos, quaisquer que sejam eles, são protegidos, e não fazem parte da restrição contida no inciso IV, do art. 1.801 do Código Civil.

Finalmente, o art. 1.803 dispõe que "é lícita a deixa ao filho do concubino, quando também o for do testador", matéria evidente, alicerçada na jurisprudência, porque esse filho tem os mesmos direitos que os filhos provindos do casamento, face ao princípio constitucional.

---

[13] Código Civil, art. 1.802.

[14] PEREIRA, Caio Mário da Silva. Op. cit. n. 212.

Jurisprudência

EMENTA: AGRAVO REGIMENTAL NA ARGUIÇÃO DE SUSPEIÇÃO DO SUCESSOR DO MINISTRO TEORI ZAVASCKI NA RELATORIA DA PETIÇÃO N. 6.298/DF. ARGUIÇÃO AJUIZADA ANTES DA POSSE DO SUCESSOR. ARGUIÇÃO INCABÍVEL. AGRAVO REGIMENTAL AO QUAL SE NEGA PROVIMENTO. (STF - Acórdão As 86 Agr / Df - Distrito Federal, Relator(a): Min. Cármen Lúcia, data de julgamento: 20/04/2018, data de publicação: 09/05/2018, Tribunal Pleno)

PROCESSUAL CIVIL. RECURSO EM MANDADO DE SEGURANÇA. FALECIMENTO DA IMPETRANTE. HABILITAÇÃO DA SUCESSORA. IMPOSSIBILIDADE. NATUREZA PERSONALÍSSIMA DO MANDADO DE SEGURANÇA. MULTA PREVISTA NO ART. 1021, § 4º, DO CPC/2015. APLICABILIDADE. RECURSO MANIFESTAMENTE INADMISSÍVEL POR AUSÊNCIA DE CAPACIDADE POSTULATÓRIA E DE INTERESSE RECURSAL. 1. Trata-se de Recurso Ordinário em Mandado de Segurança interposto contra acórdão que, tendo em vista o falecimento da impetrante do mandamus, negou provimento ao Agravo Interno interposto contra decisão que entendeu pela ausência de interesse processual no prosseguimento da Ação e denegou a Segurança, declarando extinto o feito, sem resolução do mérito. 2. O Superior Tribunal de Justiça tem jurisprudência consolidada de que, ante o caráter mandamental e a natureza personalíssima do Mandado de Segurança, não é cabível a sucessão de partes, ficando ressalvada aos herdeiros a possibilidade de acesso às vias ordinárias. A propósito: EDcl no AgRg no RE nos EDcl no MS 16.597/DF, Rel. Ministro Humberto Martins, Corte Especial, DJe 16.12.2016; MS 17.372/DF, Rel. Ministro Herman Benjamin, Primeira Seção, DJe 8.11.2011; EDcl no MS 11.581/DF, Rel. Ministro Og Fernandes, erceira Seção, DJe 1º.8.2013. 3. No tocante à aplicação da multa a Valter Ferreira Xavier Filho, o Tribunal a quo entendeu pela manifesta inadmissibilidade do Agravo Interno interposto na origem por advogado que peticionou em nome de cliente falecida, carecendo aquele de capacidade postulatória para atuar no feito. Assim, padeceu aquele recurso de vício irremediável, qual seja, a inexistência do vínculo de representação, e falta de interesse recursal, ante a ausência da qualidade de terceiro interessado, uma vez que a decisão não lhe causa prejuízo. 4. O STJ possui entendimento firme e consolidado de que a imposição da multa prevista no art. 1.021, § 4º, do CPC/2015 não é aplicável em virtude do mero desprovimento do Agravo Interno em votação unânime, sendo necessária a configuração da manifesta inadmissibilidade ou improcedência do recurso a autorizar sua aplicação, o que ocorreu nos presentes autos, ante a inequívoca falta de capacidade postulatória do causídico para atuar no feito, já que o Agravo Interno foi interposto na origem por advogado que peticionou em nome de cliente falecida, e inexistência de interesse recursal, por ausência da qualidade de terceiro interessado, uma vez a decisão não lhe causa prejuízo. 5. Agravo Interno não provido. (STJ - Acórdão Agint nos Edcl no Rms 55146 / Df, Relator(a): Min. Herman Benja, data de julgamento: 21/08/2018, data de publicação: 16/11/2018, 2ª Turma)

PROCESSUAL CIVIL. AÇÃO ORDINÁRIA EM FASE DE CUMPRIMENTO DE SENTENÇA.SUBSTITUIÇÃO DOS FALECIDOS POR SEUS SUCESSORES. ABERTURA DE INVENTÁRIO. DESNECESSIDADE. 1. A jurisprudência do STJ reconhece a legitimidade dos sucessores para pleitearem direitos transmitidos pelo falecido antes mesmo de inaugurado o inventário, considerando que o direito patrimonial perseguido é transmissível aos herdeiros. 2. Acórdão recorrido em dissonância com a orientação firmada pelo STJ. 2. Recurso Especial provido. (STJ - Acórdão Resp 1715839 / Sp, Relator(a): Min. Herman Benja, data de julgamento: 17/04/2018, data de publicação: 25/05/2018, 2ª Turma)

DIREITO CIVIL - FAMÍLIA E SUCESSÕES - RECURSO ESPECIAL - INVENTÁRIO E PARTILHA – Cônjuge sobrevivente casado pelo regime de separação convencional de bens, celebrado por meio de pacto antenupcial por escritura pública. Interpretação do art. 1.829, I, do CC/02. Direito de concorrência hereditária com descendentes do falecido. Não ocorrência – Impositiva a análise do art. 1.829, I, do CC/02, dentro do contexto do sistema jurídico, interpretando o dispositivo em harmonia com os demais que enfeixam a temática, em atenta observância dos princípios e diretrizes teóricas que lhe dão forma, marcadamente, a dignidade da pessoa humana, que se espraia, no plano da livre manifestação da vontade humana, por meio da autonomia da vontade, da autonomia privada e da consequente autoresponsabilidade, bem como da confiança legítima, da qual brota a boa-fé; A eticidade, por fim, vem complementar o sustentáculo principiológico que deve delinear os contornos da norma jurídica. – Até o advento da Lei nº 6.515/77 (Lei do Divórcio), vigeu no Direito brasileiro, como regime legal de bens, o da comunhão universal, no qual o cônjuge sobrevivente não concorre à herança, por já lhe ser conferida a meação sobre a totalidade do patrimônio do casal; A partir da vigência da Lei do Divórcio, contudo, o regime legal de bens no casamento passou a ser o da comunhão parcial, o que foi referendado pelo art. 1.640 do CC/02. – Preserva-se o regime da comunhão parcial de bens, de acordo com o postulado da autodeterminação, ao contemplar o cônjuge sobrevivente com o direito à meação, além da concorrência hereditária sobre os bens comuns, mesmo que haja bens particulares, os quais, em qualquer hipótese, são partilhados unicamente entre os descendentes – O regime de separação obrigatória de bens, previsto no art. 1.829, inc. I, do CC/02, é gênero que congrega duas espécies: (i) separação legal; (ii) separação convencional. Uma decorre da lei e a outra da vontade das partes, e ambas obrigam os cônjuges, uma vez estipulado o regime de separação de bens, à sua observância – Não remanesce, para o cônjuge casado mediante separação de bens, direito à meação, tampouco à concorrência sucessória, respeitando-se o regime de bens estipulado, que obriga as partes na vida e na morte. Nos dois casos, portanto, o cônjuge sobrevivente não é herdeiro necessário – Entendimento em sentido diverso, suscitaria clara antinomia entre os arts. 1.829, inc. I, e 1.687, do CC/02, o que geraria uma quebra da unidade sistemática da lei codificada, e provocaria a morte do regime de separação de bens. Por isso, deve prevalecer a interpretação que conjuga e torna complementares os citados dispositivos – No processo analisado, a situação fática vivenciada pelo casal - Declarada desde já a insuscetibilidade de seu reexame nesta via recursal - É a seguinte: (i) não houve longa convivência, mas um casamento que durou meses, mais especificamente, 10 meses; (ii) quando desse segundo casamento, o autor da herança já havia formado todo seu patrimônio e padecia de doença incapacitante; (iii) os nubentes escolheram voluntariamente casar pelo regime da separação convencional, optando, por meio de pacto antenupcial lavrado em escritura pública, pela incomunicabilidade de todos os bens adquiridos antes e depois do casamento, inclusive frutos e rendimentos - A ampla liberdade advinda da possibilidade de pactuação quanto ao regime matrimonial de bens, prevista pelo Direito Patrimonial de Família, não pode ser toldada pela imposição fleumática do Direito das Sucessões, porque o fenômeno sucessório "traduz a continuação da personalidade do morto pela projeção jurídica dos arranjos patrimoniais feitos em vida". - Trata-se, pois, de um ato de liberdade conjuntamente exercido, ao qual o fenômeno sucessório não pode estabelecer limitações. - Se o casal firmou pacto no sentido de não ter patrimônio comum e, se não requereu a alteração do regime estipulado, não houve doação de um cônjuge ao outro durante o casamento, tampouco foi deixado testamento ou legado para o cônjuge sobrevivente, quando seria livre e lícita qualquer dessas providências, não deve o intérprete da lei alçar o cônjuge sobrevivente à condição de herdeiro necessário, concorrendo com os descendentes, sob pena de clara violação ao regime de bens pactuado - Haveria, induvidosamente, em tais situações, a alteração do regime matrimonial de bens post mortem, ou seja, com o fim do casamento pela morte de um dos cônjuges, seria alterado o regime de separação convencional de bens pactuado em vida, permitindo ao cônjuge sobrevivente o recebimento de bens de exclusiva propriedade do autor da herança, patrimônio ao qual recusou, quando do pacto antenupcial, por vontade própria - Por fim, cumpre invocar a boa-fé objetiva, como exigência de lealdade e honestidade na conduta das partes, no sentido de que o cônjuge sobrevivente, após manifestar de forma livre e lícita a sua vontade, não pode dela se esquivar e, por conseguinte, arvorar-se em direito do qual solenemente declinou, ao estipular, no processo de habilitação para o casamento, conjuntamente com o autor da herança, o regime de separação convencional de bens, em pacto antenupcial por escritura pública. - O princípio da exclusividade, que rege a vida do casal e veda a interferência de terceiros ou do próprio Estado nas opções feitas licitamente quanto aos aspectos patrimoniais e extrapatrimoniais da vida familiar, robustece a única interpretação viável do art. 1.829, inc. I, do CC/02, em consonância com o art. 1.687 do mesmo código, que assegura os efeitos práticos do regime de bens licitamente escolhido, bem como preserva a autonomia privada guindada pela eticidade. Recurso especial provido. Pedido cautelar incidental julgado prejudicado (STJ - REsp 992.749 - (2007/0229597-9) - 3ª T. - Relª Minª Nancy Andrighi - ***DJe*** 5-2-2010 - p. 709).

AGRAVO DE INSTRUMENTO - AÇÃO DE PETIÇÃO DE HERANÇA C/C INVALIDADE E NULIDADE DE TESTAMENTO, PARTILHA E OUTROS ATOS JURÍDICOS - JUÍZO INCOMPETENTE - NULIDADE PARCIAL RECONHECIDA - PENHORA ELETRÔNICA - 1 - O foro do domicílio do autor da herança no Brasil, é o competente para o inventário, a partilha, a arrecadação, o cumprimento de disposição de última vontade, e todas as ações em que o espólio for réu. 2 – Padece de nulidade absoluta a partilha homologada em arrolamento sumário, quando houve preterição de herdeiro necessário, ainda que declarada a paternidade em data posterior ao ajuizamento do arrolamento. 3 – Indeferimento de penhora eletrônica dado em ação de conhecimento, por ser instituto próprio da fase de execução. Agravo Conhecido e Provido (TJGO – AI 201091193819 – 1ª C.Cív. – Rel. Des. Vitor Barboza Lenza – *DJe* 19-7-2010 – p. 113).

HERANÇA – BEM DE FAMÍLIA – Com a morte, o domínio e a posse dos bens do *de cujus* se transmite *ipso iure* aos herdeiros necessários (art. 1.845, CC). Logo, se o imóvel objeto da penhora era destinado à residência da genitora da embargante e está sendo ocupado pela mesma, juntamente com seu marido, restou mantida a destinação originária do imóvel de servir à residência da entidade familiar, razão pela qual subsiste a impenhorabilidade do imóvel constrito (TRT-8ª R. – AP 0143600-14.2009.5.08.0003 – Relª Desª Fed. Graziela Leite Colares – *DJe* 20-4-2010 – p. 28).

AGRAVO DE INSTRUMENTO – DECISÃO QUE RECONHECEU A CÔNJUGE SOBREVIVENTE, CASADA SOB O REGIME DE SEPARAÇÃO TOTAL BENS (CONVENCIONAL/VOLUNTÁRIO) COMO HERDEIRA NECESSÁRIA DO *DE CUJUS* – INTELIGÊNCIA DO ARTIGO 1.845 DO CPC – DECISÃO MANTIDA – RECURSO IMPROVIDO – O Código Civil/02 fez significativa alteração na ordem de vocação hereditária, colocando o cônjuge dentre os herdeiros necessários (artigo 1.845), ao lado dos ascendentes e descendentes. O casamento sob o regime de separação total de bens, na modalidade convencional/voluntário, nos termos do Código Civil vigente, não impede que a cônjuge sobrevivente seja sucessora do autor da herança, concorrendo em igualdade de condições com os demais herdeiros (TJMT – AI 57454/2009 – Rel. Des. Leônidas Duarte Monteiro – *DJe* 28-10-2009 – p. 86).

Legado – Concubina. A vedação do art. 1.719, III, do Código Civil não abrange a companheira de homem casado, mas separado de fato. E como tal se considera a mulher que com ele mantém união estável, convivendo como se casados fossem (STJ – REsp 76234-RJ (95.0043757-0) – Rel. Min. Eduardo Ribeiro – 3ª T. – j. em 15-12-1995 – *DJ* 6-5-1996).

21

REDUÇÃO DAS DISPOSIÇÕES TESTAMENTÁRIAS

1 Conceito

A garantia legal da legítima do herdeiro necessário faz com que o testador não possa dispor em testamento de percentual maior que 50% de seu patrimônio. Não significa isso que o testamento estaria fadado a perder sua validade. Quando o testador invade a reserva legal dos herdeiros obrigatórios, permanece válido o testamento, mas deverão ser reduzidas as liberalidades. O direito de reclamar, na arena judiciária, ensina Carlos Maximiliano, incumbe ao legitimário, a seus credores, ao cessionário do direito dele, ao adquirente do quinhão, aos sucessores do referido reservatário, porém não aos credores do defunto.[1]

O testador não é obrigado a expandir sua vontade até exaurir a porção disponível. Poderá ele dispor somente de parte e o remanescente será transferido para a sucessão legítima. Essa é uma presunção legal, afirmando o legislador que "o remanescente pertencerá aos herdeiros legítimos, quando o testador só em parte dispuser da quota hereditária disponível".[2]

É justo lembrar o art. 1.788, fonte maior do art. 1.966. Muitos autores criticam o citado art. 1.966, considerando-o desnecessário, porque as normas contidas no art. 1.788 já esgotam a forma de distribuição do patrimônio. Ainda nas disposições gerais da sucessão em geral, diz o legislador que, "morrendo a pessoa sem testamento, transmite a herança aos herdeiros legítimos; o mesmo ocorrerá quanto aos bens que não forem compreendidos no testamento; e subsiste a sucessão legítima se o testamento caducar, ou for julgado nulo.

---

1 MAXIMILIANO, Carlos. *Direito das sucessões*. Rio de Janeiro: Freitas Bastos, ob. cit. v. 3, p. 37.

2 Código Civil, art. 1.966.

O cálculo da parte excedente é decorrência da aplicação do art. 1.847, isto é, apuram-se os bens arrecadados na data da abertura da sucessão, reduzindo-os com as dívidas deixadas pelo falecido e adicionando-se, em seguida, o valor dos bens sujeitos à colação. Os valores doados em vida pelo testador a seus descendentes, salvo ressalva, estarão sujeitos à colação, desdobramento dos arts. 1.789 e 1.846 do Código Civil de 2002.

Surgem os atritos, quase sempre, quando há doações em vida. Nesse caso, justo que o juiz manda avaliar tais bens, para verificar se o testador, no ato da liberalidade, não ultrapassou seu limite. Verificando-se que agiu corretamente, resta a igualdade dos herdeiros legitimários. Uma perícia, elaborada por *expert* nomeado pelo juiz poderá evitar maiores recursos, se houver uma audiência de conciliação.

A dispensa da colação não exime a redução. Tratando-se de bens patrimoniais, justo que as partes transijam, especialmente aquele que recebeu as liberalidades. Difícil será, no entanto, conciliação, se as doações foram feitas para o cônjuge de segundas núpcias e os necessários filhos do primeiro casamento[3].

Outra possibilidade corrente resulta de filho reconhecido fora do casamento, em ação de investigação, cumulada com petição de herança. O surgimento desse filho pode mudar, substancialmente, a divisão para o pagamento dos herdeiros descendentes. Muito comum os pais fazerem doações aos filhos e esses, considerando equivalência, não exigem colações. Entretanto, o novo filho pode exigir que todos colacionem, especialmente se vivia próximo da família.

2 Lei da redução

Rege-se a redução pela lei vigente na data da abertura da sucessão e não pela lei vigente no momento da feitura do ato de última vontade. O testamento, enquanto vivo seu autor, não produz efeitos jurídicos. Torna-se necessária a morte para que este ato possa gerar seus efeitos.

É de bom alvitre que o testador seja minucioso, descrevendo suas disposições de forma bastante clara, minorando as interpretações futuras. Quanto mais claro, mais detalhado, mais explícito for o testador, mais garantia terá do cumprimento de sua vontade após seu passamento. Assim, tendo sido categórico na forma do cumprimento, esclarecerá o testador como será feita a redução, caso sua vontade ultrapasse os limites legais, estipulando onde a redução ou quais disposições devem ser preservadas.

---

3 Veja-se, como fonte de interpretação, REsp n.1.314.071-SP

Em caso de omissão do testador, far-se-á a redução conforme o preceituado no Código. Serão reduzidos os quinhões destinados aos herdeiros e, em faltando para completar a parte indisponível, redução dos legados, proporcionalmente.

3 Regras da redução

A forma de reduzir está sedimentada nos arts. 1.967 e 1.968, quando omisso o testamento.

> *"As disposições, que excederem a metade disponível, reduzir-se-ão aos limites dela, em conformidade com o disposto nos parágrafos seguintes.*
>
> *§ 1º Em se verificando excederem as disposições testamentárias a porção disponível, serão proporcionalmente reduzidas as quotas do herdeiro ou herdeiros instituídos, até onde baste, e, não bastando, também os legados, na proporção do seu valor."*

Na forma adotada pelo Código, primeiramente são reduzidas as quotas do herdeiro instituído que, como se sabe, participa do todo ou de parte da universalidade da porção disponível. Não sendo quantia fixa ou bem de valor determinado, torna-se viável a redução que cumpre a vontade presumida do testador.

Permanecendo, ainda, o impasse, obrigando o magistrado a reduzir as liberalidades, então far-se-á redução nos legados, proporcionalmente. Os legatários experimentarão assim os cortes necessários até que se alcance ou se garanta a incolumidade da quota legitimária, pertencente aos herdeiros necessários.[4]

Note-se que essa regra do § 1º do art. 1.967 só se aplica quando, expressamente, não se manifestou o testador em sua última vontade, ou seja,

"se o testador, prevenindo o caso, dispuser que se inteirem, de preferência, certos herdeiros e legatários, a redução far-se-á nos outros quinhões ou legados, observando-se, a seu respeito, a ordem estabelecida no parágrafo antecedente".[5]

É interessante notar, como observam alguns autores, que as doações feitas a estranhos não sofrem redução, salvo se não bastam os quinhões dos herdeiros instituídos e os legados.[6]

---

4 MONTEIRO, Washington de Barros. *Curso de direito civil*. São Paulo: Saraiva, ob. cit.. v. 6, p. 195.

5 Código Civil, art. 1.967, § 2º.

6 BARROS, Hermenegildo de. *Manual do código civil brasileiro*. Rio de Janeiro: Livraria Jacinto, ob. cit.. nº 47.

O Código Civil de 2002 criou novas normas sobre reduções de doações, inseridas no capítulo sobre "colações". Segundo o art. 2.007, são sujeitas à redução as doações em que se apurar excesso quanto ao que o doador poderia dispor, no momento da liberalidade. Se as doações feitas pelo autor do patrimônio ultrapassaram a porção disponível, a redução far-se-á pela restituição ao monte do excesso; se não mais existir o bem em poder do donatário, deverá entregar ao monte o valor em dinheiro, apurado esse valor na data da abertura da sucessão.

Preceitua o § 3º do art. 2.007 que a parte da doação feita a herdeiro necessário, que exceder a legítima e mais a quota disponível, sujeita-se à redução.

4 Redução de prédio indivisível

O Código estabelece duas outras formas para a redução, visando a prédio divisível e indivisível. Na primeira hipótese, far-se-á a redução proporcional; na segunda, o § 1º do art. 1.968 oferece duas possibilidades: (a) se não for possível a divisão, e o excesso do legado montar mais de 1/4 (um quarto) do valor do prédio, o legatário deixará inteiro na herança o imóvel legado, ficando com o direito de pedir aos herdeiros o valor que lhe couber na parte disponível; (b) se o excesso não for de mais de um quarto, aos herdeiros fará tornar em dinheiro o legatário, que ficará com o prédio.

Na primeira possibilidade, o legatário não ficará com o prédio, recebendo seu direito dos herdeiros; na outra hipótese, o legatário pagará aos herdeiros a parcela excedente da metade que poderia legar o testador, ressarcindo-os do excesso. Os exemplos clássicos sobre o assunto, entre os autores modernos, foram esboçados pelo Prof. Washington de Barros Monteiro, adiante transcritos: "o prédio indivisível, objetivado no legado, vale R$ 100.000,00, tendo havido excesso de R$ 40.000,00 sobre a legítima. Nesse caso, como ele monta a mais de um quarto do valor, o imóvel permanece na herança, e o legatário recebe do herdeiro, ou dos herdeiros, em dinheiro, a quantia de R$ 60.000,00".

> *"Vejamos agora outro exemplo em que o prédio fica para o legatário e não para a herança: no imóvel indivisível, do mesmo valor de R$ 100.000,00, o excesso sobre a legítima, sujeito a redução, foi de R$ 20.000,00 apenas, portanto, menos de um quarto do valor do imóvel. Fica este, em tal hipótese, para o legatário, que reporá aos herdeiros a parte inoficiosa no valor de R$ 20.000,00."*[7]

7 MONTEIRO, Washington de Barros. Op. cit., v. 6, 2003, p. 252-253.

Permite a lei, ainda, que o legatário, sendo, também, herdeiro necessário, poderá inteirar sua legítima no mesmo imóvel, de preferência aos outros, sempre que ela e a parte subsistente do legado lhe absorverem o valor.[8]

O exemplo dado pelo Prof. Washington de Barros Monteiro aperfeiçoa o entendimento:

> *"O prédio vale R$ 100.000,00, a redução deve montar a R$ 40.000,00, e a legítima do herdeiro é de R$ 60.000,00. Somando esse último valor com a parte subsistente do legado (R$ 60.000,00 + R$ 60.000,00 = R$ 120.000,00), absorvido fica o valor de todo o prédio. O interessado receberá assim o imóvel, de preferência aos demais herdeiros, repondo apenas o excesso (R$ 120.000,00 – R$ 100.000,00 = R$ 20.000,00)."*[9]

5 Redução nas doações

Feita a redução na forma prevista nos arts. 1.967 e 1.968, e permanecendo, ainda, o impasse criado pela invasão na legítima dos herdeiros necessários, impõe o Código a redução a ser feita nas doações, quando vivia o autor da herança.

Verificando-se que foram excessivas as liberalidades do doador, por ato entre vivos, consideram-se estas doações inoficiosas e nulas de pleno direito, nos termos do art. 549 do Código Civil. Assim sofrerão, também, as doações, redução tanto quanto for necessário para a intangibilidade do herdeiro necessário. As regras de doações estipulam iniciar-se a redução pelas últimas e assim sucessivamente até o limite estabelecido na lei para a metade disponível do autor da herança, de livre disposição em testamento.[10]

---

8 Código Civil, art. 1.968, § 2ª.

9 MONTEIRO, Washington de Barros. Op. cit. v. 6. p. 253.

10 "Nulidade no tocante à parte que ultrapassa a parcela patrimonial de que o doador poderia dispor em testamento no momento da liberalidade. CC, art. 1.790. Honorários da sucumbência. Matéria fática. Súmula/STJ. Enunciado nª 7. Recurso desacolhido. I – A doação a descendente, naquilo que ultrapassa a parte de que poderia o doador dispor em testamento, no momento da liberalidade, é de ser qualificada de inoficiosa e, portanto, nula. Circunstâncias do caso concreto que incrementam a violação da legítima dos autores, pela forma como concretizada a doação. II – Não se tratando de impugnação ao critério legal adotado na fixação dos honorários advocatícios, mas de mera insurgência quanto ao montante arbitrado, incide, em princípio, a vedação do enunciado sumular nª 7, desta Corte. Referência Código Civil, arts. 1.171, 1.172, 1.173, 1.174, 1.175, 1.176, 1.788, 1.790. Decisão. Por unanimidade, não conhecer do recurso" (STJ – Ac. REsp. 86518/MS (199600048207), RE 233774, 4ª Turma, j. 1-9-1998, Rel. Min. Sálvio de Figueiredo Teixeira). Nota do Autor: os artigos referem-se ao Código Civil de 1916.

É muito usual a doação de valor em vida. Após a abertura da sucessão, perquire-se se é legítima a doação, ou necessária redução. Arnoldo Wald formula a seguinte hipótese:

> *"A falece deixando bens no valor de R$ 2.000,00. Em vida, doou R$ 3.000,00. Deve-se, então, distinguir duas situações diferentes. Se, por ocasião da doação de R$ 3.000,00, o patrimônio de A era igual ou superior a R$ 6.000,00, incluindo-se, assim, a doação nos limites do disponível, não pode a mesma ser reduzida. Para fins de imputação, considerar-se-á esgotada a parte disponível, e os R$ 2.000,00 deverão ser divididos entre os herdeiros necessários. Se, ao contrário, quando fez a doação dos R$ 3.000,00, A tinha apenas um patrimônio de R$ 4.000,00, houve um excesso inoficioso de R$ 1.000,00 na doação, cujo limite máximo permitido seria de R$ 2.000,00. Cabe, pois, a redução das doações inoficiosas."*[11]

É evidente que as reduções amigáveis podem ser feitas no processo judicial. Em havendo discordância entre os herdeiros, deverá o juiz enviar as partes para as vias ordinárias, permitindo amplo direito de defesa. Lembra Maria Berenice Dias, que a redução inoficiosa ou, simplesmente, de quinhão hereditário, pode ser intentada por qualquer dos herdeiros necessários, beneficiando a todos, indistintamente. Se a doação tiver sido feita a terceiro, não se opera a atração do juízo universal.[12]

Jurisprudência

Agravo de instrumento. Ação de redução de disposição testamentária. Decisão que deferiu a realização de perícia e fixou os honorários periciais. Inconformismo. Descabimento. Decisão não prevista no rol taxativo do art. 1.015 do CPC/2015. Questões não previstas no rol taxativo não são cobertas pela preclusão e podem ser suscitadas nas razões ou contrarrazões de eventual apelação. Precedentes. Recurso não conhecido. (TJSP - Acórdão Agravo de Instrumento 2129405-31.2018.8.26.0000, Relator(a): Des. Pedro de Alcântara da Silva Leme Filho, data de julgamento: 07/08/2018, data de publicação: 14/08/2018, 8ª Câmara de Direito Privado)

0066078-50.2012.8.26.0100 Apelação / Nulidade e Anulação de Testamento
Relator(a): João Pazine Neto
Comarca: São Paulo
Órgão julgador: 3ª Câmara de Direito Privado
Data do julgamento: 18/03/2014
Data de registro: 19/03/2014

---

11 WALD, Arnaldo. *Direito das sucessões*. São Paulo: Saraiva, 2002. p. 174.

12 DIAS, Maria Berenice. Op. cit., p. 460.

Ementa: Nulidade de testamento, inventário, partilha e outros atos jurídicos. Decadência afastada, por se tratar de hipótese de redução das disposições testamentárias, em virtude de normas de ordem pública, não de nulidade. Autora que ingressou com ação de investigação, na qual reconhecida sua paternidade. Necessidade de preservação de sua legítima. Sucumbência alterada para recíproca. Recurso provido em parte.

APELAÇÃO CÍVEL - ANULAÇÃO DE TESTAMENTO - ASSISTÊNCIA JUDICIÁRIA GRATUITA - ANÁLISE - OMISSÃO NA INSTÂNCIA "A QUO" - RECURSO RECEBIDO SEM PREPARO - PRELIMINAR DE DESERÇÃO REJEITADA - INÉPCIA DA INICIAL - INADEQUAÇÃO DO PROCEDIMENTO - INOCORRÊNCIA - AGRAVO RETIDO DESPROVIDO - LUCIDEZ PLENA DO TESTADOR - PROVA TESTEMUNHAL E DOCUMENTAL - IMPOSSIBILIDADE DE SIMPLES REDUÇÃO DE DISPOSIÇÕES TESTAMENTÁRIAS - NULIDADE DO TESTAMENTO - RECURSO DESPROVIDO - Conhece-se da apelação interposta a tempo e modo, independentemente do correspondente preparo, se não houve no juízo de origem expressa manifestação do juiz a respeito do pedido da parte de concessão da gratuidade, tendo o feito tramitado até o julgamento final como se concedido fosse, inclusive com o recebimento do recurso sem a exigência do preparo. Com razão maior, quando se constata que a parte faz jus ao benefício, de acordo com a Lei nº 1.060/50 - Havendo na peça inaugural a possibilidade de compreensão dos fatos e da pretendida consequência jurídica contida no pedido, afasta-se o reconhecimento da inépcia da inicial - Restando demonstrada nos autos a ausência de pleno discernimento do testador, na oportunidade da elaboração do ato de disposição de última vontade, por meio de prova testemunhal e documental, impõe-se a invalidação do testamento (TJMG - AC 1.0324.05.034726-3/001 - 1ª C.Cív. - Rel. Armando Freire - *DJe* 14-4-2010).

APELAÇÃO CÍVEL - INVENTÁRIO - TESTAMENTO PARTICULAR - REDUÇÃO DE DISPOSIÇÕES TESTAMENTÁRIAS - Se o testamento particular preencheu todos os requisitos previstos nos artigos 1876 e seguintes do Código de Processo Civil, não há que se cogitar em invalidade quando não comprovada a incapacidade do testador, ou a presença de um dos vícios da vontade. A liberdade de testar somente é total quando inexistirem herdeiros necessários (ascendentes, descentes e cônjuges), pois, havendo herdeiros dessa classe, a liberdade restringe-se a metade dos bens, nos termos do artigo 1846, do Código Civil. O fato de o testador ter extrapolado os limites da legítima não enseja a nulidade do testamento, impondo-se tão-somente a redução das disposições testamentárias. Aplicação do artigo 1967, do Código Civil. RECURSO PARCIALMENTE PROVIDO (TJRS - AC 70026646075 - 8ª C.Cív. - Rel. Des. Claudir Fidélis Faccenda - J. 19-3-2009).

Doações inoficiosas - Doação antenupcial e testamento - Violação da legítima.

I – A parte inoficiosa, porque excedente da disponível, tem-se como nula a título de violação da legítima dos herdeiros necessários, por isso cabível é trazer à colação todos os bens da doação antenupcial e do testamento, para efeito do cálculo do que fica como liberalidade (disponível) e do que vai para o acervo partilhável (para os herdeiros necessários).

II – Recurso não conhecido (STJ – REsp 5.325-SP – 3ª T. – Rel. Min. Waldemar Zveiter – *RSTJ*, v. 31, p. 315).

22

DAS SUBSTITUIÇÕES

1 Generalidades

Com o Código Civil de 2002 e a facilidade para testar, admite-se maior demanda pelas pessoas, buscando os cartórios de notas ou os advogados para orientação e redação dos testamentos. Em poucos anos de vigência do CC, crescente tem sido o número de testamentos, negócio jurídico unilateral.

Ao fazer o testamento, quer o testador que somente parte de seus bens seja transmitida para seus herdeiros necessários. A outra parte, denominada porção disponível, terá o destino consoante sua vontade. Visando à consecução deste ideal, aquele que forma o patrimônio em vida decide pela confecção do testamento, nomeando legatários e instituindo herdeiros.

A aceitação de legados ou da herança para o herdeiro instituído não é compulsória, podendo, também, as pessoas beneficiadas declinar do direito. Pode vir a ocorrer, de igual forma, que o legatário e o herdeiro tenham morrido, caducando a disposição testamentária. Pode, também, ser o legado com encargo e o legatário não queira cumpri-lo.

Em todas estas hipóteses, se não houver a indicação de outra pessoa para recolher em lugar do que declinou, a deixa irá acrescer a sucessão legítima, contrariando, assim, a primeira vontade do testador.

2 Conceito geral

Precavendo-se, no entanto, o testador, para que sua vontade se cumpra, poderá socorrer-se do instituto da substituição. Quando o autor do patrimônio decide fazer seu testamento, é provável que já tenha suas ideias definidas, sabendo que destinará determinado bem a tal pessoa, ou institua alguém seu herdeiro, participando da universalidade da porção disponível.

Para estar seguro de que sua vontade será cumprida, determinará ele o legatário ou o herdeiro, bem como o possível substituto, se o primeiro nomeado não quiser ou não puder vir a receber.

O substituto é, também, um agraciado, desde que o substituído não queira receber. O testador pode substituir outra pessoa ao herdeiro ou ao legatário nomeado, para o caso de um ou outro não querer ou não poder aceitar a herança ou o legado. Presume-se que a substituição foi determinada para as duas alternativas, ainda que o testador só a uma se refira.[1]

O testador pode substituir uma pessoa por outra, ou muitas por uma, ou vice-versa, bem como fazer a substituição com reciprocidade ou sem ela. Tudo depende da soberana vontade do testador, respeitando, unicamente, a proibição legal para as pessoas que não têm capacidade para adquirir por testamento.

O fideicomisso será, sempre, constituído por testamento. Às vezes, encontram-se tentativas de efetivação do fideicomisso por escritura de doação, o que é impossível, tratando-se de instituto privativo de sucessão testamentária, conforme pacífica jurisprudência do Superior Tribunal de Justiça. Em alguns países, admite-se o fideicomisso por ato entre pessoas vivas e em contrato de doação.

Novas normas foram introduzidas no fideicomisso. A novel legislação as acolheu, embora com ressalvas e contrariando correntes doutrinárias.

3 Espécies de substituições

Há três formas de substituição adotadas pelo Código Civil:

a) vulgar;

b) recíproca;

c) fideicomissária.

Além das enunciadas, outras formas de substituição vieram do Direito Romano, mas não foram adotadas no Código vigente: são elas a substituição

---

1 Código Civil, art. 1.947.

pupilar e a quase pupilar.[2] Na pupilar, o testador nomeava alguém para suceder seu filho menor, sob seu pátrio poder, caso este viesse a falecer; na quase pupilar, o testador nomeava um herdeiro para recolher a herança em caso de morte de seu descendente ou ascendente, portador de grave enfermidade mental, incapacitado para, por si próprio, fazer um testamento. É evidente que essas formas, embora admitidas por alguns códigos alienígenas vigentes, não podem prevalecer, porque alteram, substancialmente, a essência do testamento, qual seja, a liberdade ampla de testar, privativa do autor da herança.

4 Substituição vulgar

A substituição vulgar é aquela que revela a simples enunciação de outra pessoa ou de várias outras para substituir o herdeiro ou legatário ou vários outros. Exemplo: "assim, deixo a Paulo minha casa da Av. Barbacena e, se este não quiser ou não puder, o bem ficará para Pedro ou André, sucessivamente".

É, sem dúvida, uma forma simples e direta na qual o testador nomeia outra pessoa ou várias outras para recolher o bem legado. Pode o testador indicar um ou vários legatários, e, da mesma forma, uma ou várias pessoas para substituir uma só ou várias; isso não desnatura a substituição vulgar. Deixo a casa para Pedro; se ele não quiser ou não puder, ficará para Paulo e André; diferentemente: deixo a casa para Paulo e André, se eles não quiserem ou não puderem, o bem será entregue a Pedro. São muitas as variações permitidas na lei, que é bastante genérica.

5 Substituição recíproca

A substituição recíproca é aquela na qual o testador, na disposição testamentária, nomeia herdeiros ou legatários e também substitutos, declarando que uns substituirão aos outros reciprocamente. Exemplo: "instituo meus herdeiros Primus, Secundus, Tertius e Quartus, os quais se substituirão entre si. Verifica-se, assim, que, faltando um dos nomeados, os outros recolherão sua parcela, que não será remetida para sua sucessão legítima".

Estabelece o Código que o substituto fica sujeito ao encargo ou condição impostos ao substituído quando não for diversa a intenção manifestada pelo testador, ou não resultar outra coisa da natureza da condição ou do encargo.[3] Se o herdeiro instituído não quiser cumprir o encargo, efetua-se a caducidade,

---

[2] CARVALHO, Luiz Paulo Vieira de. Op. cit., p. 552.

[3] Código Civil, art. 1.949.

na forma prevista no art. 553 do Código Civil e a deixa será recolhida pelo substituto.

Segundo o art. 1.950,

> *"se, entre muitos coerdeiros ou legatários de partes desiguais, for estabelecida substituição recíproca, a proporção dos quinhões fixada na primeira disposição entender-se-á mantida na segunda; se, com as outras anteriormente nomeadas, for incluída mais alguma pessoa na substituição, o quinhão vago pertencerá em partes iguais aos substitutos".*

A regra do citado artigo pressupõe interpretação judicial, face à omissão do testador, ou imprevisíveis variações decorrentes do tempo.

6 Substituição fideicomissária

A substituição fideicomissária ocorre quando o testador entrega determinado bem ou herança total ou parte dela a uma pessoa determinada, chamada de fiduciário ou gravado com a obrigação de, por sua morte, a certo tempo, ou sob certa condição, transmitir ao outro, chamado de fideicomissário, a herança ou o legado.[4]

Pode o testador instituir herdeiros ou legatários, prevendo desde logo que, por ocasião da morte desse instituído, a herança ou o legado seja entregue ao fiduciário, outra pessoa nomeada. Com a morte do fiduciário, ou sob certa condição, a herança ou o legado será entregue a terceiro, fideicomissário.

Na primeira hipótese prevista, o testador lega o bem, beneficiando duas pessoas, recolhendo, primeiramente, o fiduciário que, por sua morte, será transferida a coisa fideicomitida para o fideicomissário; na outra forma, o testador insere uma condição e, com seu implemento, o bem fideicomitido será entregue ao fideicomissário; finalmente, estabelece um tempo de duração, findo o qual o bem passará a ser do fideicomissário.

Nessa forma de substituição, o testador beneficia, ao mesmo tempo, duas ou mais pessoas. Há, também, um limite fixado na lei, que não permite fideicomisso além do segundo grau.[5] Para o legislador, o fiduciário ou gravado é o primeiro grau e o fideicomissário é o segundo.

---

[4] Código Civil, art. 1.951.

[5] Código Civil, art. 1.959.

O fideicomisso beneficia ao mesmo tempo duas pessoas, sucessivamente. A primeira, o fiduciário ou gravado, recebe a propriedade resolúvel e restrita.[6] Por isso, ensina Itabaiana de Oliveira, se o fiduciário falecer depois do testador, mas antes de vencido o prazo, transmitirá sua propriedade fiduciária a seus herdeiros legítimos ou testamentários, que o desfrutarão até o advento do termo resolutório, quando, então, o fideicomissário receberá tais bens.[7]

Inovou o Código Civil de 2002, determinando que a substituição fideicomissária somente pode ser instituída em favor dos não concebidos ao tempo da morte do testador, na qualidade de fideicomissários. Digamos que o Sr. Antônio quer deixar a casa da Av. Afonso Pena, 2345, para seu filho Pedro (fiduciário), devendo, mais tarde, passados 20 anos, ser o bem entregue ao futuro filho de Pedro, ainda não concebido, que adotará a posição de fideicomissário.

Pelas novas regras, o fideicomissário não poderá ter nascido antes do falecimento do testador. Nesse caso, nascido o filho do legatário, a nua-propriedade lhe será entregue e Pedro ficará apenas com o usufruto da casa legada (parágrafo único do art. 1.952).

> *"A substituição fideicomissária é contrária à igualdade e à equidade, visto concentrar num só membro da família opulentos patrimônios, com prejuízo e desagrado dos parentes excluídos. Tais substituições, além de tudo, são um entrave à circulação de bens, obstáculo à cultura e desenvolvimento das lavouras, instrumento de fraude aos credores, que emprestam ao fiduciário, julgando-o dono exclusivo dos bens, mas acabando por verificar, bem tarde, que o fideicomissário não é responsável por tais dívidas.*
>
> *O fideicomisso é uma instituição exorbitante, sustentam, visto que o testador, por meio dela, dispõe dos seus bens, não só ao tempo da sua morte e na sua sucessão, mas ainda na morte do seu herdeiro, e na sucessão deste."*[8]

Sob o ponto de vista capitalista, o fideicomisso é um entrave à circulação de bens. Mas o espírito do instituto é a preservação do bem, beneficiando duas gerações, integral ou parcialmente. A nova ordem adotada pelo art. 1.952 é meio-termo que possibilita a manutenção do instituto.

---

[6] Código Civil, art. 1.953.

[7] OLIVEIRA, Arthur Vasco Itabaiana de. *Tratado de direito das sucessões*. Rio de Janeiro: Livraria Jacinto, ob. cit.. v. 2, p. 592.

[8] BAUDRY e COLIN. Apud SANTOS, J. M. Carvalho. *Código civil brasileiro interpretado*. Rio de Janeiro: Freitas Bastos, 1961. v. 14, p. 154.

A experiência na advocacia, planejamento e aconselhamento de interessados, faz-nos acreditar que a mudança nas regras do fideicomisso foram mais negativas que positivas. Pessoas que deixavam bens para seus filhos excepcionais – como fiduciários – e outros, mais tarde, como fideicomissários, tiveram essa faculdade proibida pela lei, reduzindo-se a vontade do testador a simples usufruto.

Venceu o poder econômico, contra um direito constitucional, sob a manta da legalidade. O direito de herança abrange não só a sucessão legítima, mas, igualmente, a testamentária e nessa é livre a distribuição da porção disponível, salvo as exceções previstas nos arts. 1.801 e 1.802.

A ideia primitiva e milenar do fideicomisso era a sua instituição para duas pessoas vivas. A nova regra do art. 1.952 não permite tal norma. Obriga que o fideicomissário seja concebido até dois anos, contados da morte do testador. Nas precisas palavras do CC, "a substituição fideicomissária SOMENTE SE PERMITE EM FAVOR DOS NÃO CONCEBIDOS AO TEMPO DA MORTE DO TESTADOR.

Ora, essa nova regra é, praticamente, a morte do fideicomisso, ou, na melhor das hipóteses, incutiram um câncer no instituto. Haverá uma prole eventual que poderá ser beneficiária. Se o fideicomissário já tiver nascido, na data do falecimento do testador, a propriedade lhe será concedida e o fiduciário será, unicamente, usufrutuário.

Pergunta-se, nos artigos que se seguem, há direitos e obrigações de ambos os titulares do direito. Como poderá um menor de idade, com dois ou quatro anos assumir obrigações? Quem o fará por ele? Aquiescerá o Ministério Público pelos ônus, incidentes contra o menor?

O art. 1.952 é inoportuno e alterou, substancialmente, as regras milenares do instituto.

7 Direitos e deveres do fiduciário

O fiduciário arrecada a propriedade do bem legado ou da herança resolúvel e restrita. Tem ele todas as prerrogativas do *dominus*, ou seja, o direito de usar, gozar, dispor e reivindicar a coisa.[9]

O fiduciário pode vender, mas o adquirente terá, ainda assim, a propriedade resolúvel e restrita;[10] proceder ao inventário dos bens gravados e, se o

---

[9] RODRIGUES, Sílvio. *Direito civil*. São Paulo: Saraiva, ob. cit.. p. 205.

[10] Código Civil, art. 1.359.

exigir o fideicomissário, a prestar caução de restituí-los;[11] restituir o bem fideicomitido no estado, ou melhor do que recebeu, diligenciando sempre pela administração exemplar, como sua a coisa ou os bens; ser indenizado pelas benfeitorias úteis e necessárias que tiver edificado, pois é possuidor de boa-fé;[12] ter a propriedade plena em caso de renúncia ou morte do fideicomissário antes do testador; renunciar ao fideicomisso na forma prevista em lei.

Se o testador for omisso, renunciando à herança ou ao legado o fiduciário, passará ao fideicomissário o direito de declarar se aceita ou não a deixa, segundo prescreve o art. 1.954 do Código Civil.

8 Fideicomissário

A lei vigente na data da abertura da substituição regula a capacidade testamentária passiva do fideicomissário. Tem ele direitos e deveres, elencados no diploma civil: exigir do fiduciário o inventário do bem fideicomitido; direito à parte que, ao fiduciário, em qualquer tempo acrescer;[13] renunciar ou aceitar a herança ou legado; receber os bens, com a extinção do fideicomisso, livres de quaisquer ônus, salvo o caso do art. 1.957;[14] responder pelos encargos da herança que ainda restarem, quando vier à sucessão;[15] indenizar o fiduciário pelas benfeitorias necessárias e úteis, estando dispensado de pagar as benfeitorias voluptuárias, por mais valiosas que sejam.

Assim, tendo o testador deixado o bem e encargos, não cumpridos todos eles na gestão destinada ao fiduciário, recolherá o fideicomissário o bem, respondendo pelos encargos que ainda restarem.

9 Caducidade

O fideicomisso, como todas as disposições testamentárias, é passível de caducidade. Assim, caduca o fideicomisso pela incapacidade ou exclusão do fideicomissário ou pela morte deste antes do testador;[16] se o fideicomissário morrer antes do fiduciário, ou antes de realizar-se a condição resolutiva do

[11] Código Civil, art. 1.953, parágrafo único.

[12] Código Civil, art. 1.219.

[13] Código Civil, art. 1.956.

[14] DINIZ, Maria Helena. Op. cit. v. 6, p. 240.

[15] Código Civil, art. 1.957.

[16] Código Civil, art. 1.939, IV e V.

direito deste último;[17] quando o fideicomissário renuncia à herança ou ao legado e, finalmente, pelo perecimento da coisa fideicomitida, sem a participação culposa ou dolosa do fiduciário.

Em todas essas hipóteses, a deixa se consolidará na pessoa do fiduciário, não mais sendo a propriedade resolúvel, para tornar-se propriedade plena, sem quaisquer condições ou ônus.

10 Nulidade

O art. 1.959 declara nulos todos os fideicomissos além do segundo grau. Constatada a nulidade da substituição ilegal, prevalece a instituição como se não existisse substituto do fideicomissário. Embora seja nula a instituição além do segundo grau, nada obsta, todavia, a nomeação de fideicomissários conjuntos.[18] O que a lei não permite é outro tipo de substituição, pois o fideicomissário já é substituto do fiduciário e não pode ir além do segundo grau.

Não pode o testador legar a casa da Av. Afonso Pena, 2345, para Pedro, depois, por sua morte, para seu filho primogênito, em seguida, com a morte deste, transmitida para seu neto. Seriam três gerações, o que é vedado pela lei.

A nulidade da substituição ilegal, diz o art. 1.960, não prejudica a instituição do fideicomisso, que valerá sem o encargo resolutório.

11 Fideicomisso e usufruto

O fiduciário recebe a coisa como propriedade resolúvel e restrita, enquanto no usufruto a propriedade é dividida, cabendo ao usufrutuário fruir as utilidades e os frutos. Ao nu-proprietário cabe a propriedade destacada, nua; o fideicomisso é figura típica do processo sucessório, instituído por testamento.

No fideicomisso há sucessividade de direitos, isto é, ao fiduciário e, por certa causa, ou determinado tempo ou por sua morte, ao fideicomissário; no usufruto, a propriedade partida pertence aos dois titulares, simultaneamente, cada qual dentro da parcela transmitida; no fideicomisso, com a morte do fiduciário, a propriedade resolúvel é transmitida a seus herdeiros ou sucessores. Com a morte do usufrutuário, a propriedade consolida-se na pessoa do nu-proprietário, que passa a ser simplesmente o proprietário, nada recebendo os herdeiros do usufrutuário; no fideicomisso, o fideicomissário não tem

---

[17] Código Civil, art. 1.958.

[18] PEREIRA, Caio Mário da Silva. Op. cit. p. 293. 472; GOMES, Orlando. *Sucessões*. Rio de Janeiro: Forense, ob. cit. p. 202.

a titularidade, portanto, não pode dispor da coisa fideicomitida, enquanto no usufruto o nu-proprietário pode vender o bem, respeitado o direito do usufrutuário; no fideicomisso, com a morte do fideicomissário, antes do fiduciário, consolida-se a coisa na pessoa do fiduciário, extinguindo-se a instituição; no usufruto, não se extingue o usufruto com a morte do nu-proprietário, permanecendo o usufrutuário na parcela que lhe cabia de fruir a coisa e a nua-propriedade será inventariada, passando esse direito para os herdeiros ou legatários do nu-proprietário.

> O fideicomisso sofreu fortes influências do poder econômico, transformando o conteúdo de sua constituição. Já no CC 1916 não se permitia a sua instituição além do segundo grau. Repete-se a norma no CC 2002, com bastante razão o legislador. Se aceito, o testador teria como administrar seu patrimônio eternamente, mesmo estando no além. Deve ser mencionado litígio entre os herdeiros das famosas "Casas Pernambucanas". Houve a instituição do fideicomisso, mas os herdeiros se recusavam a entregar a titularidade das quotas, decorrida a segunda geração.
>
> Quando se constitui o fideicomisso, pode o testador determinar a substituição vulgar ou mesmo a compendiosa, em não querendo aceitar o fideicomissário. Tal era permitido no CC 1916. O CC 2002 silenciou, obrigando o chamamento de interpretação judicial para determinar se é ou não possível essa substituição.
>
> No caso daquela empresa, o fideicomissário deveria transferir a sua parcela para os sócios remanescentes. Entretanto, havia dividendos não distribuídos e juros do capital retidos no caixa da empresa. Negaram-se a entregar esses frutos. O caso foi até o STJ, que, afinal, decidiu que os dividendos e demais frutos deveriam ter sido transferidos juntamente com as quotas. Se houve indevidos frutos pagos às quotas controvertidas, caberia à ex-fiduciária a devolução

Jurisprudência

DIREITO CIVIL E PROCESSUAL CIVIL. SUCESSÃO TESTAMENTÁRIA. FIDEICOMISSO. FIDEICOMISSÁRIO PREMORIENTE. CLÁUSULA DO TESTAMENTO ACERCA DA SUBSTITUIÇÃO DO FIDEICOMISSÁRIO. VALIDADE. COMPATIBILIDADE ENTRE A INSTITUIÇÃO FIDUCIÁRIA E A SUBSTITUIÇÃO VULGAR. CONDENAÇÃO DE TERCEIRO AFASTADA. EFEITOS NATURAIS DA SENTENÇA. 1. Se as questões trazidas à discussão foram dirimidas pelo tribunal de origem de forma suficientemente ampla, fundamentada e sem omissões, deve ser rejeitada a alegação de contrariedade do art. 535 do Código de Processo Civil. 2. A sentença não prejudica direitos de pessoa jurídica que não foi citada para integrar a relação processual (CPC, art. 472). Como ato estatal imperativo produz, todavia, efeitos naturais que não pode ser ignorados por terceiros. 3. O recurso de apelação e a ação cautelar são instrumentos processuais distintos e visam a diferentes objetivos. O ajuizamento de ambos para questionar diferentes aspectos do mesmo ato judicial não configura preclusão consumativa a obstar o conhecimento da apelação. 4. De acordo com o art. 1959 do Código Civil, "são nulos os fideicomissos além do segundo grau". A lei veda a substituição fiduciária além do segundo grau. O fideicomissário, porém, pode ter substituto, que terá posição idêntica a do substituído, pois o que se proíbe é a sequência de fiduciários, não a substituição vulgar do fiduciário ou do fideicomissário. 5. A substituição fideicomissária é compatível com a substituição vulgar e ambas podem ser estipuladas na mesma cláusula testamentária. Dá-se o que a doutrina denomina substituição compendiosa. Assim, é válida a cláusula testamentária pela qual o testador pode dar substituto ao fideicomissário para o caso deste vir a falecer antes do fiduciário ou de se realizar a condição resolutiva, com o que se impede a caducidade do ideicomisso. É o que se depreende do art. 1958 c.c. 1955, parte final, do Código Civil 6. Recurso especial de Nova Pirajuí Administração S.A. NOPASA a que se dá parcial provimento. 7. Recurso especial de Anita Louise Regina Harley a que se dá parcial provimento. (STJ - Acórdão Resp 1221817 / Pe, Relator(a): Min. Maria Isabel Gallotti, data de julgamento: 10/12/2013, data de publicação: 18/12/2013, 4ª Turma)

Conflito negativo de competência. ação de extinção de fideicomisso. disposição de última vontade. ação que deve tramitar no mesmo juízo em que tramitou a ação de inventário da testadora. competência do juiz suscitado da 2ª vara de família e sucessões da capital. (TJSP - Acórdão Conflito de competência 0036119-33.2018.8.26.0000, Relator(a): Des. Campos Mello (pres. da Seção de Direito Privado), data de julgamento: 25/11/2018, data de publicação: 27/11/2018, Câmara Especial)

Relator(a): Galdino Toledo Júnior
Comarca: São José do Rio Preto
Órgão julgador: 9ª Câmara de Direito Privado
Data do julgamento: 08/10/2013
Data de registro: 09/10/2013

Ementa: INVENTÁRIO ? Pedido de liberação das cláusulas de inalienabilidade, impenhorabilidade e incomunicabilidade incidentes sobre os imóveis inventariados Deferimento condicionado à ***substituição*** dos gravames Descabimento Exigências estabelecidas com o propósito de garantir o fideicomisso instituído pelos doadores originários Efetivação da ***substituição fideicomissária***, com a consequente transmissão dos bens às beneficiárias, que não mais justifica a manutenção dos gravames, que notoriamente impedem o livre aproveitamento do patrimônio Admissibilidade do pronto levantamento das restrições, sem exigência de ***substituição*** Recurso provido.

DIREITO CIVIL E PROCESSUAL CIVIL. SUCESSÃO TESTAMENTÁRIA. FIDEICOMISSO. FIDEICOMISSÁRIO PREMORIENTE. CLÁUSULA DO TESTAMENTO ACERCA DA SUBSTITUIÇÃO DO FIDEICOMISSÁRIO. VALIDADE.COMPATIBILIDADE ENTRE A INSTITUIÇÃO FIDUCIÁRIA E A SUBSTITUIÇÃO VULGAR. CONDENAÇÃO DE TERCEIRO AFASTADA. EFEITOS NATURAIS DA SENTENÇA.1. Se as questões trazidas à discussão foram dirimidas pelo tribunal de origem de forma suficientemente ampla, fundamentada e sem omissões, deve ser rejeitada a alegação de contrariedade do art.535 do Código de Processo Civil.2. A sentença não prejudica direitos de pessoa jurídica que não foi citada para integrar a relação processual (CPC, art. 472). Como ato estatal imperativo produz, todavia, efeitos naturais que não pode ser ignorados por terceiros.3. O recurso de apelação e a ação cautelar são instrumentos processuais distintos e visam a diferentes objetivos. O ajuizamento de ambos para questionar diferentes aspectos do mesmo ato judicial não configura preclusão consumativa a obstar o conhecimento da apelação.4. De acordo com o art. 1959 do Código Civil, "são nulos os fideicomissos além do segundo grau". A lei veda a substituição fiduciária além do segundo grau. O fideicomissário, porém, pode ter substituto, que terá posição idêntica a do substituído, pois o que se proíbe é a sequência de fiduciários, não a substituição vulgar do fiduciário ou do fideicomissário.5. A substituição fideicomissária é compatível com a substituição vulgar e ambas podem ser estipuladas na mesma cláusula testamentária. Dá-se o que a doutrina denomina substituição compendiosa. Assim, é válida a cláusula testamentária pela qual o testador pode dar substituto ao fideicomissário para o caso deste vir a falecer antes do fiduciário ou de se realizar a condição resolutiva, com o que se impede a caducidade do fideicomisso. É o que se depreende do art. 1958 c.c. 1955, parte final, do Código Civil.6. Recurso especial de Nova Pirajuí Administração S.A. NOPASA a que se dá parcial provimento.7. Recurso especial de Anita Louise Regina Harley a que se dá parcial provimento.(STJ - REsp 1221817/PE, Rel. Ministra MARIA ISABEL GALLOTTI, QUARTA TURMA, julgado em 10/12/2013, DJe 18/12/2013)

DIREITO CIVIL E PROCESSUAL CIVIL. SUCESSÃO TESTAMENTÁRIA. FIDEICOMISSO. EMBARGOS DE DECLARAÇÃO. EFEITOS INFRINGENTES.REJEIÇÃO. OMISSÃO QUANTO AO ARBITRAMENTO DE HONORÁRIOS ADVOCATÍCIOS.ACOLHIMENTO. EMBARGOS OPOSTOS POR TERCEIRO SEM LEGITIMIDADE NEM INTERESSE. NÃO CONHECIMENTO.1. Os embargos de declaração devem se restringir às hipóteses do art. 535 do Código de Processo Civil e à de correção de erro material no julgado embargado, não se prestando para novo julgamento da causa a fim de obtenção de resultado diverso.2. Provido o recurso especial de pessoa jurídica que sofreu condenação sem ter sido parte do processo para afastá-la da lide, devem ser fixados honorários de sucumbência em seu favor.3. Não são conhecidos os embargos de declaração opostos por quem não foi parte no processo nem foi prejudicado pela decisão.4. Embargos de declaração de Anita Louise Regina Harley rejeitados.5. Embargos de declaração de Ana Paula Harley, Hugh Anthony Harley, Ana Beatriz Harley, Ana Cecília Harley Noronha e Robert Bruce Harley rejeitados.6. Embargos de declaração de Nova Pirajuí Administração S/A - NOPASA - acolhidos, a fim de serem arbitrados honorários advocatícios.7. Embargos de declaração de Robert Vivasan Shyinann Harley Lundgren Souza Leão e outra não conhecidos.(STJ- EDcl no REsp 1215953/PE, Rel. Ministra MARIA ISABEL GALLOTTI, QUARTA TURMA, julgado em 24/06/2014, DJe 05/08/2014)

23

DESERDAÇÃO

1 Conceito geral

A deserdação é um ato jurídico, privativo do autor da herança, no qual, em testamento, pode excluir o herdeiro necessário de sua sucessão, por entender que ele praticou atos ilícitos, previstos em lei, contra sua pessoa, sua esposa, sua companheira, seus ascendentes ou descendentes.[1]

Deserdação é a manifestação de vontade, feita pelo autor do patrimônio, externada em disposição testamentária, pela qual o testador quer excluir o herdeiro necessário do processo sucessório, privando-o de sua legítima. Essa afirmativa está contida no art. 1.961 do Código Civil, estabelecendo a lei todos os casos em que podem ser excluídos os herdeiros necessários da sucessão.

Embora dependa da vontade exclusiva do testador, as hipóteses possíveis de exclusão são as elencadas na lei. Apesar de ser o testador o dono do patrimônio, aquele que o construiu, que juntou cada centavo até a formação do monte, só é legítima a deserdação se a causa, enquadrada na lei, for devidamente provada em ação própria. Pouco importa se o patrimônio foi ajuntado com sacrifício ou mera sorte. A lei estipula as hipóteses e somente em se verificando uma delas poderá o herdeiro necessário vir a ser excluído.

---

[1] CATEB, Salomão de Araujo. Deserdação e Indignidade no Direito Sucessório brasileiro. Ed. Del Rey p. 97.

Diferente é o caso dos demais herdeiros legítimos, companheiro ou colaterais. Para esses, bastará que o testador os ignore na confecção do testamento, concedendo liberalidades de todos os seus bens disponíveis, é o que se infere do art. 1.850 do Código Civil: "para excluir da sucessão os herdeiros colaterais, basta que o testador disponha do seu patrimônio, sem os contemplar".

O art. 1.845 considera herdeiros necessários os descendentes, os ascendentes e o cônjuge. Não há qualquer alusão ao companheiro. Poderá ele vir a ser considerado herdeiro necessário pela jurisprudência, se os juízes entenderem que o companheiro é produto da união estável, inexistindo impedimento para transformá-lo em casamento. O Código, entretanto, não elencou o companheiro no rol dos necessários.

Adverte Paulo Lacerda que "o Código Civil manteve a deserdação dos herdeiros necessários, quando devia ter acompanhado os Códigos Civis da França e da Itália".[2] Esses Códigos, afastando-se da maioria das legislações, não dão ao pai de família, chefe da sociedade doméstica, o direito de punir os filhos, deserdando-os, privando-os da legítima.

Em pesquisas sobre o assunto, Zeno Veloso apresenta auspicioso resultado, informando que na Inglaterra, Estados Unidos da América e México a liberdade testamentária é completa e irrestrita, e os Códigos Civis de Portugal, Espanha, Suíça, Áustria, Alemanha, Argentina, Uruguai, Paraguai, Peru, Chile e Colômbia adotaram a deserdação.[3]

Segundo Clóvis Beviláqua, o instituto é odioso e inútil, porque exprime à última vontade do indivíduo a forma hostil do castigo, a expressão da cólera, uma verdadeira vingança.

A deserdação é, muitas vezes, legítima manifestação do pai que quer excluir seu filho ingrato, ao negar-lhe meios suficientes para combater grave enfermidade. Segundo alguns doutrinadores, não basta a filiação biológica para ter direito à herança; é preciso que o filho biológico nutra amor a seu pai para fazer jus à legítima. Todos os casos previstos em lei, como justificadores da deserdação, são casos de desamor.

Em estado mais avançado da nossa civilização, é possível que a filiação socioafetiva, oriunda do amor, da livre escolha, suplante a relação jurídica advinda do DNA. Não basta ser filho, é imprescindível que os filhos amem a seus pais e vice-versa.

---

2 LACERDA, Paulo de. *Do direito das sucessões.* Rio de Janeiro: Jacinto Ribeiro dos Santos, 1917. p. 379.

3 VELOSO, Zeno. *Testamentos.* Belém: Cejup, 1993. p. 448. Vide, também, sobre o assunto, *Da igualdade dos efeitos na deserdação e na indignidade.* Belo Horizonte: VFMG, 2001.

2 Noção histórica

Não se conhece do processo de deserdação, senão após Justiniano, com a *Novella 115*, texto que inspirou as legislações modernas. Sabe-se, contudo, que o Código de Hamurabi, muito antes dos romanos, introduziu as primeiras ideias. Em Roma, na época da República, informam os historiadores que o homem que deserdasse sua família, e violasse a lei que a religião estabelecera, devia fazê-lo em público, em pleno dia, e assumir para si, durante a vida, todo o ódio que tal ato despertava. Era necessário que a vontade do testador recebesse aprovação da autoridade soberana, isto é, do povo reunido por cúrias, sob a presidência de um pontífice.[4]

O herdeiro prejudicado pela deserdação do pai poderia buscar refúgio no Pretor, arguindo em sua defesa razões plausíveis, demonstrando que seu pai estava insano, não justificando a deserdação. Cabia ao Pretor aceitar os argumentos e as provas, e, acatando-os, tornava o testamento nulo, restaurando a condição de herdeiro necessário ao filho.

3 Como se efetiva

A deserdação só pode ser feita em testamento, com expressa declaração de causa.[5] Não pode o testador, por mais plausível que seja a causa, por mais justa a exclusão do herdeiro, ordenar a deserdação por escritura pública ou outro meio.

É comum, havendo discordância entre familiares, especialmente movida por casamento de filho ou filha, certa antipatia por parte da sogra ou sogro contra a nora ou genro. O casamento é um ato de livre escolha do parceiro, não admitindo interferência de terceiros, se os nubentes buscam a felicidade. Às vezes, os pais querem influenciar no casamento dos filhos e, contrariados, bradam por deserdação do herdeiro, como se isso fosse fácil e sem causa prevista em lei. Como profissional do Direito, já fui procurado diversas vezes para proporcionar a deserdação em casos similares. O trabalho é esclarecer o constituinte, mostrando-lhe os dizeres da lei, o espírito do legislador e a impotência da vontade em casos parecido

---

4 COULANGES, Fustel de. *A cidade antiga*. 12. ed. São Paulo: Hemus, ob. cit.. p. 65.

5 Código Civil, art. 1.964.

4 Ação ordinária

Depois da morte do testador, cabe ao herdeiro instituído, ou qualquer interessado na herança, desde que esteja na ordem de chamamento da sucessão, provar a causa alegada pelo testador, ajuizando ação ordinária ou declaratória, cuja sentença reconhecerá a causa como justificativa da deserdação. Somente depois de transitada em julgado a sentença, opera-se a exclusão do herdeiro necessário. Também o deserdado pode postular sua defesa, quer provando sua inocência, quer alegando decadência ou outros meios legítimos e admitidos pela legislação processual.

Em ambos os casos, o prazo para o ajuizamento da ação é de quatro anos, contados da data da abertura do testamento.[6] Note-se que a lei defere o prazo de cinco anos para o interessado propor a ação de anulação do testamento, contado o prazo de seu registro. Esse é um prazo muito dilatado, porque os preteridos buscam anular o instrumento desde o momento que sabem de sua exclusão.

No caso da ação de deserdação, porém, a lei determinou o início do prazo da data da morte do testador, quando se abre a sucessão. É, consequentemente, bem menor o período de faculdade do excluído para mover a ação negatória ou os herdeiros que têm interesse na manutenção da vontade da exclusão, exposta no testamento.

5 Ônus da prova

Caberá ao herdeiro interessado o ônus da prova, alegada pelo testador. Somente com expressa declaração de causa pode o testador ordenar a deserdação (art. 1.964). Se o testador tiver indicado os meios ou a forma de provar o ato excludente, mais fácil será a tarefa do interessado. Não provada a causa alegada para a deserdação, é nula a disposição testamentária, não produzindo qualquer efeito e a sentença retroage *ex tunc*, recebendo o herdeiro sua legítima. Nessa hipótese também prevalecem as demais disposições do testamento. Note ainda que a reconciliação do testador com o herdeiro não significa perdão. A última vontade do testador é a constante do testamento e deve ser cumprida.

A necessidade de provar a causa indicada no testamento, pelo herdeiro que propõe a ação, tem por objetivo impedir que o titular do patrimônio disponha de todos seus bens, prejudicando, injustificadamente, a legítima do herdeiro necessário.

---

[6] Código Civil, art. 1.965, parágrafo único.

6 Causas da deserdação

As causas da deserdação são enunciadas no art. 1.814 e mais as dos arts. 1.962 e 1.963, para a deserdação dos descendentes por seus ascendentes:

a) *os que houverem sido autores, coautores ou partícipes de homicídio doloso, ou tentativa deste, contra a pessoa de cuja sucessão se tratar, seu cônjuge, companheiro, ascendente ou descendente* (art. 14, II, do CP). Exige a jurisprudência que o crime seja doloso, isto é, que o herdeiro tenha tido a reta intenção de praticar o ato, buscando seu resultado. A simples culpabilidade – imperícia, negligência – não é causa bastante para excluir o herdeiro legitimário. Da mesma forma, impõe-se que o ato praticado seja voluntário, não o ato induzido. A lei brasileira difere da legislação francesa, na qual exige-se a prévia condenação na esfera criminal para exclusão. Entre nós, os dois processos são distintos e independentes. Embora o tema seja de Direito Civil, absolvido o herdeiro na esfera criminal, claro que deixa de existir a causa excludente. A sentença criminal produz efeito de coisa julgada e lícito não será reconhecer a indignidade no juízo cível.[7]

   O Código Civil de 2002 expandiu bastante a possibilidade de exclusão do herdeiro necessário, quando pratica ato criminoso contra a vida do autor da herança, considerando, também, excludentes, se o ato é praticado contra o cônjuge ou companheiro, ascendente ou descendente. O legislador adicionou ao texto legal parte da jurisprudência, que refletiu posição realista.

   Não só a vida do autor da herança deve ser respeitada e preservada, mas a de todos os que fazem parte integrante de sua família próxima. Sendo, hoje, possível dois ou três casamentos, ou uniões estáveis, com filhos de um leito e a animosidade com o cônjuge de segundas núpcias, ou simples companheira, ou filhos de outro casamento ou união estável, a ação delituosa contra qualquer deles dá motivo à perda de legítima;

b) *os que houverem acusado caluniosamente em juízo o autor da herança ou incorrerem em crime contra a sua honra, ou de seu cônjuge ou companheiro*. O filho atribui, falsamente, ao testador (seu pai), a prática de um fato descrito como delito, levando o fato ao conhecimento da autoridade, causando a instauração de inquérito policial ou de ação

---

[7] MONTEIRO, Washington de Barros. *Curso de direito civil*. São Paulo: Saraiva, ob. cit.. v. 6, p. 60.

penal contra ele.[8] Os crimes contra a honra estão previstos nos arts. 138 a 140 do Código Penal. Na calúnia, existe a imputação de fato definido como crime; na difamação, o fato é meramente ofensivo à reputação do ofendido; e, na injúria, o fato versa sobre a qualidade negativa do testador, ofendendo-lhe a honra subjetiva. Na difamação e na calúnia há ofensa à reputação, versando sobre fato a ela ofensivo ou criminoso.[9]

Também aqui a lei avançou, protegendo o cônjuge ou companheiro, por razões óbvias. Não é só a pessoa física do autor da herança que deve ser preservada, mas, igualmente, o cônjuge ou companheiro;

c) *os que, por violência ou meios fraudulentos, inibirem ou obstarem o autor da herança de dispor livremente de seus bens por ato de última vontade*. A liberdade de testar é importante no processo sucessório brasileiro. Para que o testamento seja válido, impõe a livre manifestação de vontade do autor do ato. Não pode o testador sofrer qualquer inibição em seu direito de dispor os bens constantes da sua quota disponível. Com esse dispositivo visa a lei garantir plena liberdade de disposição por parte do *de cujus*. Se impedido este pelo herdeiro, que não trepida em recorrer à fraude, ao dolo e à coação, pune-o a lei com a incapacidade para suceder;[10]

d) *ofensa física*. Que pode ser leve, grave, qualquer que seja sua intensidade. Alguns autores, fundados em esparsas decisões de tribunais, entendem que a ofensa deve ter grau de intensidade, para que haja equilíbrio entre o ato danoso causado e a proteção da legítima. Essa é uma matéria a ser discutida em processo judicial, sabendo-se que, muitas vezes, o grau de revolta do filho contra o pai é consequência direta da educação que lhe foi ministrada, causando-lhe traumas infantis, gerando conflitos atuais e um elemento desencadeador. São aspectos a serem estudados à luz da Psicologia. É evidente que a ofensa física tenha sido voluntária e determinada, isto é, praticada com dolo;

e) *injúria grave*. Há também nesse dispositivo estreita ligação com a educação ministrada pelo pai. Se o herdeiro simplesmente investe contra o autor da herança, seu cônjuge, desrespeitando-o publicamente, causando-lhe constrangimentos e humilhações, é passível da

---

8 JESUS, Damásio E. de. *Código penal anotado*. 2. ed. São Paulo: Saraiva, 1991. p. 835.

9 JESUS, Damásio E. de. Op. cit. p. 372.

10 MONTEIRO, Washington de Barros. Op. cit. p. 61.

exclusão. Não se trata de qualquer injúria, de qualquer ato delituoso, mas de uma gravidade tal, capaz de justificar a exclusão do herdeiro e perda da legítima;

f) *relações ilícitas com a madrasta ou com o padrasto*. Essas pessoas ocupam a mesma posição da mãe e do pai, merecendo respeito, como se se tratasse de ascendentes de primeiro grau. A lei veda, acima de tudo, relação sexual entre parentes de primeiro grau, por princípios morais, higiênicos, religiosos, necessários à preservação da família;

g) *relações ilícitas com a mulher ou companheira do filho ou a do neto, ou com o marido ou companheiro da filha ou o da neta*. Autores entendem que é também incestuosa essa relação sexual ilícita. Merece destaque a opinião de Zeno Veloso, caracterizando as relações ilícitas como sedução, luxúria, concupiscência, lascívia, entre pessoas ligadas por vínculos familiares tão íntimos, que demonstram a quebra dos mais elementares princípios de honradez, dignidade e respeito, baixando às raias do escandaloso incesto, desagregando o lar e a instituição familiar;[11]

h) *desamparo do ascendente em alienação mental ou grave enfermidade*. É desalmado o filho que desampara o pai doente mental ou portador de grave enfermidade, sendo, portanto, passível de sua exclusão no processo sucessório.

> *A comprovação das causas de deserdação é questão de alta indagação que, se discutida no bojo do inventário, ainda que em autos apensados e sem resistência por parte do deserdado, causará tumulto. Além disso, só na via ordinária é que se poderá facultar o exercício de ampla defesa por parte dos interessados."*[12]

7 Deserdação dos ascendentes pelos descendentes

As causas que autorizam a deserdação dos ascendentes pelos descendentes são quase as mesmas, alterando, tão somente, as duas últimas que o Código prevê como ilícitas as relações com a mulher do filho ou neto, ou com o marido ou companheiro da filha ou neta, também atos considerados incestuosos por sua natureza, e o desamparo do filho ou neto em alienação mental, ou grave enfermidade.

---

[11] VELOSO, Zeno. Op. cit. p. 479.

[12] *RT*, 726/269.

8 Efeitos

Os efeitos da deserdação são pessoais, não se estendem aos filhos. Já decidiu o Tribunal de Justiça de São Paulo que a pena civil é um castigo que não incide sobre os sucessores da indigna, circunstância em que não se admite a pena além da pessoa do delinquente.[13] Endossam esse pensamento Carlos Maximiliano, Itabaiana de Oliveira, Caio Mário, Maria Helena Diniz, Orlando Gomes, Sílvio de Salvo Venosa, Zeno Veloso, Sílvio Rodrigues, Flávio Tartuce, José Fernando Simão e outros.

No entanto, Washington de Barros Monteiro, apoiado em João Luís Alves, discorda, expondo seu ponto de vista. Diz o festejado autor que são pessoais os efeitos da exclusão na indignidade, mas, em se tratando de deserdação, diversifica a situação, alegando que o Código não repete a regra contida no art. 1.816, *caput* e parágrafo único, referindo-se à deserdação.[14]

Em nova edição, sendo a atualizadora da obra Ana Cristina de Barros Monteiro França Pinto, nova posição transmite o livro de Washington de Barros Monteiro. Diz a coautora que "é forçoso reconhecer que ante a natureza de penalidade que acompanha a deserdação, seus efeitos hão de ser pessoais, não podendo ir além da pessoa que de forma tão reprovável procedeu".[15]

Ensina Sílvio Venosa que "da mesma forma que a indignidade, a deserdação é pena. A punição não pode passar da pessoa do culpado. Seus efeitos só podem ser pessoais. Destarte, inelutavelmente se aplica o disposto pelo art. 1.816, colocado no capítulo da indignidade".[16]

Entendemos que o crime não vai além do criminoso, por tradição do nosso direito e norma inserida na Constituição de 1988, e a declaração de indignidade é pessoal, recolhendo seus herdeiros a herança por direito de representação.

Assim como a deserdação só pode ser feita em testamento, é evidente que não há outra forma para o pai perdoar o filho, reabilitando-o, permitindo-lhe recolher a legítima. Diferentemente trata a lei em se referindo à reabilitação do indigno. Nesse caso, a lei permite o perdão por testamento ou em outro ato autêntico.

---

13 *RT*, 691/89.

14 MONTEIRO, Washington de Barros. Op. cit. v. 6, p. 219.

15 MONTEIRO, W. de Barros; FRANÇA PINTO, Ana Cristina de Barros Monteiro. *Curso de direito civil*, v. 6, 37ª edição, 2010, p. 247.

16 VENOSA, Sílvio de Salvo. *Direito civil, direito das sucessões*. 3. ed. São Paulo: Atlas, 2003. p. 295-296.

Justifica-se, igualmente, lembrar o art. 1.817, segundo o qual:

> *"São válidas as alienações onerosas de bens hereditários a terceiros de boa-fé, e os atos de administração legalmente praticados pelo herdeiro, antes da sentença de exclusão; mas aos herdeiros subsiste, quando prejudicados, o direito de demandar-lhe perdas e danos."*

O legislador utiliza-se de "exclusão", "excluído", palavras genéricas, merecendo lembrar que tanto a indignidade quanto a deserdação são formas de exclusão. Na indignidade são excluídos os herdeiros chamados, em decorrência de atos ilícitos praticados antes, durante e depois da morte do autor da herança, e acima indicados, ajuizando a ação qualquer interessado; na deserdação, diferentemente, são excluídos somente os herdeiros necessários, por atos pretéritos, mas somente o autor da herança pode deserdar.

Assim, o herdeiro necessário é chamado para recolher sua parcela na herança e, após a abertura do testamento, será conhecida a disposição testamentária, excluindo esse herdeiro, com a causa apontada pelo autor do patrimônio. Qualquer alienação onerosa de bens hereditários a terceiros de boa-fé, antes do conhecimento do fato, ou mesmo da sentença, prevalecerá.

Tramita no Congresso Nacional projeto de lei, nº 6.960, acrescentando parágrafo ao art. 1.965, assim expresso:

> *"São pessoais os efeitos da deserdação: os descendentes do herdeiro deserdado sucedem, como se ele morto fosse antes da abertura da sucessão. Mas o deserdado não terá direito ao usufruto ou à administração dos bens que a seus sucessores couberem na herança, nem à sucessão eventual desses bens."*

Embora posições de autores no estrangeiro e mesmo no solo nacional, considerando, ainda, que o testamento não é ato de vingança, e sublime o perdão, aquela pessoa que não é digna suficiente jamais poderia ser premiada com a sucessão de patrimônio, daquele que, com sacrifício, às vezes, formou-o e conservou-o.

Em acórdão do STJ (REsp. 1.185.122-RJ), o Min. Massami Uyeda, relator, decidiu, com os votos dos demais membros da Terceira Turma, que a ação de deserdação precisa de forte motivação e prova dos atos, para se excluir o herdeiro necessário. O ajuizamento de ação de interdição do testador, bem como a instauração de ação mediante o incidente tendente a removê-lo do cargo de inventariante, não é, por si, fato hábil a induzir a pena de deserdação do herdeiro. No caso analisado, pela excelsa corte, nem mesmo a instauração de processo judicial ou inquérito civil, justificaria tamanha penalidade.[17]

---

[17] REsp. nº 1.185.122, Rel. Min. Massami Uyeda, *DJe* 2-3-2011.

Em outro julgado do Tribunal de Justiça de Santa Catarina, a simples ausência de manifestação, por parte do testador, de deserdar o filho, impossibilita a deserdação, pouco importante haja ou não justa causa, prevista em lei. No caso, a ação cabível seria a exclusão por indignidade.[18]

Jurisprudência

RECURSO DE APELAÇÃO - PROCESSUAL CIVIL - CIVIL - AÇÃO DE INDIGNIDADE DE HERDEIRO AJUIZADA PELO AUTOR DA HERANÇA - ILEGITIMIDADE ATIVA - AÇÃO DE DESERDAÇÃO - INADEQUAÇÃO - AUSÊNCIA DE INTERESSE - DECLARAÇÃO TESTAMENTÁRIA - EXTINÇÃO SEM APRECIAÇÃO DO MÉRITO - RECURSO NÃO PROVIDO. . Apenas após a morte do autor da herança, fato que inaugura não somente a abertura da sucessão como também a transmissão da herança (Princípio da Saisine), é que as causas de indignidade do herdeiro haverão de ser apreciadas em juízo. . A apelante, como autora da herança, não ostenta, legitimidade para o ajuizamento de ação declaratória de indignidade de herdeiro. . Havendo a expressa disposição legal acerca do meio pelo qual se dá a deserdação - declaração testamentária -, resta inadmitido o processamento de "ação de deserdação". . Seja porque falece à autora a legitimidade para o ajuizamento de ação de indignidade, seja porque é inadequada a via judicial eleita para o pleito de deserdação, a extinção do processo, sem apreciação do mérito, é medida que se impõe. . Recurso não provido. (TJMG - Acórdão Apelação Cível 1.0428.13.001814-9/001, Relator(a): es. Corrêa Junior, data de julgamento: 31/01/2017, data de publicação: 10/02/2017, 6ª Câmara Cível)

AÇÃO DE INDIGNIDADE – DESERDAÇÃO DE ASCENDENTE - Pedido de exclusão da sucessão da genitora do falecido – De cujus que era interditado, tendo como curador, seu irmão – Destituição do poder familiar da genitora averbada na certidão de nascimento - Genitora que não cumpriu seu dever de amparo, sustento, não somente financeiro, mas psicológico, afetivo e físico – Desamparo do filho ou neto com deficiência mental ou grave enfermidade - Aplicação do artigo 1814, 1.815 e 1.963, IV do Código Civil - Hipótese de declaração de indignidade – Ausência de deserdação por testamento - Autor da herança civilmente incapaz que não poderia dispor através de testamento sobre seus bens – Hipótese afeta à causa de indignidade –– Exclusão de sucessão da herança por sentença judicial - Sentença mantida – RECURSO DESPROVIDO. (TJSP - Acórdão Apelação 1000127-70.2014.8.26.0602, Relator(a): Des. Maria Salete Corrêa Dias, data de julgamento: 11/09/2018, data de publicação: 11/09/2018, 6ª Câmara de Direito Privado)

---

[18] Ap. Civ. nº 2010.057966-1. Rel. Des. Substituta Cinthia Beatriz da Silva Bittencourt, j. 2-6-2011.

RECURSO ESPECIAL - AÇÃO DE DESERDAÇÃO - MERO AJUIZAMENTO DE AÇÃO DE INTERDIÇÃO E INSTAURAÇÃO DO INCIDENTE DE REMOÇÃO DA HERANÇA, AMBOS EM DESFAVOR DO TESTADOR SUCEDIDO - "INJÚRIA GRAVE" - NÃO OCORRÊNCIA - EXPEDIENTES QUE SE ENCONTRAM SOB O PÁLIO DO EXERCÍCIO REGULAR DO DIREITO DE AÇÃO - DENUNCIAÇÃO CALUNIOSA - EXIGÊNCIA DE QUE A ACUSAÇÃO SE DÊ EM JUÍZO CRIMINAL - AUSÊNCIA DE COMPROVAÇÃO DE QUE AS AFIRMAÇÕES DO HERDEIRO TENHAM DADO INÍCIO A QUALQUER PROCEDIMENTO INVESTIGATÓRIO OU MESMO AÇÃO PENAL OU DE IMPROBIDADE ADMINISTRATIVA CONTRA O SEU GENITOR - INVIABILIDADE, IN CASU, DE SE APLICAR A PENALIDADE CIVIL - RECURSO IMPROVIDO.1. Se a sucessão consiste na transmissão das relações jurídicas economicamente apreciáveis do falecido para o seu sucessor e tem em seu âmago além da solidariedade, o laço, sanguíneo ou, por vezes, meramente afetuoso estabelecido entre ambos, não se pode admitir, por absoluta incompatibilidade com o primado da justiça, que o ofensor do autor da herança venha dela se beneficiar posteriormente.2. Para fins de fixação de tese jurídica, deve-se compreender que o mero exercício do direito de ação mediante o ajuizamento de ação de interdição do testador, bem como a instauração do incidente tendente a removê-lo (testador sucedido) do cargo de inventariante, não é, por si, fato hábil a induzir a pena deserdação do herdeiro nos moldes do artigo 1744, II, do Código Civil e 1916 ("injúria grave"), o que poderia, ocorrer, ao menos em tese, se restasse devidamente caracterizado o abuso de tal direito, circunstância não verificada na espécie.3. Realçando-se o viés punitivo da deserdação, entende-se que a melhor interpretação jurídica acerca da questão consiste em compreender que o artigo 1595, II, do Código Civil 1916 não se contenta com a acusação caluniosa em juízo qualquer, senão em juízo criminal.4. Ausente a comprovação de que as manifestações do herdeiro recorrido tenham ensejado "investigação policial, processo judicial, instauração de investigação administrativa, inquérito civil ou ação de improbidade administrativa" (artigo 339 do Código Penal) em desfavor do testador, a improcedência da ação de deserdação é medida que se impõe.5. Recurso especial improvido. (REsp 1185122/RJ, Rel. Ministro MASSAMI UYEDA, TERCEIRA TURMA, julgado em 17/02/2011, DJe 02/03/2011)

TESTAMENTO – Público – Deserdação de filho – Desamparo de mãe enferma – Exclusão da herança pretendida pelo pai – Inadmissibilidade – Alegação, ademais, não comprovada – Subsistência da sucessão legítima – Testamento anulado – Reconvenção procedente – Recurso não provido *JTJ* 231/172.

Inventário – Deserdação – Questão de alta indagação cuja prova deve ser feita na via ordinária adequada, e não nos autos do inventário – Inteligência dos arts. 1.742 e 1.743 do CC.

A comprovação das causas de deserdação é questão de alta indagação que, se discutida no bojo do inventário, ainda que em autos apensados e sem resistência por parte do deserdado, causará tumulto. Além disso, só na via ordinária é que se poderá facultar o exercício de ampla defesa por parte dos interessados (TJSP – AI nº 272.355-1/3 – 7ª C. – j. em 6-12-1995 – Rel. Des. Souza Lima – *RT* 726/269).

24

REVOGAÇÃO E ROMPIMENTO DOS TESTAMENTOS

1 Conceito geral

O testamento é um negócio jurídico revogável, solene, por sua própria natureza. Conter uma disposição testamentária a afirmativa de sua irrevogabilidade não produzirá efeito. Revoga-se um testamento por outro, qualquer que seja a forma escolhida pelo testador. Não se revoga testamento por escritura pública de compra e venda de imóvel, muito menos por conversa de bar, na presença de cem testemunhas. A redação do Código não deixa dúvidas, afirmando que "o testamento pode ser revogado pelo mesmo modo e forma como pode ser feito".[1]

A revogação é um ato unilateral, no qual o testador impede que sua vontade anterior seja cumprida, ou seja, sua última vontade é outra, tornando sem efeito o que já estava redigido. Novo testamento significa nova manifestação de vontade. Enquanto o titular do patrimônio estiver com pleno discernimento, nada o impede de testar.

Revogar testamento é bastante simples, podendo o testador fazê-lo a qualquer hora, desde que cumpra as exigências legais. A partir de 11 de janeiro de 2003 são necessárias somente duas testemunhas para os testamentos ordinários e especiais, exceção ao testamento particular, em que a lei exige três.

Simplifica Caio Mário, declarando que "nos seus efeitos, equipara-se à nulidade, porque, revogada ou nula, a disposição se invalida".[2]

---

1 Código Civil, art. 1.969.

2 PEREIRA, Caio Mário da Silva. Op. cit., ob. cit., p. 313.

2 Formas de revogação

Da mesma forma que o redigiu, declarando em disposições como seria dividida a porção disponível, instituindo herdeiros ou legatários, também pode o testador revogá-lo, sem sofrer qualquer constrangimento. Se é livre para a confecção do ato, é livre para desfazê-lo. Não há direito adquirido de legatário ou herdeiro com o testador em vida. É um contrassenso herança de pessoa viva.

Se o Sr. Antônio resolve fazer um testamento público no dia 13 de fevereiro de 2009, a qualquer momento ou dia posterior – se estiver arrependido do ato – poderá revogá-lo, utilizando-se de uma das formas ordinárias, previstas em lei: por testamento público, particular ou cerrado. Nada impede que o testador, com pleno discernimento, faça outro testamento em 28 de novembro de 2019, revogando seus testamentos anteriores, sem mencionar o instrumento específico. Se, mais tarde, em condições especiais, quiser revogar aquele testamento público, também poderá fazê-lo a bordo de um navio, ou de uma aeronave, ou estando sitiado juntamente com a tropa, ou, até mesmo, se estiver em cativeiro, depois de ter sido sequestrado. Nessa última hipótese, nem mesmo testemunha a lei exige.

São, portanto, bastante simples as formas de revogação de testamento, o que torna prático seu uso. Já se foi o tempo que eram necessárias cinco testemunhas, verdadeiro entrave.

3 Exceção

Somente uma exceção está prevista na legislação pátria, com a introdução do parágrafo único ao art. 1º da Lei nº 883/1949 pela Lei nº 6.515, de 26 de dezembro de 1977, que trata de reconhecimento de filho, fora do casamento, a ser feito por qualquer dos cônjuges na constância do matrimônio. O art. 1º, III, da Lei nº 8.560, de 29 dezembro de 1992, é taxativo na disposição de irrevogabilidade de filho fora do casamento, permitindo que, entre as formas de reconhecimento, seja feito por testamento, ainda que incidentalmente manifestado.

A exceção não se refere ao todo, mas, unicamente, à disposição, ao reconhecimento da paternidade, que poderá ser contestada em ação própria, provando os interessados que houve vício na declaração ou reconhecimento. Toda manifestação de vontade deve ser legítima, não incorrendo o declarante em vício de vontade.

4 Revogação expressa e tácita

A revogação pode ser expressa e tácita, total ou parcial.

É expressa, quando o testador faz novo testamento e declara, expressamente, que revoga o testamento anterior no todo ou em parte; tácita, quando o testamento posterior contiver disposições contrárias ao anterior, subsistindo firmes as demais disposições;[3] é também tácita a revogação do testamento cerrado, quando aparecer aberto ou dilacerado pelo próprio testador, ou por alguém a seu mando.[4]

Diz-se total a revogação, quando o testamento posterior abrange a totalidade do testamento anterior, em todas as suas disposições, manifestando-se o testador de maneira contrária ao instrumento passado; é parcial, quando o testamento posterior não abrange todo o testamento anterior, subsistindo, portanto, as disposições que não tiverem sido atingidas pelo ato posterior.

5 Efeitos

A revogação produzirá seus efeitos, ainda quando o testamento, que a encerra, vier a caducar por exclusão, incapacidade, ou renúncia do herdeiro, nele nomeado; mas não valerá, se o testamento revogatório for anulado por omissão ou infração de solenidades essenciais ou por vícios intrínsecos.[5] Embora seja o testamento um ato jurídico solene, cumprindo determinados requisitos para sua validade, não estabelece a lei forma especial para revogar testamento.

O testador é livre para manifestar-se, devendo o ato posterior de última vontade prevalecer sobre a anterior. A circunstância de o herdeiro, nomeado no segundo testamento, vir a ser excluído por indignidade, ou de não ter legitimação para ser contemplado, ou de renunciar à herança, não apaga o fato inescondível de que, através de um segundo testamento, o testador desejou modificar a disposição anterior, privando da sucessão os herdeiros nomeados no primeiro.[6]

Ao revogar parcialmente o testamento, o testador retira o direito do legatário ou do herdeiro instituído, nomeando outro em substituição ou, não o fazendo, a quota será recolhida pelos herdeiros na sucessão legítima, de acordo com a ordem da vocação hereditária. Se o testador dispõe que o apto 203 da Av.

---

[3] Código Civil, art. 1.970, parágrafo único.

[4] Código Civil, art. 1.972.

[5] Código Civil, art. 1.971.

[6] RODRIGUES, Sílvio. *Direito civil.* São Paulo: Saraiva, ob. cit.. v. 7, p. 220.

Afonso Pena, 2345 ficará para José Mauro, com a cláusula de incomunicabilidade em testamento lavrado no dia 31 de julho de 2009 e, em 26 de setembro de 2019, fazendo outro testamento, revogando seus testamentos anteriores, é evidente que o legado de José Mauro foi revogado.

6 Testamento dilacerado

Considera-se, também, revogado o testamento particular rasgado, riscado, cancelado. À espécie, aplica-se o qualificativo adotado por Vitali e por Carlos Maximiliano de "revogação real ou material".[7] O testamento dilacerado pelo testador não se restaura, não produzindo qualquer efeito. No caso do testamento público, se o traslado for dilacerado por alguém ou, até mesmo, pelo testador, prevalece o ato solene feito perante o tabelião de notas. Se a vontade do testador era revogá-lo, terá de cumprir a lei, nos termos do art. 1.969, que é a regra geral.

7 Revogação legal ou rompimento

Observa Matiello que tanto a revogação como o rompimento conduzem à ineficácia do testamento. A diferença entre ambos consiste em que o primeiro decorre da vontade real ou presumida do testador no sentido de tornar ineficazes as disposições, enquanto o segundo resulta de circunstâncias de fato a que o legislador confere força bastante para tornar ineficaz a vontade testamentária, fundando-se exclusivamente na vontade presumida do disponente.[8]

Existe, ainda, uma forma de revogação, a presumida ou a legal. Ocorre o rompimento do testamento, quando sobrevive descendente sucessível ao testador, que não o tinha, ou não o conhecia, quando testou, rompendo-se, então, todas as disposições testamentárias, se esse descendente sobreviver ao testador.[9]

Diversas hipóteses podem vir a ocorrer: o nascimento de um filho legítimo, o aparecimento de um filho ilegítimo ou se o testador promover a adoção de um filho. Pode esse filho ser reconhecido mediante sentença judicial em ação de investigação de paternidade, rompendo-se, também, o testamento em face da abrangência do art. 1.973 do Código Civil.

---

7 PEREIRA, Caio Mário da Silva., atualizada por MOREIRA, Carlos Roberto Barbosa, v. 6, ob. cit., p. 319.

8 MATIELLO, Fabrício Zamprogna. Op. cit., p. 1268.

9 Código Civil, art. 1.973.

A Constituição de 1988 estabelece que os filhos, havidos ou não da relação do casamento, ou por adoção, terão os mesmos direitos e qualificações, proibidas quaisquer designações discriminatórias relativas à filiação.[10]

Como se expande a fertilização *in vitro* e é infinita a evolução científica, justo pesquisar as opiniões de João Baptista Vilella (*Desbiologização da paternidade*), Rolf Madaleno (*A sacralização da presunção na investigação da paternidade*), Zeno Veloso (*Direito brasileiro da filiação e paternidade*), para distinguir o genitor do pai. É bem verdade que o legislador constituinte não navegou por essas águas, nem mesmo o Estatuto da Criança e do Adolescente. O ECA visou pessoas até a maioridade, hoje, aos dezoito anos, e não qualquer cidadão. O § 6º do art. 227 da Constituição de 1988 refere-se à criança e ao adolescente e, segundo opiniões respeitadas, não poderia o parágrafo superar o teor do *caput*.

Surgindo outro herdeiro necessário, que o testador julgava morto, dispõe a lei que o testamento se romperá.[11] No entanto, não se rompe o testamento em que o testador dispuser de sua metade, não contemplando os herdeiros necessários, em todos os casos em que podem ser estes excluídos da sucessão.[12] Ora, a intenção do legislador é fazer prevalecer a legítima do herdeiro necessário, não retirando, no entanto, a liberdade de testar do autor da herança, desde que sua ação se restrinja ao texto legal. Dentro de sua metade disponível, tem ele ampla liberdade, salvo as exceções previstas no Código.

O testamento deverá ser apresentado em juízo, mandando o magistrado citar todos os herdeiros legítimos. Far-se-á, assim, a abertura, publicação e registro do testamento, iniciando-se o prazo para impugnação da manifestação de última vontade do autor da herança. A apresentação do testamento continua a ser regida pelos arts. 735 do CPC.[13]

São múltiplas as opiniões, ora provindas de votos em acórdãos, ora escritas em livros, discordando da regra extrema do Código. Tanto que é comum o magistrado admitir a presença do filho – que o testador não sabia de sua existência, ou ignorando-o testou todos os patrimônio – reduzindo as disposições testamentárias.

---

[10] Constituição Federal, art. 227, § 6ª.

[11] Código Civil, art. 1.974.

[12] Código Civil, arts. 1.962 e 1.963.

[13] CATEB, Salomão de Araujo. *Da sucessão legítima no CCB/2002*, publicação da Escola Judicial Des. Edésio Fernandes (Tribunal de Justiça de Minas Gerais), 2002. p. 230.

Em julgado no STJ, o Min. Luís Felipe Salomão, sendo relator, convenceu seus companheiros da Câmara,, relatando: "O RT. 1.973 DO Código Civil de 2002 trata do rompimento do testamento por disposição legal, espécie de revogação tácita pela superveniência de fato que retira a eficácia da disposição patrimonial. Encampa a lei uma presunção de que se o fato fosse de conhecimento do testador – ao tempo que testou – não teria ele testado ou o agiria de forma diversa.

Nesse passo, o mencionado artigo somente tem incidência se, à época da disposição testamentária, o falecido não tivesse prole ou não a conhecesse, mostrando-se inaplicável na hipótese de o falecido já possuir descendente e sobrevier outro (s) depois da lavratura do testamento. Precedência desta Corte Superior" (AgRg no Agr em REsp n.229.064 – SP. \no caso em vertente, o STJ não rompeu o testamento, fazendo-o prevalecer, reservando direito à legítima do herdeiro necessário surgido.,

Com muito acerto manifestou-se a Des. Maria Elza, no estudo de caso submetido à sua relatoria. Disse S. Exa. que "não se ignora que o testamento perfaz-se em ato formal e solene, tampouco que as exigências formais trazidas pelo legislador nada mais objetivam senão preservar a coincidência entre a externação da vontade do testador com o seu querer interno. E dizer, os requisitos formais possuem o escopo precípuo de assegurar a liberdade daquele que persegue uma distribuição mais equânime de seu patrimônio, tendo em vista seus próprios princípios e valores. Em última análise, busca-se a proteção da legitimidade da (última) declaração de vontade do testador. Com esteio na doutrina e jurisprudência mais recentes e flexíveis à interpretação das exigências testamentárias, porém, observa-se que deve prevalecer a vontade do de cujus, se não há nos autos nenhum elemento que afaste a presunção de legitimidade daquele ato, tampouco que infirme a capacidade mental do testador, ainda mais na forma pública, que conta com a presunção de veracidade de documento público. Tal raciocínio intente fazer valer a finalidade do ato, em detrimento do simples rigorismo formal, dissonante com as especificidades no caso concreto. (TJMG, Ap. Cív. N. 1.0461.04.023538-8/001, rel. Des. Maria Elza, j. 13/03/2008).

A preocupação maior dos senhores julgadores é pela preservação da autenticidade da vontade da testadora, que já não mais existe para confirmar o texto apresentado no instrumento. Um testamento público que o tabelião declara que a testadora esteve em seu estabelecimento na Av. Ipiranga, e confesse, em juízo, que a testadora lá não esteve, mas o substituto colheu a "vontade da testadora" em Hospital do Coração, é evidente que não pode prosperar tal instrumento, por ser inverídico.

JURISPRUDÊNCIA

CIVIL. PROCESSUAL CIVIL. RECURSO ESPECIAL. TESTAMENTO. ROMPIMENTO. POSSIBILIDADE. NULIDADE. EXISTÊNCIA. Na busca da preservação da vontade do testador, o rompimento de um testamento, com a sua consequente invalidade geral, é medida extrema que somente é admitida diante da singular revelação de que o testador não tinha conhecimento da existência de descendente sucessível. A prova em sentido contrário - de que o testador sabia da existência do descendente sucessível - mesmo existindo declaração do testador de que não tinha herdeiros necessários, impede a incidência do quanto isposto no art. 1.973 do Código Civil. A nulidade das disposições testamentárias que excedem a parte disponível do patrimônio do testador se circunscreve ao excesso, reduzindo-se as disposições testamentárias ao quanto disponível, nos termos dos arts. 1.967 e 1.968. A avaliação do conteúdo da deixa e seu cotejo com as disposições de ultima vontade do de cujus, para fins de verificação de possível invasão da legítima, são matérias adstritas ao curso do inventário. Inviável a aplicação da multa a embargos de declaração com o fito de prequestionamento (Súmula 98/STJ). Recurso especial parcialmente provido, apenas para afastar a incidência da multa do art. 538 do CPC/73, fixada na origem. (STJ - Acórdão Resp 1615054 / Mg, Relator(a): Min. Nancy Andrighi, data de julgamento: 03/08/2017, data de publicação: 10/08/2017, 3ª Turma)

REVOGAÇÃO DE TESTAMENTO – ELABORAÇÃO DE UM SEGUNDO - ATO FORMAL SUPERADO TACITAMENTE PELO ULTERIOR – BENS LEGADOS IDÊNTICOS – DISPOSIÇÕES DE VONTADE CONTRÁRIAS – INTELIGÊNCIA DO ART. 1.970 DO CÓDIGO CIVIL - DECISÃO MANTIDA – AGRAVO IMPROVIDO. (TJSP - Acórdão Agravo de Instrumento 2138822-42.2017.8.26.0000, Relator(a): Des. Giffoni Ferreira, data de julgamento: 15/02/2018, data de publicação: 15/02/2018, 2ª Câmara de Direito Privado)

REsp 1273684 / RS 2011/0202351-5 Relator(a) Ministro SIDNEI BENETI 1137) T3 - TERCEIRA TURMA Data do Julgamento08/05/2014 Data da Publicação/FonteDJe 08/09/2014 EmentaTESTAMENTO. ROMPIMENTO. HERDEIROS NECESSÁRIOS. LEGÍTIMA PRESERVADA.RECONHECIMENTO DE FILHO POR SENTENÇA JUDICIAL POSTERIORMENTE AOTESTAMENTO E AO ÓBITO DO TESTADOR. ALEGAÇÃO DE ROMPIMENTO FORMULADA POR FILHO AQUINHOADO NO TESTAMENTO, QUE ANTES RECEBEU DOAÇÃO COMENCARGO DE RESSARCIMENTO PARA EQUALIZAÇÃO. CONCORDÂNCIA COM OTESTAMENTO POR PARTE DOS DEMAIS FILHOS, INCLUSIVE O FILHORECONHECIDO. VALIDADE DO TESTAMENTO. RECURSO ESPECIAL PROVIDO. 1.- Não ocorre o rompimento do testamento, que, preservada alegítima, outorga da parte disponível em favor de todos os filhos reconhecidos, no caso de reconhecimento ulterior ao testamento e ao óbito, de filho não incluído no testamento à vista de dúvida de paternidade, desfeita em ação de investigação de paternidade mediante o exame de

DNA com utilização de material genético deixado pelo próprio testador, para análise. 2.- Vontade clara do testador preservada, inclusive quanto a ressarcimento por filho donatário de parte do patrimônio, por doação em vida, único a pleitear o rompimento do testamento, cuja validade é admitida por todos os demais herdeiros, inclusive pelo reconhecido ulteriormente. 3.- As circunstâncias da existência de filhos, herdeiros necessários, conhecidos do testador, tanto que em seu favor realizado o testamento, e da disposição testamentária com preservação da legítima de herdeiros necessários, torna prejudicada a discussão a respeito de conhecimento, ou não, pelo testador, da existência de outros filhos, no caso, o filho ulteriormente reconhecido por sentença judicial transitada em julgado. 4.- Vontade do testador absolutamente preservada, inclusive quanto ao sistema por ele estabelecido para a equalização patrimonial dos filhos após o óbito. 5.- Recurso Especial provido, com o restabelecimento do julgado de 1º Grau, prejudicados Embargos de Declaração interpostos pela Procuradoria Geral.

INVENTÁRIO - TESTAMENTO - RELAÇÃO ADOTIVA SUPERVENIENTE - ROMPIMENTO DO TESTAMENTO - ARTIGO 1.973 DO CÓDIGO CIVIL - DECISÃO SINGULAR QUE EMBORA RECONHECENDO O FATO - ROMPIMENTO DO TESTAMENTO - DEU PREVALÊNCIA A ESTE E DETERMINOU A EXPEDIÇÃO DE ALVARÁ PARA LEVANTAMENTO DE VALORES EM FAVOR DO INVENTARIANTE - AGRAVO DE INSTRUMENTO - IMPROVIMENTO - DECISÃO POR MAIORIA - a) A presunção legal "juris tantum" é no sentido que "Sobrevindo descendente sucessível ao testador, que não o tinha ou não o conhecia quando testou, rompe-se o testamento em todas as suas disposições, se esse descendente sobreviver ao testador" (Art. 1.973 do CC); b) Não há notícias que as agravantes tenham promovido qualquer medida judicial para questionar a validade da filiação adotiva. Esta, pela forma como foi procedida (judicial), se apresenta regular, válida e operante. Qualquer questionamento sobre ela não poderá ser feito no bojo de um processo de inventário, de jurisdição voluntária, que não comporta o crivo do contraditório (TJPE - AI 0194159-3 - 5ª C.Cív. - Rel. Juiz Conv. Silvio Romero Beltrão - *DJe* 17-3-2010 - p. 139).

ANULATÓRIA DE TESTAMENTO PÚBLICO - IMPROCEDÊNCIA - Testamento público que atendeu aos requisitos legais previstos no art. 1.864 do Código Civil. Desnecessidade da rubrica do testador em todas as suas folhas. Exigência apenas se o ato de disposição de última vontade for escrito mecânica ou manualmente. Hipótese diversa dos autos, já que lavrado perante o tabelião, na presença de testemunhas e do próprio testador, bastando apenas a assinatura dos presentes. Reconhecimento da autora, cônjuge do falecido, como herdeira necessária, consoante inovação trazida pelo atual diploma civil em seu art. 1.845, na ausência de descendentes e ascendentes. Sucessão que se rege pela legislação à época do falecimento do autor da herança. Inteligência dos artigos 1.787 e 2.041 do atual Código Civil. Cabível a redução das disposições testamentárias, e não a nulidade do testamento, para que se preserve a legítima da herdeira necessária (art. 1.857, § 1º, do Código Civil), o que deve ser feito nos autos do inventário, aonde medidas pertinentes devem ser adotadas para se apurar a real extensão do patrimônio do testador e se houve ou não infringência ao comando legal. Sentença mantida. Recurso improvido, com observação (TJSP – Ap-Rev 607.478.4/0 – (0002298196) – 8ª CDPriv. – Rel. Salles Rossi – *DJe* 22-5-2009 – p. 1080).

APELAÇÃO CÍVEL – AÇÃO DE REVOGAÇÃO DE TESTAMENTO PÚBLICO – RECONHECIMENTO JUDICIAL DE PATERNIDADE POSTERIOR AO TESTAMENTO – AUSÊNCIA DE OFENSA À LEGÍTIMA – Testador que possuía herdeiros necessários à época do testamento, bem como tinha conhecimento dos filhos havidos fora do casamento – Inaplicabilidade dos artigos 1.750 e 1.751 do Código Civil de 1916 – Manifestação de última vontade que deve permanecer hígida – Sentença correta – Recurso desprovido. Recurso adesivo – Honorários advocatícios – Majoração impossibilidade – Valor adequado à remunerar condignamente o trabalho do causídico – Sentença correta – Recurso desprovido (TJPR – AC 0625169-2 – (14019) – 12ª C.Cív. – Rel. Des. Clayton Camargo – *DJe* 1º-3-2010 – p. 324).

Testamento público – Anulação – Vício de consentimento – Revigoração do testamento anterior.

Demonstrada a ocorrência de vício de consentimento do testador, ao anular as disposições contidas em documento cerrado, através de testamento público, haverá este último de ser anulado por erro e dolo decorrentes de manobras astuciosas e de má-fé por parte dos beneficiários. Revigora-se, assim, o testamento anteriormente feito, que exprime a real vontade do testador (TJMG – Ap. Cív. nº 77.860/5 – BH – Rel. Des. Sérgio Lellis Santiago – *Jurisprudência Mineira*, v. 139/140, p. 242).

Testamento cerrado – Autor da herança – Legado da parte disponível – Disposição para os filhos do casamento – Exclusão de filho adulterino – Prova do conhecimento da existência do descendente – Rompimento do testamento – Impossibilidade.

O testamento se rompe quando ocorre a superveniência de descendente sucessível do testador, que não o tinha ou não o conhecia quando testou e desde que esse descendente sobreviva a ele (art. 1.750, CC). De igual modo, também se rompe o testamento efetivado na ignorância da existência de outros herdeiros necessários (art. 1.751, CC). Entretanto, não se rompe o testamento em que o testador dispuser de sua metade disponível, sem contemplar herdeiros necessários cuja existência conhecia (art. 1.752, CC).

A condição de filho adulterino, reconhecida em ação de investigação de paternidade, promovida após a morte do testador, não é, por si só, suficiente para legitimar o rompimento do testamento, se restar inequivocamente provado nos autos daquela ação que o "de cujus", quando testou, conhecia a existência daquele filho, sendo que a omissão do seu nome no testamento não significa o seu desconhecimento, mas sim a manifestação da vontade do testador de não contemplá-lo naquela metade disponível (TJMG – Ag. nº 97.395/8-Abaeté – 3ª C. – Rel. Des. Tenisson Fernandes – j. 11-12-1997 – *Jurisprudência Mineira*, v. 143, p. 45).

Ação ordinária - Cláusula genérica de revogação de testamento - Art. 333, *i*, do CPC.

I - O fato de o Juiz haver determinado a especificação de provas não o inibe de verificar, posteriormente, que a matéria versada dispensava que se as produzisse em audiência.

II - Hipótese em que a interpretação que se extrai do testamento dos autos é de haver nele cláusula genérica de revogação de qualquer outra manifestação de última vontade do testador, insuscetível de reapreciação na via eleita do Especial (Súmulas n°s 5 e 7, do STJ) (STJ - REsp 27.802-1-RJ - 3ª T. - Rel. Min. Waldemar Zveiter - *RSTJ* 58/311).

25

TESTAMENTEIRO

1 Conceito

Testamenteiro é a pessoa nomeada pelo testador para cumprir sua vontade, após sua morte, representando-o no testamento, fazendo cumprir a vontade do autor da herança. É um fiscal, uma pessoa de confiança, amigo, com certeza, que terá como obrigação maior zelar pelo cumprimento do testamento. Sua função é de agente da execução da vontade do testador, recebendo uma remuneração pelo desempenho dessas tarefas.

2 Testamentaria

Chama-se testamentaria o conjunto de tarefas e atribuições a serem desempenhadas pelo testamenteiro, no plano de administração do monte deixado no testamento.

O testamenteiro é um verdadeiro administrador, sujeito a prestação de contas e a responder seus bens particulares, se causar dano ao monte que esteve sob sua guarda.

Dentre as tarefas do testamenteiro, a mais importante delas, sem dúvida, é defender o testamento, mesmo que não encontre apoio ou ajuda dos herdeiros e legatários.

Segundo opiniões, o testamenteiro é um mandatário, sendo o testador o mandante: mandato *sui generis* para ser cumprido depois da morte deste. No entanto, refutam alguns, mandato não pode ser, pois nesse instituto os efeitos cessam com a morte do mandante, nos termos do art. 682, II, do Código Civil.

Para outros, como observa Clóvis, não é um mandatário, porque não representa a pessoa de cuja sucessão se trata, nem o herdeiro, nem os legatários. É um funcionário de ordem privada.[1]

3 Nomeação do testamenteiro

É livre a escolha do testador, podendo nomear um ou mais testamenteiros, em conjunto ou separadamente,[2] entre pessoas físicas e capazes. Quase sempre o testamenteiro é nomeado pelo testador em seu testamento ou em codicilo, escolhendo pessoa de sua confiança ou, até mesmo, entre os herdeiros necessários, herdeiros instituídos ou legatários, bem como pessoas estranhas ao processo sucessório. O cônjuge supérstite é a pessoa mais indicada, especialmente quando o casal vive bem.

Pode o testador nomear uma só pessoa, indicando substitutos, ou várias, cada qual com suas atribuições, evitando conflitos. Não pode, porém, o testador nomear pessoas jurídicas, menores de 18 anos, não emancipadas, pessoas declaradas ausentes, interditadas. Podem, entretanto, familiares ou estranhos que tenham sido testemunhas no testamento, que escreveu, a rogo, seu cônjuge, descendentes, ascendentes e irmãos,[3] os funcionários do cartório de notas, o tabelião, e as pessoas capacitadas para a facção dos testamentos especiais. Essa nomeação, em conjunto ou separadamente, deve ser feita em testamento ou em codicilo, e, se assim desejar o testador, designando as funções de cada qual e estabelecer a remuneração pelos trabalhos a serem executados, respeitado o disposto na legislação em vigor.

4 Posse e administração

Quando não há herdeiros necessários, nem cônjuge, pode o testador dividir toda a sua herança em legados ou herdeiros instituídos. Nessa hipótese, o testador pode também conceder ao testamenteiro a posse e administração da herança, ou de parte dela,[4] devendo, então, o testamenteiro requerer o inventário, nos termos dos arts. 615 do Código de Processo Civil, cumulando, também, as funções atribuídas à inventariança.

---

1 BEVILÁQUA, Clóvis. *Código civil comentado.* Rio de Janeiro: Francisco Alves, 1958. v. 6, p. 178.

2 Código Civil, art. 1.976.

3 Código Civil, art. 1.801.

4 Código Civil, art. 1.977.

Pode o testamenteiro recusar a indicação do testador, porque é seu direito assim proceder, se o cargo contrariar seus interesses ou seus princípios, uma vez que a mais importante função do testamenteiro é lutar pela execução do testamento. Nessa hipótese, não havendo substituto, a nomeação caberá ao cônjuge supérstite, ou, não o querendo, caberá ao juiz nomear o testamenteiro dativo.[5]

Coerdeiro, legatário e colegatário exercem a testamentaria, quer instituída, quer dativa, como observa Carlos Maximiliano,[6] de preferência a estranhos, que não tiveram qualquer relacionamento com o testador.

O cônjuge sobrevivente, se o casamento era no regime de comunhão universal de bens, ou, mesmo, parcial, havendo aquestos em profusão, terá o maior interesse na administração das duas tarefas, porque estará cuidando de seu patrimônio e de parte daquele que ajudou a construir.

O estranho, entretanto, embora tendo capacidade jurídica para tal, exercerá as funções como simples profissional, o que não espelha o espírito do testamento, a legítima vontade do testador, excluindo bens que deveriam integrar a legítima dos herdeiros necessários, atribuindo a outros.

Assim como a lei nomeou o dativo em última hipótese, deve o magistrado evitá-lo, a não ser nos casos extremos. Uma pessoa que não conviveu com o testador, não o conheceu, sabia seus costumes e hábitos, dificilmente cumprirá o testamento, tal qual o concebeu o testador.

A distribuição da porção disponível tem uma conotação muito especial, porque o titular do patrimônio está retirando dos necessários – seu sangue – parte dos bens que guardou.

5 Indelegável

O encargo da testamentaria não se transmite aos herdeiros do testamenteiro, nem é delegável (art. 1.985). A nomeação do testamenteiro (instituído ou dativo) tem em vista as qualidades pessoais do escolhido (designação *intuitu personae*) e a confiança de que desfruta.[7] Mas o testamenteiro pode fazer-se representar em juízo e fora dele, mediante mandatário com poderes especiais.[8] Explica-se: se o testador nomeou alguém para cumprir sua vontade, aceitando

---

5 Código Civil, art. 1.984.

6 MAXIMILIANO, Carlos. *Direito das sucessões*. Rio de Janeiro: Freitas Bastos, ob. cit.. v. 3, p. 211.

7 PEREIRA, Caio Mário da Silva. Op. cit. p. 317. v. 6, p. 293-294.

8 Código Civil, art. 1.985.

o encargo, deverá essa pessoa exercer as atribuições por si própria. Não poderá delegar poderes a terceiros, ficando na supervisão do trabalho executado. No entanto, há determinadas atribuições que requerem profissional especializado, como o caso do processo judicial. Somente advogado, inscrito na Ordem dos Advogados do Brasil (OAB) e exercendo sua profissão legitimamente, sem qualquer impedimento, poderá estar em juízo em nome do postulante do direito.

6 Espécies de testamenteiro

A lei prevê duas espécies de testamenteiro: (a) universal, quando tem a posse e administração da herança ou parte dela (art. 1.977). Reúne a função própria do testamenteiro, que é velar pelo cumprimento das disposições de última vontade do testador, à de inventariante, na observação de Clóvis Beviláqua[9] e (b) particular, quando não tem a posse e administração da herança, mas suas atribuições são certas e determinadas.

De modo geral, os testamenteiros exercem funções até o registro do testamento, aguardando o momento da partilha, quando, então, fiscalizarão o ato judicial, para que todos os legatários e herdeiros instituídos recebam suas parcelas.

7 Atribuições

Se o testamenteiro tiver a posse e a administração dos bens caberá a ele requerer o inventário, consoante o art. 1.978 do Código Civil.

Estipula o Código de Processo Civil que incumbe ao testamenteiro: (a) cumprir as obrigações do testamento; (b) propugnar a validade do testamento; (c) defender a posse dos bens da herança; (d) requerer ao juiz que lhe conceda os meios necessários para cumprir as disposições testamentárias.[10]

Há também outras atribuições genéricas, adicionais ao disposto na lei adjetiva. Assim, incumbe ao testamenteiro apresentar o testamento em juízo para ser aberto, cumprido, registrado e inscrito. A abertura somente é necessária em se tratando de testamento cerrado.

O Código de Processo Civil dispõe nos arts. 735 a 737 sobre apresentação dos testamentos, registro e do cumprimento do testamento. Dessa forma poderá o testamenteio, entre outras funções requerer ao juiz que o detentor

---

9 BEVILÁQUA, Clóvis. Op. cit. v. 6, p. 181.

10 Código de Processo Civil, art. 1.137.

do testamento o leve a registro, se tal providência não for tomada pelo próprio juiz, o qual somente negará registro ao testamento se ele padecer de vício externo (o novo Código Civil, em seu art. 1.979, dispõe igual determinação); eventuais defeitos quanto à formação e manifestação de vontade do testador deverão ser apreciados ou no inventário, ou em ação de anulação;[11] cuidar do enterro e do funeral do *de cujus*, fazendo as despesas necessárias, reembolsado pelo monte, se for testamenteiro universal ou constar de disposição expressa no testamento; requerer o inventário se tiver a posse e administração de toda a herança; requerer a inscrição da hipoteca legal da mulher casada, do menor e do interdito, instituídos herdeiros ou legatários , se lhe não competir a posse e a administração, assistir-lhe-á direito a exigir dos herdeiros os meios de cumprir as disposições testamentárias; e, se os legatários o demandarem, poderá nomear à execução os bens da herança;[12] propugnar pela validade do testamento, mesmo contra a vontade de todos os herdeiros, inventariante e demais interessados.

O testador confiava no testamenteiro, tanto que o designou para o cargo e expressou sua última vontade, desejando vê-la realizada. Assim, deverá o testamenteiro contratar bons profissionais, se for o caso, para a validade do testamento. Esse dever se prolonga mesmo depois de ter sido o mesmo cumprido:[13] nomear à execução os bens da herança, se os legatários o demandarem; requerer a inscrição da hipoteca legal dos incapazes, antes de entregar o legado, ou a herança aos representantes deles;[14] se testamenteiro universal, pagar os impostos, custas e emolumentos para execução do testamento; propor a ação cabível para defender a posse dos bens arrecadados; velar pela conservação, administração e aproveitamento dos bens confiados a sua guarda; cumprir os encargos dentro do prazo fixado pela lei ou pelo testador; prestar contas do que recebeu e do que despendeu, subsistindo sua responsabilidade enquanto durar a execução do testamento.[15]

Como administrador que é, o testamenteiro responde por seus atos de gestão e, em caso de negligência, incorre em responsabilidade, e pode ser removido e perder a vintena.

---

[11] *JTJ* 157/197. Apud Negrão, Theotônio. *Código de processo civil*. de 1.973

[12] Código Civil, art. 1.978.

[13] ALVES, Ferreira. *Manual do código civil*. Rio de Janeiro: Jacintho Ribeiro, 1928. v. 19, p. 436.

[14] Antiga norma do art. 840, II, do CCB/1916, não encontra correspondência no novo estatuto.

[15] Código Civil, art. 1.980.

8 Término da testamentaria

Depreende-se que o testamenteiro encerra suas atividades em decorrência de sua morte, impedimento ou destituição do cargo, bem como pelo término do prazo fixado pelo testador para o exercício das atribuições e, sendo omisso o testamento, no prazo de 180 dias.[16] Esse prazo pode ser prorrogado com autorização judicial. Cessa também com a conclusão de todos os encargos a que se obrigara o testamenteiro.

9 Direitos e deveres. Vintena

Pelo cumprimento de todos os encargos, terá o testamenteiro direito a um pagamento, denominado de prêmio ou vintena. Esse prêmio pode ser fixado pelo testador ou arbitrado pelo juiz, caso silencie o testamento. Levará em conta o juiz, ao arbitrar o percentual, o valor da herança e o trabalho de execução do testamento.

O prêmio, que não excederá 5%, será calculado sobre a herança líquida e será pago à conta da parte disponível, quando houver herdeiros necessários, e de todo o acervo líquido nos demais casos.[17] O pagamento deverá ser em espécie, pois a lei não admite se lhe adjudiquem móveis ou imóveis. Aliás, a lei proíbe o testamenteiro de adquirir bens do monte, mesmo em hasta pública, que estejam confiados a sua guarda ou administração.[18] Vintena, estipulada pelo testador, ou, com razão maior, arbitrada pelo juiz, não constitui dádiva ou benefício, porém honorário, paga, retribuição pró-labore. Quando a herança é absorvida de muitas dívidas, ainda assim o testamenteiro deverá receber pelo trabalho executado.[19]

Nem sempre o testamenteiro faz jus à vintena. Sendo casado, sob o regime de comunhão de bens, com herdeiro ou legatário do testador, não terá direito ao prêmio; ser-lhe-á lícito, porém, preferir o prêmio à herança ou legado.[20] Caberá a ele escolher entre o legado ou a vintena.

O art. 1.987 do Código Civil inicia o *caput* com o texto "salvo disposição testamentária em contrário, o testamenteiro, que não seja herdeiro ou legatário, terá direito a um prêmio", retirando a possibilidade de vir a receber as duas coisas. Essa é uma opção pessoal, por lhe trazer vantagem pecuniária. Aqui

16 Código Civil, art. 1.983.

17 Código de Processo Civil, art. 1.138 de 1973.

18 Código Civil, art. 497, I.

19 MAXIMILIANO, Carlos. Op. cit. v. 3, p. 243.

20 Código de Processo Civil, art. 1.138, § 2º de 1.973.

herdeiro é o instituído e não o herdeiro necessário. A jurisprudência admite que o testador possa determinar que o testamenteiro, também legatário, receba as duas coisas.

Dúvidas existem se os herdeiros necessários podem ser testamenteiros e receber a vintena. Alguns, inclusive Carlos Maximiliano, entendem que a lei não distingue entre herdeiro instituído e legítimo, não sendo devido o pagamento da vintena; desempenhando essas funções, ele apenas satisfaz uma obrigação, cumpre um dever, e assim não faz jus ao pagamento de pró-labore.[21]

Deve ser lembrado que a vintena é pagamento de serviços prestados. Se o testamenteiro for advogado, por exemplo, e o monte precisar de seus serviços profissionais para defender-se de uma invasão de terras, é evidente que terá direito aos honorários, arbitrados pelo juiz do feito.[22] O testamenteiro tem, também, direito de ser ressarcido por todos os gastos efetivados em decorrência do cumprimento do testamento.

Por outro lado, impõe a lei ao testamenteiro a obrigação de prestar contas do que recebeu e gastou. Findo o prazo para cumprir o testamento ou cumpridos os encargos, deve apresentar ao juiz do feito as contas em forma contábil, débitos e créditos, acompanhadas dos documentos comprobatórios. Deixando de fazê-lo, poderá ser acionado por qualquer herdeiro que, inclusive, pedirá ao juiz não seja paga a vintena. Nesse caso, reverterá à herança o prêmio, que o testamenteiro perder, por ter sido removido ou não ter cumprido o testamento.[23]

O testamenteiro que perder a vintena não sofrerá outras penalidades, salvo se agiu dolosamente, desviando bens do monte sob sua guarda e administração, quando será processado nos termos da lei penal. Não está, portanto, sujeito à prisão como depositário infiel, mesmo quando inventariante, porque não é considerado depositário judicial.[24] Também, as despesas que não forem comprovadas serão deduzidas do valor a ser pago, entendendo o juiz que não é o caso de perda da totalidade da vintena.

As funções do testamenteiro são pessoais, intransferíveis, indelegáveis, salvo as exceções legais. Falecido o testamenteiro, antes de concluídos os trabalhos, não poderão seus herdeiros prosseguir na testamentaria e receber a vintena.

---

[21] MAXIMILIANO, Carlos. Op. cit. v. 6, p. 236.

[22] MAXIMILIANO, Carlos. Op. cit. v. 6, p. 250.

[23] Código Civil, art. 1.989.

[24] DINIZ, Maria Helena. Op. cit. v. 6, p. 190.

9 Direitos e deveres. Vintena

Pelo cumprimento de todos os encargos, terá o testamenteiro direito a um pagamento, denominado de prêmio ou vintena. Esse prêmio pode ser fixado pelo testador ou arbitrado pelo juiz, caso silencie o testamento. Levará em conta o juiz, ao arbitrar o percentual, o valor da herança e o trabalho de execução do testamento.

O prêmio, que não excederá 5%, será calculado sobre a herança líquida e será pago à conta da parte disponível, quando houver herdeiros necessários, e de todo o acervo líquido nos demais casos.[25] O pagamento deverá ser em espécie, pois a lei não admite se lhe adjudiquem móveis ou imóveis. Aliás, a lei proíbe o testamenteiro de adquirir bens do monte, mesmo em hasta pública, que estejam confiados a sua guarda ou administração.[26] Vintena, estipulada pelo testador, ou, com razão maior, arbitrada pelo juiz, não constitui dádiva ou benefício, porém honorário, paga, retribuição pró-labore. Quando a herança é absorvida de muitas dívidas, ainda assim o testamenteiro deverá receber pelo trabalho executado.[27]

Nem sempre o testamenteiro faz jus à vintena. Sendo casado, sob o regime de comunhão de bens, com herdeiro ou legatário do testador, não terá direito ao prêmio; ser-lhe-á lícito, porém, preferir o prêmio à herança ou legado.[28] Caberá a ele escolher entre o legado ou a vintena.

O art. 1.987 do Código Civil inicia o *caput* com o texto "salvo disposição testamentária em contrário, o testamenteiro, que não seja herdeiro ou legatário, terá direito a um prêmio", retirando a possibilidade de vir a receber as duas coisas. Essa é uma opção pessoal, por lhe trazer vantagem pecuniária. Aqui herdeiro é o instituído e não o herdeiro necessário. A jurisprudência admite que o testador possa determinar que o testamenteiro, também legatário, receba as duas coisas.

Dúvidas existem se os herdeiros necessários podem ser testamenteiros e receber a vintena. Alguns, inclusive Carlos Maximiliano, entendem que a lei não distingue entre herdeiro instituído e legítimo, não sendo devido o pagamento da vintena; desempenhando essas funções, ele apenas satisfaz uma obrigação, cumpre um dever, e assim não faz jus ao pagamento de pró-labore.[29]

---

25 Código de Processo Civil, art. 1.138 de 1973.

26 Código Civil, art. 497, I.

27 MAXIMILIANO, Carlos. Op. cit. v. 3, p. 243.

28 Código de Processo Civil, art. 1.138, § 2ª de 1.973.

29 MAXIMILIANO, Carlos. Op. cit. v. 6, p. 236.

Deve ser lembrado que a vintena é pagamento de serviços prestados. Se o testamenteiro for advogado, por exemplo, e o monte precisar de seus serviços profissionais para defender-se de uma invasão de terras, é evidente que terá direito aos honorários, arbitrados pelo juiz do feito.[30] O testamenteiro tem, também, direito de ser ressarcido por todos os gastos efetivados em decorrência do cumprimento do testamento.

Por outro lado, impõe a lei ao testamenteiro a obrigação de prestar contas do que recebeu e gastou. Findo o prazo para cumprir o testamento ou cumpridos os encargos, deve apresentar ao juiz do feito as contas em forma contábil, débitos e créditos, acompanhadas dos documentos comprobatórios. Deixando de fazê-lo, poderá ser acionado por qualquer herdeiro que, inclusive, pedirá ao juiz não seja paga a vintena. Nesse caso, reverterá à herança o prêmio, que o testamenteiro perder, por ter sido removido ou não ter cumprido o testamento.[31]

O testamenteiro que perder a vintena não sofrerá outras penalidades, salvo se agiu dolosamente, desviando bens do monte sob sua guarda e administração, quando será processado nos termos da lei penal. Não está, portanto, sujeito à prisão como depositário infiel, mesmo quando inventariante, porque não é considerado depositário judicial.[32] Também, as despesas que não forem comprovadas serão deduzidas do valor a ser pago, entendendo o juiz que não é o caso de perda da totalidade da vintena.

As funções do testamenteiro são pessoais, intransferíveis, indelegáveis, salvo as exceções legais. Falecido o testamenteiro, antes de concluídos os trabalhos, não poderão seus herdeiros prosseguir na testamentaria e receber a vintena.

10 Remoção do testamenteiro

As obrigações do testamenteiro começam quando ele assina o termo de compromisso, declarando que aceita os encargos que lhe foram delegados pelo testador. Sendo indelegáveis suas funções, exerce o múnus de forma independente, sujeito à prestação de contas ao juiz e aos herdeiros. Pode, no entanto, o testamenteiro vir a ser destituído ou removido, quando: (a) forem glosadas despesas apresentadas por ilegais ou em discordância com o testamento;[33] (b) não cumprimento dos encargos no prazo determinado no testamento ou em

---

30 MAXIMILIANO, Carlos. Op. cit. v. 6, p. 250.

31 Código Civil, art. 1.989.

32 DINIZ, Maria Helena. Op. cit. v. 6, p. 190.

33 Código de Processo Civil, art. 1.140, I. de 1973

lei; (c) por ação, ou omissão, intencional, nociva aos interesses dos herdeiros e legatários;[34] (d) por incapacidade superveniente, como a interdição;[35] (e) promover interesses contrários ao espólio; (f) tornar-se inimigo ou contendor judiciário dos herdeiros, ou vir a ser credor do espólio, quando exerce as funções em virtude de nomeação feita pelo magistrado.[36]

Pode o juiz, de ofício, destituir o testamenteiro, ou a requerimento dos interessados ou do representante do Ministério Público. Exercerá suas funções até ser intimado da decisão judicial, quando poderá recorrer. Nesse caso, o recurso cabível é agravo de instrumento, nos termos do art. 1.015 do Código de Processo Civil.

Inexistindo herdeiros necessários, e o autor da herança tiver distribuído todo o seu patrimônio em legados, exercerá o testamenteiro o cargo de inventariante, desempenhando as funções próprias, nomeadas no Código de Processo Civil.

Nem sempre o CPC de 2015 tem correspondentes ao CPC de 1973, dificultando o trabalho dos julgadores, que, às vezes, são obrigados a fundamentar suas sentenças com a jurisprudência, artigos de doutrina e, mesmo, publicações que comentaram os códigos anteriores.

Jurisprudência

AGRAVO DE INSTRUMENTO - INVENTÁRIO - DIREITO CIVIL E PROCESSUAL CIVIL - ALIENAÇÃO DE BEM IMÓVEL - PAGAMENTO DA VINTENA - PRÊMIO PELO EXERCÍCIO DO CARGO DE TESTAMENTEIRO - AUSÊNCIA DE LIQUIDEZ - SOLVÊNCIA DO ACERVO PATRIMONIAL INVENTARIADO - RECURSO NÃO PROVIDO - DECISÃO MANTIDA. - A iliquidez do prêmio da testamenteira e, ainda, a existência de outros bens, suficientes para garantir o pagamento da dívida, não impedem a alienação de bem imóvel inventariado (inciso I, do artigo 992, do CPC/73). (TJMG - Acórdão Agravo de Instrumento-cv 1.0024.03.134048-2/014, Relator(a): Des. Ana Paula Caixeta, data de julgamento: 25/06/2015, data de publicação: 02/07/2015, 4ª Câmara Cível)

RECURSO ESPECIAL. DIREITO SUCESSÓRIO. CLÁUSULA TESTAMENTÁRIA PREVENDO A INCOMUNICABILIDADE DOS BENS IMÓVEIS DESTINADOS AOS HERDEIROS. NECESSIDADE DE ADITAMENTO DO TESTAMENTO PARA A INDICAÇÃO DE JUSTA CAUSA PARA A RESTRIÇÃO QUE NÃO FOI

---

34 GOMES, Orlando. *Sucessões*. Rio de Janeiro: Forense, ob. cit.. p. 236.

35 MONTEIRO, Washington de Barros. *Curso de direito civil*. São Paulo: Saraiva, ob. cit.. v. 6, p. 239.

36 MAXIMILIANO, Carlos. Op. cit. v. 3, p. 269.

OBSERVADA PELO TESTADOR. ARTS. 1.848 E 2.042 DO CC. INEFICÁCIA DA DISPOSIÇÃO TESTAMENTÁRIA QUE AFETA O TESTAMENTO. PRÊMIO DO TESTAMENTEIRO. CABIMENTO. RECURSO ESPECIAL IMPROVIDO. 1. Embora o autor da herança tenha deixado testamento público no qual fez inserir, como disposição única, que todos os bens imóveis deixados aos seus filhos deveriam ser gravados com cláusula de incomunicabilidade, com a vigência do CC de 2002 passou-se a exigir a indicação de justa causa para que a restrição tivesse eficácia, tendo sido concedido o prazo de 1 (um) ano após a entrada em vigor do Código, para que fosse feito o aditamento (CC, art. 1.848 c/c 2.042), o que não foi observado, no caso, pelo testador. 2. A despeito de a ineficácia da referida cláusula afetar todo o testamento, não há que se falar em afastamento do pagamento do prêmio ao testamenteiro, a pretexto de que a sua atuação no feito teria sido singela, uma vez que o maior ou menor esforço no cumprimento das disposições testamentárias deve ser considerado apenas como critério para a fixação da vintena, que poderá variar entre o mínimo de 1% e o máximo de 5% sobre a herança líquida (CC, art 1.987), mas não para ensejar a sua supressão. 3. Na hipótese, a fiel execução da disposição testamentária foi obstada pela própria inação do disponente ante a exigência da lei, razão pela qual não pode ser atribuída ao testamenteiro nenhuma responsabilidade por seu descumprimento, sendo de se ressaltar que a perda do direito ao prêmio só é admitida, excepcionalmente, em caso de sua remoção, nas situações previstas em lei (CC, art. 1.989 e CPC, art. 1.140, I e II). 4. Recurso especial improvido. (STJ - Acórdão Resp 1207103 / Sp, Relator(a): Min. Marco Aurélio Bellizze, data de julgamento: 02/12/2014, data de publicação: 11/12/2014, 3ª Turma)

EMENTA: AÇÃO DE INVENTÁRIO - TESTAMENTEIRA - PRÊMIO - PROPORÇÃO AO TRABALHO REALIZADO - VALOR MÍNIMO JUSTIFICADO E ADEQUADO - ARBITRAMENTO DE HONORÁRIOS - NECESSIDADE - RECURSO PROVIDO "IN CASU". - Nos termos do Art. 1987 do Código Civil, o valor do prêmio para o testamenteiro, que não seja herdeiro ou legatário, se o testador não o houver fixado deve ser fixado em valor que vai de um a cinco por cento, arbitrado pelo juiz sobre a herança líquida conforme a importância dela e a maior ou menor dificuldade na execução do testamento. - Na falta de estipulação ou de acordo entre as partes, os honorários são fixados por arbitramento judicial em remuneração compatível com o trabalho e o valor econômico da questão nos termos do art. 22, §2º da Lei nº. 8.906/94. (TJMG - Apelação Cível 1.0702.11.031753-5/001, Relator(a): Des.(a) Belizário de Lacerda , 7ª CÂMARA CÍVEL, julgamento em 11/03/2014, publicação da súmula em 14/03/2014)

Ementa

PROCESSUAL CIVIL. REQUERIMENTO DE HOMOLOGAÇÃO DE CESSÃO DE PRECATÓRIOS E DE SUBSTITUIÇÃO PROCESSUAL, FORMULADO EM PROCEDIMENTO DE JURISDIÇÃO VOLUNTÁRIA. DECISÃO QUE DEFERE, EM PARTE O PEDIDO, EXTINGUINDO O PROCESSO INCIDENTAL. RECURSO CABÍVEL: APELAÇÃO (CPC, ART. 1.110).

1. O procedimento de habilitação previsto na lei processual (arts. 1.055-1.062) inicia-se por um ato postulatório e se encerra por sentença.

2. A parte que requerer seu ingresso em feito em andamento, se indeferido o requerimento, pode interpor agravo; mas se o requereu em processo incidental autônomo, ainda que se conclua ser este desnecessário, a sua inutilidade é declarada por sentença terminativa, desafiando apelação.

3. Consoante a melhor doutrina, a apelação é o recurso cabível contra toda e qualquer sentença, entendido agora este termo, segundo a redação dada ao art. 162, § 1º, pela Lei nº 11.232, como "o ato do juiz que implica alguma das situações previstas nos arts. 267 e 269" – aos quais, por sinal, sempre remeteu *expressis verbis* o dispositivo sob exame. Não se distingue, pois, quanto ao cabimento do recurso, entre sentença definitiva e sentença meramente terminativa.

[...]

Não há distinguir, a este respeito, entre processos principais e acessórios, nem entre procedimentos de jurisdição contenciosa e procedimentos de jurisdição voluntária, podendo afirmar-se que nos últimos a apelação permaneceria cabível ainda que não existisse a regra específica do art. 1.110 (BARBOSA MOREIRA, José Carlos. Comentários ao Código de Processo Civil. Rio de Janeiro: Forense, v. V, 15. ed., 2010, nº 231).

E ainda: Dentro dos princípios gerais que devem vigorar, parece-nos que, em princípio, dois critérios hão de servir, se se trata de sentença, assim denominada em certos procedimentos (arts. 1.110, 1.111, 1.124, 1.165, 1.169, parágrafo único, 1.184, 1.185, 1.186, § 2º, 1.207), caberá apelação (art. 513). Também apelação quando se tratar de ato inominado do juiz, que constitua a decisão do pedido, concedendo ou denegando este, como, para exemplos, a decisão que determina as alienações judiciais (art. 1.113) e resolve acerca da preferência da alienação de coisa comum (arts. 1.117 e 1.119); homologa, ou deixa de homologar, a separação judicial por mútuo consentimento (art. 1.122); manda cumprir o testamento ou lhe nega cumprimento (arts. 1.126, 1.132 e 1.134); arbitra prêmio ao testamenteiro (art. 1.138); suspende ou deixa de suspender a arrecadação da herança jacente (art. 1.151); ou julga a habilitação do interessado, herdeiro, testamenteiro ou cônjuge (art. 1.153); ou declara a herança vacante (art. 1.157); manda entregar ou recusa a entrega, de coisa vaga (art. 1.172); ou adjudica ou deixa de adjudicar esta ao inventor (art. 1.174); resolve acerca de objetos deixados nos hotéis, oficinas e outros estabelecimentos (art. 1.175); decreta ou levanta a interdição (arts. 1.183, parágrafo único, 1.185 e 1.186); decide sobre nomeação, dispensa ou remoção de tutor ou curador (arts. 1.187, I, 1.193, 1.196 e 1.198); decide sobre organização e fiscalização das fundações (arts. 1.201, §§ 1º e 2º, 1.202 e 1.204); decide sobre a especialização da hipoteca legal (arts. 1.207 e 1.208). São casos, todos esses, em que a decisão, posto que não seja, rigorosamente, uma "sentença", a esta se há de equiparar no sentido de que é decisão final, que põe termo ao procedimento de jurisdição voluntária, ou resolve acerca deste, justificando-se, assim, a sua revisão pela instância superior, dentro do princípio informativo do duplo grau de jurisdição (CASTRO FILHO, José Olympio de. Idem, v. X, 5. ed., 2004, nº 21).

4. O ato que põe termo ao procedimento autônomo de jurisdição voluntária é sentença, desafiando recurso de apelação. Precedente: AgRg no Ag 51.419/GO, Rel. Ministro SÁLVIO DE FIGUEIREDO TEIXEIRA, QUARTA TURMA, julgado em 31-8-1994, *DJU* de 26-9-1994.

5. *In casu*, a decisão proferida no âmbito do procedimento autônomo incidental de habilitação, ao qual pôs termo, tem o seguinte teor: 1. Considerando que os Decretos nº 5.154/2001 e nº 5.003/2001 restaram revogados, os quais, em tese, exigiram a pretensão homologatória aqui buscada, interesse processual acerca deste pedido inexiste. Nesse sentido: "Desnecessária a homologação de cessão de créditos para fins de compensação tributária, pelo advento da revogação dos Decretos Estaduais 5.003, de 12.11.2001, e 5.154, de 17.12.2001, pelo Decreto Estadual 418, de 28.3.2007" (5ª Câmara Cível – relator: Mário Helton Jorge – Processo: 0438423-2 – *DJ* 7538). 2. Todavia, considerando a escritura pública de cessão de crédito de fls. 419/420 e 421/423, considerando a manifestação do Estado do Paraná à fls. 432/436 e, ainda, considerando a conta apresentada pelo Contador Judicial de fls. 428/430, proceda-se a substituição processual dos Requerentes nos autos de Ação Ordinária nº 11.229/73, na qualidade de detentores dos créditos expostos nas cessões aqui instrumentalizadas. 3. Apense aos autos principais, juntando ali cópia desta decisão, intimando-se, em seguida, o Estado do Paraná (fl. 35, e-STJ).

6. Tal decisão, contra a qual o Estado do Paraná interpôs a apelação, tem, à toda evidência, natureza de sentença terminativa do feito, uma vez que ela declara a falta de interesse processual dos requerentes quanto à pretensão homologatória da cessão dos precatórios, porquanto entende desnecessária a homologação, e, por outro lado, acolhe o pedido de substituição processual na ação principal, esta sim, o objetivo primeiro dos requerentes e verdadeiro objeto do feito incidental.

7. Recurso especial provido. STJ. Rel. Min. Luiz Fux. *DJe* 22-2-2011.

AGRAVO DE INSTRUMENTO – AÇÃO DE INVENTÁRIO – INVENTARIANTE E TESTAMENTEIRO – DISTINÇÕES – ESCALA LEGAL DE PREFERÊNCIA – SOCIEDADES EMPRESÁRIAS DO ESPÓLIO – DESEQUILÍBRIO SOCIETÁRIO INOCORRENTE – RECURSO NÃO PROVIDO – 1 – Não se confundem o testamenteiro, instituído pelo testador, e o inventariante, que é nomeado pelo juiz. Ao primeiro cumpre defender o testamento enquanto o segundo representa o espólio e atua no cumprimento de encargo legal. 2 – Em princípio, o juiz deve seguir com rigor a ordem de preferência constante do art. 990 do CPC para nomear inventariante. E o testador somente assumirá a inventariança no caso de estar na administração do espólio ou os bens foram todos distribuídos em legados. 3 – Não tendo sido confiada a administração do espólio à testamenteira e obedecida a escala estabelecida em lei, deve ser confirmada a nomeação da herdeira para a inventariança. 4 – A determinação para que a inventariante passe a administrar sociedade empresária da qual o *de cujus* era sócio, em si, não altera o equilíbrio societário. Está correta a expedição de alvarás para ensejar a referida administração. 5 – Agravo de instrumento conhecido e não provido, mantida a decisão que confirmou nomeação de inventariante e determinou expedição de alvarás (TJMG – AI 1.0024.08.117623-2/001 – 2ª C.Cív. – Rel. Caetano Levi Lopes – *DJe* 10-3-2010).

TESTAMENTO PÚBLICO – Pleito de nulidade, com base na incapacidade do testador, nos termos do inciso III, do artigo 1.627, do Código Civil/1916, vigente à época do testamento. Procedência da ação. Descabimento da análise do mérito. Testador que deixou para a então esposa, usufruto de imóvel, e, para outra legatária, a nua-propriedade do bem. Ajuizamento da ação apenas em face de um testamenteiro e do espólio da esposa do testador. Ausência de participação da legatária no polo passivo da demanda. Hipótese de litisconsórcio passivo necessário, nos termos do art. 47 do CPC. Ausência, outrossim, de participação de segundo testamenteiro. Decretação, de ofício, da nulidade do processo, para que seja determinada a emenda da inicial, a fim de ambos integrarem o polo passivo da demanda, com as respectivas citações. Prejudicado o exame do apelo (TJSP – Ap-Rev 523.389.4/2 – (0002282761) – São Paulo – 6ª CDPriv. – Rel. Sebastião Carlos Garcia – *DJe* 2-6-2009 – p. 765).

AGRAVO DE INSTRUMENTO – AÇÃO DE INVENTÁRIO APENSO AOS AUTOS DE REGISTRO E CUMPRIMENTO DE TESTAMENTO – AUSÊNCIA DE NULIDADE PELA NÃO INTERVENÇÃO DO MINISTÉRIO PÚBLICO EM 1º GRAU – HERDEIRO MENOR – PREJUÍZO NÃO DEMONSTRADO – PRELIMINAR REJEITADA – MÉRITO – NOMEAÇÃO DO TESTAMENTEIRO PARA O CARGO DE INVENTARIANTE – POSSE E ADMINISTRAÇÃO DO ESPÓLIO – POSSIBILIDADE – VONTADE ÚLTIMA DO INVENTARIADO EXPRESSA EM TESTAMENTO – DECISÃO MANTIDA – RECURSO IMPROVIDO – A não manifestação do Ministério Público em primeiro grau de jurisdição pode ser suprida pela intervenção da Procuradoria de Justiça perante o colegiado de segundo grau, especialmente se, embora alegada a nulidade, não for afirmado nem demonstrado o prejuízo para o interesse tutelado, mormente, se o próprio órgão superior do Ministério Público registra a ausência de prejuízo para o interesse da menor. A quem estiver na posse e administração do espólio incumbe o ônus de inventariante, mormente, se lhe foi confiada a administração do espólio pelo inventariado através de instrumento público – Testamento (TJMS – AG 2008.009252-6/0000-00 – Campo Grande – Rel. Des. Rêmolo Letteriello – J. 17-6-2008).

"Testamenteiro – Prêmio.

Tem como base de cálculo o total da herança líquida, ainda que haja herdeiros necessários, e não apenas a metade disponível, ou os bens de que dispôs em testamento o *de cujus*.

Pelo pagamento, entretanto, não responderão as legítimas dos herdeiros necessários, deduzindo-se o prêmio da metade disponível" (STJ – REsp 39.891-6. 3a T. – Rel. Min. Eduardo Ribeiro – *RSTJ* v. 66, p. 396).

26

INVENTÁRIO

1 Noções gerais

Quando, no início dos anos mil e novecentos, discutia-se o projeto de Código Civil, publicado em 1916, para entrar em vigor em 1° de janeiro de 1917, inexistia Código de Processo Civil e o mestre Clóvis Beviláqua incluiu normas processuais em seu trabalho, com a introdução do inventário e da partilha. Vencida a fase dos processos estaduais, surgiu o Código de Processo Civil de 1939, destacando, então, o processo de inventário de jurisdição voluntária. Com o advento do Código de Processo Civil de 1973, outra foi a posição adotada pelo legislador, que estabeleceu o inventário como procedimento de jurisdição contenciosa. Em 2015 com a lei de n.13.105, verificou-se a revogação do código anterior, com a criação do Código de Processo Civil, alterando o processo de inventario e outras normas.

Embora o processo de inventário tenha maior conotação administrativa, arrecadando os bens, pagando os impostos e partilhando-os entre os herdeiros, é possível a postulação de direitos de terceiros, dando origem a sentenças bem mais abrangentes que simples homologação judicial.

Como diz Arruda Alvim, a sentença é o ato culminante do processo de conhecimento e assenta-se em fato ou fatos, dando aos mesmos uma significação no universo jurídico, com base nos valores contidos na lei. É uma resposta imperativa ao pedido formulado pelo autor, bem como à resistência oposta a esse pedido, pelo réu, na defesa apresentada.[1]

---

[1] ALVIM, Arruda. *Manual de direito processual civil.* 6. ed. São Paulo: Revista dos Tribunais, p. 624.

Na apresentação de sua obra Código de Processo Civil comentado, Luiz Guilherme Marinoni, Sérgio Cruz Arenhart e Daniel Mitidiero comentam que " o Código de Processo Civil é sempre algo inacabado".

A Lei nº 11.441, de 4 de janeiro de 2007, introduziu, com três artigos, profundas modificações no processo de inventário, dando nova redação aos arts. 982 e 983 do CPC, permitindo o inventário por escritura pública. São condições gerais inseridas no art. 982, que os herdeiros sejam maiores, capazes, não haja testamento e todos os interessados estejam concordes.

Posteriormente, em 24 de abril do mesmo ano, a Resolução nº 35 do Conselho Nacional de Justiça detalhou, em autêntica legislação delegada, os requisitos para a lavratura do inventário administrativo. Segundo o CNJ, visou o órgão que tal resolução se justificava visando"a aplicação da Lei nº 11.441/2007 em todo o território nacional, com vistas a prevenir e evitar conflitos".

Os cartórios de notas e registros adotaram a Resolução, fazendo, às vezes, exigências indevidas, pela interpretação do texto do CNJ. Esqueceu-se, porém, de criar a tabela de custas ou emolumentos, o que representa, quase sempre, em ônus bem mais pesado para o interessado.

Salvo melhor juízo, os emolumentos cobrados pelos Cartórios de Notas deveriam ser reduzidos à metade das custas cobradas pelo Estado, elegendo os interessados essa forma mais simples, desafogando o Poder Judiciário (o que não ocorreu).

2 Regra básica

A Lei nº 11.441, permitiu dois tipos de inventário, alterando, substancialmente, os usos e costumes da sociedade brasileira. A intenção do legislador foi agilizar o Poder Judiciário, nas Varas de Sucessões.

Existindo testamento ou incapaz, a regra básica é o inventário judicial. Nessa hipótese, a lei não permite que se faça a partilha amigável; deverá, por força do art. 2.016 do CC, mandar o juiz que o partidor, ou algum funcionário da vara de sucessões, prepare o plano de partilha, dando vista às partes. Na prática, contudo, os juízes, quase sempre, mandam o inventariante formular a partilha, ouvido o representante do Ministério Público.[2]

[2] Código de Processo Civil, art. 610.

Inventário é arrecadação dos bens deixados pelo *de cujus*, chamamento de todos os herdeiros para a participação desse procedimento, apuração do imposto a pagar pela transferência desses bens, em virtude da morte, e partilha aos novos titulares, quer por força da sucessão legítima, quer pelas disposições de última vontade, manifestadas em testamento pelo falecido.

Temos o "inventário do usufrutuário" (art. 1.400 do CC), "inventário do fiduciário" (art. 1.953, parágrafo único do CC), "inventário do curador" (art. 1.783 do CC), "inventário na separação judicial" etc.,[3] como temos o "inventário" feito na contabilidade, visando demonstrações de resultados e apuração do lucro.

O inventário não outorga direitos, mas é, tão somente, o instrumento adequado para oficializar a transferência dos bens, que os herdeiros já são titulares com a abertura da sucessão, conforme dispõe o art. 1.784 do Código Civil.

3 Definição

Inventariar é arrolar, registrar, relacionar, catalogar, descrever minuciosamente, como define Aurélio Buarque de Holanda, em seu tradicional *Dicionário da Língua Portuguesa*.

O inventário consiste na descrição individuada e clara dos bens da herança, sejam móveis ou imóveis, dívidas ativas e outros direitos, como cauções, precatórios, etc.[4]

Em sua obra, Humberto Theodoro Júnior ensina:

> *"O inventário (estágio inicial) consiste na atividade processual endereçada à descrição detalhada de toda a herança, de molde a individualizar todos os bens móveis e imóveis que formam o acervo patrimonial do morto, incluindo até mesmo as dívidas ativas e passivas e quaisquer outros direitos de natureza patrimonial deixados pelo de cujus."*[5]

Embora ele seja, tão somente, o instrumento para oficializar a transferência dos bens deixados pelo autor do patrimônio para seus herdeiros, a lei obriga seu aforamento.

---

[3] OLIVEIRA, Euclides Benedito; AMORIM, Sebastião Luiz. *Inventários e partilhas*. 11. ed. Rio de Janeiro: Leud, 1997. p. 148.

[4] BEVILÁQUA, Clóvis. *Comentários*... Op. cit. v. 6, p. 197.

[5] THEODORO JÚNIOR, Humberto. *Curso de direito processual civil*. Rio de Janeiro: Forense. v. 3, p. 227.

Segundo o entendimento de Orlando de Souza, o processamento do inventário e da partilha nos mesmos autos não causam unicidade processual, sendo um o processo do inventário e outro o da partilha, pois o inventário constitui o processo preparatório, imprescindível para a realização da partilha e encerra-se com as últimas declarações do inventariante, tendo, como consequência, a liquidação do imposto *causa mortis* e seu julgamento. Após a decisão no inventário, pode realizar-se a partilha, pois ela se faz preceder de todas as formalidades no inventário.

Diverso é o pensamento de Lopes da Costa[6] que admite a evolução do vocábulo *inventário* que envolve a partilha, formando uma unicidade processual.[7]

O inventário é a arrecadação, o chamamento, a liquidação, e a partilha é a divisão, entre os herdeiros habilitados no processo. Dir-se-ia que o inventário completa a partilha, assim como a partilha é o complemento obrigatório de todo inventário, salvo se um único for o herdeiro, quando haverá a adjudicação dos bens.

Nos processos de separação judicial ou divórcio, complementa-se o ato judicial de separação ou rompimento do vínculo com a partilha, com as mesmas regras aqui estudadas.

4 Prazo para requerimento

Com a morte do autor do patrimônio, abre-se a sucessão, transmitindo-se a herança a seus herdeiros legítimos e testamentários, na forma da lei. Assim, o inventário e a partilha devem ser requeridos dentro de 60 (sessenta) dias, a contar da abertura da sucessão, ultimando-se nos 12 (doze) meses subsequentes.[8] Essa norma veio alterar o art. 1.770 do CCB/1916, que fixava o prazo de 3 (três) meses para o encerramento do feito. O Código Civil de 2002 silencia, permanecendo, portanto, em vigor a matéria regulada no Código de Processo Civil.

A burocracia existente, hoje, em todas as Capitais, faz com que esse prazo não seja respeitado, salvo exceções. A despeito do texto contido no Código de Processo Civil, segundo o qual o juiz poderá dilatar esse prazo, a requerimento do inventariante e por motivo justo. Na prática, entretanto, não mais há punição, quando o prazo é ultrapassado, a não ser que o inventariante permaneça

---

6 COSTA, Lopes da. *Administração pública e ordem jurídica privada*. Rio de Janeiro: Forense, 1961. p. 312.

7 SOUZA, Orlando de. *Do inventário e da partilha*. Rio de Janeiro: Forense, 1984. p. 10.

8 Código de Processo Civil, art. 611.

inativo, prejudicando o andamento do feito e, consequentemente os interesses de todos os herdeiros, bem como do órgão arrecadador do imposto.

Como observa Washington de Barros Monteiro, quando o inventariante é negligente, decreta-se-lhe a remoção, mas não existe remoção *ex officio*, necessitando, sempre, requerimento da parte interessada (herdeiro, cônjuge sobrevivente, órgão do Ministério Público e representante da Fazenda).[9]

Segundo recente jurisprudência, pesquisado no TJMG, admite aquela Corte, bem como outros Tribunais, que o juiz pode e deve remover o Inventariante *ex officio* quando há inércia, quer não prestando primeiras ou últimas declarações, bem como retardando a tramitação do feito.

> EMENTA: APELAÇÃO CÍVEL - DIREITO PROCESSUAL CIVIL - INVENTÁRIO - EXTINÇÃO DO PROCESSO, SEM JULGAMENTO DE MÉRITO - SUPOSTA DESÍDIA DA INVENTARIANTE - IMPOSSIBILIDADE - CASSAÇÃO DA SENTENÇA - RECURSO A QUE SE DÁ PROVIMENTO. 1. O art. 995 do Código de Processo Civil prevê expressamente a possibilidade de remoção da inventariante em caso de não prestação, no prazo legal, das primeiras e últimas declarações (inciso I), bem como nos casos em que não promova o andamento regular do feito (inciso II). 2. A medida cabível na hipótese de eventual desídia é a instauração do incidente de remoção do inventariante - **que pode ser feita até mesmo de ofício pelo julgador** -, e não a extinção do processo, sem julgamento de mérito. 3. Inaplicabilidade do art. 267 do CPC, por estar em dissonância com a previsão especial do art. 995, I e II, do mesmo diploma processual. 4. Recurso a que se dá provimento, para cassar a r. sentença monocrática. (TJMG - Apelação Cível 1.0024.04.438463-4/001, Relator(a): Des.(a) Áurea Brasil , 5ª CÂMARA CÍVEL, julgamento em 28/06/2012, publicação da súmula em 09/07/2012)

> EMENTA: PROCESSUAL CIVIL. INVENTARIANTE. INÉRCIA. EXTINÇÃO. ART. 267, III E §1º DO CPC. IMPOSSIBILIDADE. INTERESSE PÚBLICO E DOS DEMAIS HERDEIROS. A inércia do inventariante em promover as medidas necessárias à regular tramitação do processo de inventário **deve redundar na sua remoção, que pode ser implementada inclusive de ofício,** e não na extinção do feito com fundamento na norma do art. 267, inciso III e §1º do CPC, quer seja pelo interesse público na conclusão do inventário, quer seja pelo interesse dos demais herdeiros. (TJMG - Apelação Cível 1.0702.05.199011-8/001, Relator(a): Des.(a) Antônio Sérvulo , 6ª CÂMARA CÍVEL, julgamento em 23/04/2013, publicação da súmula em 17/05/2013)

---

9 MONTEIRO, Washington de Barros. *Curso de direito civil*. São Paulo. Op. cit., p. 277-278.

> AGRAVO DE INSTRUMENTO – Inventário – Remoção de inventariante – Insurgência contra decisão que indeferiu a remoção da inventariante – Hipóteses do art. 622 do CPC não caracterizadas – Inventariante mantida. Recurso desprovido. (TJSP - Acórdão Agravo de Instrumento 2233801-59.2018.8.26.0000, Relator(a): Des. José Roberto Furquim Cabella, data de julgamento: 12/12/2018, data de publicação: 12/12/2018, 6ª Câmara de Direito Privado)

Deve o inventariante diligenciar para que o prazo legal de 12 meses seja suficiente para conclusão do feito. É, portanto, importante a expedição do formal, tomando as formalidades suplementares seguintes, para a transferência dos bens a cada um dos herdeiros ou legatários.

É bastante simples esse requerimento de abertura, tornando-se desnecessária a descrição dos bens e arrolamento de todos os herdeiros.

O processo de inventário não tem parte contrária. O advogado inicia a petição de abertura, dirigindo-se à autoridade competente, geralmente, Juiz da Vara de Sucessões, ou Família e Sucessões, ou, no interior, mas cidades de menor porte, o Juiz da Vara Cível. Em seguida, segue-se o preâmbulo, que, às vezes, complementa a parte expositiva, destacando o regime de bens do cônjuge supérstite, data do óbito, existência de herdeiros e bens, bem como haver ou não testamento. Segue-se a fase de pedidos, nomeação do inventariante, nos termos do art. 990 do CPC e o valor dado à causa. Na maioria dos Estados, não há pagamento de custas prévias, com a distribuição da ação..

As primeiras declarações, entretanto, são mais abrangentes, minuciosas, trazendo com individuação e clareza todos os bens da herança, assim como os alheios nela encontrados.[10]

Foro competente. O foro do último domicílio do falecido é o competente para o inventário, a partilha, a arrecadação, o cumprimento de disposições de última vontade e todas as ações em que o espólio for réu, ainda que o óbito tenha ocorrido no estrangeiro (CPC, art. 96).

Essa regra geral aceita variações: se o autor da herança não possuía domicílio certo, será o foro da situação dos bens; do lugar em que ocorreu o óbito se o autor da herança não tinha domicílio certo e possuía bens em lugares diferentes (incisos I,IIe III, do parágrafo único, do art. 48, do CPC).

Entendeu, no entanto, o Tribunal Federal de Recursos, pelo Enunciado 58, afirmando:

---

[10] CCB/1916, art. 1.771, sem correspondente no CCB/2002.

> *"Não é absoluta a competência definida no art. 96, do Código de Processo Civil, relativamente à abertura de inventário, ainda que existente interesse de menor, podendo a ação ser ajuizada no foro diverso do domicílio do inventariado."*

Também o Superior Tribunal de Justiça decidiu que é competente o foro do curador, sendo irrelevante o lugar da situação dos bens, da residência ou do óbito, exegese dos arts. 76 do Código Civil e 96 (hoje 48)do Código de Processo Civil,[11] em se tratando de hereditando interditado.

5 Processamento

O processo de inventário conserva as linhas de jurisdição voluntária. Todas as matérias de direito podem ser decididas no próprio feito, mas não as de fato, carentes de provas. Diz o art. 612 do Código de Processo Civil:

> *"O juiz decidirá todas as questões de direito desde que os fatos relevantes estejam provados por documento, só remetendo para as vias ordinárias as questões que dependerem de outras provas."*

Conforme ensinamento sempre lembrado de Mendes Pimentel, citado pelo Min. Sálvio de Figueiredo Teixeira, "questões de direito, mesmo intrincadas, e questões de fato, documentadas, resolvem-se no juízo do inventário".[12] As questões de direito, por mais intrincadas que sejam, têm de ser decididas no juízo do inventário, no magistério de Pontes de Miranda.

Assim, matéria pertinente ao reconhecimento de sociedade de fato, ou direito de companheira, ainda não reconhecido, merecendo prova fática, não pode ser decidida no inventário; também, o filho não reconhecido, necessitando da ação de investigação de paternidade, exames de DNA e outras provas de fato, impõe a lei que seja a matéria de mérito discutida nas vias ordinárias e não dentro do inventário.

No processo de inventário o juiz, cuja competência é absoluta para decidir matéria de direito, concernente à composição do acervo hereditário, deverá solucionar todas as questões e mesmo as de fato, provados por documentos, visando, unicamente, compor o monte a ser inventariado e partilhado. Por mais complexas e controvertidas que sejam as matérias de direito, caberá ao juiz do inventário a apreciação e decisão, via sentença judicial.

---

[11] *RT*, 713/224.

[12] TEIXEIRA, Sálvio de Figueiredo. *Código de processo civil anotado*. 6. ed. São Paulo: Saraiva, 1996. p. 637.

6 Administrador provisório

Vivo o autor da herança, pode ele administrar seus bens, e valer-se da ajuda de terceiros. Com o advento de sua morte, surge um personagem novo, o administrador provisório, a pessoa que permanece na administração, porque o monte não pode ficar acéfalo, até a nomeação do inventariante.

Esse administrador foi recepcionado pelo Código de 2015 enquanto não assinar o termo de compromisso o inventariante nomeado pelo juiz, será ele o representante legal da massa, praticando todos os atos inerentes à administração de qualquer negócio.[13]

O administrador provisório representa ativa e passivamente o espólio, é obrigado a trazer ao acervo os frutos que desde a abertura da sucessão percebeu, tem direito ao reembolso das despesas necessárias e úteis que fez e responde pelo dano a que, por dolo ou culpa, der causa.[14]

Como regra geral, é o cônjuge ou companheiro sobrevivente o administrador provisório natural, desde que esteja, efetivamente, no desempenho dessas funções gerenciais e convivesse com o *de cujus* ao tempo da abertura da sucessão. Tal regra, no entanto, não é obrigatória,[15] segundo entendimento do Superior Tribunal de Justiça, ratificando anterior julgamento do Supremo Tribunal Federal.[16] Resta lembrar que a jurisprudência citada antecede ao novo Código Civil, inciso I, do art. 1.797.

Na falta do cônjuge supérstite ou companheiro, será administrador da herança o herdeiro que estiver na posse e administração dos bens, e, se houver mais de um nessas condições, a lei delega as funções ao mais velho. Segue-se, pela ordem estabelecida no art. 1.797, o testamenteiro, e pessoa de confiança do juiz, na falta ou escusa das demais já mencionadas, ou quando tiverem de ser afastadas por motivo grave levado ao conhecimento do juiz.

Mesmo em se tratando de administrador provisório, a lei sempre prefere pessoas da família do falecido, porque elas têm interesse na boa administração do monte como herdeiros que são, ou partícipes diretos na distribuição final do acervo.

Legitimidade do requerente. O requerimento do inventário deve ser feito nos 60 dias após a morte do autor da herança. Juntamente com a petição, requerendo a abertura do processo, sempre representado o requerente por

[13] Código de Processo Civil, art. 613.

[14] Código de Processo Civil, art. 614.

[15] *RT*, 670/176.

[16] Acórdão, *RTJ* 20/333.

advogado, inscrito na Ordem dos Advogados do Brasil, sem impedimento, juntando a certidão de óbito, documento necessário, imprescindível e comprobatório do óbito.

Poderá ser requerente o administrador provisório, nos termos do art. 987 do Código de Processo Civil, bem como, na forma prevista no art. 615, com legitimidade concorrente:

a) o cônjuge supérstite;
b) qualquer herdeiro;
c) o legatário;
d) o testamenteiro;
e) o cessionário do herdeiro ou do legatário;
f) o credor do herdeiro, do legatário ou do autor da herança;
g) o síndico da falência do herdeiro, do legatário, do autor da herança ou do cônjuge supérstite;
h) o representante do Ministério Público, havendo herdeiros incapazes;
i) a Fazenda Pública, quando tiver interesse.

Se nenhum dos legítimos interessados ajuizar o pedido de abertura do inventário, poderá, também, o juiz determinar, de ofício, que se inicie o inventário.[17] Importante dizer que o CPC atual não dispôs regra similar.

A petição obedece aos requisitos do art. 319 do Código de Processo Civil, à medida do possível. Requerente e requerido devem ser qualificados, exposta a matéria, isto é, data do óbito, regime de casamento, se casado fora, existência de testamento, filhos e bens. Não há necessidade de descrever bens, nem qualificar os filhos, culminando com o requerimento de abertura do inventário e nomeação do inventariante. O valor da causa será igual ao valor do monte. Na verdade o requerimento de abertura é bem simples.

Com o processo eletrônico, o advogado do requerente fará a petição em seu computador, abrirá ovo processo(PJE) fazendo a juntada pra ser distribuído como todas as demais ações, mas não paga taxa judiciária (essa informação depende de cada Estado), que ficará para final, juntamente com as custas processuais. Existindo, na comarca, varas especializadas, o feito será distribuído para uma das varas de sucessões; em caso contrário, será competente o juízo cível.

---

[17] Código de Processo Civil, art. 989.

7 Nomeação do inventariante

O inventariante é peça fundamental no processo. Ele representa o espólio ativa e passivamente, em juízo e fora dele; administrar o espólio, velando-lhe os bens com a mesma diligência como se fossem seus, prestar as primeiras e últimas declarações, pessoalmente ou por procurador com poderes especiais, exibir em cartório, a qualquer tempo, para exame das partes, os documentos relativos ao espólio, juntar aos autos certidão do testamento, se houver, trazer à colação os bens recebidos pelo herdeiro ausente, renunciante ou excluído, prestar contas de sua gestão ao deixar o cargo ou sempre que o juiz lhe determinar, requerer a declaração de insolvência, são, entre outras, suas atribuições.

Sendo tantas as funções do inventariante, é claro que sua escolha merece maior cuidado por parte do juiz. Primeiramente, a preferência é do cônjuge supérstite, se casado sob o regime de comunhão de bens, desde que estivesse convivendo com o outro ao tempo da morte deste. A lei não distingue se a comunhão é universal ou parcial[18] e, no caso da comunhão parcial, os aquestos podem representar quase todo o patrimônio do casal.

A morte termina a sociedade conjugal, cujo patrimônio pertence a ambos e estava em comum. Dissolvida, cada qual faz jus a 50% (cinquenta por cento) dos bens e, também, das dívidas, se casados no regime de comunhão universal. Assim, há uma lógica na lei, estabelecendo que o sobrevivente tenha preferência para ocupar o cargo. Separados de fato, por culpa do cônjuge sobrevivente, embora meeiro a lei não o ampara; ao contrário, se a separação deu-se em decorrência de atos praticados pelo falecido, sem culpa do supérstite, a este caberá a inventariança.

Faltando o cônjuge, permite a lei que o companheiro seja nomeado, condicionando, igualmente, que vivesse em companhia do falecido na data do óbito. Como regra geral, a união estável adota o regime de comunhão parcial de bens.

Segue-se a preferência para o herdeiro que se achar na posse e administração do espólio; quem já participava da administração dos bens terá mais possibilidade de gerir a contento, beneficiando a todos. Em seguida o Código chama qualquer herdeiro, nenhum estando na posse e administração do espólio, cabendo ao juiz a escolha entre todos os candidatos, julgando-os, segundo a capacidade de cada um e a probabilidade de benefício geral; depois, é chamado o testamenteiro, se lhe foi confiada a administração do espólio ou toda a herança estiver distribuída em legados.

---

[18] *RSTJ*, 58/344.

Existindo tão somente a sucessão testamentária, por falta de herdeiros necessários, cabe ao testamenteiro acumular as funções de inventariante; na ordem de preferências, caberá ao inventariante judicial, se houver na comarca, e, por último, pessoa estranha idônea, o chamado inventariante dativo.

A partir da Lei nº 8.971, de 29 de dezembro de 1994 a companheira passou a ocupar posição ímpar, desde que os ordenamentos jurídicos sejam respeitados e não haja impedimento para o matrimônio. Há muita celeuma em torno do assunto e não é raro confundir companheira com concubina. Tanto assim é que o art. 1.797 outorga à companheira a possibilidade de ser a administradora provisória, o que significa que poderá ser nomeada inventariante.

Lei de 2010 incluiu o (a) companheiro(a) na preferência, logo depois do cônjuge.

Com a Lei nº 12.195, de 14 de janeiro de 2010 e o CPC de 2015, art. 617, não mais poderão os juízes deixar de nomear o companheiro para o cargo, preferindo o descendente.

Hoje são raros magistrados que preterem a nomeação do companheiro sobrevivente para o cargo de inventariante retundando em prejuízo para todos os interessados. Pessoas que divorciaram e preferiram formar a entidade familiar pela união estável, em lugar de novo casamento, não podem ser prejudicadas nos processos de inventário.

É inaceitável a eterna posição do Congresso Nacional e seus membros, laborando em benefício próprio ou por interesse do Poder Executivo. O novo Código de Processo Civil finalmente, depois de anos foi votado e sancionado. *Quousque tanmem.* O Supremo legislou com a paridade do casamento e da união estável, mas o Congresso permanece alheio a esa discussão.

O CC/2002, tratando da administração da herança, alça o companheiro ao lado do cônjuge no inciso I do art. 1.797, o que significa estar o companheiro sobrevivente autorizado a ser o inventariante. Não cabe, contudo, ao Código Civil dispor do procedimento processual, matéria privativa do Código de Processo Civil.

Realista a Constituição Federal de 1988 que reconheceu a união estável entre homem e mulher como entidade familiar, devendo a lei facilitar sua conversão em casamento. Existindo, portanto, impedimentos para o casamento, essa união estável deve ser olhada com reserva.

> *"Não contraria o art. 990 do Código de Processo Civil, que não se reveste de caráter absoluto, a decisão que mantém como inventariante a pessoa que, casada pelo religioso com o extinto, com ele viveu, em união familiar estável,*

durante longos anos,, tendo o casal numerosos filhos. Improcedência da impugnação manifestada por alguns dos filhos do leito anterior."[19]

É pacífica, também, nos Tribunais, a nomeação de pessoa estranha idônea, quando os interessados e possíveis inventariantes não se entendem.[20]

O Tribunal de Justiça de Santa Catarina admitiu a nomeação de concubina, em comarca sem inventariante judicial, e o *de cujus* era separado judicialmente, deixando herdeiros menores e incapazes.[21] Todas as situações são diferentes, embora similares. Cabe ao juiz, representante do Estado, maior interessado na manutenção da ordem, usando o bom-senso e a letra da lei, estudar cada caso e encontrar uma solução ideal, conciliatória e vantajosa para todos.

Representar o espólio em juízo e fora dele, administrar os bens como se seus fossem, deverá, também, o inventariante prestar contas de todos os atos de sua gestão ao deixar o cargo ou sempre que o juiz lhe determinar. Não somente enquanto permanece no exercício do cargo, que o inventariante é obrigado a prestar contas de sua gestão.[22]

O herdeiro tem direito de exigir prestação de contas ao inventariante, mesmo depois de cessada a inventariança[23] e findo o inventário,[24] embora, quando é o herdeiro que demanda contas do inventariante, a via adequada é a ação específica, não podendo ser pleiteada em sede de incidente do processo sucessório.[25]

Cabe, ainda, ao inventariante, ouvidos os interessados e com autorização do juiz, alienar bens de qualquer espécie, transigir em juízo ou fora dele, pagar dívidas do espólio e fazer as despesas necessárias com a conservação e o melhoramento dos bens do espólio (art. 619 do CPC).

Há casos de excesso de atos praticados por inventariantes, alienando bens imóveis sem a prévia aquiescência dos demais herdeiros, reconhecendo o Superior Tribunal de Justiça a legitimidade do ato, de sorte a não sujeitar o adquirente de boa-fé a restituí-lo, ficando ressalvado o ressarcimento de eventual prejuízo ao monte hereditário, por aquele que lhe deu causa.[26] Em sentido

---

19 NEGRÃO, Theotônio. *Código de processo civil.* 29. ed. São Paulo: Saraiva, 1998. p. 663. *RSTJ*, 7/333; STJ-*RDDP*, 5/583.

20 *RT*, 478/231.

21 *RT*, 652/134.

22 *RTJE*, 118/164.

23 *RJTERGS*, 165/304.

24 *RJTJERGS*, 177/365.

25 NEGRÃO, Theotônio. Op. cit. p. 664. *JTJ*, 179/171.

26 *RSTJ*, 19/539.

contrário, "os bens do espólio não podem ser cedidos pelo inventariante, sem a concordância de todos os herdeiros e sem autorização judicial".[27]

De forma genérica, toda alienação de bem imóvel, no curso do processo de inventário, deve ser precedida pela "vista" aos interessados, que devem manifestar-se sobre o pedido formulado pelo inventariante. A ausência do ato processual, torna anulável a decisão do magistrado, por contrariar a lei.

A nomeação de estranho como inventariante deve ser aceita em última instância,[28] isto é, quando os herdeiros não se entendem, quando não demonstram interesse em terminar o processo, quando todos se esquivam. Se houver herdeiro idôneo que aceite o encargo, o juiz não deve dar preferência a estranho.

Consoante entendimentos de Tribunais, estabelecendo-se conflito entre os herdeiros, sendo impossível a gestão do patrimônio por um deles, deve o juiz destituir aquele que estiver no cargo e nomear o inventariante dativo. Os poderes do dativo são de simples administrador, apto para as ações normais, atos ordinários de gestão. Não pode ele receber citações,[29] em substituição aos herdeiros, nem alienar qualquer bem sem, previamente, requerer ao juiz e consultar os interessados. Pode-se afirmar, com segurança, que os poderes do dativo são restritos. Desempenhando-se corretamente, prestando as contas no final de sua gestão, fará jus a uma remuneração. Esse valor deve ser equitativo e não se trata de percentual com base no art. 85 do CPC. Suas atribuições são diversas daquelas delegadas aos advogados, na defesa dos interesses de seus constituintes.[30]

O STJ apresenta diversos julgados sobre o tema. Sendo relator o Min. Cesar Asfor Rocha, decidiu aquela excelsa Corte que a ordem de nomeação do inventariante deve ser rigorosamente observada, nos termos do art. 990 (art. 617 do atual CPC, excetuando-se aquelas hipóteses em que o magistrado tenha fundadas razões para desconsiderá-las. Evitando tumultos processuais desnecessários ou mesmo sonegação de bens, em face de litigiosidade existente entre as partes, deve o magistrado nomear o dativo.[31]

---

[27] *RT*, 711/103.

[28] No Proc. nº 0186885-08.2011.8.13.0000, o TJMG, sendo relator o Des. Wander Marotta, entendeu que deve ser observada a ordem prevista no art. 990 do CPC, não se justificando a nomeação de credor, em detrimento do pai do falecido, simplesmente por não ter aberto o inventário no prazo previsto na lei.

[29] STJ, R Esp. nº 1053806 – MG (2008/00871233-0), Rel. Min. Herman Benjamin.

[30] TJMG, Ap. Civ. 1002407800904-0/001, 1002404377669-9/001, 1055507006365-9/003.

[31] STJ, REsp. nº 283.994 –SP (2000/010103242-6).

8 Primeiras declarações

Nomeado o inventariante pelo juiz, será chamado para assinar o termo de inventariança e, no prazo de 20 (vinte) dias, contados do dia em que prestou o compromisso, prestar as primeiras declarações, das quais se lavrará termo circunstanciado.

O termo de compromisso poderá ser assinado pelo advogado, desde que este poder conste em sua procuração; caso contrário, o termo será assinado pelo próprio inventariante.

As primeiras declarações constituem peça fundamental do processo de inventário. Nelas o inventariante oferecerá:

a) todos os dados sobre o falecido, nome, estado civil, idade e domicílio, CPF ou CIC, por se tratar de documento fiscal, dia e lugar do falecimento, se deixou testamento;

b) nome do cônjuge sobrevivente, o regime de bens do casamento, CPF ou CIC;

c) nome, estado civil, idade e residência de todos os herdeiros, bem como CPF ou CIC e, sendo casados, os dados necessários dos cônjuges e regime de bens do casamento;

d) a qualidade dos herdeiros e o grau de seu parentesco com o inventariado;

e) a relação completa e individuada de todos os bens do espólio e dos alheios que nele forem encontrados, descrevendo-os minuciosamente.

Os imóveis serão descritos com todos os dados constantes da matrícula, facilitando a averbação do formal. Sendo lote, o número do lote, quadra ou quarteirão, seção urbana ou suburbana, benfeitorias existentes, matrícula ou registro, qual o cartório de registro etc. todos os elementos necessários para bem descrever o bem inventariado, seguindo, à medida do possível, o conteúdo da matrícula.

Havendo discrepância entre a matrícula, ou averbação posterior, e a descrição no inventário, é comum o cartório de registro devolver o formal para correção. Nesse caso, sendo erro material, tão somente, o advogado peticionará ao juiz, informando o engano e pedindo para retificar o formal. Não há necessidade de anular o formal e fazer outro.

Se os bens forem móveis, com os sinais característicos; semoventes, pelo número, espécie, marcas e sinais distintivos; dinheiro, joias, objetos de ouro e prata e pedras preciosas, declarando-se-lhes a qualidade, peso e a importância;

os títulos da dívida pública, bem como as ações, cotas e títulos de sociedade, mencionando o número, o valor e a data; as dívidas ativas e passivas, indicando as datas, títulos, origem da obrigação, bem como os nomes dos credores e dos devedores; direitos e ações; o valor corrente de cada um dos bens do espólio.

Todos os bens são descritos e avaliados. No caso dos imóveis, servirá de base o valor venal constante da guia do IPTU, se urbano, ou o ITR, se rural; as ações, pela cotação na bolsa de valores; os veículos, pelas cotações informadas nos jornais ou revistas especializadas; os semoventes, dados das revistas especializadas; ouro e prata, pela cotação dos mercados internacionais.

Se o falecido era empresário e participava de sociedade empresarial, ou mesmo firma individual, haverá a necessidade de se fazer um balanço especial, abrangendo o período de 1º de janeiro até a data do óbito, visando avaliação patrimonial da quota.

Durante todo o processo poderão os herdeiros declarar bens que estejam em seu poder ou foram objeto de liberalidades, por parte do falecido, devendo, pois, colacioná-los. Até as últimas declarações, é lícito a qualquer herdeiro descrever bens e só se pode arguir de sonegação ao inventariante depois de encerrada a descrição dos bens, com a declaração, por ele feita, de não existirem outros por inventariar.[32] Essa disposição se aplica, também, aos herdeiros.

É preciso muito cuidado ao descrever os bens, atribuindo-lhes valores. Em alguns Estados a avaliação é feita pelas Secretaria da Fazenda para apuração do ITCD, que, quase sempre, prevalece, dificultando a partilha estimada pela família. Esporadicamente, havendo discordância os juízes mandam avaliar os bens por avaliador judicial.

Às vezes quer a parte pagar menor imposto de transmissão *causa mortis* e fica à mercê do Imposto de Renda, cuja alíquota é mais do dobro (ganhos de capital). Os dados constantes dos formais servem de base para os valores de aquisição e cálculo do imposto do lucro imobiliário, quando da venda do bem. Tributa a lei federal, ainda, os bens que estão lançados na declaração de bens do falecido por um determinado valor e o *quantum* do formal de partilha, considerando a diferença como tributável.

Pagar imposto é obrigação de todos que vivem em sociedade, mas essa obrigação tem limites, pois, às vezes, prejudica o próprio alimento, por um erro cometido na descrição dos bens ou, na maioria dos casos, por ignorar a legislação federal específica.

---

[32] Código de Processo Civil, art. 621.

9 Remoção do inventariante

O inventariante tem deveres e tarefas a cumprir; se não prestar, no prazo legal, as primeiras e as últimas declarações; se não der ao inventário andamento regular, suscitando dúvidas infundadas, ou praticando atos meramente protelatórios; se, por culpa sua, se deteriorarem, forem dilapidados ou sofrerem dano bens do espólio; se não defender o espólio nas ações em que for citado, deixar de cobrar dívidas ativas ou não promover as medidas necessárias para evitar o perecimento de direitos; se não prestar contas ou as que prestar não forem julgadas boas; se sonegar, ocultar ou desviar bens do espólio, em cada uma dessas hipóteses, previstas no art. 995 do Código de Processo Civil, poderá o inventariante ser removido.

Quer a lei que o inventariante seja diligente, cumpridor de seu dever, administre os bens do espólio como se seus fossem. Ao contrário, definida como causa de remoção da inventariança a desídia do inventariante em dar andamento ao processo sucessório, deve ele ser removido;[33] no entanto, a simples demora na terminação do inventário não justifica a remoção do inventariante. Sendo relatora a Des. Teresa Cristina da Cunha Peixoto, decidiu o TJMG que se a inventariante tiver deixado de incluir, dolosamente, no rol dos bens do falecido, conta de investimentos e ações judiciais, na qual o *de cujus* teria sido o autor, poderá a inventariante ser removida do cargo e obrigada a restituir ao monte o que tiver auferido.[34] Por outro lado, a simples omissão da declaração de bens, seja por erro, esquecimento ou ignorância, não se justifica a remoção do inventariante. Necessária a prova da ação dolosa, demonstração de má-fé.[35] É preciso que a demora tenha por causa a culpa do inventariante;[36] demora injustificada na conclusão do processo, aliada à falta de prestação de contas, justifica a remoção;[37] ou pessoa que se encontra fora do país, por longo período, também justifica a remoção.[38]

Qualquer interessado, com fundamento nos incisos do art. 995, pode requerer a remoção do inventariante, quando será o mesmo intimado para, no prazo de 5 (cinco) dias, defender-se e produzir provas. O incidente não deve ser discutido no inventário, mas correrá em apenso.[39]

---

33 *STJ* – 4ª T., Ag. 42.157-MG, *DJU* de 29-11-93, p. 25.894.

34 TJMG, Proc. nº 1.0024.06.237570-4/003, julgado em 15-5-2011 e publicado o acórdão em 22-6-2011.

35 TJMG. Proc. nº 1.0702.05.263205-7/001, Rel. Des. Bittencourt Marcondes, p. 19-4-2011.

36 *RT*, 479/97.

37 *RT*, 688/138.

38 *RT*, 716/160.

39 Código de Processo Civil, art. 623.

É um direito do inventariante defender-se, apresentando suas provas, após o que o juiz decidirá, removendo o inventariante e nomeando outro em seu lugar, observada a ordem estabelecida no art. 622, ou julgará o incidente a favor do inventariante, mantendo-o no cargo (art. 622 do CPC). Omissa a lei, a jurisprudência entende que a decisão desafia agravo de instrumento, mas não existe erro grosseiro na interposição de apelação e aplicando, por isso, o princípio da fungibilidade.[40]

O inventariante removido entregará imediatamente ao substituto os bens do espólio; deixando de fazê-lo, será compelido mediante mandado de busca e apreensão, ou de imissão de posse, conforme se tratar de bem móvel ou imóvel.[41]

10 Citação e impugnação dos herdeiros

Se todos os herdeiros apresentaram seus títulos de herdeiros, fazendo-se representar por advogados, prosseguirá o inventário o curso normal, com a citação da Fazenda Pública e do representante do Ministério Público, se houver menores ou incapazes. No entanto, conferidos os documentos, de acordo com as primeiras declarações, na secretaria do juízo, verificando-se ausênca de herdeiros ou legatários, mandará o juiz citá-los, conforme o disposto nos arts. 249 a 254, somente as pessoas domiciliadas na comarca por onde corre o inventário ou que aí foram encontradas; e, por edital, com o prazo de 20 (vinte) a 60 (sessenta) dias, todas as demais, residentes, assim no Brasil como no estrangeiro (§ 1º, do art. 617, do Código de Processo Civil). O mandado constará da petição inicial de abertura do inventário, do despacho do juiz, nomeando o inventariante, da data do compromisso e das primeiras declarações, documentos necessários para que a parte interessada, ao ser citada, possa exercer seu direito de defesa.

Abre a lei o prazo de 10 (dez) dias para o citado arguir erros e omissões, reclamar contra a nomeação do inventariante e contestar a qualidade de quem foi incluído no título de herdeiro.

Não constituindo matéria de alta indagação, manterá ou excluirá o herdeiro declarado, e desse ato caberá agravo. A jurisprudência dominante, porém, entende cabível, no caso, a apelação, e não o agravo, quer se trate de inclusão de herdeiro,[42] quer se trate de exclusão.[43]

---

40 NEGRÃO, Theotônio. Op. cit. p. 666.

41 Código de Processo Civil, art. 625.

42 *RP*, 5/364.

43 NEGRÃO, Theotonio. Op. cit. p. 668. *RT*, 502/232; 670/147.

Julgando procedentes as impugnações, arguindo erros e omissões, o juiz mandará corrigir as primeiras declarações. Errar é humano, e é possível que o inventariante, embora diligente, tenha omitido algum bem, ou cometido erro na descrição do bem ou de herdeiro; se a procedência for relativa à nomeação do inventariante, este será destituído e nomeado outro em seu lugar; verificando o juiz que a disputa se relaciona com a qualidade de herdeiro, comumente matéria de alta indagação, remeterá a parte para os meios ordinários e sobrestará, até o julgamento da ação, na entrega do quinhão que na partilha couber ao herdeiro admitido (art. 627, do Código de Processo Civil).

A procedência da ação de investigação de paternidade, cumulada com petição de herança, dispensa propositura de nova ação para a decretação da nulidade da partilha e reivindicação dos bens.[44] O herdeiro investigado não deverá sofrer prejuízo, porque a lei manda separar seu quinhão.

Estabeleceu o art. 628do Código de Processo Civil, regra geral, de ampla aplicação atual. Diz o texto legal: "aquele que se julgar preterido poderá demandar a sua admissão no inventário, requerendo-o antes da partilha".

O art. 1.824 do Código Civil de 2002 permite ao herdeiro, em ação de petição de herança, demandar o reconhecimento de seu direito sucessório, para obter a restituição da herança, ou de parte dela, contra quem, na qualidade de herdeiro, ou mesmo sem título, a possua.

Ouvidas as partes no prazo de 10 (dez) dias, o juiz decidirá. Se não acolher o pedido, remeterá o requerente para os meios ordinários, mandando reservar, em poder do inventariante, o quinhão do herdeiro excluído, até que se decida o litígio. Diferentemente do art. 628 do Código de Processo Civil, trata o artigo supra de herdeiro ou qualquer interessado, como, por exemplo, a companheira, que não tenha sido relacionado. Como as primeiras declarações são de responsabilidade do inventariante, muitas das vezes cônjuge sobrevivente, separado de fato há muitos anos, ou filho do primeiro casamento, admite-se que o inventariante tenha agido deliberadamente, omitindo o nome de alguém.

O Tribunal de Justiça de São Paulo admitiu recurso interposto por ex-concubina, pedindo reserva de bens, entendendo que o poder cautelar do juiz permite a aplicação por analogia ou interpretação expansiva do art. 1.001.[45] Em contrário, o Tribunal de Justiça de Minas Gerais, interpretando o mesmo dispositivo legal, que inadmitiu reserva de bens à concubina, mas, tão somente reservando o direito somente a herdeiros preteridos, salvo se, na ação de

---

44 *STJ, RT* 738/250.

45 *RT*, 697/77.

dissolução de sociedade de fato que lhe for favorável, houver prova de dilapidação do patrimônio dos bens do espólio.[46]

Quando ficar provada a existência de patrimônio adquirido com esforço comum da concubina, é viável a aplicação analógica do art. 628 do Código de Processo Civil, sempre como inteligência da Súmula nº 380 do Supremo Tribunal Federal e do art. 798 do Código de Processo Civil.[47] Lembra, no entanto, Theotônio Negrão que não é o caso de reserva de bens se quem pretende ser herdeiro apenas se limitou a propor uma ação de nulidade de seu registro de nascimento, sob alegação de falsidade, porque daí não resultará o reconhecimento de ser filho do inventariado.[48]

O art. 629 do Código de Processo Civil é mais uma regra não obedecida pela administração pública. Diz o aludido artigo:

> *"A Fazenda Pública, no prazo de vinte (20) dias, após a vista de que trata o art. 1.000, informará ao juízo, de acordo com os dados que constam de seu cadastro imobiliário, o valor dos bens de raiz descritos nas primeiras declarações."*

Em longa vivência profissional, jamais vi o cumprimento desse dispositivo, o que facilitaria, em muito, o andamento dos inventários. A administração pública gosta de exigir que os cidadãos cumpram as leis, especialmente em se tratando de tributos, mas, ao mesmo tempo, essa administração é, costumeiramente, omissa no cumprimento de seus deveres e respeitos à população.

11 Avaliação

Transcorrido o prazo do art. 627 do Código de Processo Civil, sem impugnação ou decidida pelo juiz a que tiver sido oposta, iniciar-se-á a fase de avaliação dos bens, devendo o condutor do processo nomear perito para avaliar os bens, se não houver na comarca avaliador judicial. Essa é a lei federal que deve ser cumprida. Em alguns Estados, a realidade é outra. Em São Paulo, a Fazenda Pública não pode requerer avaliação se foi feita a prova do valor fiscal ou cadastral dos bens inventariados e os herdeiros concordaram com esse valor, informa Theotônio Negrão, citando vasta jurisprudência . No Estado de Minas Gerais, os juízes aceitam as guias de IPTU, emitidas pelas Prefeituras

---

[46] *RT*, 677/183.

[47] *RT*, 654/79.

[48] *RT*, 589/107.

Municipais no início de cada ano, informando o valor venal dos imóveis, porém a SEF prefere fazer sua avaliação, quase sempre o dobro da prefeitura..

Nomeado o avaliador judicial, deverá apresentar seu laudo, mandando o juiz, em ato contínuo, que as partes se manifestem sobre ele. Se as partes concordarem, nesse caso a Fazenda Pública é a maior interessada, segue-se para o pagamento do imposto; não aceito o laudo, apresentará suas razões, julgando o juiz de plano; se procedente a impugnação, determinará que o perito retifique a avaliação.

Tratando-se de decisão interlocutória, o recurso será agravo de instrumento.[49] Poderá, durante o processo avaliatório, o herdeiro requerer a presença do juiz e do escrivão, pagando as despesas com a diligência (art. 1.005 do CPC, sem correspondência do CPC atual).

Quando os bens estiverem em outra comarca, a avaliação far-se-á por carta precatória, salvo se os bens forem de pequeno valor ou perfeitamente conhecidos do perito nomeado (art. 1.006); havendo bens no exterior, expedir-se-á carta rogatória na forma da lei processual.

Sendo capazes todas as partes, não se procederá à avaliação, se a Fazenda Pública, intimada na forma do art. 237, inciso I, concordar expressamente com o valor atribuído, nas primeiras declarações, aos bens do espólio (art. 633).

Feita a avaliação e passado o prazo recursal, não mais se repete, a não ser que ela esteja viciada por erro ou dolo do perito ou verificar-se, posteriormente à avaliação, que os bens apresentam defeito que lhes diminui o valor. O Supremo Tribunal Federal, em acórdão publicado,[50] entendeu que a avaliação para efeito de partilha deve ser renovada se, pelo decurso de longo tempo, tiver ocorrido grande alteração dos valores atribuídos inicialmente aos bens.

12 Últimas declarações

Aceito o laudo ou resolvidas as impugnações suscitadas a seu respeito, lavrar-se-á o termo de últimas declarações, no qual o inventariante poderá emendar, aditar ou completar as primeiras (art. 636). Embora seja simples o termo de últimas declarações, as consequências do ato são complexas. É a partir daí que poderá o inventariante ser acusado de sonegação.

---

[49] Ver TEIXEIRA, Sálvio de Figueiredo. Op. cit. p. 649.

[50] *RTJ*, 110/416.

Assim, existindo outros bens, omitidos nas primeiras declarações, caberá aos herdeiros, detentores desses bens, nomeá-los, declarar os frutos percebidos desde a abertura da sucessão, mencionar as despesas que efetuou com a última enfermidade e sepultamento do *de cujus*, a fim de ser reembolsado, ou prestar outros esclarecimentos úteis ao bom andamento do inventário.[51] O dispositivo legal permite ao inventariante emendar, aditar ou completar declarações anteriores. Elas são o termo final do inventário propriamente dito, é o retrato último e definitivo da situação de família e de bens do inventariado.[52]

13 Imposto de transmissão

Ouvidas as partes sobre as últimas declarações, no prazo comum de dez (10) dias, proceder-se-á ao cálculo do imposto. Como os processos não findam dentro do prazo estabelecido no Código de Processo Civil, é comum, com a virada de ano, entrar em vigor nova legislação fiscal, alterando a alíquota do ITCMD, e a imediata aplicação dos novos dispositivos fiscais.

Acontece que "o imposto de transmissão *causa mortis* é devido pela alíquota vigente ao tempo da abertura da sucessão", conforme Súmula nº 112 do Supremo Tribunal Federal. Nesse sentido, decisão do Superior Tribunal de Justiça, 2ª Turma, mas em sentido contrário à Súmula nº 113 do Supremo Tribunal Federal.

Na prática, os fiscos estaduais não respeitam o art. 1.784 do Código Civil, que transmite a herança a seus herdeiros e sucessores no exato momento da morte. Não deveria ser dessa forma, porque o Poder Público tem maior obrigação de dar exemplo aos cidadãos, parte da sociedade, porque a honestidade não é privativa dos frades franciscanos, mas, especialmente, de todos os representantes do povo e seus funcionários.

É princípio quase universal que todos são inocentes, até prova em contrário; em se tratando de lei fiscal, no Brasil, todos são sonegadores, até prova em contrário. O interessante é que o fisco é passivo, não toma a iniciativa de combate à sonegação, salvo raras oportunidades, quando há interesses políticos. Nas ruas das capitais estão ambulantes, "toreros" e outros, vendendo mercadorias importadas, sem pagar qualquer imposto, e o fisco nada faz. Em Brasília

---

[51] MONTEIRO, Washington de Barros. Op. cit. v. 6, p. 252.

[52] BARROS, Hamilton de Moraes e. *Comentários ao código de processo civil.* Rio de Janeiro: Forense, 1975. p. 221.

há uma imensa feira livre, repleta de mercadorias estrangeiras, muito próxima à sede da Receita Federal.

O imposto de transmissão *causa mortis*, atualmente, é tributo estadual e é calculado de acordo com a lei vigente na data da abertura da sucessão e incide todos os bens, menos as dívidas que onerem os mesmos bens. Anteriormente, o imposto incidia sobre os bens imóveis. Hoje, no entanto, todo e qualquer valor é tributado, representando mais uma injustiça do momento vivido em nosso País.

Impostos e impostos são cobrados e muito pouco se faz pelo bem comum. As grandes obras faraônicas não simbolizam nossa sociedade, que é pobre, com renda *per capita* das mais baixas. Com o advento da Carta de 1988, estendeu-se a tributação à transmissão de quaisquer bens ou direitos, incluídos os bens móveis, ressalvados os casos de isenção, conforme dispuser a legislação específica.[53]

Feito o cálculo, sobre ele serão ouvidas todas as partes no prazo comum de cinco (5) dias, que correrá em cartório. Havendo impugnação, caberá ao juiz decidir; se procedente, ordenará novamente a remessa dos autos ao contador, determinando as alterações que devam ser feitas. Esse despacho é irrecorrível, e somente o julgamento do cálculo poderá ser objeto de agravo.

Já decidiu o Superior Tribunal de Justiça que a relação de direito tributário estabelecida em contrato de cessão de direitos hereditários não encontra sede própria para discussão no processo e inventário dos bens do espólio. Dispõe a Fazenda de outros mecanismos para cobrar os créditos eventualmente existentes (REsp. 15.553-0-RJ).

Em Minas Gerais, o ITCD permite isenção até 20.000 Ufirs; a partir de 20.001 o imposto é 5%. Embora a lei atual seja mais benéfica, a fiscalização excede os valores dos bens e arrecadam mais que o devido.

É possível que a ganância do Poder Executivo em todos os Estados da Federação se faça sentir de forma igual. No Brasil, não se procuram soluções erradicando o mal, mas, sempre, com lenitivos incapazes de evitar danos

---

[53] OLIVEIRA, Euclides Benedito; AMORIM, Sebastião Luiz. Op. cit. p. 238. O prazo para o recolhimento do imposto depende da legislação de cada Estado. Ultrapassado o prazo, o contribuinte deverá recolher a multa, sob pena de, não o fazendo, o fisco estadual negar-lhe a certidão negativa de ônus fiscais, prevista no art. 1.026 do Código de Processo Civil, que, hoje, tornou-se imprescindível para a homologação da partilha. Feito o recolhimento, o advogado deverá juntar uma das vias da guia de recolhimento no inventário.

futuros maiores. Se a despesa do Estado é grande, a solução é diminuí-la e não criar novo tributo para acudi-la.

Imposto sobre as grandes fortunas é justificável, mas cobrar tributo de pequenas propriedades, que pertenciam a um e são transferidas para muitos, é uma forma injusta de arrecadar. A perda do chefe da família é, muitas vezes, irreparável. Com os meios de transportes, a facilidade de aquisição de automóveis e as péssimas estradas – aliadas à deficiente educação do povo –, é comum a morte de um jovem pai, deixando filhos menores e uma viúva que terá de desdobrar-se em produzir riquezas e educar os filhos.

Jurisprudência

AgInt no AREsp 1388943 / SP. AGRAVO INTERNO NO AGRAVO EM RECURSO ESPECIAL 2018/0284169-5 REMOÇÃO DE **INVENTARIANTE**. ACÓRDÃO EM CONSONÂNCIA COM PRECEDENTES.DESTA CORTE SUPERIOR. SUMULAS 83 E 7 **DO** STJ. AGRAVO INTERNO NÃO PROVIDO. 1. Não se viabiliza o recurso especial pela indicada violação **do** art. 1.022 e 489 **do** CPC/2015. Isso porque, embora rejeitados os embargos de declaração, todas as matérias foram devidamente enfrentada pelo Tribunal de origem, que emitiu pronunciamento de forma fundamentada, ainda que em sentido contrário à pretensão da parte recorrente.Não há falar, no caso, em negativa de prestação jurisdicional. A Câmara Julgadora apreciou as questões deduzidas, decidindo de forma clara e conforme sua convicção com base nos elementos de prova que entendeu pertinentes. No entanto, se a decisão não corresponde à expectativa da parte, não deve por isso ser imputado vicio ao julgado. 2. O STJ possui firme o entendimento no sentido de que o magistrado tem a prerrogativa legal de promover a remoção **do inventariante** caso verifique a existência de vícios aptos, a seu juízo, a amparar a medida, mesmo que não inseridos no rol **do** artigo 995 **do** Código de Processo Civil de 1973; e que a ordem de **nomeação** de **inventariante,** prevista no artigo 990 **do** Código de Processo Civil de 1973, não apresenta caráter absoluto, podendo ser alterada em situação excepcional, quando tiver o juiz fundadas razões para tanto, sendo possível a flexibilização e alteração da ordem de legitimados, inclusive com a **nomeação** de **inventariante** dativo, para se atender às peculiaridades **do** caso concreto. Incidência da Súmula 83 **do** STJ. 3. As conclusões **do** acórdão recorrido sobre a remoção **do inventariante** e **nomeação** de **inventariante** dativo não podem ser revistas por esta Corte Superior, pois demandaria reexame **dos** elementos fático - probatório **dos** autos, o que é vedado em sede de recurso especial, em razão **do** óbice da Súmula 7 **do** STJ. 4. Agravo interno não provido. Quarta Turma. Pub. 25/06/2019. Rel. Min. Luis Felipe Salomão.

CIVIL E PROCESSO CIVIL – SUCESSÃO – INVENTÁRIO E PARTILHA – LEGITIMIDADE DO CO-HERDEIRO PARA DEFENDER EM JUÍZO A UNIVERSALIDADE DA HERANÇA – I – Nos termos do artigo 1.580 do Código Civil de 1916, até a partilha, "qualquer dos co-herdeiros pode reclamar a universalidade da herança ao terceiro, que indevidamente a possua". II – Considerando que é a própria indivisibilidade do bem objeto da herança que cria em favor dos herdeiros a situação de condomínio que lhes autoriza a, de per si, atuar na defesa do patrimônio comum, é de se concluir que sempre que presente essa situação, estará configurada a legitimidade destacada. III – Em outras palavras, a restrição temporal imposta pelo artigo 1.580, parágrafo único, do Código Civil de 1916 – "até a partilha", só se aplica em relação aos bens que foram objeto da partilha, porque em relação aos demais, sujeitos a uma sobrepartilha, persiste a situação de indivisibilidade e, por conseguinte, a legitimação. IV – Recurso Especial provido (STJ – REsp 844.248 – (2006/0091136-0) – 3ª T. – Rel. Min. Sidnei Beneti – *DJe* 10-6-2010 – p. 391).

PROCESSUAL CIVIL – SENTENÇA DECLARATÓRIA DE PARCIAL PROCEDÊNCIA DE NULIDADE DE DOAÇÃO – LIQUIDAÇÃO – IMPROPRIEDADE DA VIA – ART. 984 DO CPC – QUESTÕES AFEITAS AO JUÍZO DO INVENTÁRIO – 1 – Não se conhece de recurso especial, com base em ofensa ao art. 458 do CPC, quando a alegação é genérica, não individualizando as razões recursais como exatamente o artigo teria sido violado. Incidência da Súmula 284 do STF. 2 – "Inadmissível recurso especial quanto à questão que, a despeito da oposição de embargos declaratórios, não foi apreciada pelo Tribunal *a quo*". 3 – A sentença que se pretende liquidar possui natureza eminentemente declaratória, apenas reconhecendo a nulidade da doação realizada pelo *de cujus*. No caso, a sobrepartilha deverá recair sobre parte da "biblioteca pessoal e direitos autorais" do autor da herança, sendo que em relação à primeira, diante de eventual desacordo entre os herdeiros – Legítimos e testamentários – chega-se facilmente ao seu valor mediante avaliação oficial, e, em relação aos direitos autorais, inclusive os frutos eventualmente percebidos pela donatária, é o caso de prova documental e de colação, matérias absolutamente afeitas ao juízo do inventário. 4 – Cabe ao juízo do inventário decidir, nos termos do art. 984 do CPC, "todas as questões de direito e também as questões de fato, quando este se achar provado por documento, só remetendo para os meios ordinários as que demandarem alta indagação ou dependerem de outras provas", entendidas como de "alta indagação" aquelas questões que não puderem ser provadas nos autos do inventário. 5 – Recurso especial parcialmente conhecido e, na extensão, provido (STJ – REsp 450.951 – (2002/0094330-3) – 4ª T. – Rel. Min. Luis Felipe Salomão – *DJe* 12-4-2010 – p. 466).

DIREITO PROCESSUAL CIVIL – DEMANDA AJUIZADA POR UM DOS HERDEIROS DO *DE CUJUS* – INEXISTÊNCIA DE INVENTARIANTE – ILEGITIMIDADE ATIVA AD CAUSAM – ARTIGO 12, INCISO V DO CÓDIGO DE PROCESSO CIVIL – Nos termos do artigo 12, inciso V, do Código de Processo Civil, o espólio será representado em juízo, ativa e passivamente, pelo seu inventariante. O regramento legal não deixa margem a qualquer dúvida de que compete ao inventariante a representação ativa e passiva do espólio, dando início às demandas de interesse da herança, sendo, por sua vez, citado naquelas contra ela propostas. Mostra-se de todo conveniente a centralização da representação em uma única pessoa, ao invés de deixá-la diluída no conjunto de herdeiros. Tendo a herdeira ajuizado a ação em nome do espólio sem, contudo, possuir o título de inventariante, deixando de cumprir a exigência contida no citado dispositivo legal, embora o *de cujus* tenha deixado bens a inventariar, forçoso se reconhecer a ilegitimidade ativa. Preliminar de ilegitimidade ativa acolhida. Apelação conhecida e provida (TJDFT - Proc. 20080110423827 - (422453) - Relª Desª Ana Maria Duarte Amarante Brito - *DJe* 20-5-2010 - p. 128).

ARROLAMENTO - Inventariante - União homossexual - Determinação de que a inventariante proceda à reserva dos bens para o futuro reconhecimento da união estável entre a requerente e a "de cujus" - Inadmissibilidade - Pressuposto de diversidade de sexos como requisito objetivo e essencial - Respaldo para a aplicação analógica à união estável - Inexistência - Hipótese de "lege ferenda" - Sociedade de fato - Aplicação da súmula 380 do Supremo Tribunal Federal - Não sustenta a ex-companheira a qualidade de herdeira da falecida - Pedido de tutela antecipada parcial deferido - Reconhecido o direito da inventariante, em nome do espólio, a ver deferidos os alvarás de levantamento, como administradora da herança, prestando contas, bem como que a reserva de bens se dê sobre a metade do bem adquirido exclusivamente pela "de cujus" - Prova inequívoca da verossimilhança das alegações, do "periculum in mora" e do "fumus boni iuris" - Recurso provido (Agravo de Instrumento nº 420.874-4/5-00 - Santos - 5ª Câmara de Direito Privado - Relator: Silvério Ribeiro - 1º-2-2006 - V. U. - Voto nº 11971).

AGRAVO DE INSTRUMENTO - INVENTÁRIO - SUSPENSÃO DO PROCESSO - QUESTÃO PREJUDICIAL - UNIÃO ESTÁVEL - INTELIGÊNCIA DO ART. 265, IV, "A" DO CPC. Havendo controvérsia acerca da existência de companheira do inventariado, com ajuizamento de ação de reconhecimento de união estável, é de se suspender o processo de INVENTÁRIO, nos termos do art. 265, IV, "a", do CPC. Nega-se provimento ao recurso (TJMG - proc. nº 1.0702.00.013177-2/001. Des. Rel.: Kildare Carvalho. Data do acórdão: 27-4-2006).

FAMÍLIA. INVENTÁRIO. INVESTIGAÇÃO DE PATERNIDADE CUMULADA COM PEDIDO DE PETIÇÃO DE HERANÇA. PROCEDÊNCIA DA AÇÃO. JULGADA PROCEDENTE A AÇÃO DE INVESTIGAÇÃO DE PATERNIDADE, A NULIDADE DA PARTILHA DOS BENS INVENTARIADOS, ONDE NÃO PARTICIPOU O AUTOR, É DECORRÊNCIA AUTOMÁTICA, TORNANDO DESNECESSÁRIA A PROPOSITURA DE AÇÃO AUTÔNOMA. PRECEDENTES JURISPRUDENCIAIS. APELAÇÃO PROVIDA (TJRS - Rel. Des.: Luiz Ari Azambuja Ramos. Proc. nº 70013174594. Data da publicação: 12-1-2006).

APELAÇÃO CÍVEL. UNIÃO ESTÁVEL EM PERÍODO ANTERIOR AO CASAMENTO. INEXISTÊNCIA. DIREITO REAL DE HABITAÇÃO. 1. Não há nos autos elementos probatórios suficientes a dar consistência à alegação da apelante de que viveu em união estável com o "de cujus" em período que antecedeu o casamento por eles celebrado. 2. O reconhecimento da existência de uma união estável, constitucionalmente recepcionada como entidade familiar, exige induvidosa demonstração de que a relação noticiada foi pública, contínua, duradoura e com o objetivo de constituição de família. 3. Ao tempo da abertura da sucessão, que se deu na vigência do atual Código Civil, a apelante estava casada com o falecido pelo regime da separação obrigatória de bens. 4. O art. 1.831 do CCB assegura o direito real de habitação ao cônjuge sobrevivente, qualquer que seja o regime de bens. Proveram em parte, à unanimidade (TJRS – Rel. Des.: Luiz Felipe Brasil Santos. Proc. nº 70013072137. Data da publicação: 21-12-2005).

AGRAVO DE INSTRUMENTO. UNIÃO ESTÁVEL. DETERMINAÇÃO DE INCLUSÃO DOS IRMÃOS DO FALECIDO NO POLO PASSIVO DA DEMANDA. PROVIMENTO MONOCRÁTICO. MANIFESTA IMPROCEDÊNCIA DA INCONFORMIDADE. Art. 557 do CPC. 1. Sustenta a autora sua condição de companheira, mas se refere aos preceitos legais que, quanto aos direitos sucessórios, se reportam à condição sucessória do cônjuge. 2. Não se pode estender a aplicação de tais normas jurídicas às entidades familiares formadas por uniões estáveis, porque há dispositivo legal expresso para tratar dos direitos sucessórios entre companheiros. 3. Cuida-se do art. 1.790 do CCB que no inc. III prevê a hipótese de concorrência com outros parentes sucessíveis (o que inclui os eventuais irmãos do *de cujus*). NEGADO PROVIMENTO (TJGS – Agravo de Instrumento nº 70014145973. 7ª Câm. Cív. Rel. Luiz Felipe Brasil Santos. Data do julgamento: 25-1-2006).

EMENTA: AGRAVO DE INSTRUMENTO. UNIÃO ESTÁVEL. DETERMINAÇÃO DE INCLUSÃO DOS IRMÃOS DO FALECIDO NO PÓLO PASSIVO DA DEMANDA. PROVIMENTO MONOCRÁTICO. MANIFESTA IMPROCEDÊNCIA DA INCONFORMIDADE. ART. 557 DO CPC. 1. Sustenta a autora sua condição de companheira, mas se refere aos preceitos legais que, quanto aos direitos sucessórios, se reportam à condição sucessória do cônjuge. 2. Não se pode estender a aplicação de tais normas jurídicas às entidades familiares formadas por uniões estáveis, porque há dispositivo legal expresso para tratar dos direitos sucessórios entre os companheiros. 3. Cuida-se do art. 1.790 do CCB que no inc. III prevê a hipótese de concorrência com outros parentes sucessíveis (o que inclui os eventuais irmãos do *de cujus*). NEGADO PROVIMENTO (TJRS – Agravo nº 70014145973. Rel. Des.: Luiz Felipe Brasil Santos. Data da publicação: 25-1-2006).

AÇÃO DE INVESTIGAÇÃO DE PATERNIDADE – ILEGITIMIDADE PASSIVA DO ESPÓLIO – EXTINÇÃO DO PROCESSO (ART. 267, VI, DO CPC). Da leitura do artigo 363 do Código Civil de 1916 retira-se que a ação de investigação de paternidade só pode ser intentada contra o pai ou os herdeiros, sendo o ESPÓLIO, que apenas representa universalidade de bens derivada do patrimônio do falecido, parte ilegítima para figurar no seu polo passivo (TJMG – proc. nº 1.0180.01.000227-7/001. Rel. Des.: Wander Marotta. Data do acórdão: 15-3-2005).

EXECUÇÃO – FALECIMENTO DE UM DOS EXECUTADOS – ABERTURA DO PROCESSO DE INVENTÁRIO – SUCESSÃO – HABILITAÇÃO INCIDENTE DO

ESPÓLIO. Nos termos do artigo 43 do Código de Processo Civil, falecida uma das partes da relação processual, deverá haver a sua sucessão, pelo espólio ou seus sucessores, desde que demonstrados o óbito e a qualidade dos sucessores, ou a abertura do INVENTÁRIO, com a nomeação de inventariante (TJMG – proc. nº 2.0000.00.471420-5/001. Relª Desª: Teresa Cristina da Cunha Peixoto. Data do acórdão: 5-4-2006).

SUCESSÕES. INVENTÁRIO. ALEGAÇÃO DE A HERDEIRA SER PRÉ-MORTA AO TEMPO DO AJUIZAMENTO DO INVENTÁRIO E NÃO DA ABERTURA DA SUCESSÃO. INEXISTÊNCIA DE DIREITO DE REPRESENTAÇÃO DOS NETOS. Se a herdeira-filha do *de cujus* faleceu em data posterior ao óbito deste último, impossível o direito de representação dos netos, que deverão promover o inventário dos bens deixados pela mãe em autos próprios (TJRS – Relª Desª Maria Berenice Dias. Proc. nº 70014459598. Data da publicação: 2-3-2006).

AGRAVO DE INSTRUMENTO – INVENTÁRIO – RENÚNCIA EXPRESSA À HERANÇA – PREJUÍZO A CREDOR – ACEITAÇÃO DA HERANÇA EM NOME DO DEVEDOR – POSSIBILIDADE – RECURSO IMPROVIDO. O herdeiro que renuncia à herança, visando fraudar seus credores, pode ser substituído no seu quinhão pelo credor, quando o juiz assim entender. O fato de ainda não haver nos autos o termo de renúncia, não impede a aceitação pelo credor, uma vez que, o herdeiro assinou petição pugnando pela renúncia, existindo a concordância pelo magistrado (TJMG – Rel. Des.: Batista Franco. Proc. nº 1.0701.03.051496-5/001. Data do acórdão: 29-3-2005).

Direito Processual e Civil – Destituição de inventariante – Agravo de instrumento – Adoção – Legitimação plena – Direito sucessório.
I – Viola-se o consubstanciado no art. 469, III, do Código de Processo Civil, quando se decide sobre a qualidade de herdeiro ou capacidade para suceder em procedimento restrito à postulação de inventariança.
II – A Lei da adoção plena (Código de Menores) vigente ao tempo da sucessão, mas posterior à legitimação ativa manifestada, revogou a anterior no que lhe pertine para regular o direito sucessório de que trata o art. 1.577 (capacidade para suceder) do Código Civil.
III – Recurso conhecido e provido pela letra *a* (STJ – Ac. unân. da 3ª T., em 29-6-1990 – REsp 806-RS – Rel. Min. Waldemar Zveiter – *RSTJ*, v. 24, p. 269-275).

Tributo – Isenção – Herança – Sucessão aberta no exterior – Pretendida concessão do benefício sobre o desembaraço dos bens pertencentes ao de cujus, selecionados no Consulado brasileiro – Admissibilidade – Interpretação do art. 5º do Decreto-lei nº 2.210/84.

Na sucessão hereditária aberta no exterior, poderá o herdeiro ou legatário residente no Brasil desembaraçar, com isenção de tributos, os bens pertencentes ao "de cujus" na data do óbito, relacionados no Consulado brasileiro, independentemente de expedição

de ato do Ministério da Fazenda, conforme disposto no art. 5º do Decreto-lei nº 2.120/84 (TRT da 1ª R., 3ª T. – Ap. em MS no 1997.01.015947-7/BA. – j. em 14-4-1998 – Rel. Juiz Tourinho Neto – *DJU* 15-5-1998 e *RT* 759/398).
Inventário – Remoção do inventariante – Mandado de segurança – Ausência de direito líquido e certo.
1. 'Direito líquido e certo é o que se apresenta manifesto na sua existência, delimitado na sua extensão e apto a ser exercido no momento da impetração'. E para ser amparável por mandado de segurança, o direito invocado 'há de vir expresso em norma legal e trazer em si todos os requisitos e condições de sua aplicação ao impetrante'.
2. Assim, não há direito líquido e certo a amparar pretensão de irmão do "de cujus" que, nomeado inventariante, posteriormente veio a ser removido da inventariança, consoante despacho proferido pelo Dr. Juiz de Direito da Vara de Órgãos e Sucessões, vez que, tal como estabelece o art. 990 do CPC, compete ao Magistrado a nomeação do inventariante, dentre as pessoas ali enumeradas, recaindo em testamenteiro quando não houver viúvo meeiro e herdeiro na posse e administração do espólio, hipótese em que não se enquadra o impetrante.
3. Recurso improvido (STJ – RMS nº 1938-0-RJ (Reg. 92/0019626-8) – 6ª T. – Rel. Min. Anselmo Santiago – j. em 15-10-1998 – *DJ* 15-3-1999).

Inventário – Falecimento do cônjuge meeiro supérstite antes da partilha dos bens do pré-morto – Herdeiros diferentes – Reunião de inventários – Impossibilidade – Inaplicabilidade do art. 1.043 do CPC – Nomeação de dois inventariantes – Obrigatoriedade.
Ocorrendo o falecimento do cônjuge meeiro supérstite antes da partilha dos bens do pré-morto, se os herdeiros não forem os mesmos, não pode ser aplicada a regra do art. 1.043 do CPC, que determina que as heranças serão cumulativamente inventariadas e partilhadas.
Não há que se falar em reunião de inventários e, portanto, em remoção de inventariante na hipótese supra, pois, tratando-se de dois inventários que não podem ser reunidos, pelo fato de os herdeiros não serem os mesmos, torna-se obrigatória a presença de dois inventariantes, cada um responsável e representando o respectivo espólio (TJMG – Ag. nº 69.896/9 – Teófilo Otoni – 5ª C. – Rel. Des. Bady Curi – *Jurisprudência Mineira*, v. 141, p. 99).

Inventário – Habilitação de herdeiro – Indeferimento – Vias ordinárias – Prova prejudicada por falha da secretaria do juízo – Nulidade da decisão.
O pedido de habilitação de herdeiro julgado improcedente pelo Magistrado deverá ser remetido às vias ordinárias, nos precisos termos do art. 1.001 do CPC, reservando-se, em poder do inventariante, o quinhão correspondente até a decisão do litígio.
Quando documento tempestivamente apresentado pela parte deixar de ser examinado pelo Juiz por atraso da secretaria na juntada do mesmo, configura-se a nulidade da decisão então proferido, devendo outra ser elaborada, com fundamento em todas as

pretensões e provas regularmente oferecidos (TJMG – Ap. Cív. nº 95.181/4 – Vazante, 4ª Câm. – Rel. Des. Marino da Costa e Silva – j. em 26-6-1999 – *Jurisprudência Mineira*, v. 141, p. 320).

Inventário – Remoção *ex officio* do inventariante – Admissibilidade diante da falta de prestação de contas relativa à destinação dos bens do espólio, bem como da inércia constatada no andamento regular do processo – Inteligência do art. 995, I e II, do CPC.

A falta de prestação de contas pelo inventariante, relativa à destinação dos bens do espólio, decorrente de autorização judicial, assim como a inércia constatada no andamento regular do processo, quanto às providências a cargo do inventariante para impulso processual, constituem motivação suficiente para a remoção "ex officio", conforme autorização ínscia no art. 995, I e II, do CPC, decorrendo tal regra do poder atribuído ao Juiz de exercer a direção formal e material do processo (TJAC – AgIn. nº 98.000783-6 – Rio Branco – Câm. Cív. – Relª Desª Eva Evangelista – j. em 7-12-1998 – *RT* 764/290).

Ação ordinária – Anulação de venda de imóvel – Anulação de inventário – Sentença – Trânsito em julgado quanto à parte sucessória do pedido – Recurso – Competência do Tribunal de Alçada.

Em ação ordinária com pedido de decretação de nulidade de venda de imóvel pertencente a espólio, ou, alternativamente, de nulidade do processo de inventário, tendo a sentença concluído pela carência de ação dos autores relativamente à pretensão de nulidade do inventário, se os mesmos não recorrerem dessa questão, pertinente à matéria sucessória do pedido, a sentença, sob esse aspecto, transitou em julgado, continuando a prevalecer nos autos apenas a discussão relativa à nulidade de escritura de compra e venda, pelo que competente para o julgamento do recurso de apelação é o Tribunal de Alçada (TJMG – Dúvida de Competência nº 112.221/7 – Belo Horizonte – Corte Superior do TJMG – Rel. Des. Bady Curi – j. em 11-3-1998 – *Jurisprudência Mineira*, v. 143, p. 232).

Inventário – Pretendida suspensão de andamento – Ação anulatória paralela – Indeferimento da sustação.

Não se suspende o andamento de processo de inventário, enquanto pende de julgamento ação anulatória paralela, nos termos do previsto no artigo 1.000, parágrafo único do Código de Processo Civil (TJ-SP – Ac. unân. da 6ª Câm. Cív. de Direito Privado – j. em 25-3-1999 – AI nº 100.361-4/0 – Rel. Des. Ernani de Paiva).

Inventário – Inventariante nomeado que reconhece não ser possível apresentar declarações completas sobre o imóvel inventariado e de todos os herdeiros – Inexistência de interesse de agir caracterizada – Extinção do processo com fulcro no art. 267, VI, do CPC.

Se o inventariante nomeado reconhece não ser possível apresentar declarações completas sobre o imóvel inventariado, documentos que comprovem a existência do bem

e a relação de todos os herdeiros, inclusive os eventualmente incapazes, não desfruta de interesse de agir, devendo-se, portanto, extinguir o inventário com fulcro no art. 267, VI, do CPC (TJSP – Ap. nº 004.469-4/3-00 – 2ª Câm. – j. em 3-2-1999 – Rel. Des. Francisco de Assis Vasconcellos Pereira da Silva – *RT* 752/167).
Inventário – Remoção de inventariante – desídia – Justifica-se a remoção do inventariante que, sem nenhum motivo aparente, não dá ao inventário andamento regular – artigo 995, II, do CPC (TJMG – Ac. unân. da 1ª Câm. Cív. de 12-3-2002 – AI 258.292-2/00 – Rel. Des. Garcia Leão).

27

SONEGADOS

1 Generalidades

O processo de inventário é o instrumento de arrecadação de todos os bens deixados pelo falecido, servindo também para documentar a transferência de patrimônio, originária da herança que, nos termos do art. 1.784 do Código Civil, transmite o domínio e a posse a seus herdeiros e sucessores no exato momento da morte. Assim, o formal de partilha equivale a uma escritura pública que, registrada ou averbada, fará prova *erga omnes*.

Há bens que estão em poder dos herdeiros, outros, em poder de terceiros, com ciência dos sucessores ou do inventariante. No inventário, serão arrecadados todos esses bens, visando a um último resultado, que é o mais importante: a igualdade das legítimas.

É obrigação do inventariante, bem como de todos os herdeiros, trazer os bens que estão em seu poder para o monte, visando a partilha. Quem esconde, omite, pratica ilícito civil e é punido.

Diz a lei:

> *"O herdeiro que sonegar bens da herança, não os descrevendo no inventário, quando estejam em seu poder, ou, com o seu conhecimento, no de outrem, ou que os omitir na colação, a que os deva levar, ou o que deixar de restituí-los, perderá o direito, que sobre eles lhe cabia."*[1]

[1] Código Civil, art. 1.992.

2 Igualdade das legítimas. Sonegador

A preocupação da igualdade, entre os herdeiros, faz-se sentir nas entrelinhas do supracitado artigo. Tratando-se da pessoa do inventariante, "se o sonegador for o próprio inventariante, remover-se-á, em se provando a sonegação, ou negando ele a existência dos bens, quando indicados" (art. 1.994 do CC). Idêntico dispositivo está no inciso VI, do art. 995 do Código de Processo Civil.

Podem, portanto, ser acusados de sonegação, somente depois de prestadas nas últimas declarações (art. 621 do CPC):

a) o inventariante que sabia da existência de bens em mãos de terceiros, de herdeiros ou dele próprio e não os descreveu nas primeiras ou até nas últimas declarações;

b) o herdeiro que retém bens em seu poder ou que deveria conferir e não os trouxe para os autos;

c) o herdeiro que tem ciência de existirem bens em mãos de terceiros e não os descreve ou os omite deliberadamente;

d) o herdeiro que falsifica escrita para diminuir o ativo, ou oculta créditos, aquisições, extravia de propósito, ou oculta títulos de propriedade ou de dívida, simula ou falsifica aquisição de bem do *de cujus* por ele, sonegador, utiliza-se, diretamente ou por meio de interposta pessoa, de um crédito inexistente ou falso, contra a sucessão, a fim de baixar o monte-mor ou prejudicar herdeiros ou credores.[2]

Se o inventariante for, também, herdeiro, perderá o cargo e o bem sonegado. Em se tratando de herdeiro, perderá o bem ou a vantagem que deveria ter sido conduzido para o monte e partilhado. Essa é uma pena civil, prevista nos arts. 2.002 e 2.003 do Código Civil; não obstante, se o sonegador agir de má-fé, sujeitar-se-á igualmente à responsabilidade penal, de acordo com o art. 168 do Código Penal.[3]

A existência de dois casamentos, com filhos em ambos os leitos, alguns maiores e capazes, outros de pouca idade, dificulta, às vezes, a aplicação rígida da lei, igualando as legítimas. Filhos que estudaram em colégios e faculdades particulares, receberam de seus pais abastados valores e, por outro lado, filhos que ainda estão no começo da vida, terminando o segundo grau ou cursando escola de nível superior, ainda carentes de recursos e oportunidades não aceitam partilhar igualmente os valores arrecadados.

---

2 MAXIMILIANO, Carlos. *Direito das sucessões*. Rio de Janeiro: Freitas Bastos, ob. cit.. v. 3, p. 413-414.

3 MONTEIRO, Washington de Barros. *Curso de direito civil*. São Paulo: Saraiva, ob. cit. v. 6, p. 271.

Se o herdeiro tem ciência de doações feitas por seu falecido pai, e, de forma igual, recebeu, também, doações, torna-se difícil sua defesa, provando-se os atos praticados. Mesmo não tendo tido vontade de beneficiar a um, sem igualdade de todos os filhos, aqueles que foram beneficiados deverão colacionar, sob pena de serem réus na ação de sonegados. Às vezes, alegam alguns filhos que trabalhavam com o ´pai e recebera parte do capital social, como tributo do desempenho de suas atividades na empresa. Ainda assim, sendo ato de liberalidade, tais herdeiros devem colacionar, porque estão prejudicando as legítimas dos saus irmãos, provenientes do segundo casamento do falecido.

"Sendo o autor herdeiro e partícipe da sonegação alegada, não tem ele direito à pretensão exposta na demanda de sonegados, pois, também, está sujeito à pena de sonegados, com exclusão de seus direitos hereditários sobre o vem eventualmente sonegado."(Ap. Cív. N.0036599-80.2010.8.26.0100, SP. Rel. Des. Carlos Alberto Garbi)

Em passagem semelhante, relatou o Des.,José Carlos Teixeira Giorges: "e se havia sociedade entre os doadores e donatários, não é possível definir-se a parcela de cada um no negócio, presumindo-se que os doadoras desejavam transferir suas partes aos demais sócios e filhos, o que estaria vedado, por falta de anuência na doação, omitindo o instrumento, ainda, que a cota seria retirada da parte disponível, como aconteceu com o imóvel."(Ap. Cív. N.70010260552, TJRS)

A lei não distingue essas situações, provocando, não raramente, conflitos de interesses. Haja vista a possibilidade de propositura de ação de investigação de paternidade, por parte de pessoas com mais de 50 anos, visando, exclusivamente, o recebimento de herança, surgem esses atritos, de difícil solução nas varas de família ou em cidades do interior dos Estados.

Inúmeros são os acórdãos das Cortes estaduais, demonstrando a existência dos litígios, provocando solução judicial.

Se, de um lado, uma minoria encontra justificativa em princípio de igualdade de direitos, por parte da maioria há a repulsa, considerando que não é esse o espírito da lei e a postulação é imoral. O tema foge da área de Sucessões, penetrando com forte vinculação na esfera do Direito de Família.

3 Dolo

O dolo é fundamental na caracterização do sonegador. Isso significa que ele sabia da existência do bem, que o omitiu voluntária e conscientemente. Não se aplica a pena, se o herdeiro recebera o bem em vida, não lhe foi solicitada a conferência, nem esclarecida a necessidade de colacionar a coisa transmitida. É imprescindível que o doador dispense o donatário de colacionar, prevenindo litígio futuro.

Entretanto, na prática, é comum o pai agraciar os filhos com vultosos presentes (veículos, viagens), sem ter conhecimento dessa obrigação legal imposta ao donatário. Por segurança, deve, pois, o doador dispensar, no ato da liberalidade, o donatário da imposição. Para tanto, ao preparar seu testamento, correto que o testador se aconselhe com um profissional da área e não com qualquer advogado.

É preciso comprovar que o herdeiro, agraciado antecipadamente, sabia de sua responsabilidade e obrigação de colacionar o bem. Ele assume o resultado, tem consciência de estar levando mais vantagem que os outros herdeiros, mesmo considerando justa a doação que lhe fora transmitida.

O dolo deve estar presente e deve ser provado. Digamos que Primus tenha recebido de doação de seu pai um apartamento. Com sua morte, Primus teria de colacionar o bem doado, visando a igualdade das legítimas. Arguido por Secundus, após as primeiras declarações, o advogado de Primus alega, nos autos do inventário, que o art. 994 do Código de Processo Civil não permite a pena de sonegados, antes de encerrada a descrição dos bens, com a declaração, por ele feita, de não existirem outros bens por inventariar. Até final do processo, Primus não se manifesta e deixa passar *in albis*, querendo receber mais que o irmão. É evidente que existe o dolo, a intenção de receber além do irmão e Secundus poderá ajuizar a ação própria, após as "últimas declarações".

4 Pena

A pena de sonegados só se pode requerer e impor em ação ordinária, movida pelos herdeiros, ou pelos credores da herança.[4] Qualquer herdeiro, dentro do prazo prescricional de 10 (dez) anos, poderá ajuizar a ação de sonegados. Como não há prazo específico no Código, aplica-se o art. 205, que fixa a prescrição de 10 (dez), "quando a lei não lhe haja fixado prazo menor". No Código Civil de 1916, o prazo era de 20 (vinte) anos. Já decidiu o Tribunal de Justiça de São Paulo que, havendo conhecimento de todos os herdeiros da existência dos bens, sem que algum deles tenha feito interpelação ao inventariante para que os declarasse, não caracteriza o propósito de ocultar, sendo inadmissível a ação de sonegados.[5] Washington de Barros Monteiro dá notícia de acórdão publicado na *Revista dos Tribunais*, que não impede a propositura de acordo entre os interessados quanto à partilha.[6]

---

[4] Código Civil, art. 1.994.

[5] *RT*, 704/111.

[6] VENOSA, Sílvio. Op. cit. p. 359.

Na ação ordinária poderá o autor provar cumpridamente suas alegações, os fatos que originaram a demanda, a ocultação deliberada, enquanto o réu terá ampla liberdade do exercício do direito de defesa, arrolando testemunhas, prova pericial e todos os demais meios permitidos em direito.

Perda de direito sobre a herança sonegada. É procedente ação de sonegados, quando provado que herdeiro sonegou bens da herança, não os descrevendo no inventário quando estavam em seu poder, perdendo ele o direito que sobre tais bens lhe cabia.[7]

5 Alta indagação

Tratando-se de matéria de alta indagação, as partes são remetidas para as vias próprias, provado o fato pela parte que alega a sonegação e permitida a livre manifestação de defesa. Segundo Carlos Maximiliano, "considera-se de alta indagação toda disputa referente a sonegados; envolve, sempre, matéria de fato. Por isso, há de ser ventilada e decidida em processo contencioso".

Somente com o trânsito em julgado da sentença, será o inventariante destituído do cargo e o herdeiro perderá o bem, objeto de discussão. Na primeira hipótese, o inventariante perderá, também, o direito à vintena. A jurisprudência sobre o assunto é escassa, porque são raras essas ações.

> *"Na ação de sonegados, é possível o julgamento com a determinação de colação dos bens ditos sonegados, ainda que sem a cominação da pena de sonegados, não constituindo tal fato em julgamento extra ou ultra petita.*
>
> *Os herdeiros do de cujus têm legitimidade passiva para figurar na ação de sonegados, uma vez que citado o inventariante do espólio, que os representa. Inexistindo nos autos prova de que os bens doados pelo de cujus a cada um dos seus filhos legítimos exceda o valor da metade disponível correspondente à legítima, impõe-se a colação, tão somente, para saber-se o seu valor, a ser deduzido, e para verificar-se se ele corresponde à legítima ou se existe excesso a ser partilhado.*
>
> *Não tendo sido ainda prestadas as últimas declarações do inventariante, bem como não se sabendo o valor dos bens doados, a serem trazidos à colação, e nem se ele excede o da metade dos bens do doador, não há que se impor a pena de sonegados, prevista no art. 1.780 do Código Civil" (TJMG – AC 79.278/2 – 2ª C. – Rel. Des. Leonídio Doehler – j. 17-4-1990) (JM 111/125) (RJ 170/75).*

---

[7] TJRO – Ap 01020070043343 – 2ª C.Cív. – Rel. Des. Marcos Alaor D. Grangeia – J. 17-6-2009.

Curioso caso chegou ao STJ, envolvendo filhos do *de cujus,* postulando direitos de sua viúva. Contata-se que a viúva fora companheira do falecido e com ele manteve união estável, durante muitos anos. Com a idade superior a 60 anos (de acordo com a lei vigente à época) o *de cujus* e sua companheira casaram no regime de separação obrigatória. Digamos que o falecido chamava-se Antônio, para facilitar. O Sr. Antônio fez diversas doações à sua companheira e, posteriormente, a sua esposa. Com o falecimento do Sr. Antônio seus filhos ajuizaram ação de sonegados, contra sua madrasta, alegando que ela deveria colacionar os bens das doações. Defendeu-se a viúva alegando que não era herdeira necessária nem concorria com os filhos do falecido, tendo em vista o regime de separação obrigatória. Ela não poderia participar do processo de Inventário e, consequentemente, jamais as doações poderiam ser objeto de colação.

Este processo envolve uma situação bastante usual, porque os atos de liberalidade eram dirigidos à companheira e, posteriormente, à esposa. Considerando que ela não era herdeira, nos termos do art.1829 e não poderia concorrer com os descendentes exclusivos do falecido, seus bens jamais seriam objeto de avaliação. O falecido teve o cuidado de fazer todas as doações, cada uma de per si, dentro da porção disponível, nos termos do art.544 do CC.

O feito chegou ao STJ (REsp 1371086/SP), sendo Relator o Ministro SIDNEI BENETI, TERCEIRA TURMA, julgado em 08/04/2014, DJe 26/05/2014. Esclarecido o caso, justifica-se ler a ementa para entende-la.

> RECURSO ESPECIAL. TESTAMENTO. AÇÃO DE REDUÇÃO DE DISPOSIÇÕES TESTAMENTÁRIAS. PROVA. PERÍCIA PARA AVALIAÇÃO DE BENS DOADOS PELO TESTADOR À VIÚVA CASADA PELO REGIME DE SEPARAÇÃO OBRIGATÓRIA DE BENS. LIBERDADE DO JUIZ NA CONDUÇÃO DA PROVA. ALEGAÇÃO DE DESNECESSIDADE DA PERÍCIA AFASTADA. RECURSO ESPECIAL IMPROVIDO.1.- Em ação movida por herdeiros necessários visando à redução de disposições testamentárias em prol da viúva, para preservação da legítima (CC, art. 1.789), pode o Juízo, visando à formação do livre convencimento futuro sobre os temas envolvidos, que não podem ser prematuramente decididos, determinar a realização de perícia para verificação dos valores envolvidos no patrimônio, nas doações e no testamento do de cujus, limitando-se a matéria, por ora, ao campo exclusivamente da produção de prova para a análise futura em meio às controvérsia de fundo.2.- Recurso Especial improvido.

6 Efeitos

A sentença que se proferir na ação de sonegados, movida por qualquer dos herdeiros ou credores, aproveita aos demais interessados. Deverá o herdeiro penalizado devolver o bem sonegado para o monte. Se ele não mais tiver a coisa, pagará a importância dos valores que ocultou e perdas e danos.

Apurar-se-á o valor do bem na data da abertura da sucessão, permitindo-se reduzir as benfeitorias úteis e necessárias que tenha incorporado no bem imóvel, provando a necessidade de tais acréscimos. Embora o sonegador tenha agido conscientemente, quando ocultou, não poderão os demais herdeiros locupletar-se, se as benfeitorias edificadas foram imperiosas.

Leciona Sílvio Venosa:

> *"É ação que deve ser proposta no juízo universal por onde tramita, ou tramitou, o inventário. A ação, do ponto de vista do polo passivo, é personalíssima por se tratar de imposição de pena. Nem poderá prosseguir a ação contra os herdeiros do réu no caso de falecimento no curso da ação. De qualquer forma, se encontrados os bens, após a morte do sonegador, devem ser reintegrados e partilhados."*[8]

Segundo Planiol e Ripert, o que sonega depois de renunciar a sucessão não incorre na pena de sonegados, porque praticou o ato quando não era mais herdeiro. Se o sonegador não foi condenado em vida, diz Carlos Maximiliano, o castigo não se transfere a seus sucessores; a pena de sonegados é personalíssima; recai sobre o herdeiro, somente se ele também incorre em culpa, se persiste em negar a existência do bem, ou a dádiva, depois de morto o faltoso primitivo.[9] Embora a segunda parte da explicação dada pelo mestre Maximiliano adapte-se ao conceito universal de justiça, não concordamos com o início de seu pensamento.

Os herdeiros do sonegador não podem ser processados criminalmente, mas podem ser condenados na ação ordinária, e compelidos, pelo MM. juiz sentenciante, a devolver o bem sonegado. Seria enriquecimento ilícito, protegido pela morte do sonegador. Ora, se a morte não transforma a posse defeituosa em boa, também aqui não poderá consolidar uma situação, em decorrência do falecimento, antes de proferida a sentença. Os demais herdeiros não podem sofrer as consequências de uma tramitação lenta de processo judicial; não são eles responsáveis pelo emperramento da máquina judiciária estatal.

---

8 *RT*, 112/643.

9 MAXIMILIANO, Carlos. Op. cit. v. 3, p. 424.

A ação de sonegados não prejudica o inventário, cujo feito poderá ser encerrado, com a partilha de bens. Com a sentença e revertendo os bens em benefício de todos, far-se-á sobrepartilha, nos termos do art. 1.040 do Código de Processo Civil.

Como o novo Código dá maior ênfase à boa-fé, se algum bem sonegado tiver sido vendido, deverá ser mantida a alienação, desde que o adquirente prove sua boa-fé na transação, enquanto o herdeiro sonegador ressarcirá o monte do *quantum* equivalente. Um dos requisitos da boa-fé do adquirente é a prova do pagamento efetivado, valor real do bem transacionado e não preço vil ou simbólico.

Jurisprudência

1- Ação distribuída em 27/06/2005. Recurso especial interposto em 18/07/2014 e atribuído à Relatora em 25/08/2016.
2- Os propósitos recursais consistem em definir se é admissível a reconvenção na hipótese em que houve o superveniente reconhecimento da ilegitimidade passiva do reconvinte na ação principal e se a sentença, ao reconhecer o direito à herança da parte que pretendia somente o reconhecimento da paternidade, teria decidido questão além do pedido.
3- O fato de ter sido reconhecida a ilegitimidade passiva do réu-reconvinte na ação principal após a propositura da reconvenção não implica, necessariamente, em inadmissibilidade da demanda reconvencional, uma vez que, no momento do ajuizamento, havia direito de reconvir. Inteligência do art. 317 do CPC/73.
Precedentes.
4- Na hipótese em exame, todavia, a reconvenção deve ser extinta sem resolução do mérito por fundamentos distintos, seja porque a pretensão reconvencional foi direcionada à pessoa distinta do autor-reconvindo - sendo inadmissível, na vigência do CPC/73, a ampliação subjetiva da lide a partir da reconvenção -, seja porque inexiste conexão entre a ação investigatória de paternidade post mortem e a ação de nulidade de ação de sonegados que envolveu partes e relações jurídicas distintas, especialmente na hipótese em que houve a desistência, pelo autor-reconvindo, do pedido de anulação da partilha que havia sido inicialmente cumulado.
5- Acolhida a tese de ilegitimidade passiva do réu para responder à
ação investigatória de paternidade, não tem ele legitimidade e interesse para questionar a validade da sentença que reconhece o direito à herança do autor, pronunciado como consectário lógico do acolhimento do pedido de reconhecimento da paternidade, sobretudo quando a sentença não se pronuncia sobre nenhuma questão afeta ao direito sucessório.
6- Recurso especial conhecido e desprovido. (STJ - Acórdão Resp 1490073 / Mg, Relator(a): Min. Nancy Andrighi, data de julgamento: 22/05/2018, data de publicação: 28/05/2018, 3ª Turma)

AGRAVO INTERNO EM RECURSO ESPECIAL - AÇÃO DE SONEGADOS - DECISÃO MONOCRÁTICA QUE NEGOU PROVIMENTO AO RECLAMO - INSURGÊNCIA DO RÉU. 1. Não há falar em violação do art. 535 do CPC/1973, quanto a omissões não suscitadas oportunamente perante a Corte de origem.2. Ausente, ainda, a ofensa ao art. 535 do CPC/1973, quando a controvérsia posta é fundamentadamente decidida pelo Tribunal local, embora de forma contrária aos interesses do recorrente.
3. A contradição que malfere o art. 535 do CPC/1973 é a interna, não sendo caracterizado esse vício quando a Corte a quo adota fundamentos contrários ao interesse da parte.
4. O STJ entende não haver violação do art. 557 do CPC/1973 (art. 932, III e IV, do NCPC) quando o relator decide a controvérsia na mesma linha da jurisprudência dominante do Tribunal. Eventual nulidade da decisão monocrática fica superada com a reapreciação do recurso pelo órgão colegiado pela via de agravo regimental/interno.
5. Agravo interno desprovido. (STJ - Acórdão Agint no Resp 1197594 / Go, Relator(a): Min. Marco Buzzi, data de julgamento: 21/02/2017, data de publicação: 03/03/2017, 4ª Turma)

APELAÇÃO CÍVEL – SUCESSÕES – AÇÃO DE SONEGADOS – RECEBIMENTO DE QUANTIA REFERENTE À PRECATÓRIO TRABALHISTA – LEI Nº 6.858/80 – VALORES NÃO PAGOS EM VIDA AO AUTOR DA HERANÇA – AUSÊNCIA DE DIREITOS SUCESSÓRIOS AO CRÉDITO – EXISTÊNCIA DE DEPENDENTES HABILITADOS JUNTO À PREVIDÊNCIA SOCIAL – DESNECESSIDADE DE INVENTÁRIO OU PARTILHA – RECURSO IMPROVIDO – 1 – Conforme o disposto pelo artigo 1º da Lei 6.858/80, os valores devidos pelos empregadores aos empregados, não recebidos em vida pelo titular, serão pagos, em ordem de preferência, aos dependentes habilitados perante a Previdência Social e, somente na sua falta, aos sucessores previstos na lei civil, independentemente de inventário ou arrolamento. 2 – Nesse aspecto, verifica-se que o crédito trabalhista, percebido dentro das hipóteses da aludida lei, não compõe a massa hereditária, não havendo que se falar em sonegação de bens, nos termos do artigo 1.992 do Código Civil, pelos herdeiros da 2ª união do falecido em relação aos herdeiros do 1º matrimônio, pois somente aqueles se encontravam habilitados como dependentes, nos termos do artigo 217, da Lei 8.112/90 (TJDFT – AC 20080710001006 – (375120) – Rel. Des. Lecir Manoel da Luz – *DJe* 14-9-2009 – p. 200).

INVENTÁRIO – Sonegados – Companheira do "de cujus" tem direito de participar da sucessão, desde que reconhecida tal qualidade – Legitimidade para ajuizar a ação de sonegados contra inventariante (artigos 1.780 e 1.781, Código Civil/1916, vigente à época da abertura da sucessão) – Só se pode arguir a sonegação após as últimas declarações (artigo 1.784, Código Civil/1916 c.c. artigo 994, Código de Processo Civil) – Sanção por não dar regular andamento ao inventário é a remoção do inventariante e não a pena de sonegados (artigo 995, II, Código de Processo Civil) – Recurso improvido (Apelação Cível nº 218.409-4/6-00 – Salto – 9ª Câmara de Direito Privado – Relator: Paulo Eduardo Razuk – 6-6-2006 – V.U. – Voto nº 13.394).

AGRAVO DE INSTRUMENTO. INCIDENTE DE REMOÇÃO DE INVENTARIANTE. IMPROCEDÊNCIA, AO FUNDAMENTO DE QUE A REQUERENTE NÃO LOGROU ÊXITO EM COMPROVAR A OCORRÊNCIA DE ALGUMA DAS CAUSAS DE REMOÇÃO ESTIPULADAS PELO ART. 995 DO CPC. Adequação do recurso em função da natureza interlocutória da decisão judicial que resolve mero incidente do processo. Deferimento do pedido de gratuidade de justiça formulado na peça recursal. Hipossuficiência financeira evidenciada nos autos. No mérito, o tópico relativo à averiguação da ocorrência de sonegação de bens confunde-se com a matéria analisada no Agravo de Instrumento na 00739/2006, motivo pelo qual sirvo-me da mesma fundamentação lá apresentada, que a seguir transcrevo. Imprescindibilidade da definição do momento a partir do qual os bens adquiridos não mais integram o patrimônio comum. Termo final para a comunicabilidade dos bens, fixado na incontroversa data da separação de fato, eis que os bens havidos após a separação de fato não integram a partilha. Precedentes do STJ. Exame da declaração de Imposto de Renda. Relação de bens pertencentes ao contribuinte em 31/12/2001, na qual não consta nenhum dos bens indicados pela agravante, o que gera a presunção de que tais bens foram adquiridos após o ano de 2001 e, portanto, após a separação de fato. Documentos apresentados pela agravante, que não são hábeis a desconstituir a presunção supracitada, pois não apontam a data da aquisição de veículos. Cotas da sociedade comercial. Contrato social no qual, além de não constar o nome do agravado na qualidade de sócio, consta que a constituição da referida sociedade ocorreu mais de 03 anos após a separação de fato. Ausência de apreciação pelo *decisum* do imóvel situado à Rua Francisco Sá, que não fora arrolado pela petição de impugnação, vindo a ser questionado posteriormente. Questão que deveria ter sido objeto de embargos declaratórios, não sendo a presente sede a adequada para supri-la, sob pena de supressão de instância. Ainda que assim não fosse, a certidão imobiliária indica que o imóvel está registrado em nome de outrem. Inocorrência de ofensa ao art. 995, inc. VI, do CPC, e ao art. 5º, *caput*, da CF, posto que, após análise minuciosa de todos os bens elencados na impugnação, verificou-se que nenhum deles integrava o patrimônio comum do casal, a justificar a sua ausência no inventário de bens a serem partilhados entre os ex-cônjuges. Portanto, em virtude de ter sido constatado que não foram sonegados bens nas primeiras declarações, não se vislumbra conduta ímproba a justificar a remoção do inventariante. DESPROVIMENTO DO RECURSO (TJRJ – 2006.002.00726 – AGRAVO DE INSTRUMENTO. DES. CELIA MELIGA PESSOA – Julgamento: 4-7-2006 – DÉCIMA OITAVA CÂMARA CÍVEL).

SUCESSÕES. AÇÃO DE SONEGADOS. NECESSIDADE DE PROVA DA PROPRIEDADE DO BENS. ÔNUS DO AUTOR.
O interesse de agir desdobra-se em necessidade do provimento jurisdicional e adequação procedimental. 2. Há necessidade de provimento jurisdicional para incluir na partilha da herança os bens ditos sonegados e a via pela qual isso pode ocorrer é a ação de sonegados, já que sem resultado o pedido de sobrepartilha anteriormente ajuizado. 3. Preliminar rejeitada. 4. Não há motivos para se ter como sonegados bens imóveis que foram colacionados no processo de inventário. 5. Não se pode pretender partilhar com

os demais herdeiros os bens que não foram adquiridos com o esforço comum. 6. Para os móveis e semoventes a prova da propriedade, a despeito da dificuldade, é imprescindível para o reconhecimento da sonegação. 7. Ônus da prova é exclusivamente do autos, uma vez dela terá proveito (art. 333, I, CPC). 8. Precedente do STJ (TJRS – Ap. Cív. nº 70011792801. Rel. Des.: Cláudio Candido Carini. Data do acórdão: 29-6-2005).

APELAÇÃO CÍVEL. SUCESSÕES. AÇÃO DE SONEGADOS. Se na época da abertura da sucessão o bem reclamado não mais pertencia ao falecido, inexiste sonegação. Testamento só produz efeito após aberta a sucessão, antes tem o testador livre disponibilidade do patrimônio testado. Recurso Desprovido (TJRS – Ap. Cív. 70013289897. Rel. Des.: Alfredo Guilherme Englert. Data do acórdão: 23-2-2006).

SUCESSÃO. INVENTARIANÇA. NOMEAÇÃO DE COLATERAL. UNIÃO ESTÁVEL. VOCAÇÃO HEREDITÁRIA. AUSÊNCIA DE HERDEIROS NECESSÁRIOS. CONSOLIDAÇÃO DOS DIREITOS SUCESSÓRIOS NA COMPANHEIRA. LEI VIGENTE NA ABERTURA DA SUCESSÃO. APLICAÇÃO DA LEI Nº 8.971/94. Os direitos sucessórios são regulados pela lei vigente da abertura da sucessão. Assim, na falta de herdeiros necessários, toca à companheira a totalidade da herança, mesmo em relação ao acervo havido antes da união (Lei nº 8.971, art. 2º, III), devendo ser afastado da inventariança o herdeiro colateral, que nada recolherá (TJRS – Ag. nº 70006605695. Rel. Des.: José Carlos Teixeira Giorgis. Data da publicação: 13-8-2003).

Ação de Sonegados – Alegação que não guarda pertinência com as hipóteses descritas no art. 1.104 do Código Civil – Inadequação da vida eleita. Na ação de sonegados, discutem-se apenas as questões relacionadas a bens que deveriam ter integrado o acervo inventariado, mas que deixaram de ser arrolados por qualquer das razões indicadas no art. 1.104 do 'Civile Codex'. Não tem supedâneo em lei a pretensão de discutir, em ação de sonegados, questões atinentes a eventuais subavaliações, falta de recolhimento e tributos ou retenção indevida de numerário por ocasião da partilha, eis que não cabem na via estreita dos sonegados (TJMG – 4ª Câm. Cível. Proc. nº 233058-7/00 (1), Rel. Des. Hyparco Immesi, ac. 8-8-2002, pub. *DJMG* 17-9-2002).

Colação de bens – Dispensa expressa pelos doadores – Pretendida extensão da avaliação aos bens e direitos doados em vida a um dos herdeiros legítimos – Inadmissibilidade, tendo em vista a necessidade de complexa pesquisa de elementos contemporâneos à data da liberdade – Pretensão avaliatória que reclama vias próprias e adequadas – Inteligência do art. 984 do CPC.
Embora não se possa concordar com a afirmação de que mera dispensa de colação desobrigue, por si só, a conferência dos bens doados, desde que também condicionada, a liberalidade, a não exceder a metade disponível dos doadores, a pretendida avaliação realmente não podia ser deferida.
Se não há mais dúvida de que a estimação dos bens assim doados deva ser efetuada com consideração da época da abertura da sucessão, dado que o disposto no art. 1.014, parágrafo único, do CPC, revogou a regra do art. 1.792, do CC, impor-se-ia,

para a averiguação da suposta inoficiosidade da liberalidade, avaliar, também, a metade disponível dos doadores, a qual, para esse fim, e diversamente da norma contida no art. 1.722 do CC, haveria de ser considerada contemporaneamente data das próprias doações.
Pelo sistema do Código de Processo Civil, como assim consagrado no seu art. 984, incabível, para a boa e regular marcha do inventário, a abertura de ampla e complexa face cognitiva e probatória, muito mais compatível com os meios ordinários postos à disposição dos interessados (TJSP – AI nº 225.953-1/3 – 2ª C. – j. em 29-11-1994 – Rel. Des. J. Roberto Bedran – *RT* 720/109).

Ação de sonegados – Interposição para reaver bem que o *de cujus* alienou a descendente não herdeiro, antes da abertura da sucessão – Inadmissibilidade se não houver declaração judicial quanto à validade da transação.
Inadmite-se a interposição de ação de sonegados para reaver bem que o "de cujus" alienou a descendente não herdeiro, antes da abertura da sucessão, se não houver prévia declaração judicial quanto à validade da transação (TJRGS – AgIn nº 597.251.214 – 7ª Câm. – j. 17-6-1998 – Rel. Des. Maria Berenice Dias – *RT* 756/347).

28

COLAÇÕES

1 Conceito geral

Diversas alterações introduzidas no Código Civil de 2002 tornam-se incompreensíveis, diante de fatos que acontecem no dia a dia. O legislador acolheu a igualdade de direitos familiares entre homens e mulheres, elevou o cônjuge à condição de herdeiro necessário, mas não o chamou para colacionar bens, em caso de ter havido doações em vida.

Segundo Eduardo de Oliveira Leite, colação é palavra de origem latina, remontando do direito romano, que significa reunir, trazer, ajuntar ao monte partível, quaisquer liberalidades recebidas do *de cujus*, pelo herdeiro descendentes, antes da abertura da sucessão.[1]

Como bem lembrado, colação é processo impositivo entre os descendentes, sendo inexistente entre os ascendentes.

O princípio básico da colação é igualar as legítimas. Entretanto, o art. 2.002 prescreve:

> *"Os descendentes que concorrerem à sucessão do ascendente comum são obrigados, para igualar as legítimas, a conferir o valor das doações que dele em vida receberam, sob pena de sonegação."*

Diversas mudanças foram impostas no vigente Código Civil. Acirra-se a discussão com base no art. 2.003, polêmico texto, que visa igualar as legítimas dos descendentes e do cônjuge supérstite. Teoricamente, fundando-se a colação, de forma tradicional, entre os descendentes, difícil a compreensão integral do art. 2.003. Há, sem dúvida, um aparente avanço. Deve o cônjuge colacionar, de forma igual aos descendentes?

---

[1] LEITE, Eduardo de Oliveira. Op. cit., p. 749.

Abre a lei amplo debate nos Tribunais. Deflui-se do conteúdo do art. 544 do Código Civil que um cônjuge, recebendo doação do outro, deveria também colacionar, porque tal doação importa adiantamento do que lhe cabe por herança. Em boa técnica legislativa, deveria o art. 2.002 incluir o cônjuge, consoante o disposto no art. 544. Caberá aos juízes a decisão da necessidade de o cônjuge conferir, igualando as legítimas, uma vez que foi calcado à condição de herdeiro necessário.

Consoante abalizadas opiniões, o cônjuge deve colacionar quando concorre com os descendentes, embora a lei tenha dado privilégios especiais a ele. Nas demais hipóteses, não há qualquer obrigatoriedade para o cônjuge fazê-lo. Além do mais, a rigor, a imposição legal visa os descendentes, tanto os filhos, quanto os netos, ao serem chamados por direito próprio, acarretando a divisão por cabeça e não por estirpe.

O Código Civil francês determina que qualquer herdeiro, inclusive o cônjuge, desde que seja beneficiário no inventário, deverá colacionar os bens que tenha recebido em vida pelo autor da herança. Há, portanto, uma obrigatoriedade de o cônjuge colacionar, se concorre com os descendentes na herança.[2] Difere da lei francesa o Código Civil português, discorrido no art. 2.104º e seguintes.

Durante a existência, adquirem as pessoas bens que vão constituir seu patrimônio. Com o nascimento e crescimento dos filhos, necessidades existem, e a natural bondade dos pais agracia, sempre, os entes queridos com liberalidades. Às vezes, essas liberalidades são de pequena monta; outras vezes, no entanto, valores vultosos são transferidos para algum deles.

Vigia o Código Civil de 1916 e casais realizaram núpcias, estipulando o regime de comunhão parcial de bens. O cônjuge que detinha maior patrimônio, havido antes do casamento, usava fazer doações ao consorte, garantindo-lhe o mesmo conforto, após seu passamento. As estatísticas revelam que o homem morre antes da mulher, e o varão fazia doações a sua esposa.

Com o advento da nova lei, igualdade plena, galgando o cônjuge posição de herdeiro necessário, deveria ter sido incluído no art. 2.002, quando concorresse à herança com os descendentes. Assim, retirada a meação devida, concorreriam à herança, em igualdade de condições os descendentes e o cônjuge.

---

2 CATEB, Salomão de Araujo. O cônjuge supérstite e a obrigação de colacionar. In: *Direito civil e constitucional*, estudos de direito comparado em homenagem à professora Lúcia Massara. Belo Horizonte: Del Rey, 2012. p. 283.

Quer a lei que todos os herdeiros legitimários sejam tratados de forma homogênea, igualitária. Com a morte do genitor, os herdeiros necessários, descendentes, são chamados em primeiro lugar para o recolhimento da herança, estabelecendo a lei que todos receberão partes iguais. Aqueles que, antecipadamente, foram contemplados com liberalidades, devem colacionar os bens recebidos. Assim, a colação tem por fim igualar as legítimas dos herdeiros.[3]

Segundo Carlos Maximiliano:

> *"Colação é o ato de reunir ao monte partível quaisquer liberalidades, diretas ou indiretas, claras ou dissimuladas, recebidas do inventariado, por herdeiro descendente, antes da abertura da sucessão."*[4]

Esses bens colacionados não aumentam a metade disponível, mas servem, exclusivamente, para cálculo das legítimas e partilha posterior. Adiciona o parágrafo único do art. 2.002 que "para cálculo da legítima, o valor dos bens conferidos será computado na parte indisponível, sem aumentar a disponível".

Explica o mestre Clóvis Beviláqua que o instituto da colação procede da *collatio bonorum* do direito pretoriano, criada para estabelecer a igualdade entre os filhos conservados sob o pátrio poder do ascendente falecido e os emancipados, que vinham à sucessão em virtude da *bonorum possessio*. Os primeiros nada haviam adquirido de próprio, porque sua capacidade aquisitiva se achava absorvida pela do ascendente; os segundos, saídos do jugo da autoridade paterna, podiam ter desenvolvidos sua atividade e acumulado riquezas. O pretor ordenou que se reunissem, ao patrimônio do sucedendo, os bens adquiridos pelos filhos emancipados, e entre todos se efetuasse a divisão.[5]

2 Descendentes

Adotado o sistema pela legislação pátria, obriga a colação aos descendentes, nunca aos ascendentes; inexiste, também, colação na sucessão testamentária. A colação atinge diretamente os filhos, às vezes os netos, somente quando não sucedem por direito de representação.

Os descendentes, donatários, que, ao tempo do falecimento do doador, já não possuírem os bens doados, são igualmente obrigados a conferir as doações

---

[3] Código Civil, art. 2.003.

[4] MAXIMILIANO, Carlos. *Direito das sucessões*. Rio de Janeiro: Freitas Bastos, ob. cit.. v. 3, p. 425.

[5] BEVILÁQUA, Clóvis. *Comentários*... v. 6, p. 211-212.

feitas. Se, computados os valores das doações feitas em vida, que a lei considera em adiantamento de legítima, não houver no acervo arrecadado bens suficientes para igualar as legítimas dos descendentes e do cônjuge, os bens assim doados serão conferidos em espécie ou, quando deles já não disponha o donatário, pelo seu valor ao tempo da liberalidade.

Em regra geral, as doações do ascendente ao descendente devem ser objeto, no futuro, de colação pelo donatário. Pode, às vezes, o doador dispensar o donatário de colacionar o bem, conforme previsto no art. 2.006 do CC/02. Nesta hipótese, o doador retira uma parte da sua capacidade testamentária, antecipando-a.

Justifica observação feita pelo Des. Osmando Almeida, em processo litigioso, envolvendo descendentes de um mesmo ascendente. Diz o referido Magistrado que

> *"não configura a existência de fraude ou simulação, a doação feita em adiantamento da legítima, de ascendente a descendente, dispensando-se o assentimento dos demais descendentes, uma vez que o donatário terá de levar à colação o bem doado, por ocasião do inventário do ascendente comum, consoante determina o art. 2.002 do NCC".*[6]

Tal entendimento jurisprudencial acompanha parte da doutrina em sentido contrário. Corrente há, justificando-se citação, do Des. Fernando Caldeira Brant, segundo o qual, a doação feita de pais para os filhos deve ser declarada nula, se um dos descendentes foi preterido que, teoricamente, teria igual direito sobre o imóvel doado.[7]

De forma conciliatória, no mesmo Tribunal, a 7ª Câmara Cível apreciou o litígio entre irmãos, considerando que é possível a doação feita de ascendente ao descendente, salvo se considerada inoficiosa, isto é, quando for superior à legítima mais a parte disponível. Note-se que o Código Civil não exige a presença ou aquiescência dos demais descendentes como requisito de validade da doação.[8]

Havendo descendente de relação extraconjugal, reconhecido por sentença judicial, estará legitimado a requerer a mesma igualdade nas legítimas, fazendo com que os filhos do casamento confiram as doações antecipadamente efetivadas.

---

6 TJMG. Proc. nº 1.0045.05.010536-5/001(1). Rel. Des. Osmando Almeida. J. 2-2-2010. P. 1-3-2010.

7 JMG. Proc. nº 1.0024.05.892873-0/001. Rel. Des. Fernando Caldeira Brant. P. 13-2-2009.

8 TJMG. Proc. nº 0261.06.040111-2/001. Rel. Des. Wander Marotta. J. 1-4-2008. P. 15-4-2008.

A lei brasileira preconiza princípio de igualdade, mandando apurar equitativamente os quinhões hereditários, como afirma o Des. Caetano Levi, então Juiz do TAMG.[9]

3 Netos

Quando os netos, representando seus pais, sucederem aos avós, serão obrigados a trazer à colação, ainda que não o tenham herdado, o que os pais teriam de conferir (art. 2.009 do CC).

Apelação. Colação e sonegados. Ação buscando colação de imóveis doados ao réu, bem como de valores em pecúnia que o requerido teria recebido da falecida. Colação relativamente aos imóveis desnecessária. Celebração de instrumento particular entre a falecida e seus únicos herdeiros (filhos) por meio do qual foi ajustada doação de imóveis aos descendentes em igual valor, com especificação dos imóveis e determinação de avaliação por empresa especializada. Posterior realização de duas doações, na mesma data, perante o mesmo Tabelião, em atos sequenciais, tendo por objeto imóveis de igual valor, sendo cada um dos litigantes aquinhoado com mesmo valor de bens de raiz. Inexistência de outros herdeiros. Desnecessidade por inócua da colação, cuja função é permitir que as doações, consideradas adiantamento de legítima, sejam conferidas para assegurar que os herdeiros sejam contemplados de forma igualitária no que concerne à legítima. No caso sub judice os únicos herdeiros que poderiam ser prejudicados foram aquinhoados na mesma ocasião e com bens do mesmo valor, de modo que seja inoficiosa ou não a doação a consequência seria a mesma, com manutenção dos bens e desconto do valor das respectivas doações, o que implicaria simples partilha do saldo da herança, sendo destituída de qualquer influência os bens já doados. Ademais, negócio praticado, do qual as doações consistiram em mero instrumento de efetivação, tem natureza de verdadeira partilha parcial em vida, o que afasta o cabimento de colação. Rejeição do pedido de colação quanto aos imóveis.

Doação de dinheiro de ascendente a descendente. Alegação de que a própria doadora e de cujus teria declarado que havia contemplado ambos os filhos com valores semelhantes. Insuficiência desta manifestação de vontade para dispensar a colação. A dispensa da colação é ato formal que exige escritura pública ou testamento, não bastando genérica afirmação da doadora em instrumento diverso de que haveria outros atos de liberalidade em favor da família do outro herdeiro. Ademais, a autora não é obrigada a trazer à colação na

---

[9] TAMG, Acórdão nº 0212336-0, publicado no *DJMG* de 11-6-1996.

sucessão de sua ascendente bens que esta tenha doado aos netos, de modo que não pode o requerido invocar tal fato para se eximir do dever de trazer o bem à colação. Prova insuficiente dos valores revertidos em favor do requerido, salvo um cheque nominal. Acolhimento em parte do pedido. Colação que se dá com o valor do numerário recebido atualizado monetariamente.

Sonegados. Não caracterização. Exigência de comportamento doloso. Existência de grave litígio entre as partes e discussão sobre o dever de trazer bens à colação, com remessa das partes às vias ordinárias. A só impugnação ao dever de trazer o bem a colação não autoriza reconhecimento de sonegados.

Honorários advocatícios. Majoração. Cabimento. Ação dotada de grande importância, pois poderia implicar em grave prejuízo ao representado, tendo perdurado por vários anos, com vários incidentes e múltiplas questões em discussão. Alto grau de zelo do profissional, tudo autorizando majoração dos honorários, que devem ser fixados por equidade.

Recurso da autora e do requerido parcialmente providos. (TJSP - Acórdão Apelação 0057718-10.2004.8.26.0100, Relator(a): Des. Enéas Costa Garcia, data de julgamento: 12/11/2018, data de publicação: 12/11/2018, 1ª Câmara de Direito Privado)

Introduz inovação o art. 2.005, em seu parágrafo único, ampliando a obrigatoriedade de colacionar determinadas pessoas, norma dirigida aos netos, assim redigida: "presume-se imputada na parte disponível a liberalidade feita a descendente que, ao tempo do ato, não seria chamado à sucessão na qualidade de herdeiro necessário". Na época da liberalidade o neto não seria chamado, face à existência de filho, excluindo-o. Tal não se verifica, entretanto, na ocasião do óbito do autor da herança.

Interessante notar que a doação feita diretamente pelo avô ao neto, não implica em obrigatoriedade deste, quando é chamado para recolher herança por direito de representação. Nesse caso, o neto é o representante do pré-morto e vai recolher o que é devido ao seu falecido pai.

> *"Os netos, não sendo herdeiros legítimos dos ascendentes, em decorrência de serem vivos o pai ou a mãe, não conferem o que houverem do avô, estando isentos daquele dever mesmo ainda que sejam herdeiros testamentários, se existir o herdeiro legítimo, o pai ou a mãe dos beneficiários. Não é obrigado o pai a trazer à colação o que o avô haja diretamente doado ao neto, pois este, não sendo herdeiro, não está sujeito à colação" (Tribunal de Justiça de Minas Gerais – AC 82.796/5 – 5ª C. – Rel. Des. Artur Mafra – j. 27-9-1990) (JM 113/158).*

A ementa acentua serem vivos o pai ou a mãe. Verificando-se que a doação fora feita, quando o filho não mais existia, o neto recebe a coisa diretamente e herdará por representação, sendo liberado. Caso não haja a classe dos filhos, chamados os netos aplicar-se-á a regra geral, devendo o donatário colacionar a coisa que lhe fora transmitida.

Quando a classe dos netos é chamada, estando todos em igualdade de graus, recebem por direito próprio e por cabeça, colacionando se for o caso.

4 Dispensa

Os descendentes que concorrerem à sucessão do ascendente comum são obrigados, para igualar as legítimas, a conferir o valor das doações que dele em vida receberam, sob pena de sonegação (art. 2.002 do CC), salvo se tiverem sido dispensadas da colação as doações que o doador determinar que saiam da parte disponível (art. 2.005 do CC). No ato da liberalidade, poderá o ascendente dispensar o descendente de colacionar, declarando, textualmente, sua vontade.

Não se admite que a liberalização seja provada por testemunhas ou simples escrito particular. A lei exige que o doador dispense a colação no próprio título da liberalidade (por exemplo, na escritura pública de compra e venda, na escritura de doação) ou em testamento (art. 2.006 do CC). Não se presume a dispensa da colação: é necessário que ela seja expressamente declarada. Da mesma forma que o doador pode dispensar o herdeiro de conferir, também pode revogar a disposição, em testamento.

> AGRAVO INTERNO NO AGRAVO EM RECURSO ESPECIAL. PROCESSUAL CIVIL.AGRAVO DE INSTRUMENTO. INVENTÁRIO. BEM RECEBIDO A TÍTULO DE DOAÇÃO. DISPENSA DA COLAÇÃO DE FORMA EXPRESSA. INEXISTÊNCIA. IMPUGNAÇÃO ESPECÍFICA AO FUNDAMENTO DO ACÓRDÃO VERGASTADO. NÃO OCORRÊNCIA. SÚMULA 283/STF. REVISÃO DE MATÉRIA FÁTICO-PROBATÓRIA. IMPOSSIBILIDADE. SÚMULA 07/STJ. AUSÊNCIA DE FUNDAMENTOS QUE JUSTIFIQUEM A ALTERAÇÃO DA DECISÃO RECORRIDA. AGRAVO INTERNO DESPROVIDO. (STJ - Acórdão Agint no Aresp 1223713 / Sp, Relator(a): Min. Paulo de Tarso Sanseverino, data de julgamento: 07/08/2018, data de publicação: 14/08/2018, 3ª Turma)

Devem ser colacionados, entre outros, os bens móveis ou imóveis, valores que o doador tenha doado ao herdeiro e este, adquirido outros bens com o dinheiro, rendimento de bens do progenitor, auferidos pelo filho, dádivas de qualquer espécie, realizadas diretamente ou por intermédio de terceiro, somas não módicas, pagamento de indenizações de responsabilidade do filho, valor para integralização de capital social de empresa da qual o filho participe, cessão gratuita de créditos, empréstimos de valores razoáveis, sem cobrança de juros, quitação de dívidas do filho para terceiros, em nome deste ou do próprio pai, pagamento de multas fiscais, impostos e multas administrativas, pagamentos de fianças ou avais etc.

A colação é exigida por lei, desde que o inventário esteja em curso. Quando todos os bens são distribuídos em vida, de forma regular, não se fala em colação. É um dos pressupostos do instituto, segundo Orlando Gomes, que o donatário participe na sucessão do doador.[10] Nesse sentido:

> *"A colação supõe a existência de coisas ou direitos a serem partilhados em inventário, pois que é acrescentamento à massa sucessória preexistente. Se não existe o monte a partilhar, não há o que inventariar, não havendo, também, ensejo para colação de bens remotamente doados em favor de nascituro só advindo anos depois de união irregular" (TJMG - 2ª C. - Rel. Des. Bernardino Godinho - Ap. nº 74.984-2) (RT 636/163).*

Quaisquer que sejam os valores doados aos ascendentes, não se obrigam eles a colacionar. Ensina Clóvis:

> *"Cessa, também, a obrigação de colacionar, quando o donatário, ou a dotada, falece antes da abertura da sucessão, sem deixar herdeiro."*[11]

Não constituem motivos de colação as doações simples, as despesas ordinárias feitas dia a dia na alimentação, educação, vestuário, tratamentos médicos e odontológicos dos filhos, enquanto menores, especialmente, quando todos são beneficiados, bem como as despesas normais de enxoval, para o casamento, e livramento de processo-crime, de que tenha sido absolvido o filho (art. 2.010 do CC). Diferente, no entanto, quando o ascendente paga estudos para um filho, que busca pós-graduação no estrangeiro, remetendo-lhe numerário mensalmente. O montante acerca-se de uma soma substancial, não beneficiando os demais filhos de forma idêntica. Também quando a recepção do casamento, de um filho, é de alto luxo, com vultosa despesa, desequilibrando as legítimas, desde que o nubente tenha pedido a festa, ocasionando o elevado gasto. Se a "recepção" é decorrência da vaidade dos pais, ostentação social etc., o nubente não precisa colacionar o montante despendido.

Obrigam-se a colacionar os filhos que renunciaram a herança, ou foram dela excluídos, devendo conferir as doações recebidas, para o fim de repor o que exceder o disponível. Considera-se inoficiosa a parte da doação, ou do dote, que exceder a legítima e mais a metade disponível (art. 2.008 do CC). Nenhum herdeiro é obrigado a recolher a herança deixada pelo ascendente comum.

---

[10] GOMES, Orlando. *Sucessões*. 3. ed. Rio de Janeiro: Forense, ob.cit. p. 284.

[11] BEVILÁQUA, Clóvis. Op. cit. p. 213.

Calcula-se a metade disponível sobre o total dos bens existentes ao falecer o testador, abatidas as dívidas e as despesas do funeral, isto é, o patrimônio líquido do falecido no dia de sua morte; para o cálculo das legítimas, acrescem-se as doações por ele feitas a seus descendentes no decurso de sua vida. Assim, "considera-se inoficiosa a doação ao descendente, quando a sua estimativa é superior à da legítima do favorecido, somada à quota disponível".[12]

A legislação brasileira manda que o renunciante confira os bens recebidos em doação, diferentemente de outras legislações, inclusive a italiana (*"il rinunziante puó tuttavia ritenere la donazione..."*, art. 521 do Código Civil italiano), bem como o excluído. Ora, se a colação tem por fim igualar as legítimas, os excluídos e os renunciantes não concorrem, porque ficam estranhos à sucessão. Explica Sílvio Rodrigues:

> *"A ideia que inspira o mandamento legal é a de que a liberalidade feita ao renunciante ou ao indigno pode ser de tal vulto que absorva não apenas a parte disponível do de cujus, mas também a parte da legítima de seus herdeiros necessários. Por isso a liberalidade deve ser conferida, para o fim de ser ela reduzida ao limite legal, ou seja, para o fim de reportar-se à parte inoficiosa."*[13]

O *caput* do art. 640 do Código de Processo Civil explicita:

> *"O herdeiro que renunciou à herança ou o que dela foi excluído não se exime, pelo fato da renúncia ou da exclusão, de conferir, para o efeito de repor a parte inoficiosa, as liberalidades que houve do doador."*

O Tribunal de Justiça de São Paulo ementou:

> *"Existe distinção entre a hipótese de nulidade da doação e a de colação dos bens doados em vida pelo de cujus. A colação ocorre quando o doador adianta ao herdeiro donatário sua legítima. A hipótese não é de nulidade, mas, tão somente, de conferência dos bens recebidos antecipadamente pelo donatário, a fim de que sua legítima seja igualada com as dos demais herdeiros. Por sua vez, se a doação atinge a legítima dos demais herdeiros, é ela nula em sua parte inoficiosa."*[14]

Travaram-se, durante dezenas de anos, longas batalhas nos tribunais, buscando-se como avaliar os bens a conferir: por estimativa ou por substância? A inflação, especialmente crescente a partir dos anos 60, revelou uma outra face, provocando verdadeira injustiça contra os herdeiros que não foram agraciados por seus genitores em vida. Um bem imóvel, doado em 1958, mesmo com a

---

[12] MAXIMILIANO, Carlos. Op. cit. p. 449.

[13] RODRIGUES, Sílvio. *Direito civil*. São Paulo: Saraiva,. v. 7, p. 260.

[14] *RT*, 732/234.

correção monetária que passou a vigorar a partir de 1965, passou a representar reduzido valor em 1972, por exemplo, data do óbito do progenitor.

Assim, visando modificar essa grande injustiça, o Código de Processo Civil determinou:

> *"Os bens que devem ser conferidos na partilha, assim como as acessões e benfeitorias que o donatário fez, calcular-se-ão pelo valor que tiverem ao tempo da abertura da sucessão" (art. 640 e parágrafos).*

5 Avaliação

Em época de estabilidade econômica, não faz diferença se a doação fora feita pouco antes do passamento do autor da herança ou anos antes. Verificando-se, porém, a presença de inflação, de variação da moeda, volta à baila a discussão se os bens devem ser colacionados pelo valor da liberalidade ou o valor apurado na ocasião da abertura da sucessão.

O *caput* do art. 2.004 diz que o valor de colação dos bens doados será aquele, certo ou estimativo, que tiver sido declarado no ato da liberalidade. O princípio escolhido pelo novo código suplanta, em parte, antigas demandas, querendo atualizar o valor dos bens para a data do falecimento.

Se o instrumento que revela a doação não mencionar valor à liberalidade, os bens serão conferidos na partilha pelo que então se calcular valessem ao tempo em que houve a doação. Além do mais, avaliando os bens doados, não deverão ser levadas em consideração as benfeitorias acrescidas, as quais pertencerão ao herdeiro donatário, pertencendo-lhe, igualmente, os rendimentos ou lucros, assim como os danos e perdas que esses bens sofreram.

> *"Avaliação contemporânea de todos os bens. Arts. 1.792 (art. 2.004 do CC de 2002) do Código Civil e 1.014 do CPC/73. O princípio da igualdade da partilha conduz à avaliação contemporânea de todos os bens, especialmente em face da inflação existente no País" (RE 100.332, Rel. Min. Oscar Corrêa, RTJ 110/1.162).*
>
> *"O instituto da colação tem por objetivo igualar a legítima, trazendo à partilha os bens ausentes ao acervo. Curial dizer-se que, em ciclo inflacionário, na conferência, se o bem doado já fora vendido antes da abertura da sucessão, seu valor há de ser atualizado na data desta, eis que a correção monetária tem por objetivo precípuo elevar o valor nominal da moeda ao seu nível real" (REsp 10.428-SP, Rel. Min. Waldemar Zveiter, DJ de 17-2-1992).*[15]

[15] TEIXEIRA, Sálvio de Figueiredo. *Código de processo civil anotado*. São Paulo: Saraiva, 1996. p. 652.

Em outra oportunidade, manifestou-se o Supremo Tribunal Federal:

> *"O art. 1.792 do Código Civil (art. 2.004 do CC de 2002) não pode afastar o que dispõem os arts. 1.775 e 1.785 do mesmo Código (arts. 2.017, 2.002 e 2.003 do CC de 2002), tanto porque na partilha há de se observar a maior igualdade possível, quanto porque a colação tem por fim igualar as legítimas. Para que a partilha seja feita mediante igualdade rigorosa e as legítimas também sejam igualadas, é indispensável que os bens colacionados e os outros tenham valor estabelecido na mesma ocasião, pois do contrário a nossa inflacionada moeda não permitirá se faça justa partilha nem igualdade das legítimas.*
>
> *O art. 1.792 do Código Civil (art. 2.004 do CC de 2002) adotou orientação condizente com a moeda do tempo em que foi elaborado, mas inaceitável nestes dias de moeda que se desvaloriza constantemente. O parágrafo único do art. 1.014 do Código de Processo Civil de 1973(art. 639 do CPC de 2015) alterou o art. 1.792, caput, do Código Civil."*[16]

Por outro lado, o art. 2.004 do Código Civil de 2002 determina que o valor de colação dos bens doados será aquele, certo ou estimativo, que lhes atribuir o ato da liberalidade.

Se a doação feita não tiver o valor declarado no ato da liberalidade, nem houver estimação feita naquela época, no momento da partilha essa doação virá pelo que se calcular valesse ao tempo da liberalidade.

Destaca o § 2º do art. 2.004 que as benfeitorias acrescidas pelo donatário não serão computadas no valor do bem, na data da conferência, antes da partilha e, igualmente, não serão levados em conta os lucros e rendimentos que a coisa tenha produzido, bem como as perdas e danos sofridos, não serão abatidos.

As doações remuneratórias de serviços feitos ao ascendente também não estão sujeitas à colação (art. 2.011).

6 Doação feita pelos cônjuges

Nem todos os valores doados deverão ser objeto de colação. As liberalidades são praticadas pelos cônjuges, especialmente em se tratando de bem imóvel.

Quando as doações tiverem sido feitas por ambos os cônjuges, no inventário de cada um se conferirá por metade, diz o art. 2.012, sendo as doações de bens pertencentes ao patrimônio de ambos.

---

16 *RTJ*, 88/544-548.

"Se o marido em segundas núpcias faz, com outorga uxória, doações aos filhos do primeiro matrimônio, a esposa carece de direito para exigir que tais liberalidades sejam somadas ao acervo antes de calculada a sua meação."[17]

Permitindo a lei o divórcio, partilhamento de bens, novo casamento, união estável, deve-se buscar, antes de exigir colação do herdeiro descendente, qual o regime de bens adotado pelo donatário, se aquele bem doado lhe pertencia inteiramente, ou parte dele.

7 Forma de dispensa

A dispensa da colação poderá ser feita pelo testador em testamento ou, quando efetivou doação de bens, no ato da própria liberalidade.

Dispensados de colacionar, não precisam os herdeiros conferir os bens recebidos em doação, logo após o prazo para prestar as primeiras declarações. É a partir desse momento, previsto no art. 627 do Código de Processo Civil, que, prestadas as primeiras declarações pelo inventariante, abre-se o prazo para citações e impugnações de todos os herdeiros e cessionários de direitos hereditários. A prova da dispensa só será feita pela escritura da liberalidade ou por testamento. Não admite a lei outra forma.

Negando a existência de bens ou a obrigação de os conferir, o juiz, ouvidas as partes no prazo comum de 5 (cinco) dias, decidirá à vista das alegações e provas produzidas. Declarada improcedente a oposição, se o herdeiro, no prazo improrrogável de 5 (cinco) dias, não proceder à conferência, o juiz mandará sequestrar-lhe, para serem inventariados e partilhados, os bens sujeitos à colação, ou imputar a seu quinhão hereditário o valor deles, se já os não possuir (art. 641 § 1º, do CPC).

"Se o herdeiro nega a obrigação de trazer à colação bens recebidos do autor da herança, o juiz pode, ouvidos os interessados, decidir sobre a pendência nos próprios autos do processo de inventário. Mas isso quando se tenha, para tanto, suficientes elementos de informação, ministrados desde logo em prova documental. Quando a controvérsia, no entanto, envolva matéria de fato, dependente de apuração através de outros meios probatórios, já a dilatada instrução não se comporta no seio do procedimento do inventário, devendo-se remeter as partes às vias ordinárias" (Tribunal de Justiça de Minas Gerais – AC 78.982/3 – 3ª C. – Rel. Des. Régulo Peixoto – j. 17-8-1989) (*JM* 108/191).

---

[17] MAXIMILIANO, Carlos. Op. cit. p. 453.

Conforme explanado no Capítulo sobre Reduções, o legislador acrescentou normas que estabelecem critérios para reduzir as liberalidades em excesso, suplantando a legítima e mais a quota disponível.

Finalmente, acrescenta o art. 2.007 do Código Civil que são sujeitas à redução as doações que tiverem sido feitas por valor maior que a disponibilidade do doador, no momento da liberalidade. Havendo excesso, deverá ser apurado com base no valor que o bem doado tinha no momento da doação e a redução da liberalidade representará uma restituição ao monte, ou pela restituição da coisa, ou, se não mais existir o bem em poder do donatário, em dinheiro, de acordo com o valor apurado na data da abertura da sucessão.

Diz o § 3º do art. 2.007, "sujeita-se a redução a parte da doação feita a herdeiros necessários que exceder a legítima e mais a quota disponível". Se o doador tiver feito várias doações aos herdeiros necessários, em diferentes ocasiões, serão elas reduzidas a partir da última, até eliminar o excesso, recebendo cada legitimário sua legítima, corretamente calculada.

Exercícios práticos

- Paulo, viúvo, era pai de Marcos e Roberta. Casou-se, no regime legal, em 1970, com Raquel, dona de uma loja avaliada em R$ 200.000,00. Os dois tiveram os filhos Renata, Carolina e Pedro. O casal doou para Felipe, pai de Paulo, um lote no valor de R$ 100.000,00 e Raquel doou para Carolina um apartamento avaliado em R$ 500.000,00. Em testamento, Paulo conferiu a Raquel R$ 1.000.000,00. Faleceu Paulo em março de 2019. Divida o monte, sabendo que o patrimônio do casal, ao tempo da morte, era de R$ 6.000.0000,00.

O regime de bens é o vigente em 1970. Assim, os bens destacados, de cada um, integram igualmente o patrimônio. O cônjuge não concorrerá com os descendentes. As doações feitas aos ascendentes não são computadas, conforme exposto no capítulo. Para o cálculo da meação divide o patrimônio por dois (R$6.000.000,00/2= R$3.000.000,00). Meação do Paulo dividido por dois (R$3.000.000,00/2 = R$1.500.000,00) que será a porção disponível e a outra metade porção indisponível. Na porção disponível diminuiu R$1.000.000,00 (testamento para Raquel) = R$1.500.000,00 – 1.000.000,00 = R$500.000,00. Na porção indisponível soma metade da doação a Carolina (R$1.500.000,00 + 250.000,00 = R$1.750.000,00). 1.750.000,00 + 500.000,00 (soma da porção disponível e da porção indisponível) = R$2.250.000,00/5 (filhos) = R$450.000,00.

Resultado final: Raquel receberá: R$3.000.000,00 meação) + R$1.000.000,00 (testamento) = R$4.000.000,00; Marcos, Roberta, Renata e Pedro: R$450.000,00 e Carolina R$450.000,00-250.000,00 = R$200.000,00.

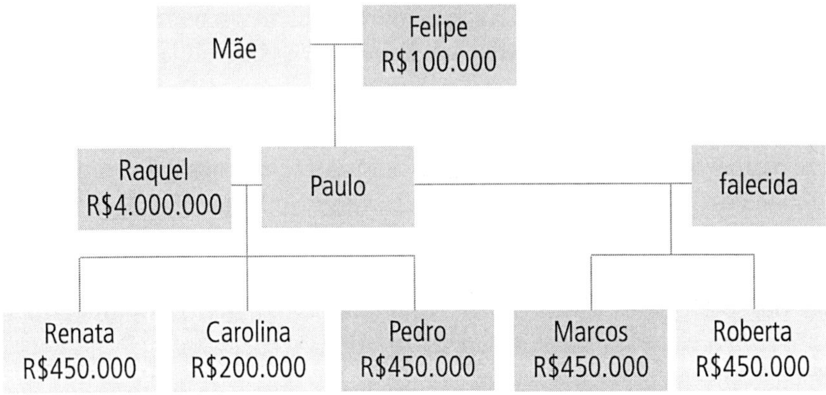

- Mário e Manuela, casados pelo regime de separação convencional de bens, tinham os filhos Primus, Secundus e Tertius. Primus é pai de Míriam, Fátima e Paulo; Secundus, de Marcos e Tertius, de Miguel, Madalena e Jaime. Mário doou para sua esposa uma casa no valor de R$ 100.000,00 e para Miguel um apartamento de R$ 150.000,00. Em testamento, deixou para José, seu irmão, uma casa avaliada em R$ 135.000,00. Mário faleceu em decorrência de um acidente de carro que implicou em uma internação, o que gerou uma dívida de R$ 35.000,00. Divida o monte sabendo que Tertius é pré-morto e o patrimônio de Mário era de R$ 2.200.000,00.

O patrimônio pertence só ao falecido, destacando-se que o regime é o de separação (convencional) de bens. Os netos, que entrarem na sucessão, fazem-no por direito de representação e não por direito próprio.

- O Sr. Antônio era casado com Maria, com quem teve os filhos Henrique, João Paulo e Túlio. Após a separação, permaneceu com o patrimônio de R$ 300.000,00. Divorciado, voltou a se casar o Sr. Antônio com Vanessa, empresária, dona de uma loja avaliada em R$ 230.000,00. Casaram-se pelo regime da comunhão parcial. Da união nasceram os filhos Primus, Secundus e Tertius. O casal doou a Primus um apartamento no valor de R$ 160.000,00. Em testamento, o Sr. Antônio deixou para Secundus um lote avaliado em R$ 280.000,00 e para Henrique uma casa de R$ 150.000,00. Faleceu o Sr. Antônio após internação, o que acarretou uma dívida de R$ 30.000,00. Dividir o monte, sabendo que o patrimônio do casal era de R$ 2.500.000,00.

Para o cálculo da meação deverão ser excluídos os bens particulares e a dívida (R$2.500.000,00 – R$300.000,00+230.000,00+30.000,00 =R$1.940.000,00). Dividida a parcela por 2 vamos encontrar a meação (R$1.940.000,00/2 =R$970.000.00). Para o cálculo da herança vejamos a meação do Antônio

(R$970.000,00 + 300.000,00- bens particulares-= R$1.270.000,00). Em seguida, calcular a porção disponível e a porção indisponível (R$1.270.000,00/2= R$635.000,00). Na disponível serão deduzidos os legados e outros herdeiros instituídos, se houver (R$635.000,00-(280.000,00+150.000,00=205.000,00); na porção indisponível, soma-se o valor devido pela colação, consoante o que foi exposto no capítulo (R$635.000,00+80.000,00=R$715.000,00). A sobra da porção disponível com a porção indisponível soma R$920.000,00. São 06 filhos mais o cônjuge (R$920.000,00/7=R$131.428,57). Resultado final: Vanessa receberá R$230.000,00+970.000,00+131.428,57=R$1.331.428,57; Henrique R$131.428,57+150.000,00=R$281.428,57; João Paulo R$131.428,57; Túlio R$131.428,57; Primus R$131.428,57- 80.000,00=R$51.428,57; Secundus R$1 31.428,57+280.000,00=R$411.428,57; Tertius R$131.428,57.

- Sr. Antônio, viúvo, era pai de Primus, Secundus e Tertius. Primus tinha os filhos Henrique, Carolina, Bárbara e Selma. Casou-se o Sr. Antônio, pelo regime legal, em 1980, com Roberta, dona de um patrimônio de R$ 400.000,00, tendo com ela os filhos Manoel, Felipe e Marcos. O Sr. Antônio, antes do casamento, doou o único bem que possuía para Tertius, imóvel avaliado em R$ 100.000,00, com a aquiescência dos seus irmãos. Mais tarde, o casal doou para Felipe um lote no valor de R$ 50.000,00. Em testamento, o Sr. Antônio beneficiou Primus e Secundus com uma casa avaliada em R$ 150.000,00. Faleceu o Sr. Antônio em agosto de 2014. Divida o monte, sabendo que o patrimônio do casal, ao tempo da morte, era de R$ 2.000.000,00.

Embora o casamento seja sob o regime de comunhão parcial, tendo o Sr. Antônio doado o único bem imóvel, inexistindo informações sobre outros bens, ao falecer o cônjuge supérstite não concorrerá com os descendentes, porque, conforme previsto no inc. I do art. 1.829, equivale a comunhão universal.

Em julgamento no Tribunal de Justiça de Alagoas, sendo relator o Des. Estácio Luiz Gama de Lima, decidiu a 2ª Câmara Cível que a doação de bens *inter vivos*, implica em adiantamento da legítima, devendo, na abertura de inventário, o herdeiro incluir os bens cedidos, uma vez que não houve dispensa de colação (TJAL. Ap. Cível nº 2010.004791-3. D. Julg.: 22-11-2010).

Jurisprudência

Agravo de instrumento. Pedido de antecipação de tutela final de declaração de antecipação de legítima (colação) na hipótese de não ter havido vícios de consentimento para o reconhecimento da paternidade. Tutela de urgência indeferida. Ausentes os requisitos exigidos no art. 300 do CPC. Agravo desprovido. (TJSP - Acórdão Agravo de Instrumento 2093022-54.2018.8.26.0000, Relator(a): Des. Silvério da Silva, data de julgamento: 21/08/2018, data de publicação: 26/08/2018, 8ª Câmara de Direito Privado)

Agravo de Instrumento. Direito Sucessório. Inventário. Inconformismo do herdeiro Agravante com a decisão pela qual foi determinado que os bens doados em vida pelo Inventariado fossem trazidos à colação, prevalecendo a data do óbito para fins de avaliação, devendo os referidos bens constar das 1ªs declarações, bem como, que as questões relativas a exercício e fixação de alugueres referentes aos imóveis deverão ser veiculadas através de via própria perante o juízo competente. Colação que objetiva a igualação das legítimas na forma do art. 2003 do CC. A pretensão do herdeiro Agravante de trazer ao monte, somente os valores atribuídos aos bens doados à época do ato realizado antes do óbito, importaria em desequilíbrio entre os herdeiros na partilha dos bens, em contrariedade ao direito das sucessões. Ainda, de acordo com o referido dispositivo, somente serão trazidos à colação os valores, quando o donatário não mais dispuser dos bens recebidos em doação, o que não ocorre na espécie, que os bens ainda compõem o patrimônio do Agravante. No mesmo sentido, dispõe o art. 639, § único, do CPC, que o herdeiro donatário deve trazer ao inventário "os bens que recebeu ou, se já não os possuir, trar-lhes-á o valor". Consta do parágrafo único do mesmo dispositivo, que o valor será calculado no momento da abertura da sucessão, em consonância, com o Enunciado nº 119 das Jornadas de Direito Civil, invocado pelo Agravante, como supostamente contrariado, o que não ocorreu efetivamente. Precedentes jurisprudenciais deste Tribunal. Neste caso, os bens do Agravante ainda integram seu patrimônio, de modo que sua colação deve corresponder ao valor do bem da data do óbito, nos termos do parágrafo único, do artigo 639, do CPC. Designação de prova pericial para atualização do valor dos bens, de forma a igualar a legítima, mediante colação dos bens recebidos adiantadamente, com o objetivo de evitar que um herdeiro receba mais do que outro. Decisão escorreita, também, quanto à fundamentação de que o imóvel que serve de moradia ao segundo Agravado, herdeiro Pedro Oliveira de Carvalho, pertence ao acervo inventariado, consistente em uma unidade, até que ocorra a partilha, remetendo o pedido de imissão na posse do referido bem e de fixação de aluguéis pela ocupação do imóvel às vias próprias. Destarte, correta está a decisão ao fundamentar que o pedido de remoção de inventariante deve ser apreciado pela via incidental, e o pedido de prestação de contas e, demais questões, em demandas autônomas. Recurso desprovido. (TJRJ - Acórdão Agravo de Instrumento 0030540-02.2018.8.19.0000, Relator(a): Des. Carlos Eduardo Moreira da Silva, data de julgamento: 27/11/2018, data de publicação: 27/11/2018, 22ª Câmara Cível)

CIVIL E PROCESSUAL CIVIL. AGRAVO INTERNO NOS EMBARGOS DE DECLARAÇÃONO RECURSO ESPECIAL. DEVER DE COLAÇÃO. COISA JULGADA. VIOLAÇÃO. NÃO OCORRÊNCIA. REFORMATIO IN PEJUS. RESTABELECIMENTO DA SENTENÇA. RECURSO ESPECIAL. LIMITES. REEXAME DE PROVAS. IMPOSSIBILIDADE. DECISÃO MANTIDA. 1. "Para efeito de cumprimento do dever de colação, é irrelevante o fato de o herdeiro ter nascido antes ou após a doação, de todos os bens imóveis, feita pelo autor da herança e sua esposa aos filhos e respectivos cônjuges. O que deve prevalecer é a ideia de que a doação feita de ascendente para descendente, por si só, não é considerada inválida ou ineficaz pelo ordenamento jurídico, mas impõe ao donatário obrigação protraída no tempo de, à época do óbito do doador, trazer o patrimônio recebido à colação, a fim de igualar as legítimas, caso não seja aquele o único herdeiro necessário (arts. 2.002, parágrafo único, e 2.003 do CC/2002)" (REsp 1298864/SP, Rel. Ministro MARCO AURÉLIO BELLIZZE, TERCEIRA TURMA, julgado em 19/05/2015, DJe 29/05/2015). 2. O dever de colacionar os imóveis recebidos por doação não importa em violação da coisa julgada formada em anterior ação de desquite, na qual se convencionou a transmissão gratuita da propriedade dos bens. 3. A reforma parcial da sentença, em prejuízo da única parte que interpôs recurso, configura reformatio in pejus, devendo ser restabelecida a decisão na parcela em que houve o comando prejudicial. 4. Diante dos limites de cognição na instância especial, não se faz possível tratar de matéria não expressamente apontada nas razões do recurso excepcional. 5. O recurso especial não comporta o reexame de elementos de fato e de prova dos autos (Súmula n. 7/STJ). 6. Agravo interno a que se nega provimento. (STJ - Acórdão Agint nos Edcl no Resp 961404 / Rs, Relator(a): Min. Antonio Carlos Ferreira, data de julgamento: 20/09/2018, data de publicação: 27/09/2018, 4ª Turma)

Resp 1495667 / Sc *Tribunal:* **STJ** *Processo:* **Resp 1495667 / Sc** *Relator:* **min. Lázaro Guimarães** *Órgão Julgador:* **4ª Turma** *Dados do Julgamento:* **15/05/2018** *Data de Publicação:* **30/05/2018** *Tipo:* **acórdão** RECURSO ESPECIAL. SUCESSÃO. BENS À **COLAÇÃO** . AUSÊNCIA DE VIOLAÇÃO AO ART. 535 DO CPC / 1973. MATÉRIA CONSTITUCIONAL. IMPOSSIBILIDADE DE ANÁLISE EM RECURSO ESPECIAL. VALOR DA **COLAÇÃO** DOS BENS DOADOS. APLICAÇÃO DA LEI VIGENTE À ÉPOCA DA SUCESSÃO. VALORES CORRESPONDENTES ÀS BENFEITORIAS, RENDIMENTOS OU LUCROS NÃO ENTRAM EM **COLAÇÃO**. DIVERGÊNCIA JURISPRUDENCIAL NÃO DEMONSTRADA. AUSÊNCIA DE COTEJO ANALÍTICO. RECURSO ESPECIAL PARCIALMENTE PROVIDO. 1. Consoante do Corte da Corte, o prequestionamento, requisito indispensável para o uso do recurso especial, não exige a menção de dispositivos legais, não é um termo recorrente, bastando que a matéria seja versada sobre o tribunal de origem. 2. É um processo de análise de conteúdo constitucional em sede de recurso especial, pois a providência implica a usurpação da competência atribuída ao Supremo Tribunal Federal (CF, art. 102). 3. O valor de **colação**Os bens doados devem ser avaliados pelo valor que o tempo da abertura da sucessão, nos termos do art. 1.014, parágrafo único, do CPC / 73, vigente, no presente caso, à época da abertura da sucessão. 4. Os valores correspondentes aos lucros ou rendimentos dos bens doados ao usufrutador doador e sua esposa e não entram em **colação** . 5. Para uma caracterização da divergência jurisprudencial, não basta uma simples transcrição das ementas dos testemunhos confrontados, devendo ser mencionadas e expostas como leis que identificam ou assemelham os casos confrontados, sob pena de não serem atendidos os requisitos previstos no art. 541, parágrafo único, do CPC / 73 e não art. 255, § 2º, do RISTJ. 6. Recurso especial parcialmente provido.

RECURSOS ESPECIAIS. AÇÃO DE SONEGADOS. BENS IMÓVEIS ADQUIRIDOS COM VALORES PRESTADOS PELO DE CUJUS E NÃO DECLARADOS PELOS HERDEIROS.

NEGATIVA DE PRESTAÇÃO JURISDICIONAL AFASTADA. PRESCRIÇÃO DECENAL CONTADA A PARTIR DA DATA DO ENCERRAMENTO DO INVENTÁRIO. CITAÇÃO DO CÔNJUGE. DESNECESSIDADE ANTE A SONEGAÇÃO DO VALOR DOS BENS, E NÃO DE IMÓVEIS. INEXISTÊNCIA DE DOLO. AFASTAMENTO DA PENA DE PERDA DOS BENS. RESTITUIÇÃO EM DINHEIRO, PELA METADE, DOS VALORES DOADOS.ILEGITIMIDADE ATIVA DA VIÚVA MEEIRA PARA A AÇÃO DE SONEGADOS.1. Afasta-se a alegação de negativa de prestação jurisdicional (CPC, art. 535) quando há suficiente motivação do acórdão recorrido, congruente com o dispositivo que deles decorreu, de modo a constituir julgamento válido.2. É cabível o ajuizamento da ação de sonegados quando não trazidos à colação os numerários doados pelo pai a alguns dos herdeiros para a aquisição de bens imóveis.3. A prescrição da ação de sonegados, de dez anos, conta-se a partir do encerramento do inventário, pois, até essa data, podem ocorrer novas declarações, trazendo-se bens a inventariar.4. No caso de entrega de dinheiro pelo de cujus para a aquisição de bens imóveis, a sonegação é dos valores entregues, e não dos próprios imóveis, o que afasta o acionamento dos cônjuges em litisconsórcio necessário (CPC, arts. 10, § 1º, I, e 47).5. A simples renitência do herdeiro, mesmo após interpelação, não configura dolo, sendo necessário, para tanto, demonstração inequívoca de que seu comportamento foi inspirado pela fraude. Não caracterizado o dolo de sonegar, afasta-se a pena da perda dos bens (CC, art. 1.992).6. No regime da comunhão universal de bens, cada cônjuge tem a posse e propriedade em comum, indivisa de todos os bens, cabendo a cada um a metade ideal. Assim, entende-se que cada cônjuge contribui com metade das doações feitas, razão pela qual não se pode apontar como sonegada, no inventário do marido, a metade doada pela esposa.7. Como a colação tem por escopo equalizar as legítimas dos herdeiros necessários, falece interesse jurídico à viúva meeira para o ajuizamento das ações de sonegados, visto que estes não serão acrescidos à sua meação.8. Recursos especiais providos em parte.(STJ- REsp 1287490/RS, Rel. Ministro SIDNEI BENETI, Rel. p/ Acórdão Ministro JOÃO OTÁVIO DE NORONHA, TERCEIRA TURMA, julgado em 19/08/2014, DJe 08/09/2014)

CIVIL E PROCESSO CIVIL. IMÓVEIS DOADOS PELOS ASCENDENTES AOS DESCENDENTES COMUNS. HERDEIRA NECESSÁRIA PRETERIDA. LEGITIMIDADE PARA PLEITEAR A NULIDADE DO ATO DE LIBERALIDADE. DOAÇÃO UNIVERSAL NÃO DEMONSTRADA. PATRIMÔNIO TRANSFERIDO QUE ULTRAPASSA A METADE DISPONÍVEL MAIS A LEGÍTIMA DOS DONATÁRIOS. INOFICIOSIDADE. NULIDADE PARCIAL DO NEGÓCIO JURÍDICO. ARTS. ANALISADOS: 1.171, 1.175, 1.795, CC/16.1. Ação declaratória de nulidade de negócio jurídico distribuída em 2000, da qual foi extraído o presente recurso especial, concluso ao Gabinete em 25/01/2013.2. Discute-se a legitimidade de herdeiro, que cedeu seus direitos hereditários, para pleitear a declaração de nulidade da doação realizada pelo ascendente aos demais coerdeiros necessários, bem como a validade desse negócio jurídico.3. A cessão de direitos hereditários não retira da cedente a qualidade de herdeira, que é personalíssima, e, portanto, não afasta a sua legitimidade para ajuizar a presente ação, porque apenas transferiu ao cessionário a titularidade de sua situação, de modo a permitir que ele exija a partilha judicial dos bens que compõem a herança.4. A doação universal, como apregoa o art. 1.175 do CC/16, é caracterizada quando, doados todos os bens, o doador não faz a reserva de parte ou renda suficiente para a própria subsistência, razão pela qual o reconhecimento da nulidade absoluta não prescinde da demonstração de ter ele se reduzido à miséria, em decorrência do negócio jurídico realizado.5. A melhor interpretação do art. 1.171 do CC/16 é a de que a doação feita de ascendente para descendente, por si só, não é considerada inválida ou ineficaz pelo ordenamento jurídico, mas impõe ao donatário obrigação protraída no tempo, de, à época do óbito do doador, trazer o patrimônio recebido à colação, para igualar as legítimas, caso não seja aquele o único herdeiro necessário (art.1.785 do CC/16). 6. À luz do que dispõe o art. 1.795 do CC/16 (art. 2.012 do CC/02), se ambos os cônjuges doam bens aos filhos comuns, no inventário de cada um deles devem ser conferidos pela metade. 7. O ato de liberalidade do falecido de doar todos os seus bens aos filhos que possuía com a esposa, preterindo a filha, fruto de outro relacionamento, torna inoficiosa (nula) a doação no tocante ao que excede a parte disponível do patrimônio mais as respectivas frações da legítima, porque caracterizado o indevido avanço da munificência sobre a legítima da herdeira preterida.8. Recurso especial conhecido e provido. (REsp 1361983/SC, Rel. Ministra NANCY ANDRIGHI, TERCEIRA TURMA, julgado em 18/03/2014, DJe 26/03/2014)

EMENTA: AÇÃO DECLARATÓRIA DE INEXISTÊNCIA DE BENS - RECURSO ADESIVO - INEXISTENCIA DE PEDIDO CONTRAPOSTO - NÃO CONHECIMENTO - DOAÇÃO DE ASCENDENTE PARA DESCENDENTE - ANTECIPAÇÃO DA LEGÍTIMA - NECESSIDADE DE LEVAR A COLAÇÃO PARA IGUALAR AS LEGÍTIMAS - INTELIGÊNCIA DO ART. 2.003 E 2.005 DO CC/02 - SENTENÇA REFORMADA PARCIALMENTE. -A matéria ventilada no recurso adesivo está subordinada à do recurso principal, sendo vedado ao recorrente adesivo discutir questão não constante deste, já que suportou os efeitos da sentença ao deixar transcorrer in albis o prazo para interposição do recurso independente. -A doação do ascendente aos descendentes representa adiantamento de herança, à luz do art. 544 do CCB, devendo ser colacionada no inventário, para igualar as legítimas, na forma do art. 2.002 do CCB. (DESEMBARGADOR WANDERLEY PAIVA - RELATOR PARCIALMENTE VENCIDO).
APELAÇÕES CÍVEIS - AÇÃO DE INEXISTÊNCIA DE BENS C/C PERDAS E DANOS E LITIGÂNCIA DE MÁ-FE - DOAÇÃO E EMPRÉSTIMO FEITOS À CONJUGÊ DA HERDEIRA - REGIME DE COMUNHÃO UNIVERSAL DE BENS - NECESSIDADE DE COLAÇÃO - DISPENSA - CLÁUSULA EXPRESSA 1. Nos termos do art. 1667 do Código Civil, "o regime de comunhão universal importa a comunicação de todos os bens presentes e futuros dos cônjuges e suas dívidas passivas, com exceção do artigo seguinte". 2. Assim, deve haver a colação dos bens doados ao cônjuge do herdeiro caso o regime de bens do casal seja o de comunhão universal de bens, visto que o bem integra, indiretamente, o patrimônio do herdeiro. 3. Conforme o art. 2005 do Código Civil, "são dispensados da colação as doações que o doador determinar saiam da parte disponível, contanto que não a excedam, computado seu valor

ao tempo da doação." 4. A dispensa da colação há de ser expressa e formal para que seja válida. 5. Recurso adesivo não conhecido. 6. Recurso principal provido em parte. (DESEMBARGADOR REVISOR - ALEXANDRE SANTIAGO). (TJMG - Apelação Cível 1.0518.10.005115-1/001, Relator(a): Des.(a) Wanderley Paiva , 11ª CÂMARA CÍVEL, julgamento em 04/06/2014, publicação da súmula em 09/06/2014)

EMENTA: AGRAVO DE INSTRUMENTO - INVENTÁRIO - COLAÇÃO DE BENS - IMÓVEL REGISTRADO EM NOME DO CÔNJUGE SOBREVIVENTE - PROVA DA DOAÇÃO - DEMONSTRAÇÃO DE VÍCIO NO NEGÓCIO JURÍDICO - AUSÊNCIA - DIREITO À MEAÇÃO - COMPROVAÇÃO INEQUÍVOCA DA UNIÃO ESTÁVEL - INEXISTÊNCIA - DECISÃO MANTIDA.

1. Para o deferimento da colação de bens, faz-se imperiosa a demonstração da doação do bem em vida pelo autor da herança, implicando em inequívoca antecipação da legítima.

2. Na ausência de provas acerca da existência de qualquer vício a macular o negócio jurídico firmado pelo cônjuge ou hábil a desconstituir a presunção de veracidade da Certidão do Registro de Imóveis, não se mostra possível, na estreita via do processo de inventário, determinar-se a colação do bem.

3. Ausente a prova da prévia existência de união estável entre o de cujus e o cônjuge supérstite, não se admite o reconhecimento do direito de meação de imóvel registrado apenas no nome deste.

4. Não se comunica o bem adquirido por meio de permuta de imóvel particular, que já integrava o patrimônio do cônjuge sobrevivente em momento anterior ao casamento.

5. Recurso não provido. (TJMG - Agravo de Instrumento-Cv 1.0024.09.458943-9/001, Relator(a): Des.(a) Corrêa Junior , 6ª CÂMARA CÍVEL, julgamento em 03/09/2013, publicação da súmula em 13/09/2013)

AGRAVO DE INSTRUMENTO SUCESSÕES INVENTÁRIO COLAÇÃO EXCLUSÃO DE BEM AQUISIÇÃO CONTRATO DE COMPRA E VENDA INTERVENIÊNCIA DA AUTORA DA HERANÇA PRESCRIÇÃO VINTENÁRIA SÚMULA 494 STF ENTENDIMENTO INAPLICÁVEL PRETENSÃO ANULATÓRIA INEXISTENTE – MERA EQUIPARAÇÃO DAS LEGÍTIMAS ART. 2003, *CAPUT* – ADIANTAMENTO DE HERANÇA OCORRÊNCIA – PROMESSA DE COMPRA E VENDA CELEBRADA POR ASCENDENTE – CONTRATO DEFINITIVO CELEBRADO PELA SUCESSORA, COM RENÚNCIA DA ASCENDENTE – DOAÇÃO INDIRETA – DECISÃO CORRETA – COLAÇÃO DEVIDA – Agravo não provido. I – Consoante o artigo 2.003 do Código Civil, a colação consiste em mera conferência do valor dos bens do autor da herança recebidos pelos herdeiros antes da sucessão, como forma de igualar as legítimas a serem recebidas. II – A colação não possui eficácia anulatória contra o ato de liberalidade do sucedido. Ainda que trazido à colação o valor do bem na época da transmissão, o ato translativo da propriedade permanece eficaz. III – A colação não se submete a prescrição por não deter eficácia anulatória; Consubstancia mero acertamento do valor das legítimas considerando o que foi recebido pelo sucessor a título de antecipação de herança. IV – Inaplicável à colação sucessória o entendimento jurisprudencial consolidado na Súmula 494 do Supremo Tribunal Federal, posto que erigido sobre a hipótese de anulação de doação de ascendente à descendente, espécie alheia à colação (TJPR - AI 0587967-2 - 12ª C.Cív. - Rel. Des. Rafael Augusto Cassetari - *DJe* 21-6-2010 - p. 143).

AÇÃO DE INVENTÁRIO - DIREITO DAS SUCESSÕES - ADIANTAMENTO DA LEGÍTIMA - DEVER DE COLAÇÃO - RECEBIMENTO DE FRUTOS - AUSÊNCIA DE PREJUÍZO - 1 - Durante todo o período em que se aguardou o deferimento da habilitação e as Agravantes passaram a dispor da renda das três casas deixadas pelo falecido, em detrimento da Agravada que também é herdeira. 2 - O juiz do feito determinou o recebimento pela Agravada do menor aluguel, ficando a inventariante com os frutos dos imóveis de maior valor, enquanto aguarda a partilha dos bens inventariados. 3 - Agravo de Instrumento Conhecido e Improvido (TJPE - AI 0184989-8 - 4ª C.Cív. - Rel. Des. Fed. Francisco Manoel Tenorio dos Santos - *DJe* 21-7-2010 - p. 522).

EMENTA: SUCESSÃO. POSSESSÓRIA. INCOMPATIBILIDADE INÓCUA DE PEDIDOS. INCOMPETÊNCIA ABSOLUTA INEXISTENTE. COLAÇÃO DE BENS. DOAÇÃO REALIZADA PARA AS FILHAS DO CASAMENTO DO *DE CUJUS*. RESPEITO À MEAÇÃO. - Incompatibilidade dos pedidos só ocorre quando um é excludente do outro, não havendo nenhuma nulidade, se nenhum prejuízo causa. - A doação de pai para filho sem qualquer reserva, obriga a Colação, não havendo falar-se em coisa julgada ou ato jurídico perfeito, se a matéria não foi objeto de julgamento. - Se a doação é feita pelo casal, cuja mãe não é a mesma dos outros filhos, colaciona-se apenas a parte do pai comum (TJMG - Rel. Des.: Ernane Fidélis. Proc. nº 1.0079.04.126721-6/001. Data do acórdão: 25-10-2005. Data da publicação: 20-1-2006).

29

PAGAMENTO DAS DÍVIDAS

1 Conceito

Herança é o resultado de crédito menos débito. Para a formação do patrimônio, é possível que dívidas tenham sido contraídas e, ao morrer, ainda não quitadas; também o ser humano pode submeter-se a hospitalização, cuidados médicos, enfim, atos e fatos que resultam em despesas, antes e depois da morte.

O patrimônio do devedor responde pelas dívidas e é a garantia para seus credores. Enquanto os bens estão sendo inventariados, sendo diversos os herdeiros, a lei torna indivisível o acervo, até o advento e homologação da partilha, estabelecendo, também, que a responsabilidade não é *ultra vires hereditatis*. Está ínsito no direito dos herdeiros o benefício do inventário. O herdeiro não responde por encargos superiores às forças da herança.

2 Dívidas anteriores

Há dívidas que são anteriores ao passamento e outras que são posteriores. As primeiras são dívidas do falecido e as segundas, decorrentes do óbito, como, exemplarmente, despesas com o funeral, transporte do corpo, missa de sétimo dia.

São dívidas anteriores às que foram contraídas pelo *de cujus*, provenientes de contratos formais ou informais. Tanto os contratos contraídos com os bancos ou estabelecimentos comerciais, como os de internação em hospital, tratamento médico, cirurgias etc.

Os credores podem habilitar-se no inventário, postulando o recebimento de seus direitos, ou aforar ação de execução ou de cobrança.

3 Dívidas vencidas

Há dívidas vencidas e vencíveis. Em qualquer delas, o credor deverá habilitar-se antes da partilha, porque depois cada herdeiro só responderá pelo *quantum* recebido, uma vez que não há mais indivisibilidade e comunhão. Diz o Código de Processo Civil que "antes da partilha poderão os credores do espólio requerer ao juízo do inventário o pagamento das dívidas vencidas e exigíveis", em petição, acompanhada da documentação comprobatória de seu crédito, distribuindo-a por dependência e autuada em apenso aos autos do processo de inventário (art. 642 , *caput* e § 1º). O juiz dará vista aos interessados para manifestação.

4 Normas processuais

A manifestação do credor, para receber seu crédito, é feita de forma similar a uma cobrança judicial, bem mais simples, satisfazendo os requisitos da lei processual. Poderão as partes concordar com o valor cobrado, quando, então, o juiz mandará separar o dinheiro ou bens para seu pagamento; "separados os bens, tantos quantos forem necessários para o pagamento dos credores habilitados, o juiz mandará aliená-los em praça ou leilão", publicando os editais, que conterão a descrição dos bens, características, valor, local em que se encontram, dia e hora da praça ou do leilão, menção da existência de ônus etc. Poderá, igualmente, o credor optar em receber o dinheiro ou adjudicar os bens reservados, concordando todas as partes no pedido. Decidiu o Tribunal de Justiça de São Paulo que há: "*Necessidade da concordância unânime das partes sobre o pedido de pagamento feito pelo credor. Remessa às vias ordinárias, usando-se a cautela do parágrafo único do art. 643 do Código de Processo Civil*" (Tribunal de Justiça de São Paulo – AC 118.491-1 – 1ª C. – Rel. Des. Luiz de Azevedo (*RJTJSP* 128/155).

Nessa hipótese, o juiz mandará reservar em poder do inventariante os bens suficientes para o pagamento do credor habilitado, quando a dívida constar de documento que comprova suficientemente a obrigação e a impugnação não se fundar em quitação (parágrafo único do art.643 do Código de Processo Civil).

> "*Não havendo concordância de todas as partes sobre o pedido de pagamento feito pelo credor, será o pedido remetido para as vias ordinárias.*"[1]

Mas não são somente aceitas as habilitações de credores de dívidas vencidas. Admite, outrossim, o Código de Processo Civil: "*O credor de dívida líquida e certa, ainda não vencida, pode requerer habilitação no inventário. Concordando as partes com o pedido, o juiz, ao julgar habilitado o crédito, mandará que se faça separação de bens para o futuro pagamento*" (art. 644)

Isso significa que a dívida foi contraída, existe e será paga pelos herdeiros. Esperando vencer-se, pode acontecer que a partilha tenha sido feita, dificultando o pagamento ao credor de boa-fé. Assim, sendo certa a dívida e líquida, o credor habilitará

[1] NEGRÃO, Theotônio. *Código de Processo Civil*. São Paulo: Saraiva.

seu crédito, obtendo a concordância dos herdeiros para a satisfação da obrigação. Essa concordância deverá ser unânime. Discordando algum herdeiro, o juiz remeterá as partes para as vias ordinárias.

No entanto: "*Com a realização da partilha do acervo e sua homologação, cessa a comunhão hereditária e extingue-se o processo de inventário, desaparecendo a figura do espólio, à medida que os bens integrantes do acervo deixam de pertencer à massa e passam a ter proprietário exclusivo. Assim, após o trânsito em julgado da decisão homologatória, o espólio não mais poderá ser acionado por* ser parte ilegítima para figurar no polo passivo da ação" (TJMG – Rel. Des. Murilo Pereira – *JM* 124/231).

A separação dos bens para o pagamento de dívidas é de competência do juiz, mas poderão também os herdeiros autorizar o inventariante a nomear bens à penhora no processo em que o espólio for executado, no caso de credores que não habilitaram, preferindo a ação de execução.

Quando, antes da partilha, o credor requerer o pagamento de dívida constante de documentos, revestidos das formalidades legais, que comprove a obrigação assumida, e se houver impugnação que não se funde na alegação de pagamento, acompanhada de prova valiosa, o juiz mandará reservar, em poder do inventariante, bens suficientes para solução do débito, sobre os quais venha a recair oportunamente a execução. O credor será obrigado a, no prazo de 30 (trinta) dias, iniciar a ação de cobrança, sob pena de se tornar de nenhum efeito a providência tomada de separação de bens (art. 1.997, *caput* e §§ do CC)).

5 Outras despesas

Outras despesas deverão ser suportadas pelo monte. Diz o art. 1.998 do Código Civil:

> "*As despesas funerárias, haja ou não herdeiros legítimos, sairão do monte da herança. Mas as de sufrágio por alma do falecido só obrigarão a herança, quando ordenadas em testamento ou codicilo.*"

São despesas funerárias o transporte do corpo, a sua preparação, o caixão, o velório, missa de corpo presente, a sepultura, enfim, todo o contexto para o enterro. O montante será deduzido do acervo a ser partilhado.

São igualmente deduzidas as despesas com hospital, internação, médico, honorários do advogado do procurador do inventariante,[2] parcelas despendidas com o luto, desde que moderadas.[3] Essas despesas reduzem o monte partível, não incidindo o imposto de transmissão, como decidiu o Tribunal de Justiça de Minas Gerais, no AI 17.652, da 4ª Câmara.[4]

---

2 *RT*, 331/608.

3 MONTEIRO, Washington de Barros. *Curso de direito civil*. São Paulo: Saraiva, 1998. v. 6, p. 289.

4 *RT*, 602/206.

6 Responsabilidade dos herdeiros

O herdeiro só responde, cada qual, em proporção da parte que na herança lhe coube. Depois da partilha, não se fala mais em universalidade, herança, porque cessam a comunhão, a indivisibilidade e a universalidade, recebendo cada um seu quinhão, individuado.

Se os credores postularem, depois da partilha, dívida indivisível, ou o herdeiro tiver que liberar o ônus real que gravava seu quinhão, pagando o herdeiro, terá ação regressiva contra os outros, em virtude da sub-rogação legal, bem como verificando-se que um dos herdeiros tornou-se insolvente: "sempre que houver ação regressiva de uns contra outros herdeiros, a parte do coerdeiro insolvente dividir-se-á em proporção entre os demais" (art. 1.999 do CC). O Tribunal de Justiça de São Paulo decidiu que pedido formulado após a homologação da partilha, somente contra os sucessores do inventariado e não mais contra o espólio.[5]

Finalmente, se o herdeiro for devedor do espólio, poderá pagar o montante, que será partilhado entre eles, salvo se a maioria consentir que o débito seja imputado inteiramente no quinhão do devedor (art. 2.001 do CC).

Jurisprudência

CIVIL. RECURSO ESPECIAL. INVENTÁRIO. LEVANTAMENTO DE VALORES. PRÉVIA OITIVA DOS HERDEIROS INTERESSADOS. DISPENSA. POSSIBILIDADE. LIMITE DE VALOR.1. Inventário distribuído em 11.05.2009, do qual foi extraído o presente recurso especial, concluso ao Gabinete em 12.12.2012.2. Cinge-se a controvérsia em definir se o juiz pode permitir o levantamento de valores, pelo inventariante, para pagamento de dívidas e realização de despesas para conservação e melhoramento do patrimônio inventariado, sem a prévia oitiva dos herdeiros interessados.3. É imperiosa a adequada ponderação entre a necessidade de oitiva dos herdeiros imposta por lei e a própria eficiência da administração dos bens do espólio.4. O juiz pode, excepcionalmente, permitir o levantamento, pelo inventariante, de valores para pagamento de dívidas do espólio e realização de despesas para conservação e melhoramento do patrimônio inventariado, sempre condicionado à autorização judicial, dispensada a prévia oitiva dos herdeiros interessados, desde que as ações pretendidas pelo inventariante, por sua própria natureza ou importância, não recomendem essa manifestação e desde que seja obedecido um limite a ser fixado conforme às situações do caso concreto.5. Tendo em vista o patrimônio inventariado, composto de fazendas que somam área considerável, tem-se por sensata a fixação do valor de R$ 10.000,00 (dez mil reais) como limite máximo para pagamentos ou despesas realizadas pelo inventariante sem que haja oitiva dos herdeiros.6. Recurso especial parcialmente provido.(STJ- REsp 1358430/SP, Rel. Ministra NANCY ANDRIGHI, TERCEIRA TURMA, julgado em 03/06/2014, DJe 17/06/2014)

[5] *RT*, 673/58.

PROCESSUAL CIVIL. RECURSO ESPECIAL. DISPOSITIVO LEGAL NÃO PREQUESTIONADO. SÚMULA 211/STJ. TAXA DE OCUPAÇÃO. EXECUÇÃO FISCAL DE DÍVIDA DEIXADA PELO DE CUJUS. PENHORA DOS BENS RELACIONADOS EM INVENTÁRIO. POSSIBILIDADE. PRECEDENTE DO STJ.1. O prequestionamento não exige que haja menção expressa dos dispositivos infraconstitucionais tidos como violados, entretanto, é imprescindível que no aresto recorrido a questão tenha sido discutida e decidida fundamentadamente, sob pena de não preenchimento do requisito do prequestionamento, indispensável para o conhecimento do recurso. Incidência da Súmula 211/STJ.2. Conforme já decidido pelo Superior Tribunal de Justiça, no julgamento do REsp 293.609/RS, Rel. Min. Hélio Quaglia Barbosa, DJ 26/11/2007, não há irregularidades na penhora direta de bens do espólio quando consequente de dívidas contraídas pelo de cujus.3. Recurso especial parcialmente conhecido e, nessa parte, não provido.(REsp 1446893/SP, Rel. Ministro MAURO CAMPBELL MARQUES, SEGUNDA TURMA, julgado em 13/05/2014, DJe 19/05/20CIVIL E PROCESSO CIVIL. EXECUÇÃO DE TÍTULO EXTRAJUDICIAL. NEGATIVA DE PRESTAÇÃO JURISDICIONAL. INEXISTÊNCIA. ALEGADA VIOLAÇÃO DE DISPOSITIVOS CONSTITUCIONAIS. DESCABIMENTO. AUSÊNCIA DE PREQUESTIONAMENTO. SÚM. 282/STF. PENHORA RECAÍDA SOBRE O ÚNICO IMÓVEL DO ESPÓLIO. TERRENO NÃO CONSTRUÍDO. INTERPRETAÇÃO TELEOLÓGICA DAS IMPENHORABILIDADES. NATUREZA DE BEM DE FAMÍLIA NÃO COMPROVADA.

ARTS. ANALISADOS: 1º E 5º, LEI 8.009/90.1. Ação de execução de título extrajudicial, distribuída em 1986, da qual foi extraído o presente recurso especial, concluso ao Gabinete em 13/05/2013.2. Discute-se se o único imóvel do espólio - terreno alugado para empresa que nele explora serviço de estacionamento - pode ser considerado bem de família dos herdeiros, e, portanto, insuscetível de penhora para garantir o pagamento de dívidas do falecido.3. Para que fique caracterizada a negativa de prestação jurisdicional, a omissão apontada deve ser relevante para o deslinde da controvérsia, do contrário não há falar em violação do art. 535 do CPC.4. A interposição de recurso especial não é cabível por suposta violação de dispositivo constitucional ou de qualquer ato normativo que não se enquadre no conceito de lei federal, conforme disposto no art. 105, III, "a" da CF/88.5. Os dispositivos indicados como violados não foram objeto de expresso prequestionamento pelo Tribunal de origem, o que importa na incidência do óbice da Súmula 282/STF.6. O fato de se tratar de terreno não edificado é circunstância que, por si só, não obsta sua qualificação como bem de família, na medida em que tal qualificação pressupõe a análise, caso a caso, da finalidade realmente atribuída ao imóvel (interpretação teleológica das impenhorabilidades).7. No particular, evidenciado que o recorrente se vale da alegada proteção ao bem de família apenas para tentar preservar o valioso imóvel do espólio, o reconhecimento da impenhorabilidade do bem constitui, numa ponderação de valores, verdadeira afronta ao direito fundamental do credor à tutela executiva e, em maior grau, ao acesso à ordem jurídica justa - célere, adequada e eficaz -, que tanto se busca, na moderna concepção do devido processo legal.8. Recurso especial parcialmente conhecido e, nessa parte, desprovido.(REsp 1417629/SP, Rel. Ministra NANCY ANDRIGHI, TERCEIRA TURMA, julgado em 10/12/2013, DJe 19/12/2013)14)

EXECUÇÃO POR QUANTIA CERTA - INTERLOCUTÓRIO QUE RECONHECEU A ILEGITIMIDADE PASSIVA DOS HERDEIROS DOS EXECUTADOS - MATÉRIA DE ORDEM PÚBLICA, QUE PODE SER CONHECIDA DE OFÍCIO, A QUALQUER TEMPO E GRAU DE JURISDIÇÃO (ART. 267, § 3º, DO CPC) - INOCORRÊNCIA DE PRECLUSÃO, SEJA PARA AS PARTES, SEJA PARA O MAGISTRADO (*PRO JUDICATO*) - ABERTURA DA SUCESSÃO COM A MORTE - IMEDIATA TRANSMISSÃO DA HERANÇA - EXEGESE DOS ARTS. 1.572 E 1.580, CAPUT, DO CC/1916 - AUSÊNCIA DE INVENTÁRIO - UNIVERSALIDADE DE BENS QUE DEVE SER REPRESENTADA EM JUÍZO PELOS HERDEIROS - "Antes da abertura do inventário existe tão-somente uma universalidade de bens que pertence a todos os herdeiros e que não possui capacidade processual. E, nessa hipótese, a ação do credor para haver seu crédito deve ser ajuizada contra todos os herdeiros" (AC nº 2005.001530-5, de Araranguá, Rel. Des. Subst. Paulo Roberto Camargo Costa, j. 15-9-2009). RESPONSABILIZAÇÃO LIMITADA DOS HERDEIROS - APLICAÇÃO DO ART. 1.587 DO CC/1916 - "O herdeiro não responde por encargos superiores às forças da herança; Incumbe-lhe, porém, a prova do excesso, salvo se existir inventário, que a escuse, demonstrando o valor dos bens herdados" (art. 1.587 do CC/1916). RECURSO CONHECIDO E PROVIDO (TJSC - AI 2008.065581-6 - 2ª CDCom. - Rel. Des. Jorge Luiz de Borba - J. 15-3-2010).

Processual civil - Tributos fiscais devidos - Precedente homologação de partilha dos bens inventariados - Trânsito em julgado de recurso formulado contra a partilha - Art. 1.796, Código Civil - Art. 1.026, CPC.1. Acertada e homologada judicialmente a partilha dos bens inventariados, sem a precedente quitação das dívidas fiscais do espólio (art. 1.026, CPC), com as loas da instrumentalidade do processo, a solução apropriada é favorecer a execução, não mais contra o espólio e sim responsabilizando os sucessores contemplados na divisão dos bens (art. 1.796, CC) - Precedentes.2. Porém, no caso, essa solução não pode ser adotada por ter se constituído, com o provimento judicial antecedente, a coisa julgada, a respeito da aplicação do art. 1026, CPC.3. Recurso provido (STJ - Ac. unân. da 1ª T. em 31-8-1994 - REsp 27.831-8-RJ - Rel. Min. Milton Luiz Pereira - STJ Arquivo Geral de Divisão de Acórdãos).
Alimentos - Morte do alimentante - Intransmissibilidade da obrigação que personalíssima se extingue, com a morte do devedor - Herdeiros que somente poderão ser acionados pelo pagamento da dívida atrasada - Inteligência dos arts. 402 do CC e 23 da Lei nº 6.515/77.
Respondem os herdeiros do devedor apenas pelos débitos alimentares do próprio *de cujus*, vale dizer, os vencidos até sua morte e obedecidas as forças da herança (TJSP - Ap. 238.760-1/2 - 3ª C. - j. em 28-3-1995 - Rel. Des. Flávio Pinheiro - *RT* 717/133).

30

PARTILHA

1 Conceito

A partilha é o ponto culminante do processo de inventário; é a divisão dos bens deixados pelo *de cujus* a seus sucessores; é a extinção da comunhão, da indivisibilidade existente desde o falecimento, quando se transmitiram o domínio e a posse da herança aos herdeiros legítimos e testamentários. Sem dúvida que a comunhão é berço de discórdia entre os comunheiros, acarretando inimizades e até contrariedade de ordem financeira, porque, às vezes, um dos herdeiros quer vender determinado bem e os demais ou alguns deles discordam.

2 Natureza

A natureza da *actio familiae erciscundae*, ensina Caio Mário, no direito romano diferia de seu conceito atual. Não se conhecendo, ainda, a transmissão direta dos bens, da pessoa do morto para a de seus sucessores, de elaboração medieval, a partilha, em Roma, tinha o efeito de ato translatício da propriedade, efetuada reciprocamente pelos herdeiros.[1]

---

[1] PEREIRA, Caio Mário da Silva. *Instituições de direito civil*. Rio de Janeiro: Forense, ob. cit.. v. 6, p. 403.

Mas a partilha não é atributiva de propriedade. Desde a abertura da sucessão, os herdeiros são senhores e legítimos possuidores do monte. Para o Direito brasileiro, a partilha é puramente declarativa de propriedade, momento em que cessam as comunhões, a indivisibilidade, e cada herdeiro recebe sua parcela, seu quinhão. Segundo Clóvis, "a partilha entre herdeiros faz cessar o estado de comunhão incidente, determinado pelo concurso de direitos, que eles têm sobre os bens do acervo hereditário".[2]

A partilha é um negócio jurídico e para sua validade são necessários os requisitos mínimos indispensáveis: agente capaz, objeto lícito, possível, determinado ou determinável, e forma prescrita ou não defesa em lei (art. 104 do CC).

3 Certidões negativas

Prestadas as últimas declarações e pagos os impostos, abrirá o juiz prazo para que os herdeiros formulem seus pedidos sobre os quinhões e a partilha. Dentro desse prazo, deverá, também, o inventariante apresentar as certidões negativas de ônus fiscais, nos termos do art. 654 do Código de Processo Civil. Exige a lei que o inventariante diligencie para conseguir as certidões negativas de impostos federal, estadual e municipal.

Evoluíram os Códigos de Processo Civil de 1973 e 2015 com técnica processual esmerada e moderna. .mas os magistrados adotaram diferentes práticas, como, por exemplo, nomeado o inventariante, segue-se despacho determinando que seja apresentado o plano de partilha, pagamento do ITCD e certidões. Com o processo eletrônico é possível que haja mais dinamismo.

4 Quem requer

Podem requerer a partilha o cônjuge sobrevivente, o companheiro, os herdeiros, os legatários, os cessionários e os credores do herdeiro. Não obsta à partilha o estar um ou mais herdeiros na posse de certos bens do espólio, salvo se da morte do proprietário houver decorrido 15 anos (art. 1.238 do CC).

O direito de exigir partilha é irrenunciável no sentido de que o coerdeiro, ou outro titular, não pode privar-se de sua titularidade.[3] Isso não significa, entretanto, que a partilha tenha que ser feita imediatamente, nem impede sua feitura amigável.

---

2 BEVILÁQUA, Clóvis. *Comentários*... v. 6, p. 199.

3 GOMES, Orlando. *Sucessões*. Rio de Janeiro: Forense, 1997. p. 286.

O art. 2.013 estabelece que o herdeiro pode sempre requerer a partilha, ainda que o testador o proíba, cabendo igual direito a seus cessionários e credores, mas a partilha só será deferida pelo juiz, cumpridas as normas processuais. Além do mais, embora o patrimônio seja dele, não pode o testador impor que seus herdeiros mantenham infinita comunhão de bens, quando o art. 1.320, § 2º do Código Civil determina que não poderá exceder de 5 (cinco) anos a indivisão estabelecida pelo doador e pelo testador.

5 Espécies

A partilha pode ser judicial ou amigável; permite, também, a lei, a partilha em vida (art. 2.018).

Sendo os herdeiros maiores e capazes, permite a lei que seja feita a partilha amigável, em três subespécies: por escritura pública, por termo nos autos do inventário, por escrito particular, homologado pelo juiz (art. 2.015).

Assim, poderá ser amigável, quando os herdeiros forem maiores, capazes e haja unanimidade de vontades. Embora todos maiores e capazes, se um deles discordar, o juiz mandará seja feita a partilha judicial (art. 2.016). Da mesma forma, existindo incapazes ou menores "será sempre judicial a partilha". Partilha amigável, diz Clóvis, é um acordo entre os coerdeiros sobre a divisão da herança. Para que seja admitida esta forma de partilha, é necessário que todos os herdeiros sejam capazes, e não haja entre eles divergência. Não há, neste caso, preponderância da maioria: é necessária a unanimidade.[4]

A patilha amigável, sem dúvida, é o melhor indício que a família se encontrou, que as discórdias foram superadas, que os herdeiros formam uma unidade, um só pensamento, transmitindo ao falecido pai tranquilidade, onde quer que esteja. Tanto pode o instrumento ser assinado por todos os herdeiros, como pelo único advogado da causa, por representar a todos. Às vezes, quando houve atritos entre os herdeiros ou mais de um advogado constituído, o juiz do feito costuma exigir as assinaturas de todos os herdeiros, por questão de segurança.

Casos há que o juiz exige que os herdeiros façam reconhecer suas assinaturas, apostas no plano de partilha. Não há previsão legal para tal exigência, criando embaraços no processo e retardando a homologação da partilha e expedição do formal.

---

[4] BEVILÁQUA, Clóvis. Op. cit. v. 6, p. 201.

6 Escritura pública

Escolhida esta forma de partilhar, as partes interessadas reunir-se-ão com seus advogados para discutir a divisão dos bens. A função do advogado é orientar, indicando a meação do cônjuge supérstite, as dívidas, o cálculo das legítimas e o montante de cada herdeiro. Diante do Código atual, em que, preenchidas as condições legais, poderá o cônjuge supérstite receber também herança, concorrendo com os descendentes e ascendentes, cabe ao advogado-orientador esclarecer a todos a diferença entre meação e herança, quando há previsão legal para uma ou as duas. Surpreendem-se os casados no regime de comunhão de bens, quando lhe é dito que haverá meação, inexistindo herança.

Acertados os quinhões, poderá ser feita uma minuta e encaminhada para o Cartório de Notas, onde será lavrada a escritura de partilha; depois de assinada por todos os interessados (no caso dos casados assinarão maridos e esposas), possibilitando ao tabelião tirar o primeiro traslado que será apresentado no processo e apreciação do juiz, para homologação posterior.

A escritura pública tem sempre um ônus, chamado de emolumentos, que costumam ser onerosos, encarecendo o processo de inventário.

7 Termos nos autos

Entende-se a partilha por termos nos autos, quando as partes encontram dificuldades para conciliar seus interesses, mas não seria o caso de remeter para o partidor; requer o inventariante ao juiz uma audiência, apresentando o esboço e nomeando as divergências que deverão ser solucionadas. Satisfeitas as partes, o juiz mandará lavrar no termo de audiência a partilha, que será homologada, obedecidas as formalidades legais.

8 Escrito particular

Por escrito particular, entende-se o modo mais simples: reúnem-se os interessados e seus advogados, dividem-se os bens de comum acordo e o advogado lavrará o plano de partilha, que será assinado por ele e pelas partes, requerendo, em seguida, sua juntada aos autos para homologação.

Como já foi dito, e usual o plano de partilha vir assinado pelos advogados, dispensados os herdeiros, o que não é aconselhável; as assinaturas dos herdeiros são uma prova incontestável de sua vontade, demonstrando que a redação feita pelo profissional é uma manifestação legítima de sua vontade.

Entendeu o Tribunal de Justiça do Mato Grosso do Sul que o plano apresentado por herdeiros maiores e capazes não pode ser recusado pelo juiz por ser considerado incerto, interpretando o art. 659 do Código de Processo Civil.[5]

Existindo, também, testamento, o juiz mandará separar os bens que compõem essa manifestação de última vontade do testador, e, no restante, far-se-á a partilha amigável ou judicial.

Volta o testamenteiro para sua derradeira atribuição: fiscalizar a vontade do testador, nesse preciso instrumento, que é o plano de partilha.

9 Partilha judicial

A partilha judicial é elaborada pelo partidor, que organizará o esboço, de acordo com a decisão judicial, observando nos pagamentos a seguinte ordem: (I) dívidas atendidas; (II) meação do cônjuge; (III) meação disponível; (IV) quinhões hereditários, a começar pelo coerdeiro mais velho (art. 1.023 do Código de Processo Civil).

Impõe-se a partilha judicial quando há menores, incapazes ou divergência entre os herdeiros. A discordância entre eles significa sério empecilho, devendo ser sanada pelo juiz, seguindo o plano do partidor e as razões apontadas pelos herdeiros. Embora divergente a opinião de Sebastião Amorim e Euclides de Oliveira, o Tribunal de Justiça de Minas Gerais entendeu que o despacho de deliberação da partilha é irrecorrível (TJMG – AC 75.645 – 3ª C. – Rel. Des. Rubem Miranda – j. 29-12-1988) (*JM* 106/120), por se tratar de mero despacho interlocutório.

10 Partilha em vida

Permite a lei outra forma de partilha, aquela feita em vida.

> *"Nessa partilha em vida, ociosa é a intervenção do juiz, porquanto o próprio partilhante procede à distribuição de seus bens, inspirando-se então certamente nos ditames da igualdade e da justiça."*[6]

É a vontade do titular do patrimônio, sem dúvida respeitando a legítima de seus herdeiros necessários. Inviável a partilha em vida, sob forte emoção do partidor, beneficiando determinados herdeiros em detrimento das legítimas de outros. Como diz Beudant:

---

5 *RT*, 676/158.

6 MONTEIRO, Washington de Barros. *Curso de direito civil*. São Paulo: Saraiva, ob. cit. v. 6, p. 260.

> *"Os homens de negócio, em geral, têm a desconfiança instintiva das partilhas de ascendentes. Por mais judiciosas e equitativas que sejam, não logram evitar ciúmes e suspeições por parte de herdeiros, que sempre se julgam sacrificados."*[7]

O Código Civil introduziu grande novidade em termos de partilha, permitindo que o testador possa indicar os bens e valores que devem compor os quinhões hereditários, deliberando ele próprio a partilha, que prevalecerá, salvo se o valor dos bens não corresponder às quotas estabelecidas (art. 2.014).

Tais enunciados se assemelham à partilha em vida, face a manifestação do autor do patrimônio, deliberando em testamento, para ser aplicado após sua morte, dentro do processo de inventário.

Essa norma, agora aditada ao nosso contexto jurídico, já existe no direito francês, com aplausos de Planiol, noticiado por Zeno Veloso, atualizador da obra escrita por Sílvio Rodrigues, *Direito das sucessões*. Embora o texto legal, a indicação permitida deve adequar-se à igualdade das legítimas, salvo se o testador disponha, no mesmo instrumento, de toda ou parte de sua porção disponível, complementando a sucessão legítima.

A partilha em vida pode abranger todos ou parte dos bens presentes, nunca os futuros. É nula, porém, a partilha de todos os bens, sem que o doador reserve parte ou renda suficiente para sua subsistência (art. 548 do CC).

A partilha em vida nada mais é que doação com reserva de usufruto para o doador.[8] Decidiu o Tribunal de Justiça de São Paulo que é inadmissível a pretensão de terceiro filho, nascido bem mais tarde, retificando a escritura de doação, na qual seu pai doava bem imóvel a outros dois filhos, com reserva de usufruto.[9]

Quando a partilha é feita em vida, considera-se antecipação de legítima, passível de colação, salvo os casos de dispensa feita pelo doador, no ato da liberalidade ou em inventário. Visa o doador, dividindo os bens em vida, evitar discórdias entre os herdeiros, desde que faça as necessárias consultas aos interessados, previamente, ou divida os bens em lotes, submetendo a sorteio entre os agraciados.

Ao fazer a partilha em vida, doando bens a herdeiro ingrato, supõe-se que este ato revogou a exclusão por ingratidão, autêntico perdão.

---

7 BEUDANT, Robert. *Cours de code civil français*. v. 7, p. 234.

8 *RT*, 588/97, 600/72, 611/51.

9 *RT*, 585/46.

Torna-se passível de anulação a partilha em vida, quando o doador ignora algum filho, deliberadamente, com total prejuízo para sua legítima, ou se o doador, ao partilhar os bens, não observa seus valores, natureza e qualidade, estabelecendo desigualdade entre as legítimas.

11 Boas regras

Para uma boa partilha, não basta dividir os bens por seus valores. Muitas vezes essa forma é injusta, prejudicando alguns dos legitimários. Se Primus recebe somente dinheiro, Secundus, uma fazenda com gado, Tertius, uma frota de dois caminhões usados e dois automóveis, Quartus, ações de bolsa de valores, pode existir igualdade de valor e quantidade, mas não há igualdade de natureza, com real desvantagem para alguns. Com dinheiro, Primus pode comprar a fazenda e regatear no preço, sobrando para adquirir ações na bolsa ou automóveis; com a fazenda, Secundus terá dificuldade para vendê-la, fazer dinheiro e poder adquirir outros bens.

Assim, uma boa partilha deve seguir normas, observando, quanto aos bens, valor, natureza, qualidade, liquidez, divisão cômoda, condição de posse dos bens imóveis, valorização dos bens etc., não uma simples igualdade matemática.

Segundo Carlos Maximiliano:

> *"Consideram-na boa, quando os quinhões de herdeiros do mesmo grau mais ou menos se equiparam, não apenas quanto ao valor, mas também relativamente ao gênero, espécie e qualidade dos bens, recebendo cada um parte igual em imóveis, móveis e semoventes, coisas certas e duvidosas ou litigiosas, direitos e créditos, repartidos irmãmente o bom e o ruim, conciliando-se os interesses, compensando-se as diferenças irremovíveis, atendendo-se à comodidade das partes e curando de não deixar a semente ou causa de desavenças e questões futuras."*[10]

12 Evitar litígios

O mais importante é evitar litígios futuros, dividindo as famílias. Nas partilhas antigas, o partidor judicial, ou mesmo o advogado da causa, costumava fracionar todos os bens para todos os herdeiros, era uma verdadeira casa de marimbondos. Litígios e litígios futuros, inimizades entre irmãos e cunhados, sogros, noras e genros.

---

[10] MAXIMILIANO, Carlos. *Direito das sucessões*. Rio de Janeiro: Freitas Bastos, ob. cit.. v. 3, p. 330-331.

Há, no entanto, bens indivisíveis, não ensejando outro tipo de partilha, senão a comunhão de muitos.

A família é mais importante que o patrimônio, mas, algumas vezes, ela se dissipa, digladiando-se os herdeiros por pouca coisa. Cabe ao juiz, condutor do processo, conhecedor da lei e representante do Estado, prevenir litígios.

13 Venda em hasta pública

Embora estabeleça o Código Civil, no art. 2.019:

> *"Os bens insuscetíveis de divisão cômoda, que não couberem na meação do cônjuge sobrevivente ou no quinhão de um só herdeiro, serão vendidos judicialmente, partilhando-se o valor apurado, a não ser que haja acordo para serem adjudicados a todos.*
>
> *§ 1º Não se fará a venda judicial se o cônjuge sobrevivente ou um ou mais herdeiros requererem lhes seja adjudicado o bem, repondo aos outros, em dinheiro, a diferença, após a avaliação atualizada.*
>
> *§ 2º Se a adjudicação for requerida por mais de um herdeiro, observar-se-á o processo da licitação."*

Regra semelhante está no art. 1.117 do CPC de 1973, sem correspondência no CP de 2015; a jurisprudência tem entendido que "prefere-se a adjudicação a um herdeiro que venda em hasta pública".[11] A venda em hasta pública, como regra geral, prejudica os herdeiros, porque os bens são, geralmente, vendidos por preços inferiores à avaliação. Nessa hipótese, admissível dividir o imóvel para dois ou mais herdeiros, permitindo-lhes, no futuro e dentro do prazo de 5 (cinco) anos, um deles poder comprar, ou efetivando-se a venda direta, obtendo melhor preço.

14 Estudo prévio

Uma boa partilha pressupõe estudo feito pelos herdeiros, consultas, discussões, reserva de quinhões, segundo a preferência de cada qual e, até mesmo, comodidade. Não se justifica pagar a Primus com o apartamento da Rua do Catete, no Rio de Janeiro, se ele reside na Fazenda Boa Esperança, em Baependi (MG), enquanto Secundus, residindo em Niterói (RJ), é agraciado com 50% da Fazenda naquela cidade mineira.

---

[11] *RT*, 248/642; 482/248; *RTJ*, 72/270.

15 Homologação da partilha

Sendo a partilha amigável, por escritura pública ou escrito particular, pago o imposto de transmissão *causa mortis* e apresentadas as certidões negativas de ônus fiscais, e pagas as custas do processo, o juiz homologará a partilha. "O plano de partilha apresentado por herdeiros maiores e capazes não pode ser recusado pelo juiz."[12]

Se a partilha tiver de ser feita pelo partidor, apresentará ele o esboço, abrindo o juiz vista dos autos às partes interessadas, que poderão manifestar-se no prazo de 5 (cinco) dias. Cabem, nesta fase, os pedidos de adjudicação de bens ou mesmo licitação entre coerdeiros que disputam a mesma coisa. Resolvidas as reclamações, será a partilha lançada nos autos.[13] Em seguida, segue-se a rotina já descrita.

A partilha é uma forma de divisão dos bens que estavam em comum. Fixou o Código de Processo Civil, no art. 653, as diretrizes-base para a peça judicial. Diz a lei:

> *"Art. 653. A partilha constará:*
>
> *I – de auto de orçamento, que mencionará:*
>
> *a) os nomes do autor da herança, do inventariante, do cônjuge ou companheiro supérstite, dos herdeiros, dos legatários e dos credores admitidos;*
>
> *b) o ativo, o passivo e o líquido partível, com as necessárias especificações;*
>
> *c) o valor de cada quinhão;*
>
> *II – de uma folha de pagamento para cada parte, declarando a cota a pagar-lhe, a razão do pagamento, a relação dos bens que lhe compõem o quinhão, as características que os individualizam e os ônus que os gravam."*

A partilha é peça da maior importância, pois será averbada à margem da matrícula dos imóveis, como servirá de documento para a transferência de todos os demais bens, nos órgãos competentes. *Mutatis mutandis*, o formal de partilha, que é o instrumento formalizado da partilha, equivale a uma escritura pública, razão pela qual deve mencionar todos os elementos necessários e imprescindíveis à sequência do registro imobiliário.

---

[12] *RT*, 676/158.

[13] Código de Processo Civil, art. 652.

16 Formal de partilha

Após proferida a sentença de homologação, publicada, intimando as partes, decorrido o prazo recursal, ou, se todos forem maiores e capazes, tiverem desistido desse prazo recursal, será expedido o formal de partilha.

O formal de partilha constará de várias peças, tais como petição de abertura, termo de inventariante, que se refere às primeiras declarações, com todos os detalhes do art. 620 do Código de Processo Civil, e título de herdeiros, avaliação dos bens, pagamento do quinhão de cada herdeiro, quitação dos impostos, sentença, certidão do trânsito em julgado. Segundo Hamilton de Moraes e Barros:

> *"Bastaria a certidão do pagamento do quinhão hereditário, onde, também, se referisse ter passado em julgado a sentença que julgou a partilha do inventário, e de que o de cujus e o espólio pagaram todos os impostos até a partilha."*[14]

Expedido o formal, caberá, ainda, ao inventariante prestar à Receita Federal a última declaração de imposto sobre a renda, abrangendo o período de 1º de janeiro e a data da sentença homologatória da partilha. Após esse fato o CPF/CIC do *de cujus* será cancelado, salvo se existir algum débito remanescente.

17 Emendas e erro material

A partilha, ainda depois de passar em julgado a sentença (art. 1.026 do CPC), pode ser emendada nos mesmos autos do inventário, convindo todas as partes, quando tenha havido erro de fato na descrição dos bens; o juiz, de ofício ou a requerimento da parte, poderá, a qualquer tempo, corrigir-lhe as inexatidões materiais (art. 1.028 do CPC).

> *"A sentença homologatória de partilha difere em essência das demais decisões definitivas. A regra é a imutabilidade da sentença para o seu prolator, após a sua publicação. Não mais pode tocá-la nem retocá-la o juiz."*[15]

Como são muitos números e letras, constantes da descrição dos bens, é comum constatar-se inexatidão material *a posteriori*, merecendo corrigenda. Para a correção, o advogado peticionará, demonstrando ao juiz os enganos cometidos, troca de números ou letras, sem prejuízo para os interessados e

---

[14] BARROS, Hamilton de Moraes e. *Comentários ao código de processo civil*. Rio de Janeiro: Forense, v. 9, p. 258.

[15] BARROS, Hamilton de Moraes e. Op. cit. p. 259.

fisco. Exposta a matéria, comprovado o erro, o juiz ouvirá os interessados, representante do Ministério Público e a Fazenda, se for o caso, para, em seguida, declarar aceita a correção, mandando lavrar o termo de retificação, que será adicionado ao formal. Correção de erro material não é retirar página do processo, substituindo por outra.

O Tribunal de Justiça de São Paulo, em decisão da 7ª Câmara Cível, entendeu que:

> *"O Código de Processo Civil expressamente prevê, no art. 1.028, a possibilidade de corrigir erro de fato na descrição dos bens, na partilha, mesmo que esta já tenha passado em julgado, quando há concordância de todos os interessados."*[16]

Na lição de Pontes de Miranda:

> *"Quanto a inexatidões materiais, que podem ser corrigidas de ofício, ou a requerimento da parte, pode acontecer que o juiz invoque haver inexatidão material, na decisão de ofício ou a requerimento de uma, ou de algumas partes. Se não houve o que o juiz alegou, ou o que atendeu no requerimento, a solução para as partes que não requereram nem concordaram é a de oposição de embargos de declaração."*[17]

Com a expedição do formal, encerra-se o inventário, cessando as atividades do inventariante. A partir desse momento, cada um é dono do seu, e, em caso de ação contra o espólio, o autor terá de citar cada um dos herdeiros, pois o inventariante não responderá mais pelo monte.

Exemplos práticos

- Antônio casou com Maria e teve as filhas Flávia e Germana. Doou para Flávia um apartamento no valor de R$ 150.000,00. Separou-se de Maria, divorciando-se em seguida. Antônio casou, em segundas núpcias com Carla, regime de separação de bens, teve as filhas Isabella e Larissa. Anos depois, Antônio submeteu-se a uma cirurgia no coração e veio a falecer em setembro de 2014. Encontraram seu testamento, no qual deixava R$ 50.000,00 para as obras sociais da Igreja do Carmo, R$ 50.000,00 para o Hospital do Câncer, R$ 50.000,00 para a Santa Casa de Misericórdia, além de um lote para Isabella, no valor de R$ 180.000,00. Suas dívidas eram com o Hospital do Coração (R$

---

16 Jurisprudência Brasileira, v. 168, p. 298.

17 MIRANDA, Pontes. *Comentários ao código de processo civil.* Rio de Janeiro: Forense, t. 14, p. 264.

40.000,00) e com o Banco Santander (R$ 100.000,00). Os bens arrecadados do seu patrimônio somam R$ 3.000.000,00. Dividir o monte.

Em primeiro lugar, subtrair as dívidas (3.000.000,00 – (40.000,00 + 100.000,00) = 2.860.000,00. Verificar se as disposições testamentárias não ultrapassam a porção disponível. No caso presente, o testamento soma R$ 330.000,00, menos da porção disponível. Assim, R$ 2.860.000,00 – R$ 330.000,00 = R$ 2.530.000,00. Não há meação, porque o regime de bens é de separação; os bens arrecadados são do falecido ("seu"). Colação. Flávia deve colacionar metade do apartamento, R$ 75.000,00. Assim, R$ 2.530.000,00 + R$ 75.000,00 = R$ 2.605.000,00, que será dividido pelos herdeiros (quatro filhas e o cônjuge, ou seja, 2.605.000,00 : 5 = R$ 521.000,00 para cada herdeiro. Como Flávia já recebeu R$ 75.000,00, sua legítima será de R$ 521.000,00 – R$ 75.000,00 = R$ 446.000,00.

Isabella receberá, também, o legado (apartamento, no valor de R$ 180.000,00); as obras sociais da Igreja do Carmo, o Hospital do Câncer e a Santa Casa de Misericórdia receberão, cada um, R$ 50.000,00 de legado.

- Antônio, dono de um patrimônio avaliado em R$ 900.000,00 casa-se com Maria, dona de uma loja avaliada em R$ 150.000,00 sob o regime legal de bens. Tiveram três filhas: Vanessa, Marcela e Júlia. Em março de 2014, Antônio fez testamento público legando um carro no valor de R$ 51.000,00 a Vanessa. Em setembro de 2014, acometido de uma doença grave, Antônio fez outro testamento, desta vez por instrumento particular, legando 1/5 de sua porção disponível, deduzidos os legados a Maria. Em outubro de 2018 morre Antônio. O patrimônio do casal à época do falecimento era de R$ 2.000.000,00. Divida o monte sabendo que foram gastos R$ 5.000,00 de despesas com funeral.

Arrecadados R$ 2.000.000,00 do casal; regime de bens é comunhão parcial (legal); dívidas, R$ 5.000,00; subtrair a dívida do monte: 2.000.000 – 5000 = 1.995.000; subtrair os valores que eles entraram no casamento (R$ 900.000,00 e R$ 150.000,00), resulta R$ 945.000,00; dividir por dois, para saber a meação = R$ 472.500,00; esse valor somar com os R$ 900.000,00, que Antônio tinha antes do casamento = R$ 1.372.500,00; saber qual é a porção disponível, dividindo esse montante por 2, igual a R$ 686.250,00; retirar da porção disponível R$51.000,00 de um legado e calcular os 1/5 para Maria (R$137.250,00); deduzidos os valores do testamento (51.000 + 137.250,00), sobram R$ 498.000,00, que, somados com R$ 472.500,00 (a outra metade), temos R$ 1.184.250,00 para dividir com os quatro (4) herdeiros = R$ 296.062,50, para cada um; Vanessa receberá sua legítima mais o legado; Maria receberá:

R$150.000,00 que entrou no casamento, mais R$ 137.250,00 do testamento, mais R$ 472.500,00 da meação, somando R$1.055.812,50. Marcela receberá R$296.062,50 e Júlia C$296.062,50. As despesas do funeral devem ser pagas pelo monte, mas o imposto – ITCD – é encargo de cada herdeiro. Podem eles acordar que seja retirado do monte, dividindo o saldo remanescente.

- Antônio dos Santos, brasileiro, casado com Maria dos Santos, no regime de comunhão universal de bens, pai de Primus, Secundus, Tertius e Quartus dos Santos, fez um testamento público, em janeiro de 1990, deixando para Tertius o apto. 302, à Rua Luz, 32, no valor de R$ 60.000,00; para Quartus deixou o apto. 301, à Rua Luz, 32, no valor de R$ 80.000,00, com a cláusula de incomunicabilidade. Quando Primus, seu gerente geral na cadeia de lojas, casou-se, em junho de 1982, o Sr. Antônio e Da. Maria deram-lhe o apto. 1.101, da Av. Afonso Pena, 2.345, no valor atual de R$ 80.000,00, liberando-o de colacionar. Em julho de 1993 Antônio doou a seus pais, Felipe e Marta, o apto. 1.202, à Av. Afonso Pena, 2.345, no valor de R$ 80.000,00. Também, quando Secundus casou-se, em setembro de 1.994, os pais lhe deram o apto. 402, à Av. Afonso Pena, 2.345, no valor de R$ 70.000,00. Homem de negócios, pediu empréstimo ao Banco Santander, no valor de R$ 100.000,00, valor ainda não pago. Acometido de doença, foi internado no Hospital Biocor, submetendo-se a cirurgias, vindo a falecer em 15 de setembro de 2018. O patrimônio do casal, na data do falecimento, era de R$ 1.400.000,00. Aberto o inventário, o Hospital cobrou R$ 50.000,00, proveniente das duas cirurgias, medicamentos, médico etc. Dividir o monte, entregando a cada um o seu.

Retirar as dívidas: R$ 1.400.000,00 – (R$ 100.000,00 + R$ 50.000,00) = R$ 1.250.000,00; dividir por dois, para cálculo da meação, igual a R$ 625.000,00; esse valor, dividir por dois, para saber a porção disponível, uma vez que há legados (625.000 : 2 = 312.500). Na parte da legítima, adicionar R$ 35.000,00, metade da doação feita ao filho Secundus, somando R$ 347.500,00; na porção disponível, retirar os legados (60.000 + 80.000), restando R$ 172.500; esse valor deve ser somado a R$ 347.500,00 = R$ 520.000,00; dividir pelos quatro filhos, porque Maria não é herdeira = R$ 130.000,00.

Primus receberá R$ 130.000,00; Secundus, R$ 130.000,00 menos R$ 35.000,00 = R$ 95.000,00; Tertius, R$ 130.000,00 mais o legado R$ 60.000,00 = R$ 190.000,00; Quartus, R$ 130.000,00 mais o legado R$ 80.000,00 = R$ 210.000,00 e Maria receberá a meação, R$ 625.000,00.

- Antônio casou com Maria em julho de 1962 e tiveram os filhos Primus, Secundus e Tertius. Doaram a Secundus o apto. 302, à Rua Luz, 32, no valor de R$ 60.000,00. Em 1986, Antônio fez testamento, deixando para Primus R$ 50.000,00, dinheiro que estava no cofre do escritório e o lote em Betim, no valor de R$ 30.000,00 para Tertius. Divorciaram-se Antônio e Maria em 1990, recebendo cada qual R$ 600.000,00 de meação. Voltou a casar Antônio, desta vez com Rita de Cássia, estudante e comerciante, dona de uma butique, no valor de R$ 60.000,00, no regime legal, nascendo-lhes os filhos Guilherme, Raquel, Tânia Maria e Wellington. Em janeiro de 1998 faleceu Secundus, deixando viúva, Cláudia, e os filhos menores, José Carlos, Jacy e Alaor. Em fevereiro de 2000 Antônio e Rita de Cássia doam a Jacy o apto. 101, à Rua Luz, 32, no valor de R$ 80.000,00. Em novembro de 2001, Antônio doa ao Hospital Mário Pena R$ 50.000,00. Posteriormente, em 15 de fevereiro de 2014 Antônio falece, deixando, em testamento público, o apto. 103, à Rua Felipe dos Santos, 876, no valor de R$ 120.000,00 para Rita de Cássia, outro legado de R$ 30.000,00 para Tertius. O monte do casal, na época do passamento, era de R$ 2.200.000,00. No cofre do escritório encontraram R$ 5.000.00. Dividir o monte.

Monte arrecadado: R$ 2.200.000,00, retirar a parcela de cada um antes de casar (600.000,00 + 60.000) = R$ 1.540.000,00 aquestos; dividir por dois = 770.000 (meação); parte do Antônio, 770.000 + 600.000 = R$ 1.370.000,00; subtrair os legados (5.000 – encontrados no cofre + 30.000 + 30.000 + 120.000) = R$ 1.185.000,00; desse valor somar 30.000, metade da doação a Secundus = R$ 1.215.000,00; dividir por 8, sendo 7 filhos e o cônjuge = R$ 151.875,00.

Primus, Secundus e Tertius receberão de legítima R$ 151.875,00; os demais filhos vão concorrer com o cônjuge (art. 1.832). R$ 151.875,00 × 5 = R$ 759.375,00; desse valor retirar 1/4 do cônjuge = R$ 189.843,75; voltando aos R$ 759.375,00, subtrair R$ 189.843,75 = R$ 569.531,25, dividido pelos quatro filhos = R$ 142.382,81.

Primus = R$ 151.875,00 + R$ 5.000,00 = R$ 156.875,00.

Secundus = R$ 151.875,00 – R$ 30.000,00 = R$ 121.875,00.

Tertius = R$ 151.875,00 + R$ 60.000,00 = R$ 211.875,00.

Guilherme, Raquel, Tânia Maria e Wellington, R$ 142.382,81, cada um.

Rita de Cássia = R$ 770.000,00 (meação) + R$ 60.000,00 (bens particulares) + R$ 189.843,45 + R$ 120.000,00 = R$ 1.139.843,70. É importante destacar, repetindo, que a divisão primeira obedece a norma constitucional, de igualdade dos filhos; na operação que se segue, há a intromissão do art. 1.832 do CC, que outorga ao cônjuge o mínimo de ¼ da herança, sendo ele ascendentes dos filhos com os quais concorre.

- Antônio e Maria tiveram os filhos Diogo, Secundus e Tertius. Ao divorciarem-se, o patrimônio, deram a cada filho R$ 200.000,00. Antônio casou com Rita e tiveram os filhos Clarice, Márcia, Cristiano e Fernando. Em agosto de 2014, indo para o Rio de Janeiro, aconteceu o desastre, no qual morreram Antônio, Maria e Diogo. Na data do óbito, o patrimônio de Diogo, solteirão, era de R$ 1.200.000,00. Dividir o monte.

Os irmãos bilaterais (Secundus e Tertius), receberão o dobro do que irão receber os irmãos unilaterais (Clarice, Márcia, Cristiano e Fernando). Assim:

R$ 1.200.000,00 dividido por 8 (cada irmão bilateral possui o peso 2) = R$ 150.000,00.

Secundus e Tertius = R$ 300.000,00 cada um.

Clarice, Márcia, Cristiano e Fernando = R$ 150.000,00 cada um.

- Antônio, dono de uma loja avaliada em R$ 60.000,00, casa-se com Isabel, dona de um carro avaliado em R$ 20.000,00, sob o regime legal. Tiveram três filhos: Daniel, Secundus e Tertius. Antônio doa a Daniel R$ 10.000,00. Em abril de 2004 fez testamento particular legando um lote avaliado em R$ 50.000,00 a Daniel. Falece Antônio (janeiro de 2014) quando o patrimônio do casal era de R$ 2.000.000,00. Dividir o monte sabendo-se que foram gastos R$ 5.000,00 de despesas com funeral.

R$ 2.000.000,00 – R$ 5.000,00 = R$ 1.995.000,00.

R$ 1.995.000,00 – (R$ 60.000,00 + R$ 20.000,00) = R$ 1.915.000,00 : 2 = R$ 957.500,00.

R$ 957.500,00 + R$ 60.000,00 + R$ 5.000 = R$ 1.022.500,00.

R$ 1.022.500,00 – R$ 50.000,00 = R$ 972.500,00.

R$ 972.500,00 : 4 = R$ 243.125,00.

Isabel receberá: R$ 243.125,00 + R$ 20.000,00 (carro) + R$ 957.500,00 (meação) = R$ 1.220.625,00.

Daniel receberá R$ 243.125,00 – R$ 5.000,00 = R$ 238.125,00 + R$ 50.000,00 = R$ 288.125,00.

Secundus receberá R$ 243.125,00.

Tertius receberá R$ 243.125,00.

Observação: Ao aplicar o art. 1.829 do CC, deve o intérprete ficar atento ao texto da lei. Diz o inciso I, no seu início, que o cônjuge concorrerá com os descendentes (regra geral), *SALVO* ... e exclui três hipóteses. Deve-se seguir o texto da lei, quer parecer justo ou injusto, mas é o teor da lei vigente. Note-se que essa mesma regra geral está na concorrência do cônjuge com os ascendentes e, nessa hipótese, não há qualquer dúvida que inexiste exclusão, em virtude de regime de bens no casamento. A lei nada exclui e se aplica em todas as situações. Em recente julgado do STJ, encontra-se acórdão nesse sentido, tornando sem efeito cláusula inserida no pacto antenupcial, retirava o direito do cônjuge supérstite.

Jurisprudência

RECURSO ESPECIAL. AÇÃO DE RECONHECIMENTO E DE DISSOLUÇÃO DE UNIÃO ESTÁVEL E DIVÓRCIO C/C PARTILHA DE BENS. PRETENSÃO DE PARTILHA DE DIREITO REAL DE USUFRUTO SOBRE BEM IMÓVEL INSTITUÍDO EM FAVOR EXCLUSIVAMENTE DO COMPANHEIRO. USO DESVIRTUADO DO INSTITUTO, COM O MANIFESTO PROPÓSITO DE PREJUDICAR A MEAÇÃO DA COMPANHEIRA. RECONHECIMENTO. RECURSO ESPECIAL IMPROVIDO. 1. O direito real de usufruto, instituído por específicas hipóteses legais ou voluntariamente, a título gratuito ou neroso, confere ao usufrutuário o domínio útil da coisa, ou seja, o direito de usar, gozar e usufruir o bem. Não lhe é dado, todavia, um dos atributos do domínio, que é o de dispor da coisa, cujo direito é reservado ao nu-proprietário. Diante do desmembramento dos atributos do domínio, exercitados simultaneamente por pessoas distintas, ressai evidente que a instituição do usufruto leva em conta as condições pessoais do usufrutuário. Por tal razão, é absolutamente correta a assertiva de que o direito real de usufruto é instituído intuitu personae, do que ressai a sua ntransmissibilidade e inalienabilidade. 2. Para efeito de partilha, há que se interpretar o art. 1.393 do Código Civil em consonância com as regras próprias do regime de bens aplicável à espécie, de modo a não chancelar o uso desvirtuado do instituto, com o claro propósito de burlar a meação do outro consorte. 2.1 A intransmissibilidade do usufruto não pode se sobrepor ao desvirtuado uso do instituto, como se deu na hipótese, em que o recorrente, na vigência da união estável, utilizou-se de patrimônio integrante da comunhão de bens do casal, para, por pessoas interpostas no caso, seus filhos, menores de idade (e valendo-se do poder de representação) , instituir em seu exclusivo benefício o direito real de usufruto. 3. No caso de usufruto convencional ou voluntário, o proprietário (que detém todos os atributos do domínio), por ato gratuito ou oneroso, reserva para si a nua-propriedade e transfere para terceiro o usufruto (usufruto por alienação); ou reserva para si o usufruto do bem e transmite para terceiro a nua-propriedade (usufruto por retenção). A hipótese dos autos refoge in totum desse padrão. 3.1 Pela dinâmica da contratação entabulada, os então proprietários, no mesmo ato e a título oneroso, se despojaram do domínio útil do imóvel, em favor do recorrente, e da nua-propriedade, em favor dos filhos destes, à época, menores de idade (sem patrimônio próprio e suficiente para tanto) e representados, no ato, exclusivamente, pelo pai. Na verdade, afigurou-se de todo evidente que o companheiro, durante a união estável, valendo-se de seu poder de representação, adquiriu o imóvel sob comento em nome dos filhos, transferindo-se-lhes a nua-propriedade e reservando para si o direito real de usufruto. 4. Diante do rompimento da união estável/casamento, não se ignora a dificuldade, e mesmo a inviabilidade, na maioria dos casos, de o usufruto sobre o imóvel ser exercido simultaneamente pelos ex-consortes, ambos titulares de tal direito. 4.1 Não obstante, reconhecido que os ex-cônjuges são titulares do direito real de usufruto, e não sendo viável o exercício simultâneo do direito, absolutamente possível a cessão do bem imóvel, a título oneroso, a terceiro (v.g., contrato de aluguel), cuja remuneração há de ser repartida, em porções iguais, entre ambos. Alternativamente, no caso de apenas um dos usufrutuários exercer o uso do bem, abre-se a via da indenização àquele que se encontra privado da fruição da coisa, compensação essa que pode se dar mediante o pagamento de valor correspondente à metade do valor estimado do aluguel do imóvel. Em qualquer hipótese, registre-se, as despesas do imóvel hão de ser arcadas pelos dois usufrutuários. 4.2 Naturalmente, o modo pelo qual se dará o exercício conjunto do usufruto, de titularidade de ambas as partes, que ora se reconhece, é questão a ser decidida pelos próprios envolvidos, da forma como melhor lhes aprouver. Seja como for, a incompatibilidade da vida em comum, própria do término da relação conjugal, não constitui óbice ao exercício conjunto da titularidade do direito real de usufruto, tal como ora proposto. 5. Recurso especial improvido. (STJ - Acórdão Resp 1613657 / Sp, Relator(a): Min. Marco Aurélio Bellizze, data de julgamento: 21/08/2018, data de publicação: 31/08/2018, 3ª Turma) RECURSO ESPECIAL. PROCESSUAL CIVIL E SUCESSÕES. PARTILHA AMIGÁVEL E PARTILHA JUDICIAL. ARROLAMENTO. AÇÃO ANULATÓRIA DE PARTILHA.POSSIBILIDADE (CPC, ART. 1.031). VIOLAÇÃO CARACTERIZADA. RECURSO PROVIDO.1. Analisando a sentença e o v. acórdão estadual, que divergem ao interpretar a forma de partilha, é forçoso reconhecer a ocorrência de partilha amigável, pois presentes os seus requisitos.2. A partilha amigável (CC/1916, art. 1.773; CC/2002, art. 2.015) é passível de anulação, nos termos dos arts. 486, 1.029 e 1.031 do CPC, enquanto a partilha judicial é rescindível, conforme preconizam os arts. 485 e 1.030 do CPC.3. No caso em liça, ocorrida a partilha amigável, cabível é a ação de anulação da partilha. Assim, o pedido posto na exordial não é juridicamente impossível, motivo pelo qual deve ser reformado o v.acórdão estadual, reconhecendo-se não caracterizada a carência da ação.4. Recurso especial provido.(STJ- REsp 803.608/MG, Rel. Ministro RAUL ARAÚJO, QUARTA TURMA, julgado em 25/03/2014, DJe 02/04/2014)

DIREITO CIVIL. RECURSO ESPECIAL. INVENTÁRIO. CÔNJUGE SUPÉRSTITE CASADO COM O DE CUJUS PELO REGIME DA COMUNHÃO PARCIAL DE BENS.HERANÇA COMPOSTA DE BENS PARTICULARES E BEM COMUM. HERDEIRO NECESSÁRIO. CONCORRÊNCIA COM OS DESCENDENTES. ARTS. ANALISADOS: 1.658, 1.659, 1.661, E 1.829, I, DO CC/02.1. Inventário distribuído em 24/01/2006, do qual foi extraído o presente recurso especial, concluso ao Gabinete em 27/05/2013.2. Cinge-se a controvérsia a definir se o cônjuge supérstite, casado com o falecido pelo regime da comunhão parcial de bens, concorre com os descendentes dele na partilha dos bens particulares.3. No regime da comunhão parcial, os bens exclusivos de um cônjuge não são partilhados com o outro no divórcio e, pela mesma razão, não o devem ser após a sua morte, sob pena de infringir o que ficou acordado entre os nubentes no momento em que decidiram se unir em matrimônio. Acaso a vontade deles seja a de compartilhar todo o seu patrimônio, a partir do casamento, assim devem instituir em pacto antenupcial.4. O fato de o cônjuge não concorrer com os descendentes na partilha dos bens particulares do de cujus não exclui a possibilidade de qualquer dos consortes, em vida, dispor desses bens por testamento, desde que respeitada a legítima, reservando-os ou parte deles ao sobrevivente, a fim de resguardá-lo acaso venha a antes dele falecer.5. Se o espírito das mudanças operadas no CC/02 foi evitar que um cônjuge fique ao desamparo com a morte do outro, essa celeuma não se resolve simplesmente atribuindo-lhe participação na partilha apenas dos bens particulares, quando houver, porque podem eles ser insignificantes, se comparados aos bens comuns existentes e amealhados durante toda a vida conjugal.6. Mais justo e consentâneo com a preocupação do legislador é permitir que o sobrevivente herde, em concorrência com os descendentes, a parte do patrimônio que ele próprio construiu com o falecido, não lhe tocando qualquer fração daqueloutros bens que, no exercício da autonomia da vontade, optou - seja por não ter elegido regime diverso do legal, seja pela celebração do pacto antenupcial - por manter incomunicáveis, excluindo-os expressamente da comunhão.7. Recurso especial conhecido em parte e parcialmente provido.(STJ - REsp 1377084/MG, Rel. Ministra NANCY ANDRIGHI, TERCEIRA TURMA, julgado em 08/10/2013, DJe 15/10/2013)

0030520-89.2013.8.26.0000 Agravo de Instrumento / Inventário e Partilha
Relator(a): Walter Barone
Comarca: Santos
Órgão julgador: 7ª Câmara de Direito Privado
Data do julgamento: 21/08/2013
Data de registro: 23/08/2013
Ementa: AGRAVO DE INSTRUMENTO Inventário ***judicial*** Decisão que indeferiu pedido de avaliação ***judicial*** dos bens da herança Presença de ***menor*** entre os herdeiros e dissenso entre as partes envolvidas Avaliação ***judicial*** que favorece o princípio da igualdade na ***partilha***, sem oferecer litigiosidade incompatível com o procedimento Inteligência dos arts. 1.003 e seguintes do CPC e 2.017 do CC Recurso provido.

INVENTÁRIO - DIREITO SUCESSÓRIO - UNIÃO ESTÁVEL - IGUALDADE SUBSTANCIAL - COMPANHEIRA - HERDEIROS COLATERAIS - INAPLICABILIDADE DO ART. 1.790 CC/02 - EXTENSIBILIDADE - ART. 1.838 CC/02 E ART. 226, § 3º, CF/88 - SUCESSÃO POR INTEIRO - DIREITO - DESPROVIMENTO. Faz-se mister, frente ao entendimento constitucional de equiparação da união estável ao casamento, como entidade familiar, que todos os direitos infraconstitucionais assegurados aos cônjuges sejam aos companheiros estendidos. Destarte, havendo expressa previsão legal (art. 1.838, CC/02) de que na ausência de descendentes e ascendentes será deferida a sucessão por inteiro ao cônjuge sobrevivente, tal direito também assiste à companheira, sendo despicienda qualquer verificação acerca da data em que os bens foram adquiridos, uma vez que a norma protetiva consubstanciada no art. 1.838 CC/02 não traz essa menção restritiva quando estiver em jogo o interesse da cônjuge/

companheira em detrimento dos herdeiros colaterais, cabendo àquela, neste caso, a sucessão por inteiro. TJMG. AP. nº 1.0024.06.220350-0/001(1). Rel. Des. Geraldo Augusto. J.16-8-2011, p. 2-9-2011.

DIREITO CIVIL – NULIDADE DE RETIFICAÇÕES DE PARTILHA AMIGÁVEL – Negócios jurídicos firmados mediante petições protocolizadas após a homologação da partilha pelo juízo de primeiro grau. Ato jurídico que não se reveste dos requisitos de validade necessários à sua perfectibilização. Ausência de autorização dos herdeiros e demais interessados. Forma contratual não observada. Invalidade da avença reconhecida. Retorno das partes ao *status quo ante*. Sentença de procedência mantida. Recurso desprovido (TJSC – AC 2009.066917-9 – 3ª CDCiv. – Rel. Des. Marcus Tulio Sartorato – J. 16-3-2010).

AÇÃO DE DIVÓRCIO DIRETO. PARTILHA DE BENS. HOMOLOGAÇÃO DO ACORDO QUE EXCLUIU BEM POR AUSÊNCIA DE COMPROVAÇÃO DA PROPRIEDADE OU DA POSSE. IMPROPRIEDADE. PARTILHA DE CASA CONSTRUÍDA EM TERRENO DE TERCEIRO QUE NÃO TERÁ SEUS DIREITOS MODIFICADOS COM A HOMOLOGAÇÃO. Não é objeto da partilha averiguar direito real sobre imóvel, de modo que a sentença homologatória do divórcio, ao dispor sobre a partilha dos bens livremente acordada pelas partes não surte efeitos sobre eventual direito de terceiro. Tendo na hipótese o casal conciliado quanto à partilha, não há impedimento à homologação, pois não importa a situação do bem e sim o direito dos divorciandos de repartir o patrimônio comum adquirido na constância do casamento. Provimento do recurso para incluir o referido bem na partilha (TJRJ – 2006.001.26107 – APELAÇÃO CÍVEL DES. LEILA ALBUQUERQUE – DÉCIMA QUARTA CÂMARA CÍVEL).

Agravo de Instrumento. Acordo firmado entre as partes que ensejou separação consensual perante a 8ª Vara de Família da Capital, permanecendo os bens do ex-casal em condomínio para ser providenciada posterior partilha. Ação Cautelar de Arrolamento ajuizada perante Juízo Cível. Irresignação da agravante com a decisão de primeiro grau que declinou de sua competência em favor da 8ª Vara de Família, onde existe Ação Cautelar de Sequestro e Separação Consensual, sustentando a agravante que em julgamento de outro Agravo de Instrumento, houve menção no acórdão de que as partes deveriam se valer do Juízo Cível quanto à administração do patrimônio. Não merece acolhimento a tese da agravante, uma vez que ação visando modificar administração de patrimônio em condomínio não se confunde com Ação Cautelar de Arrolamento. Em se tratando de medida preparatória, como é o caso da Ação Cautelar de Arrolamento, vê-se que a ação principal deverá versar sobre a partilha dos bens em condomínio e esta somente poderá ocorrer perante o Juízo que tratou da separação do ex-casal, *in casu*, a 8ª Vara de Família da Capital. Assim sendo, acertada a decisão de primeiro grau, razão pela qual é de ser mantida, DESPROVENDO-SE O RECURSO (TJRJ – 2006.002.02931 – AGRAVO DE INSTRUMENTO JDS. DES. SIRLEY ABREU BIONDI – Julgamento: 12/07/2006 – DÉCIMA TERCEIRA CÂMARA CÍVEL).

Ação de nulidade de partilha. Prazo. Segundo o acórdão estadual, (I) 'O herdeiro que não participou do inventário dispõe de ações vintenárias de nulidade de partilha e de petição de herança. É inaplicável o prazo de decadência de um ano previsto no artigo 178, parágrafo 6o, V, do CC' e (II) 'O herdeiro preterido, que não participou do inventário, não está sujeito à eficácia de coisa julgada da sentença de partilha judicial, podendo promover a ação vintenária de nulidade de partilha (CPC, artigos 472 e 1.030, III)'. Na jurisprudência do Superior Tribunal ver os REsp 68.644 (*DJ* 22-4-1997) e 140.369 (*DJ* 16-11-1998). Súmula 343/STF. Inaplicabilidade. Falta de prequestionamento (Súmulas 282 e 356/STF). Agravo regimental desprovido (STJ, AR/AI nº 1999/0042956-7, *DJ* 17-4-2000).

Sucessão – Art. 1.777 do Código Civil – Imóvel que não cabe no quinhão de um dos herdeiros – Venda judicial com repartição do produto ou adjudicação ao herdeiro que requerer – Reposição aos outros herdeiros em dinheiro da diferença que houver entre o valor do bem e a quota parte do adjudicatário – Recurso acolhido – Representação por estirpe – Sobrinhos-netos – Processo civil – Impossibilidade de revolver-se matéria de fato no recurso especial – Súmula/STJ Enunciado nº 7 – Omissão alegada em recurso especial não agitada em embargos declaratórios – Ausência de pré-questionamento – Recurso desacolhido.
I – Segundo estabelece o art. 1.777, CC, 'o imóvel que não couber no quinhão de um só herdeiro, ou não admitir divisão cômoda, será vendido em hasta pública, dividindo-se-lhe o preço, exceto se um ou mais herdeiros requererem lhes seja adjudicado, repondo aos outros, em dinheiro, o que sobrar'. Ocorrendo as condições fáticas pertinentes, é de deferir a adjudicação à postulante, que por aproximadamente trinta anos, como companheira, conviveu more uxório com o *de cujus*.
II – Afirmando o acórdão que os filhos de determinada herdeira, irmã pré-morta do *de cujus*, já foram contemplados na partilha, não há, independentemente da tese da representação por estirpe, como examinar a pretensão sem o revolvimento dos fatos da causa, procedimento vedado no âmbito do apelo especial.
III – Se o acórdão foi omisso em analisar questão suscitada pelas partes, cumpre sejam oferecidos pelos interessados os embargos de declaração competentes, a fim de sanar-se a irregularidade, não sendo hábil a interposição do recurso especial o qual, no ponto, carece do necessário prequestionamento (STJ – REsp 91.976 (96/0020222-2) – SP – Rel. Min. Sálvio de Figueiredo Teixeira – 4ª T. – j. em 23-9-1998 – *DJ* 18-12-1998).

31

NULIDADE E ANULAÇÃO DA PARTILHA

1 Conceito geral

Diz o art. 657 do Código de Processo Civil:

> *"A partilha amigável, lavrada em instrumento público, reduzida a termo nos autos do inventário ou constante de escrito particular homologado pelo juiz, pode ser anulada, por dolo, coação, erro essencial ou intervenção de incapaz, observado o disposto no § 4 do art. 966°.*
>
> *Parágrafo único. O direito à anulação de propor ação anulatória de partilha amigável extingue-se em um (1) ano, contado este prazo: (I) no caso de coação, do dia em que ela cessou; (II) no de erro ou dolo, do dia em que se realizou o ato; (III) quanto ao incapaz, do dia em que cessar a incapacidade."*

A imprecisão do texto legal, em harmonia com o disposto no Código Civil, permite-nos visualizar três possibilidades em torno do assunto: a) quando há vícios ou defeitos que invalidariam a partilha, o prazo de 1 (um) ano é contado a partir da sentença que homologa o ato; b) havendo litígio entre as partes ou sendo judicial a partilha, o prazo é de dois (2) anos, também contado do trânsito em julgado, por meio de ação rescisória; c) havendo herdeiro preterido ou reconhecido posteriormente a sentença de homologação da partilha, o prazo seria de 10 (dez) anos, nos termos do art. 205 do CC.[1]

---

[1] NERY JÚNIOR, Nelson; NERY, Rosa Maria. Op. cit. p. 1.042-1.043 comentam o artigo 2.027 do CC, estabelecendo três ordens distintas de prazos decadenciais. Segundo esses autores, a anulabilidade da partilha amigável é consoante a forma dos artigos 1.022 a 1.030 do CPC ou artigos 2.015 e 2.018 do CC; em havendo vícios, invocam os autores os artigos 138, 145, 156, 157, 158 e 171 do CC.

A sentença de partilha não pode prejudicar direito de quem não participou do inventário, configurando, em relação a ele, *res inter alios acta.*[2]

2 Ato jurídico

O ato jurídico perfeito é a maior garantia da estabilidade das relações sociais. Prolatada a sentença, transitada livremente em julgado, pressupõe-se a certeza de seu conteúdo. O mesmo acontece com a sentença proferida no inventário. As partes que participaram do feito são capazes ou estavam legitimamente representadas ou assistidas.

A partilha é um ato jurídico, que requer agente capaz de manifestar, livremente, sua vontade; não pode existir vício que altere o desejo do herdeiro. Comenta Caio Mário que a partilha impõe a capacidade dos outorgantes, quando amigável, e obedece aos trâmites do processo, se judicial. Em ambos os casos, é necessária autoridade judiciária competente, ou seja, o juiz do processo onde está em curso o inventário.[3]

Se ela tiver sido viciada por erro, dolo, coação ou simulação, poderá ser anulada; se, ao contrário, não foi respeitada a forma prescrita em lei, ou teve por objeto coisa juridicamente impossível, indeterminada ou indeterminável, preterida solenidade que a lei considere essencial, ou pela absoluta incapacidade do herdeiro participante, será nula, nos precisos termos dos arts. 166 e 171 do Código Civil.

A declaração de nulidade ou anulação do ato ou negócio jurídico será proferida por juiz competente em ação própria. Exposta a matéria com propriedade, deverá o magistrado apurar a manifestação da parte, colhendo as informações trazidas para o processo, depoimentos de testemunhas, concluindo se houve vício de vontade.

Teoricamente, uma vez que o juiz decidiu, proferindo sua sentença, espera-se o trânsito em julgado e, após, cessa a atividade jurisdicional do magistrado. Entretanto, conceitua Euclides de Oliveira, a partilha pode vir a ser alterada, para fins de retificação ou emenda, estando de acordo todos os herdeiros, sem que seus direitos sejam feridos pela possível nova partilha[4]

O Código Civil não foi feliz em sua colocação, merecendo críticas de todos os comentaristas pátrios; declara, simplesmente, a anulação da partilha, em virtude de vícios e defeitos que a invalidam, prescrevendo o prazo de 1

---

2 NEGRÃO, Theotonio, *Código de Processo Civil*. São Paulo: Saraiva, 2006, p. 995.

3 PEREIRA, Caio Mário da Silva. Op. cit. p. 429.

4 OLIVEIRA, Euclides. *Código Civil comentado*. São Paulo: Atlas, ob. cit.. v. XX, p. 250.

(um) ano para o exercício do direito do herdeiro prejudicado; trata-se de prazo prescricional, iniciando-se no dia imediato em que a sentença tenha sido prolatada, com sua publicação no órgão oficial. O Código de Processo Civil foi mais além, criando, nos arts. 657 e 658, diferenças entre partilha anulável e partilha nula.

3 Ação própria

A anulação da partilha exige ação própria, "mesmo que omita herdeiro posteriormente reconhecido em ações de investigação de paternidade e petição de herança".[5] Essa ação deve ser ajuizada no prazo de 1 (um) ano, versando sobre partilha amigável,[6] isto é, quando não há divergência entre os herdeiros, sendo todos maiores e capazes, ocasião em que a sentença será meramente homologatória. Trata-se de prazo decadencial. Observa Theotonio Negrão que a anulação da partilha pode ser decretada de ofício pelo juiz (RF 287/301 e RBDP 47/151).

Se, ao contrário, houver divergência entre os herdeiros, necessária a interferência do juiz como dirimente de atritos e postulações, ensejando ação rescisória contra sua decisão, exercitável no prazo de 2 (dois) anos, nos termos do art. 658 do Código de Processo Civil.

Apreciando ação de investigação de paternidade cumulada com petição de herança, decidiu o Superior Tribunal de Justiça, pela 4ª T.:

> *"Julgados procedentes os pedidos formulados em sede de ação de investigação de paternidade cumulada com petição de herança, disso resulta lógica e automática a nulidade da partilha realizada sem a presença e participação do autor vitorioso, afigurando-se dispensável a propositura de ação específica que tenha por objeto apenas vê-la reconhecida expressamente. A execução da decisão de procedência proferida em autos de petição de herança faz-se, como regra, por meio de simples pedido de retificação de partilha, uma vez que a sentença homologatória de partilha não faz coisa julgada em relação ao herdeiro não convocado ao processo de inventário (art. 472, Código de Processo Civil)" (REsp. 16.137-0-SP, JSTJ, v. 73/100).*[7]

---

[5] STF, *RT*, 541/298.

[6] *RT*, 721/99.

[7] A ação de investigação de paternidade é imprescritível, contrariando princípios básicos da democracia, entre eles, a garantia por estabilidade do negócio jurídico perfeito. No entanto, a despeito do reconhecimento da paternidade, o direito do herdeiro, reconhecido *a posteriori*, na arrecadação do patrimônio, está vinculado ao prazo de 10 anos, podendo os demais herdeiros opor a usucapião.

Relator o Min. Fontes de Alencar, participou do julgamento o Min. Sálvio de Figueiredo, merecendo destaque sua concordância irrestrita. Difícil acórdão desse quilate ser aceito, quando há centenas de recursos especiais inadmitidos; é uma constante o formalismo processualista em turmas do Superior Tribunal de Justiça, prejudicados, muitas vezes, os direitos das partes em litígio, para prevalecer a técnica processual.

> *"A ação anulatória, a nosso sentir, só pode ser utilizada quando não houver coisa julgada material, ou seja, quando a sentença tiver sido prolatada em processo de jurisdição voluntária."*[8]

Apreciando matéria similar, o Tribunal de Justiça de São Paulo entendeu que não pode prosperar ação ordinária de anulação de partilha, cumulada com prestação de contas, pretendendo desconstituir a partilha homologada no inventário e condenar a inventariante a prestação de contas por ter fraudado o plano de partilha. Decidiu a Corte que a cumulação da prestação de contas com a anulação da partilha era de inviabilidade absoluta por irredutível o procedimento especial daquela ao ordinário, não se aplicando à espécie do princípio da preferibilidade do rito ordinário e da plena disponibilidade do procedimento (art. 327, § 2º, do CPC).[9] A partilha feita por acordo entre as partes e simplesmente homologada pelo juiz desafia ação ordinária de anulação, porque simplesmente pretende-se modificar uma sentença homologatória.

Sendo amigável a partilha, reveste-se de negócio jurídico, sujeito às regras básicas, prescritas no Código Civil, desde que represente a vontade unânime de todos os herdeiros participantes. Proferida a sentença homologatória, poderão os interessados postular recurso de apelação e, até mesmo, como previsto na lei, ação de anulação da partilha; ocorrendo vício que altere a vontade dos participantes é de se aplicar o referido art. 657 do Código de Processo Civil e o prazo de prescrição é de 1 (um) ano, sendo competente o juiz de primeira instância.

> *"A partilha eivada de vícios, apesar da eficácia sentencial resultante de simples homologação, pode ser desconstituída em ação anulatória. A ação é endereçada contra o ato homologado, e não contra a decisão homologatória. Não se procura rescindir a sentença, mas anular o ato de partilha."*[10]

---

[8] CÂMARA, Alexandre Freitas. *Lições de direito processual civil.* Rio de Janeiro: Lumen Juris, 2003. v. III, p. 478.

[9] *RT*, 721/ 101.

[10] *RT*, 550/58.

Também:

> *"A sentença que julga a partilha nos termos do esboço organizado, sem apreciar ou decidir qualquer impugnação, dúvida ou contestação, é meramente homologatória. A anulação de atos dessa natureza obtém-se através da ação anulatória e não da rescisória."*[11]

Abrange o art. 657 às partilhas lavradas por instrumento público, em Cartório de Notas, trazida para o processo de inventário à requerimento das partes.

Segundo o Des. Antônio Carlos Cruvinel, a filha adotiva é parte ilegítima para propor ação de anulação de partilha, tendo em vista que o *de cujus* faleceu antes da promulgação da CF/88, que equiparou os filhos adotivos aos legítimos. Considerando que a capacidade sucessória é fixada pela lei vigente à época da abertura da sucessão, naquele momento não poderia a filha adotiva postular a ação de anulação da partilha.[12]

4 Ação anulatória

Se no processo de inventário não houve contrariedade de direitos ou, mais especificamente, contestações, é a ação anulatória a competente e não a ação rescisória. Consoante Humberto Theodoro Júnior:

> *"O que, fundamentalmente, distingue a partilha amigável da judicial é a natureza da intervenção do juiz: a amigável é apenas homologada por sentença."*[13]

Nesse sentido julgados de nossos Tribunais:

> *"Sentença homologatória que se limita a chancelar unicamente a vontade das partes, apresentando-se como mero ato formal que apenas sacramenta o conteúdo estipulado pelos interessados, é ato judicial que desafia a ação anulatória e não a rescisória."*[14]

Cabe o ônus da prova à parte que alega. Verificando-se que houve erro, dolo, coação, lesão ou fraude a credores, a prova deve ser substancial, evitando-se a desestabilização de situações constituídas e ferir direitos de herdeiros ou de terceiros de boa-fé. A anulabilidade por erro ou ignorância só é aceitável,

---

[11] *RT*, 713/189.

[12] TJMG. Proc. nº 1.0000.00.255142-2/000. Rel. Des. Antônio Carlos Cruvinel.

[13] THEODORO Júnior, Humberto. Op. cit. v. 3, p. 255.

[14] *RT*, 608/191.

quando pudesse ser percebido por pessoa de diligência normal, em face de circunstâncias do negócio.[15]

A coação pode vir a ocorrer por violência física ou pressão moral. Coação é, sempre, um constrangimento físico ou moral, aplicado à pessoa ou sua família, buscando, como resultado, uma determinada manifestação de vontade que beneficiará o coator. Lembra Matiello que nem todo ato que deixa transparecer *prima facie* a existência de coação pode assim ser juridicamente considerado.[16]

Muito difícil a anulação da sentença, sob o argumento de estar o herdeiro em situação de perigo. Para tanto, deveria encontrar-se em estado de necessidade premente, com risco para si ou sua família e a parte credora tenha plena ciência da lastimável situação do herdeiro. Como o Código permite ao herdeiro ceder total ou parte do seu direito hereditário, a situação de perigo, premente estado de necessidade, não se opera.

Interessante relembrar que a ação de investigação de paternidade cumulada com petição de herança desconstitui a sentença de homologação da partilha, sem ser necessária a ajuizar a ação declaratória ou a rescisória. Tal se verifica em decorrência do princípio constitucional da igualdade de direitos dos filhos, inserida no texto da Carta Magna de 1988, considerada cláusula pétrea, de aplicação ampla e imediata.

5 Rescisória

Em se tratando de aplicação do art. 658 do Código de Processo Civil, ou seja, o pedido de rescisão de sentença em processo de inventário, quer por preterição de formalidades legais, quer pela omissão deliberada de algum herdeiro ou pela inclusão de quem não o seja, a ação será a rescisória, postulada no prazo de 2 (dois) anos, sendo competente o Tribunal imediatamente superior ao do juízo do inventário.

Para Pontes de Miranda:

> *"À sentença de partilha pode-se arguir inexistência, nulidade, rescindibilidade ou anulabilidade (art.1.085 do CC). Se existe e vale e se não há anulabilidade por vício comum aos negócios jurídicos, somente cabe a ação rescisória."*[17]

---

15 OLIVEIRA, Euclides. Op. cit. p. 261.

16 MATIELLO, Fabrício Zamprogna. Op. cit. p. 123.

17 PONTES DE MIRANDA. *Comentários ao código de processo civil.* 2. ed. Rio de Janeiro: Forense, ob. cit.. v. 7, p. 164.

A ação rescisória encontra-se capitulada nos arts. 966 a 975 do CPC, podendo postulá-la quem foi parte no processo, ou o seu sucessor a título universal ou singular, todas aquelas pessoas que foram atingidas pelo julgado e o Ministério Público, se não foi ouvido no processo, em que seria obrigatória sua intervenção, bem como quando a sentença é o efeito de colusão das partes, visando fraudar a lei.

Segundo José Carlos Barbosa Moreira, a parte pede a desconstituição da sentença trânsita em julgado, para que seja proferida nova decisão.

6 Outras possibilidades

A omissão de algum herdeiro ou a inclusão de quem não o era justifica a rescisão, via judicial. Vacila a doutrina e os julgamentos de tribunais sobre os prazos para o exercício da rescisória, nesses casos. Se o herdeiro não participou do inventário, tendo sido preterido pelos demais, ignorando o processo judicial, é de se aplicar o prazo de 10 (dez) anos para o exercício de seu direito.

A jurisprudência pátria entendia que, inexistindo prazo específico para que o herdeiro omitido pudesse exercer seu direito de herdeiro, poderia fazê-lo no maior prazo legal, isto é, de 20 (vinte) anos. O Código Civil de 2002 dispôs que "a prescrição ocorre em 10 (dez) anos, quando a lei não lhe haja fixado prazo menor", consoante o art. 205. Diante do novo texto legal, o herdeiro preterido, embora titular do direito subjetivo, se não o exercer no prazo previsto no art. 205 do Código Civil, continuará a ser herdeiro, mas não recolherá a herança.

Como o art. 2.041 determinou a aplicação do Código Civil de 1916 para os óbitos ocorridos até 10 de janeiro de 2003, justifica-se, em determinados casos, a propositura da referida ação. Deve ser lembrado que a lei revogada previa outro prazo para o exercício do direito: "*Tratando-se de ação de nulidade absoluta de partilha, proposta por herdeiro indevidamente excluído da sucessão, aplica-se o prazo prescricional ordinário de 20 (vinte) anos (art. 177 do CC).*"[18]

Em outra oportunidade, o Tribunal de Justiça de São Paulo, por sua 4ª Câmara, decidiu:

> "*Sendo impossível a partilha de bens sujeitos a fideicomisso, prescreve em 20 (vinte) anos a ação para anulá-la, conforme dispõe o art. 177 do Código Civil, por se tratar de nulidade absoluta, referida no art. 145, II, do mesmo estatuto.*"[19]

[18] *RT*, 510/88.

[19] *RT*, 584/66.

Lembra o Min. Sálvio de Figueiredo Teixeira que "a petição de herança é a ação própria à disposição dos herdeiros que não participaram do inventário". E transcreve lição de Ernane Fidélis:

"Se a pessoa não participou do processo como parte, não se pode falar de coisa julgada com relação a ela. Poderá, portanto, ser proposta a petição de herança que, se procedente, tem como efeito necessário a declaração de nulidade de partilha, por sua completa ineficácia. E o prazo prescricional, no caso, será o comum de vinte anos (Comentários, Forense, e *Procedimentos Especiais,* Leud)."[20]

A sentença de partilha judicial deve revestir-se de todas as formalidades legais para sua plena eficácia. Preterida alguma dessas formalidades, é passível de decretação de nulidade, no prazo de 2 (dois) anos, exercitável por qualquer herdeiro que tenha participado do processo. Assim, se a sentença entende excluir herdeiro necessário, poderá o prejudicado ajuizar a ação rescisória, somente depois de transitada em julgado a sentença (STJ – 4ª T., REsp 21.377-4).

É da lavra do Tribunal de Justiça de Minas Gerais:

> *"A ausência do Ministério Público nos feitos em que deva intervir traduz nulidade absoluta do processo, a partir de quando deixou de funcionar, nos termos do art. 246 do Código de Processo Civil."*[21]

Com o advento do § 6º, do art. 227, da Constituição Federal/88, tornou-se comum ação de nulidade de partilha, por preterição de herdeiro no processo sucessório, quer por sentença que reconheça o herdeiro, ou por se tratando de filho adotivo. Como sabido:

> *"A Constituição Federal de 1988, no seu art. 227, § 6º, revogou o art. 378 do Código Civil, atribuindo a condição de filho ao adotado, com os mesmos direitos e deveres, desligando-o de qualquer vínculo parental, inclusive sucessório com os pais biológicos."*[22]

O Professor Humberto Theodoro Júnior, quando desembargador do Tribunal de Justiça de Minas Gerais, prolatou voto, *in verbis*:

> *"O que determina o cabimento da ação rescisória, na sistemática do Código, é a existência da coisa julgada material que, por sua vez, decorre da espécie do processo onde se proferiu sentença. Mesmo a falta de impugnação não muda a natureza do processo que, realmente, determina a*

[20] SANTOS, Ernane Fidélis dos. Apud TEIXEIRA, Sálvio de Figueiredo. *Código de Processo Civil anotado*. São Paulo: Saraiva, 1996. p. 660.

[21] *RJM*, 128/114.

[22] *RT*, 728/234.

> *da sentença. Não fosse assim, toda e qualquer ação não contestada conduziria a uma sentença graciosa ou a uma jurisdição voluntária" (RTJ 113/279).*[23]

O voto do eminente jurista foi transcrito em julgamento da Ação Rescisória nº 722-Varginha, sendo Rel. Des. Oliveira Leite, cuja ementa diz:

> *"Estabelecendo o Código de Processo Civil que os cônjuges serão 'necessariamente citados' para as ações 'resultantes de fatos que digam respeito a ambos ou de atos praticados por eles', cuja inobservância leva à nulidade do processo, é de se anular ab initio o inventário e partilha de bens, bem como as vendas subsequentes, por falta de citação do marido de uma das herdeiras."*

7 Efeitos da sentença

Julgada procedente a ação de anulação de partilha ou a rescisória, devem os herdeiros devolver para o monte todos os bens e os frutos que tenham auferido, para que se faça a nova partilha, observadas as formalidades e solenidades legais. Se o herdeiro não mais tiver a coisa recebida, terá de repor ao monte seu valor, devidamente corrigido, constatando-se inflação no período compreendido entre a partilha e o trânsito em julgado da decisão final.

O herdeiro excluído, que teve sua condição reconhecida em ação de investigação de paternidade, cumulada com petição de herança, aufere de todos os direitos e vantagens desde a abertura da sucessão; "a sentença de partilha não pode prejudicar direito de quem não participou do inventário, configurando, em relação a ele, *res inter alios acta*".[24]

Resume o Min. Sálvio de Figueiredo Teixeira:

> *"Se amigável a partilha (art. 1.773 do CC de 1916 e art. 2.015 do CC de 2002), ação própria é a anulatória (art. 1.029 – 657 do atual - do Código de Processo Civil). Se judicial (art. 658), adequada é a ação rescisória (arts. 485 e 495 – 966 a 975 - do CPC). Se não houve participação de herdeiro, a ação é a de petição de herança, ressalvada a possibilidade também do manejo da rescisória."*[25]

---

[23] Jurisprudência Brasileira, v. 168, p. 148.

[24] *RT*, 543/211.

[25] TEIXEIRA, Sálvio de Figueiredo. Op. cit. p. 660.

Jurisprudência

CIVIL E PROCESSO CIVIL. INVENTÁRIO. SENTENÇA HOMOLOGATÓRIA DE PARTILHA. DESCONSTITUIÇÃO. AÇÃO ANULATÓRIA. CABIMENTO. LEGITIMIDADE PASSIVA DE QUEM PARTICIPOU DA PARTILHA. ARTS. ANALISADOS: 486, 1.030 E 12, V, CPC.1. Ação anulatória de partilha distribuída em 06/08/2002, da qual foi extraído o presente recurso especial, concluso ao Gabinete em 15/04/2013.2. Discute-se a ação adequada para desconstituir a partilha homologada por sentença nos autos do inventário, assim como a legitimidade dos herdeiros para figurar no polo passivo.3. A análise da ação adequada à invalidação da partilha tem por pressuposto a análise do conteúdo e dos limites da sentença proferida nos autos do inventário: se homologada, simplesmente, a partilha, mesmo que para aprovar o plano apresentado pelo inventariante, mas desde que ausente litigiosidade, deve-se ajuizar a ação anulatória; se, ao revés, na sentença forem resolvidas questões suscitadas pelos interessados quanto à divisão de bens e/ou à admissão de herdeiros, cabível é a ação rescisória.4. Na espécie, a invalidação pretendida na ação anulatória é do ato homologado e não da sentença homologatória, porquanto ficou demonstrado nos autos que, ao elaborar as primeiras declarações e o esboço de partilha, a inventariante (recorrente), intencionalmente, omitiu a condição de meeira da então companheira do falecido, embora a tenha indicado na petição inicial do inventário, preterindo, assim, o seu direito à meação.5. Transitada em julgado a sentença que homologou a partilha, cessa o condomínio hereditário e os sucessores passam a exercer, exclusiva e plenamente, a propriedade dos bens e direitos que compõem o seu quinhão, nos termos do art. 2.023 do CC/02. Não há mais falar em espólio, sequer em representação em juízo pelo inventariante, de tal forma que a ação anulatória deve ser proposta em face daqueles que participaram da partilha; na espécie, a filha (recorrente) e a ex-mulher do falecido.6. Recurso especial conhecido e desprovido.(REsp 1238684/SC, Rel. Ministra NANCY ANDRIGHI, TERCEIRA TURMA, julgado em 03/12/2013, REPDJe 21/02/2014, DJe 12/12/2013)

EMENTA: PROCESSO CIVIL. AÇÃO ANULATÓRIA DE PARTILHA. DÚVIDA QUANTO À PATERNIDADE DO AUTOR. QUESTÃO PREJUDICIAL. SUSPENSÃO DO PROCESSO. IMPOSSIBILIDADE. PROCESSO QUE JÁ FICOU SUSPENSO POR MAIS DE UM ANO. - A dúvida sobre a paternidade do autor obriga o juiz a suspender, pelo prazo máximo de um ano, a ação anulatória de partilha, a fim de que, em processo autônomo, o tema seja solucionado. - Se o processo já foi suspenso anteriormente pelo período de um ano, descabe determinar nova suspensão, eis que o art. 265 § 5º, CPC, determina que a suspensão não poderá exceder o prazo ânuo. AGRAVO DE INSTRUMENTO CV Nº 1.0105.04.120317-2/002 - COMARCA DE GOVERNADOR VALADARES - AGRAVANTE(S): SEBASTIÃO LEANDRO DE ASSIS JUNIOR, RUTH ELIAS LEANDRO E OUTRO(A)(S), LOURY TOWNSEND LEANDRO, FRANCE JANE ELIAS LEANDRO, LUCIANA ROCHA LEANDRO GENELHU - AGRAVADO(A)(S): ALEXANDRE MAGNO DE ALMEIDA CAMPOS (TJMG - Agravo de Instrumento-Cv 1.0105.04.120317-2/002, Relator(a): Des.

(a) Alberto Vilas Boas , 1ª CÂMARA CÍVEL, julgamento em 29/07/2014, publicação da súmula em 06/08/2014)

2125964-81.2014.8.26.0000 Ação Rescisória / Inventário e Partilha
Relator(a): Edson Luiz de Queiroz
Comarca: São Paulo
Órgão julgador: 5ª Câmara de Direito Privado
Data do julgamento: 17/09/2014
Data de registro: 20/09/2014
Ementa: em>Ação rescisória. Pedido de anulação de ***partilha*** de bens decorrente do falecimento da genitora do autor, devidamente homologada em 01.02.1995. 1. ***Partilha***formulada consensualmente. Aplicação do artigo 1.029 e parágrafo único, CPC. ***Partilha*** consensual somente pode ser rescindida por ***ação anulatória***. O procedimento adotado pelo autor é inadequado. Aplica-se a determinação contida no artigo 295, inciso V, CPC. Petição inicial inepta. 2. Justiça Gratuita. A Lei n.º 1.060/50 permite ao Juiz indeferir o pedido de concessão dos benefícios, se tiver razões fundadas. Dados constantes do processo são incompatíveis com a alegada condição de hipossuficiência. O único documento juntado refere-se a informe de rendas fornecido pelo INSS, o qual indica percepção de rendimentos e de "parcela isenta" em valores elevados. Pedido indeferido.***Ação*** rescisória julgada extinta, sem julgamento do mérito, nos termos do artigo 295, inciso V, CPC.

APELAÇÃO - AÇÃO ANULATÓRIA DE PARTILHA - HERDEIRO EXCLUÍDO - POSSIBILIDADE - BENS DOADOS ANTES DA ABERTURA DA SUCESSÃO - ADIANTAMENTO DE LEGÍTIMA - CONFIGURAÇÃO - COLAÇÃO - IMPOSIÇÃO LEGAL - SENTENÇA MANTIDA. Mantém-se a sentença que julga procedente o pedido inicial contido em ação anulatória de partilha, uma vez configurado adiantamento de legítima, por meio de doação, o que implica a realização de nova partilha, observada a necessária colação. Recurso não provido (TJMG - Apelação nº 1.0382.06.067587-5/004. Rel. Des. Kildare Carvalho. D. J. 17-3-2011. D. P.: 19-4-2011).
APELAÇÃO CÍVEL - AÇÃO CAUTELAR INCIDENTAL DE ARROLAMENTO DE BENS - Reconhecimento da paternidade e procedência do pedido de herança na ação principal. Julgados procedentes os pedidos de reconhecimento de paternidade e de petição de herança elaborados na ação principal, declarando-se a nulidade da partilha efetivada com preterimento da herdeira posteriormente reconhecimento, e mister confirmar a liminar em ação cautelar de arrolamento seja promovido, incluindo-se a universalidade dos bens deixados pelo *de cujus*. Apelo improvido (TJGO - AC 200903067930 - 4ª C.Cív. - Rel. Des. Carlos Escher - *DJe* 12-2-2010 - p. 203).
DECLARATÓRIA - ANULAÇÃO DE PARTILHA - RENÚNCIA À HERANÇA - Nulidade. Não ocorrência. Caso de anulabilidade. Prescrição ânua. Art. 1.029 CPC. Art. 1.805 CC. Artigo 178, § 6º, nº V. Aplicabilidade (TJMG - AC 1.0498.07.009885-6/001 - 1ª C.Cív. - Relª Vanessa Verdolim Hudson Andrade - *DJe* 7-4-2010).

APELAÇÃO CÍVEL - INVENTÁRIO - HERDEIRA - AUSÊNCIA CITAÇÃO - ANULAÇÃO DOS ATOS PROCESSUAIS - RECURSO PROVIDO - Dispõe o art. 999 do CPC: "Feitas as primeiras declarações, o juiz mandará citar, para os termos do inventário e partilha, o cônjuge, os herdeiros, os legatários, a Fazenda Pública, o Ministério Público, se houver herdeiro incapaz ou ausente, e o testamenteiro, se o finado deixou testamento." Constitui-se nulidade insanável da falta de citação de herdeiro (TJMG - AC 1.0637.08.056545-9/001 - 5ª C.Cív. - Rel. Mauro Soares de Freitas - J. 2-3-2009).

PROCESSUAL CIVIL - AÇÃO DE INVENTÁRIO - PROCEDIMENTO DE JURISDIÇÃO VOLUNTÁRIA - PRETENSÃO AUTORAL DEFERIDA - PEDIDO DE PARTILHA - NULIDADE DO FEITO PELA NÃO INTERVENÇÃO MINISTERIAL NA PRIMEIRA INSTÂNCIA - FALTA DE CITAÇÃO DE MENOR - NÃO CITAÇÃO DA FAZENDA PÚBLICA - MENOR INCAPAZ E INTERESSE PÚBLICO - NULIDADE INSANÁVEL - ANULAÇÃO DO FEITO A PARTIR DA CITAÇÃO, COM A CONSEQUENTE DEVOLUÇÃO DOS AUTOS AO JUÍZO DE ORIGEM PARA O DEVIDO E REGULAR PROSSEGUIMENTO - APELO PROVIDO - DECISÃO UNÂNIME - 1 - Ante a falta de citação do representante do Ministério Público para intervir no processo, a nulidade do mesmo é ato que se impõe, pela não observância ao procedimento previsto nos arts. 82, I, 84 e 246 do CPC. 2 - Por se tratar de matéria de natureza tributária, necessária a citação da Fazenda Nacional, e não, da Procuradoria da União. 3 - Impunha-se obrigatória a citação da herdeira menor, relativamente incapaz, em que pese estar assistida por seu genitor (TJPE - AC 173420-7 - Rel. Des. Eduardo Augusto Paura Peres - *DJ* 9-6-2009).

APELAÇÃO CÍVEL - AÇÃO DECLARATÓRIA C/C PEDIDO CONSTITUTIVO - NULIDADE DE PARTILHA - INCLUSÃO DE BEM EM INVENTÁRIO ALEGADAMENTE NÃO PERTENCENTE AO FINADO - ÔNUS PROBATÓRIO DO AUTOR NÃO SUPERADO - HÍGIDOS REGISTROS CARTORÁRIOS DO IMÓVEL EM NOME DO FALECIDO - PRESUNÇÃO DE PROPRIEDADE NÃO DERRUÍDA - EXISTÊNCIA DE "CONTRATOS DE CESSÃO DE POSSE" - IRRELEVÂNCIA NA ESPÉCIE - SENTENÇA MANTIDA - RECURSO DESPROVIDO - Para fins de anulação de partilha em virtude de suposta inclusão no inventário de bem não pertencente ao fiando, cabe ao demandante demonstrar que os registros cartorários referentes ao imóvel, na presunção relativa que deles nasce, não condizem efetivamente com a realidade jurídica do bem de raiz. Sem prova nesse sentido - Desimportantes no particular eventuais contratos de "cessão de posse" celebrados em relação àquele bem, é caso de, opondo à pretensão inicial a presunção de propriedade decorrente do registro, negar procedência aos pedidos declaratórios/constitutivos de anulação da partilha havida, em absoluto respeito à propriedade do finado quando de seu passamento (TJSC - AC 2006.034895-3 - 3ª CDCiv. - Rel. Des. Henry Petry Junior - *DJe* 24-11-2009 - p. 103).

AÇÃO DE ANULAÇÃO DE PARTILHA - Referência no libelo também a nulidade do testamento, sem pedido a esse respeito. Matéria que, ademais, não comporta acolhimento na fundamentação ou parte dispositiva do julgamento. Testamento restrito à parte disponível do patrimônio: regularidade (art. 1.721, CCi/1916). Acidente aéreo: morte de pai e filha. Ausência de elementos hábeis para definir que a de um precedeu ao outro: presunção legal de falecimento simultâneo (art. 11, CCi/1916). Ônus da prova da genitora, que pretende ver reconhecido seu direito como sucessora, inatendido (art. 333, I, CPC). Sentença de improcedência: confirmação. Recurso não provido (TJSP – Ap-Rev 204.361.4/9 – (0002282460) – 1ª CDPriv.B – Rel. Claudio Lima Bueno de Camargo – *DJe* 20-5-2009 – p. 846).

ANULAÇÃO DE PARTILHA – GENITOR DOS AUTORES QUE FALECEU ANTES DE SUA BISAVÓ – CADUCIDADE DO TESTAMENTO – Bens anteriormente legados que passam a integrar o montante partilhável entre todos os herdeiros da bisavó, inclusive os bisnetos, por representação. Havendo individualização dos legados não há falar em direito de acrescer. Precedente do STJ. Sucessão legitima. Possibilidade de sucessão por direito de representação. Sentença de procedência mantida. Apelo desprovido (TJSP – Ap 636.387.4/2 – (0002568866) – São Paulo – 9ª CDPriv. – Rel. João Carlos Garcia – *DJe* 13-10-2009 – p. 1221).

Apelação Cível. Obrigação de fazer. Promessa de venda de direitos hereditários firmada em dezembro de 1992. Sentença de procedência, determinando que o réu proceda ao registro do formal de partilha ou apresente Alvará Judicial no prazo de 60 (sessenta) dias, sob pena de multa diária de R$ 50,00 (cinquenta) reais. Apelo do réu com pedidos alternativos para anulação do julgado, improcedência do pedido, exclusão ou redução da multa, majoração do prazo ou substituição da obrigação pela outorga da escritura definitiva de cessão de direitos hereditários. Inexistência de nulidade no julgado. Herdeiro que aceitou, em 1992, o compromisso de registrar o formal de partilha ou apresentar Alvará Judicial quando do pagamento integral do saldo do preço. Pagamento parcelado que se encerrou em 1994. Apelante que, em agosto de 2005, em sua contestação, afirmou que o inventário já se encontrava em fase final. Passado mais de um ano, teve o apelante tempo suficiente para obter os documentos necessários e regularizar a situação obrigação que assumiu. Atitude irresponsável de receber o pagamento integral sem qualquer perspectiva de cumprir sua parte no trato. Impossibilidade de serem os apelados penalizados por mais tempo. Desprovimento do recurso (TJRJ – 2006.001.33978 – APELAÇÃO CÍVEL DES. GILBERTO DUTRA MOREIRA – Julgamento: 1º-8-2006 – DÉCIMA CÂMARA CÍVEL).

PRESCRIÇÃO – Ação de anulação de partilha – Prazo – Propositura por terceiro estranho ao inventário mas que fora alcançado por seus efeitos – Lapso prescricional de 20 anos – Aplicação do art. 177 do CC (TJSP) *RT* 648/72.

ANULATÓRIA DE PARTILHA – Herdeira preterida na partilha – Herdeira, que não foi citada e não participou do inventário – Inexistência de coisa julgada com relação a ela – Adequação da ação declaratória e, não, da ação rescisória, para a herdeira postular o seu quinhão hereditário, com a decorrente anulação da partilha – Aplicação do artigo 486 do Código de Processo Civil – Prescrição vintenária – Inaplicabilidade do artigo 178, § 6º, V do Código Civil – Ação pessoal – Aplicação da regra do artigo 177 do Código Civil – Adoção, por escritura pública, de pessoa em idade adulta, com base nos artigos 368 e seguintes do Código Civil, antes da entrada em vigor da Constituição Federal de 1988 – Artigo 227, § 6º da Constituição Federal – Equiparação de todos os filhos, para os efeitos sucessórios – Revogação do artigo 377, e aplicação do artigo 1.577, ambos do Código Civil – Doação de bens imóveis aos filhos, havidos no casamento, também, anterior à Carta Magna – Eficácia imediata do dispositivo constitucional (artigo § 6º), com relação às adoções anteriores – Irretroatividade da norma constitucional, com relação aos atos celebrados antes da sua vigência, como as doações feitas pela mãe adotiva aos filhos naturais – Situação diferente do adotivo, do filho natural, cujo direito à sucessão já existia no momento do nascimento – Direito superveniente que não abala o ato jurídico perfeito e acabado – Inteligência do artigo 6º, §§ 1º e 2º da Lei de Introdução ao Código Civil combinado com o artigo 5º, XXXVI da Constituição Federal – Direito de haver apenas a parte ideal dos bens, que integravam o patrimônio da mãe adotiva, quando estendido o direito à herança ao filho adotivo – Nulidade da partilha a estes bens – Impossibilidade de os filhos havidos no casamento trazer à colação os bens recebidos em doação, antes da nova Constituição – Ação julgada procedente – Recursos providos, em parte, para afastar a determinação de colação (Apelação Cível nº 73.055-4 – São Paulo – 7ª Câmara de Direito Privado – Relator: Zélia Alves – 00.9 – V.U.).

Inventário. Partilha subscrita por pessoa que não é inventariante do Espólio de um dos herdeiros, também falecido. Impossibilidade. Inobservância do Artigo 12, V do CPC. Partilha acertada e homologada judicialmente sem a precedente quitação das dívidas fiscais do espólio, em desrespeito à regra do Artigo 1.026 do CPC. Nulidade da sentença. Provimento do recurso (TJRJ – 2006.001.12222 – APELAÇÃO CÍVEL DES. ROBERTO WIDER – Julgamento: 28-6-2006 – QUINTA CÂMARA CÍVEL).

Ação de inventário. Sentença homologando a partilha dos bens deixados pelo de cujus para que produza seus efeitos jurídicos e legais. Inconformismo. Entendimento desta Relatora quanto à nulidade da sentença recorrida em razão do manifesto descumprimento do comando contido nos Artigos 1026, do CPC e 192, do CTN. Nenhuma sentença de julgamento de partilha será prolatada sem prova da quitação de todas as exações relativas aos bens do espólio, ou às suas rendas. O imposto de transmissão *causa mortis* deve ser recolhido antes da sentença de partilha. Precedente do TJERJ. SENTENÇA ANULADA DE OFÍCIO.

RECURSO PREJUDICADO (TJRJ – 2005.001.38809 – APELAÇÃO CÍVEL DES. CONCEIÇÃO MOUSNIER – Julgamento: 7-6-2006 – SEGUNDA CÂMARA CÍVEL). APELAÇÃO. Execução de acordo de divórcio homologado. Partilha de bens. Imóvel que já não pertencia ao casal à época da avença. Nulidade da partilha. Inutilidade da via eleita, por inadequada à consecução da finalidade pretendida. Ausência de interesse processual. Eventual discussão sobre má-fé e conversão da obrigação em perdas e danos deve ser objeto de ação própria. Desprovimento do recurso, confirmando-se a sentença que indeferiu a inicial executória (TJRJ – 2006.001.00642 – APELAÇÃO CÍVEL DES. ROBERTO FELINTO – Julgamento: 4-4-2006 – DÉCIMA SEGUNDA CÂMARA CÍVEL).

AÇÃO DE DISSOLUÇÃO DE SOCIEDADE DE FATO CUMULADA COM PARTILHA DE BENS – PROCEDÊNCIA APELAÇÃO DA RÉ – ATO DO RELATOR QUE NEGOU SEGUIMENTO AO RECURSO EM PARTE POR MANIFESTA IMPROCEDÊNCIA E EM PARTE POR ESTAR EM CONFRONTO COM A JURISPRUDÊNCIA DESTE TRIBUNAL E DO EGRÉGIO SUPERIOR TRIBUNAL DE JUSTIÇA – AGRAVO INOMINADO DO § 1º DO ART. 557 DO CPC. 1. Se a ação é de reconhecimento e dissolução de sociedade de fato com partilha de bens e foi movida pelo varão contra a mulher em nome de quem ficaram os bens amealhados pelo casal, afigura-se perfeitamente razoável a sentença que deu pela procedência da ação diante do acervo probatório carreado para os autos, estando por isso absolutamente correto o despacho do relator que no Tribunal negou seguimento à Apelação em que a embargante arguia a nulidade do processo e reiterava a tese da contestação, porque após a juntada de documentos novos pelo autor, foi realizada uma audiência com coleta de provas e as partes apresentaram razões finais escritas, de forma que se a ré não falou sobre os documentos juntados pelo autor, foi porque não quis e não porque deles não teve conhecimento (o que efetivamente afasta a arguição de nulidade) e porque, no mérito, a jurisprudência deste Tribunal e do egrégio Superior Tribunal de Justiça estão pacificadas no sentido adotado pela sentença. 2. Agravo Inominado a que se nega provimento (TJRJ – 2006.001.09589 – APELAÇÃO CÍVEL DES. MIGUEL ANGELO BARROS – Julgamento: 28-3-2006 – DÉCIMA SEXTA CÂMARA CÍVEL).
APELAÇÃO CÍVEL – AÇÃO DE ANULAÇÃO DE TESTAMENTO – GENITORA PROPRIETÁRIA DE UM ÚNICO BEM – TESTAMENTO EM FAVOR DE APENAS TRÊS DOS TREZE FILHOS – IMPOSSIBILIDADE – PARTE QUE EXCEDE A LEGÍTIMA – EXEGESE DOS ARTS. 1.576 E 1.721, AMBOS DO CÓDIGO CIVIL – NECESSÁRIA A REDUÇÃO DAS DISPOSIÇÕES TESTAMENTÁRIAS – APLICABILIDADE DO ART. 1.727 DO CC – SENTENÇA MANTIDA – RECURSO DESPROVIDO. A parte da herança indisponível é reservada aos herdeiros necessários e, portanto, não pode ser destinada pelo *de cujus* aos herdeiros testamentários. Somente na falta de herdeiros necessários, pode o testador dispor da integralidade de seu patrimônio (TJSC – Ap. Cív. 2002.013372-3. Rel. Des. Mazoni Ferreira. Data da decisão: 31-3-2005).

APELAÇÃO CÍVEL – AÇÃO DE ANULAÇÃO DE TESTAMENTO – GENITORA PROPRIETÁRIA DE UM ÚNICO BEM – TESTAMENTO EM FAVOR DE APENAS TRÊS DOS TREZE FILHOS – IMPOSSIBILIDADE – PARTE QUE EXCEDE A LEGÍTIMA – EXEGESE DOS ARTS. 1.576 E 1.721, AMBOS DO CÓDIGO CIVIL – NECESSÁRIA A REDUÇÃO DAS DISPOSIÇÕES TESTAMENTÁRIAS – APLICABILIDADE DO ART. 1.727 DO CC – SENTENÇA MANTIDA – RECURSO

DESPROVIDO. A parte da herança indisponível é reservada aos herdeiros necessários e, portanto, não pode ser destinada pelo *de cujus* aos herdeiros testamentários. Somente na falta de herdeiros necessários, pode o testador dispor da integralidade de seu patrimônio (Apelação Cível 2002.013372-3 Rel. Des. Mazoni Ferreira. Data da Decisão: 31-3-2005).

APELAÇÃO CÍVEL. AÇÃO DE PARTILHA C/C ANULAÇÃO DE REGISTRO DE EMPRESAS. Se, no divórcio consensual, as partes declararam a inexistência de bens a partilhar, e houve homologação judicial do acordo, eventual ação de partilha somente será cabível depois de anulada a sentença homologatória, mediante a comprovação de algum vício de vontade (Ap. Cív. nº 70015894710. Rel. Des.: Claudir Fidelis Faccenda. Data do julgamento: 3-8-2006).

APELAÇÃO CÍVEL. AÇÃO ANULATÓRIA. PARTILHA. ACORDO HOMOLOGADO JUDICIALMENTE. PRESCRIÇÃO. É de 4 anos o prazo para se buscar a anulação de partilha feita por acordo, homologado judicialmente, nos termos dos artigos 486, do CPC, e 178, II, do CC. O prazo prescricional começa a fluir a partir do trânsito em julgado da sentença que homologou o acordo, quando, então, o negócio jurídico foi perfectibilizado (Ap. Cív. nº 70015769748. Rel. Des.: Claudir Fidelis Faccenda. Data do julgamento: 20-7-2006).

SUCESSÕES. ANULAÇÃO DE PARTILHA. FALECIMENTO DA PARTE AUTORA. SUSPENSÃO DO PROCESSO, REGULARIZAÇÃO DA SUBSTITUIÇÃO PROCESSUAL INDEFINIDA. POSTERIOR ARQUIVAMENTO ADMINISTRATIVO, DECISÃO QUE NÃO SE IMPÕE COMO DEVIDA. NECESSIDADE DE REGULARIZAÇÃO DO PROCESSO, SOB PENA DE EXTINÇÃO, A SER ADOTADA NA ORIGEM. AGRAVO DE INSTRUMENTO PARCIALMENTE PROVIDO (Ag. de instrumento nº 70015179518. Rel. Des.: Luiz Ari Azambuja Ramos. Data do julgamento: 6-7-2006).

32

ARROLAMENTO

1 Conceito

Desde os remotos códigos processuais dos Estados, previu-se a forma procedimental de arrolamento, como meio simplificativo do processo do inventário. Sabido que, com a morte do autor do patrimônio, a despeito do art. 1.784, em regra geral, seria necessário o processo judicial de inventário para a regularização das novas titularidades. Como os procedimentos judiciais começavam e não findavam, buscou-se uma forma mais rápida. A primeira investida do legislador introduziu, no próprio inventário, o rito de arrolamento.

Posteriormente, o Poder Executivo editou o Decreto nº 83.740, de 18 de julho de 1979, seguindo-se do Poder Legislativo com projeto de lei, alterando os arts. 659 a 667do CPC.

Em janeiro de 2007, votado projeto de lei, que sancionado, transformou-se na Lei nº 11.441, nova redação foi dada ao art. 610 do CPC, permitindo o inventário administrativo. Esse novo diploma modificou, também, o art. 659 da lei processual, que trata do arrolamento.

Nova dinâmica, visando aliviar o Poder Judiciário, não fosse a falta de fixação dos emolumentos, cobrados pelos Cartórios de Notas, aos quais coube a possibilidade do processo extrajudicial. Segundo voz corrente, se os preços fossem mais condizentes, realistas, provavelmente, a procura maior seria por essa forma mais simples e rápida de solução para a herança transmitida.

2 Formas

O arrolamento é um resumo de todo o processo de inventário e partilha, uma maneira simplificada, que deveria ser sempre utilizada. Humberto Theodoro Júnior denomina o arrolamento de procedimento compacto. A lei estabeleceu duas formas de arrolamento: (a) sumário e (b) o comum.

Arrolamento sumário ocorre quando todos os herdeiros são maiores, capazes e estão de pleno acordo com a partilha que querem produzir, independentemente do valor dos bens.

Processa-se o arrolamento comum quando a herança é de pequeno valor, ainda que haja herdeiros menores ou incapazes. Esse valor primitivo era igual a 200 (duzentas) vezes o salário mínimo, alterado para 2.000 ORTN, depois para OTN e, posteriormente, para BTN. Com as mudanças na moeda:

> *"significa dizer que cada OTN se converteu em 6,92 BTN, de modo que o limite de 2.000 OTN, definidor da pequena herança, deve ser substituído para 13.840 BTN. Como o exercício de cálculo, tendo por base o último valor do BTN, em janeiro de 1989 e fazendo-se a atualização pelos índices de correção dos débitos judiciais, chega-se à correspondência de, aproximadamente, R$ 7,00 para cada OTN. Assim, o limite de 2.000 ORTN, para arrolamento, seria igual a R$ 14.000,00".*[1]

As legislações tributárias dos Estados disciplinaram de forma diversa a isenção do imposto *causa mortis*. E, consequentemente, o Poder Judiciário permite o arrolamento, quer dentro da isenção, quer aceitando diferentemente.

De modo geral, os Estados admitem esse tipo de arrolamento até o limite de isenção do *quantum* do ITCD, devido a cada herdeiro.

Assim, o conteúdo do art. 664 do CPC permanece inalterado e descumprido, por quase impossibilidade jurídica de ser observado. As Secretarias de Estado da Fazenda dos Estados, à guisa de solucionar o impasse, estipularam valores admitidos para o arrolamento e se outorgam no direito de avaliar os bens.

Quando haverá uma solução nacional? Possivelmente, não será breve, porque o Poder Legislativo está, permanentemente, omisso e a outorga de competência aos Cartórios de Notas retarda uma solução legislativa federal.

---

[1] OLIVEIRA, Euclides Benedito; AMORIM, Sebastião Luiz. *Inventários e partilhas*. Rio de Janeiro: Leud, 1997. p. 274 e 321.

3 Arrolamento sumário

Pretendeu o legislador abreviar, ao máximo, o processo do inventário, criando o arrolamento sumário, no qual foram dispensados todos os termos e as formalidades. Era Ministro da Desburocratização o Dr. Hélio Beltrão, que pretendia dinamizar a ordem processual, eliminando atos dispensáveis e a interferência da Fazenda Pública.

Assim, sendo todos os herdeiros maiores e capazes, podem as partes ajuizar esse inventário especial, que se processará na forma de arrolamento, nos termos dos arts. 659 a 667 do CPC, fazendo constar, na petição inicial, o termo de abertura, as primeiras e últimas declarações, circunstanciando os nomes dos herdeiros, qualificações, descrição dos bens com os respectivos valores – obtidos nas guias de lançamentos do IPTU – pagamento do imposto de transmissão *causa mortis*, prova de quitação de débitos fiscais e a partilha amigável, na forma do art. 2.015 do Código Civil.

Preenchidos os requisitos legais, os autos deverão ser levados para o juiz. Informações sobre o falecido, data do passamento, nome da meeira, se existir, nomes dos filhos, com qualificação de todos, maridos e esposas, inclusive CPF/CIC de cada um deles, descrição de cada bem, com o respectivo valor, montante das dívidas e informações sobre elas, partilha da herança líquida, com o pagamento de meação e de cada herdeiro, separando os bens para pagamento das dívidas.

Juntará o requerente a certidão de óbito, casamento do falecido, todas as certidões comprobatórias do parentesco, de casamento, certidões dos registros dos imóveis com as guias de valor venal – segundo a Prefeitura Municipal (xerox autenticada) – procurações e todos os demais documentos necessários à comprovação dos elementos apresentados ao juiz. Impõe-se o requerimento de nomeação de inventariante (art. 660, inciso I, do CPC).

Os bens não deveriam ser avaliados pela SEF e este valor servir de base para a partilha. A avaliação da SEF é, unicamente, para fins fiscais, determinar o montante do ITCD a ser recolhido pelos interessados.

Diz o art. 662 que:

> *"No arrolamento, não serão conhecidas ou apreciadas questões relativas ao lançamento, ao pagamento ou à quitação de taxas judiciárias e de tributos incidentes sobre a transmissão da propriedade dos bens do espólio."*

Em quase todos os Estados, o pagamento das custas e da taxa judiciária são feitos no final, ordenando o juiz, por despacho, após apreciar a documentação, requerimentos e partilha formulados.

Quanto ao imposto de transmissão, a parte recolhe o valor devido de acordo com sua base de cálculo e a legislação pertinente. Se o fisco entender que o valor recolhido foi a menor, cabe-lhe, se apurar em processo administrativo valor diverso do estimado, exigir a eventual diferença pelos meios adequados ao lançamento de créditos tributários.

O posicionamento do fisco é enfrentado pelo Judiciário. Em julgamento no TJMG, verifica-se:

> *"Ao juiz é defeso apreciar, em arrolamento, questões relativas ao lançamento, pagamento ou quitação de tributos incidentes sobre bens do espólio, questões estas que deverão ser objeto de cogitação pelo Fisco, se não concordar com o que alegar o inventariante, a posteriori, e em procedimento administrativo próprio"; Rel. Des. Garcia Leão, a turma reformou a decisão de primeiro grau (DJ, 21-12-1996).*

A Fazenda não deve intervir no processo, embora a opinião em contrário de alguns autores. Quaisquer que sejam os argumentos, não se justifica a presença do fisco, que dispõe dos meios próprios para cobrar os impostos de sua competência.

O § 2º do art. 659 do Código de Processo Civil, condicionou a sentença de homologação da partilha ou adjudicação à comprovação, verificada pela Fazenda Pública, do pagamento de todos os tributos.

Em 1979, buscou-se dinamizar o processo de inventário, com a lei de 1982; por outro lado, em 1996, a sede de arrecadação de impostos, pelos meios mais cômodos, impôs o legislador federal um retrocesso, que se faz presente no dia a dia. Não se admite discussão de imposto *causa mortis* no arrolamento[2] e o Tribunal de Justiça de São Paulo já decidiu pela impossibilidade de vista à Fazenda Pública e suscitação de questões de Direito Tributário no arrolamento.[3]

> *"Se o juiz entender que é incabível o arrolamento, deve ser convertido em inventário, feitas as devidas adaptações (RT 599/65) e, por outro lado, o inventário pode a todo tempo ser convertido em arrolamento, se este for cabível."*[4]

Na prática, algumas vezes, as partes apresentam os documentos, a partilha, mas não conseguem as certidões negativas de ônus fiscais, pelos novos métodos burocratizantes, introduzidos pelo Poder Executivo, que busca soluções do déficit público com o aumento de impostos, sempre em desfavor da população.

---

2 *RT*, 718/266.

3 *RT*, 694/98.

4 NEGRÃO, Theotônio. *Código de processo civil.* São Paulo: Saraiva, ob. cit., p. 678.

4 Dispensa do compromisso

No arrolamento foram dispensados os termos de compromisso do inventariante (arrolante), de primeiras declarações e de partilha; dispensa-se a avaliação dos bens – salvo para separar bens para os credores – mas o juiz não poderá homologar a partilha sem a comprovação do imposto *causa mortis*.

"Havendo testamento, será necessário prévio registro, fazendo-se a partilha de conformidade com as disposições testamentárias."[5] Nessa hipótese, consoante a Lei nº 11.441, é inviável o inventário administrativo, apresentando o interessado o testamento em juízo para aprovação e registro, primeiramente, seguindo-se a partilha.

A lei processual admite o arrolamento sumário sem determinação do valor do monte, isto é, sendo todos os herdeiros maiores, capazes poderão eleger o arrolamento, formulando a partilha.

5 Arrolamento comum

A outra forma de arrolamento, prevista no Código de Processo Civil, chama-se, simplesmente, arrolamento, sem denominação suplementar. Nesses casos, pouco importa que haja menores e incapazes, bastando, tão somente, que a herança seja de valor igual a 1.000 vezes o salário mínimo .

No arrolamento comum, o requerente apresenta uma petição de abertura do inventário – ou arrolamento – informando os dados do *de cujus*, inclusive a data de seu falecimento, juntando prova da qualidade de herdeiro do requerente ou do meeiro, certidão de óbito, procuração ao advogado, requer a nomeação do inventariante, independentemente de assinatura do termo, faz a declaração dos herdeiros, com qualificação completa de cada um deles, marido e mulher, se casados forem, procurações de todos os herdeiros, indicará os bens e seus valores e apresentará o plano de partilha.

Logo seja possível, apresentará o requerente as certidões negativas de ônus fiscais e o pagamento do imposto de transmissão, se a herança não estiver isenta; requererá a citação dos herdeiros que não se fizeram representar, do representante do Ministério Público, se existir algum menor ou ausente e julgamento da partilha. É possível que o juiz mande avaliar os bens indicados, para verificar se pode o feito ser tratado como arrolamento. Pago o imposto e apresentadas as certidões negativas fiscais, deverá o inventariante requerer ao juiz a sentença homologatória, mandando, em seguida, expedir o competente formal de partilha.

---

[5] OLIVEIRA, Euclides Benedito; AMORIM, Sebastião Luiz. Op. cit. p. 288.

6 Outros cuidados

Para evitar maior delonga na avaliação dos bens, deverá o diligente advogado juntar a guia de IPTU, com o valor venal do bem imóvel. Se qualquer das partes ou o Ministério Público impugnar a estimativa, o juiz nomeará um avaliador que oferecerá em 10 (dez) dias seu laudo, que será apreciado em audiência, quando todas as partes poderão apresentar suas impugnações e o juiz resolvê-las de imediato. Provada a quitação dos tributos relativos aos bens do espólio e a suas rendas, o juiz julgará a partilha (art. 664 do CPC).

Em recurso submetido ao Tribunal de Justiça de Minas Gerais, entendeu aquela corte que os bens podem ser adjudicados a um único herdeiro, sem que algum interessado comparecesse para impugnar a qualidade a que se atribuiu o requerente. Somente, posteriormente, outros interessados se declararam herdeiros, ajuizando ação rescisória. Tratando-se de sentença homologatória, desafia ação anulatória e não ação rescisória. Em votos declarados, os Des. Vaz de Mello e Artur Mafra julgaram os recorrentes carecedores da ação rescisória, extinguindo o processo, sem julgamento de mérito.[6]

Hodiernamente, quando todos reclamam da morosidade do Poder Judiciário, razoável que se aplicasse a lei vigente, dinamizando os arrolamentos, para que pudessem iniciar e terminar no prazo máximo de 90 (noventa) dias, embora a nova redação do CPC tenha dilatado o prazo para doze (12) meses. Seria vantajoso para as Varas de Sucessões e interessados, definir, em curto espaço de tempo, a parcela de herança atribuída a cada um dos herdeiros.

Iniciado processo de arrolamento, porque todos os herdeiros são maiores e capazes e estão de pleno acordo com a partilha, surge desavenças entre eles, deve o juiz convertê-lo em inventário e realizar a partilha judicial (TJMG, Ap. n.1.0024.12.033016-2/001, Rel. Des. Alberto Vilas Boas, j. 21/04/2014)

Justifica transcrever pensamento de inúmeros Magistrados, liderados que foram pelo falecido Min. Sálvio de Figueiredo. A Fazenda Pública não poderia interferir no processo de Arrolamento. É seu direito fazer o processo administrativo, avaliar os bens e cobrar do inventariante o excesso encontrado por ela, diante do que foi recolhido. A interferência da Fazenda Pública tem sido constante entrave no andamento dos inventários e dos arrolamentos.

Recentemente, diversos Desembargadores do Estado de Minas Gerais tomaram posição contra a Fazenda Pública, em se tratando de Arrolamento, não permitindo retardamento no feito. É da natureza do Arrolamento a rapidez, o pronto atendimento[7]

---

6 *RT*, 697/144.

7 Des. Vanessa Verdolim Hudson Andrade, Des. Alyrio Ramos, Des. Armando Freitre, Des. Alberto Vilas Boas, entre outros.

Jurisprudência

AGRAVO REGIMENTAL EM AGRAVO (ART. 544 DO CPC) - ARROLAMENTO DE BENS - DECISÃO MONOCRÁTICA NEGANDO PROVIMENTO AO RECURSO. INSURGÊNCIA DOS HERDEIROS.1. A interposição de recurso especial pela alínea "c" do permissivo constitucional reclama o cotejo analítico dos julgados confrontados a fim de restarem demonstradas a similitude fática e a adoção de teses divergentes, máxime quando não configurada a notoriedade do dissídio.2. Uma vez estabelecida, pelo acórdão recorrido, a inexistência de passivo a ser incluído na partilha, impossível a afirmação do contrário sem reexame das provas constantes nos autos. Incidência da Súmula 7/STJ.3. Consignada, na origem, a necessidade de discussão de supostos débitos nas vias ordinárias, descabido avaliar a viabilidade de sua ocorrência em sede de inventário, por demandar incursão no acervo fático-probatório dos autos. Incidência da Súmula 7/ STJ.4. Agravo regimental desprovido.(STJ- AgRg no AREsp 180.588/SP, Rel. Ministro MARCO BUZZI, QUARTA TURMA, julgado em 17/12/2013, DJe 04/02/2014)

PROCESSUAL CIVIL. INVENTÁRIO SOB FORMA DE ARROLAMENTO. TAXA JUDICIÁRIA. DESCABIMENTO DE APRECIAÇÃO JUDICIAL. ART. 1.034 DO CÓDIGO DE PROCESSO CIVIL. PRECEDENTES DESTA CORTE SUPERIOR.1. Determina o artigo 1.034, caput, do Código de Processo Civil que, "no arrolamento, não serão conhecidas ou apreciadas questões relativas ao lançamento, ao pagamento ou à quitação de taxas judiciárias e de tributos incidentes sobre a transmissão da propriedade dos bens do espólio". Assim, nos processos de inventário sob forma de arrolamento, não cabe apreciação e decisão sobre taxa judiciária, que deve ser calculada com base no valor atribuído pelos herdeiros.2. Precedentes: AgRg no Ag 746.703/MS, Rel. Min. José Delgado, Primeira Turma, DJ 8.6.2006, p. 134; REsp 682.257/RJ, Rel. Min. Teori Albino Zavascki, Primeira Turma, DJ 21.3.2005, p. 289; e REsp 252.850/SP, Rel. Min. Francisco Peçanha Martins, Segunda Turma, DJ 2.2.2004, p. 297.3. Recurso especial provido.(STJ- REsp 1174551/SP, Rel. Ministro MAURO CAMPBELL MARQUES, SEGUNDA TURMA, julgado em 02/06/2011, DJe 09/06/2011)

EMENTA: INVENTÁRIO - ARROLAMENTO DE BENS - EXTINÇÃO DO PROCESSO SEM RESOLUÇÃO DO MÉRITO POR AUSÊNCIA DE INTERESSE DE AGIR DOS HERDEIROS E INTERESSADOS - LEI 11.441/07 E RESOLUÇÃO 35 DO CNJ - HERDEIROS E INTERESSADOS MAIORES E ACORDES - FACULDADE E NÃO OBRIGATORIEDADE.

Com a entrada em vigor da Lei nº 11.441, de 04/01/2007, que conferiu nova redação aos artigos 982, 983 e 1.031 do Código de Processo Civil, se todos forem capazes e concordes, é facultada a opção de realizar o inventário e a partilha por escritura pública, sendo tal previsão legal uma faculdade e não obrigatoriedade. Inexistindo no ordenamento jurídico pátrio a obrigatoriedade de requerimento administrativo como condição ao ajuizamento da ação, não há que se falar em interesse de agir. (TJMG - Apelação Cível 1.0372.13.002525-0/001, Relator(a): Des.(a) Fernando Caldeira Brant , 5ª CÂMARA CÍVEL, julgamento em 10/04/2014, publicação da súmula em 22/04/2014)

EMENTA: DIREITO DAS SUCESSÕES. ARROLAMENTO SUMÁRIO. ALIENAÇÃO DO ÚNICO BEM IMÓVEL. HERDEIROS MAIORES E CAPAZES. PAGAMENTO DOS TRIBUTOS. VERIFICAÇÃO. ANUÊNCIA DE TODOS OS HERDEIROS. INEXISTÊNCIA. EXPEDIÇÃO DE ALVARÁ PARA VENDA. IMPOSSIBILIDADE. DECISÃO MANTIDA.
- A expedição de alvará autorizando a alienação do bem partilhável está condicionada à observância concomitante de dois requisitos, quais sejam: i) cumprimento das obrigações fiscais porventura existentes e, ii) concordância de todos os herdeiros quanto à proposta de venda. - Inexistindo anuência expressa de todos os herdeiros no que tange à alienação do único bem objeto da partilha, incabível a expedição do aludido alvará. - Agravo a que se nega provimento. (TJMG - Agravo de Instrumento-Cv 1.0079.11.035236-0/001, Relator(a): Des.(a) Versiani Penna , 5ª CÂMARA CÍVEL, julgamento em 31/05/2012, publicação da súmula em 11/06/2012)

Órgão julgador: 4ª Câmara de Direito Privado
Data do julgamento: 30/01/2014
Data de registro: 07/02/2014
Ementa: ***Arrolamento*** Sentença de homologação da partilha Impugnação de dois ***herdeiros***, filhos do falecido, sob a alegação de que a mãe não tem direito à meação Preliminar arguida em contrarrazões afastada Recurso tempestivo ? Preliminar de nulidade da sentença acolhida Autora que não faz jus à partilha de ***bens*** como meeira ou***herdeira*** Acordo entabulado com o ex-marido no qual alienou a ele 50% do ***bem*** Direito apenas ao crédito pelo saldo inadimplido pelos ***herdeiros*** Sentença anulada Possibilidade de julgamento do mérito Aplicação do art. 515, § 3º, do CPC Entendimento jurisprudencial Acolhimento ***Herdeiros maiores*** e capazes Concordância de todos os filhos quanto ao pedido de ***arrolamento*** de ***bens*** Partilha homologada para atribuir a aos três ***herdeiros***, igualmente, 1/3 do imóvel Ressalva ao direito da autora ao crédito a que faz jus Sucumbência fixada Sentença anulada Recurso provido.

ARROLAMENTO DE BENS – Diante do regime da comunhão parcial de bens adotado por ocasião do casamento, o cônjuge supérstite não possui direitos sucessórios sobre imóvel adquirido, por doação, antes do enlace matrimonial. Recurso desprovido (TJSP - AC 536.070-4/7-00 – 1ª CDPriv. – Rel. Des. Paulo Alcides – *DJ* 15-7-2008).
AGRAVO. SUCESSÕES. ARROLAMENTO. HERDEIROS MAIORES E CAPAZES. PREVALÊNCIA DA VONTADE DESTES ESBOÇADA EM PARTILHA AMIGÁVEL. Considerando que a herança é direito patrimonial disponível e que os herdeiros são maiores e capazes, não há razão para obstar a partilha amigável de bens, ainda que atribua quinhões diferentes aos herdeiros. Deram provimento. Unânime (TJRS – Rel. Des.: Luiz Felipe Brasil Santos. Proc. nº 70013486923. Data da publicação: 21-12-2005).

33

GARANTIA DE QUINHÕES HEREDITÁRIOS

1 Generalidades

Julgada a partilha, cessa a comunhão, perdem os herdeiros a qualidade de comunheiros e o monte deixa de ser indivisível. Cada qual receberá seu quinhão e seus direitos ficam circunscritos aos bens de seu quinhão (art. 2.023). Cada herdeiro receberá seu formal de partilha (se for requerido) e tomará as providências necessárias para salvaguardar seus interesses, que têm força executiva contra o inventariante, os demais herdeiros e seus sucessores, a título universal ou singular.[1] Sendo os bens de pequeno valor, permite a lei que o formal seja substituído por certidão de partilha (art. 655 do CPC), reduzindo custos e facilitando para os herdeiros.

Lembra Maria Helena Diniz que a sentença que julgar a partilha faz direito entre os interessados, enquanto não invalidada, e deverá ser inscrita no Registro Imobiliário[2] (art. 532 do CC e Lei nº 6.015/73, art. 167, inciso I, nº 23).

2 Evicção

Verificando-se que algum herdeiro tenha perdido parte de seu direito, em decorrência da evicção, diz a lei que "os coerdeiros são reciprocamente obrigados a indenizar-se, no caso de evicção dos bens aquinhoados" (art. 2.024).

1 Código de Processo Civil, art. 784, V, e parágrafo único.

2 DINIZ, Maria Helena. Op. cit. v. 6, p. 286.

Essa obrigação pode cessar em consequência de "três fatos": por acordo ou convenção entre as partes, ou dando-se a evicção por culpa do evicto, ou por fato posterior à partilha (art. 2025), desde que todos sejam maiores e capazes.

A regra do Código não é norma absoluta, mas permite que os herdeiros transacionem entre si, estipulando de forma diversa. Aquilo que foi estipulado na partilha receberão os herdeiros, cada um o seu.

O acordo e a convenção poderão ser feitos no curso do processo ou posteriormente, mas deverão ser respeitados pelos acordantes.

A evicção vem a ser a perda do bem, em virtude de sentença judicial, declarando que a propriedade cabe a outrem; ela pode ser total ou parcial, e o valor a ser indenizado será proporcional à perda do coerdeiro. "O preço do ressarcimento divide-se entre todos os sucessores universais, inclusive o evicto, e proporcionalmente aos quinhões respectivos."[3] Acrescenta o art. 2.026, segunda parte, "se algum deles se achar insolvente, responderão os demais, na mesma proporção, pela parte desse, menos a cota que corresponderia ao indenizado".

Sendo regra básica que as legítimas são iguais, se algum tiver prejuízo, deverá ser ressarcido, salvo se deu causa à evicção.

Lembra Carlos Maximiliano:

> *"O legado não confere ao seu destinatário a prerrogativa de ser indenizado no caso de evicção, nem sequer na hipótese do beneficiado com ele ser também herdeiro, isto é, em se tratando de verdadeiro pré-legado."*

Em outras palavras, embora o testamento determine o legado, e a abertura da sucessão transfira o direito de propriedade – em tese – para o legatário, somente após o registro do instrumento, por ordem judicial, terá o legatário esse direito. Ocorrendo a perda da coisa por evicção, poderá o legatário ser indenizado.

A apuração dos prejuízos resultantes da evicção tomará por base o valor da coisa ao tempo da sentença que julgou a partilha, e não o da época em que o herdeiro se vê privado da coisa evicta. O Código, no art. 1.115, manda indenizar pelo valor contemporâneo ao tempo em que a coisa se venceu.[4]

Ocorrendo a evicção em decorrência de fato posterior à partilha, sem ação dos demais interessados na perda do bem, como, por exemplo, em caso

---

3 MAXIMILIANO, Carlos. *Direito das sucessões*. Rio de Janeiro: Freitas Bastos, 1943. v. 3, p. 481.

4 MONTEIRO, Washington de Barros. *Curso de direito civil*. São Paulo: Saraiva,. p. 294.

de falência, desapropriação, força maior, aquele que recebeu o bem assumirá o prejuízo sozinho, não tendo direito de regresso contra os demais coerdeiros.[5]

A determinação do fato causador da perda do bem será apurada segundo os princípios da boa ou má-fé.

Com o crescimento do número de ações de investigação de paternidade, cumulada com petição de herança, embora o filho reconhecido posteriormente à partilha não tenha participado do processo, garante-lhe a lei o seu quinhão hereditário. Nessa hipótese, esse herdeiro, com o trânsito em julgado da sentença que reconheceu sua paternidade, poderá postular a desconstituição da partilha, devolvendo os herdeiros todos os bens para fazer-se a nova partilha. Se algum dos bens tiver sido vendido, válido o negócio jurídico, porque o terceiro de boa fé não pode ser prejudicado, mas o herdeiro alienante trará para o monte o valor apurado na transação.

O reconhecimento da paternidade produz efeitos ex tunc, como se a partilha jamais houvera ocorrido[6]

Jurisprudência

APELAÇÃO CÍVEL. AÇÃO ORDINÁRIA. DOAÇÃO INOFICIOSA. PRESCRIÇÃO RECONHECIDA EM PRIMEIRO GRAU. BENS ORIUNDOS DE INVENTÁRIO CUJOS QUINHÕES HEREDITÁRIOS FORAM RENUNCIADOS PELOS HERDEIROS EM FAVOR DA VIÚVA MEEIRA. POSTERIOR VENDA DE IMÓVEL COM EFETIVAÇÃO DE CONTRATO DE EMPRÉSTIMO E AQUISIÇÃO DE OUTRO BEM EM NOME DE UM ÚNICO FILHO. EXISTÊNCIA DE OUTROS HERDEIROS NECESSÁRIOS. PRETENSÃO DE ANULAÇÃO DA ALEGADA DOAÇÃO INOFICIOSA ENTRE ASCENDENTE E DESCENDENTE. PRESCRIÇÃO RECONHECIDA COM BASE NA ESCRITURA DE INVENTÁRIO E PARTILHA. SENTENÇA DESCONSTITUÍDA. PRESCRIÇÃO EM RELAÇÃO À ALEGADA DOAÇÃO NÃO OCORRIDA. PRAZO DE DEZ ANOS PREVISTO NO ARTIGO 205 DO CÓDIGO CIVIL NÃO TRANSCORRIDO. MÉRITO DA DEMANDA QUE IMPÕE A ANÁLISE DA TRANSAÇÃO EFETIVADA ENTRE A GENITORA E SEU FILHO PARA VERIFICAR SE ULTRAPASSOU A PARTE DISPONÍVEL DOS BENS A ELA PERTENCENTES OU AINDA SE RESTOU SEM QUALQUER RESERVA ATÉ MESMO PARA SUA SUBSISTÊNCIA. NECESSIDADE DE INSTRUÇÃO PROBATÓRIA PARA TAL AVERIGUAÇÃO. IMPOSSIBILIDADE DE JULGAMENTO IMEDIATO DA LIDE COM BASE NO ARTIGO 515 §3º DO CPC. INSTRUÇÃO PROCESSUAL NÃO CONCLUÍDA. RETORNO DOS AUTOS À COMARCA DE ORIGEM PARA O

---

[5] OLIVEIRA, Arthur Vasco Itabaiana de. *Tratado de direito das sucessões*. Rio de Janeiro: Livraria Jacinto, 1936. v. 3, p. 931.

[6] Ap. Cív. N.1.0000.00.212115-0/000 (1), Rel. Des. Kildare Carvalho, TJMG).

REGULAR PROSSEGUIMENTO DO FEITO. RECURSO CONHECIDO E PROVIDO. O prazo prescricional aplicado para a declaração de nulidade de doação inoficiosa é decenal, com base no artigo 205, do Código Civil, cujo marco inicial deve ser aquele do ato da disposição alegadamente irregular. (TJSC, Apelação Cível n. 2013.064995-0, de São José, rel. Des. Saul Steil, j. 08-04-2014).
APELAÇÃO CÍVEL - EMBARGOS À EXECUÇÃO - CONTRATO BANCÁRIO - SENTENÇA DE PARCIAL PROCEDÊNCIA - RECURSO DOS EMBARGANTES. PENHORA DE BEM IMÓVEL NA EXECUCIONAL - INTIMAÇÃO DO EXECUTADO E DE SUA ESPOSA ACERCA DO ATO CONSTRITIVO, NA FORMA DITADA PELO ARTIGO 669, PARÁGRAFO ÚNICO, DO CPC, VIGENTE À ÉPOCA - EMBARGOS À EXECUÇÃO INTERPOSTOS PELO DEVEDOR E JÁ JULGADOS EM DEFINITIVO - FALECIMENTO DO EXECUTADO E HABILITAÇÃO DA VIÚVA MEEIRA E HERDEIROS NA EXPROPRIATÓRIA - INTERPOSIÇÃO DE NOVOS EMBARGOS À EXECUÇÃO PELOS SUBSTITUTOS PROCESSUAIS - INADMISSIBILIDADE - ÓBITO DO DEVEDOR QUE NÃO MACULA OS ATOS PROCESSUAIS ANTERIORES, GERANDO A PRECLUSÃO CONSUMATIVA - IMPOSSIBILIDADE DE REABERTURA DO PRAZO - ESPOSA DO DE CUJUS QUE NÃO EXERCEU ESTA FACULDADE QUANDO INTIMADA DA PENHORA - MANIFESTA INTEMPESTIVIDADE - ADEMAIS, **CESSÃO DOS QUINHÕES HEREDITÁRIOS EM FAVOR DA MÃE** (VIÚVA MEEIRA) - FILHOS QUE NÃO TEM LEGITIMIDADE ATIVA PARA QUESTIONAR SOBRE A PENHORA DE IMÓVEL QUE NÃO LHES PERTENCE - EXTINÇÃO DO PROCESSO, EX OFFÍCIO, SEM RESOLUÇÃO DE MÉRITO, COM FULCRO NO ARTIGO 267, INCISOS IV, VI E § 3.º, TODOS DO CPC. ÔNUS DA SUCUMBÊNCIA - CONDENAÇÃO DOS EMBARGANTES AO PAGAMENTO INTEGRAL DOS ENCARGOS - APLICAÇÃO DO PRINCÍPIO DA CAUSALIDADE - VERBA HONORÁRIA ARBITRADA EM CONSONÂNCIA COM O ARTIGO 20, § 4.º, DO CPC. RECURSO PREJUDICADO. (TJSC, Apelação Cível n. 2012.091900-5, de Capinzal, rel. Des. Cláudio Valdyr Helfenstein, j. 18-07-2013).

APELAÇÃO CÍVEL – INVENTÁRIO – HERDEIROS QUE FIRMAM ESCRITURAS DE RENÚNCIA DE DIREITOS HEREDITÁRIOS SOBRE O ÚNICO IMÓVEL INVENTARIADO E REQUEREM AUTORIZAÇÃO JUDICIAL PARA A LAVRATURA DE IDÊNTICO DOCUMENTO EM NOME DE HERDEIRA INCAPAZ COM O FITO DE REVERTER A INTEGRALIDADE DA HERANÇA À MÃE (VIÚVA MEEIRA), EM RESPEITO A ÚLTIMA VONTADE DO "DE CUJUS" – NEGATIVA JUDICIAL DE SUPRIMENTO DO CONSENTIMENTO DA HERDEIRA INTERDITADA (EXPEDIÇÃO DE ALVARÁ NEGADA) – POSTERIOR HOMOLOGAÇÃO DE PLANO DE PARTILHA CONFERINDO OS QUINHÕES DOS RENUNCIANTES À CÔNJUGE SUPÉRSTITE – RESSALVADO O QUINHÃO DA HERDEIRA INCAPAZ – RECURSO DO MINISTÉRIO PÚBLICO – PEDIDO DE REFORMA DO PLANO DE PARTILHA PARA QUE SEJA CONFERIDA TOTALIDADE DA HERANÇA À CURATELADA – ARGUMENTO DE QUE A RENÚNCIA CONFERE AOS HERDEIROS REMANESCENTES O DIREITO SOBRE O QUINHÃO DOS RENUNCIANTES – INSUBSISTÊNCIA DO APELO PORQUE

BEM EVIDENCIADA NOS AUTOS A REAL VONTADE DAS PARTES - INTELIGÊNCIA DO ARTIGO 112, DO CÓDIGO CIVIL - AS DECLARAÇÕES DE VONTADE DEVEM SER INTERPRETADAS CONFORME A INTENÇÃO DAS PARTES ENVOLVIDAS - HERDEIROS QUE INCORRERAM EM ERRO SUBSTANCIAL AO FIRMAREM TERMO DE RENÚNCIA AO DIREITO HEREDITÁRIO EM RAZÃO DA SUPERVENIENTE NEGATIVA JUDICIAL EM AUTORIZAR IGUAL RENÚNCIA POR PARTE DA IRMÃ INCAPAZ, FATO QUE DESTINARIA A HERANÇA À VIÚVA MEEIRA - PROTEÇÃO JUDICIAL DA INTENÇÃO DOS HERDEIROS EM CONFERIR A HERANÇA À MÃE - SENTENÇA MANTIDA - RECURSO DESPROVIDO - 1 - A declaração judicial do Direito deve abrigar a real intenção das partes envolvidas no processo, e não a disposição literal declarada em erro substancial. Emerge com extrema clareza dos autos ser a intenção dos herdeiros renunciantes a vontade de beneficiar a mãe, conferindo-lhe a integralidade da herança. 2 - "Há que se ter claro, acerca da confusão instaurada, que ao Direito não importa o *nomen iuris* dado ao ato; O que interessa, isto sim, é a vontade que dele transparece, a qual, no caso, é de beneficiar a meeira/genitora" (TJSC, Apelação Cível nº 2003.028706-, Rel. Des. Orli Rodrigues, julgado em 3-5-2005) (TJSC - AC 2006.025161-2 - 1ª CDCiv. - Relª Desª Denise Volpato - *DJe* 22-2-2010 - p. 73).

INVENTÁRIO - CESSÃO ONEROSA DOS QUINHÕES HEREDITÁRIOS - DEPÓSITO DO VALOR EM CONTA REMUNERADA - REMUNERAÇÃO PERTENCENTE AOS HERDEIROS CEDENTES - Tratando a remuneração de fruto produzido pelo capital aplicado, é essa pertencente aos herdeiros, desde que advinda de índices incidentes em valor referente à alienação de seus quinhões hereditários (TJMG - AI 1.0461.02.006670-4/002 - 3ª C.Cív. - Rel. Manuel Saramago - J. 13-1-2009).

RECURSO ADESIVO - DESERÇÃO - BEM IMÓVEL DESAPROPRIADO - TRANSFERÊNCIA PARA A UNIÃO - HERDEIROS - RECEBIMENTO DE VALORES DOS RESPECTIVOS QUINHÕES - SOBREPARTILHA - Improcedência. O recurso adesivo deve ser declarado deserto quando não recolhida nenhuma quantia a título de preparo, notadamente se a parte não for beneficiária da assistência judiciária gratuita. É improcedente ação de sobrepartilha, quando evidenciado que o bem que se busca partilhar já foi objeto de desapropriação e os herdeiros recebem os valores aos respectivos quinhões hereditários (TJRO - Ap 00120040016918 - 2ª C.Cív. - Rel. Des. Marcos Alaor D. Grangeia - J. 22-7-2009).

34

SOBREPARTILHA

1 Considerações

Segundo Teixeira de Freitas, citado por Pontes de Miranda, "a partilha do líquido não se deve demorar por causa do ilíquido" e esse se parte "à medida que se for liquidando".[1]

Processado o inventário, o inventário-arrolamento ou o inventário administrativo, a partilha é a regra geral, como ponto culminante do processo. Há casos, no entanto, momentos ou situações especiais, nos quais não pode o inventário ser sustado, aguardando decisões que virão majorar o monte partível. Tal é o caso dos sonegados, de bens situados em lugar remoto, bens litigiosos, assim como os de liquidação difícil ou morosa.

Impõe-se, portanto, que o juiz mande o inventariante apresentar o esboço da partilha, para, em seguida, proferir a sentença de homologação da peça apresentada e aceita pelos interessados. Não podem os herdeiros ou beneficiados ficar à mercê de decisão judicial, com todos os recursos cabíveis, mantendo a comunhão forçada e a comunhão e indivisão dos bens.

Razoável a medida a ser tomada pelo inventariante, postulando a sentença de homologação do plano formulado, separando aqueles bens litigiosos para outra oportunidade.

---

[1] FREITAS, Augusto Teixeira de. Apud PONTES DE MIRANDA. *Tratado*... t. 14, p. 300.

2 Espécies

Dispõe o art. 669 do Código de Processo Civil:

> *"Ficam sujeitos à sobrepartilha os bens:*
>
> *I - sonegados;*
>
> *II - da herança que se descobrirem depois da partilha;*
>
> *III - litigiosos, assim como os de liquidação difícil ou morosa;*
>
> *IV - situados em lugar remoto da sede do juízo onde se processa o inventário.*
>
> *Parágrafo único. Os bens mencionados nos n°s III e IV deste artigo serão reservados à sobrepartilha sob a guarda e administração do mesmo ou de diverso inventariante, a aprazimento da maioria dos herdeiros."*

A solução encontrada no CPC é bastante aceitável, porque os bens sonegados, isto é, aqueles que deixaram de ser colacionados, ou que os herdeiros ocultaram, deliberadamente, não poderão vir para o monte imediatamente. Necessário o ajuizamento da ação ordinária própria, que vai apurar os fatos, consolidado o feito com a sentença expropriatória dos bens de quem os detinha, em benefício do espólio. Entendeu o Superior Tribunal de Justiça que "bens não arrolados, não se justifica a rescisória, devendo-se proceder à sobrepartilha".[2]

É comum a descoberta de parte do patrimônio, bens imóveis, móveis, valores depositados em estabelecimentos bancários, havidos pelo *de cujus* e ignorados pelos herdeiros, até a data da partilha. Sendo, futuramente, encontrados tais bens, todos os herdeiros terão igual direito sobre eles, sobrepartilhando-os.

Alguns bens descritos, arrolados, regularmente, não podem ser partilhados, porque são litigiosos. É evidente que os herdeiros podem avaliar tais bens, partilhá-los porém, em tempo futuro, surgir a perda do bem pela evicção, gerando indenização dos coerdeiros àquele que o tiver perdido. Assim, é de bom alvitre que tanto os bens litigiosos, como os de liquidação difícil ou morosa, fiquem para serem sobrepartilhados.

Residia o autor do patrimônio em Belo Horizonte, mas era proprietário de uma fazenda no Amazonas. Esse bem, encravado na floresta, não deverá ser partilhado regularmente, prejudicando o andamento do inventário. Embora os meios de comunicação tenham crescido, há ainda certa dificuldade para chegar-se a alguns lugares, remeter carta precatória etc. Dessa forma, melhor será separar tais bens, para sobrepartilhá-los.

2 NEGRÃO, Theotônio. *Código de processo civil*. São Paulo: Saraiva,. p. 681.

Muito comum o surgimento de valor expressivo, proveniente de devolução de imposto de renda, de diferenças de vencimentos ou salários, advindos de apuração de processos judiciais que se arrastaram. Nessas hipóteses, e muitas outras, os valores deverão ser sobrepartilhados, desarquivando-se o processo de inventário. O inventariante procederá à nova partilha – sobrepartilha – destinando a cada um o seu direito; em havendo falecimento de algum deles, juntará os documentos dos seus sucessores, destinando-lhes o direito por representação.[3]

Embora a lei processual determine que a sobrepartilha se faça nos mesmos autos do inventário, alguns juízes mandam ajuizar nova petição inicial, partilhando a devolução do imposto de renda, por exemplo, ignorando a lei n. 6.858, de 24 de novembro de 1.980, que permite, no art. 2º, simples pedido de alvará.

Na Ap. Cív. 1.000.13.011218-8/000, sendo rel. o Des. Wander Marotta, em j. de 06/09/2013, Diz a ementa que "a prova demonstra que a viúva do "*de cujus*" e ré nesta ação requereu o arrolamento de imóvel por ele deixado, relacionando-o para ser partilhado entre si e os herdeiros maiores frutos do primeiro casamento, além do menor advindo de seu relacionamento com o falecido. Apresentou formal de partilha, qualificando-se como meeira, através do qual o imóvel foi partilhado da seguinte forma: 50% para a viúva e o restante dividido entre os quatro herdeiros, inclusive o menor."

Complementa o Dr. Wander Marotta que é evidente a impossibilidade de prevalecer a partilha, uma vez que à requerida, segunda esposa do falecido, não assiste qualquer direito sobre o imóvel adquirido pelo autor da herança em data anterior ao segundo casamento, que foi celebrado sob o regime de comunhão parcial de bens.

Razão está com o relator. Se o bem foi adquirido pelo *de cujus*, antes do seu segundo casamento, e o regime adotado foi o de comunhão parcial, é evidente que a viúva não participa do referido imóvel, que será partilhado, exclusivamente, entre os filhos do falecido.

3 Normas

A sobrepartilha obedece às mesmas normas do inventário, com habilitação de todos os herdeiros, avaliação dos bens, pagamento de imposto, certidões negativas de ônus fiscais e a sobrepartilha, quando arguida anos após. Se,

---

[3] STJ, REsp nº 844.248, Rel. Min. Sidnei Beneti, j. 20-5-2010, REsp nº 450.951, Rel. Min. Luis Felipe Salomão, j. 23-3-2010, AgRg na ExeMS 115/DF nº 2005/0166252-2, j. 24-6-2009, p. 14-8-2009.

no entanto, a sobrepartilha for requerida pelos interessados, em futuro próximo, torna-se desnecessária a apresentação de novas certidões fiscais.

A matéria enfocada nos arts. 669 e 670 do Código de Processo Civil integra, igualmente o CC, expressando o art. 2.021 da lei substantiva:

> *"Quando parte da herança consistir em bens remotos do lugar do inventário, litigiosos, ou de liquidação morosa, ou difícil, poderá proceder-se, no prazo legal à partilha dos outros, reservando-se aqueles para uma ou mais sobrepartilhas, sob a guarda e administração do mesmo, ou diverso inventariante, e consentimento da maioria dos herdeiros."*

"Art. 2.022. Ficam sujeitos a sobrepartilha os bens sonegados e quaisquer outros bens da herança de que se tiver ciência após a partilha."

Serão feitas tantas sobrepartilhas quantas necessárias, à proporção do aparecimento de novos bens. Vivo o inventariante, poderá continuar a exercer o cargo, dividindo os bens aos herdeiros habilitados.

Volta-se a insistir que o processo de inventário deve terminar no prazo legal de 12 (doze) meses, ou menor, para evitar maiores prejuízos de todos os herdeiros e da família. Resolver todos os impasses dentro do processo de inventário é errôneo e contraria a lei. As matérias de fato, que demandarem produção de provas, devem ser discutidas em outro plano, outra ação, permitindo às partes o amplo direito de defesa.

O processo de inventário – e, com maior razão, o arrolamento – pressupõe a morte do autor da herança, a falta de um dos membros que trazia valores a serem utilizados na família. A demora na solução do feito somente causará danos a todos, especialmente se há menores, que, muitas vezes, são prejudicados direta ou indiretamente.

No inventário, os bens ficam indivisíveis até a partilha e sua elaboração, com homologação pelo juiz, representa a segurança de cada herdeiro, tendo definido o quinhão a que tenha direito e lhe foi transmitido no exato momento da morte.

Sabiamente, o art. 2.021 transfere para a sobrepartilha não só os bens remotos, como os litigiosos, ou aqueles de liquidação morosa ou difícil, realizando-se, posteriormente, tantas quantas forem necessárias as sobrepartilhas.

Com o advento da Lei nº 11.441/07, permite-se a sobrepartilha via Cartório de Notas, embora o inventário, postulado pelos herdeiros, tenha sido judicial. Mesmo naqueles casos de ajuizamento de inventário, pela presença de menores, tornando-se maiores essas pessoas, a sobrepartilha, se vantajosa, poderá fazer-se extrajudicialmente, partilhando o bem arrolado entre os herdeiros habilitados.

Jurisprudência

DIREITO CIVIL. AÇÃO RESCISÓRIA FUNDADA NO ART. 485, V, DO CPC. SUCESSÃO. DOAÇÕES SUPOSTAMENTE INOFICIOSAS. INEXISTÊNCIA DE OFENSA LITERAL AO ART. 1.176 DO CCB/2002.Preliminar de incidência da Súmula 343/STF afastada, por maioria.Não incorre em ofensa literal ao art. 1.176 do Código Civil/2002 o acórdão que, para fins de anulação de doação por suposta ofensa à legítima dos herdeiros necessários, considera preciso observar se no momento da liberalidade o doador excedeu a parte de que poderia dispor em testamento."Para ser decretada a nulidade é imprescindível que resulte provado que o valor dos bens doados exceda o que o doador podia dispor por testamento, no momento da liberalidade, bem como qual o excesso. Em caso contrário, prevalece a doação" (SANTOS, J. M. Carvalho, in Código Civil Brasileiro Interpretado, vol. XVI, 12 ed., Editora Livraria Freitas Bastos, Rio de Janeiro, 1986, p. 402)."O sistema da lei brasileira, embora possa resultar menos favorável para os herdeiros necessários, consulta melhor aos interesses da sociedade, pois não deixa inseguras as relações jurídicas, dependentes de um acontecimento futuro e incerto, tal o eventual empobrecimento do doador" (RODRIGUES, Silvio. in Direito Civil - Direito das Sucessões, vol. 7, 19 ed., Editora Saraiva, São Paulo, 1995, p. 189).Ação rescisória improcedente.(STJ- AR 3.493/PE, Rel. Ministro MASSAMI UYEDA, Rel. p/ Acórdão Ministro LUIS FELIPE SALOMÃO, SEGUNDA SEÇÃO, julgado em 12/12/2012, DJe 06/06/2013)

CONFLITO DE COMPETÊNCIA. SOBREPARTILHA. COMPETÊNCIA DO JUÍZO DO INVENTÁRIO.Conforme o disposto no parágrafo único do art. 1.041 do Código de Processo Civil, a sobrepartilha deve correr nos autos do inventário do autor da herança, assim, compete ao juízo que processou e julgou inventário processar e julgar ação de sobrepartilha.Conflito de Competência conhecido para declarar a competência do JUÍZO DE DIREITO DA VARA DE FAMÍLIA ÓRFÃOS E SUCESSÕES INFÂNCIA E JUVENTUDE E PRIMEIRO CÍVEL DE PLANALTINA - GO.(STJ - CC 54.801/DF, Rel. Ministro SIDNEI BENETI, SEGUNDA SEÇÃO, julgado em 27/05/2009, DJe 05/06/2009)

AÇÃO RESCISÓRIA. PRETENSÃO DE DESCONSTITUIÇÃO DE ACÓRDÃO PROLATADO EM AÇÃO DE SOBREPARTILHA, RECONHECENDO-A PRESCRITA. AUTORA QUE, NA CONDIÇÃO DE FILHA EXTRAMATRIMONIAL DO FALECIDO, PROMOVE INVESTIGAÇÃO DE PATERNIDADE CUMULADA COM PETIÇÃO DE HERANÇA 4 ANOS APÓS A ABERTURA DA SUCESSÃO. PROCEDÊNCIA E TRÂNSITO EM JULGADO DA DEMANDA A ASSEGURAR DEFINITIVAMENTE O STATUS DE FILHA E HERDEIRA. SOBREPARTILHA PROPOSTA PELA COERDEIRA RECONHECIDA NO INTUITO DE RETIFICAR A DIVISÃO ANTERIOR, INCLUINDO, AINDA, TERRENO DOADO PELO SUCEDIDO AOS FILHOS MATRIMONIAIS (COLAÇÃO). DECISÃO RESCINDENDA NO SENTIDO DO ESCOAMENTO DO LAPSO PARA A PROPOSITURA DA SOBREPARTILHA, CONSIDERADA A PRESCRIÇÃO VINTENÁRIA A PARTIR DA DATA DA

LIBERALIDADE. CLARA VIOLAÇÃO ÀS DISPOSIÇÕES DOS ARTS. 5º, XXX E 227, § 6º DA CONSTITUIÇÃO DA REPÚBLICA FEDERATIVA DO BRASIL E ARTS. 1.171, 1.785, 1.786 E 1.787 DO CÓDIGO CIVIL DE 1916. DOAÇÃO FEITA EM ADIANTAMENTO DE LEGÍTIMA E, PORTANTO, SUJEITA À COLAÇÃO. QUINHÃO PERSEGUIDO NA SOBREPARTILHA (COM A CONSEQUENTE COLAÇÃO DO BEM ADIANTADO) QUE SE DEMONSTRA CONSEQUÊNCIA LÓGICA E INAFASTÁVEL DO ACOLHIMENTO DA PETIÇÃO DE HERANÇA. INDIFERENÇA QUANTO À FORMA DE EXECUÇÃO DO REFERIDO JULGADO. INEXISTÊNCIA DE PRESCRIÇÃO DO DIREITO DE AÇÃO. USUCAPIÃO COMO TESE DEFENSIVA. DESCABIMENTO. ANIMUS DOMINI NÃO VERIFICADO NA ESPÉCIE, PORQUANTO PATENTE O DEVER DO HERDEIRO DONATÁRIO DE CONFERIR OS BENS ADIANTADOS POR OCASIÃO DA ABERTURA DA SUCESSÃO. PROCEDÊNCIA DO PLEITO AUTORAL RESPONSÁVEL PELA INVERSÃO DOS ÔNUS SUCUMBENCIAIS. VALOR DO DEPÓSITO A SER RESTITUÍDO AOS AUTORES (ART. 488, INC. II, DO CÓDIGO DE PROCESSO CIVIL. RESCISÓRIA ACOLHIDA. I- Pela confluência dos artigos 1.576, 1.171, 1.788 e 1.176, todo titular de um patrimônio que possua herdeiros necessários (a exemplo dos filhos) somente poderá dispor, a título gratuito (doação ou testamento), de metade desse montante. A outra metade, compõe a chamada legítima dos herdeiros necessários e constitui uma espécie de reserva legal em prol da mencionada categoria de sucessores. Sob essa perspectiva, tem-se que um pai sempre poderá doar a um ou alguns de seus filhos. A lei permite essa liberalidade porquanto, em tese, não haverá prejuízo ao herdeiro necessário (filho) não contemplado, seja em virtude de a doação representar adiantamento de legítima (sujeita à posterior colação ou conferência), seja porque, ainda que dispensado o donatário de colacionar o bem dado em vida, este obrigatoriamente é descontado da parte disponível do doador. II - A situação refletida nos autos, porém, respeita à doação feita em adiantamento de legítima - sendo que, nesse caso, os herdeiros donatários sabem, ou deveriam saber, que falecido o doador, os bens recebidos em antecipação serão obrigatoriamente trazidos à colação a fim de descontar-lhes da cota parte o que já receberam, sob pena, inclusive, de sonegação. III - Desse modo, não há argumento jurídico capaz de subsidiar a prescrição do direito da filha reconhecida posteriormente de inventariar, partilhar ou sobrepartilhar os bens do pai falecido, notadamente diante da coisa julgada - procedência da petição de herança proposta anteriormente. Trata-se, então, de demanda voltada à perfeita execução do julgado. IV - Por fim, descabe a alegação de usucapião pelos herdeiros donatários do bem recebido em adiantamento, pois "antes de decorrido o prazo prescricional da ação de petição de herança, não começa a fluir o prazo para aquisição do bem pela usucapião. O tempo não corre enquanto não prescreve a ação" (DIAS, Maria Berenice. Manual das Sucessões. São Paulo: Revista dos Tribunais, 2013, p. 636). (TJSC, Ação Rescisória n. 2009.070462-4, de São Joaquim, rel. Des. Ronei Danielli, j. 12-03-2014).

EMENTA: AGRAVO DE INSTRUMENTO - DIREITOS DAS SUCESSÕES - SOBREPARTILHA - INVENTÁRIO FINDO - QUOTAS SOCIAIS NÃO PARTILHADAS - TITULARIDADE EXCLUSIVA DO CÔNJUGE MEEIRO - REGIME DE COMUNHÃO UNIVERSAL DE BENS - COMUNICAÇÃO DO PATRIMÔNIO EMPRESARIAL

- INCLUSÃO DE 50% (CINQUENTA POR CENTO) DAS COTAS SOCIAIS DAS QUAIS É DETENTOR O VIÚVO MEEIRO - PREJUDICIAL DE PRESCRIÇÃO AFASTADA - RECURSO CONHECIDO E PROVIDO.
1. O prazo prescricional de dez anos para o manejo de sobrepartilha apenas se deflagra com a homologação da partilha.
2. Malgrado a falecida não detivesse a titularidade de qualquer cota empresarial quando do seu óbito, inafastável, em virtude do regime de comunhão universal de bens que regia o matrimônio então existente, o seu direito à metade das cotas pertencentes ao seu esposo, quinhão este, que, a toda evidência, deve ser partilhado entre os herdeiros.
3. Evidenciada a preterição de patrimônio da autora da herança no respectivo inventário, impõe-se o processamento e julgamento da sobrepartilha.
4. Recurso conhecido e provido. AGRAVO DE INSTRUMENTO CV Nº 1.0024.02.653801-7/001 - COMARCA DE BELO HORIZONTE - AGRAVANTE(S): MARIA HELENA SIMONI GUIMARAES - AGRAVADO(A)(S): FÁBIO BELGRANO SIMONI - INTERESSADO: MARIA HELENA LOBATO SIMONI ESPÓLIO DE, REPDO P/ INVTE FABIO BELGRANO SIMONI (TJMG - Agravo de Instrumento--Cv 1.0024.02.653801-7/001, Relator(a): Des.(a) Corrêa Junior , 6ª CÂMARA CÍVEL, julgamento em 19/08/2014, publicação da súmula em 01/09/2014)

PROCESSUAL CIVIL – REPRESENTAÇÃO PROCESSUAL – MORTE DO TITULAR DE CONTA POUPANÇA – ESPÓLIO – SOBREPARTILHA – Com o falecimento do titular do direito, a legitimação processual para pleitear em juízo passa a ser do espólio, por meio do inventariante, consoante dispõe o art. 12, V, do CPC, ou, como vem sendo admitido em determinados casos pela jurisprudência, se não aberto o inventário pela sucessão – Ou já encerrado – Com a presença de todos os herdeiros no pólo ativo da demanda. Precedente deste Tribunal e do STJ (TRF-4ª R. – AI 0001581-52.2010.404.0000/PR – 4ª T. – Relª Desª Fed. Marga Inge Barth Tessler – *DJe* 1º-3-2010 – p. 408).

DOAÇÃO INOFICIOSA – APURAÇÃO – PROCEDIMENTO CABÍVEL – SOBREPARTILHA – A apuração de qual seria a parte integrante do monte partilhável, ou do universo da herança, que representou a doação inoficiosa deve e pode ser feita na própria via do procedimento de sobrepartilha, nos autos do inventário, não havendo sentido prático na apuração autônoma, em procedimento próprio (principalmente em execução de sentença que julgou improcedente o pedido de nulidade da doação), do que foi excedente na doação para, *a posteriori*, levar pronta uma solução de sobrepartilha. Toda a solução do caso pode ser aferida no processo de continuidade da sobrepartilha, que é o que ocorreria se não houvesse a ação originária da nulidade de doação (TJMG – AI 1.0701.96.007322-2/001 – 7ª C.Cív. – Rel. Wander Marotta – *DJe* 21-5-2010).
AGRAVO DE INSTRUMENTO – INVENTÁRIO NEGATIVO – SUPOSTA SONEGAÇÃO DE BENS PELA INVENTARIANTE – PRONUNCIAMENTO JUDICIAL QUE DEFERE A INSTAURAÇÃO DO PROCEDIMENTO DE SOBREPARTILHA – DESPACHO DE MERO EXPEDIENTE – NOMEAÇÃO COMO NOVO

INVENTARIANTE DO SUPOSTO HERDEIRO PREJUDICADO – CABIMENTO – Não é, em linha de princípio, recorrível o pronunciamento judicial que autoriza a mera instauração do procedimento de sobrepartilha de bens requerida por suposto herdeiro prejudicado, tendo em vista não causar, ainda que em tese, qualquer gravame aos interesses dos demais herdeiros, consistindo, portanto, em um despacho de mero expediente. Sendo a sobrepartilha uma ação autônoma, ainda que ajuizada no contexto da mesma relação processual do inventário, é possível que seja nomeado novo inventariante, mormente se foi ela requerida com base na suposta existência de sonegação de bens no inventário (TJMG – AI 1.0525.07.124836-9/001 – 1ª C.Cív. – Rel. Armando Freire – *DJe* 26-4-2010).

INVENTÁRIO – PARTILHA HOMOLOGADA – EXISTÊNCIA DE BENS SUJEITOS À SOBREPARTILHA – ESPÓLIO QUE PERMANECE EXISTINDO – Discussão envolvendo o destino e titularidade de valores depositados em juízo. Questões de fato e de direito que demandam alta indagação. Remessa dos interessados às vias ordinárias, nos termos do art. 984, do Código de Processo Civil. Litigância de má-fé dos recorrentes não comprovada. Agravo parcialmente provido (TJSP – AI 994.09.335393-3 – São Paulo – Família – 1ª CDPriv. – Rel. Luiz Antonio de Godoy – *DJe* 5-5-2010 – p. 911).

PETIÇÃO INICIAL – INÉPCIA AFASTADA – ANULAÇÃO DO INVENTÁRIO – DESNECESSIDADE – SOBREPARTILHA – VIA PRÓPRIA – RECURSO IMPROVIDO – Se a petição inicial, embora singela, permite a avaliação do pedido e, especificamente ao réu, oferece toda a possibilidade da defesa inerente, inclusive quanto ao mérito, não há que se falar em sua inépcia – Noutro viés, verificado nos autos que a pretensão da parte autora restringe-se à partilha de eventuais valores sonegados, há que se observar o disposto no art. 1040, inciso I, do CPC, que determina a realização de sobrepartilha (TJMG – AC 1.0194.09.099179-6/001 – 1ª C.Cív. – Rel. Geraldo Augusto – *DJe* 14-4-2010).

APELAÇÃO CÍVEL – INVENTÁRIO – ACORDO HOMOLOGADO EM AUDIÊNCIA – DESCUMPRIMENTO DE OBRIGAÇÕES – CONTROVÉRSIA SOBRE BENS – SOBREPARTILHA – SENTENÇA – ENCERRAMENTO DO INVENTÁRIO – O eventual desatendimento de obrigações assumidas em acordo amigável de partilha de bens – Baixa de gravame imobiliário, regularização ambiental e efetiva divisão de semoventes – Não tem o condão de anular a partilha, adequadamente proposta e homologada em juízo, nem obsta o encerramento do inventário, cabendo aos interessados buscar o cumprimento da integralidade das obrigações pela via adequada. A controvérsia acerca da propriedade do gado objeto da partilha, com recusa, por terceiros, de entrega do rebanho, assim como a superveniência de bens – Títulos de capitalização e previdência – Legitimam a remessa à sobrepartilha (Código de Processo Civil, art. 1.040) (TJTO – Ap 10742/10 – 2ª C.Cív. – Rel. Des. Marco Villas Boas – *DJe* 9-6-2010 – p. 15).
CONFLITO DE COMPETÊNCIA – SOBREPARTILHA – COMPETÊNCIA DO JUÍZO DO INVENTÁRIO – Conforme o disposto no parágrafo único do art. 1.041 do Código de Processo Civil, a sobrepartilha deve correr nos autos do inventário do autor da herança, assim, compete ao juízo que processou e julgou inventário processar

e julgar ação de sobrepartilha. Conflito de Competência conhecido para declarar a competência do Juízo de Direito da Vara de Família Órfãos e Sucessões Infância e Juventude e Primeiro Cível de Planaltina – GO" (Rel. Min. – J 27-5-2009) (STJ – CC 54.801-DF (2005/0152391-7) – 2ª S – Rel. Min Sidnei Beneti – j 27-5-2009).

APELAÇÃO CÍVEL. AÇÃO DE INVENTÁRIO PARA SOBREPARTILHA DE BENS. CASAMENTO REALIZADO NO EXTERIOR. AUSÊNCIA DE PACTO ANTENUPCIAL. NUBENTES COM DOMICÍLIOS DIVERSOS. REGIME DE BENS APLICÁVEL. PRIMEIRO DOMICÍLIO CONJUGAL. CONTEÚDO PROBATÓRIO A INDICAR QUE O PRIMEIRO DOMICÍLIO CONJUGAL TERIA SIDO O BRASIL RECONHECIMENTO DO REGIME DA COMUNHÃO UNIVERSAL DE BENS, CONFORME A LEGISLAÇÃO PÁTRIA REGENTE À ÉPOCA, COM A CONSEQUENTE SOBREPARTILHA DOS BENS ARROLADOS NA INICIAL. ART. 7º, § 4º, DA LICC E 31 DO CC/16. DESPROVIMENTO DO RECURSO (TJRJ – 2006.001.20505 – APELAÇÃO CÍVEL JDS.DES.HELENA CANDIDA GAEDE – Julgamento: 1º-8-2006 – SÉTIMA CÂMARA CÍVEL).

Agravo de Instrumento. Inventário. Decisão atacada que determina o cumprimento da exigência da Procuradoria do Estado no sentido do pagamento de ITD (Imposto de Transmissão *causa mortis* e Doação) sobre os bens do espólio e indeferimento do pedido de gratuidade de justiça. Tributo que somente incide sobre direitos reais. Bens inventariados que os agravantes detêm a titulo de posse. Posse que não é considerada direito real para o ordenamento jurídico brasileiro. Inteligência do art. 674 do CC/16 (art 1.225 CC/02). Existência de previsão legal para a sobrepartilha dos bens litigiosos. Imposto de transmissão que pode ser pago quando da sobrepartilha dos bens em litígio. Inteligência do art. 1040 CPC. Precedentes do TJRJ. Gratuidade de justiça indeferida. Parcelamento do pagamento de custas e taxa judiciária em até dez prestações até a prolação da sentença como fórmula de facilitar o acesso à Justiça. Entendimento do enunciado nº 27 do FETJ. Recurso parcialmente provido (TJRJ – 2006.002.07574 – AGRAVO DE INSTRUMENTO JDS. DES. CRISTINA TEREZA GAULIA – Julgamento: 18/07/2006 – QUINTA CÂMARA CÍVEL).

Sonegados – Sobrepartilha – Interpelação do herdeiro – Prova do dolo.
A ação de sonegados não tem como pressuposto a prévia interpelação do herdeiro, nos autos do inventário. Se houver a arguição, a omissão ou a negativa do herdeiro caracterizará o dolo. Admitida prova em contrário.
Inexistindo arguição nos autos do inventário, a prova do dolo deverá ser apurada durante a instrução.
Admitido o desvio de bens, mas negado o dolo, não é aplicável a pena de sonegados, mas os bens devem ser sobrepartilhados. Ação parcialmente procedente.
Recurso conhecido e provido em parte (STJ – REsp 163195-SP (98 74210) – Rel. Min. Ruy Rosado de Aguiar – 4ª T. unân. – j. em 12-5-1998 – *DJ* 29-6-1998).
Competência – Sobrepartilha. O Juiz da comarca onde foi aberto e encerrado o inventário e onde se requereu a sobrepartilha, que foi processada regularmente e teve

andamento, é o competente para dar prosseguimento à mesma (TJMG – Conflito Negativo de Competência nº 94.727/5 – Pirapora, 4ª Câm. – Rel. Des. Marino da Costa e Silva – j. em 21-8-1997 – *Jurisprudência Mineira*, v. 141, p. 338).

LEGISLAÇÃO

1 Código Civil – Lei nº 10.406, de 10 de janeiro de 2002

LIVRO V
Do Direito das Sucessões
TÍTULO I
Da Sucessão em Geral
CAPÍTULO I
Disposições Gerais

Art. 1.784. Aberta a sucessão, a herança transmite-se, desde logo, aos herdeiros legítimos e testamentários.

Art. 1.785. A sucessão abre-se no lugar do último domicílio do falecido.

Art. 1.786. A sucessão dá-se por lei ou por disposição de última vontade.

Art. 1.787. Regula a sucessão e a legitimação para suceder a lei vigente ao tempo da abertura daquela.

Art. 1.788. Morrendo a pessoa sem testamento, transmite a herança aos herdeiros legítimos; o mesmo ocorrerá quanto aos bens que não forem compreendidos no testamento; e subsiste a sucessão legítima se o testamento caducar, ou for julgado nulo.

Art. 1.789. Havendo herdeiros necessários, o testador só poderá dispor da metade da herança.

Art. 1.790. A companheira ou o companheiro participará da sucessão do outro, quanto aos bens adquiridos onerosamente na vigência da união estável, nas condições seguintes:

I – se concorrer com filhos comuns, terá direito a uma quota equivalente à que por lei for atribuída ao filho;

II – se concorrer com descendentes só do autor da herança, tocar-lhe-á a metade do que couber a cada um daqueles;

III – se concorrer com outros parentes sucessíveis, terá direito a um terço da herança;

IV – não havendo parentes sucessíveis, terá direito à totalidade da herança.

CAPÍTULO II
Da Herança e de sua Administração

Art. 1.791. A herança defere-se como um todo unitário, ainda que vários sejam os herdeiros.

Parágrafo único. Até a partilha, o direito dos coerdeiros, quanto à propriedade e posse da herança, será indivisível, e regular-se-á pelas normas relativas ao condomínio.

Art. 1.792. O herdeiro não responde por encargos superiores às forças da herança; incumbe-lhe, porém, a prova do excesso, salvo se houver inventário que a escuse, demostrando o valor dos bens herdados.

Art. 1.793. O direito à sucessão aberta, bem como o quinhão de que disponha o coerdeiro, pode ser objeto de cessão por escritura pública.

§ 1º Os direitos, conferidos ao herdeiro em consequência de substituição ou de direito de acrescer, presumem-se não abrangidos pela cessão feita anteriormente.

§ 2º É ineficaz a cessão, pelo coerdeiro, de seu direito hereditário sobre qualquer bem da herança considerado singularmente.

§ 3º Ineficaz é a disposição, sem prévia autorização do juiz da sucessão, por qualquer herdeiro, de bem componente do acervo hereditário, pendente a indivisibilidade.

Art. 1.794. O coerdeiro não poderá ceder a sua quota hereditária a pessoa estranha à sucessão, se outro coerdeiro a quiser, tanto por tanto.

Art. 1.795. O coerdeiro, a quem não se der conhecimento da cessão, poderá, depositado o preço, haver para si a quota cedida a estranho, se o requerer até cento e oitenta dias após a transmissão.

Parágrafo único. Sendo vários os coerdeiros a exercer a preferência, entre eles se distribuirá o quinhão cedido, na proporção das respectivas quotas hereditárias.

Art. 1.796. No prazo de trinta dias, a contar da abertura da sucessão, instaurar-se-á inventário do patrimônio hereditário, perante o juízo competente no lugar da sucessão, para fins de liquidação e, quando for o caso, de partilha da herança.[1]

Art. 1.797. Até o compromisso do inventariante, a administração da herança caberá, sucessivamente:

I – ao cônjuge ou companheiro, se com o outro convivia ao tempo da abertura da sucessão;

II – ao herdeiro que estiver na posse e administração dos bens, e, se houver mais de um nessas condições, ao mais velho;

III – ao testamenteiro;

IV – a pessoa de confiança do juiz, na falta ou escusa das indicadas nos incisos antecedentes, ou quando tiverem de ser afastadas por motivo grave levado ao conhecimento do juiz.

CAPÍTULO III
Da Vocação Hereditária

Art. 1.798. Legitimam-se a suceder as pessoas nascidas ou já concebidas no momento da abertura da sucessão.

Art. 1.799. Na sucessão testamentária podem ainda ser chamados a suceder:

I – os filhos, ainda não concebidos, de pessoas indicadas pelo testador, desde que vivas estas ao abrir-se a sucessão;

II – as pessoas jurídicas;

III – as pessoas jurídicas, cuja organização for determinada pelo testador sob a forma de fundação.

Art. 1.800. No caso do inciso I do artigo antecedente, os bens da herança serão confiados, após a liquidação ou partilha, a curador nomeado pelo juiz.

---

[1] Vide art. 983 do CPC, que determina que o processo de inventário deverá ser aberto dentro de 60 (sessenta) dias, a contar da abertura da sucessão, ultimando-se no prazo de 12 (doze) meses, podendo o juiz prorrogar tal prazo.

§ 1º Salvo disposição testamentária em contrário, a curatela caberá à pessoa cujo filho o testador esperava ter por herdeiro, e, sucessivamente, às pessoas indicadas no art. 1.775.

§ 2º Os poderes, deveres e responsabilidades do curador, assim nomeado, regem-se pelas disposições concernentes à curatela dos incapazes, no que couber.

§ 3º Nascendo com vida o herdeiro esperado, ser-lhe-á deferida a sucessão, com os frutos e rendimentos relativos à deixa, a partir da morte do testador.

§ 4º Se, decorridos dois anos após a abertura da sucessão, não for concebido o herdeiro esperado, os bens reservados, salvo disposição em contrário do testador, caberão aos herdeiros legítimos.

Art. 1.801. Não podem ser nomeados herdeiros nem legatários:

I – a pessoa que, a rogo, escreveu o testamento, nem o seu cônjuge ou companheiro, ou os seus ascendentes e irmãos;

II – as testemunhas do testamento;

III – o concubino do testador casado, salvo se este, sem culpa sua, estiver separado de fato do cônjuge há mais de cinco anos;

IV – o tabelião, civil ou militar, ou o comandante ou escrivão, perante quem se fizer, assim como o que fizer ou aprovar o testamento.

Art. 1.802. São nulas as disposições testamentárias em favor de pessoas não legitimadas a suceder, ainda quando simuladas sob a forma de contrato oneroso, ou feitas mediante interposta pessoa.

Parágrafo único. Presumem-se pessoas interpostas os ascendentes, os descendentes, os irmãos e o cônjuge ou companheiro do não legitimado a suceder.

Art. 1.803. É lícita a deixa ao filho do concubino, quando também o for do testador.

CAPÍTULO IV
Da Aceitação e Renúncia da Herança

Art. 1.804. Aceita a herança, torna-se definitiva a sua transmissão ao herdeiro, desde a abertura da sucessão.

Parágrafo único. A transmissão tem-se por não verificada quando o herdeiro renuncia à herança.

Art. 1.805. A aceitação da herança, quando expressa, faz-se por declaração escrita; quando tácita, há de resultar tão somente de atos próprios da qualidade de herdeiro.

§ 1º Não exprimem aceitação de herança os atos oficiosos, como o funeral do finado, os meramente conservatórios, ou os de administração e guarda provisória.

§ 2º Não importa igualmente aceitação a cessão gratuita, pura e simples, da herança, aos demais coerdeiros.

Art. 1.806. A renúncia da herança deve constar expressamente de instrumento público ou termo judicial.

Art. 1.807. O interessado em que o herdeiro declare se aceita, ou não, a herança, poderá, vinte dias após aberta a sucessão, requerer ao juiz prazo razoável, não maior de trinta dias, para, nele, se pronunciar o herdeiro, sob pena de se haver a herança por aceita.

Art. 1.808. Não se pode aceitar ou renunciar a herança em parte, sob condição ou a termo.

§ 1º O herdeiro, a quem se testarem legados, pode aceitá-los, renunciando a herança; ou, aceitando-a, repudiá-los.

§ 2º O herdeiro, chamado, na mesma sucessão, a mais de um quinhão hereditário, sob títulos sucessórios diversos, pode livremente deliberar quanto aos quinhões que aceita e aos que renuncia.

Art. 1.809. Falecendo o herdeiro antes de declarar se aceita a herança, o poder de aceitar passa-lhe aos herdeiros, a menos que se trate de vocação adstrita a uma condição suspensiva, ainda não verificada.

Parágrafo único. Os chamados à sucessão do herdeiro falecido antes da aceitação, desde que concordem em receber a segunda herança, poderão aceitar ou renunciar a primeira.

Art. 1.810. Na sucessão legítima, a parte do renunciante acresce à dos outros herdeiros da mesma classe e, sendo ele o único desta, devolve-se aos da subsequente.

Art. 1.811. Ninguém pode suceder, representando herdeiro renunciante. Se, porém, ele for o único legítimo da sua classe, ou se todos os outros da mesma classe renunciarem a herança, poderão os filhos vir à sucessão, por direito próprio, e por cabeça.

Art. 1.812. São irrevogáveis os atos de aceitação ou de renúncia da herança.

Art. 1.813. Quando o herdeiro prejudicar os seus credores, renunciando à herança, poderão eles, com autorização do juiz, aceitá-la em nome do renunciante.

§ 1º A habilitação dos credores se fará no prazo de trinta dias seguintes ao conhecimento do fato.

§ 2º Pagas as dívidas do renunciante, prevalece a renúncia quanto ao remanescente, que será devolvido aos demais herdeiros.

CAPÍTULO V
Dos Excluídos da Sucessão

Art. 1.814. São excluídos da sucessão os herdeiros ou legatários:

I – que houverem sido autores, coautores ou partícipes de homicídio doloso, ou tentativa deste, contra a pessoa de cuja sucessão se tratar, seu cônjuge, companheiro, ascendente ou descendente;

II – que houverem acusado caluniosamente em juízo o autor da herança ou incorrerem em crime contra a sua honra, ou de seu cônjuge ou companheiro;

III – que, por violência ou meios fraudulentos, inibirem ou obstarem o autor da herança de dispor livremente de seus bens por ato de última vontade.

Art. 1.815. A exclusão do herdeiro ou legatário, em qualquer desses casos de indignidade, será declarada por sentença.

Parágrafo único. O direito de demandar a exclusão do herdeiro ou legatário extingue-se em quatro anos, contados da abertura da sucessão.

Art. 1.816. São pessoais os efeitos da exclusão; os descendentes do herdeiro excluído sucedem, como se ele morto fosse antes da abertura da sucessão.

Parágrafo único. O excluído da sucessão não terá direito ao usufruto ou à administração dos bens que a seus sucessores couberem na herança, nem à sucessão eventual desses bens.

Art. 1.817. São válidas as alienações onerosas de bens hereditários a terceiros de boa-fé, e os atos de administração legalmente praticados pelo herdeiro, antes da sentença de exclusão; mas aos herdeiros subsiste, quando prejudicados, o direito de demandar-lhe perdas e danos.

Parágrafo único. O excluído da sucessão é obrigado a restituir os frutos e rendimentos que dos bens da herança houver percebido, mas tem direito a ser indenizado das despesas com a conservação deles.

Art. 1.818. Aquele que incorreu em atos que determinem a exclusão da herança será admitido a suceder, se o ofendido o tiver expressamente reabilitado em testamento, ou em outro ato autêntico.

Parágrafo único. Não havendo reabilitação expressa, o indigno, contemplado em testamento do ofendido, quando o testador, ao testar, já conhecia a causa da indignidade, pode suceder no limite da disposição testamentária.

CAPÍTULO VI
Da Herança Jacente

Art. 1.819. Falecendo alguém sem deixar testamento nem herdeiro legítimo notoriamente conhecido, os bens da herança, depois de arrecadados, ficarão sob a guarda e administração de um curador, até a sua entrega ao sucessor devidamente habilitado ou à declaração de sua vacância.

Art. 1.820. Praticadas as diligências de arrecadação e ultimado o inventário, serão expedidos editais na forma da lei processual, e, decorrido um ano de sua primeira publicação, sem que haja herdeiro habilitado, ou penda habilitação, será a herança declarada vacante.

Art. 1.821. É assegurado aos credores o direito de pedir o pagamento das dívidas reconhecidas, nos limites das forças da herança.

Art. 1.822. A declaração de vacância da herança não prejudicará os herdeiros que legalmente se habilitarem; mas, decorridos cinco anos da abertura da sucessão, os bens arrecadados passarão ao domínio do Município ou do Distrito Federal, se localizados nas respectivas circunscrições, incorporando-se ao domínio da União quando situados em território federal.

Parágrafo único. Não se habilitando até a declaração de vacância, os colaterais ficarão excluídos da sucessão.

Art. 1.823. Quando todos os chamados a suceder renunciarem à herança, será esta desde logo declarada vacante.

CAPÍTULO VII
Da Petição de Herança

Art. 1.824. O herdeiro pode, em ação de petição de herança, demandar o reconhecimento de seu direito sucessório, para obter a restituição da herança, ou de parte dela, contra quem, na qualidade de herdeiro, ou mesmo sem título, a possua.

Art. 1.825. A ação de petição de herança, ainda que exercida por um só dos herdeiros, poderá compreender todos os bens hereditários.

Art. 1.826. O possuidor da herança está obrigado à restituição dos bens do acervo, fixando-se-lhe a responsabilidade segundo a sua posse, observado o disposto nos arts. 1.214 a 1.222.

Parágrafo único. A partir da citação, a responsabilidade do possuidor se há de aferir pelas regras concernentes à posse de má-fé e à mora.

Art. 1.827. O herdeiro pode demandar os bens da herança, mesmo em poder de terceiros, sem prejuízo da responsabilidade do possuidor originário pelo valor dos bens alienados.

Parágrafo único. São eficazes as alienações feitas, a título oneroso, pelo herdeiro aparente a terceiro de boa-fé.

Art. 1.828. O herdeiro aparente, que de boa-fé houver pago um legado, não está obrigado a prestar o equivalente ao verdadeiro sucessor, ressalvado a este o direito de proceder contra quem o recebeu.

TÍTULO II
Da Sucessão Legítima
CAPÍTULO I
Da Ordem da Vocação Hereditária

Art. 1.829. A sucessão legítima defere-se na ordem seguinte:

I – aos descendentes, em concorrência com o cônjuge sobrevivente, salvo se casado este com o falecido no regime da comunhão universal, ou no da separação obrigatória de bens (art. 1.640, parágrafo único); ou se, no regime da comunhão parcial, o autor da herança não houver deixado bens particulares;

II – aos ascendentes, em concorrência com o cônjuge;

III – ao cônjuge sobrevivente;

IV – aos colaterais.

Art. 1.830. Somente é reconhecido direito sucessório ao cônjuge sobrevivente se, ao tempo da morte do outro, não estavam separados judicialmente, nem separados de fato há mais de dois anos, salvo prova, neste caso, de que essa convivência se tornara impossível sem culpa do sobrevivente.

Art. 1.831. Ao cônjuge sobrevivente, qualquer que seja o regime de bens, será assegurado, sem prejuízo da participação que lhe caiba na herança, o direito real de habitação relativamente ao imóvel destinado à residência da família, desde que seja o único daquela natureza a inventariar.

Art. 1.832. Em concorrência com os descendentes (art. 1.829, inciso I) caberá ao cônjuge quinhão igual ao dos que sucederem por cabeça, não podendo a sua quota ser inferior à quarta parte da herança, se for ascendente dos herdeiros com que concorrer.

Art. 1.833. Entre os descendentes, os em grau mais próximo excluem os mais remotos, salvo o direito de representação.

Art. 1.834. Os descendentes da mesma classe têm os mesmos direitos à sucessão de seus ascendentes.

Art. 1.835. Na linha descendente, os filhos sucedem por cabeça, e os outros descendentes, por cabeça ou por estirpe, conforme se achem ou não no mesmo grau.

Art. 1.836. Na falta de descendentes, são chamados à sucessão os ascendentes, em concorrência com o cônjuge sobrevivente.

§ 1º Na classe dos ascendentes, o grau mais próximo exclui o mais remoto, sem distinção de linhas.

§ 2º Havendo igualdade em grau e diversidade em linha, os ascendentes da linha paterna herdam a metade, cabendo a outra aos da linha materna.

Art. 1.837. Concorrendo com ascendente em primeiro grau, ao cônjuge tocará um terço da herança; caber-lhe-á a metade desta se houver um só ascendente, ou se maior for aquele grau.

Art. 1.838. Em falta de descendentes e ascendentes, será deferida a sucessão por inteiro ao cônjuge sobrevivente.

Art. 1.839. Se não houver cônjuge sobrevivente, nas condições estabelecidas no art. 1.830, serão chamados a suceder os colaterais até o quarto grau.

Art. 1.840. Na classe dos colaterais, os mais próximos excluem os mais remotos, salvo o direito de representação concedido aos filhos de irmãos.

Art. 1.841. Concorrendo à herança do falecido irmãos bilaterais com irmãos unilaterais, cada um destes herdará metade do que cada um daqueles herdar.

Art. 1.842. Não concorrendo à herança irmão bilateral, herdarão, em partes iguais, os unilaterais.

Art. 1.843. Na falta de irmãos, herdarão os filhos destes e, não os havendo, os tios.

§ 1º Se concorrerem à herança somente filhos de irmãos falecidos, herdarão por cabeça.

§ 2º Se concorrem filhos de irmãos bilaterais com filhos de irmãos unilaterais, cada um destes herdará a metade do que herdar cada um daqueles.

§ 3º Se todos forem filhos de irmãos bilaterais, ou todos de irmãos unilaterais, herdarão por igual.

Art. 1.844. Não sobrevivendo cônjuge, ou companheiro, nem parente algum sucessível, ou tendo eles renunciado a herança, esta se devolve ao Município ou ao Distrito Federal, se localizada nas respectivas circunscrições, ou à União, quando situada em território federal.

CAPÍTULO II
Dos Herdeiros Necessários

Art. 1.845. São herdeiros necessários os descendentes, os ascendentes e o cônjuge.

Art. 1.846. Pertence aos herdeiros necessários, de pleno direito, a metade dos bens da herança, constituindo a legítima.

Art. 1.847. Calcula-se a legítima sobre o valor dos bens existentes na abertura da sucessão, abatidas as dívidas e as despesas do funeral, adicionando-se, em seguida, o valor dos bens sujeitos a colação.

Art. 1.848. Salvo se houver justa causa, declarada no testamento, não pode o testador estabelecer cláusula de inalienabilidade, impenhorabilidade, e de incomunicabilidade, sobre os bens da legítima.

§ 1º Não é permitido ao testador estabelecer a conversão dos bens da legítima em outros de espécie diversa.

§ 2º Mediante autorização judicial e havendo justa causa, podem ser alienados os bens gravados, convertendo-se o produto em outros bens, que ficarão sub-rogados nos ônus dos primeiros.

Art. 1.849. O herdeiro necessário, a quem o testador deixar a sua parte disponível, ou algum legado, não perderá o direito à legítima.

Art. 1.850. Para excluir da sucessão os herdeiros colaterais, basta que o testador disponha de seu patrimônio sem os contemplar.

CAPÍTULO III
Do Direito de Representação

Art. 1.851. Dá-se o direito de representação, quando a lei chama certos parentes do falecido a suceder em todos os direitos, em que ele sucederia, se vivo fosse.

Art. 1.852. O direito de representação dá-se na linha reta descendente, mas nunca na ascendente.

Art. 1.853. Na linha transversal, somente se dá o direito de representação em favor dos filhos de irmãos do falecido, quando com irmãos deste concorrerem.

Art. 1.854. Os representantes só podem herdar, como tais, o que herdaria o representado, se vivo fosse.

Art. 1.855. O quinhão do representado partir-se-á por igual entre os representantes.

Art. 1.856. O renunciante à herança de uma pessoa poderá representá-la na sucessão de outra.

TÍTULO III
Da Sucessão Testamentária
CAPÍTULO I
Do Testamento em Geral

Art. 1.857. Toda pessoa capaz pode dispor, por testamento, da totalidade dos seus bens, ou de parte deles, para depois de sua morte.

§ 1º A legítima dos herdeiros necessários não poderá ser incluída no testamento.

§ 2º São válidas as disposições testamentárias de caráter não patrimonial, ainda que o testador somente a elas se tenha limitado.

Art. 1.858. O testamento é ato personalíssimo, podendo ser mudado a qualquer tempo.

Art. 1.859. Extingue-se em cinco anos o direito de impugnar a validade do testamento, contado o prazo da data do seu registro.

CAPÍTULO II
Da Capacidade de Testar

Art. 1.860. Além dos incapazes, não podem testar os que, no ato de fazê-lo, não tiverem pleno discernimento.

Parágrafo único. Podem testar os maiores de dezesseis anos.

Art. 1.861. A incapacidade superveniente do testador não invalida o testamento, nem o testamento do incapaz se valida com a superveniência da capacidade.

CAPÍTULO III
Das Formas Ordinárias do Testamento

Seção I
Disposições Gerais

Art. 1.862. São testamentos ordinários:

I – o público;

II – o cerrado;

III – o particular.

Art. 1.863. É proibido o testamento conjuntivo, seja simultâneo, recíproco ou correspectivo.

Seção II
Do Testamento Público

Art. 1.864. São requisitos essenciais do testamento público:

I – ser escrito por tabelião ou por seu substituto legal em seu livro de notas, de acordo com as declarações do testador, podendo este servir-se de minuta, notas ou apontamentos;

II – lavrado o instrumento, ser lido em voz alta pelo tabelião ao testador e a duas testemunhas, a um só tempo; ou pelo testador, se o quiser, na presença destas e do oficial;

III – ser o instrumento, em seguida à leitura, assinado pelo testador, pelas testemunhas e pelo tabelião.

Parágrafo único. O testamento público pode ser escrito manualmente ou mecanicamente, bem como ser feito pela inserção da declaração de vontade em partes impressas de livro de notas, desde que rubricadas todas as páginas pelo testador, se mais de uma.

Art. 1.865. Se o testador não souber, ou não puder assinar, o tabelião ou seu substituto legal assim o declarará, assinando, neste caso, pelo testador, e, a seu rogo, uma das testemunhas instrumentárias.

Art. 1.866. O indivíduo inteiramente surdo, sabendo ler, lerá o seu testamento, e, se não o souber, designará quem o leia em seu lugar, presentes as testemunhas.

Art. 1.867. Ao cego só se permite o testamento público, que lhe será lido, em voz alta, duas vezes, uma pelo tabelião ou por seu substituto legal, e a outra por uma das testemunhas, designada pelo testador, fazendo-se de tudo circunstanciada menção no testamento.

Seção III
Do Testamento Cerrado

Art. 1.868. O testamento escrito pelo testador, ou por outra pessoa, a seu rogo, e por aquele assinado, será válido se aprovado pelo tabelião ou seu substituto legal, observadas as seguintes formalidades:

I – que o testador o entregue ao tabelião em presença de duas testemunhas;

II – que o testador declare que aquele é o seu testamento e quer que seja aprovado;

III – que o tabelião lavre, desde logo, o auto de aprovação, na presença de duas testemunhas, e o leia, em seguida, ao testador e testemunhas;

IV – que o auto de aprovação seja assinado pelo tabelião, pelas testemunhas e pelo testador.

Parágrafo único. O testamento cerrado pode ser escrito mecanicamente, desde que seu subscritor numere e autentique, com a sua assinatura, todas as páginas.

Art. 1.869. O tabelião deve começar o auto de aprovação imediatamente depois da última palavra do testador, declarando, sob sua fé, que o testador lhe entregou para ser aprovado na presença das testemunhas; passando a cerrar e coser o instrumento aprovado.

Parágrafo único. Se não houver espaço na última folha do testamento, para início da aprovação, o tabelião aporá nele o seu sinal público, mencionando a circunstância no auto.

Art. 1.870. Se o tabelião tiver escrito o testamento a rogo do testador, poderá, não obstante, aprová-lo.

Art. 1.871. O testamento pode ser escrito em língua nacional ou estrangeira, pelo próprio testador, ou por outrem, a seu rogo.

Art. 1.872. Não pode dispor de seus bens em testamento cerrado quem não saiba ou não possa ler.

Art. 1.873. Pode fazer testamento cerrado o surdo-mudo, contanto que o escreva todo, e o assine de sua mão, e que, ao entregá-lo ao oficial público, ante as duas testemunhas, escreva, na face externa do papel ou do envoltório, que aquele é o seu testamento, cuja aprovação lhe pede.

Art. 1.874. Depois de aprovado e cerrado, será o testamento entregue ao testador, e o tabelião lançará, no seu livro, nota do lugar, dia, mês e ano em que o testamento foi aprovado e entregue.

Art. 1.875. Falecido o testador, o testamento será apresentado ao juiz, que o abrirá e o fará registrar, ordenando seja cumprido, se não achar vício externo que o torne eivado de nulidade ou suspeito de falsidade.

Seção IV
Do Testamento Particular

Art. 1.876. O testamento particular pode ser escrito de próprio punho ou mediante processo mecânico.

§ 1º Se escrito de próprio punho, são requisitos essenciais à sua validade seja lido e assinado por quem o escreveu, na presença de pelo menos três testemunhas, que o devem subscrever.

§ 2º Se elaborado por processo mecânico, não pode conter rasuras ou espaços em branco, devendo ser assinado pelo testador, depois de o ter lido na presença de pelo menos três testemunhas, que o subscreverão.

Art. 1.877. Morto o testador, publicar-se-á em juízo o testamento, com citação dos herdeiros legítimos.

Art. 1.878. Se as testemunhas forem contestes sobre o fato da disposição, ou, ao menos, sobre a sua leitura perante elas, e se reconhecerem as próprias assinaturas, assim como a do testador, o testamento será confirmado.

Parágrafo único. Se faltarem testemunhas, por morte ou ausência, e se pelo menos uma delas o reconhecer, o testamento poderá ser confirmado, se, a critério do juiz, houver prova suficiente de sua veracidade.

Art. 1.879. Em circunstâncias excepcionais declaradas na cédula, o testamento particular de próprio punho e assinado pelo testador, sem testemunhas, poderá ser confirmado, a critério do juiz.

Art. 1.880. O testamento particular pode ser escrito em língua estrangeira, contanto que as testemunhas a compreendam.

CAPÍTULO IV
Dos Codicilos

Art. 1.881. Toda pessoa capaz de testar poderá, mediante escrito particular seu, datado e assinado, fazer disposições especiais sobre o seu enterro, sobre esmolas de pouca monta a certas e determinadas pessoas, ou, indeterminadamente, aos pobres de certo lugar, assim como legar móveis, roupas ou joias, de pouco valor, de seu uso pessoal.

Art. 1.882. Os atos a que se refere o artigo antecedente, salvo direito de terceiro, valerão como codicilos, deixe ou não testamento o autor.

Art. 1.883. Pelo modo estabelecido no art. 1.881, poder-se-ão nomear ou substituir testamenteiros.

Art. 1.884. Os atos previstos nos artigos antecedentes revogam-se por atos iguais, e consideram-se revogados, se, havendo testamento posterior, de qualquer natureza, este os não confirmar ou modificar.

Art. 1.885. Se estiver fechado o codicilo, abrir-se-á do mesmo modo que o testamento cerrado.

CAPÍTULO V
Dos Testamentos Especiais
Seção I
Disposições Gerais

Art. 1.886. São testamentos especiais:

I – o marítimo;

II – o aeronáutico;

III – o militar.

Art. 1.887. Não se admitem outros testamentos especiais além dos contemplados neste Código.

Seção II
Do Testamento Marítimo e do Testamento Aeronáutico

Art. 1.888. Quem estiver em viagem, a bordo de navio nacional, de guerra ou mercante, pode testar perante o comandante, em presença de duas testemunhas, por forma que corresponda ao testamento público ou ao cerrado.

Parágrafo único. O registro do testamento será feito no diário de bordo.

Art. 1.889. Quem estiver em viagem, a bordo de aeronave militar ou comercial, pode testar perante pessoa designada pelo comandante, observado o disposto no artigo antecedente.

Art. 1.890. O testamento marítimo ou aeronáutico ficará sob a guarda do comandante, que o entregará às autoridades administrativas do primeiro porto ou aeroporto nacional, contra recibo averbado no diário de bordo.

Art. 1.891. Caducará o testamento marítimo, ou aeronáutico, se o testador não morrer na viagem, nem nos noventa dias subsequentes ao seu desembarque em terra, onde possa fazer, na forma ordinária, outro testamento.

Art. 1.892. Não valerá o testamento marítimo, ainda que feito no curso de uma viagem, se, ao tempo em que se fez, o navio estava em porto onde o testador pudesse desembarcar e testar na forma ordinária.

Seção III
Do Testamento Militar

Art. 1.893. O testamento dos militares e demais pessoas a serviço das Forças Armadas em campanha, dentro do País ou fora dele, assim como em praça sitiada, ou que esteja de comunicações interrompidas, poderá fazer-se, não havendo tabelião ou seu substituto legal, ante duas, ou três testemunhas, se o testador não puder, ou não souber assinar, caso em que assinará por ele uma delas.

§ 1º Se o testador pertencer a corpo ou seção de corpo destacado, o testamento será escrito pelo respectivo comandante, ainda que de graduação ou posto inferior.

§ 2º Se o testador estiver em tratamento em hospital, o testamento será escrito pelo respectivo oficial de saúde, ou pelo diretor do estabelecimento.

§ 3º Se o testador for o oficial mais graduado, o testamento será escrito por aquele que o substituir.

Art. 1.894. Se o testador souber escrever, poderá fazer o testamento de seu punho, contanto que o date e assine por extenso, e o apresente aberto ou cerrado, na presença de duas testemunhas ao auditor, ou ao oficial de patente, que lhe faça as vezes neste mister.

Parágrafo único. O auditor, ou o oficial a quem o testamento se apresente notará, em qualquer parte dele, lugar, dia, mês e ano, em que lhe for apresentado, nota esta que será assinada por ele e pelas testemunhas.

Art. 1.895. Caduca o testamento militar, desde que, depois dele, o testador esteja, noventa dias seguidos, em lugar onde possa testar na forma ordinária, salvo se esse testamento apresentar as solenidades prescritas no parágrafo único do artigo antecedente.

Art. 1.896. As pessoas designadas no art. 1.893, estando empenhadas em combate, ou feridas, podem testar oralmente, confiando a sua última vontade a duas testemunhas.

Parágrafo único. Não terá efeito o testamento se o testador não morrer na guerra ou convalescer do ferimento.

CAPÍTULO VI
Das Disposições Testamentárias

Art. 1.897. A nomeação de herdeiro, ou legatário, pode fazer-se pura e simplesmente, sob condição, para certo fim ou modo, ou por certo motivo.

Art. 1.898. A designação do tempo em que deva começar ou cessar o direito do herdeiro, salvo nas disposições fideicomissárias, ter-se-á por não escrita.

Art. 1.899. Quando a cláusula testamentária for suscetível de interpretações diferentes, prevalecerá a que melhor assegure a observância da vontade do testador.

Art. 1.900. É nula a disposição:

I – que institua herdeiro ou legatário sob a condição captatória de que este disponha, também por testamento, em benefício do testador, ou de terceiro;

II – que se refira a pessoa incerta, cuja identidade não se possa averiguar;

III – que favoreça a pessoa incerta, cometendo a determinação de sua identidade a terceiro;

IV – que deixe a arbítrio do herdeiro, ou de outrem, fixar o valor do legado;

V – que favoreça as pessoas a que se referem os arts. 1.801 e 1.802.

Art. 1.901. Valerá a disposição:

I – em favor de pessoa incerta que deva ser determinada por terceiro, dentre duas ou mais pessoas mencionadas pelo testador, ou pertencentes a uma família, ou a um corpo coletivo, ou a um estabelecimento por ele designado;

II – em remuneração de serviços prestados ao testador, por ocasião da moléstia de que faleceu, ainda que fique ao arbítrio do herdeiro ou de outrem determinar o valor do legado.

Art. 1.902. A disposição geral em favor dos pobres, dos estabelecimentos particulares de caridade, ou dos de assistência pública, entender-se-á relativa aos pobres do lugar do domicílio do testador ao tempo de sua morte, ou dos estabelecimentos aí sitos, salvo se manifestamente constar que tinha em mente beneficiar os de outra localidade.

Parágrafo único. Nos casos deste artigo, as instituições particulares preferirão sempre às públicas.

Art. 1.903. O erro na designação da pessoa do herdeiro, do legatário, ou da coisa legada anula a disposição, salvo se, pelo contexto do testamento, por outros documentos, ou por fatos inequívocos, se puder identificar a pessoa ou coisa a que o testador queria referir-se.

Art. 1.904. Se o testamento nomear dois ou mais herdeiros, sem discriminar a parte de cada um, partilhar-se-á por igual, entre todos, a porção disponível do testador.

Art. 1.905. Se o testador nomear certos herdeiros individualmente e outros coletivamente, a herança será dividida em tantas quotas quantos forem os indivíduos e os grupos designados.

Art. 1.906. Se forem determinadas as quotas de cada herdeiro, e não absorverem toda a herança, o remanescente pertencerá aos herdeiros legítimos, segundo a ordem da vocação hereditária.

Art. 1.907. Se forem determinados os quinhões de uns e não os de outros herdeiros, distribuir-se-á por igual a estes últimos o que restar, depois de completas as porções hereditárias dos primeiros.

Art. 1.908. Dispondo o testador que não caiba ao herdeiro instituído certo e determinado objeto, dentre os da herança, tocará ele aos herdeiros legítimos.

Art. 1.909. São anuláveis as disposições testamentárias inquinadas de erro, dolo ou coação.

Parágrafo único. Extingue-se em quatro anos o direito de anular a disposição, contados de quando o interessado tiver conhecimento do vício.

Art. 1.910. A ineficácia de uma disposição testamentária importa a das outras que, sem aquela, não teriam sido determinadas pelo testador.

Art. 1.911. A cláusula de inalienabilidade, imposta aos bens por ato de liberalidade, implica impenhorabilidade e incomunicabilidade.

Parágrafo único. No caso de desapropriação de bens clausulados, ou de sua alienação, por conveniência econômica do donatário ou do herdeiro, mediante autorização judicial, o produto da venda converter-se-á em outros bens, sobre os quais incidirão as restrições apostas aos primeiros.

CAPÍTULO VII
Dos Legados

Seção I
Disposições Gerais

Art. 1.912. É ineficaz o legado de coisa certa que não pertença ao testador no momento da abertura da sucessão.

Art. 1.913. Se o testador ordenar que o herdeiro ou legatário entregue coisa de sua propriedade a outrem, não o cumprindo ele, entender-se-á que renunciou à herança ou ao legado.

Art. 1.914. Se tão somente em parte a coisa legada pertencer ao testador, ou, no caso do artigo antecedente, ao herdeiro ou ao legatário, só quanto a essa parte valerá o legado.

Art. 1.915. Se o legado for de coisa que se determine pelo gênero, será o mesmo cumprido, ainda que tal coisa não exista entre os bens deixados pelo testador.

Art. 1.916. Se o testador legar coisa sua, singularizando-a, só terá eficácia o legado se, ao tempo do seu falecimento, ela se achava entre os bens da herança; se a coisa legada existir entre os bens do testador, mas em quantidade inferior à do legado, este será eficaz apenas quanto à existente.

Art. 1.917. O legado de coisa que deva encontrar-se em determinado lugar só terá eficácia se nele for achada, salvo se removida a título transitório.

Art. 1.918. O legado de crédito, ou de quitação de dívida, terá eficácia somente até a importância desta, ou daquele, ao tempo da morte do testador.

§ 1º Cumpre-se o legado, entregando o herdeiro ao legatário o título respectivo.

§ 2º Este legado não compreende as dívidas posteriores à data do testamento.

Art. 1.919. Não o declarando expressamente o testador, não se reputará compensação da sua dívida o legado que ele faça ao credor.

Parágrafo único. Subsistirá integralmente o legado, se a dívida lhe foi posterior, e o testador a solveu antes de morrer.

Art. 1.920. O legado de alimentos abrange o sustento, a cura, o vestuário e a casa, enquanto o legatário viver, além da educação, se ele for menor.

Art. 1.921. O legado de usufruto, sem fixação de tempo, entende-se deixado ao legatário por toda a sua vida.

Art. 1.922. Se aquele que legar um imóvel lhe ajuntar depois novas aquisições, estas, ainda que contíguas, não se compreendem no legado, salvo expressa declaração em contrário do testador.

Parágrafo único. Não se aplica o disposto neste artigo às benfeitorias necessárias, úteis ou voluptuárias feitas no prédio legado.

Seção II
Dos Efeitos do Legado e do seu Pagamento

Art. 1.923. Desde a abertura da sucessão, pertence ao legatário a coisa certa, existente no acervo, salvo se o legado estiver sob condição suspensiva.

§ 1º Não se defere de imediato a posse da coisa, nem nela pode o legatário entrar por autoridade própria.

§ 2º O legado de coisa certa existente na herança transfere também ao legatário os frutos que produzir, desde a morte do testador, exceto se dependente de condição suspensiva, ou de termo inicial.

Art. 1.924. O direito de pedir o legado não se exercerá, enquanto se litigue sobre a validade do testamento, e, nos legados condicionais, ou a prazo, enquanto esteja pendente a condição ou o prazo não se vença.

Art. 1.925. O legado em dinheiro só vence juros desde o dia em que se constituir em mora a pessoa obrigada a prestá-lo.

Art. 1.926. Se o legado consistir em renda vitalícia ou pensão periódica, esta ou aquela correrá da morte do testador.

Art. 1.927. Se o legado for de quantidades certas, em prestações periódicas, datará da morte do testador o primeiro período, e o legatário terá direito a cada prestação, uma vez encetado cada um dos períodos sucessivos, ainda que venha a falecer antes do termo dele.

Art. 1.928. Sendo periódicas as prestações, só no termo de cada período se poderão exigir.

Parágrafo único. Se as prestações forem deixadas a título de alimentos, pagar-se-ão no começo de cada período, sempre que outra coisa não tenha disposto o testador.

Art. 1.929. Se o legado consiste em coisa determinada pelo gênero, ao herdeiro tocará escolhê-la, guardando o meio-termo entre as congêneres da melhor e pior qualidade.

Art. 1.930. O estabelecido no artigo antecedente será observado, quando a escolha for deixada a arbítrio de terceiro; e, se este não a quiser ou não a puder exercer, ao juiz competirá fazê-la, guardado o disposto na última parte do artigo antecedente.

Art. 1.931. Se a opção foi deixada ao legatário, este poderá escolher, do gênero determinado, a melhor coisa que houver na herança; e, se nesta não existir coisa de tal gênero, dar-lhe-á de outra congênere o herdeiro, observada a disposição na última parte do art. 1.929.

Art. 1.932. No legado alternativo, presume-se deixada ao herdeiro a opção.

Art. 1.933. Se o herdeiro ou legatário a quem couber a opção falecer antes de exercê-la, passará este poder aos seus herdeiros.

Art. 1.934. No silêncio do testamento, o cumprimento dos legados incumbe aos herdeiros e, não os havendo, aos legatários, na proporção do que herdaram.

Parágrafo único. O encargo estabelecido neste artigo, não havendo disposição testamentária em contrário, caberá ao herdeiro ou legatário incumbido pelo testador da execução do legado; quando indicados mais de um, os onerados dividirão entre si o ônus, na proporção do que recebam da herança.

Art. 1.935. Se algum legado consistir em coisa pertencente a herdeiro ou legatário (art. 1.913), só a ele incumbirá cumpri-lo, com regresso contra os coerdeiros, pela quota de cada um, salvo se o contrário expressamente dispôs o testador.

Art. 1.936. As despesas e os riscos da entrega do legado correm à conta do legatário, se não dispuser diversamente o testador.

Art. 1.937. A coisa legada entregar-se-á, com seus acessórios, no lugar e estado em que se achava ao falecer o testador, passando ao legatário com todos os encargos que a onerarem.

Art. 1.938. Nos legados com encargo, aplica-se ao legatário o disposto neste Código quanto às doações de igual natureza.

Seção III
Da Caducidade dos Legados

Art. 1.939. Caducará o legado:

I – se, depois do testamento, o testador modificar a coisa legada, ao ponto de já não ter a forma nem lhe caber a denominação que possuía;

II – se o testador, por qualquer título, alienar no todo ou em parte a coisa legada; nesse caso, caducará até onde ela deixou de pertencer ao testador;

III – se a coisa perecer ou for evicta, vivo ou morto o testador, sem culpa do herdeiro ou legatário incumbido do seu cumprimento;

IV – se o legatário for excluído da sucessão, nos termos do art. 1.815;

V – se o legatário falecer antes do testador.

Art. 1.940. Se o legado for de duas ou mais coisas alternativamente, e algumas delas perecerem, subsistirá quanto às restantes; perecendo parte de uma, valerá, quanto ao seu remanescente, o legado.

CAPÍTULO VIII
Do Direito de Acrescer entre Herdeiros e Legatários

Art. 1.941. Quando vários herdeiros, pela mesma disposição testamentária, forem conjuntamente chamados à herança em quinhões não determinados, e qualquer deles não puder ou não quiser aceitá-la, a sua parte acrescerá à dos coerdeiros, salvo o direito do substituto.

Art. 1.942. O direito de acrescer competirá aos colegatários, quando nomeados conjuntamente a respeito de uma só coisa, determinada e certa, ou quando o objeto do legado não puder ser dividido sem risco de desvalorização.

Art. 1.943. Se um dos coerdeiros ou colegatários, nas condições do artigo antecedente, morrer antes do testador; se renunciar a herança ou legado, ou destes for excluído, e, se a condição sob a qual foi instituído não se verificar, acrescerá o seu quinhão, salvo o direito do substituto, à parte dos coerdeiros ou colegatários conjuntos.

Parágrafo único. Os coerdeiros ou colegatários, aos quais acresceu o quinhão daquele que não quis ou não pôde suceder, ficam sujeitos às obrigações ou encargos que o oneravam.

Art. 1.944. Quando não se efetua o direito de acrescer, transmite-se aos herdeiros legítimos a quota vaga do nomeado.

Parágrafo único. Não existindo o direito de acrescer entre os colegatários, a quota do que faltar acresce ao herdeiro ou ao legatário incumbido de satisfazer esse legado, ou a todos os herdeiros, na proporção dos seus quinhões, se o legado se deduziu da herança.

Art. 1.945. Não pode o beneficiário do acréscimo repudiá-lo separadamente da herança ou legado que lhe caiba, salvo se o acréscimo comportar encargos especiais impostos pelo testador; nesse caso, uma vez repudiado, reverte o acréscimo para a pessoa a favor de quem os encargos foram instituídos.

Art. 1.946. Legado um só usufruto conjuntamente a duas ou mais pessoas, a parte da que faltar acresce aos colegatários.

Parágrafo único. Se não houver conjunção entre os colegatários, ou se, apesar de conjuntos, só lhes foi legada certa parte do usufruto, consolidar-se-ão na propriedade as quotas dos que faltarem, à medida que eles forem faltando.

CAPÍTULO IX
Das Substituições

Seção I
Da Substituição Vulgar e da Recíproca

Art. 1.947. O testador pode substituir outra pessoa ao herdeiro ou ao legatário nomeado, para o caso de um ou outro não querer ou não poder aceitar a herança ou o legado, presumindo-se que a substituição foi determinada para as duas alternativas, ainda que o testador só a uma se refira.

Art. 1.948. Também é lícito ao testador substituir muitas pessoas por uma só, ou vice-versa, e ainda substituir com reciprocidade ou sem ela.

Art. 1.949. O substituto fica sujeito à condição ou encargo imposto ao substituído, quando não for diversa a intenção manifestada pelo testador, ou não resultar outra coisa da natureza da condição ou do encargo.

Art. 1.950. Se, entre muitos coerdeiros ou legatários de partes desiguais, for estabelecida substituição recíproca, a proporção dos quinhões fixada na primeira disposição entender-se-á mantida na segunda; se, com as outras anteriormente nomeadas, for incluída mais alguma pessoa na substituição, o quinhão vago pertencerá em partes iguais aos substitutos.

Seção II
Da Substituição Fideicomissária

Art. 1.951. Pode o testador instituir herdeiros ou legatários, estabelecendo que, por ocasião de sua morte, a herança ou o legado se transmita ao fiduciário, resolvendo-se o direito deste, por sua morte, a certo tempo ou sob certa condição, em favor de outrem, que se qualifica de fideicomissário.

Art. 1.952. A substituição fideicomissária somente se permite em favor dos não concebidos ao tempo da morte do testador.

Parágrafo único. Se, ao tempo da morte do testador, já houver nascido o fideicomissário, adquirirá este a propriedade dos bens fideicometidos, convertendo-se em usufruto o direito do fiduciário.

Art. 1.953. O fiduciário tem a propriedade da herança ou legado, mas restrita e resolúvel.

Parágrafo único. O fiduciário é obrigado a proceder ao inventário dos bens gravados, e a prestar caução de restituí-los se o exigir o fideicomissário.

Art. 1.954. Salvo disposição em contrário do testador, se o fiduciário renunciar a herança ou o legado, defere-se ao fideicomissário o poder de aceitar.

Art. 1.955. O fideicomissário pode renunciar a herança ou o legado, e, neste caso, o fideicomisso caduca, deixando de ser resolúvel a propriedade do fiduciário, se não houver disposição contrária do testador.

Art. 1.956. Se o fideicomissário aceitar a herança ou o legado, terá direito à parte que, ao fiduciário, em qualquer tempo acrescer.

Art. 1.957. Ao sobrevir a sucessão, o fideicomissário responde pelos encargos da herança que ainda restarem.

Art. 1.958. Caduca o fideicomisso se o fideicomissário morrer antes do fiduciário, ou antes de realizar-se a condição resolutória do direito deste último; nesse caso, a propriedade consolida-se no fiduciário, nos termos do art. 1.955.

Art. 1.959. São nulos os fideicomissos além do segundo grau.

Art. 1.960. A nulidade da substituição ilegal não prejudica a instituição, que valerá sem o encargo resolutório.

CAPÍTULO X
Da Deserdação

Art. 1.961. Os herdeiros necessários podem ser privados de sua legítima, ou deserdados, em todos os casos em que podem ser excluídos da sucessão.

Art. 1.962. Além das causas mencionadas no art. 1.814, autorizam a deserdação dos descendentes por seus ascendentes:

I – ofensa física;

II – injúria grave;

III – relações ilícitas com a madrasta ou com o padrasto;

IV – desamparo do ascendente em alienação mental ou grave enfermidade.

Art. 1.963. Além das causas enumeradas no art. 1.814, autorizam a deserdação dos ascendentes pelos descendentes:

I – ofensa física;

II – injúria grave;

III – relações ilícitas com a mulher ou companheira do filho ou a do neto, ou com o marido ou companheiro da filha ou o da neta;

IV – desamparo do filho ou neto com deficiência mental ou grave enfermidade.

Art. 1.964. Somente com expressa declaração de causa pode a deserdação ser ordenada em testamento.

Art. 1.965. Ao herdeiro instituído, ou àquele a quem aproveite a deserdação, incumbe provar a veracidade da causa alegada pelo testador.

Parágrafo único. O direito de provar a causa da deserdação extingue-se no prazo de quatro anos, a contar da data da abertura do testamento.

CAPÍTULO XI
Da Redução das Disposições Testamentárias

Art. 1.966. O remanescente pertencerá aos herdeiros legítimos, quando o testador só em parte dispuser da quota hereditária disponível.

Art. 1.967. As disposições que excederem a parte disponível reduzir-se-ão aos limites dela, de conformidade com o disposto nos parágrafos seguintes.

§ 1º Em se verificando excederem as disposições testamentárias a porção disponível, serão proporcionalmente reduzidas as quotas do herdeiro ou herdeiros instituídos, até onde baste, e, não bastando, também os legados, na proporção do seu valor.

§ 2º Se o testador, prevenindo o caso, dispuser que se inteirem, de preferência, certos herdeiros e legatários, a redução far-se-á nos outros quinhões ou legados, observando-se a seu respeito a ordem estabelecida no parágrafo antecedente.

Art. 1.968. Quando consistir em prédio divisível o legado sujeito a redução, far-se-á esta dividindo-o proporcionalmente.

§ 1º Se não for possível a divisão, e o excesso do legado montar a mais de um quarto do valor do prédio, o legatário deixará inteiro na herança o imóvel legado, ficando com o direito de pedir aos herdeiros o valor que couber na parte disponível; se o excesso não for de mais de um quarto, aos herdeiros fará tornar em dinheiro o legatário, que ficará com o prédio.

§ 2º Se o legatário for ao mesmo tempo herdeiro necessário, poderá inteirar sua legítima no mesmo imóvel, de preferência aos outros, sempre que ela e a parte subsistente do legado lhe absorverem o valor.

CAPÍTULO XII
Da Revogação do Testamento

Art. 1.969. O testamento pode ser revogado pelo mesmo modo e forma como pode ser feito.

Art. 1.970. A revogação do testamento pode ser total ou parcial.

Parágrafo único. Se parcial, ou se o testamento posterior não contiver cláusula revogatória expressa, o anterior subsiste em tudo que não for contrário ao posterior.

Art. 1.971. A revogação produzirá seus efeitos, ainda quando o testamento, que a encerra, vier a caducar por exclusão, incapacidade ou renúncia do herdeiro nele nomeado; não valerá, se o testamento revogatório for anulado por omissão ou infração de solenidades essenciais ou por vícios intrínsecos.

Art. 1.972. O testamento cerrado que o testador abrir ou dilacerar, ou for aberto ou dilacerado com seu consentimento, haver-se-á como revogado.

CAPÍTULO XIII
Do Rompimento do Testamento

Art. 1.973. Sobrevindo descendente sucessível ao testador, que não o tinha ou não o conhecia quando testou, rompe-se o testamento em todas as suas disposições, se esse descendente sobreviver ao testador.

Art. 1.974. Rompe-se também o testamento feito na ignorância de existirem outros herdeiros necessários.

Art. 1.975. Não se rompe o testamento, se o testador dispuser da sua metade, não contemplando os herdeiros necessários de cuja existência saiba, ou quando os exclua dessa parte.

CAPÍTULO XIV
Do Testamenteiro

Art. 1.976. O testador pode nomear um ou mais testamenteiros, conjuntos ou separados, para lhe darem cumprimento às disposições de última vontade.

Art. 1.977. O testador pode conceder ao testamenteiro a posse e a administração da herança, ou de parte dela, não havendo cônjuge ou herdeiros necessários.

Parágrafo único. Qualquer herdeiro pode requerer partilha imediata, ou devolução da herança, habilitando o testamenteiro com os meios necessários para o cumprimento dos legados, ou dando caução de prestá-los.

Art. 1.978. Tendo o testamenteiro a posse e a administração dos bens, incumbe-lhe requerer inventário e cumprir o testamento.

Art. 1.979. O testamenteiro nomeado, ou qualquer parte interessada, pode requerer, assim como o juiz pode ordenar, de ofício, ao detentor do testamento, que o leve a registro.

Art. 1.980. O testamenteiro é obrigado a cumprir as disposições testamentárias, no prazo marcado pelo testador, e a dar contas do que recebeu e despendeu, subsistindo sua responsabilidade enquanto durar a execução do testamento.

Art. 1.981. Compete ao testamenteiro, com ou sem o concurso do inventariante e dos herdeiros instituídos, defender a validade do testamento.

Art. 1.982. Além das atribuições exaradas nos artigos antecedentes, terá o testamenteiro as que lhe conferir o testador, nos limites da lei.

Art. 1.983. Não concedendo o testador prazo maior, cumprirá o testamenteiro o testamento e prestará contas em cento e oitenta dias, contados da aceitação da testamentaria.

Parágrafo único. Pode esse prazo ser prorrogado se houver motivo suficiente.

Art. 1.984. Na falta de testamenteiro nomeado pelo testador, a execução testamentária compete a um dos cônjuges, e, em falta destes, ao herdeiro nomeado pelo juiz.

Art. 1.985. O encargo da testamentaria não se transmite aos herdeiros do testamenteiro, nem é delegável; mas o testamenteiro pode fazer-se representar em juízo e fora dele, mediante mandatário com poderes especiais.

Art. 1.986. Havendo simultaneamente mais de um testamenteiro, que tenha aceitado o cargo, poderá cada qual exercê-lo, em falta dos outros; mas todos ficam solidariamente obrigados a dar conta dos bens que lhes forem confiados, salvo se cada um tiver, pelo testamento, funções distintas, e a elas se limitar.

Art. 1.987. Salvo disposição testamentária em contrário, o testamenteiro, que não seja herdeiro ou legatário, terá direito a um prêmio, que, se o testador não o houver fixado, será de um a cinco por cento, arbitrado pelo juiz, sobre a herança líquida, conforme a importância dela e maior ou menor dificuldade na execução do testamento.

Parágrafo único. O prêmio arbitrado será pago à conta da parte disponível, quando houver herdeiro necessário.

Art. 1.988. O herdeiro ou o legatário nomeado testamenteiro poderá preferir o prêmio à herança ou ao legado.

Art. 1.989. Reverterá à herança o prêmio que o testamenteiro perder, por ser removido ou por não ter cumprido o testamento.

Art. 1.990. Se o testador tiver distribuído toda a herança em legados, exercerá o testamenteiro as funções de inventariante.

TÍTULO IV
Do Inventário e da Partilha

CAPÍTULO I
Do Inventário

Art. 1.991. Desde a assinatura do compromisso até a homologação da partilha, a administração da herança será exercida pelo inventariante.

CAPÍTULO II
Dos Sonegados

Art. 1.992. O herdeiro que sonegar bens da herança, não os descrevendo no inventário quando estejam em seu poder, ou, com o seu conhecimento, no de outrem, ou que os omitir na colação, a que os deva levar, ou que deixar de restituí-los, perderá o direito que sobre eles lhe cabia.

Art. 1.993. Além da pena cominada no artigo antecedente, se o sonegador for o próprio inventariante, remover-se-á, em se provando a sonegação, ou negando ele a existência dos bens, quando indicados.

Art. 1.994. A pena de sonegados só se pode requerer e impor em ação movida pelos herdeiros ou pelos credores da herança.

Parágrafo único. A sentença que se proferir na ação de sonegados, movida por qualquer dos herdeiros ou credores, aproveita aos demais interessados.

Art. 1.995. Se não se restituírem os bens sonegados, por já não os ter o sonegador em seu poder, pagará ele a importância dos valores que ocultou, mais as perdas e danos.

Art. 1.996. Só se pode arguir de sonegação o inventariante depois de encerrada a descrição dos bens, com a declaração, por ele feita, de não existirem outros por inventariar e partir, assim como arguir o herdeiro, depois de declarar-se no inventário que não os possui.

CAPÍTULO III
Do Pagamento das Dívidas

Art. 1.997. A herança responde pelo pagamento das dívidas do falecido; mas, feita a partilha, só respondem os herdeiros, cada qual em proporção da parte que na herança lhe coube.

§ 1º Quando, antes da partilha, for requerido no inventário o pagamento de dívidas constantes de documentos, revestidos de formalidades legais, constituindo prova bastante da obrigação, e houver impugnação, que não se funde na alegação de pagamento, acompanhada de prova valiosa, o juiz mandará reservar, em poder do inventariante, bens suficientes para solução do débito, sobre os quais venha a recair oportunamente a execução.

§ 2º No caso previsto no parágrafo antecedente, o credor será obrigado a iniciar a ação de cobrança no prazo de trinta dias, sob pena de se tornar de nenhum efeito a providência indicada.

Art. 1.998. As despesas funerárias, haja ou não herdeiros legítimos, sairão do monte da herança; mas as de sufrágios por alma do falecido só obrigarão a herança quando ordenadas em testamento ou codicilo.

Art. 1.999. Sempre que houver ação regressiva de uns contra outros herdeiros, a parte do coerdeiro insolvente dividir-se-á em proporção entre os demais.

Art. 2.000. Os legatários e credores da herança podem exigir que do patrimônio do falecido se discrimine o do herdeiro, e, em concurso com os credores deste, ser-lhes-ão preferidos no pagamento.

Art. 2.001. Se o herdeiro for devedor ao espólio, sua dívida será partilhada igualmente entre todos, salvo se a maioria consentir que o débito seja imputado inteiramente no quinhão do devedor.

CAPÍTULO IV
Da Colação

Art. 2.002. Os descendentes que concorrerem à sucessão do ascendente comum são obrigados, para igualar as legítimas, a conferir o valor das doações que dele em vida receberam, sob pena de sonegação.

Parágrafo único. Para cálculo da legítima, o valor dos bens conferidos será computado na parte indisponível, sem aumentar a disponível.

Art. 2.003. A colação tem por fim igualar, na proporção estabelecida neste Código, as legítimas dos descendentes e do cônjuge sobrevivente, obrigando também os donatários que, ao tempo do falecimento do doador, já não possuírem os bens doados.

Parágrafo único. Se, computados os valores das doações feitas em adiantamento de legítima, não houver no acervo bens suficientes para igualar as legítimas dos descendentes e do cônjuge, os bens assim doados serão conferidos em espécie, ou, quando deles já não disponha o donatário, pelo seu valor ao tempo da liberalidade.

Art. 2.004. O valor de colação dos bens doados será aquele, certo ou estimativo, que lhes atribuir o ato de liberalidade.

§ 1º Se do ato de doação não constar valor certo, nem houver estimação feita naquela época, os bens serão conferidos na partilha pelo que então se calcular valessem ao tempo da liberalidade.

§ 2º Só o valor dos bens doados entrará em colação; não assim o das benfeitorias acrescidas, as quais pertencerão ao herdeiro donatário, correndo também à conta deste os rendimentos ou lucros, assim como os danos e perdas que eles sofrerem.

Art. 2.005. São dispensadas da colação as doações que o doador determinar saiam da parte disponível, contanto que não a excedam, computado o seu valor ao tempo da doação.

Parágrafo único. Presume-se imputada na parte disponível a liberalidade feita a descendente que, ao tempo do ato, não seria chamado à sucessão na qualidade de herdeiro necessário.

Art. 2.006. A dispensa da colação pode ser outorgada pelo doador em testamento, ou no próprio título de liberalidade.

Art. 2.007. São sujeitas à redução as doações em que se apurar excesso quanto ao que o doador poderia dispor, no momento da liberalidade.

§ 1º O excesso será apurado com base no valor que os bens doados tinham, no momento da liberalidade.

§ 2º A redução da liberalidade far-se-á pela restituição ao monte do excesso assim apurado; a restituição será em espécie, ou, se não mais existir o bem em poder do donatário, em dinheiro, segundo o seu valor ao tempo da abertura da sucessão, observadas, no que forem aplicáveis, as regras deste Código sobre a redução das disposições testamentárias.

§ 3º Sujeita-se a redução, nos termos do parágrafo antecedente, a parte da doação feita a herdeiros necessários que exceder a legítima e mais a quota disponível.

§ 4º Sendo várias as doações a herdeiros necessários, feitas em diferentes datas, serão elas reduzidas a partir da última, até a eliminação do excesso.

Art. 2.008. Aquele que renunciou a herança ou dela foi excluído, deve, não obstante, conferir as doações recebidas, para o fim de repor o que exceder o disponível.

Art. 2.009. Quando os netos, representando os seus pais, sucederem aos avós, serão obrigados a trazer à colação, ainda que não o hajam herdado, o que os pais teriam de conferir.

Art. 2.010. Não virão à colação os gastos ordinários do ascendente com o descendente, enquanto menor, na sua educação, estudos, sustento, vestuário, tratamento nas enfermidades, enxoval, assim como as despesas de casamento, ou as feitas no interesse de sua defesa em processo-crime.

Art. 2.011. As doações remuneratórias de serviços feitos ao ascendente também não estão sujeitas a colação.

Art. 2.012. Sendo feita a doação por ambos os cônjuges, no inventário de cada um se conferirá por metade.

CAPÍTULO V
Da Partilha

Art. 2.013. O herdeiro pode sempre requerer a partilha, ainda que o testador o proíba, cabendo igual faculdade aos seus cessionários e credores.

Art. 2.014. Pode o testador indicar os bens e valores que devem compor os quinhões hereditários, deliberando ele próprio a partilha, que prevalecerá, salvo se o valor dos bens não corresponder às quotas estabelecidas.

Art. 2.015. Se os herdeiros forem capazes, poderão fazer partilha amigável, por escritura pública, termo nos autos do inventário, ou escrito particular, homologado pelo juiz.

Art. 2.016. Será sempre judicial a partilha, se os herdeiros divergirem, assim como se algum deles for incapaz.

Art. 2.017. No partilhar os bens, observar-se-á, quanto ao seu valor, natureza e qualidade, a maior igualdade possível.

Art. 2.018. É válida a partilha feita por ascendente, por ato entre vivos ou de última vontade, contanto que não prejudique a legítima dos herdeiros necessários.

Art. 2.019. Os bens insuscetíveis de divisão cômoda, que não couberem na meação do cônjuge sobrevivente ou no quinhão de um só herdeiro, serão vendidos judicialmente, partilhando-se o valor apurado, a não ser que haja acordo para serem adjudicados a todos.

§ 1º Não se fará a venda judicial se o cônjuge sobrevivente ou um ou mais herdeiros requererem lhes seja adjudicado o bem, repondo aos outros, em dinheiro, a diferença, após avaliação atualizada.

§ 2º Se a adjudicação for requerida por mais de um herdeiro, observar-se-á o processo da licitação.

Art. 2.020. Os herdeiros em posse dos bens da herança, o cônjuge sobrevivente e o inventariante são obrigados a trazer ao acervo os frutos que perceberam, desde a abertura da sucessão; têm direito ao reembolso das despesas necessárias e úteis que fizeram, e respondem pelo dano a que, por dolo ou culpa, deram causa.

Art. 2.021. Quando parte da herança consistir em bens remotos do lugar do inventário, litigiosos, ou de liquidação morosa ou difícil, poderá proceder-se, no prazo legal, à partilha dos outros, reservando-se aqueles para uma ou mais sobrepartilhas, sob a guarda e a administração do mesmo ou diverso inventariante, e consentimento da maioria dos herdeiros.

Art. 2.022. Ficam sujeitos a sobrepartilha os bens sonegados e quaisquer outros bens da herança de que se tiver ciência após a partilha.

CAPÍTULO VI
Da Garantia dos Quinhões Hereditários

Art. 2.023. Julgada a partilha, fica o direito de cada um dos herdeiros circunscrito aos bens do seu quinhão.

Art. 2.024. Os coerdeiros são reciprocamente obrigados a indenizar-se no caso de evicção dos bens aquinhoados.

Art. 2.025. Cessa a obrigação mútua estabelecida no artigo antecedente, havendo convenção em contrário, e bem assim dando-se a evicção por culpa do evicto, ou por fato posterior à partilha.

Art. 2.026. O evicto será indenizado pelos coerdeiros na proporção de suas quotas hereditárias, mas, se algum deles se achar insolvente, responderão os demais na mesma proporção, pela parte desse, menos a quota que corresponderia ao indenizado.

CAPÍTULO VII
Da Anulação da Partilha

Art. 2.027. A partilha, uma vez feita e julgada, só é anulável pelos vícios e defeitos que invalidam, em geral, os negócios jurídicos.

Parágrafo único. Extingue-se em um ano o direito de anular a partilha.

LIVRO COMPLEMENTAR
Das Disposições Finais e Transitórias

Art. 2.028. Serão os da lei anterior os prazos, quando reduzidos por este Código, e se, na data de sua entrada em vigor, já houver transcorrido mais da metade do tempo estabelecido na lei revogada.

Art. 2.029. Até dois anos após a entrada em vigor deste Código, os prazos estabelecidos no parágrafo único do art. 1.238 e no parágrafo único do art. 1.242 serão acrescidos de dois anos, qualquer que seja o tempo transcorrido na vigência do anterior, Lei nº 3.071, de 1º de janeiro de 1916.

Art. 2.030. O acréscimo de que trata o artigo antecedente, será feito nos casos a que se refere o § 4º do art. 1.228.

Art. 2.031. As associações, sociedades e fundações, constituídas na forma das leis anteriores, terão o prazo de um ano para se adaptarem às disposições deste Código, a partir de sua vigência; igual prazo é concedido aos empresários.

Art. 2.032. As fundações, instituídas segundo a legislação anterior, inclusive as de fins diversos dos previstos no parágrafo único do art. 62, subordinam-se, quanto ao seu funcionamento, ao disposto neste Código.

Art. 2.033. Salvo o disposto em lei especial, as modificações dos atos constitutivos das pessoas jurídicas referidas no art. 44, bem como a sua transformação, incorporação, cisão ou fusão, regem-se desde logo por este Código.

Art. 2.034. A dissolução e a liquidação das pessoas jurídicas referidas no artigo antecedente, quando iniciadas antes da vigência deste Código, obedecerão ao disposto nas leis anteriores.

Art. 2.035. A validade dos negócios e demais atos jurídicos, constituídos antes da entrada em vigor deste Código, obedece ao disposto nas leis anteriores, referidas no art. 2.045, mas os seus efeitos, produzidos após a vigência deste Código, aos preceitos dele se subordinam, salvo se houver sido prevista pelas partes determinada forma de execução.

Parágrafo único. Nenhuma convenção prevalecerá se contrariar preceitos de ordem pública, tais como os estabelecidos por este Código para assegurar a função social da propriedade e dos contratos.

Art. 2.036. A locação de prédio urbano, que esteja sujeita à lei especial, por esta continua a ser regida.

Art. 2.037. Salvo disposição em contrário, aplicam-se aos empresários e sociedades empresárias as disposições de lei não revogadas por este Código, referentes a comerciantes, ou a sociedades comerciais, bem como a atividades mercantis.

Art. 2.038. Fica proibida a constituição de enfiteuses e subenfiteuses, subordinando-se as existentes, até sua extinção, às disposições do Código Civil anterior, Lei nº 3.071, de 1º de janeiro de 1916, e leis posteriores.

§ 1º Nos aforamentos a que se refere este artigo é defeso:

I – cobrar laudêmio ou prestação análoga nas transmissões de bem aforado, sobre o valor das construções ou plantações;

II – constituir subenfiteuse.

§ 2º A enfiteuse dos terrenos de marinha e acrescidos regula-se por lei especial.

Art. 2.039. O regime de bens nos casamentos celebrados na vigência do Código Civil anterior, Lei nº 3.071, de 1º de janeiro de 1916, é o por ele estabelecido.

Art. 2.040. A hipoteca legal dos bens do tutor ou curador, inscrita em conformidade com o inciso IV do art. 827 do Código Civil anterior, Lei nº 3.071, de 1º de janeiro de 1916, poderá ser cancelada, obedecido o disposto no parágrafo único do art. 1.745 deste Código.

Art. 2.041. As disposições deste Código relativas à ordem da vocação hereditária (arts. 1.829 a 1.844) não se aplicam à sucessão aberta antes de sua vigência, prevalecendo o disposto na lei anterior (Lei nº 3.071, de 1º de janeiro de 1916).

Art. 2.042. Aplica-se o disposto no *caput* do art. 1.848, quando aberta a sucessão no prazo de um ano após a entrada em vigor deste Código, ainda que o testamento tenha sido feito na vigência do anterior, Lei nº 3.071, de 1º de janeiro de 1916; se, no prazo, o testador não aditar o testamento para declarar a justa causa de cláusula aposta à legítima, não subsistirá a restrição.

Art. 2.043. Até que por outra forma se disciplinem, continuam em vigor as disposições de natureza processual, administrativa ou penal, constantes de leis cujos preceitos de natureza civil hajam sido incorporados a este Código.

Art. 2.044. Este Código entrará em vigor 1 (um) ano após a sua publicação.

Art. 2.045. Revogam-se a Lei nº 3.071, de 1º de janeiro de 1916 – Código Civil e a Parte Primeira do Código Comercial, Lei nº 556, de 25 de junho de 1850.

Art. 2.046. Todas as remissões, em diplomas legislativos, aos Códigos referidos no artigo antecedente, consideram-se feitas às disposições correspondentes deste Código.

Brasília, 10 de janeiro de 2002; 181º da Independência e 114º da República.

FERNANDO HENRIQUE CARDOSO

Aloysio Nunes Ferreira Filho

2 Código de Processo Civil – Lei nº13.105, de 16 de março de 2015

CAPÍTULO VI
DO INVENTÁRIO E DA PARTILHA

Seção I
Disposições Gerais

Art. 610. Havendo testamento ou interessado incapaz, proceder-se-á ao inventário judicial.

§ 1º Se todos forem capazes e concordes, o inventário e a partilha poderão ser feitos por escritura pública, a qual constituirá documento hábil para qualquer ato de registro, bem como para levantamento de importância depositada em instituições financeiras.

§ 2 º O tabelião somente lavrará a escritura pública se todas as partes interessadas estiverem assistidas por advogado ou por defensor público, cuja qualificação e assinatura constarão do ato notarial.

Art. 611. O processo de inventário e de partilha deve ser instaurado dentro de 2 (dois) meses, a contar da abertura da sucessão, ultimando-se nos 12 (doze) meses subsequentes, podendo o juiz prorrogar esses prazos, de ofício ou a requerimento de parte.

Art. 612. O juiz decidirá todas as questões de direito desde que os fatos relevantes estejam provados por documento, só remetendo para as vias ordinárias as questões que dependerem de outras provas.

Art. 613. Até que o inventariante preste o compromisso, continuará o espólio na posse do administrador provisório.

Art. 614. O administrador provisório representa ativa e passivamente o espólio, é obrigado a trazer ao acervo os frutos que desde a abertura da sucessão percebeu, tem direito ao reembolso das despesas necessárias e úteis que fez e responde pelo dano a que, por dolo ou culpa, der causa.

Seção II
Da Legitimidade para Requerer o Inventário

Art. 615. O requerimento de inventário e de partilha incumbe a quem estiver na posse e na administração do espólio, no prazo estabelecido no art. 611 .

Parágrafo único. O requerimento será instruído com a certidão de óbito do autor da herança.

Art. 616. Têm, contudo, legitimidade concorrente:

I - o cônjuge ou companheiro supérstite;

II - o herdeiro;

III - o legatário;

IV - o testamenteiro;

V - o cessionário do herdeiro ou do legatário;

VI - o credor do herdeiro, do legatário ou do autor da herança;

VII - o Ministério Público, havendo herdeiros incapazes;

VIII - a Fazenda Pública, quando tiver interesse;

IX - o administrador judicial da falência do herdeiro, do legatário, do autor da herança ou do cônjuge ou companheiro supérstite.

Seção III
Do Inventariante e das Primeiras Declarações

Art. 617. O juiz nomeará inventariante na seguinte ordem:

I - o cônjuge ou companheiro sobrevivente, desde que estivesse convivendo com o outro ao tempo da morte deste;

II - o herdeiro que se achar na posse e na administração do espólio, se não houver cônjuge ou companheiro sobrevivente ou se estes não puderem ser nomeados;

III - qualquer herdeiro, quando nenhum deles estiver na posse e na administração do espólio;

IV - o herdeiro menor, por seu representante legal;

V - o testamenteiro, se lhe tiver sido confiada a administração do espólio ou se toda a herança estiver distribuída em legados;

VI - o cessionário do herdeiro ou do legatário;

VII - o inventariante judicial, se houver;

VIII - pessoa estranha idônea, quando não houver inventariante judicial.

Parágrafo único. O inventariante, intimado da nomeação, prestará, dentro de 5 (cinco) dias, o compromisso de bem e fielmente desempenhar a função.

Art. 618. Incumbe ao inventariante:

I - representar o espólio ativa e passivamente, em juízo ou fora dele, observando-se, quanto ao dativo, o disposto no art. 75, § 1º ;

II - administrar o espólio, velando-lhe os bens com a mesma diligência que teria se seus fossem;

III - prestar as primeiras e as últimas declarações pessoalmente ou por procurador com poderes especiais;

IV - exibir em cartório, a qualquer tempo, para exame das partes, os documentos relativos ao espólio;

V - juntar aos autos certidão do testamento, se houver;

VI - trazer à colação os bens recebidos pelo herdeiro ausente, renunciante ou excluído;

VII - prestar contas de sua gestão ao deixar o cargo ou sempre que o juiz lhe determinar;

VIII - requerer a declaração de insolvência.

Art. 619. Incumbe ainda ao inventariante, ouvidos os interessados e com autorização do juiz:

I - alienar bens de qualquer espécie;

II - transigir em juízo ou fora dele;

III - pagar dívidas do espólio;

IV - fazer as despesas necessárias para a conservação e o melhoramento dos bens do espólio.

Art. 620. Dentro de 20 (vinte) dias contados da data em que prestou o compromisso, o inventariante fará as primeiras declarações, das quais se lavrará termo circunstanciado, assinado pelo juiz, pelo escrivão e pelo inventariante, no qual serão exarados:

I - o nome, o estado, a idade e o domicílio do autor da herança, o dia e o lugar em que faleceu e se deixou testamento;

II - o nome, o estado, a idade, o endereço eletrônico e a residência dos herdeiros e, havendo cônjuge ou companheiro supérstite, além dos respectivos dados pessoais, o regime de bens do casamento ou da união estável;

III - a qualidade dos herdeiros e o grau de parentesco com o inventariado;

IV - a relação completa e individualizada de todos os bens do espólio, inclusive aqueles que devem ser conferidos à colação, e dos bens alheios que nele forem encontrados, descrevendo-se:

a) os imóveis, com as suas especificações, nomeadamente local em que se encontram, extensão da área, limites, confrontações, benfeitorias, origem dos títulos, números das matrículas e ônus que os gravam;

b) os móveis, com os sinais característicos;

c) os semoventes, seu número, suas espécies, suas marcas e seus sinais distintivos;

d) o dinheiro, as joias, os objetos de ouro e prata e as pedras preciosas, declarando-se-lhes especificadamente a qualidade, o peso e a importância;

e) os títulos da dívida pública, bem como as ações, as quotas e os títulos de sociedade, mencionando-se-lhes o número, o valor e a data;

f) as dívidas ativas e passivas, indicando-se-lhes as datas, os títulos, a origem da obrigação e os nomes dos credores e dos devedores;

g) direitos e ações;

h) o valor corrente de cada um dos bens do espólio.

§ 1º O juiz determinará que se proceda:

I - ao balanço do estabelecimento, se o autor da herança era empresário individual;

II - à apuração de haveres, se o autor da herança era sócio de sociedade que não anônima.

§ 2º As declarações podem ser prestadas mediante petição, firmada por procurador com poderes especiais, à qual o termo se reportará.

Art. 621. Só se pode arguir sonegação ao inventariante depois de encerrada a descrição dos bens, com a declaração, por ele feita, de não existirem outros por inventariar.

Art. 622. O inventariante será removido de ofício ou a requerimento:

I - se não prestar, no prazo legal, as primeiras ou as últimas declarações;

II - se não der ao inventário andamento regular, se suscitar dúvidas infundadas ou se praticar atos meramente protelatórios;

III - se, por culpa sua, bens do espólio se deteriorarem, forem dilapidados ou sofrerem dano;

IV - se não defender o espólio nas ações em que for citado, se deixar de cobrar dívidas ativas ou se não promover as medidas necessárias para evitar o perecimento de direitos;

V - se não prestar contas ou se as que prestar não forem julgadas boas;

VI - se sonegar, ocultar ou desviar bens do espólio.

Art. 623. Requerida a remoção com fundamento em qualquer dos incisos do art. 622 , será intimado o inventariante para, no prazo de 15 (quinze) dias, defender-se e produzir provas.

Parágrafo único. O incidente da remoção correrá em apenso aos autos do inventário.

Art. 624. Decorrido o prazo, com a defesa do inventariante ou sem ela, o juiz decidirá.

Parágrafo único. Se remover o inventariante, o juiz nomeará outro, observada a ordem estabelecida no art. 617 .

Art. 625. O inventariante removido entregará imediatamente ao substituto os bens do espólio e, caso deixe de fazê-lo, será compelido mediante mandado de busca e apreensão ou de imissão na posse, conforme se tratar de bem móvel ou imóvel, sem prejuízo da multa a ser fixada pelo juiz em montante não superior a três por cento do valor dos bens inventariados.

Seção IV
Das Citações e das Impugnações

Art. 626. Feitas as primeiras declarações, o juiz mandará citar, para os termos do inventário e da partilha, o cônjuge, o companheiro, os herdeiros e os legatários e intimar a Fazenda Pública, o Ministério Público, se houver herdeiro incapaz ou ausente, e o testamenteiro, se houver testamento.

§ 1º O cônjuge ou o companheiro, os herdeiros e os legatários serão citados pelo correio, observado o disposto no art. 247 , sendo, ainda, publicado edital, nos termos do inciso III do art. 259 .

§ 2º Das primeiras declarações extrair-se-ão tantas cópias quantas forem as partes.

§ 3º A citação será acompanhada de cópia das primeiras declarações.

§ 4º Incumbe ao escrivão remeter cópias à Fazenda Pública, ao Ministério Público, ao testamenteiro, se houver, e ao advogado, se a parte já estiver representada nos autos.

Art. 627. Concluídas as citações, abrir-se-á vista às partes, em cartório e pelo prazo comum de 15 (quinze) dias, para que se manifestem sobre as primeiras declarações, incumbindo às partes:

I - arguir erros, omissões e sonegação de bens;

II - reclamar contra a nomeação de inventariante

III - contestar a qualidade de quem foi incluído no título de herdeiro.

§ 1º Julgando procedente a impugnação referida no inciso I, o juiz mandará retificar as primeiras declarações.

§ 2º Se acolher o pedido de que trata o inciso II, o juiz nomeará outro inventariante, observada a preferência legal.

§ 3º Verificando que a disputa sobre a qualidade de herdeiro a que alude o inciso III demanda produção de provas que não a documental, o juiz remeterá a parte às vias ordinárias e sobrestará, até o julgamento da ação, a entrega do quinhão que na partilha couber ao herdeiro admitido.

Art. 628. Aquele que se julgar preterido poderá demandar sua admissão no inventário, requerendo-a antes da partilha.

§ 1º Ouvidas as partes no prazo de 15 (quinze) dias, o juiz decidirá.

§ 2º Se para solução da questão for necessária a produção de provas que não a documental, o juiz remeterá o requerente às vias ordinárias, mandando reservar, em poder do inventariante, o quinhão do herdeiro excluído até que se decida o litígio.

Art. 629. A Fazenda Pública, no prazo de 15 (quinze) dias, após a vista de que trata o art. 627 , informará ao juízo, de acordo com os dados que constam de seu cadastro imobiliário, o valor dos bens de raiz descritos nas primeiras declarações.

Seção V
Da Avaliação e do Cálculo do Imposto

Art. 630. Findo o prazo previsto no art. 627 sem impugnação ou decidida a impugnação que houver sido oposta, o juiz nomeará, se for o caso, perito para avaliar os bens do espólio, se não houver na comarca avaliador judicial.

Parágrafo único. Na hipótese prevista no art. 620, § 1º , o juiz nomeará perito para avaliação das quotas sociais ou apuração dos haveres.

Art. 631. Ao avaliar os bens do espólio, o perito observará, no que for aplicável, o disposto nos arts. 872 e 873 .

Art. 632. Não se expedirá carta precatória para a avaliação de bens situados fora da comarca onde corre o inventário se eles forem de pequeno valor ou perfeitamente conhecidos do perito nomeado.

Art. 633. Sendo capazes todas as partes, não se procederá à avaliação se a Fazenda Pública, intimada pessoalmente, concordar de forma expressa com o valor atribuído, nas primeiras declarações, aos bens do espólio.

Art. 634. Se os herdeiros concordarem com o valor dos bens declarados pela Fazenda Pública, a avaliação cingir-se-á aos demais.

Art. 635. Entregue o laudo de avaliação, o juiz mandará que as partes se manifestem no prazo de 15 (quinze) dias, que correrá em cartório.

§ 1º Versando a impugnação sobre o valor dado pelo perito, o juiz a decidirá de plano, à vista do que constar dos autos.

§ 2º Julgando procedente a impugnação, o juiz determinará que o perito retifique a avaliação, observando os fundamentos da decisão.

Art. 636. Aceito o laudo ou resolvidas as impugnações suscitadas a seu respeito, lavrar-se-á em seguida o termo de últimas declarações, no qual o inventariante poderá emendar, aditar ou completar as primeiras.

Art. 637. Ouvidas as partes sobre as últimas declarações no prazo comum de 15 (quinze) dias, proceder-se-á ao cálculo do tributo.

Art. 638. Feito o cálculo, sobre ele serão ouvidas todas as partes no prazo comum de 5 (cinco) dias, que correrá em cartório, e, em seguida, a Fazenda Pública.

§ 1º Se acolher eventual impugnação, o juiz ordenará nova remessa dos autos ao contabilista, determinando as alterações que devam ser feitas no cálculo.

§ 2º Cumprido o despacho, o juiz julgará o cálculo do tributo.

Seção VI
Das Colações

Art. 639. No prazo estabelecido no art. 627 , o herdeiro obrigado à colação conferirá por termo nos autos ou por petição à qual o termo se reportará os bens que recebeu ou, se já não os possuir, trar-lhes-á o valor.

Parágrafo único. Os bens a serem conferidos na partilha, assim como as acessões e as benfeitorias que o donatário fez, calcular-se-ão pelo valor que tiverem ao tempo da abertura da sucessão.

Art. 640. O herdeiro que renunciou à herança ou o que dela foi excluído não se exime, pelo fato da renúncia ou da exclusão, de conferir, para o efeito de repor a parte inoficiosa, as liberalidades que obteve do doador.

§ 1º É lícito ao donatário escolher, dentre os bens doados, tantos quantos bastem para perfazer a legítima e a metade disponível, entrando na partilha o excedente para ser dividido entre os demais herdeiros.

§ 2º Se a parte inoficiosa da doação recair sobre bem imóvel que não comporte divisão cômoda, o juiz determinará que sobre ela se proceda a licitação entre os herdeiros.

§ 3º O donatário poderá concorrer na licitação referida no § 2º e, em igualdade de condições, terá preferência sobre os herdeiros.

Art. 641. Se o herdeiro negar o recebimento dos bens ou a obrigação de os conferir, o juiz, ouvidas as partes no prazo comum de 15 (quinze) dias, decidirá à vista das alegações e das provas produzidas.

§ 1º Declarada improcedente a oposição, se o herdeiro, no prazo improrrogável de 15 (quinze) dias, não proceder à conferência, o juiz mandará sequestrar-lhe, para serem inventariados e partilhados, os bens sujeitos à colação ou imputar ao seu quinhão hereditário o valor deles, se já não os possuir.

§ 2º Se a matéria exigir dilação probatória diversa da documental, o juiz remeterá as partes às vias ordinárias, não podendo o herdeiro receber o seu quinhão hereditário, enquanto pender a demanda, sem prestar caução correspondente ao valor dos bens sobre os quais versar a conferência.

Seção VII
Do Pagamento das Dívidas

Art. 642. Antes da partilha, poderão os credores do espólio requerer ao juízo do inventário o pagamento das dívidas vencidas e exigíveis.

§ 1º A petição, acompanhada de prova literal da dívida, será distribuída por dependência e autuada em apenso aos autos do processo de inventário.

§ 2º Concordando as partes com o pedido, o juiz, ao declarar habilitado o credor, mandará que se faça a separação de dinheiro ou, em sua falta, de bens suficientes para o pagamento.

§ 3º Separados os bens, tantos quantos forem necessários para o pagamento dos credores habilitados, o juiz mandará aliená-los, observando-se as disposições deste Código relativas à expropriação.

§ 4º Se o credor requerer que, em vez de dinheiro, lhe sejam adjudicados, para o seu pagamento, os bens já reservados, o juiz deferir-lhe-á o pedido, concordando todas as partes.

§ 5º Os donatários serão chamados a pronunciar-se sobre a aprovação das dívidas, sempre que haja possibilidade de resultar delas a redução das liberalidades.

Art. 643. Não havendo concordância de todas as partes sobre o pedido de pagamento feito pelo credor, será o pedido remetido às vias ordinárias.

Parágrafo único. O juiz mandará, porém, reservar, em poder do inventariante, bens suficientes para pagar o credor quando a dívida constar de documento que comprove suficientemente a obrigação e a impugnação não se fundar em quitação.

Art. 644. O credor de dívida líquida e certa, ainda não vencida, pode requerer habilitação no inventário.

Parágrafo único. Concordando as partes com o pedido referido no caput, o juiz, ao julgar habilitado o crédito, mandará que se faça separação de bens para o futuro pagamento.

Art. 645. O legatário é parte legítima para manifestar-se sobre as dívidas do espólio:

I - quando toda a herança for dividida em legados;

II - quando o reconhecimento das dívidas importar redução dos legados.

Art. 646. Sem prejuízo do disposto no art. 860, é lícito aos herdeiros, ao separarem bens para o pagamento de dívidas, autorizar que o inventariante os indique à penhora no processo em que o espólio for executado.

Seção VIII
Da Partilha

Art. 647. Cumprido o disposto no art. 642, § 3º, o juiz facultará às partes que, no prazo comum de 15 (quinze) dias, formulem o pedido de quinhão e, em seguida, proferirá a decisão de deliberação da partilha, resolvendo os pedidos das partes e designando os bens que devam constituir quinhão de cada herdeiro e legatário.

Parágrafo único. O juiz poderá, em decisão fundamentada, deferir antecipadamente a qualquer dos herdeiros o exercício dos direitos de usar e de fruir de determinado bem, com a condição de que, ao término do inventário, tal bem integre a cota desse herdeiro, cabendo a este, desde o deferimento, todos os ônus e bônus decorrentes do exercício daqueles direitos.

Art. 648. Na partilha, serão observadas as seguintes regras:

I - a máxima igualdade possível quanto ao valor, à natureza e à qualidade dos bens;

II - a prevenção de litígios futuros;

III - a máxima comodidade dos coerdeiros, do cônjuge ou do companheiro, se for o caso.

Art. 649. Os bens insuscetíveis de divisão cômoda que não couberem na parte do cônjuge ou companheiro supérstite ou no quinhão de um só herdeiro serão licitados entre os interessados ou vendidos judicialmente, partilhando-se o valor apurado, salvo se houver acordo para que sejam adjudicados a todos.

Art. 650. Se um dos interessados for nascituro, o quinhão que lhe caberá será reservado em poder do inventariante até o seu nascimento.

Art. 651. O partidor organizará o esboço da partilha de acordo com a decisão judicial, observando nos pagamentos a seguinte ordem:

I - dívidas atendidas;

II - meação do cônjuge;

III - meação disponível;

IV - quinhões hereditários, a começar pelo coerdeiro mais velho.

Art. 652. Feito o esboço, as partes manifestar-se-ão sobre esse no prazo comum de 15 (quinze) dias, e, resolvidas as reclamações, a partilha será lançada nos autos.

Art. 653. A partilha constará:

I - de auto de orçamento, que mencionará:

a) os nomes do autor da herança, do inventariante, do cônjuge ou companheiro supérstite, dos herdeiros, dos legatários e dos credores admitidos;

b) o ativo, o passivo e o líquido partível, com as necessárias especificações;

c) o valor de cada quinhão;

II - de folha de pagamento para cada parte, declarando a quota a pagar-lhe, a razão do pagamento e a relação dos bens que lhe compõem o quinhão, as características que os individualizam e os ônus que os gravam.

Parágrafo único. O auto e cada uma das folhas serão assinados pelo juiz e pelo escrivão.

Art. 654. Pago o imposto de transmissão a título de morte e juntada aos autos certidão ou informação negativa de dívida para com a Fazenda Pública, o juiz julgará por sentença a partilha.

Parágrafo único. A existência de dívida para com a Fazenda Pública não impedirá o julgamento da partilha, desde que o seu pagamento esteja devidamente garantido.

Art. 655. Transitada em julgado a sentença mencionada no art. 654 , receberá o herdeiro os bens que lhe tocarem e um formal de partilha, do qual constarão as seguintes peças:

I - termo de inventariante e título de herdeiros;

II - avaliação dos bens que constituíram o quinhão do herdeiro;

III - pagamento do quinhão hereditário;

IV - quitação dos impostos;

V - sentença.

Parágrafo único. O formal de partilha poderá ser substituído por certidão de pagamento do quinhão hereditário quando esse não exceder a 5 (cinco) vezes o salário-mínimo, caso em que se transcreverá nela a sentença de partilha transitada em julgado.

Art. 656. A partilha, mesmo depois de transitada em julgado a sentença, pode ser emendada nos mesmos autos do inventário, convindo todas as partes, quando tenha havido erro de fato na descrição dos bens, podendo o juiz, de ofício ou a requerimento da parte, a qualquer tempo, corrigir-lhe as inexatidões materiais.

Art. 657. A partilha amigável, lavrada em instrumento público, reduzida a termo nos autos do inventário ou constante de escrito particular homologado pelo juiz, pode ser anulada por dolo, coação, erro essencial ou intervenção de incapaz, observado o disposto no § 4º do art. 966 .

Parágrafo único. O direito à anulação de partilha amigável extingue-se em 1 (um) ano, contado esse prazo:

I - no caso de coação, do dia em que ela cessou;

II - no caso de erro ou dolo, do dia em que se realizou o ato;

III - quanto ao incapaz, do dia em que cessar a incapacidade.

Art. 658. É rescindível a partilha julgada por sentença:

I - nos casos mencionados no art. 657 ;

II - se feita com preterição de formalidades legais;

III - se preteriu herdeiro ou incluiu quem não o seja.

Seção IX
Do Arrolamento

Art. 659. A partilha amigável, celebrada entre partes capazes, nos termos da lei, será homologada de plano pelo juiz, com observância dos arts. 660 a 663 .

§ 1º O disposto neste artigo aplica-se, também, ao pedido de adjudicação, quando houver herdeiro único.

§ 2º Transitada em julgado a sentença de homologação de partilha ou de adjudicação, será lavrado o formal de partilha ou elaborada a carta de adjudicação e, em seguida, serão expedidos os alvarás referentes aos bens e às rendas por ele abrangidos, intimando-se o fisco para lançamento administrativo do imposto de transmissão e de outros tributos porventura incidentes, conforme dispuser a legislação tributária, nos termos do § 2º do art. 662 .

Art. 660. Na petição de inventário, que se processará na forma de arrolamento sumário, independentemente da lavratura de termos de qualquer espécie, os herdeiros:

I - requererão ao juiz a nomeação do inventariante que designarem;

II - declararão os títulos dos herdeiros e os bens do espólio, observado o disposto no art. 630 ;

III - atribuirão valor aos bens do espólio, para fins de partilha.

Art. 661. Ressalvada a hipótese prevista no parágrafo único do art. 663 , não se procederá à avaliação dos bens do espólio para nenhuma finalidade.

Art. 662. No arrolamento, não serão conhecidas ou apreciadas questões relativas ao lançamento, ao pagamento ou à quitação de taxas judiciárias e de tributos incidentes sobre a transmissão da propriedade dos bens do espólio.

§ 1º A taxa judiciária, se devida, será calculada com base no valor atribuído pelos herdeiros, cabendo ao fisco, se apurar em processo administrativo valor diverso do estimado, exigir a eventual diferença pelos meios adequados ao lançamento de créditos tributários em geral.

§ 2º O imposto de transmissão será objeto de lançamento administrativo, conforme dispuser a legislação tributária, não ficando as autoridades fazendárias adstritas aos valores dos bens do espólio atribuídos pelos herdeiros.

Art. 663. A existência de credores do espólio não impedirá a homologação da partilha ou da adjudicação, se forem reservados bens suficientes para o pagamento da dívida.

Parágrafo único. A reserva de bens será realizada pelo valor estimado pelas partes, salvo se o credor, regularmente notificado, impugnar a estimativa, caso em que se promoverá a avaliação dos bens a serem reservados.

Art. 664. Quando o valor dos bens do espólio for igual ou inferior a 1.000 (mil) salários-mínimos, o inventário processar-se-á na forma de arrolamento, cabendo ao inventariante nomeado, independentemente de assinatura de termo de compromisso, apresentar, com suas declarações, a atribuição de valor aos bens do espólio e o plano da partilha.

§ 1º Se qualquer das partes ou o Ministério Público impugnar a estimativa, o juiz nomeará avaliador, que oferecerá laudo em 10 (dez) dias.

§ 2º Apresentado o laudo, o juiz, em audiência que designar, deliberará sobre a partilha, decidindo de plano todas as reclamações e mandando pagar as dívidas não impugnadas.

§ 3º Lavrar-se-á de tudo um só termo, assinado pelo juiz, pelo inventariante e pelas partes presentes ou por seus advogados.

§ 4º Aplicam-se a essa espécie de arrolamento, no que couber, as disposições do art. 672 , relativamente ao lançamento, ao pagamento e à quitação da taxa judiciária e do imposto sobre a transmissão da propriedade dos bens do espólio.

§ 5º Provada a quitação dos tributos relativos aos bens do espólio e às suas rendas, o juiz julgará a partilha.

Art. 665. O inventário processar-se-á também na forma do art. 664 , ainda que haja interessado incapaz, desde que concordem todas as partes e o Ministério Público.

Art. 666. Independerá de inventário ou de arrolamento o pagamento dos valores previstos na Lei nº 6.858, de 24 de novembro de 1980 .

Art. 667. Aplicam-se subsidiariamente a esta Seção as disposições das Seções VII e VIII deste Capítulo.

BIBLIOGRAFIA

ARRUDA ALVIM. *Manual de direito processual civil.* 16ed. São Paulo: Revista dos Tribunais, 2013.

ALMADA, Ney de Mello. *Direito das sucessões.* São Paulo: Brasiliense, 1991.

AMORIM, Sebastião Luiz. *Código Civil comentado.* São Paulo: Atlas, 2004, v. XIX.

ARAGÃO, Egas Dirceu Moniz de. *Comentários ao código de processo civil.* Rio de Janeiro: Forense, 1974.

AUBRY et RAU. *Cours de droit civil français.* Paris: Marchal & Billard, 1917.

BARASSI. *Le successioni per causa di morte.* Milão, 1947.

BARBI, Celso Agrícola. *Comentários ao código de processo civil.* Rio de Janeiro: Forense, 1975.

BARROS, Hamilton de Moraes e. *Comentários ao código de processo civil.* Rio de Janeiro: Forense, 1975.

BARROS, Hermenegildo de. *Manual do código civil brasileiro.* Rio de Janeiro: Livraria Jacinto, 1929.

BAUDOUIN, Jean-Louis. *Code civil du Québec.* Montréal, 1998.

BAUDRY-LACANTINERIE. *Précis de droit civil.* Paris: Librarie de la Societé du Recueil Sirey, 1913.

BEVILÁQUA, Clóvis. *Código civil comentado.* Rio de Janeiro: Francisco Alves, 1958.

______. *Direito das sucessões.* Rio de Janeiro: Freitas Bastos, 1938.

BIANCA, Massimo. *Direito civile*: la famiglia e le successioni. Milão, 1985.

BORDA, Guillermo A. *Tratado de derecho civil sucesiones.* 6. ed. Buenos Aires: Abeledo Perrot, [s.d.].

CÂMARA, Alexandre Freitas. *Lições de direito processual civil.* Rio de Janeiro: Lumen Juris, 2014.

CARVALHO, Luiz Paulo Vieira de. *Direito civil.* Rio de Janeiro: Impetus. 2010.

CAPITANT, Henri. *Vocabulário jurídico*. Buenos Aires: Depalma, 1972.

CAPOZZI, Guido. *Successioni e donazioni*. Milão: Giuffrè, 1983.

CARRARO, Luigi. *La vocazione legittima alla successioni*. Pádua, 1979.

CASTRO FILHO, José Olympio de. *Comentários ao código de processo civil.* Rio de Janeiro: Forense, 1976.

CATEB, Salomão de Araujo. Indignidade e deserdação. *Revista da Faculdade de Direito Milton Campos*, 1994.

______. Deserdação e Indignidade no Direito Sucessório brasileiro 2004. Belo Horizonte Ed. Del Rey.

______. Da sucessão legítima no CCB/2002, publicado pela Escola Judicial Des. Edésio Fernandes, do Tribunal de Justiça de Minas Gerais, 2002.

______. *Direito civil e constitucional. Estudos de direito comparado em homenagem à professora Lúcia Massara* (Coord.). Belo Horizonte: Del Rey, 2012.

COELHO, Fábio Ulhoa. Curso de Direito Civil, vol. 5, Saraiva, São Paulo

COPELLO, Hector R. Goyena. *Curso de procedimiento sucesorio*. Buenos Aires: La Ley, 1972.

COULANGES, Fustel de. *A cidade antiga*. 12. ed. São Paulo: Hemus, 1975.

COVIELLO N. *Corso completo del diritto delle successioni*. Nápoles: Torella, 1915.

CRETELLA JÚNIOR, José. *Curso de direito romano*. 31 ed. Rio de Janeiro: Forense, 2009.

DIAS, Maria Berenice. Manual das Sucessões. 4ª. ed. Revista dos Tribunais São Paulo

DINIZ, Maria Helena. *Curso de direito civil brasileiro*. São Paulo: Saraiva, 2014.

______. *Código civil anotado*. São Paulo: Saraiva, 2014.

DONIZETTI, Elpídio; QUINTELLA, Felipe. *Curso didático de direito civil*. São Paulo: Atlas, 2014.

FIUZA, César. Direito Civil. Editora Del Rey. Belo Horizonte

FERRARA, Francesco. *Interpretação e aplicação das leis*. Coimbra: Arménio Amado Editor. 1987.

FREITAS, Augusto Teixeira de. *Esboço do código civil*. Brasília: Ministério da Justiça, 1983.

FULGÊNCIO, Tito. *Programas de direito civil*. Belo Horizonte: Imprensa Oficial, 1920.

GAGLIANO, Pablo Stolze; PAMPLONA FILHO, Rodolfo. *Novo curso de direito civil*: parte geral. São Paulo: Saraiva, 2014.

______. *Novo curso de direito civil*. São Paulo: Saraiva, 2012. v. 6.

GIANULO, Wilson. *Código civil*. São Paulo: Jurídica Brasileira, 2002.

GOMES, Orlando. *Sucessões*. Rio de Janeiro: Forense, 2012.

______. *Projeto do código civil*. Rio de Janeiro: Forense, 1985.

______. *Introdução ao direito civil*. Rio de Janeiro: Forense, 2013.

GONÇALVES, Carlos Roberto. *Direito das sucessões*. 8ª.ed São Paulo: Saraiva, 2017.

GONÇALVES, Luiz da Cunha. *Tratado de direito civil*. 2. ed. Rio de Janeiro: Max Limonad, 1955.

GOUVÊA PINTO, Antônio Joaquim. *Tratado dos testamentos e sucessões*. Fréres: Garnier, 1981.

HARTMANN, Rodolfo Kronemberg. Curso Completo do Novo Código Processo Civil, Ed. Impetus. Niterói. RJ

HIRONAKA, Giselda Maria Fernandes Novaes. *Curso avançado de direito civil*: direito das sucessões. São Paulo: Revista dos Tribunais, 2010.

______. *Comentários ao Código Civil*. São Paulo: Saraiva, 2012. v. 21.

JESUS, Damásio E. de. *Código penal anotado*. São Paulo: Saraiva, 2014.

KIPP, Theodor. *Derecho de sucesiones*. 2. ed. Barcelona: Bosch, 1976.

LACERDA, Paulo de. *Manual do código civil*: do direito das sucessões. Rio de Janeiro: Ed. Jacinto Ribeiro dos Santos, 1917.

LEITE, Eduardo de Oliveira. *Comentários ao novo código civil*: do direito das sucessões. Rio de Janeiro: Forense, 2009. v. 21.

LEVENHAGEN, Antônio José de Souza. *Código civil*. São Paulo: Atlas, 1996.

LIMA, João Batista de Souza. *As mais antigas normas de Direito*. Rio de Janeiro: Forense, 1983.

LISBOA, Roberto Senise. *Manual de direito civil*. São Paulo: Revista dos Tribunais, 2014. v. 5.

MAFFÍA, Jorge O. *Manual de derecho sucesorio*. Buenos Aires: Depalma, 1997.

MALHEIROS FILHO, Fernando. *União estável*. 2. ed. Porto Alegre: Síntese, 1998.

MALTA, Christovão Piragibe Tostes; LAFÈVRE, Júlia Brotero. *Dicionário jurídico*. 5. ed. Rio de Janeiro: Edições Trabalhistas, 1987.

MARINONI, Luiz Guilherme; MITIDIERO, Daniel. *Código de processo civil.* São Paulo: Revista dos Tribunais, 2011.

MATIELLO, Fabrício Zamprogna. *Código Civil comentado.* São Paulo: LTR. 2013.

MARMIT, Arnaldo. *Adoção.* Rio de Janeiro: Aide, 1993.

MAXIMILIANO, Carlos. *Direito das sucessões.* Rio de Janeiro: Freitas Bastos, 1943.

______. *Hermenêutica e aplicação do direito.* Rio de Janeiro: Freitas Bastos, 1951.

MONTEIRO, Washington de Barros. *Curso de direito civil.* São Paulo: Saraiva, 2014.

MORRIS, Clarence. *La justificación del derecho.* Buenos Aires: Tipografia Editora Argentina, 1974.

NADER, Paulo. *Curso de Direito Civil. Direito das Sucessões.* Rio de Janeiro. Forense, 2014

NEGRÃO, Theotônio. *Código civil brasileiro.* São Paulo: Saraiva, 2014.

______. *Código de processo civil.* São Paulo: Saraiva, 1998 e 2014.

NERY JÚNIOR, Nelson e NERY, Rosa Maria de Andrade. *Código Civil comentado.* São Paulo: Revista dos Tribunais, 2013.

OLIVEIRA, Arthur Vasco Itabaiana de. *Tratado de direito das sucessões.* Rio de Janeiro: Livraria Jacinto, 1936.

OLIVEIRA, Euclides Benedito; AMORIM, Sebastião Luiz. *Inventários e partilhas.* 23 ed. Rio de Janeiro: Leud, 2013.

______. *Código Civil comentado.* São Paulo: Atlas, 2004.

OLIVEIRA, Wilson de. *Inventários e partilhas.* São Paulo: Saraiva, 1995.

______. *Direito de família aplicado.* Belo Horizonte: Del Rey, 1995.

PACHECO, José da Silva. *Inventários e partilhas.* Rio de Janeiro: Forense, 2000.

PLANIOL, Marcel. *Traité élémentaire de droit civil.* Paris, 1948.

PEREIRA, Caio Mário da Silva. *Instituições de direito civil.* Rio de Janeiro: Forense, 2012.

PEREIRA, Rodrigo da Cunha. *Concubinato e união estável.* Belo Horizonte: Del Rey, 1996.

PONTES DE MIRANDA. *Tratado de direito privado.* São Paulo: Revista dos Tribunais, 1984.

______. *Tratado dos testamentos.* Rio de Janeiro, 1930.

RIZZARDO, Arnaldo..*Direito das Sucessões*, 4ª. Ed. .Rio de Janeiro, Forense, 2008

RODRIGUES, Dirceu A. Victor. *Dicionário de brocardos jurídicos*. São Paulo: Sugestões Literárias, 1976.

RODRIGUES, Sílvio. *Direito civil*. São Paulo: Saraiva, 2002.

RUGGIERO, Roberto de. *Instituições de direito civil*. São Paulo: Saraiva, 1957.

SANTIAGO JÚNIOR, Aluísio. *Direito das sucessões*. Belo Horizonte: Inédita, 1997.

SANTOS, Ernani Fidélis dos. *Manual de Direito Processual Civil*. São Paulo: Saraiva. 2009

SANTOS, J. M. Carvalho. *Código Civil brasileiro interpretado*. Rio de Janeiro: Freitas Bastos, 1961.

______. *Repertório enciclopédico do direito brasileiro*. Rio de Janeiro: Borsoi, [s.d.].

SILVA, Clóvis do Couto e. *Comentários ao Código de Processo Civil*. São Paulo: Revista dos Tribunais, 1977.

SILVA, De Plácido de. *Vocabulário Jurídico*. Rio de Janeiro: Forense, 2014

SILVA, Orlando de. *Inventários e partilhas*. Rio de Janeiro: Forense, 1984.

SOUSA, Rabindranath Capelo de. *Lições de direito das sucessões*. Coimbra: Coimbra Editora, 1993.

TARTUCE, Flávio e SIMÃO, José Simão. Direito Civil, Direito das Sucessões.6ª. ed. GEN, São Paulo

TEIXEIRA, Ana Carolina Brochado; RODRIGUES, Renata de Lima. *Direito das famílias entre a norma e a realidade*. São Paulo: Atlas, 2010.

TEIXEIRA, Ana Carlina Brochado e RIBEIRO, Gustavo Pereira Leite, coord. Manual de Direito das Famílias e das Sucessões. 2010, Del Rey Mandamentos. Belo Horizonte

TEIXEIRA, Sálvio de Figueiredo. *Código de Processo Civil anotado*. São Paulo: Saraiva, 1996.

TELLES, I. Galvão. *Direito das sucessões*. Coimbra: Coimbra Editora, 1985.

TESTAMENTO. Rio de Janeiro: Esplanada, 1993.

THEODORO JÚNIOR, Humberto. A petição de herança encarada principalmente do prisma do direito processual civil. *Revista dos Tribunais*, São Paulo, 581/10.

______. *Sucessões*. Rio de Janeiro: Aide, 1990.

______. *Curso de direito processual civil*. Rio de Janeiro: Forense, 2014.

VELOSO, Zeno. *Testamentos*. 2. ed. Belém: Cejup, 1993.

______. *Comentários ao Código Civil*. São Paulo: Saraiva, 2012. v. 21.

______. *Código Civil comentado*. São Paulo: Atlas, 2003. v. XVII.

VENOSA, Sílvio de Salvo. *Direito das sucessões*. São Paulo: Atlas, 2014.

______. *Direito das sucessões*. 3. ed. São Paulo: Atlas, 2003.

VIANA, Marco Aurélio S. *Teoria e prática do direito das sucessões*. São Paulo: Saraiva, 1987.

VILANOVA, José. *Elementos de filosofia del derecho*. 2. ed. Buenos Aires: Abeledo Perrot, 1956.

WALD, Arnoldo. *Inventário e partilha*. São Paulo: Revista dos Tribunais, 2012..

______. *Direito das sucessões*. São Paulo: Saraiva, 2012.

ZANNONI, Eduardo A. *Derecho de las sucesiones*. 2. ed. Buenos Aires: Astrea, 1976.